Thomas Brinkhoff

Geodatenbanksysteme in Theorie und Praxis

Thomas Brinkhoff

Geodatenbanksysteme in Theorie und Praxis

Einführung in objektrelationale Geodatenbanken unter besonderer Berücksichtigung von Oracle Spatial

3., überarbeitete und erweiterte Auflage

Wichmann

Alle in diesem Buch enthaltenen Angaben, Daten, Ergebnisse usw. wurden vom Autor nach bestem Wissen erstellt und von ihm und dem Verlag mit größtmöglicher Sorgfalt überprüft. Dennoch sind inhaltliche Fehler nicht völlig auszuschließen. Daher erfolgen die Angaben usw. ohne jegliche Verpflichtung oder Garantie des Verlags oder des Autors. Sie übernehmen deshalb keinerlei Verantwortung und Haftung für etwa vorhandene inhaltliche Unrichtigkeiten.

Diejenigen Bezeichnungen von im Buch genannten Erzeugnissen, die zugleich eingetragene Waren-zeichen sind, wurden nicht besonders kenntlich gemacht. Es kann also aus dem Fehlen der Markierung ™ oder ® nicht geschlossen werden, dass die Bezeichnung ein freier Warenname ist. Ebenso wenig ist zu entnehmen, ob Patente oder Gebrauchsmusterschutz vorliegen.

Bibliografische Information der Deutschen Nationalbibliothek
Die Deutsche Nationalbibliothek verzeichnet diese Publikation in der Deutschen Nationalbibliografie; detaillierte bibliografische Daten sind im Internet über http://dnb.dnb.de abrufbar.

ISBN 978-3-87907-513-3

Bismarckstr. 33, 10625 Berlin
www.vde-verlag.de
www.wichmann-verlag.de

Druck und Bindung: druckhaus köthen GmbH & Co. KG, Köthen (Anhalt)
Printed in Germany 2013-10

Vorwort

Geodatenbanken sind ein essenzieller Bestandteil von Geoinformationssystemen und anderen Anwendungen, die räumliche Daten verarbeiten oder bereitstellen. Geodatenbanksysteme dienen der Modellierung, Speicherung und Abfrage von Geodaten. Im Rahmen von offenen Geoinformationssystemen ersetzen sie dateibezogene und proprietäre Datenverwaltungskomponenten, wodurch eine integrierte Verwaltung von Sach- und Geodaten möglich wird und sich der Datenaustausch zwischen verschiedenen Anwendungsprogrammen vereinfacht. So beruhen webbasierte Geodienste in der Regel direkt auf Geodatenbanken. Objektrelationale Geodatenbanksysteme erlauben nicht nur die Speicherung von einfachen 2D-Vektordaten, sondern auch von komplexeren Geometrien, von georeferenzierten Rasterkarten und von topologischen Datenmodellen. Zusätzlich stellen solche Geodatenbanksysteme auch geometrische und topologische Verschneidungs- und Analysefunktionalitäten zur Verfügung, die in der Vergangenheit nur in Geoinformationssystemen zu finden waren.

Mit „Geodatenbanksysteme in Theorie und Praxis" liegt das einzige deutschsprachige Lehrbuch zu dieser Thematik vor. Es soll allen, die sich mit Geodaten beschäftigen, die Grundkenntnisse für einen kompetenten Umgang mit objektrelationalen Geodatenbanksystemen näher bringen. Neben theoretischen Grundlagen vermittelt es auch die Praxis unter besonderer Berücksichtigung von Oracle Spatial. Das Buch richtet sich an Praktiker, Studierende und Lehrende der Fachrichtungen Geoinformatik, Informatik, Geodäsie, Geografie und Geowissenschaften. Aufgrund dieser heterogenen Zielgruppe enthält das Buch zu vielen Thematiken kurze Einführungen, um möglichst viele Leser „an Bord zu holen". Dadurch lässt es sich nicht ganz vermeiden, dass gewisse Erläuterungen für die eine Zielgruppe zu ausführlich und für eine andere Gruppe vielleicht recht knapp ausgefallen sind. Ich hoffe, hier einen möglichst guten Kompromiss gefunden zu haben. Grundsätzlich sind für das Verständnis des Buchs Kenntnisse in relationalen Datenbanken und objektorientierter Programmierung hilfreich.

Das erste Kapitel stellt eine Einführung in die Thematik dar, während im zweiten Kapitel die Besonderheiten des Datenbanksystems Oracle vorgestellt werden. Kapitel 3 und 4 behandeln die Modellierung von Geodaten. So werden ISO 19107 „Spatial Schema", das Simple-Feature-Modell und SQL/MM Spatial als geometrische Datenmodelle und deren konkrete Umsetzung in Oracle vorgestellt. Kapitel 5 bis 8 behandeln Theorie und Praxis der räumlichen Anfragebearbeitung und Indexierung sowie Verfahren der algorithmischen Geometrie. Als räumliche Indexe werden u.a. lineare Quadtrees und R-Bäume vorgestellt und der Leser mit der Bearbeitung von räumlichen Anfragen bekannt gemacht. Kapitel 9 und 10 beschäftigen sich mit der Datenbankprogrammierung unter besonderer Berücksichtigung von Geodatenbanken und Java sowie mit der Geography Markup Language (GML). In den Kapiteln 11 und 12 werden speziellere Datenmodelle für Raster-, Netzwerk- und Topologiedaten konzeptionell und praktisch dargestellt. Kapitel 13 behandelt 3D-Geodatenbanken. Zum Schluss zeigt das Buch Themen wie mobile Geodatenbanken, spatio-temporale Datenbanken und Sensornetze als aktuelle Entwicklungstrends auf. Der Anhang enthält neben dem Literatur- und Sachwörterverzeichnis ein Abkürzungsverzeichnis, eine Liste von Übersetzungen englischer Begriffe sowie spezielle Indexe für SQL und Java.

Angereichert wird der Text durch viele Zeichnungen und konkrete SQL- und Java-Beispiele. Die Darstellungen über Oracle Spatial beruhen auf der Oracle Database 12c, die im Juli 2013 freigegeben wurde. Berücksichtigt werden aber auch die Vorgängerversionen 10 und 11. Programmbeispiele und Algorithmen werden in PL/SQL und Java dargestellt.

Neben den Erweiterungen von Oracle 11.2 und 12.1 berücksichtigt die *dritte Auflage* die Version 4 sowie den Entwurf für die Version 5 des Datenbankstandards SQL/MM (insbesondere die 3D-Methoden, Dreiecksvermaschungen und Freiformkurven) und damit infolge auch die entsprechenden Teile im Feature-Geometry-Modell (ISO 19107). GML wird nun in der Version des ISO-Standards 19136 unter Beachtung der OGC-Version 3.3 dargestellt. Zudem findet die Version 1.2.1 des Simple-Feature-Modells Berücksichtigung. Neu sind die Ausführungen zu ISO 19148:2012 „Linear Referencing“ und ISO 19141:2008 „Schema for Moving Objects“. Weitere neue Abschnitte behandeln KML 2.2 sowie Anfragesprachen für Geodienste, namentlich ISO 19143:2010 „Filter Encoding“.

Alle vorgestellten SQL-Anweisungen, Programme und Daten stehen auf der Website zum Buch (http://www.geodbs.de) als Download zur Verfügung. Dort finden sich auch einige Animationen und Links zu der Thematik. Zusätzlich findet sich dort das Java-Programm „Spatial Database Viewer“, das in einfacher Weise erlaubt, die Resultate von räumlichen SQL-Anfragen zu visualisieren. Leider ist es kaum möglich, ein Buch von diesem Umfang und mit aktuellem technischen Bezug – auch in der dritten Auflage – völlig frei von Fehlern zu halten. Daher werden möglicherweise notwendige Korrekturen und Anpassungen auch auf der genannten Website zu finden sein. Fehlerhinweise und Verbesserungsvorschläge können ebenfalls dort an mich gerichtet werden.

Entwickler können das Datenbanksystem Oracle kostenlos beim Oracle Technology Network (http://www.oracle.com/technetwork/) erhalten. Für Hochschulen stellt die Oracle Academy (http://www.oracle.com/de/corporate/contact/oai/) eine Möglichkeit dar, Oracle zu beziehen.

Für die Erstellung eines Buchs ist man auf Hilfe angewiesen. Hierfür möchte ich mich bei allen, die einen Beitrag geleistet haben, herzlichst bedanken. Dieser Dank geht insbesondere an Bruno Garrelts, Ingrid Jaquemotte, Stefan Schöf, Bernhard Seeger, Manfred Weisensee und Jürgen Weitkämper für Korrektur- und Verbesserungsvorschläge, an Antje Krüger für die Erstellung der Zeichnung auf dem Buchumschlag, an Herrn Olbrich für die Betreuung seitens des Wichmann Verlags und nicht zuletzt an mein persönliches Umfeld, das aufgrund des Buchprojekts zeitweise zu kurz gekommen war.

Oldenburg, im September 2013 *Thomas Brinkhoff*

Inhaltsverzeichnis

1 Einleitung

Unter „Ubiquitous Computing“ versteht man die Allgegenwart von mobilen Kleinrechnern, z.B. von Tablet-Computern und Smartphones, oder auch von „intelligenten“ Geräten und Sensoren. Damit, aber nicht nur damit verbunden können wir in den letzten Jahren auch eine Allgegenwart von *Geodaten* feststellen. Beispielhaft zu nennen sind kartenbasierte Webanwendungen, Navigationssysteme, touristische Informationssysteme oder auch virtuelle Globen. Standortbezogene Dienste stellen unter Nutzung von globalen Navigationssatellitensystemen wie GPS Stau-, Fahrplan- und Hotelinformationen bereit. Schlecht funktionierende Kartenanwendungen können Vorstandsvorsitzende von Weltkonzernen zu öffentlichen Entschuldigungen zwingen. Aber auch im Verborgenen „arbeiten“ Geodaten: Die Planung von Mobilfunkzellen nutzt ebenso räumliche Daten wie das Geomarketing, bei dem der zielgerichtete Einsatz von Werbemaßnahmen auf räumlichen Analysen beruht. Viele Behördenaufgaben können heutzutage ohne aktuelle Geodaten nicht mehr gelöst werden. Gleiches gilt für Energieversorgungsunternehmen, die ihre Leitungsnetze verwalten und insbesondere auch für die Erzeugung erneuerbarer Energien adäquat kontrollieren und steuern müssen.

Alle genannten Aufgaben beruhen auf einer effektiven informationstechnischen Bereitstellung und Verwaltung von Geodaten. Da räumliche Daten wesentlich komplexer als herkömmliche alphanumerische (Sach-)Daten sind, werden zu deren Behandlung spezielle Systeme eingesetzt: *Geodatenbanksysteme* dienen der Modellierung, Speicherung und Abfrage von Geodaten. Im weiteren Verlauf dieses Buchs sollen daher sowohl die theoretischen Grundlagen von Geodatenbanksystemen vermittelt als auch in deren praktische Verwendung eingeführt werden.

1.1 Geoinformationssysteme und -dienste

Geodaten (auch: *räumliche Daten*, engl. *Geospatial Data*) beschreiben einen Teil der Erdoberfläche und die darauf befindlichen technischen und administrativen Einrichtungen. Wie zuvor motiviert, werden für ihre Bearbeitung oftmals spezielle Systeme eingesetzt. So ist die rechnergestützte Verarbeitung und Bereitstellung von Geodaten häufig Aufgabe von *Geoinformationssystemen* und *Geodiensten*, die in diesem Abschnitt einführend vorgestellt werden sollen.

1.1.1 Geoinformationssysteme

Informationssysteme sind Systeme zur Unterstützung beliebiger technischer und organisatorischer Einrichtungen bei der Erfassung, Speicherung, Verarbeitung und Darstellung von Informationen. Ein (rechnergestütztes) Informationssystem umfasst sowohl die gespeicherten Daten als auch die Software zur Verarbeitung dieser Daten. Informationssysteme haben unterschiedliche Zielsetzungen. So gibt es Systeme, die als Auskunftssysteme vorrangig der Informationsgewinnung dienen. Ein anderes Beispiel sind Bibliotheksinformationssysteme, die zusätzlich zu Dokumentationszwecken eingesetzt werden. Produktions- und Finanzinformationssysteme unterstützen Planungs- und Steuerungsaufgaben.

Ein *Geoinformationssystem* (engl. *Geographic Information System*, *GIS*) stellt ein Informationssystem zur Erfassung, Speicherung, Verarbeitung und Darstellung von räumlichen Daten dar [7][14][97][106]. Die Abgrenzung zu traditionellen Informationssystemen besteht also in der Spezialisierung auf Geodaten, die gegenüber herkömmlichen alphanumerischen Daten besondere Anforderungen an ein Informationssystem stellen.

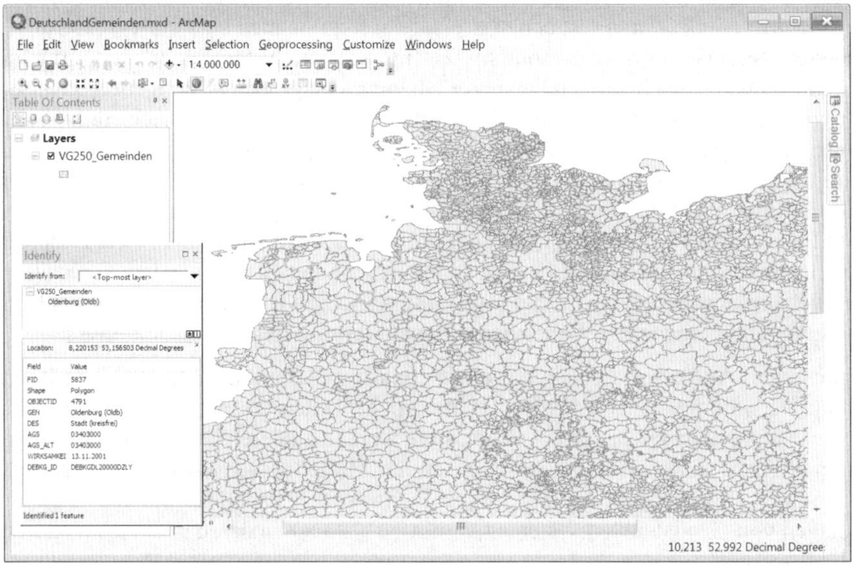

Abb. 1.1: Geoinformationssystem ESRI ArcGIS mit deutschen Gemeinden

Geoinformationssysteme oder spezielle GIS-Varianten werden in einer Vielzahl von Anwendungen von Wirtschaftsunternehmen, Behörden und anderen Organisationen eingesetzt. Die nachfolgende Liste zeigt nur einen kleinen Teil der tatsächlichen und möglichen Anwendungsfelder auf:

- Vermessungswesen (z.B. die Erstellung amtlicher topographischer Karten)
- Katasterwesen (z.B. das Führen automatisierter Liegenschaftskarten)
- Facility Management (d.h. die Verwaltung von Liegenschaften und Gebäuden)
- Amtliche Statistik (z.B. Bevölkerungs- oder Kriminalstatistik)
- Raum- und Bebauungsplanung (z.B. Bauleitplanung, Bodenordnung)
- Leitungsdokumentation und -betrieb (z.B. Netzinformationssysteme bei Ver- und Entsorgungsunternehmen)
- Telekommunikation (z.B. Planung von Mobilfunkstationen)
- Verkehr (z.B. Verkehrsleit- und -informationssysteme sowie Navigationssysteme)
- Marketing (z.B. Standortplanung und Geomarketing)
- Umweltschutz (z.B. Umweltinformationssysteme zur Analyse von Umweltschäden)
- Versicherungswirtschaft (z.B. zur Einschätzung von Hochwasser und anderen Risiken)
- Geologie (z.B. zur Bewertung der Exploration von Bodenschätzen)
- Logistik (z.B. Planung der Routen von Briefzustellern oder Kontrolle von Fuhrparks)

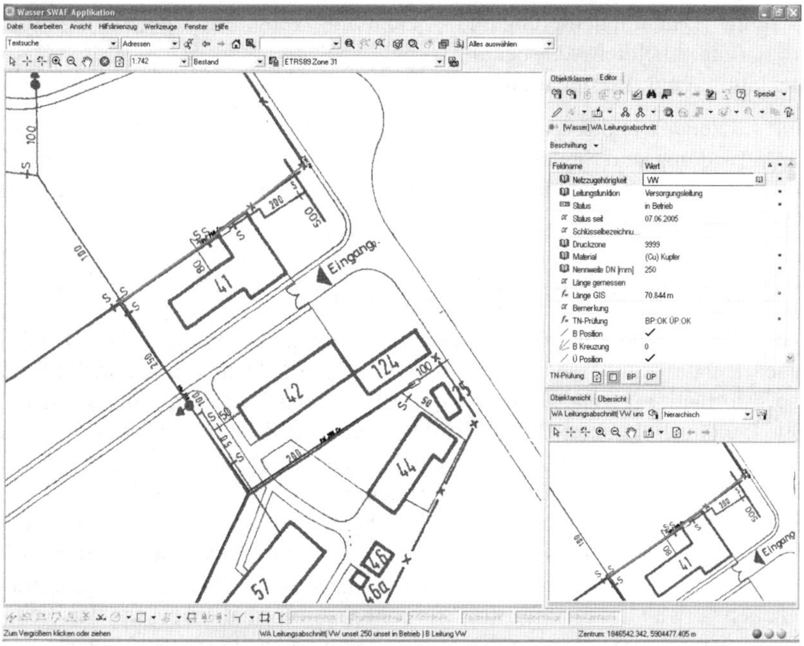

Abb. 1.2: Fachschale Wasser auf Basis des Smallworld GIS

In Abbildung 1.1 zeigt ein Geoinformationssystem beispielhaft eine Karte mit der Gliederung Deutschlands in Gemeinden, während Abbildung 1.2 das Fenster eines Netzinformationssystems darstellt.

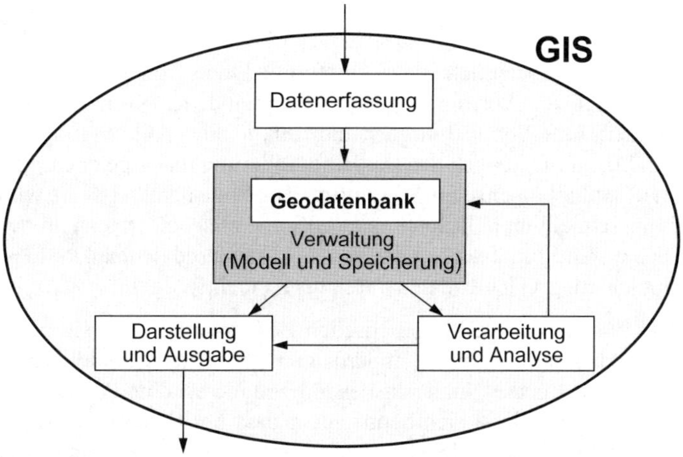

Abb. 1.3: Komponenten eines Geoinformationssystems

Üblicherweise unterscheidet man bei einem Geoinformationssystem – wie auch bei herkömmlichen rechnergestützten Informationssystemen – vier Komponenten (*EVAP*, engl. *IMAP*):

- **E**rfassung (engl. **I**nput)
- **V**erwaltung (Datenmodellierung und -speicherung) (engl. **M**anagement)
- **A**nalyse (einschließlich Verarbeitung) (engl. **A**nalysis)
- **P**räsentation (engl. **P**resentation)

Abbildung 1.3 zeigt, wie diese vier Komponenten zusammenarbeiten. In dieser Darstellung bildet die Verwaltung und Speicherung der Geodaten in einer Geodatenbank den Kern des Geoinformationssystems, um die sich die mehr benutzer- und verarbeitungsorientierten Komponenten gruppieren.

1.1.2 Offene Geoinformationssysteme

Um Entscheidungen über eine zweckmäßige Landnutzung treffen zu können, benötigten die kanadischen Bundes- und Provinzverwaltungen in den 60er-Jahren regelmäßig detaillierte räumliche Informationen. Datengrundlage hierfür waren Karten, die die aktuelle und die potenzielle Landnutzung unter Berücksichtigung von Land- und Forstwirtschaft, des Schutzes der Tierwelt sowie touristischer Zwecke darstellten. Deren Maßstabsbereich lag zwischen 1:250.000 und 1:20.000. Kanada ist flächenmäßig etwa 30-mal größer als Deutschland und circa 240-mal größer als die Schweiz. Die Darstellung der land- und forstwirtschaftlich genutzten Flächen im Maßstab 1:50.000 benötigte allein etwa 3.000 Kartenblätter. Eine manuelle Analyse der Karten war damit extrem arbeits- und zeitaufwendig. Aufgrund dieser Gegebenheiten verwundert es nicht, dass das erste Geoinformationssystem der Welt (Canada Geographic Information System) in den 60er-Jahren in Kanada entwickelt wurde [196]. Die Entwickler hatten eine Reihe von technischen Problemen zu meistern. So begann die Entwicklung auf einer IBM 1401 mit 16 KB Hauptspeicher, die etwa 1.000 Instruktionen pro Sekunde bewältigte und damals rund 600.000 Dollar kostete. 1964 kam die IBM 360/65 auf den Markt, die einen maximalen Hauptspeicher von 512 KB besaß und sekündlich 400.000 Instruktionen verarbeiten konnte. Sie kostete zum damaligen Zeitpunkt rund 3,5 Mio. Dollar und hatte ein Gewicht von knapp 5 Tonnen. Als Hintergrundspeicher wurden zunächst Magnetbänder eingesetzt; Magnetplatten hatten eine viel zu geringe Speicherkapazität.

Diese Schilderung macht deutlich, dass die Entwicklung von Geoinformationssystemen lange Zeit nicht durch die Verwendung bereits vorhandener Komponenten und Systeme geprägt war, sondern aufgrund technischer und funktionaler Anforderungen Eigenentwicklungen forcierte. So hat im Bereich der Datenmodellierung und -speicherung eine Eigenbrötelei bei allen GIS-Anbietern eine lange Tradition. Bis Ende der 90er-Jahre wurden noch vielfach die Daten ausschließlich in Dateien oder GIS-spezifischen Datenhaltungskomponenten gespeichert. Dies war aufgrund der Schwächen von Standarddatenbanksystemen bei der Verwaltung und Speicherung von Geodaten durchaus zu rechtfertigen.

Ein wesentlicher Nachteil von GIS-spezifischen Lösungen ist, dass sie meistens nicht den sonst im Datenbankbereich üblichen Standards genügen. Dies bedeutet neben einem erhöhten Schulungsaufwand für die Nutzer insbesondere eine erhöhte Abhängigkeit von einem Systemanbieter. Außerdem lässt sich beobachten, dass bei GIS-Anbietern naturgemäß nur ein Teil des Entwicklungsaufwandes dem Datenbanksystem gelten kann. Damit besteht die Gefahr, dass solche GIS-spezifischen Datenspeicherungssysteme mittelfristig hinter der allgemeinen technologischen Entwicklung zurückbleiben.

Durch das Vordringen von Geodaten (und damit von Geoinformationssystemen) in immer mehr Anwendungs- und Geschäftsfelder verlieren aber Geoinformationssysteme ihre zentrale Rolle, die sie zum Beispiel in Katasterverwaltungen oder bei Energieversorgungsunternehmen innegehabt haben. Ein Geoinformationssystem ist damit nur noch ein System unter vielen anderen und muss sich nahtlos in die IT-Infrastruktur einer Organisation einbetten. Hierfür steht das Schlagwort *offenes GIS* (engl. *Open GIS*). Im *Open Geospatial Consortium* (*OGC*) haben sich zahlreiche GIS-Anbieter, Anwender, öffentliche Institutionen und Forschungseinrichtungen zusammengeschlossen, um über Standards die mangelnde Interoperabilität zwischen Geoinformationssystemen zu beseitigen und diese gegenüber Standardanwendungen zu öffnen. Wichtiges Ziel hierbei ist *Interoperabilität*, d.h. die Fähigkeit mehrerer Systeme, verzahnt miteinander zu arbeiten. Dafür müssen geeignete Geodatenformate, Datenmodelle und Schnittstellen spezifiziert und durch standardisierte *Metadaten* beschrieben werden. Diese Standardisierung schlägt sich auch in zahlreichen *Normen* nieder, die – im Austausch mit dem OCG – durch die ISO-Arbeitsgruppe *ISO/TC 211* entstanden sind bzw. entwickelt werden.

Ein wesentlicher Bestandteil der Bemühungen, Geoinformationssysteme für andere Anwendungen zu öffnen, stellt die Verwendung von handelsüblichen Datenbanksystemen und standardisierten Datenmodellen dar, sodass beliebige Anwendungen Geodaten aus der Datenbank lesen bzw. in der Datenbank ablegen können. Moderne Geoinformationssysteme wie zum Beispiel ArcGIS von ESRI, GeoMedia von Intergraph, MapInfo Professional und Smallworld GIS von GE Network Solutions besitzen mittlerweile eine entsprechende Funktionalität. Gleiches gilt für freie Open-Source-Systeme wie beispielsweise Quantum GIS.

1.1.3 Geodienste

Eine wichtige Entwicklung ist die internetbasierte Bereitstellung von Karten, Geodaten und deren Metadaten sowie von weitergehender Funktionalität über *Geodienste* (raumbezogene Webdienste; engl. *Geospatial Web Services*). Werden mehrere Geodienste gebündelt, so spricht man von einer *Geodateninfrastruktur* (*GDI*; engl. *Spatial Data Infrastructure*, *SDI*), in der verschiedene (private und öffentliche) Anbieter kooperieren können. Einen wichtigen Antrieb für den Aufbau von Geodateninfrastrukturen stellt die europäische Richtlinie INSPIRE dar, die in Deutschland sich in den Geodatenzugangsgesetzen des Bundes und der Länder widerspiegelt.

Die wichtigsten *standardisierten Geodienste* sind

- der *Web Map Service* (*WMS*) zur Bereitstellung von raster-, aber auch von vektorbasierten Karten,
- der *Web Feature Service* (*WFS*) zur Bereitstellung und eventuellen Veränderung von Vektordaten,
- der *Web Coverage Service* (*WCS*) zur Bereitstellung und eventuellen Veränderung von Rasterdaten sowie
- der *Catalog Service of the Web* (*CSW*) zur Bereitstellung von Metadaten für Geodaten.

Verarbeitungsdienste (engl. *Processing Services*) sind beispielsweise der *Coordinate Transformation Service* (*CT*) für Koordinatentransformationen und der *Web Processing Service* (*WPS*) als ausgestaltbarer Rahmen für verarbeitende Geodienste. All diese Dienste stützen sich entweder auf andere Geodienste oder auf Geodaten ab, die oftmals und im zunehmenden Maße aus Geodatenbanken stammen bzw. durch Geodatenbanksysteme berechnet worden sind. Abbildung 1.4 stellt dies am Beispiel eines WMS dar, der seine Daten von WFS- und WCS-Diensten bezieht, die ihrerseits die Daten aus Geodatenbanken abfragen.

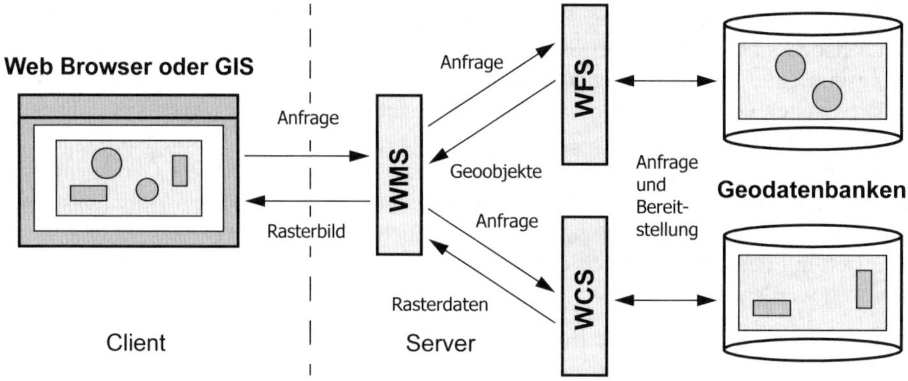

Abb. 1.4: Datenbereitstellung durch Geodatenbanken im Rahmen von Geodiensten

Neben standardisierten Geodiensten spielen für viele Webanwendungen *proprietäre Geodienste* eine wichtige Rolle. Beispiele hierfür sind Google Maps, Google Earth und Bing Maps. Solche Dienste bieten die Möglichkeit, mittels offener *Programmierschnittstellen* (*APIs*) die Basiskarten um eigene Geoobjekte zu ergänzen. Dadurch ist eine Vielzahl hybrider Webanwendungen (sogenannte „*Mashups*") entstanden, die die ergänzenden Geoobjekte aus Geodatenbanken beziehen. Abbildung 1.5 zeigt eine solche Kombination aus einem Geodienst, der OpenStreetMap-Rasterkacheln liefert, und einer Geodatenbank, die ortsbezogene Informationen bereitstellt.

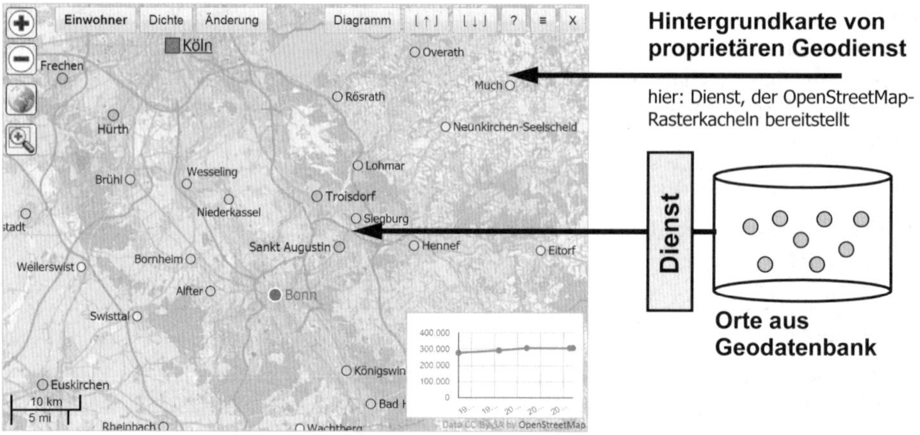

Abb. 1.5: Mashup aus OpenStreetMap-Dienst und Geodatenbank (http://www.citypopulation.de/Deutschland-NordrheinWestfalen_d.html)

Viele Anwendungen auf mobilen Endgeräten („*mobile Apps*") benötigen standortabhängige Informationen. Eine Ortsbestimmung ist (u.a.) mithilfe von globalen Navigationssatellitensystemen (z.B. GPS), über Mobilfunkzellen und/oder mittels Auswertung von WLAN-Signalen möglich. Auf dieser Basis kann eine mobile App *standortbezogene Dienste* (engl.

Location-Based Services, LBS) nutzen, um in Abhängigkeit von der aktuellen Position relevante Informationen anzufordern. Dies kann beispielsweise eine Umfeldsuche („Alle Pizzerien im Umkreis von 500 m") oder eine Zielführung („Routing") sein, die jeweils unter Nutzung eines Geodatenbanksystems ausgeführt werden können. Abbildung 1.6 zeigt eine mobile App, die es erlaubt, neue Vogelbeobachtungen zu erfassen und ältere Beobachtungen in der Nähe des eigenen Standorts abzufragen und zu visualisieren.

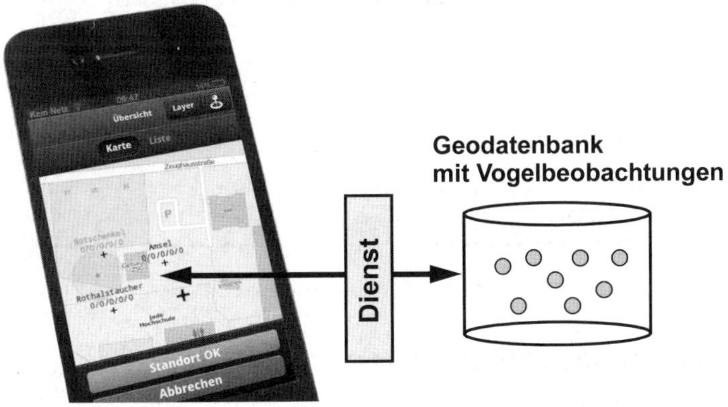

Abb. 1.6: Umfeldsuche mit mobiler App am Beispiel Vogelbeobachtungen

1.2 Datenbanksysteme

Datenbanksysteme (engl. *Database Systems, DBS*) dienen der persistenten (d.h. dauerhaften) Speicherung von Daten [37][176][86][96]. Wichtige Aufgaben dabei sind die Beschreibung der Daten durch ein *Datenmodell* und die Verwaltung der Daten und der Zugriff auf die Daten über eine *Datenbanksprache*.

1.2.1 Aufbau von Datenbanksystemen

Datenbanksysteme bestehen aus zwei Bestandteilen: der Datenbank und dem Datenbankmanagementsystem.

Die *Datenbank* (*DB*) ist die Sammlung einheitlich beschriebener, persistent gespeicherter Daten. Die Speicherung erfolgt im Hintergrundspeicher, typischerweise auf Magnetplatten. Das *Datenbankmanagementsystem* (*DBMS*) ist das Programm(paket), das die einheitliche Beschreibung, die sichere Verwaltung und die schnelle Abfrage der Datenbank ermöglicht. Die Daten werden über das Datenbankmanagementsystem in die Datenbank eingefügt, dort gelesen, geändert oder gelöscht. Der Anwender bzw. das Anwendungsprogramm greifen also nicht direkt auf die Datenbank zu, sondern über die Benutzer- oder Programmschnittstellen des Datenbankmanagementsystems. Das DBMS liest bzw. schreibt daraufhin die notwendigen Daten aus bzw. in die Datenbank. Dieser Sachverhalt ist in Abbildung 1.7 skizziert.

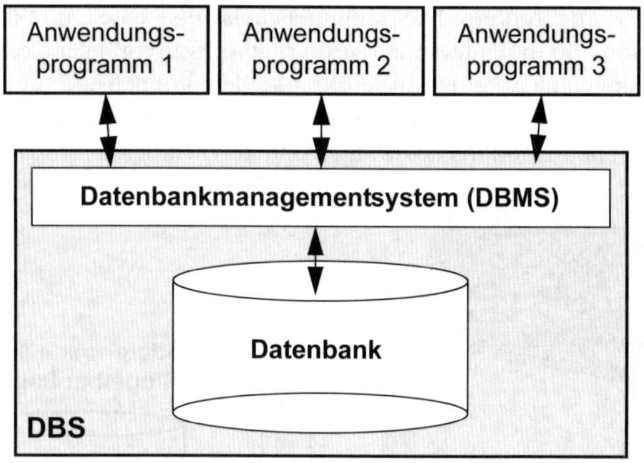

Abb. 1.7: Datenbanksystem

1.2.2 Datenbanksysteme versus Dateien

In Abschnitt 1.1.2 wurde bemängelt, dass Geoinformationssysteme lange Zeit keine Standarddatenbanksysteme verwendet haben, sondern die Geodaten in Dateien gespeichert haben. Daher sollen in diesem Abschnitt die Vor- und Nachteile der Verwendung von Datenbanksystemen und Dateien kurz gegenübergestellt werden.

Datenunabhängigkeit

Datenunabhängigkeit fordert, dass Änderungen hinsichtlich der Speicherung der Daten möglichst ohne Einfluss auf den Anwender oder das Anwendungsprogramm bleiben. Dabei unterscheidet man logische und physische Datenunabhängigkeit. Bei der *logischen Datenunabhängigkeit* sollen Änderungen am Datenmodell, z.B. das Hinzufügen einer neuen Eigenschaft zu einem Datensatz, ohne Relevanz für den Anwender sein. Bei der *physischen Datenunabhängigkeit* sollen Änderungen an der physischen Repräsentation der Daten, z.B. zur Verkürzung von Antwortzeiten, keinen Einfluss auf den Anwender haben. Ein Datenbanksystem kann aufgrund einer Schichtung in verschiedene Ebenen eine weitgehende Datenunabhängigkeit erreichen. Bei Einsatz von Dateien hat hingegen jede Änderung im Datenmodell oder in der physischen Speicherung der Daten auch Änderungen der Anwendungsprogramme zur Folge.

Zentrale Datenhaltung, Mehrbenutzerbetrieb und Datensicherheit

Der Einsatz von Datenbanksystemen ermöglicht eine zentrale Datenhaltung auf einem Server. Damit stehen die Daten zentral allen Anwendern in gleicher Aktualität zur Verfügung. Allerdings bedeutet eine zentrale Datenhaltung auch, dass der Datenbestand stärker durch Hardware-Ausfälle (z.B. durch einen Platten-Crash) gefährdet ist. Dem ist durch entsprechende Sicherungsmaßnahmen (Plattenspiegelungen, Backups, Reserve-Server) entgegenzutreten.

Bei einer zentralen Datenhaltung muss ein Datenbanksystem einen *Mehrbenutzerbetrieb* sicherstellen, sodass mehrere Benutzer zeitgleich sowohl lesend als auch schreibend auf den

Datenbestand zugreifen können. Das Datenbanksystem stellt durch ein entsprechendes *Transaktionskonzept* sicher, dass es durch den Mehrbenutzerbetrieb zu keinen Fehlern kommt. Eine *Transaktion* ist eine Folge von Aktionen, bei denen die Datenbank von einem *konsistenten Zustand* in einen neuen konsistenten Zustand überführt wird.

Ein Datenbanksystem gewährleistet, dass bei Absturz des Anwendungsprogramms oder auch des Datenbankmanagementsystems der Datenbestand in einem konsistenten Zustand verbleibt. Das heißt nicht, dass keine Änderungen verloren gehen können, sondern dass der Datenbestand widerspruchsfrei bleibt. Eine Geldüberweisung besteht z.B. aus einer Abbuchung von einem Konto und einer Buchung auf ein anderes Konto. Stürzt das Buchungsprogramm nach der Abbuchung, aber vor dem Hinzubuchen ab, darf nicht die Situation eintreten, dass nur die Abbuchung in der Datenbank vermerkt ist. Die Datenbank muss stattdessen im Zustand vor der Transaktion (d.h. in diesem Fall vor der Überweisung) verbleiben. Dafür ist die *Recovery*-Komponente eines Datenbankmanagementsystems verantwortlich, die sich auf ein *Logging* (d.h. ein Protokollieren der Datenbankänderungen) abstützt.

Weder ein sicherer und gleichzeitig leistungsfähiger Mehrbenutzerbetrieb auf einer zentralen Datenbasis noch eine hinreichende Datensicherheit können von einem herkömmlichen Dateisystem gewährleistet werden.

Datenintegrität

Eine zentrale Datenhaltung erlaubt es, eine *redundante* (d.h. mehrfache) Speicherung ein und derselben Information zu vermeiden. Allerdings ist dazu auch ein entsprechend entworfenes Datenmodell erforderlich. Eine redundanzfreie Datenhaltung ist essenziell, um einen Datenbestand konsistent zu halten. Da die Erfassung und Aufbereitung von Daten (und insbesondere von Geodaten) in der Regel sehr aufwendig und damit sehr teuer ist, darf es bei Benutzung und Fortführung der Daten zu keinen Widersprüchen im Datenbestand kommen.

Daneben können *Integritätsbedingungen* in einem Datenbanksystem sicherstellen, dass es keine fehlerhaften Verweise in der Datenbank gibt und dass alle gespeicherten Datensätze zuvor definierte Regeln einhalten. Bei Einsatz von Dateien sind solche Überprüfungen nur durch eine entsprechende Programmierung auf der Aufwendungsseite zu gewährleisten. Dies ist aufwendig und kann im Regelfall leicht umgangen werden.

Anfragebearbeitung

Datenbanksysteme bieten die Möglichkeit, über eine Anfragesprache (als Teil einer Datenbanksprache) komfortabel den Datenbestand gemäß vielfältiger Kriterien abzufragen. Solche Anfragen werden – meist – effizient verarbeitet. Bei der Verwendung von Dateien stehen keine Mechanismen zur Anfrageformulierung, -bearbeitung und -optimierung zur Verfügung; gegebenenfalls müssen sie speziell für das Anwendungsprogramm programmiert werden.

Zugriffskontrolle und Sichten

Ein Datenbanksystem ermöglicht einen sehr fein gesteuerten Zugriff auf die Datenbank über eine spezifische *Benutzerverwaltung*, die einerseits verschiedenen Benutzern oder Benutzergruppen unterschiedliche Schreib- und Leserechte bezüglich der Datenbank zugesteht und andererseits über einen Identifikations- und Verschlüsselungsmechanismus vor unberechtigtem Zugriff schützt. Ein Benutzer kann entweder einzelne *Systemberechtigungen* (z.B. den

Zugriff auf einen bestimmten Datenbestand) oder über *Benutzerrollen* eine Sammlung von Systemberechtigungen vom Datenbankadministrator zugewiesen bekommen.

Außerdem können *Sichten* definiert werden, die es erlauben, ein und denselben Datensatz verschiedenen Benutzern in unterschiedlichem Umfang zur Verfügung zu stellen. So kann beispielsweise ein Sachbearbeiter im Prüfungsamt die Prüfungsnoten eines Studierenden einsehen, während die Mitarbeiterin im Rechenzentrum nur den Namen und die E-Mail-Adresse aus dem Datensatz erkennen kann. Bei Dateien ist eine Zugriffskontrolle nur auf Ebene des Betriebssystems möglich und damit wesentlich gröber.

Betriebssystemunabhängigkeit versus Datenbanksystemabhängigkeit

Wird ein Datenbanksystem für mehrere Betriebssysteme bzw. Rechnerplattformen angeboten, ist damit in der Regel auch eine Unabhängigkeit von dem jeweiligen Betriebssystem oder Prozessortyp verbunden. Bei der Verwendung von Dateien ist dies nicht gegeben. Allerdings erkauft man sich mit dem Datenbanksystem meist eine Abhängigkeit von dem jeweiligen Datenbankhersteller. Trotz aller Standardisierungsbemühungen und -beteuerungen ist die Migration (d.h. der Umstieg) von einem Datenbanksystem auf das System eines anderen Anbieters eine sehr mühsame Aufgabe, die von Anwendern gescheut wird.

Know-how

Der Einsatz von Datenbankensystemen erfordert entsprechendes Anwendungs- und Administrationswissen. Daher gibt es dieses Buch und eine Vielzahl anderer Werke über (spezielle) Datenbanksysteme. Der gezielte Umgang mit Dateien erfordert allerdings Programmier- und Betriebssystemkenntnisse. Auch hiervon zeugt eine Unzahl von Publikationen beim Buchhändler Ihres Vertrauens.

Anschaffungs- und Betriebskosten

Die Anschaffung und der Betrieb eines Datenbanksystems verursachen nicht unbeträchtliche Kosten, wobei die Betriebsaufwände auch bei der Nutzung von freien Datenbanksystemen entstehen. Diese Ausgaben müssen sich ebenso wie auch die Kosten für Support und Hardware durch den Datenbankeinsatz wieder amortisieren.

1.3 Relationale Datenbanksysteme

Ein *Datenmodell* dient der formalen Beschreibung von Daten und ihrer Beziehungen untereinander. Das *Datenbankschema* ist das konkrete Datenmodell, das die für einen bestimmten Anwendungsbereich relevanten Daten speichert (z.B. für die Studentenverwaltung einer Hochschule oder für das Rechnungswesen einer Handelsfirma). Die Grundsätze, wie für eine Datenbank ein Datenbankschema definiert werden kann, legt das *Datenbankmodell* fest. Im Laufe der letzten 40 Jahre wurde eine Reihe verschiedenartiger Datenbankmodelle entwickelt. Ältere Beispiele sind das hierarchische und das Netzwerk-Datenbankmodell. Derzeit vorherrschend sind *relationale Datenbanksysteme.* Das diesen Systemen zugrunde liegende *relationale Datenbankmodell* wurde 1970 von Edgar F. Codd [28] erstmals beschrieben.

1.3.1 Tabellen

In relationalen Datenbanken werden die Daten tabellarisch in *Relationen* organisiert. Sind die Daten einer Relation dauerhaft in der Datenbank gespeichert, so bezeichnet man die Relation auch als *Tabelle*. Eine Zeile einer Tabelle entspricht einem Datensatz (auch *Tupel* genannt). Die Reihenfolge der Datensätze in einer Tabelle ist willkürlich; d.h. Tabellen sind nicht geordnet.

Die einzelnen Spalten (*Attribute*) der Tabelle speichern die verschiedenen Eigenschaften der Datensätze (die *Attributwerte*), wobei es i.d.R. erlaubt ist, dass Attributwerte nicht belegt sind (*Nullwerte*). Somit haben die Datensätze einer Tabelle die gleiche Struktur, die sich auch in der Kopfzeile einer Tabelle widerspiegelt. Die Beschreibung der Tabellenstruktur (z.B. die Namen und Wertebereiche der Attribute) wird als *Relationenschema* bezeichnet. Die Relationenschemata einer Datenbank werden im *Data Dictionary* gespeichert. Die Relationenschemata und Metadaten anderer Datenbankobjekte sind über ein *Informationsschema* abfragbar.

Das nachfolgende Beispiel zeigt die Tabelle „Gemeinden", in der sechs Datensätze gespeichert sind. Jeder Datensatz besteht aus den Attributen `gkz` für das Gemeindekennzeichen, `name` für den Gemeindenamen und `einw` für die Einwohnerzahl der Gemeinde.

Tabelle "Gemeinden":

```
    GKZ NAME                               EINW
------- ------------------------------ ----------
3241001 Hannover                           506416
3403000 Oldenburg                          157267
3451002 Bad Zwischenahn                     27437
3451007 Westerstede                         21941
3461004 Elsfleth                             9196
3404000 Osnabrück                          153699
3405000 Wilhelmshaven                       77451
```

Ein *Schlüssel* (engl. *Key*) ist ein Attribut oder eine Kombination aus mehreren Attributen, die einen Datensatz in einer Tabelle eindeutig identifizieren. Ein *Primärschlüssel* (engl. *Primary Key*) ist der Schlüssel einer Tabelle, der bei der Tabellendefinition zur Identifikation der Datensätze ausgewählt wurde. Für die Tabelle der Gemeinden ist `gkz` ein geeigneter Primärschlüssel.

Eine wichtige Eigenschaft des relationalen Datenbankmodells ist, dass alle Attribute *atomar* sind: Jedes Attribut ist einem einfachen *Wertebereich* (engl. *Domain*) zugeordnet. Beispiele hierfür sind Zahlen, Zeichenketten und Datums- und Zeitangaben. Insbesondere mengenwertige Attribute sind in diesem Sinn nicht atomar. Auch widerspricht der Missbrauch von Zeichenketten zur Speicherung mengenwertiger Informationen (z.B. `'Wilhelmshaven, Oldenburg, Elsfleth'`) der *ersten Normalform*, die die Atomarität der Attribute fordert.

Die Definition von Tabellen erfolgt über eine *Datendefinitionssprache* (*DDL*). Im Fall von *SQL* (*Structured Query Language*), der standardisierten Datenbanksprache für relationale Datenbanksysteme, bildet die DDL einen Teil der Gesamtsprache. Die Definition von Tabellen erfolgt über die Anweisung `CREATE TABLE`. Weitere Befehle der DDL sind `ALTER TABLE` zum Ändern des Relationenschemas und `DROP TABLE` zum Löschen der Tabelle, also der Daten und der Tabellenstruktur.

Das nachfolgende Beispiel zeigt *SQL-Anweisungen*, mit denen man die Tabelle „Gemeinden“ anlegen bzw. ändern kann[1]. Für jedes Attribut muss dessen Name und Datentyp angegeben werden. Optional können *Integritätsbedingungen* (engl. *Constraints*) definiert werden. In diesem Beispiel wird mittels der Integritätsbedingungen zunächst definiert, dass gkz der Primärschlüssel ist und dass für das Attribut name Nullwerte ausgeschlossen sind. Über ALTER TABLE wird mithilfe einer zusätzlichen *Integritätsregel* (engl. *Integrity Rule*) festgelegt, dass die Einwohnerzahl einw nicht negativ sein darf. In diesem und den nachfolgenden Beispielen wird versucht, über die Namensgebung sowohl die Art als auch den Bezug der Integritätsbedingung deutlich zu machen. Dies hilft Fehlermeldungen verständlicher zu machen, falls bei einer Aktion gegen eine Integritätsbedingung verstoßen wird. Über DEFAULT kann man einen Standardwert für ein Attribut definieren, den ein neuer Datensatz erhält, falls kein Wert für das Attribut beim Einfügen festgelegt wird.

```
-- Anlegen der Tabelle:²
CREATE TABLE Gemeinden (
  gkz   DECIMAL(8),                          -- Gemeindeschlüssel
  name  VARCHAR(30)  NOT NULL,               -- Gemeindename
  einw  DECIMAL(7)   DEFAULT 0,              -- Einwohnerzahl
  CONSTRAINT pk_gem PRIMARY KEY (gkz)        -- Primärschlüssel
);

-- Ändern der Tabelle:
ALTER TABLE Gemeinden ADD CONSTRAINT ck_gem_einw CHECK (einw >= 0);

-- Löschen der Tabelle:
DROP TABLE Gemeinden;
```

Das Einfügen, Ändern und Löschen von Datensätzen erfolgt über eine *Datenmanipulationssprache* (*DML*), die ebenfalls Teil von SQL ist. Die entsprechenden Anweisungen heißen INSERT, UPDATE und DELETE. Solche Anweisungen werden erst nach Abschluss der zugehörigen Transaktion endgültig wirksam. Transaktionen werden über Anweisungen der *Datenkontrollsprache* (engl. *Data Control Language*, *DCL*) abgeschlossen. Ein COMMIT macht alle Änderungen der Transaktion wirksam und ein ROLLBACK nimmt alle Änderungen einer Transaktion zurück, d.h. alle Anweisungen nach dem letzten DCL-Befehl. Einige DML- und DCL-Befehle zeigt das nachfolgende Beispiel[3]:

```
-- Einfügen neuer Datensätze:
INSERT INTO Gemeinden (gkz,name,einw) VALUES (3241001,'Hannover',349149);
INSERT INTO Gemeinden (gkz,name) VALUES (3403000,'Oldenburg');
COMMIT;
```

[1] Bei den nachfolgenden Beispielen wird davon ausgegangen, dass ein Benutzer (zumindest) die Rechte der Benutzerrollen CONNECT und RESOURCE sowie die Berechtigung SELECT VIEW besitzt; auf zusätzlich erforderliche Rechte wird jeweils bei Bedarf hingewiesen. Damit ein Benutzer in Oracle Tabellen anlegen bzw. die Tabellen mit Daten füllen kann, muss ihm vom Datenbankadministrator für seinen Standard-Tablespace (vgl. Abschnitt 2.1.3) zudem Speicherplatz („Quota“) zugewiesen worden sein; ab Version 12.1 reicht dazu nicht mehr die Benutzerrolle RESOURCE aus.

[2] Eine SQL-Anweisung wird durch ein ; abgeschlossen. Das -- leitet einen Kommentar bis zum Zeilenende ein.

[3] In diesem Kapitel sind nicht alle Einfügeanweisungen abgedruckt, die notwendig sind, um die im Laufe des Kapitels angelegten Tabellen zu füllen. Alle dazu erforderlichen Anweisungen sind aber in der Datei „Kapitel1.sql“ enthalten, die unter http://www.geodbs.de heruntergeladen werden kann.

```
-- Ändern vorhandener Datensätze:
UPDATE Gemeinden SET einw = 157267 WHERE gkz = 3403000;
UPDATE Gemeinden SET einw = einw +
                    (SELECT einw FROM Gemeinden WHERE gkz = 3403000)
WHERE Name = 'Hannover';
COMMIT;

-- Löschen von Datensätzen und Rücknahme des Löschens:
DELETE
FROM Gemeinden
WHERE name = 'Hannover';
ROLLBACK;
```

Ein *Index* dient in einem Datenbanksystem dazu, Anfragen effizient bearbeiten zu können. Es handelt sich dabei um ein dynamisches Inhaltsverzeichnis, das die schnelle Suche von Datensätzen gemäß gewisser Anfragebedingungen unterstützt. Ein Index wird bezüglich eines oder mehrerer Attribute definiert. Für einen Primärschlüssel legt ein relationales Datenbanksystem typischerweise automatisch einen Index an. Möchte man die Suche bezüglich anderer Attribute beschleunigen, kann man auch für diese einen Index anlegen; im nachfolgenden Beispiel erfolgt dies für das Attribut `name` der Tabelle „Gemeinden“:

```
CREATE INDEX Gemeinden_name_ix
ON Gemeinden(name);
```

Die Aktualisierung und Speicherung eines Indexes benötigt Rechenzeit und Speicherplatz. Die Definition eines Indexes für ein Attribut lohnt sich nur, wenn dieses Attribut häufig in Anfragebedingungen verwendet wird und dabei hinreichend selektiv ist, also nur ein kleiner Teil der Datensätze die Anfragebedingung erfüllt.

1.3.2 Beziehungen

Beziehungen (engl. *Relationships*) zwischen Datensätzen werden im relationalen Datenbankmodell über *Fremdschlüssel* (engl. *Foreign Keys*) realisiert. Beziehungen können zwischen Datensätzen der gleichen oder aus unterschiedlichen Tabellen existieren. Um die Beschreibung zu vereinfachen, nehmen wir im Folgenden den zweiten Fall an. Dann ist ein Fremdschlüssel ein Attribut oder eine Attributkombination, die dem Primärschlüssel der einen Tabelle entspricht und in der anderen Tabelle der Beziehung als zusätzliche(s) Attribut(e) aufgenommen wird. Der Fremdschlüssel ist also ein Verweis von Datensätzen der einen Tabelle auf jeweils einen Datensatz der anderen Tabelle. Falls der Fremdschlüssel in der Tabelle, in der er gespeichert wird, kein Schlüssel ist, liegt eine *1-zu-n-Beziehung* vor. Ist der Fremdschlüssel dort ein Schlüssel, handelt es sich um eine *1-zu-1-Beziehung*.

In der nachfolgend dargestellten Tabelle „Kreise“ ist das Attribut `kkz` (Kreiskennzeichen) der Primärschlüssel. Das Attribut `kreisstadt` ist Fremdschlüssel hinsichtlich der Tabelle der Gemeinden. Ein Kreis besitzt eine Kreisstadt. Eine Gemeinde ist Kreisstadt von keinem Kreis (z.B. Bad Zwischenahn), von einem Kreis (z.B. Westerstede) oder von mehreren Kreisen (z.B. Osnabrück). Damit liegt eine 1-zu-n-Beziehung zwischen den Datensätzen der Tabellen „Gemeinden“ und „Kreise“ vor.

Tabelle "Kreise":

KKZ	NAME	QKM	KREISSTADT
3403	Oldenburg Stadt	102,97	3403000
3451	Ammerland	728,16	3451007
3404	Osnabrück Stadt	119,8	3404000
3459	Osnabrück Land	2121,56	3404000

Im Fall einer *n-zu-m-Beziehung* kann es zu einem Datensatz einer Tabelle „A" mehrere zugehörige Datensätze einer Tabelle „B" geben und umgekehrt zu einem Datensatz aus der Tabelle „B" mehrere zugehörige Datensätze der Tabelle „A". Dies erfordert in relationalen Datenbanken das Einführen einer zusätzlichen *Verknüpfungstabelle* „AB" und das Aufspalten der n-zu-m-Beziehung in zwei 1-zu-n-Beziehungen. Die Tabelle „AB" nimmt dann die Primärschlüssel der Tabellen „A" und „B" als Fremdschlüssel auf; diese beiden Fremdschlüssel bilden gemeinsam einen geeigneten Primärschlüssel für die Tabelle „AB".

Die Beziehung „HatStandortIn" ist eine n-zu-m-Beziehung zwischen den Datensätzen der Tabellen „Hochschulen" und „Gemeinden". Die Tabelle „HatStandortIn" besitzt die Fremdschlüssel `hs` und `gemeinde` als Verweise auf Datensätze in „Hochschulen" und „Gemeinden". Die Jade Hochschule hat demnach drei Standorte und in Oldenburg befinden sich zwei Hochschulen.

Tabelle "Hochschulen":

NUM	NAME	STUD
1	Uni Oldenburg	12000
2	Jade Hochschule	6700
3	Uni Hannover	22000

Tabelle "HatStandortIn":

HS	GEMEINDE
3	3241001
1	3403000
2	3403000
2	3461004
2	3405000

Fremdschlüssel sind Verweise. Bei Verweisen kann grundsätzlich das Problem auftreten, dass sie ins „Nirwana" zeigen, also auf eine nicht (mehr) existente Stelle. Jeder Internet-Surfer oder jede Programmiererin, die Zeiger verwendet, ist mit diesem Problem vertraut. Die Antwort des relationalen Datenbankmodells darauf heißt *referenzielle Integrität.* Bei referenzieller Integrität stellt das DBMS sicher, dass nur Fremdschlüssel gespeichert werden, für die es Primärschlüssel gibt. Wird ein Datensatz gelöscht, auf den Fremdschlüssel verweisen, wird entweder das Löschen nicht zugelassen oder es werden die Datensätze mit diesen Fremdschlüsseln gelöscht (`ON DELETE CASCADE`). Dritte Variante ist das Löschen der Werte dieser Fremdschlüssel (`ON DELETE SET NULL`). Voraussetzung für die Sicherstellung der referenziellen Integrität ist, dass dem Datenbanksystem die entsprechenden Beziehungen bekannt gegeben worden sind. Dies erfolgt über Integritätsbedingungen.

Die nachfolgenden DDL-Anweisungen zeigen die Definition der bereits verwendeten Tabellen „Kreise", „Hochschulen" und „HatStandortIn". In der Tabelle „Kreise" wird dem Datenbanksystem das Attribut `kreisstadt` als Fremdschlüssel auf die Tabelle „Gemeinden" bekannt gegeben. Auch die Attribute `hs` und `gemeinde` in „HatStandortIn" werden als Fremdschlüssel deklariert; in diesem Fall bewirkt ein Löschen der referenzierten Datensätze aus den Tabellen „Hochschulen" bzw. „Gemeinden" auch das Löschen der referenzierenden Datensätze aus der Tabelle „HatStandortIn".

```
CREATE TABLE Kreise (
  kkz         DECIMAL(5),                       -- 5-stelliger Kreisschlüssel
  name        VARCHAR(20) NOT NULL,             -- Name des Kreises
  qkm         DECIMAL(8,2),                     -- Fläche in qkm
  kreisstadt DECIMAL(8),                        -- GKZ der Kreisstadt
  CONSTRAINT pk_krs PRIMARY KEY (kkz),          -- Primärschlüssel
  CONSTRAINT ck_krs_qkm CHECK (qkm > 0),        -- Integritätsregel
  CONSTRAINT fk_krs_kst FOREIGN KEY (kreisstadt)
    REFERENCES Gemeinden(gkz)                   -- Fremdschlüssel
);
CREATE TABLE Hochschulen (
  num   INTEGER,                                -- Hochschulschlüssel
  name  VARCHAR(20)  NOT NULL,                  -- Hochschulname
  stud  DECIMAL(6),                             -- Zahl der Studierenden
  CONSTRAINT pk_hs PRIMARY KEY (num)            -- Primärschlüssel
);
CREATE TABLE HatStandortIn (
  hs         INTEGER,                               -- Hochschulschlüssel
  gemeinde  DECIMAL(8),                             -- GKZ des Standorts
  CONSTRAINT pk_stdort PRIMARY KEY (hs, gemeinde),  -- komb. Primärschlüssel
  CONSTRAINT fk_stdort_hs FOREIGN KEY (hs)
    REFERENCES Hochschulen(num) ON DELETE CASCADE,  -- 1. Fremdschlüssel
  CONSTRAINT fk_stdort_gem FOREIGN KEY (gemeinde)
    REFERENCES Gemeinden(gkz) ON DELETE CASCADE     -- 2. Fremdschlüssel
);
```

In Abbildung 1.8 werden die Beziehungen aus den Beispieltabellen in einem *Beziehungsdiagramm* visualisiert. Die Primärschlüssel sind jeweils fett dargestellt.

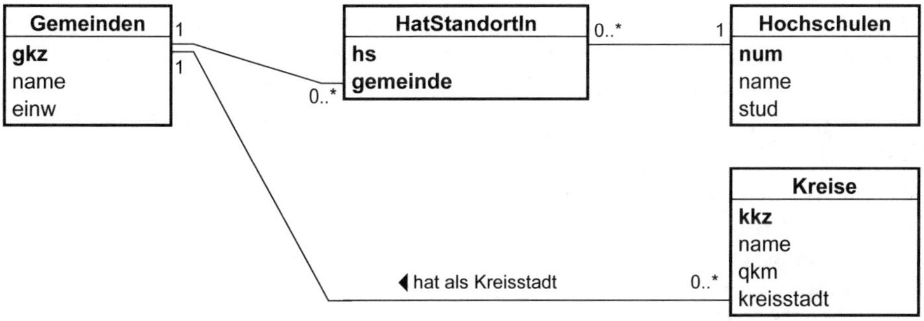

Abb. 1.8: Beziehungsdiagramm

1.3.3 Anfragen

Anfragen werden über eine *Anfragesprache* (engl. *Query Language*) an ein Datenbanksystem gestellt. Die Anfragesprache ist ein wesentlicher Teil von SQL. Eine SQL-Anfrage besteht aus den folgenden drei Grundbestandteilen, wobei die `WHERE`-Klausel auch entfallen kann:

```
SELECT <Attributliste>
FROM <Liste von Relationen>
WHERE <Anfragebedingungen>;
```

Das Ergebnis einer Anfrage ist eine Relation, die aus einem oder mehreren Tupeln besteht oder aber auch leer sein kann. Die Ergebnisrelation kann auf Wunsch als Tabelle in der Datenbank abgespeichert werden. Es lassen sich verschiedene Arten von Anfragen unterscheiden, die sich bei Bedarf auch miteinander verknüpfen lassen.

1.3.3.1 Kategorien von Anfragen

Projektion

Die Projektion wählt einen Teil der vorhandenen Attribute für das Anfrageergebnis aus. Dazu werden die gewünschten Attribute in der SELECT-Klausel aufgeführt. Möchte man keine Projektion ausführen, sondern alle Attribute ausgeben, wird ein * angegeben.

```
-- keine Projektion = Ausgabe aller Attribute:
SELECT * FROM Gemeinden;

-- Projektion:
SELECT name, einw FROM Gemeinden;

NAME                                EINW
------------------------------ ----------
Hannover                          506416
Oldenburg                         157267
Bad Zwischenahn                    27437
Westerstede                        21941
Elsfleth                            9196
Osnabrück                         153699
Wilhelmshaven                      77451
```

Selektion

Die Selektion wählt eine Menge von Tupeln gemäß eines oder mehrerer *Vergleichsoperatoren* aus, die in der WHERE-Klausel angegeben werden. Die *Platzhalter* % und _ stehen für eine beliebige Zeichenkette bzw. für ein einzelnes Zeichen und werden aufgrund des LIKE-Operators als Platzhalter erkannt. Über *logische Operatoren* können zwei Operatoren verknüpft (AND, OR) bzw. negiert (NOT) werden.

```
-- Auswahl der Großstädte:
SELECT * FROM Gemeinden WHERE einw >= 100000;

       GKZ NAME                                EINW
---------- ------------------------------ ----------
   3241001 Hannover                          506416
   3403000 Oldenburg                         157267
   3404000 Osnabrück                         153699

-- Gemeinden, deren Name mit W beginnt oder mit weniger als 50000 Einw.:
SELECT name, einw
FROM Gemeinden
WHERE name LIKE 'W%' OR einw < 50000;

NAME                                EINW
------------------------------ ----------
Bad Zwischenahn                    27437
Elsfleth                            9196
Westerstede                        21941
Wilhelmshaven                      77451
```

Verbund (engl. Join)

Der Verbund verknüpft zwei oder mehr Relationen miteinander, wobei eine *Verbundbedingung* zwischen den verknüpften Tupeln erfüllt sein muss. Im nachfolgenden Beispiel vergleicht die Verbundbedingung den Fremdschlüssel kreisstadt aus der Tabelle „Kreise" mit dem Primärschlüssel gkz aus der Tabelle „Gemeinden":

```
-- Die Kreisnamen mit den Namen der zugehörigen Kreisstädte:
SELECT Kreise.name, Gemeinden.name
FROM Kreise, Gemeinden
WHERE kreisstadt = gkz;

KREISE.NAME          GEMEINDEN.NAME
-------------------- --------------
Oldenburg Stadt      Oldenburg
Ammerland            Westerstede
Osnabrück Stadt      Osnabrück
Osnabrück Land       Osnabrück
```

Man beachte, dass der Verbund eine aufwendige Operation ist, die von relationalen Datenbanksystemen sehr häufig ausgeführt werden muss. Daher ist eine wichtige Anforderung an Datenbankmanagementsysteme, den Verbund sehr effizient auszuführen.

Oracle unterstützt auch die Schreibweise gemäß dem SQL-92-Standard. Demnach wird die Verbundbedingung in der ON-Klausel angegeben:

```
SELECT Kreise.name, Gemeinden.name
FROM Kreise INNER JOIN Gemeinden
ON kreisstadt = gkz;
```

Bei einem *äußeren Verbund* (engl. *Outer Join*) werden auch Tupel einer Relation in das Ergebnis aufgenommen, zu denen es keine korrespondierenden Tupel in der anderen Relation gibt. Über LEFT JOIN bzw. RIGHT JOIN wird auf die Relation hingewiesen, die (gemäß der Verbundbedingung) vollständig ausgegeben werden soll:

```
SELECT Gemeinden.name, Kreise.name
FROM Gemeinden LEFT JOIN Kreise
ON gkz = kreisstadt;

GEMEINDEN.NAME       KREISE.NAME
-------------------- -----------------
Hannover
Elsfleth
Oldenburg            Oldenburg Stadt
Osnabrück            Osnabrück Stadt
Osnabrück            Osnabrück Land
Wilhelmshaven
Bad Zwischenahn
Westerstede          Ammerland
```

Entfällt die Verbundbedingung, so liegt ein *kartesisches Produkt* vor, bei dem jedes Tupel der einen Relation mit jedem Tupel der anderen Relation verknüpft wird:

```
-- Kartesisches Produkt:
SELECT Kreise.name, Gemeinden.name
FROM Kreise, Gemeinden;
```

```
-- Kartesisches Produkt gemäß SQL-92:
SELECT Kreise.name, Gemeinden.name
FROM Kreise CROSS JOIN Gemeinden;

28 Zeilen ausgewählt.
```

IN-Bedingungen

SQL-Anfragen lassen sich ineinander schachteln. Häufig erfolgt dies mithilfe einer *IN-Bedingung*. Dabei testet man, ob der Attributwert aus einer SQL-Anfrage in dem Anfrageergebnis einer anderen SQL-Anfrage enthalten ist. Das nachfolgende Beispiel sucht mit dem Gemeindeschlüssel aus der Tabelle „Gemeinden" in einer Anfrage auf der Tabelle „Kreise":

```
SELECT name
FROM Gemeinden
WHERE gkz IN (SELECT kreisstadt FROM Kreise);

NAME
------------------
Oldenburg
Osnabrück
Westerstede
```

Sortierung und Entfernung von Duplikaten

Die Ergebnisrelation von Anfragen ist zunächst nicht geordnet. Benötigt man eine Sortierung, muss diese durch ein nachgestelltes `ORDER BY` explizit angefordert werden:

```
-- aufsteigende Sortierung nach dem Namen:
SELECT gkz, name FROM Gemeinden ORDER BY name;

-- absteigende Sortierung nach der Einwohnerzahl:
SELECT gkz, name FROM Gemeinden ORDER BY einw DESC;
```

Wird bei einer Selektion kein oder nur ein Teil eines Schlüssels ausgewählt, können ggf. Duplikate im Anfrageergebnis auftauchen, die über ein dem `SELECT` nachgestelltes `DISTINCT` entfernt werden können:

```
-- Projektion mit Duplikaten:
SELECT hs FROM HatStandortIn;

        HS
----------
         3
         1
         2
         2
         2

-- Projektion mit Entfernung von Duplikaten:
SELECT DISTINCT hs FROM HatStandortIn;

        HS
----------
         1
         2
         3
```

Aggregatfunktionen

Aggregatfunktionen ermitteln für eine Relation bezüglich eines Attributs einen Resultatswert. So kann für eine Menge von Tupeln beispielsweise deren Anzahl, die Summe oder der minimale, der maximale oder der durchschnittliche Wert eines Attributs bestimmt werden. Aggregatfunktionen können in der SELECT-Klausel verwendet werden.

```
-- Anzahl der Gemeinden:
SELECT COUNT(*) FROM Gemeinden;

-- Durchschnittliche Einwohnerzahl der größeren Gemeinden:
SELECT AVG(einw) FROM Gemeinden WHERE einw > 50000;

 AVG(EINW)
----------
  194539,4
```

Gruppierung

Eine weitere Art von Anfragen stellt die Gruppierung dar. Sie erlaubt, bezüglich eines oder mehrerer Attribute über die GROUP BY-Klausel Gruppen zu bilden und bezüglich dieser Gruppen Auswertungen vorzunehmen. Diese Auswertungen erfolgen typischerweise über Aggregatfunktionen. In der nachfolgenden Beispielanfrage soll die Anzahl der Hochschulen pro Gemeinde bestimmt werden. Dazu wird die Tabelle „HatStandortIn" über den Gemeindeschlüssel gruppiert und jeweils die belegten Werte des Attributs hs gezählt.

```
SELECT gemeinde, COUNT(hs)
FROM HatStandortIn
GROUP BY gemeinde;

GEMEINDE COUNT(HS)
-------- ---------
 3241001         1
 3403000         2
 3405000         1
 3461004         1
```

Bedingungen, die sich auf Eigenschaften der Gruppe beziehen (d.h. Attribute, nach denen gruppiert wird, und Aggregatfunktionen) können über eine HAVING-Klausel formuliert werden.

1.3.3.2 Sichten

Über die Definition von *Sichten* (engl. *Views*) können Anfragen in der Datenbank unter einem Namen gespeichert werden. Die Definition einer Sicht hat folgende Grundstruktur:

```
CREATE VIEW <Name> AS <SQL-Anfrage> [ WITH CHECK OPTION ];
```

Die CHECK-Option erlaubt nur solche Einfüge- und Änderungsoperationen, bei denen das Resultat in der Sicht enthalten ist bzw. bleibt. Sichten können in der FROM-Klausel genauso wie Tabellen verwendet werden:

```
-- Anlegen der Sicht:
CREATE VIEW Grossstädte AS
  SELECT * FROM Gemeinden WHERE einw >= 100000;
```

```
-- Verwenden der Sicht:
SELECT name, einw FROM Grossstädte;
NAME                                 EINW
------------------------------ ----------
Hannover                           506416
Oldenburg                          157267
Osnabrück                          153699
```

Über DROP VIEW <*View-Name*> kann eine Sicht wieder gelöscht werden.

1.4 Objektrelationale Datenbanksysteme

In den 90er-Jahren hat sich die Verwendung von objektorientierten Programmiersprachen in der Software-Entwicklung durchgesetzt. Als Beispiele sind C++, Java, Object Pascal und C# zu nennen. Entsprechend wurde auch eine Reihe von neu konzipierten *objektorientierten Datenbanksystemen* entwickelt. Vergleicht man allerdings deren Markterfolg mit dem der objektorientierten Programmiersprachen, so fällt dieser doch recht bescheiden aus. Ein Hauptgrund dafür mag sein, dass Datenbanksysteme oftmals den Kern von unternehmenskritischen Anwendungen darstellen. Daraus resultiert, dass Unternehmen sich meist scheuen, ein neues, noch nicht durch jahrelangen Einsatz ausgereiftes Datenbanksystem einzusetzen. Außerdem ist in der Regel eine Vielzahl von Anwendungsprogrammen auf ein (bestimmtes) relationales Datenbanksystem ausgerichtet. Ein Austausch des Datenbanksystems gegen ein neues System mit geänderten Schnittstellen und neuer Datenbanksprache ist damit faktisch nicht realisierbar. Aus diesen Gründen ist derzeit und auch in absehbarer Zukunft nicht mit einem flächendeckenden Einsatz von objektorientierten Datenbanksystemen zu rechnen.

Die Alternative zu dem Einsatz von objektorientierten Datenbanksystemen stellt die Erweiterung des relationalen Datenbankmodells um objektorientierte Konzepte dar. In diesem Fall spricht man vom *objektrelationalen Datenbankmodell*. Relationale Datenbanksysteme, die entsprechende Erweiterungen besitzen, heißen *objektrelationale Datenbanksysteme* [192]. Diese Entwicklung hat insbesondere in den SQL-Versionen SQL:1999 und SQL:2003 ihren Niederschlag gefunden [115] [197].

1.4.1 Objekte

Ein *Datentyp* ist eine Zusammenfassung eines Wertebereichs und passender Operationen. In typisierten Programmiersprachen haben alle Variablen und vergleichbare Größen zum Zeitpunkt der Deklaration (d.h. der Vereinbarung) einen festgelegten Datentyp. Ebenso besitzen die Attribute einer Tabelle einen Datentyp. Gemäß dem *Geheimnisprinzip* sollte ein Datentyp möglichst viele implementierungsspezifische Informationen nach außen verbergen; die Nutzung eines Datentyps erfolgt dann nur über explizit dafür vorgesehene Operationen. In älteren Programmiersprachen, z.B. Pascal oder C, lassen sich zwar durch den Programmierer Datentypen definieren; eine formale Zuordnung von Operationen zu solchen Datentypen erfolgt aber nicht.

Eine *Klasse* ist eine Sammlung von *Objekten* gleicher Struktur, auf die die gleichen Operationen (*Methoden*) angewendet werden können. Damit ist eine Klasse ein Datentyp und Objekte sind konkrete Ausprägungen (*Instanzen*) dieses Datentyps. In einer *objektorientier-*

ten Programmiersprache sind die Methoden der Klasse zugeordnet. Methoden werden typischerweise auf Objekte angewendet. Eine Ausnahme bilden *Klassenmethoden*, die sich nicht auf ein einzelnes Objekt beziehen, sondern auf die Klasse. Klassenmethoden werden in vielen Programmiersprachen auch als *statische Methoden* bezeichnet. Objekte werden üblicherweise zur Laufzeit eines Programms über *Konstruktoren* erzeugt. Da sie sich nicht auf ein vorhandenes Objekt beziehen, sind Konstruktoren in vielen Programmiersprachen Klassenmethoden.

Das nachfolgende Beispiel illustriert die Umsetzung eines Datentyps zur Repräsentation zweidimensionaler Punkte mittels einer Klasse, die in der Programmiersprache Java beschrieben ist. Die beiden Funktionen `istWestlichVon` und `gebeBeschreibung` beziehen sich jeweils auf ein Objekt, sodass dieses nicht explizit in der Parameterliste der Funktionen aufgeführt wird. Dieses Objekt wird mit `this` bezeichnet. Innerhalb von Methoden, die sich auf das Objekt beziehen, ist die Schreibweise `attributname` die Kurzform von `this.attributname`, die eingesetzt werden kann, falls es keine lokale Variable oder keinen Parameter mit gleichem Namen gibt. Die Funktion `nullpkt` ist durch das Schlüsselwort `static` als Klassenmethode spezifiziert; hier steht das Objekt `this` nicht zur Verfügung.

```
// Klasse für zweidimensionale Punkte
public class Punkt2D {
  private double x;    // x-Koordinate; nicht von außen zugreifbar.
  private double y;    // y-Koordinate; nicht von außen zugreifbar.
  // Konstruktor eines Punktes aus zwei Koordinatenwerten x und y.
  public Punkt2D (double x, double y) {
    this.x = x;
    this.y = y;
  }
  // Testet, ob das Punktobjekt westlich vom Vergleichspunkt liegt.
  public boolean istWestlichVon (Punkt2D vgl) {
    return x < vgl.x;
  }
  // Gibt eine textuelle Beschreibung zurück.
  public String gebeBeschreibung() {
    return "(" + x + " , " + y + ")";
  }
  // Gibt den Nullpunkt zurück.
  public static Punkt2D nullpkt() {
    return new Punkt2D (0.0, 0.0);
  }
  // Beispielhafte Nutzung
  public static void main (String[] args) {
    Punkt2D p1 = new Punkt2D (3.5,4.0);
    Punkt2D p2 = Punkt2D.nullpkt();
    if (p2.istWestlichVon(p1))
      System.out.println (p2.gebeBeschreibung() +
                          " liegt westlich von " + p1.gebeBeschreibung());
  }
} // class
```

1.4.2 Vererbung und Polymorphie

Zwei wesentliche Konzepte der Objektorientierung – *Vererbung* (engl. *Inheritance*) und *Polymorphie* – sind bislang noch nicht erwähnt worden. Bei der *Vererbungsbeziehung* übernimmt eine Klasse „K1" alle Attribute und Operationen einer anderen Klasse „K2". „K1" ist dann die *Unterklasse* (engl. *Subclass*) von „K2" und „K2" die *Oberklasse* (engl. *Superclass*) von „K1". Die Unterklasse kann gegenüber der Oberklasse zusätzliche Attribute und Methoden aufweisen. In diesem Sinne ist die Unterklasse spezieller als die Oberklasse; Vererbungsbeziehungen werden daher insbesondere zur Modellierung von *Spezialisierungen* verwendet. Die Vererbung verringert zum einen den Implementierungsaufwand, da man die Attribute und Methoden, die für die Oberklasse bereits programmiert worden sind, nicht nochmals implementieren muss. Zum anderen unterstützt die Vererbung die Pflege des Systems: Änderungen müssen nur noch bei der obersten betroffenen Klasse einer Vererbungshierarchie durchgeführt werden; alle Unterklassen übernehmen damit automatisch diese Änderungen. Dies spart Aufwand und vermeidet insbesondere Fehler, die typischerweise dadurch auftreten, dass man bei einer Klasse, die die entsprechende Methode besitzt, vergisst, die Änderung durchzuführen.

Oft gibt es die Situation, dass für eine (spezialisierte) Unterklasse eine Aufgabe leichter gelöst werden kann oder anders gelöst werden muss als für die Oberklasse. Daher erlaubt die Vererbung, dass die Implementierung einer Methode in einer Unterklasse entweder erweitert oder geändert wird. Diese Methode wird dann *überschrieben*.

Das in Abbildung 1.9 dargestellte *Klassendiagramm* stellt die Vererbungsbeziehung zwischen der Unterklasse `BenannterPunkt2D` und der Oberklasse `Punkt2D` in UML-Notation dar. In den Klassen sind nach den Attributen die Methoden aufgeführt, wobei Klassenmethoden unterstrichen sind. In der Unterklasse wird das Attribut `name` zusätzlich zu den geerbten Attributen `x` und `y` eingeführt. Eine zusätzliche Methode stellt die Methode `hatGleichenNamen` dar. Der Konstruktor und die Funktion `gebeBeschreibung` werden funktional erweitert. Die Methoden `istWestlichVon` und `nullpkt` können ohne Änderungen von `Punkt2D` übernommen werden und sind daher bei der Klasse `BenannterPunkt2D` nicht aufgeführt.

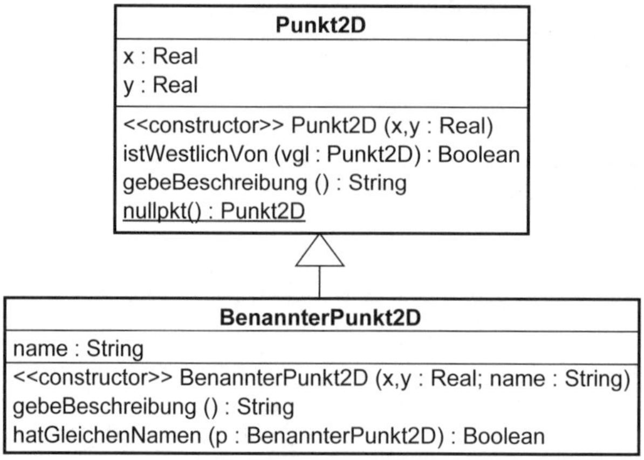

Abb. 1.9: Klassendiagramm mit Ober- und Unterklasse

Die nachfolgend dargestellte Java-Klasse zeigt eine mögliche Realisierung der Unterklasse BenannterPunkt2D. Der Konstruktor und die Funktion gebeBeschreibung rufen in der Implementierung die entsprechenden Operationen der Oberklasse auf; dies wird durch das Schlüsselwort super kenntlich gemacht.

```
// Klasse für zweidimensionale Punkte, die eine Bezeichnung besitzen
public class BenannterPunkt2D extends Punkt2D {
  private String name;  // Punktname als zusätzliches Attribut.
  // Konstruktor eines Punktes aus 2 Koordinatenwerten und Namen.
  public BenannterPunkt2D (double x, double y, String name) {
    super(x, y);        // Aufruf des Konstruktors der Oberklasse
    this.name = name;
  }
  // Vergleich des Punktnamens mit dem eines Vergleichspunktes.
  public boolean hatGleichenNamen (BenannterPunkt2D p) {
    return name.equals(p.name);
  }
  // Gibt eine textuelle Beschreibung zurück.
  // Überschreibt die Methode der Oberklasse.
  public String gebeBeschreibung() {
    return name + ": " + super.gebeBeschreibung();
  }
} // class
```

Ein Objekt einer Unterklasse lässt sich einer Variablen vom Typ der Oberklasse zuweisen. Ruft man dann für dieses Objekt eine Methode auf, die in der Unterklasse überschrieben wurde, so wird trotzdem die Methode der Unterklasse verwendet. Das Objekt weiß also, zu welcher Klasse es gehört, und führt damit die richtige Methode aus; die Methode wird dynamisch zur Laufzeit an das Objekt gebunden. Diesen Mechanismus nennt man *Polymorphie.* In einigen Programmiersprachen muss eine Methode als *virtuelle Methode* deklariert worden sein, damit die Polymorphie wirksam wird; in Java hingegen sind Methoden standardmäßig virtuelle Methoden. Die nachfolgende Methode illustriert die Funktionsweise von Polymorphie:

```
// Beispielhafte Nutzung von BenannterPunkt2D
public static void main(String[] args) {
  BenannterPunkt2D p3 = new BenannterPunkt2D (4.5,7.0,"Mittelpunkt");
  Punkt2D p1 = p3;
  System.out.println(p1.gebeBeschreibung());
                                      // Ausgabe: Mittelpunkt (4.5,7.0)
}
```

Eine Klasse braucht nicht alle Methoden, die sie in ihrer Klassendefinition spezifiziert, implementieren. Die Implementierung solcher *abstrakter Methoden* muss dann in den Unterklassen erfolgen. Klassen, die mindestens eine abstrakte Methode besitzen, heißen *abstrakte Klassen*. Eine abstrakte Klasse ist nicht *instanziierbar*, das heißt, dass keine Objekte solcher Klassen erzeugt werden können. Der Einsatz von abstrakten Klassen ist insbesondere dann sinnvoll, wenn man für alle Unterklassen garantieren möchte, dass eine bestimmte Funktionalität zur Verfügung gestellt wird, man aber nicht in der Lage ist, diese Funktionalität in der Oberklasse zu programmieren. Ein Beispiel ist eine Methode, die testet, ob eine Geometrie eine Überlappung mit einem Rechteck aufweist. Eine solche Funktionalität möchte man oft für alle Geometrien zur Verfügung haben. Die Programmierung hängt aber stark von der Art der Geometrie ab; für einen Kreis ist z.B. ein solcher Test völlig anders zu implementieren als für ein Polygon. Daher kann die Programmierung der entsprechenden Methoden erst in den Unterklassen erfolgen. In dem Beispiel mit den Klassen `BenannterPunkt2D` und `Punkt2D` könnte die Methode `gebeBeschreibung` von einer abstrakten Oberklasse gefordert werden; dies ist im Klassendiagramm in Abbildung 1.10 illustriert; gemäß der UML-Notation werden abstrakte Klassen und abstrakten Methoden kursiv dargestellt.

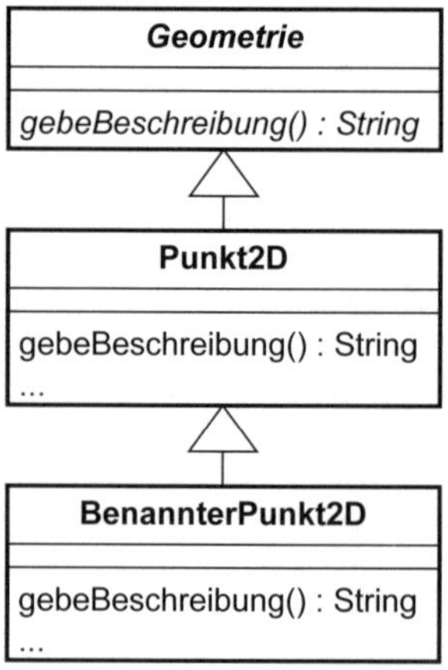

Abb. 1.10: Klassendiagramm mit einer abstrakten Klasse

Der Begriff Schnittstelle wird im Zusammenhang mit abstrakten Klassen auch in einer besonderen Bedeutung verwendet: Eine vollständig abstrakte Klasse, die nur aus Konstanten und abstrakten Methoden besteht, wird als *Schnittstelle* (engl. *Interface*) bezeichnet. Dies ist insbesondere dann sinnvoll, wenn man einen Katalog von Anforderungen spezifizieren möchte, der notwendig ist, damit Objekte für eine bestimmte Aufgabe genutzt werden können. So fordern zum Beispiel sortierte Listen von den gespeicherten Objekten, dass man sie hinsichtlich einer Sortierordnung miteinander vergleichen kann.

1.4.3 Objekte in objektrelationalen Datenbanken

Betrachten wir das relationale Datenbankmodell, so weist dies eine Reihe von Einschränkungen auf:

- Die Struktur von Datensätzen in Tabellen ist sehr starr; die Attribute müssen atomare Attribute sein.
- Die Operationen, die auf die Attributwerte angewendet werden können, sind vom relationalen Datenbanksystem vordefiniert und können nicht datentypspezifisch ergänzt werden.

Diese Einschränkungen können durch den Einsatz eines objektrelationalen Datenbanksystems beseitigt werden. In objektrelationalen Datenbanksystemen bleiben zunächst alle wichtigen relationalen Konzepte wie Relationen, Integritätsbedingungen und die Datenbanksprache SQL erhalten. Zusätzlich werden strukturierte Datentypen (wie Felder variabler Länge) und benutzerdefinierte Klassen unterstützt. Attribute können damit einen komplexen Datentyp besitzen; die erste Normalform wird somit aufgegeben. Im Gegenzug sind die Definition von Methoden und die Verwendung von Vererbung möglich. Die Methoden werden in der Datenbank gespeichert und können innerhalb von SQL-Anweisungen verwendet werden.

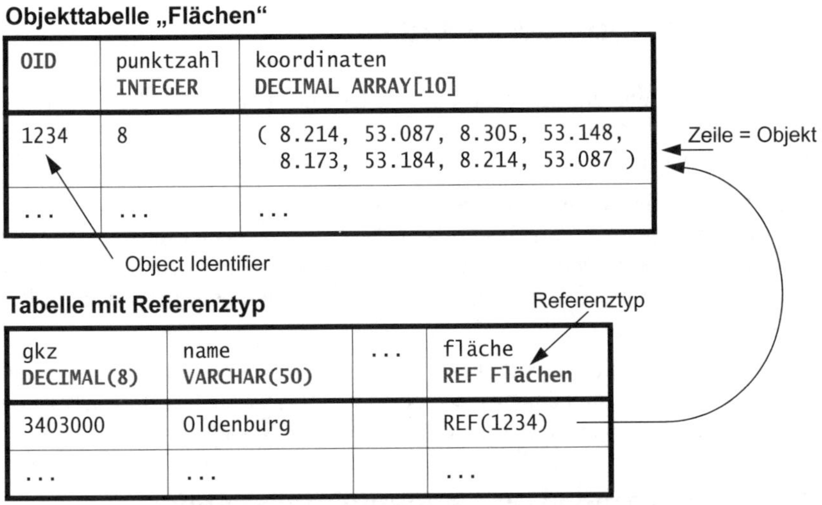

Abb. 1.11: Objekttabellen und Referenztypen

Im objektrelationalen Datenbankmodell können Klassen auf zwei Ebenen eingeführt werden. Gemäß der ersten Sichtweise korrespondiert eine Klasse mit einer Tabelle und die Objekte entsprechen den Tupeln der Tabelle. Solche Tabellen werden als *typisierte Tabellen* oder auch als *Objekttabellen* bezeichnet. Sie besitzen eine Spalte für *Object Identifier* (*OID*), die die Aufgabe der Primärschlüssel übernehmen. Zeilen der Tabelle (also die Objekte) sind über einen *Referenztyp* (*REF*) referenzierbar, die damit die herkömmlichen Fremdschlüssel ersetzen. Abbildung 1.11 zeigt ein entsprechendes Beispiel.

Die zweite Möglichkeit, mit Objekten zu arbeiten, ist der Einsatz von Klassen als Datentyp von Attributen. Ein Attributwert ist in diesem Fall ein sogenanntes *Spaltenobjekt*. Die Abbildung 1.12 skizziert diese Möglichkeit.

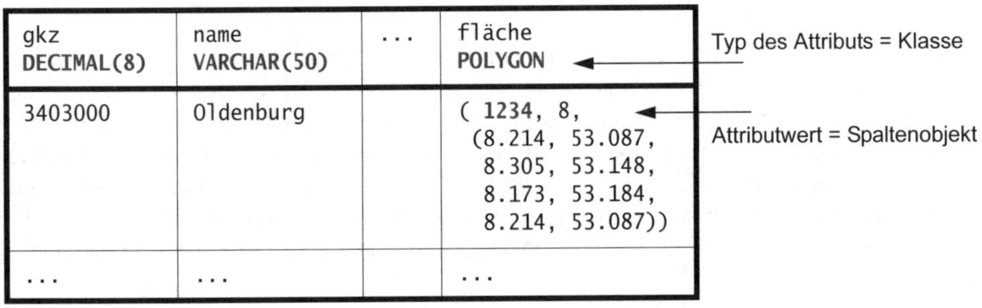

Abb. 1.12: Spaltenobjekt als Attributwert

Objektsichten (auch *typisierte Sichten* genannt) erlauben es, die Tupel einer Relation als Objekte aufzufassen. Damit können Datensätze in herkömmlichen Tabellen wie Objekte gehandhabt und mit Methoden versehen werden.

1.5 Geodatenbanksysteme

Datenbanksysteme, die die Speicherung von Geodaten und die Bearbeitung räumlicher Anfragen in hinreichender Weise unterstützen, werden *räumliche Datenbanksysteme* oder auch *Geodatenbanksysteme* (engl. *Spatial Database Systems*) genannt [48][172][188][214].

In einem Geodatenbanksystem werden *Geoobjekte* (engl. (*Geographic*) *Features* oder *Spatial Objects*) gespeichert. Ein Geoobjekt besitzt verschiedene Eigenschaften, darunter ein ausgezeichnetes *Geometrieattribut*, auf das sich räumliche Anfragen und Operationen beziehen[4]. Es dient der Beschreibung eines Objektes oder Phänomens der realen Welt, das einen Lagebezug zur Erde aufweist.

Im Folgenden werden die wesentlichen Anforderungen an Geodatenbanksysteme erörtert. Auf dieser Basis kann dann betrachtet werden, ob und wie Geoobjekte von relationalen und objektrelationalen Datenbanksystemen verwaltet werden können.

1.5.1 Anforderungen an Geodatenbanksysteme

Ein Geodatenbanksystem muss die erforderlichen Datentypen für Geoobjekte bereitstellen und hinreichend gut unterstützen. Eine solche Forderung umfasst eine Reihe von Zielen:

- Das Geodatenbanksystem muss *geometrische Datentypen* anbieten, die Geometrieattribute geeignet repräsentieren können. So werden zum Beispiel Datentypen für Punkte, Streckenzüge, Polygone mit Löchern und Mengen von Polygonen benötigt.
- Ein Geodatenbanksystem muss Methoden für die geometrischen Datentypen bereitstellen, die die Ausführung *geometrischer Funktionen* erlauben. Solche Funktionen berechnen zum Beispiel den Schnitt zwischen zwei Flächen oder bestimmen die Länge eines Streckenzuges. Sie können vom Benutzer in der Anfragesprache des Datenbanksystems verwendet werden. Dies kann entweder in der Anfragebedingung erfolgen, um die Daten aus einem bestimmten Gebiet zu bestimmen, oder bezüglich der Datensätze, die eine nichtgeometrische Anfragebedingung erfüllen, um beispielsweise deren Fläche zu berechnen.
- Enthält eine Anfragebedingung eine oder mehrere Operationen, die einen Raumbezug aufweisen, wird die Anfrage auf eine oder eine Folge von *räumlichen Basisanfragen* zurückgeführt. Beispiele hierfür sind die *Punktanfrage*, die alle Objekte bestimmt, deren Geometrie einen Anfragepunkt enthält, oder die *Rechteckanfrage*, die zu einem gegebenen Anfragerechteck alle Geoobjekte bestimmt, die das Rechteck schneiden. Die Verarbeitung der räumlichen Basisanfragen und auch anderer geometrischer Operationen muss hinreichend effizient erfolgen. Dazu sind geeignete Algorithmen und Datenstruk-

[4] Auf Basis dieser Definition ist es möglich, geometrische Aussagen auf ein Geoobjekt zu beziehen. So bezeichnet zum Beispiel „Schnitt mit dem Geoobjekt“ den Schnitt mit dem ausgezeichneten Geometrieattribut des Geoobjektes.

turen erforderlich. Diese Forderung umfasst zum Beispiel, dass Geoobjekte mithilfe räumlicher Indexe vom Datenbankmanagementsystem verwaltet werden und dass effiziente Algorithmen für die Lösung geometrischer Fragestellungen implementiert sind.

- Die geometrischen Datentypen und Funktionen müssen so spezifiziert sein, dass sie im Sinne eines offenen GIS von Anwendungen außerhalb des Geodatenbanksystems problemlos genutzt werden können. Um eine Interoperabilität zwischen verschiedenen Applikationen zu erreichen, haben die Datenmodelle allgemein anerkannte *Standards* einzuhalten. Damit wird die Integration von Geodaten in die herkömmliche IT-Infrastruktur einer Organisation und deren Geschäftsprozesse ermöglicht.

1.5.2 Speicherung von Geodaten in relationalen Datenbanken

Nachdem wir die wichtigsten Anforderungen an Geodatenbanksysteme erörtert haben, soll nun die Verwaltung und Speicherung von Geodaten in herkömmlichen Datenbanken näher betrachtet werden. Betrachten wir dazu das Bundesland Niedersachsen in Abbildung 1.13. Es besteht aus dem Festland und den Ostfriesischen Inseln, also aus mehreren Polygonen. Im Festland befindet sich als Aussparung das Gebiet der Gemeinde Bremen, die zusammen mit Bremerhaven das Bundesland Bremen bildet. Damit kann die Geometrie von Niedersachsen geeignet über ein *mehrteiliges Polygon mit Löchern* beschrieben werden, das auch *Multipolygon* genannt wird. Ein solches Multipolygon kann offenkundig nicht als atomares Attribut in einer relationalen Datenbank repräsentiert werden.

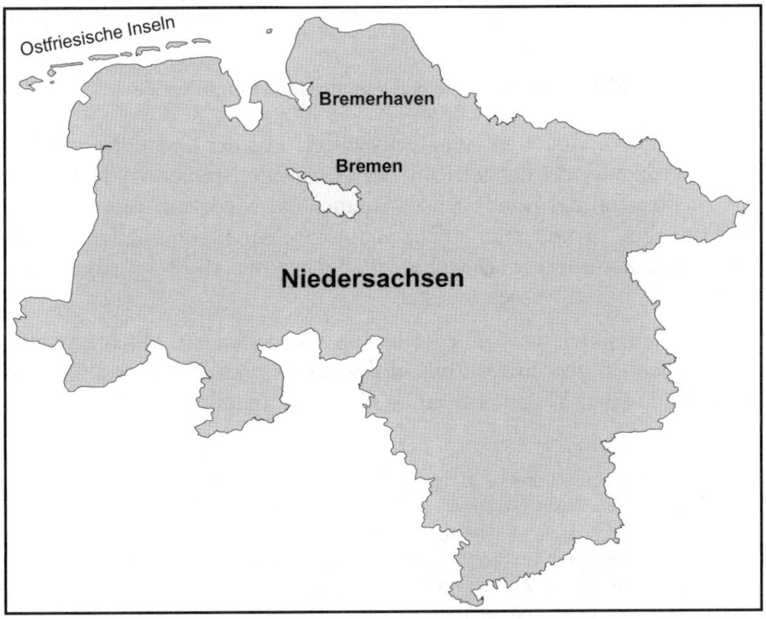

Abb. 1.13: Das Bundesland Niedersachsen

1.5.2.1 Zerlegung von geometrischen Attributen

Eine Lösung, um ein Multipolygon in einer relationalen Datenbank zu speichern, ist dessen Aufteilung auf mehrere Tabellen. Diese Tabellen sind dann über Beziehungen miteinander verbunden. Eine solche Zerlegung kann wie folgt aussehen:

- Ein Multipolygon besteht aus mehreren Polygonen; zwischen diesen beiden Relationen liegt also eine 1-zu-n-Beziehung vor.
- Ein Polygon besteht aus einem äußeren Ring und mehreren inneren Ringen. Damit haben wir eine 1-zu-1-Beziehung und eine 1-zu-n-Beziehung, die wir zu einer 1-zu-n-Beziehung zusammenfassen können, wenn wir zusätzlich die Art des Rings in der entsprechenden Tabelle vermerken.
- Ein Ring besteht aus Strecken; diese können durch eine Folge von Punkten repräsentiert werden. Zwischen Ringen und Punkten liegt somit eine sortierte 1-zu-n-Beziehung vor.

Ein mögliches Datenmodell ist in Abbildung 1.14 dargestellt. Die Sortierung der Punkte wird über das Attribut pos in „Punkte" umgesetzt.

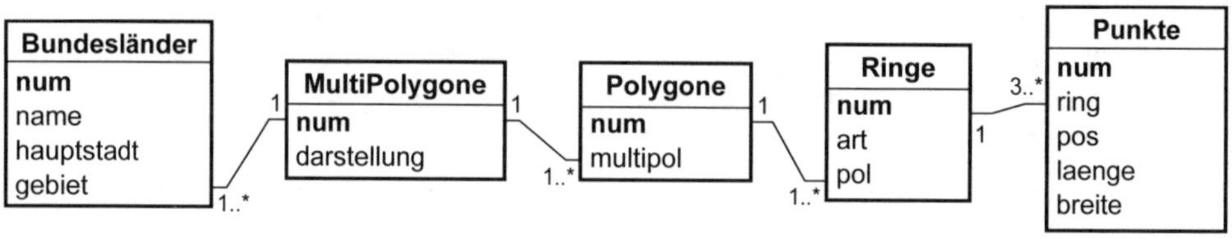

Abb. 1.14: Beziehungsdiagramm für Multipolygone

Man beachte, dass dieses Modell nicht berücksichtigt, dass der innere Ring im Festland von Niedersachsen gleichzeitig der äußere Ring der Gemeinde Bremen ist. Die Gemeinde Bremerhaven als zweiter Teil des Bundeslandes Bremen hat wiederum Teile seiner Grenze mit Niedersachsen gemein. Wollte man solche topologischen Eigenschaften berücksichtigen, entstände ein weitaus komplexeres Datenmodell, bei dem u.a. die 1-zu-n-Beziehungen durch n-zu-m-Beziehungen ersetzt werden müssten.

Das dargestellte Datenmodell weist eine Reihe von Nachteilen auf. Möchte man für ein Bundesland zum Beispiel (in geordneter Reihenfolge) auf dessen Polygonpunkte zugreifen, ist dafür die Ausführung einer Verbundoperation über fünf Tabellen mit mehreren Sortierkriterien erforderlich:

```
SELECT Punkte.laenge, Punkte.breite, Ringe.num, Ringe.art
FROM Bundeslaender, MultiPolygone, Polygone, Ringe, Punkte
WHERE Bundeslaender.name = 'Niedersachsen' AND
      Bundeslaender.gebiet = MultiPolygone.num AND
      MultiPolygone.num = Polygone.multipol AND
      Polygone.num = Ringe.pol AND
      Ringe.num = Punkte.ring
ORDER BY MultiPolygone.num, Polygone.num, Ringe.num, Punkte.pos;
```

Informationen, die eigentlich zusammengehören, verteilen sich auf mehrere Tabellen. Das Zusammenführen dieser Daten ist – insbesondere bei großen Datenbeständen oder noch komplexeren Datenmodellen – recht aufwendig.

Eine solche Anfrage verstößt auch gegen das Prinzip der Datenunabhängigkeit. So erfordert eine Änderung des Datenmodells auch eine Anpassung der dargestellten Anfrage. Eine solche Änderung wäre beispielsweise für den Fall erforderlich, dass Punkte nicht nur zur Beschreibung des Randes, sondern auch für andere Zwecke, wie die Speicherung der Lage des Gemeindezentrums, verwendet werden sollen.

Die Formulierung der dargestellten Anfrage ist recht benutzerunfreundlich. Räumliche Basisanfragen wie die Punktanfrage lassen sich mit der herkömmlichen Funktionalität von SQL nicht formulieren. Da die Datensätze von relationalen Systemen nicht nach räumlichen Kriterien verwaltet und gespeichert werden können, lassen sich räumliche Basisanfragen auch nicht effizient bearbeiten.

Die Zerlegung der Geometrie ist somit weder funktional noch von der Effizienz her eine befriedigende Lösung.

1.5.2.2 Speicherung der geometrischen Attribute in Dateien

Eine Alternative, die ältere Geoinformationssysteme oft aufweisen, stellt die getrennte Speicherung geometrischer und alphanumerischer (d.h. nichtgeometrischer Sach-)Attribute dar. Während die alphanumerischen Attribute in einer relationalen Datenbank gespeichert sind, werden die geometrischen Attribute in einem GIS-spezifischen Datenformat in Dateien abgelegt. Wie in Abbildung 1.15 angedeutet, erfolgt die Kopplung zwischen den beiden Teilen eines Datensatzes meist über einen gemeinsamen Schlüssel.

Gegen eine solche Lösung spricht insbesondere, dass damit alle in Abschnitt 1.2.2 aufgeführten Vorteile von Datenbanksystemen für die geometrischen Attribute verloren gehen. Eine Nutzung der Geodaten außerhalb des spezifischen Geoinformationssystems wird vereitelt, da das Datenformat in der Regel proprietär ist und sich bei einem Versionswechsel verändern kann. Aufseiten des Systembetriebs stößt es auch selten auf Begeisterung, dass neben dem Datenbanksystem eine weitere Datenhaltungskomponente existiert, die ggf. zu erhöhten Betriebskosten führt.

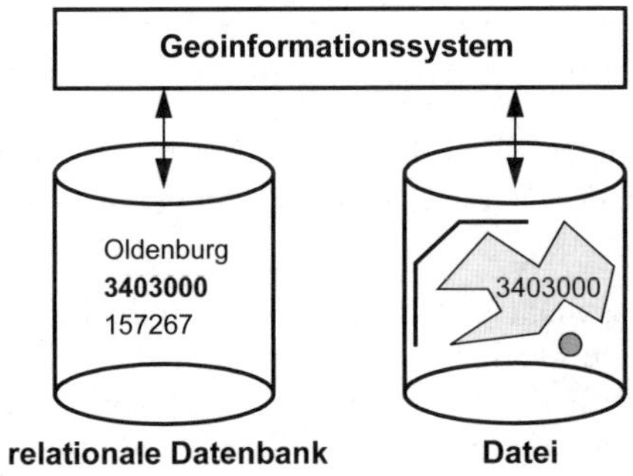

Abb. 1.15: Getrennte Speicherung von Sach- und Geodaten

Aufgrund der aufgeführten Nachteile können es sich die aktuell auf dem Markt befindlichen Geoinformationssysteme nicht mehr leisten, ausschließlich diese Lösung zu unterstützen.

1.5.2.3 Speicherung der geometrischen Attribute als BLOBs

Für Daten, die sich mit den Wertebereichen des relationalen Datenbankmodells nicht beschreiben lassen – zum Beispiel Rasterbilder oder andere Multimediaobjekte wie Audiodaten oder Videos – bieten relationale Datenbanksysteme zusätzliche Datentypen an. Hier sind insbesondere *Binary Large Objects* (*BLOBs*) zu nennen. In einem BLOB können beliebige Binärdaten gespeichert werden. Damit besteht die Möglichkeit, Geometrien binär in der Datenbank abzulegen.

Es gibt eine Reihe von Vorteilen bei der Verwendung von BLOBs. Im Gegensatz zu der zerlegten Speicherung können alle relevanten Informationen einer Geometrie zusammengehalten werden und müssen nicht aufwendig zusammengesetzt werden. Auch ist eine integrierte Speicherung aller Attribute eines Objektes unter Verwendung nur eines Systems möglich. Bestimmte Konzepte von Datenbanksystemen wie Zugriffskontrolle, gesicherter Mehrbenutzerbetrieb und Recovery können auf BLOBs angewendet werden. Aus diesen Gründen bieten viele Geoinformationssysteme die Möglichkeit, geometrische Attribute über BLOBs in einer relationalen Datenbank zu speichern.

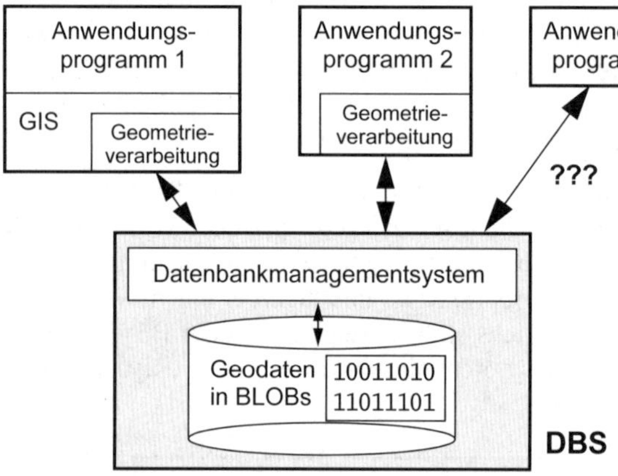

Abb. 1.16: Verwendung von Binary Large Objects

Allerdings weist diese Lösung auch Nachteile auf. Für das Datenbanksystem ist ein BLOB eine Folge von Binärinformationen, die es nicht interpretieren kann. Dies hat eine Reihe von Konsequenzen:

- Da das Datenbankmanagementsystem die Semantik (d.h. die Bedeutung) der Binärdaten nicht kennt, können keine Mechanismen zur effizienten Anfragebearbeitung und -optimierung angewendet werden. Aus den gleichen Gründen ist es auch nicht möglich, geometrische Operationen zu verarbeiten oder durch die Anfragesprache zu unterstützen; dies muss außerhalb des Datenbanksystems erfolgen. Für die Überprüfung von Beziehungen innerhalb eines Geometrieattributs – um z.B. zu bestimmen, ob die Löcher eines Polygons sich tatsächlich im Polygon befinden – oder auch zwischen verschiedenen Geometrien stehen dem Datenbanksystem keine Mittel zur Verfügung. Dadurch kann es die Konsistenz der Geodaten nicht sicherstellen.
- BLOBs sind für anderweitige Programme nicht ohne Weiteres interpretierbar; ein Anwendungsprogramm ist auf Nutzung des GIS angewiesen oder muss entsprechend programmierte Komponenten besitzen. Dies widerspricht aber der Idee eines offenen

Systems. Diese Situation wird in Abbildung 1.16 skizziert, wo das Anwendungsprogramm 3 die Geodaten letztendlich nicht verarbeiten kann.

Zusammenfassend kann festgestellt werden, dass der Einsatz von Binary Large Objects ein Fortschritt gegenüber den beiden zuvor vorgestellten Ansätzen ist. Befriedigend ist er allerdings nicht.

1.5.3 Objektrelationale Geodatenbanksysteme

Eine Lösung des dargestellten Problems kann der Einsatz von objektrelationalen Datenbanksystemen als Basis für Geodatenbanken darstellen. In diesem Fall sprechen wir von *objektrelationalen Geodatenbanksystemen*.

Objektrelationale Datenbanksysteme eignen sich aus mehreren Gründen zur Verwaltung und Speicherung von Geodaten:

- Geodaten erfordern *geometrische Datentypen* (engl. *Spatial Datatypes*), die eine variable und komplexe Struktur aufweisen. Entsprechende Klassen können mithilfe des objektrelationalen Datenbankmodells definiert werden. Ein objektrelationales Geodatenbanksystem sollte bereits einen hinreichenden Satz von vordefinierten geometrischen Datentypen anbieten.
- Geodatenbanksysteme benötigen die Bereitstellung geeigneter *geometrischer Funktionen*. In objektrelationalen Datenbanksystemen können entsprechende Methoden für die Geometrieklassen vereinbart werden. In einem objektrelationalen Geodatenbanksystem sollten diese Methoden für die geometrischen Datentypen bereits implementiert sein.
- Wenn dem Datenbanksystem die Struktur und die Bedeutung der geometrischen Datentypen bekannt sind, kann dies prinzipiell auch bei der *Anfragebearbeitung und -optimierung* berücksichtigt werden. Für die *räumlichen Basisanfragen* bedeutet dies, dass das Datenbanksystem effizient die Datensätze auswählt, die räumliche Anfragebedingungen erfüllen. Dies ist keine triviale Aufgabe und erfordert das Einbinden neuer Algorithmen und Datenstrukturen auch in tiefere Schichten des Datenbankmanagementsystems. Objektrelationale Datenbanksysteme stellen dazu entsprechende Erweiterungsmöglichkeiten zur Verfügung. Je nach Datenbankhersteller heißen solche *Erweiterungskomponenten* „Data Cartridge“ (Oracle), „DataBlade“ (IBM Informix) oder „Data Extender“ (IBM DB2). In einem objektrelationalen Geodatenbanksystem sollte eine solche Erweiterung bereits vorhanden sein, da dem Anwender eines Datenbanksystems die Erstellung einer entsprechenden Erweiterungskomponente kaum zuzumuten ist.

Zusammenfassend lässt sich feststellen, dass objektrelationale Datenbanksysteme als Geodatenbanksysteme geeignet sind. Für eine einfache Nutzung müssen durch eine entsprechende Erweiterungskomponente die notwendigen Klassen mit den entsprechenden Methoden und Verfahren zur Anfragebearbeitung und -optimierung bereitgestellt werden. Diese Forderung macht allerdings auch ein Problem dieses Ansatzes deutlich. Da die Erweiterungskomponenten je nach Datenbankhersteller unterschiedlich aufgebaut sind, begibt man sich bei deren Nutzung in Abhängigkeit von einem bestimmten Datenbanksystem. Diese Problematik kann ggf. dadurch entschärft werden, dass das objektrelationale Geodatenbanksystem allgemein anerkannte Standards einhält.

1.5.4 Konkrete Geodatenbanksysteme

IBM Informix und DB2

Die Firma Informix hat im Jahr 1996 die Firma Illustra Information Technologies übernommen, die 1992 von Michael Stonebraker, einem damaligen Professor der University of California Berkeley, gegründet worden war. Das Illustra-System war ein objektrelationales Datenbanksystem, das komplexe Objekte verwalten konnte und über sogenannte DataBlades erweiterbar war. Informix übernahm diese Technologie in sein Datenbanksystem, den Informix Dynamic Server. Im Juli 2001 hat IBM die Firma Informix aufgekauft.

Zur Verwaltung von Geodaten werden von IBM Informix die *Informix Spatial Extension* [63] und das *Geodetic DataBlade* [62] angeboten. Die Spatial Extension stellt geometrische Datentypen und Methoden zur Verfügung, das den Vorgaben des Open Geospatial Consortiums (OGC) folgt; dieses *OGC-Datenmodell* wird in Abschnitt 3.4 als *Simple-Feature-Modell* näher vorgestellt. Daneben gibt es zusätzliche Funktionen, die z.B. Geometrien in der *Geography Markup Language* (*GML*; vgl. Abs. 10.3) oder als ESRI Shapefiles bereitstellen oder auch Generalisierungen und Transformationen durchführen. Das Geodetic DataBlade, das nicht auf dem OGC-Datenmodell beruht, unterstützt geografische Koordinaten auf einem ellipsoiden Erdkörper, sodass präzise Längen- und Flächenberechnungen auch für großräumige Gebiete möglich sind. In der Spatial Extension, das auf einer ebenen Koordinatenrepräsentation beruht, ist dazu eine entsprechende Koordinatentransformation erforderlich. Zur Unterstützung räumlicher Basisanfragen setzen beide DataBlades R-Bäume als räumliche Indexe ein (vgl. Abs. 6.5).

Das Gegenstück zum Spatial DataBlade ist für das IBM-Datenbanksystem DB2 der *DB2 Spatial Extender* [61]. Auch der DB2 Spatial Extender bietet geometrische Datentypen und Methoden gemäß dem OGC-Datenmodell. Räumliche Anfragen werden durch eine hierarchische Gitterstruktur mit maximal drei Ebenen unterstützt (siehe auch Abschnitt 6.4).

Microsoft SQL Server

Seit der Version 2008 bietet Microsoft Server-Datenbanksystem *SQL Server* geometrische Datentypen auf Basis des OGC-Datenmodells an [116]. Neben Geometrien mit projizierten Koordinaten (Datentyp `geometry`) werden auch Geometrien für geografische Koordinatensysteme auf einem ellipsoiden Erdkörper mit metrischen Längen- und Flächenresultaten unterstützt (Datentyp `geography`). Für die räumliche Anfragebearbeitung steht eine vierstufige Gitterstruktur als Index zur Verfügung. Der Im- und Export von GML ist möglich. In SQL Server 2012 wurde das Datenmodell um die Unterstützung von Kreisbögen gemäß *SQL/MM Spatial* (vgl. Abs. 3.5) erweitert. Zudem ist die Bearbeitung von Nächsten-Nachbarn-Anfragen möglich.

Sybase SQL Anywhere

Die Unterstützung von Geodaten durch das Datenbanksystem *Sybase SQL Anywhere* begann erst im Jahr 2010 mit der Version 12 [60]. Das Datenmodell berücksichtigt neben dem OGC-Modell auch SQL/MM Spatial. Der Geometriedatentyp `ST_GEOMETRY` arbeitet in Abhängigkeit vom angegebenen Koordinatenbezugssystem mit einem planaren oder ellipsoiden Erdkörper. Eine Reihe von gängigen Im- und Exportdatenformaten und auch die Indexierung räumlicher Daten wird unterstützt.

Open-Source-Datenbanksysteme

Im Bereich der Open-Source-Bewegung ist das freie, objektrelationale Datenbanksystem *PostgreSQL* zu erwähnen. Auch PostgreSQL hat seinen Ursprung bei Michael Stonebraker: es ist eine Weiterentwicklung des 1993 beendeten *Berkeley POSTGRES Project*. PostgreSQL unterstützt den R-Baum als räumlichen Index und stellt einige geometrische Datentypen bereit, die allerdings nicht der OGC-Spezifikation genügen [166]. Dies wird erst durch die Erweiterung *PostGIS* [168][123] erreicht, die auf PostgreSQL aufsetzt. PostGIS ist ein voll funktionsfähiges Geodatenbanksystem, das den OGC-Konformitätstests genügt und zunehmend Funktionalität gemäß SQL/MM Spatial bereitstellt. In Ergänzung werden u.a. GML, Koordinatentransformationen und geometrische Aggregatfunktionen unterstützt. Seit der Version 1.5 von 2010 wird zusätzlich ein Datentyp GEOGRAPHY angeboten, der Längen- und Flächenberechnungen auf einem ellipsoiden Erdkörper ermöglicht. Mit der Version 2.0 von 2012 wird die Speicherung georeferenzierter Rasterkarten in PostGIS integriert. Das Projekt „pgRouting“ stellt ergänzend Routenberechnungen auf Netzwerken bereit [165]. Die räumliche Anfragebearbeitung erfolgt in PostGIS über den GiST-Index [54] von PostgreSQL, der sich hierbei wie ein R-Baum verhält (siehe auch Abschnitt 6.5.3.3).

MySQL ist ein weitverbreitetes, relationales Open-Source-Datenbanksystem ohne objektrelationale Erweiterungen, das inzwischen zur Oracle Corporation gehört. MySQL enthält seit der Version 4.1 von 2004 geometrische Datentypen gemäß dem OGC-Datenmodell. Als räumlicher Index wird ein R-Baum mit quadratischem Split-Algorithmus verwendet (vgl. Abs. 6.5.1.2), wobei Anfragebedingungen nur anhand der minimal umgebenden Rechtecke und nicht auf Grundlage der exakten Geometrie ausgewertet werden. Letzteres hat sich mit dem Release 5.6 von 2012 geändert [143]. Zudem ist mit der Version erstmals eine Pufferberechnung möglich. Verschneidungsoperationen werden allerdings immer noch nicht unterstützt.

Ein freies Geodatenbanksystem, das insbesondere für mobile Anwendungen geeignet ist, stellt *SpatiaLite* [42] dar, das eine Erweiterung von *SQLite* ist [191] (siehe auch Abschnitt 14.5). SpatiaLite unterstützt das OGC-Datenmodell, enthält einen räumlichen Index und erlaubt die Berechnung kürzester Wege in einem Netzwerk.

Oracle

In diesem Buch werden wir die Umsetzung der Grundlagen von Geodatenbanksystemen anhand der *Oracle Database* betrachten, die nachfolgend mit „Oracle“ bezeichnet wird. Oracle ist ein objektrelationales Datenbanksystem der Oracle Corporation, das seit etwa 35 Jahren auf dem Markt ist (siehe auch Kapitel 2). Mitte der 1990er-Jahre entstand *Oracle Multidimension* (*MD*) zur Speicherung mehrdimensionaler (Punkt-)Daten. Die spätere Umbenennung in *Oracle Spatial Data Option* (*SDO*), die für die Oracle-Version 7 verfügbar war, zeigt eine geänderte Zielrichtung: die Unterstützung zweidimensionaler Geodaten. Mit dem Release 8.1.5 erfolgte die Umbenennung in *Oracle Spatial*. Seitdem ist es in Oracle möglich, Geodaten objektrelational zu speichern. Die Unterstützung geografischer Koordinatensysteme erfolgte mit der Version 9. Oracle 10g erschien im Jahr 2004. Seit dieser Version ist die Speicherung der Topologie und von georeferenzierten Rasterdaten möglich. Das Release 10.2, das im Juli 2005 veröffentlicht wurde, erlaubt den Einsatz von EPSG-Koordinatensystemen. Oracle 11g von 2007 unterstützt zusätzlich die Notation nach SQL/MM Spatial sowie die Speicherung und Anfrage von 3D-Geodaten. Oracle 12c, das seit Juli 2013 verfügbar ist, bietet u.a. die Beschreibung von NURBS-Kurven als Neuerung an.

Die Darstellung von Oracle Spatial in den nachfolgenden Kapiteln basiert auf der Oracle-Version 12c, wobei aber auch auf Unterschiede zu den Vorversionen 10 und 11 eingegangen wird. Oracle Spatial gliedert sich in einen Kern „Oracle Spatial Locator", der von fast allen Oracle-Varianten unterstützt wird, und einer zusätzlich erhältlichen, kostenpflichtigen Option „Spatial and Graph" mit zusätzlicher Funktionalität. Auf diese Unterscheidung wird im Folgenden nicht weiter eingegangen und beide Ausprägungen zusammenfassend als „Oracle Spatial" bezeichnet.

2 Oracle

1978 wurde die Firma Relational Software Inc. (RSI) gegründet, die das relationale Datenbanksystem Oracle V.2 auf den Markt brachte. Zu diesem Zeitpunkt lief Oracle nur auf PDP-11-Rechnern der Firma Digital Equipment. 1980 wurde RSI in Oracle Systems Corporation umbenannt und das Datenbanksystem auf Unix-Plattformen portiert. Mehrprozessorarchitekturen werden seit 1991 durch den „Oracle Parallel Server" unterstützt. Im Jahr 1997 wurde die Version 8.0 von Oracle als „Oracle8 Universal Data Server" auf den Markt gebracht, der objektrelationale Technologien in das System integrierte. Die Unterstützung von Internet-Anwendungen war die Hauptzielrichtung von Oracle 8.1, das 1999 erschien und daher auch Oracle8i genannt wurde. Seit diesem Release steht eine Java-Ablaufumgebung im Datenbank-Server zur Verfügung. Die Versionen 10g und 11g erschienen 2004 bzw. 2007. Oracle 12c ist seit Juli 2013 auf dem Markt.

Oracle wird im weiteren Verlauf dieses Buchs als Beispiel für ein objektrelationales Geodatenbanksystem näher betrachtet. Dazu werden in diesem Kapitel zunächst der Aufbau und die Besonderheiten des relationalen Datenbanksystems Oracle vorgestellt. Anschließend wird auf die objektrelationalen Erweiterungen eingegangen, die für die Speicherung von Geodaten von Bedeutung sind.

2.1 Struktur von Oracle

Dieser Abschnitt soll einen groben Überblick über den Aufbau des Datenbanksystems Oracle geben. Dabei bleiben naturgemäß viele Aspekte unberücksichtigt. Für eine detaillierte Darstellung sei auf [144] verwiesen.

2.1.1 Datenbank-Server

Bei *Client-Server-Datenbanksystemen* wie Oracle greift in der Regel, wie in Abbildung 2.1 dargestellt, eine Anwendung (der *Datenbank-Client*) von einem Arbeitsplatzrechner über eine Netzwerkverbindung auf das Datenbanksystem zu. Das Datenbankmanagementsystem (der *Datenbank-Server*) läuft dann auf einem anderen Rechner als der Datenbank-Client. Prinzipiell ist es aber auch möglich, dass der Client auf dem Server-Rechner läuft und direkt den Datenbank-Server anspricht. Die Client-Anwendung kann ihrerseits einen Server darstellen, z.B. einen Web-Server.

Der Datenbank-Server verwaltet einen Hauptspeicherbereich, der bei Oracle *System Global Area* (*SGA*) genannt wird, und eine Reihe von Prozessen. Für eine Datenbank wird ein solcher Server auch *Datenbankinstanz* genannt. In der Datenbankinstanz unterscheidet man *Systemprozesse*, die ständig im Hintergrund laufen, von *Nutzerprozessen*, die gestartet werden, um Client-Anwendungen zu bedienen. Im System Global Area sind eine Reihe von Daten und Kontrollinformationen der Datenbankinstanz gespeichert. Eine wichtige Aufgabe des SGA ist die temporäre Speicherung von Daten, die zuvor genutzt worden sind, in einem *Datenbankpuffer*. Falls erneut auf die zwischengespeicherten Daten zugegriffen wird, können diese aus dem Hauptspeicher gelesen werden, sodass man sich zeitaufwendige Zugriffe auf den Hintergrundspeicher erspart. In diesem Puffer sind auch Informationen gespeichert, die benötigt werden, um eine Transaktion zurückzusetzen (z.B. im Fall eines Rollbacks). Das Protokollieren (engl. *Logging*) aller Änderungsoperationen folgt zunächst in einem *Redo-Log-Puffer*, bevor die Informationen in *Redo-Log-Dateien* abgelegt werden.

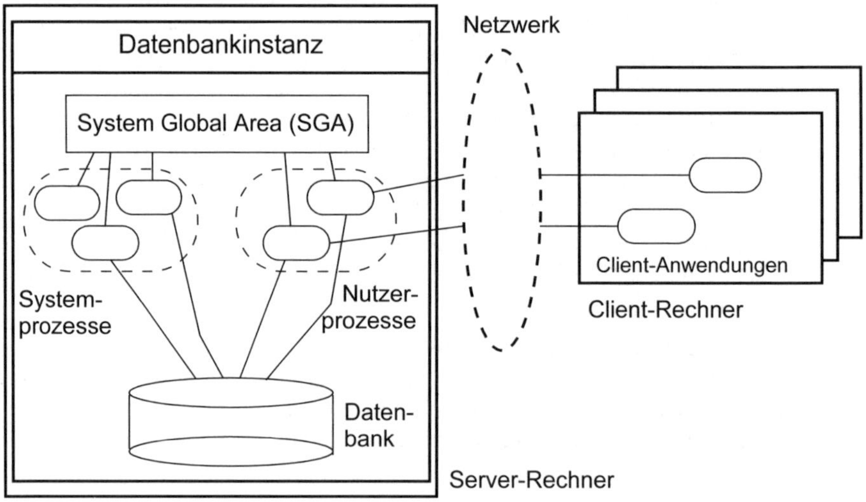

Abb. 2.1: Typischer Aufbau eines Oracle-Datenbanksystems

Traditionell war einer Datenbankinstanz von Oracle eine Datenbank zugeordnet. Mit Oracle 12c wurde eine *mandantenfähige Architektur* (engl. *Multitenant Architecture*) eingeführt, bei der mehrere „Pluggable Databases" (PDB) an einer Oberinstanz, die auch als „Container Database" (CDB) bezeichnet wird, dynamisch ankoppeln können. Namen von Benutzern, die globale Rechte bezüglich der Oberinstanz haben, werden mit „C##" eingeleitet.

2.1.2 Physische Datenbankstruktur

Bevor die logische Struktur von Oracle-Datenbanken im nächsten Abschnitt beschrieben wird, soll hier zunächst deren physische Struktur dargestellt werden. Eine Oracle-Datenbank verteilt sich auf mehrere Dateien und ggf. auch auf mehrere Plattenspeicher:

- Die *Steuerdatei* beschreibt die Struktur der Datenbank, u.a. ihren Namen, ihren Zustand und eine Liste mit den Namen der zugehörigen Dateien.
- Die *Redo-Log-Dateien* enthalten sequentiell die Änderungsoperationen an der Datenbank und dienen dazu, ggf. ein Recovery durchzuführen.
- Weitere Dateien enthalten die eigentlichen in der Datenbank gespeicherten Daten.

Die Datenbankdateien bestehen aus *Datenbankblöcken* fester Größe. Das Dateisystem organisiert seinerseits den Hintergrundspeicher (meist Magnetplattenspeicher) in Blöcken. Ein Datenbankblock besteht damit aus einem oder mehreren Blöcken des Dateisystems. Es ist auch möglich, dass die Datenbankinstanz unter Umgehung des Dateisystems die Blöcke von Festplattenpartitionen selber organisiert. Die Größe der Datenbankblöcke einer Oracle-Datenbank wird bei Anlegen der Datenbank bestimmt und ist danach (für herkömmliche Datenbankblöcke) nicht veränderbar. Eine typische Größe für Datenbankblöcke beträgt 8 KB.

2.1.3 Logische Datenbankstruktur

Tablespaces

Eine Oracle-Datenbank gliedert sich in verschiedene logische Einheiten. Die Elemente der obersten Strukturebene werden in Oracle als *Tablespaces* bezeichnet. Jeder Tablespace besteht aus einer oder mehreren Datenbankdateien und fasst logisch zusammengehörige Datenbankbestandteile (z.B. Tabellen und Views eines Geschäftsbereichs) zu einer Einheit zusammen.

Der Tablespace USERS ist typischerweise der Tablespace, in dem standardmäßig die Tabellen und andere Daten der Benutzer gespeichert werden. Möchte man Daten in einem anderen Tablespace speichern, kann man diesen – vorausgesetzt der aufgeführte Tablespace existiert und man hat für diesen Tablespace Rechte durch den Datenbankadministrator zugeteilt bekommen – beim Anlegen einer Tabelle oder eines Indexes wie folgt angeben:

```
-- Angabe vom Tablespace für eine neue Tabelle:
CREATE TABLE <Tabellen-Name> ( <Attribute und Integritätsbedingungen> )
TABLESPACE <Tablespace-Name>;

-- Angabe vom Tablespace für einen neuen Index:
CREATE INDEX <Index-Name> ON <Tabellen-Name> ( <Attribute> )
TABLESPACE <Tablespace-Name>;
```

Schemata und Schemaobjekte

Ein Tablespace enthält *Schemaobjekte.* Schemaobjekte sind u.a. Tabellen, Indexe, Sichten und in der Datenbank gespeicherte Prozeduren. Jedes Schemaobjekt ist einem *Schema* zugeordnet. Üblicherweise gibt es zu einem Datenbankbenutzer ein zugehöriges Schema. Dieses Schema heißt dann genauso wie der Benutzer. Diesem Schema werden die Schemaobjekte, die der Benutzer anlegt, standardmäßig zugeordnet. Wenn ein Benutzer mit dem Namen „Benutzer1" eine Tabelle „Tab1" anlegt, so gehört diese Tabelle zum Schema „Benutzer1". Die Anfrage

```
SELECT * FROM Tab1;
```

ist eine Kurzform, bei der automatisch der Schemaname des Benutzers ergänzt wird. Die Langform stellt dem Schemaobjekt in einer Punktnotation den Schemanamen voran:

```
SELECT * FROM Benutzer1.Tab1;
```

Diese ausführliche Schreibweise ist erforderlich, falls ein Benutzer auf Schemaobjekte anderer Schemata zugreifen möchte (d.h. in der Regel auf Schemaobjekte anderer Benutzer oder vordefinierte Schemata). Dies setzt allerdings voraus, dass dem Benutzer Rechte zur Verwendung dieser Schemaobjekte oder dieses Schemata zugeteilt worden sind.

Informationsschema

Metadaten über die Schemaobjekte eines Benutzers lassen sich über Sichten auf das Data Dictionary abfragen. Dazu stehen die Sichten USER_TABLES, USER_VIEWS und USER_INDEXES zur Verfügung. Von Interesse sind oft auch die Sichten USER_CONSTRAINTS für die Integritätsbedingungen und USER_TABLESPACES für die zugreifbaren Tablespaces.

2.1.4 Verbindung zwischen Clients und Datenbank-Server

Die Verbindung zwischen dem Datenbank-Client und dem Datenbank-Server erfolgt typischerweise über ein *lokales Netzwerk* (engl. *Local Area Network*, *LAN*). Damit sich zwei Komponenten in einem Netzwerk verstehen, muss ein *Netzwerkprotokoll* definiert werden. Solche Protokolle lassen sich in verschiedene *Protokollschichten* aufteilen. Auf oberster Ebene befinden sich die anwendungsorientierten Protokolle. Hierzu gehören zum Beispiel das File Transport Protocol (FTP) für die Übertragung von Dateien, das Simple Mail Transfer Protocol (SMTP) für das Versenden von E-Mails und das Hypertext Transfer Protocol (HTTP) für das Abrufen und Übertragen von Webseiten. Zu dieser Gruppe gehört auch *Oracle Net*, das Protokoll, das Oracle zwischen dem Client und dem Datenbank-Server einsetzt. Dieses Protokoll stützt sich auf TCP/IP oder vergleichbare Protokolle ab.

Wenn ein Client eine Verbindung mit einem Datenbank-Server aufnehmen möchte, stellen sich folgende Fragen:

- Auf welchen Rechner läuft der Datenbank-Server?
- Wie heißt die Datenbank?
- Welches Protokoll soll als Basis für Oracle Net dienen?

Für die Beantwortung dieser Fragen bietet Oracle mehrere Alternativen an. Die einfachste Lösung ist die *lokale Benennungsmethode*. In diesem Fall gibt es eine Datei namens `TNSNAMES.ORA`, die sich standardmäßig im Verzeichnis[1] `<ORACLE_HOME>\network\admin` befindet. Unter jeweils einem *Dienstnamen* werden in der Datei die notwendigen Verbindungsinformationen zu einem Server definiert. Mit diesem Dienstnamen kann die entsprechende Oracle-Datenbank von dem Client angesprochen werden[2].

2.2 Besonderheiten von Oracle SQL

Der für relationale Datenbanken vorherrschende Standard von SQL war *SQL-92*, der informell auch SQL2 genannt wird [32]. 1999 wurde *SQL:1999* (SQL3) als Norm verabschiedet [115]. Mit SQL:1999 sind insbesondere auch objektrelationale Sprachelemente in SQL aufgenommen worden. Diese Version wurde durch *SQL:2003* u.a. um zusätzliche Datentypen und Funktionen ergänzt [197]. Aktuelle Version ist *SQL:2011*, das aus relationaler und objektrelationaler Sicht aber nur geringfügige Änderungen gegenüber SQL:2003 aufweist.

In den neueren SQL-Standards wird der kleinste Sprachumfang, der noch eine Konformität zum Standard erlaubt, als *Core SQL* bezeichnet. Die SQL-Variante des Datenbanksystems Oracle („Oracle SQL“) unterstützt Core SQL in Teilen vollständig, in anderen Teilen aber nur partiell oder gar nicht umgesetzt. Näheres kann dem Anhang B von [150] entnommen werden. Außerdem weist Oracle SQL eine Reihe von funktionalen Erweiterungen gegenüber den

[1] Auch wenn hier und im Folgenden Pfade nur in der Windows-Notation angegeben sind, gelten die Angaben sinngemäß auch für UNIX- und Linux-Systeme.

[2] Je nach eingesetzter Software unterscheidet sich die Bezeichnungsweise für den Dienstnamen: So werden z.B. auch die Begriffe „Host-Zeichenkette“, „Connect-Bezeichner“ und „Net Service Name“ verwendet.

Standards auf. Die Nutzung von solchen Spracheigenschaften erleichtert zwar den Umgang mit dem Datenbanksystem, erschwert andererseits auch das Portieren von Datenbankanwendungen auf Systeme anderer Hersteller.

Ein offenkundiger Unterschied zwischen dem SQL-Standard und Oracle SQL tritt bereits bei den Bezeichnungen von Datentypen auf: Die numerischen SQL-Datentypen `NUMERIC` und `DECIMAL` werden zwar von Oracle akzeptiert, aber durch den internen Datentyp `NUMBER` repräsentiert. Gleiches gilt für den Datentyp `VARCHAR`: Attribute von diesem Datentyp entsprechen dem Oracle-Typ `VARCHAR2`. Der Datentyp `BOOLEAN` des SQL-Standards steht in Oracle SQL nicht als Datentyp für Tabellenattribute zur Verfügung; aus SQL können in Oracle auch keine Funktionen aufgerufen werden, die boolesche Parameter oder Rückgabewerte besitzen.

2.2.1 RowID

Die *physische RowID* ist die eindeutige und dauerhafte Speicheradresse eines Datensatzes in einer Oracle-Datenbank. Die RowID kann als *Pseudo-Attribut* `ROWID` eines Datensatzes wie ein normales Attribut durch den Benutzer abgefragt, aber nicht verändert werden:

```
SELECT rowid, gkz, name FROM Gemeinden;
ROWID                     GKZ NAME
------------------ ---------- --------------
AAAHZkAAJAAAAAQAAA    3241001 Hannover
AAAHZkAAJAAAAAQAAB    3403000 Oldenburg
AAAHZkAAJAAAAAQAAC    3451002 Bad Zwischenahn
AAAHZkAAJAAAAAQAAD    3451007 Westerstede
AAAHZkAAJAAAAAQAAE    3461004 Elsfleth
AAAHZkAAJAAAAAQAAF    3404000 Osnabrück
AAAHZkAAJAAAAAQAAG    3405000 Wilhelmshaven
```

Die RowID wird in einer Codierung zur Basis 64 ausgegeben. Sie besteht aus vier Teilen:

- Die ersten sechs Zeichen (hier: `AAAHZk`) identifizieren das Segment.
- Die nächsten drei Zeichen (hier: `AAJ`) codieren die Datenbankdatei.
- Die nächsten sechs Zeichen geben den Datenbankblock an. Im oberen Beispiel wird für alle Datensätze der gleiche Block `AAAAAQ` als Speicherort angegeben.
- Die letzten drei Zeichen geben die Position im Block an.

Die physische RowID bleibt über die gesamte Lebenszeit eines Datensatzes erhalten und wird innerhalb der Datenbank verwendet, um – zum Beispiel von einem Index – auf den Datensatz zu verweisen. Sollte ein Datensatz aus Speicherplatzgründen in einen neuen Datenbankblock verlagert werden, wird in dem initialen Block ein Verweis mit der neuen Speicheradresse abgelegt, sodass die ursprüngliche RowID weiterverwendet werden kann; der Zugriff dauert dann aber länger.

Für den Sonderfall, dass ein Index eine Tabelle vollständig verwaltet (siehe Abschnitt 6.1.1.3), werden *logische RowIDs* eingesetzt. Logische RowIDs können sich im Gegensatz zu physischen RowIDs im Laufe der Zeit verändern.

2.2.2 Large Objects (LOBs)

BLOB

Wie in Abschnitt 1.5.2.3 erwähnt, dienen *Binary Large Objects* (*BLOBs*) zur Speicherung von Binärdaten in einer Datenbank. Solche Daten können allerdings nur gespeichert, aber nicht von dem DBMS interpretiert werden; die Interpretation der Daten muss dem Anwendungsprogramm überlassen bleiben. Geodaten lassen sich – mit den bereits aufgeführten Nachteilen – in BLOBs speichern. Insbesondere die Speicherung von Rasterkarten in relationalen Datenbanken beruht in der Regel auf BLOBs.

Seit SQL:1999 steht für Binary Large Objects der Datentyp BLOB zur Verfügung. Da BLOBs typischerweise deutlich mehr Speicherplatz als die üblichen Attribute benötigen, können in einer zugehörigen LOB-Klausel spezifische Angaben zur Speicherung der BLOBs gemacht werden [149]. So kann für ein BLOB-Attribut ein separater Tablespace vereinbart werden. Der Parameter CHUNK erlaubt anzugeben, welches Datenvolumen bei einem Schreib- oder Lesezugriff übertragen werden soll. Der Parameter CACHE gibt an, dass die BLOBs im Datenbankpuffer zwischengespeichert werden sollen; der gegenteilige Parameter NOCACHE ist der voreingestellte Wert. Über NOLOGGING kann das Logging für das BLOB abgeschaltet werden.

```
-- Tabelle zur Speicherung von Rasterkarten in BLOBs anlegen:
CREATE TABLE Rasterkarten (
  id    INTEGER,                       -- ID
  name  VARCHAR(80)  NOT NULL,         -- Kartenname
  karte BLOB,                          -- Rasterkarte als BLOB
  CONSTRAINT pk_rk PRIMARY KEY (id)    -- Primärschlüssel
)
LOB (karte) STORE AS ( CHUNK 16K );
ALTER TABLE GemeindeBilder MODIFY LOB (bild) (CACHE);
```

Für die Manipulation von BLOBs steht in Oracle eine Reihe von Methoden zur Verfügung. Der Zugriff über die Programmiersprache Java wird später in Abschnitt 12.2 vorgestellt.

BFILE

Alternativ zu BLOBs, die in der Datenbank gespeichert werden, gibt es in Oracle den Datentyp BFILE. Bei Nutzung von BFILE befinden sich die Daten in herkömmlichen Binärdateien außerhalb der Datenbank. In der Datenbank sind dann nur Verweise gespeichert; auf die Daten kann nur lesend zugegriffen werden.

```
-- Tabelle zur Speicherung von Verweisen auf Videodateien anlegen:
CREATE TABLE GemeindeVideos (
  id     INTEGER,                        -- ID
  gem    DECIMAL(8),                     -- Gemeindeschlüssel
  video  BFILE,                          -- Video von der Gemeinde
  CONSTRAINT pk_gv PRIMARY KEY (id),     -- Primärschlüssel
  CONSTRAINT fk_gv_gem FOREIGN KEY (gem)
    REFERENCES Gemeinden(gkz) ON DELETE CASCADE  -- Fremdschlüssel
);
```

Ein Dateiverweis besteht aus der Verzeichnisangabe und dem Dateinamen auf dem Server-Rechner. Der Verzeichnisname muss über den Befehl CREATE DIRECTORY definiert werden[3].

Dann kann über BFILENAME ein Verweis auf eine auf dem Serverrechner vorhandene Datei angelegt werden.

```
-- Verzeichnis definieren:
CREATE OR REPLACE DIRECTORY VideoOrdner AS 'D:/videos';

-- Verweis speichern:
INSERT INTO GemeindeVideos VALUES
    (1, 3403000, BFILENAME('VideoOrdner','oldenburg_video.avi'));
COMMIT;
```

CLOB

Neben BLOBs wurden von SQL:1999 auch *CLOBs* (*Character Large Objects*) eingeführt. Hierbei handelt es sich nicht um Binärdaten, sondern um zeichenbasierte Daten (zum Beispiel Textdokumente), die eine sehr große Länge aufweisen dürfen (in Oracle bis zu 4 GByte) und daher nicht mehr als normale Zeichenkette behandelt werden können.

CLOBs werden u.a. genutzt, um Geometrien in Textform beschreiben zu können.

2.2.3 Sequenzgeneratoren

Häufig führt man in einer Tabelle einen künstlichen Primärschlüssel ein, da es kein sinnvolles Schlüsselattribut gibt. Beim Einfügen von Datensätzen in solche Tabellen muss man den künstlichen Primärschlüssel mit einem willkürlichen, aber eindeutigen Wert belegen. Zur Erzeugung solcher Werte dienen *Sequenzgeneratoren*. Diese sind seit SQL:2003 auch Bestandteil des SQL-Standards. Allerdings unterscheidet sich die Nutzung in Oracle leicht vom Standard. Ein Sequenzgenerator wird durch über die SQL-Anweisung CREATE SEQUENCE erzeugt. Durch Aufruf der „Pseudo-Spalte" NEXTVAL eines Sequenzgenerators wird dessen Wert erhöht und zurückgegeben; nur beim erstmaligen Aufruf wird der Wert nicht erhöht. Danach kann der aktuelle Wert eines Sequenzgenerators durch CURRVAL abgefragt werden:

```
-- Sequenzgenerator anlegen:
CREATE SEQUENCE Hochschulen_Seq START WITH 4;

-- Sequenzgenerator verwenden:
INSERT INTO Hochschulen (num,name)
                        VALUES (Hochschulen_Seq.NEXTVAL, 'Uni Bremen');
COMMIT;

-- Ergebnis überprüfen:
SELECT * FROM Hochschulen WHERE Name = 'Uni Bremen';

  NUM NAME          STUD
----- ------------ ----
    4 Uni Bremen

-- aktuellen Wert des Sequenzgenerators abfragen[4]:
SELECT Hochschulen_Seq.CURRVAL FROM DUAL;    -- Antwort: 4
```

[3] Dazu muss der Benutzer entweder die Benutzerrolle DBA oder die Systemberechtigung CREATE ANY DIRECTORY besitzen, die man sich ggf. über den Datenbankadministrator zuteilen lassen muss. Alternativ definiert der DB-Administrator den Verzeichnisnamen.

Metainformationen über die Sequenzgeneratoren eines Benutzers liegen in der Sicht USER_SEQUENCES vor.

2.3 Programmierung und Datenimport

In diesem Abschnitt soll kurz auf von Oracle unterstützte Programmiersprachen und den Datenimport eingegangen werden.

2.3.1 PL/SQL

Der SQL-Standard umfasst *prozedurale Erweiterungen*, sodass ein Benutzer eigene Prozeduren und Funktionen programmieren und in der Datenbank speichern kann. Dabei werden zwei Varianten unterschieden:

- *SQL-Routinen*, bei denen die Prozeduren in SQL programmiert sind.
- *Externe Routinen*, bei denen die Prozeduren in einer herkömmlichen Programmiersprache (wie C, Pascal oder Java) programmiert sind.

In Oracle heißt die prozedurale Erweiterung von SQL *PL/SQL* (*Programming Language SQL*) [148]. PL/SQL ist nicht identisch, aber ähnlich („funktional äquivalent") zu den Vorgaben des SQL-Standards.

Die in PL/SQL programmierten Prozeduren und Funktionen können entweder direkt aufgerufen werden oder in SQL-Anweisungen verwendet werden. Auch Methoden von Klassen kann man mithilfe von PL/SQL definieren. Werden PL/SQL-Prozeduren und Funktionen in der Datenbank abgespeichert bzw. dort geändert, übersetzt Oracle die Prozedur bzw. Funktion und meldet ggf. Fehler. Informationen liegen in den Sichten USER_SOURCE und USER_ERRORS vor.

Das nachfolgende Beispiel zeigt die Nutzung einer *PL/SQL-Funktion* in einer SQL-Anfrage[5]:

```
-- Funktion anlegen:
CREATE OR REPLACE FUNCTION kreisstadttext (name VARCHAR) RETURN VARCHAR IS
BEGIN
  IF name IS NULL THEN
    RETURN 'keine Kreisstadt';
  ELSE
    RETURN name;
  END IF;
END;
/
```

[4] DUAL ist eine vordefinierte Systemtabelle, in der ein Tupel mit einem Attributwert gespeichert ist und die damit zum Aufruf von Funktionen genutzt werden kann, bei denen kein Argument mit einem Attributwert aus einer Relation belegt werden braucht.

[5] Bei Eingabe von PL/SQL-Blöcken über SQL*Plus oder mit dem Spatial Database Viewer müssen diese mittels eines / abgeschlossen werden.

```
-- Funktion aufrufen:
SELECT Gemeinden.name, kreisstadttext(Kreise.name)
FROM Gemeinden LEFT JOIN Kreise
ON gkz = kreisstadt;

GEMEINDEN.NAME       KREISSTADTTEXT
-------------------- -----------------
Hannover             keine Kreisstadt
Elsfleth             keine Kreisstadt
Oldenburg            Oldenburg Stadt
Osnabrück            Osnabrück Stadt
Osnabrück            Osnabrück Land
Wilhelmshaven        keine Kreisstadt
Bad Zwischenahn      keine Kreisstadt
Westerstede          Ammerland
```

In PL/SQL lassen sich direkt SQL-Anweisungen einbetten. Falls eine SQL-Anfrage gestellt wird, können die Ergebnisse über einen *Datenbank-Cursor* durchlaufen werden. Ein Datenbank-Cursor verweist immer nur auf ein Tupel in der Antwortrelation und stellt dies einem Anwendungsprogramm zur Verfügung.

Das nachfolgende Beispiel zeigt eine *unbenannte PL/SQL-Prozedur*, die die neu angelegte Tabelle „LogHochschulen" mit Daten aus der Tabelle „Hochschulen" füllt. Solche *PL/SQL-Blöcke* werden durch das Schlüsselwort DECLARE eingeleitet und unmittelbar vom Datenbanksystem ausgeführt. Der PL/SQL-Block enthält eine INSERT-Anweisung und einen Datenbank-Cursor. Die Deklaration einer Cursor-Variablen wird durch das Schlüsselwort CURSOR angezeigt. Über c%ROWTYPE wird festgelegt, dass der Datentyp für die Variable akt_ds dem Datentyp der Tupel entspricht, die vom Cursor c zurückgeliefert werden. Die FOR-Schleife durchläuft alle Antworten der SQL-Anfrage; der Cursor wird dabei automatisch weitergesetzt. Die Funktion sysdate gibt das aktuelle Datum und die aktuelle Uhrzeit zurück.

```
-- Log-Tabelle anlegen:
CREATE TABLE LogHochschulen (
  hs     INTEGER,      -- Hochschulnummer
  stud   DECIMAL(6),   -- Anzahl Studierende
  datum  TIMESTAMP     -- Einfügezeitpunkt
);

-- PL/SQL-Block ausführen:
DECLARE
  -- Deklaration Cursor und Variable
  CURSOR c IS SELECT * FROM Hochschulen;   -- DB-Cursor
  akt_t c%ROWTYPE;                         -- aktuelle Antwort
BEGIN
  -- alle Antworten durchlaufen
  FOR akt_t IN c LOOP
    -- Datensatz einfügen
    INSERT INTO LogHochschulen VALUES (akt_t.num, akt_t.stud, sysdate);
  END LOOP;
END;
/
```

```
-- Tabelle ausgeben:
SELECT * FROM LogHochschulen;

  HS       STUD DATUM
---- ---------- ------------------------
   1      11500 11.07.13 12:24:41,000000
   2       6500 11.07.13 12:24:41,000000
   3      23000 11.07.13 12:24:41,000000
   4            11.07.13 12:24:41,000000
```

Datenbank-Cursor zur Veränderung der angefragten Daten werden in Abschnitt 2.4.1 und in Anwendungsprogrammen in Abschnitt 9.1.3 vorgestellt. Die Behandlung von Ausnahmen beim Datenzugriff zeigt ein Beispiel in Abschnitt 14.3.3.

Als Alternative zu einem PL/SQL-Block kann man auch eine *benannte PL/SQL-Prozedur* deklarieren. In diesem Fall ersetzt die Vereinbarung des Prozedurnamens und eventueller Parameter das Schlüsselwort DECLARE. Über EALL-Anweisungen können benannte PL/SQL-Prozeduren aufgerufen werden.

```
-- Datensätze löschen:
ROLLBACK;

-- Benannte Prozedur deklarieren:
CREATE OR REPLACE PROCEDURE fuelleLogHS IS
  -- Rest wie zuvor  ...
END;
/

-- Prozedur aufrufen, Commit:
CALL fuelleLogHS();
COMMIT;
```

Mehrere (benannte) PL/SQL-Prozeduren und -Funktionen können in *Paketen* (engl. *Packages*) gebündelt werden. Für einen Aufruf ist dann der Name des Pakets in Punktnotation dem Operationsnamen voranzustellen.

Bei der Verwendung einer SELECT-Anweisung in einer PL/SQL-Prozedur oder -Funktion muss man angegeben, was mit den angefragten Attributwerten geschehen soll. Dazu hat der SQL-Standard die INTO-Klausel vorgesehen, die in die SELECT-Anweisung eine Liste mit Zielvariablen (oder -parametern) aufnimmt:

```
SELECT id, name INTO id_variable, name_variable FROM ... ;
```

Falls man die angefragten Daten in einer nachfolgenden UPDATE-Anweisung verändern möchte, so können die betroffenen Tupel über den Nachsatz FOR UPDATE im Rahmen der laufenden Transaktion gesperrt werden:

```
DECLARE
  studNum  DECIMAL(6);    -- Anzahl der Studenten
BEGIN
  SELECT stud INTO studNum FROM Hochschulen WHERE num = 3 FOR UPDATE;
    -- der Datensatz ist gesperrt, s.d. eine komplexe Aktion folgen könnte
  studNum := studNum - 500;
  UPDATE Hochschulen SET stud = studNum WHERE num = 3;
  COMMIT;
END;
/
```

2.3.2 Trigger

Trigger erlauben es, aufgrund von Datenbankereignissen wie das Einfügen, Ändern und Löschen von Datensätzen automatisch Aktionen in der Datenbank auszuführen. Trigger werden über die Anweisung CREATE TRIGGER neu angelegt. Die Anweisungen REPLACE TRIGGER und DROP TRIGGER erlauben das Ersetzen bzw. Löschen von Triggern. Die Programmierung von Triggern erfolgt in Oracle mithilfe von PL/SQL.

Das nachfolgende Beispiel definiert drei Trigger, die auf das Einfügen, Ändern und Löschen in der Tabelle „Hochschulen" reagieren. Dabei wird durch das Schlüsselwort BEFORE spezifiziert, dass die Aktion vor der auslösenden Datenbankanweisung ausgeführt werden soll. Alternativ würde ein AFTER die Aktion nach der Datenbankanweisung veranlassen. Die Zeile FOR EACH ROW gibt an, dass der Trigger für jeden Datensatz ausgelöst wird, der in einer Anweisung eingefügt, geändert oder gelöscht wird. Über die Schlüsselworte :old und :new kann auf die Attributwerte eines Datensatzes vor bzw. nach Ausführung der eigentlichen Datenbankoperation zugegriffen werden. Die drei Trigger fügen jeweils einen Datensatz in die Tabelle „LogHochschulen" ein.

```
-- Einfüge-Trigger anlegen:
CREATE OR REPLACE TRIGGER insert_hs_trg BEFORE INSERT ON Hochschulen
FOR EACH ROW
BEGIN
  INSERT INTO LogHochschulen VALUES (:new.num, :new.stud, sysdate);
END;
/

-- Update-Trigger anlegen:
CREATE OR REPLACE TRIGGER update_hs_trg BEFORE UPDATE ON Hochschulen
FOR EACH ROW
BEGIN
  IF :old.stud <> :new.stud THEN
    INSERT INTO LogHochschulen VALUES (:new.num, :new.stud, sysdate);
  END IF;
END;
/

-- Lösch-Trigger anlegen:
CREATE OR REPLACE TRIGGER delete_hs_trg BEFORE DELETE ON Hochschulen
FOR EACH ROW
BEGIN
  INSERT INTO LogHochschulen VALUES (:old.num, 0, sysdate);
END;
/
```

Nach dem Anlegen der Trigger sind sie sofort aktiviert:

```
-- Änderungen in Tabelle 'Hochschulen' durchführen, um Trigger auszulösen:
INSERT INTO Hochschulen VALUES (99, 'LMU München', 50000);
UPDATE Hochschulen SET stud = 55000 WHERE num = 99;
DELETE FROM Hochschulen WHERE num = 99;

COMMIT;
```

```
-- Aktionen des Triggers überprüfen:
SELECT stud, datum
FROM LogHochschulen
WHERE hs = 99
ORDER BY datum;

 STUD DATUM
----- ------------------------
50000 11.07.13 12:16:29,000000
55000 11.07.13 12:16:40,000000
    0 11.07.13 12:16:44,000000
```

2.3.3 Programmierung externer Routinen mit Java

Oracle unterstützt auch die Programmiersprache *Java* zur Programmierung von externen Routinen[6]. Zur Verwendung von Java innerhalb von Oracle kann man eine Funktion oder Prozedur über PL/SQL spezifizieren und deren Implementierung an eine Java-Methode delegieren [145]. Diese Java-Methode muss eine Klassenmethode sein, da auf Ebene von PL/SQL keine Java-Objekte verfügbar sind:

```
CREATE OR REPLACE FUNCTION kreisstadttext_jv (name VARCHAR)
                                            RETURN VARCHAR IS
  LANGUAGE JAVA
        NAME 'Kreise.gibText (java.lang.String) return java.lang.String';
/
```

Die korrespondierende Java-Klasse `Kreise.java` lautet:

```
public class Kreise {
  static public String gibText (String name) {
    if (name == null)
      return "keine Kreisstadt";
    else
      return name;
    }
}
```

Über das Oracle-Werkzeug `loadjava` kann der Quellcode in die Oracle-Datenbank geladen und dort übersetzt werden. `loadjava` ist ein Hilfswerkzeug von Oracle, das sich im Verzeichnis `<ORACLE_HOME>\bin` befindet und über den Kommandozeilen-Interpreter des Betriebssystems gestartet werden kann:

```
loadjava -user <Benutzer>/<Passwort>@<Dienstname> -andresolve Kreise.java
```

Auch kann der außerhalb der Datenbank übersetzte Java-Bytecode `Kreise.class` in die Oracle-Datenbank geladen werden:

```
loadjava -user <Benutzer>/<Passwort>@<Dienstname> -resolve Kreise.class
```

6 Während Oracle 10 die Systemklassen des JDK 1.4 enthält, beinhaltet Oracle 11 Java 5. Oracle 12.1 unterstützt standardmäßig Java 6; die Datenbank kann aber auch durch den Datenbankadministrator auf Java 7 umgestellt werden.

Nach dem Laden und Übersetzen kann die Funktion kreisstadttext_jv in SQL-Anweisungen genutzt werden:

```
SELECT Gemeinden.name, kreisstadttext_jv(Kreise.name)
FROM Gemeinden LEFT JOIN Kreise
ON gkz = kreisstadt;
```

2.3.4 SQL*Loader

Der SQL*Loader von Oracle [151] erlaubt den *Import* von Daten in die Datenbank, die in Textdateien gespeichert sind[7]. Das Format der *Importdateien* wird dem Datenbanksystem durch eine *Ladekontrolldatei* bekannt gemacht. Der Ladeprozess fügt auf Basis dieser Informationen die Daten in die Datenbank ein. Dabei wird zusätzlich eine *Log-Datei* und ggf. Dateien mit Datensätzen erzeugt, die zurückgewiesen worden sind (*Bad Files*). Eine solche Zurückweisung kann entweder durch den SQL*Loader erfolgen, weil zum Beispiel das tatsächliche Datenformat in der Importdatei nicht mit der Beschreibung in der Kontrolldatei übereinstimmt, oder durch das Datenbanksystem, weil beispielsweise ein Datensatz mit dem angegebenen Primärschlüssel bereits in der Datenbank existiert. Falls man in der Kontrolldatei zusätzlich ein Filterkriterium definiert hat, dem die importierten Datensätze gehorchen müssen, werden die Datensätze, die das Filterkriterium nicht erfüllen, in *Discard Files* gespeichert. Abbildung 2.2 skizziert diesen Vorgang.

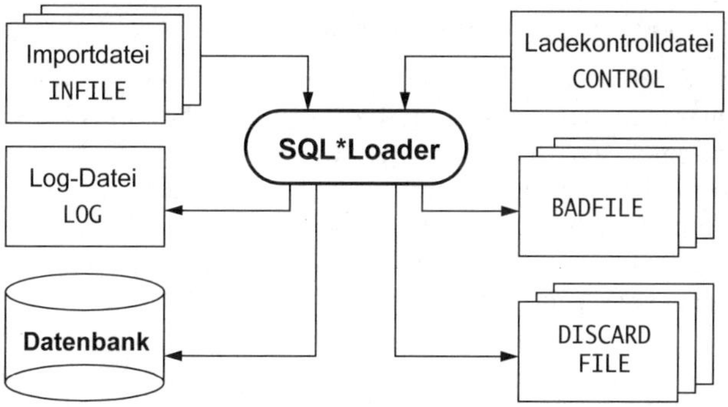

Abb. 2.2: Der SQL*Loader

2.3.4.1 Definition der Ladekontrolldatei

Um Daten mithilfe vom SQL*Loader importieren zu können, müssen wir eine entsprechende Ladekontrolldatei definieren. Dabei können zwei Fälle unterschieden werden:

1. das Laden von Importdateien mit fester Spaltenbreite und
2. das Laden von Importdateien mit variabler Spaltenbreite und Trennzeichen.

Im ersten Fall belegt jedes Attribut der zu importierenden Datensätze eine genau definierte Anzahl von Zeichen. Damit hat auch jeder Datensatz eine feste Länge. Nachfolgend ist ein Beispiel für eine entsprechende Kontrolldatei dargestellt:

[7] Mit Oracle 12c gibt es zusätzlich eine einfacher zu nutzende Version „SQL*Loader Express“, die aber nicht geeignet ist, um komplexere Geodaten zu importieren (siehe Abschnitt 4.5), und daher hier nicht vorgestellt wird.

```
LOAD DATA
INFILE 'standorte.txt' "fix10"
BADFILE 'standorte.bad'
INTO TABLE HatStandortIn
REPLACE
( hs        position(1-1),
  gemeinde  position(2-8)
)
```

Die Kontrolldatei beginnt in der ersten Zeile mit der Anweisung LOAD DATA. In der zweiten Zeile wird nach INFILE der Name der Importdatei festgelegt und in der dritten Zeile nach BADFILE die Datei für die zurückgewiesenen Datensätze. INTO TABLE legt die Zieltabelle fest. Die fünfte Zeile definiert die *Lademethode*. Es gibt vier verschiedene Lademethoden:

- REPLACE löscht alle vorhandenen Datensätze der Zieltabelle und fügt dann die importierten Datensätze in die Tabelle ein.
- APPEND fügt die importierten Datensätzen den ggf. bereits vorhandenen Datensätzen der Zieltabelle hinzu.
- TRUNCATE arbeitet wie REPLACE. Es setzt allerdings voraus, dass keine Integritätsbedingungen für die zu löschenden Datensätze aktiviert sind. In diesem Fall ist diese Lademethode deutlich schneller als der REPLACE-Modus.
- INSERT setzt voraus, dass die Zieltabelle leer ist. Wenn dies der Fall ist, werden die Datensätze importiert und in der Zieltabelle abgespeichert.

Nach der Lademethode ist die Zuordnung zwischen den Spaltenpositionen in der Importdatei und den Attributen der Zieltabelle aufgeführt. Die Angabe "fix10" am Ende der INFILE-Klausel in der zweiten Zeile zeigt dem SQL*Loader an, dass die Importdatei feste Spaltenbreiten aufweist. In dem Beispiel nimmt jeder Datensatz zehn Zeichen ein. Dabei wird der Zeilenumbruch mit eingerechnet. Bei Windows-Textdateien ist dabei zu beachten, dass der Zeilenumbruch aus zwei Zeichen besteht. Das nachfolgende Beispiel zeigt eine zu der vorgestellten Kontrolldatei passende Importdatei:

```
33241001
13403000
23403000
23461004
23405000
```

Die zweite Variante von Kontrolldateien betrifft Importdateien mit variabler Spaltenbreite. In diesem Fall muss ein *Trennzeichen* definiert werden, das die einzelnen Attributwerte voneinander separiert. In dem nachfolgenden Beispiel wird als allgemeines Trennzeichen das Semikolon verwendet und als spezielles Trennzeichen für das Attribut qkm das Leerzeichen. Außerdem kann ein *Klammerzeichen* (hier: das doppelte Anführungszeichen) definiert werden, um den Fall behandeln zu können, dass das Trennzeichen als normales Zeichen in einem Attributwert vorkommt. Der oft verwendete Tabulator kann über Angabe des ASCII-Codes X'09' als Trennzeichen vereinbart werden.

```
LOAD DATA
INFILE 'kreise.txt'
BADFILE 'kreise.bad'
INTO TABLE Kreise
REPLACE
FIELDS TERMINATED BY ';' OPTIONALLY ENCLOSED BY '"'
( kkz,
  name,
  qkm TERMINATED BY ' ',
  kreisstadt )
```

Eine zu dieser Kontrolldatei passende Importdatei ist nachfolgend dargestellt. Man kann an diesem Beispiel beobachten, dass das Trennzeichen nach dem letzten Attribut eines Datensatzes ggf. entfallen kann[8].

```
3403;"Oldenburg Stadt";102,97 3403000
3451;Ammerland;728,16 3451007
3404;Osnabrück Stadt;119,8 3404000
3459;Osnabrück Land;2121,56 3404000
```

Die hier dargestellten Beispiele beschreiben die Möglichkeiten, die für die Erstellung von Ladekontrolldateien bestehen, in keiner Weise erschöpfend. Eine sinnvolle Vorgehensweise zur Erstellung ist es, eine existierende Kontrolldatei – zum Beispiel aus [151] – als Ausgangsbasis zu verwenden und diese nach den eigenen Bedürfnissen abzuändern.

2.3.4.2 Laden der Dateien

Der Programmname für den SQL*Loader lautet SQLLDR. Über das Argument USERID wird der Benutzername für die angesprochene Oracle-Instanz bekannt gegeben. Die Argumente CONTROL und LOG definieren die Namen der Kontrolldatei und der Log-Datei. ERRORS gibt die maximale Anzahl zurückgewiesener Datensätze an. Wird diese Anzahl überschritten, bricht der Ladeprozess ab.

```
SQLLDR USERID=<Benutzer>@<Dienstname>
       CONTROL=standorte.ctl LOG=standorte.log ERRORS=50
```

Nach Eingabe des Kennworts startet das Laden. Die Datensätze für die Tabelle „Kreise" können anschließend in analoger Weise importiert werden.

2.4 Objektrelationale Erweiterungen in Oracle

Oracle besitzt eine Reihe von objektrelationalen Erweiterungen, die für Geodatenbanken von besonderer Bedeutung sind. Während hier nur ein kurzer Überblick gegeben werden soll, finden sich ausführlichere Darstellungen u.a. in [147] und [105].

8 Das angegebene Beispiel setzt eine deutsche Spracheinstellung von Oracle voraus. Bei einer englischen Spracheinstellung muss ein Punkt als Dezimaltrennzeichen verwendet werden.

2.4.1 Felder

Wie in der Einleitung erwähnt, unterstützen objektrelationale Datenbanken strukturierte Datentypen wie Felder. In Oracle kann ein *Feld* (engl. *Array*) entweder auf Basis eines Standard-Datentyps (wie DECIMAL oder VARCHAR) oder eines durch den Benutzer definierten Datentyps angelegt werden. Felder finden in Geodatenbanken zum Beispiel Einsatz bei der Speicherung von Koordinatenlisten für Streckenzüge und Polygone.

Typdeklaration

Bei der Deklaration des *Feldtyps* muss eine maximale Anzahl von Einträgen angegeben werden. Die Definition erfolgt über die SQL-Anweisung CREATE TYPE[9]:

```
CREATE OR REPLACE TYPE TextFeld AS VARRAY(3) OF VARCHAR(20);
/
```

Diese Anweisung definiert ein Feld, das maximal drei Elemente vom Typ VARCHAR(20) besitzt. Da ein konkretes Feld auch weniger Einträge speichern kann, spricht Oracle auch von *variablen Feldern*. Das erste Feldelement hat den Index 1. Über einen Konstruktor, der wie der Feldtyp heißt, kann das Feld belegt werden:

```
-- Erweiterung der Tabelle "GemeindeVideos":
ALTER TABLE GemeindeVideos
ADD inhalt TextFeld;

UPDATE GemeindeVideos
SET inhalt = TextFeld('Marktplatz', 'Schloss', 'Lange Straße')
WHERE gem = 3403000;
COMMIT;

-- Nutzung:
SELECT id, gem, inhalt
FROM GemeindeVideos
WHERE inhalt IS NOT NULL;          -- Prüfung, ob kein Nullwert

  ID     GEM INHALT
---- ------- ---------------------------------------------------
   1 3403000 TEXTFELD('Marktplatz', 'Schloss', 'Lange Straße')
```

Über ALTER TYPE *<Typname>* MODIFY LIMIT *<Höchstwert>* CASCADE kann die Feldobergrenze nachträglich erhöht und auf die bestehenden Felder angewendet werden:

```
ALTER TYPE TextFeld MODIFY LIMIT 10 CASCADE;
```

Zugriff auf die Feldelemente

Der *Zugriff* auf einzelne Feldelemente kann (leider) nicht direkt in der SELECT-Anweisung erfolgen. Eine Lösung für diese Einschränkung ist die Verwendung von PL/SQL, das einen solchen Zugriff erlaubt. Das nachfolgende Beispiel zeigt eine entsprechende Zugriffsfunktion. Die dabei verwendete PL/SQL-Methode count gibt die tatsächliche *Größe des Feldes* zurück.

9 Bei Eingabe von neuen Typen über das Oracle-Werkzeug SQL*Plus oder den Spatial Database Viewer müssen diese mittels eines / abgeschlossen werden.

```
-- Definition der Zugriffsfunktion:
CREATE OR REPLACE FUNCTION elementAusTextFeld
                            (i DECIMAL, feld TextFeld) RETURN VARCHAR IS
BEGIN
  IF feld IS NULL THEN
    RETURN '/';
  ELSIF (i >= 1) AND (i <= feld.count) THEN
    RETURN feld(i);
  ELSE
    RETURN '-';
  END IF;
END;
/

-- Verwendung der Zugriffsfunktion:
SELECT id, gem
FROM Gemeinden
WHERE elementAusTextFeld(2,inhalt) = 'Schloss';

   ID        GEM
----- ----------
    1    3403000
```

Alternativ besteht die Möglichkeit, ein Feld mit dem TABLE-Operator in eine Relation umzuwandeln und dann auf die resultierenden Tupel zuzugreifen:

```
SELECT g.id, g.gem, t.*
FROM GemeindeVideos g, TABLE(g.inhalt) t
WHERE COLUMN_VALUE <> 'Schloss';

ID        GEM COLUMN_VALUE
-- ---------- ------------
 1    3403000 Marktplatz
 1    3403000 Lange Straße
```

Da die Feldelemente unbenannt sind, steht nach Anwendung des TABLE-Operators der Begriff COLUMN_VALUE in der Spaltenüberschrift. Dieses Schlüsselwort ist auch für den Zugriff auf Feldelemente im Rahmen der WHERE-Klausel erforderlich.

PL/SQL-Methoden

In PL/SQL stehen weitere Methoden für Felder zur Verfügung:

- limit: Bestimmung der maximalen Kapazität des Feldes
- extend (addCount NUMBER): Erhöhung der Anzahl der Elemente (höchstens bis zur maximalen Kapazität)
- trim (deleteCount NUMBER): Entfernen der letzten *n* Elemente, sodass das Feld entsprechend schrumpft

Das nachfolgende Beispiel fügt an Felder ein zusätzliches Element an. Es illustriert gleichzeitig die Nutzung eines Datenbank-Cursors für Änderungen. Dies muss durch ein nachgestelltes FOR UPDATE angezeigt werden. Durch die Angabe CURRENT OF *<Cursor-Name>* wird beim Update der Bezug zum jeweils aktuellen Tupel des Cursors hergestellt.

```
-- an alle nichtleeren Felder ein zusätzliches Element anfügen:
DECLARE
  CURSOR c IS SELECT inhalt FROM GemeindeVideos
              WHERE inhalt IS NOT NULL FOR UPDATE;  -- DB-Cursor
  akt_t c%ROWTYPE;                                  -- aktuelle Antwort
BEGIN
  FOR akt_t IN c LOOP
    IF akt_t.inhalt.count < akt_t.inhalt.limit THEN
      akt_t.inhalt.extend(1);
      akt_t.inhalt(akt_t.inhalt.count) := 'Bahnhof';
      UPDATE GemeindeVideos SET inhalt = akt_t.inhalt WHERE CURRENT OF c;
    END IF;
  END LOOP;
  COMMIT;
END;
/

-- Ergebnis anzeigen:
SELECT inhalt FROM GemeindeVideos WHERE inhalt IS NOT NULL;

INHALT
-----------------------------------------------------------
TEXTFELD('Marktplatz', 'Schloß', 'Lange Straße', 'Bahnhof')
```

2.4.2 Klassen

Im nachfolgenden Beispiel wird die Klasse Punkt2D_Typ für zweidimensionale Punkte über eine Anweisung CREATE TYPE definiert. Diese Klasse besitzt wie das Beispiel aus Abschnitt 1.4.1 zwei Attribute x und y zur Beschreibung von Koordinaten. Aufgrund dieser Definition ist automatisch auch ein Konstruktor vorhanden, der wie die Klasse heißt (hier also Punkt2D_Typ) und die deklarierten Attribute als Parameter besitzt. Der Zusatz NOT FINAL erlaubt, von dieser Klasse Unterklassen abzuleiten.

```
CREATE OR REPLACE TYPE Punkt2D_Typ AS OBJECT (
  x  DECIMAL(10,7),        -- x-Koordinate in Grad
  y  DECIMAL(9,7)          -- y-Koordinate in Grad
) NOT FINAL
/
```

Wie im ersten Kapitel dargestellt, können Klassen sowohl für die Erzeugung von Spaltenobjekten als auch für Objekttabellen eingesetzt werden.

2.4.2.1 Verwendung als Spaltenobjekte

Häufig werden in objektrelationalen Datenbanken Klassen als Typen von Attributwerten verwendet. Ein solches *Spaltenobjekt* wird dann als ein Attributwert gespeichert. Für Geodatenbanken ist diese Vorgehensweise insbesondere deshalb relevant, weil man so Punkte, Linien und Polygone als Attributwerte in eine Tabelle aufnehmen kann. Abbildung 2.3 skizziert dies für die zuvor vereinbarte Klasse Punkt2D_Typ.

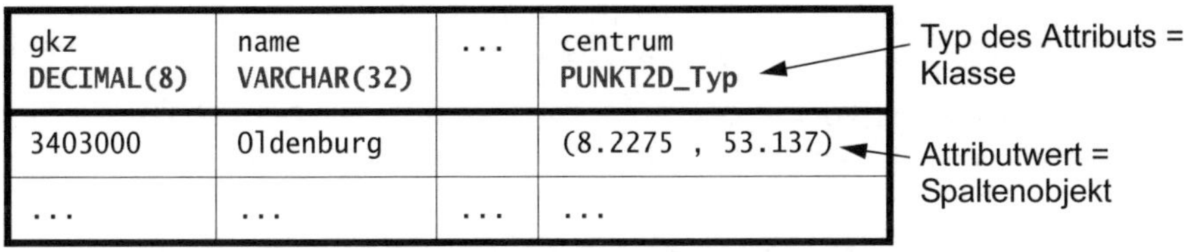

Abb. 2.3: Verwendung von Klassen als Attributtypen

Zur Illustration des Ansatzes wird im Folgenden der Tabelle „Gemeinden" aus Abschnitt 1.3.1 ein Attribut `centrum` hinzugefügt. Dazu wird die SQL-Anweisung `ALTER TABLE` verwendet. In `UPDATE`-Anweisungen können dann die Attributwerte von `centrum` gesetzt werden. Dazu muss jeweils ein entsprechendes Objekt über den Konstruktor `Punkt2D_Typ` erzeugt werden[10]. Eine abschließende SQL-Anfrage stellt die resultierende Datensätze dar:

```
-- Tabelle erweitern:
ALTER TABLE Gemeinden ADD centrum Punkt2D_Typ;

-- Attribut setzen:
UPDATE Gemeinden SET centrum=Punkt2D_Typ(9.7358,52.3803) WHERE gkz = 3241001;
UPDATE Gemeinden SET centrum=Punkt2D_Typ(8.2275,53.1375) WHERE gkz = 3403000;
  -- und so weiter ...
COMMIT;

-- Anzeige:
SELECT gkz, name, centrum FROM Gemeinden;

    GKZ NAME                 CENTRUM(X,Y)
------- -------------------- ---------------------------
3241001 Hannover             PUNKT2D_TYP(9,7358, 52,3803)
3403000 Oldenburg            PUNKT2D_TYP(8,2275, 53,1375)
3451002 Bad Zwischenahn      PUNKT2D_TYP(7,9981, 53,1844)
3451007 Westerstede          PUNKT2D_TYP(7,9256, 53,2581)
3461004 Elsfleth             PUNKT2D_TYP(8,4573, 53,2372)
3404000 Osnabrück            PUNKT2D_TYP(8,045, 52,281)
3405000 Wilhelmshaven        PUNKT2D_TYP(8,1081, 53,5397)
```

2.4.2.2 Definition von Methoden

Der Datentyp `Punkt2D_Typ` besitzt mit Ausnahme des Konstruktors noch keine Methoden. Daher wird über `ALTER TYPE` die Spezifikation des Datentyps um die gewünschten Funktionen ergänzt. Sie sind in PL/SQL spezifiziert. Das Schlüsselwort `MEMBER` macht eine Funktion als Methode kenntlich, die sich auf ein Objekt bezieht. Klassenmethoden werden mit `STATIC` anstatt mit `MEMBER` eingeleitet.

[10] Bei Anweisungen wird im Folgenden grundsätzlich der Punkt als Dezimaltrennzeichen verwendet. Dies ist erforderlich, damit keine Verwechselungen mit dem Komma als Parametertrennzeichen auftreten. Alternativ kann man bei deutscher Spracheinstellung von Oracle aber das Komma als Dezimaltrennzeichen verwenden, wenn die Zahl als Zeichenkette angegeben wird, z.B. `Punkt2D_Typ ('9,7358','52,3803')`.

```
ALTER TYPE Punkt2D_Typ REPLACE AS OBJECT (
  x DECIMAL(10,7),          -- x-Koordinate in Grad
  y DECIMAL(9,7),           -- y-Koordinate in Grad

  MEMBER FUNCTION istWestlichVon (vgl Punkt2D_Typ) RETURN INTEGER,
  -- Testet, ob das Punktobjekt westlich vom Punkt vgl liegt.
  -- Falls ja, wird 1, sonst 0 zurückgegeben.

  MEMBER FUNCTION gebeBeschreibung RETURN VARCHAR,
  -- Gibt vom Objekt eine Beschreibung als String zurück.

  STATIC FUNCTION nullpkt RETURN Punkt2D_Typ
  -- Gibt einen Nullpunkt zurück.
) NOT FINAL;
```

Die Beschreibung der Implementierung erfolgt in der Anweisung CREATE TYPE BODY.

```
CREATE OR REPLACE TYPE BODY Punkt2D_Typ AS

  MEMBER FUNCTION istWestlichVon (vgl Punkt2D_Typ) RETURN INTEGER IS
    BEGIN
      IF x < vgl.x THEN   -- entspricht: IF SELF.x < vgl.x THEN
        RETURN 1;
      ELSE
        RETURN 0;
      END IF;
    END;

  MEMBER FUNCTION gebeBeschreibung RETURN VARCHAR IS
    BEGIN
      RETURN '(' || x || ' , ' || y || ')';
    END;

  STATIC FUNCTION nullpkt RETURN Punkt2D_Typ IS
    BEGIN
      RETURN Punkt2D_Typ(0,0);
    END;

END;
/
```

In den beiden Methoden istWestlichVon und gebeBeschreibung kann auf die Attribute des Objektes, auf das die Methode angewandt wird, zugegriffen werden. Über SELF kann dieses Objekt angesprochen werden. Somit ist zum Beispiel x eine Kurzform von SELF.x. Der ||-Operator fügt jeweils zwei Zeichenketten zu einer zusammen. In der Klassenmethode nullpkt kann nicht auf SELF zugegriffen werden, aber z.B. der Konstruktor als eine andere Klassenmethode aufgerufen werden.

Nun können diese Methoden in SQL-Anfragen verwendet werden. Im ersten Beispiel wird die Methode in der SELECT-Klausel verwendet:

```
SELECT name, g.centrum.gebeBeschreibung()
FROM Gemeinden g;
```

Man beachte, dass für einen Aufruf von Methoden die Relation in der FROM-Klausel grundsätzlich benannt werden muss. Die Benennung in Oracle erfolgt über das Aufführen der

Bezeichnung nach der Relation; in diesem Fall wird die Tabelle „Gemeinden“ als „g“ bezeichnet. Diese Bezeichnung wird dann mittels einer Punktnotation vor dem Attributnamen aufgeführt. Außerdem muss berücksichtigt werden, dass in PL/SQL parameterlose Funktionen zwar ohne Klammern deklariert, aber mit Klammern aufgerufen werden.

Die nächste Anfrage liefert alle Gemeindenamen von Gemeinden, die westlich der Gemeinde mit dem Gemeindeschlüssel „3403000“ liegen:

```
SELECT g2.name, g2.centrum.gebeBeschreibung()
FROM Gemeinden g1 INNER JOIN Gemeinden g2
ON g1.gkz = 3403000
WHERE g2.centrum.istWestlichVon(g1.centrum) = 1;

NAME             G2.CENTRUM.GEBEBESCHREIBUNG()
---------------- -----------------------------
Bad Zwischenahn  (7,9981 , 53,1844)
Westerstede      (7,9256 , 53,2581)
Osnabrück        (8,045 , 52,281)
Wilhelmshaven    (8,1081 , 53,5397)
```

Die letzte SQL-Anfrage verwendet die Klassenmethode `nullpkt`. Dem Aufruf einer Klassenmethode wird grundsätzlich der Klassenname vorangestellt:

```
SELECT name
FROM Gemeinden g
WHERE g.centrum.istWestlichVon(Punkt2D_Typ.nullpkt()) = 0;
```

2.4.2.3 Objekttabellen

Einen alternativen Ansatz zu Spaltenobjekten stellen *Objekttabellen* dar. Wie im ersten Kapitel ausgeführt, entspricht die Tabelle in diesem Fall einer Sammlung von Objekten und ein Tupel korrespondiert mit einem Objekt. Objekte in Objekttabellen besitzen im Gegensatz zu den Spaltenobjekten immer einen eindeutigen *Object Identifier* (*OID*), der zu einem Primärschlüssel im relationalen Datenbankmodell korrespondiert. In Oracle wird die OID standardmäßig durch das Datenbanksystem automatisch generiert.

Die Anweisung `CREATE TABLE` *<Tabellenname>* `OF` *<Klassenname>* legt eine Objekttabelle an. Beim Einfügen eines neuen Objektes werden dessen Attributwerte in der `VALUES`-Klausel wie normale relationale Attribute aufgeführt. Die nachfolgend erzeugte Tabelle „Messpunkte“ wird in Abbildung 2.4 ausschnittsweise illustriert:

```
CREATE TABLE Messpunkte OF Punkt2D_Typ;

INSERT INTO Messpunkte VALUES (9.6351, 52.3799);
INSERT INTO Messpunkte VALUES (9.6410, 52.3813);
INSERT INTO Messpunkte VALUES (9.6359, 52.3795);
COMMIT;
```

Bei einer normalen `SELECT`-Anweisung auf einer Objekttabelle werden die Attribute der Objekte in separaten Spalten zurückgegeben. Werden stattdessen die Objekte benötigt, erhält man diese über die Funktion `VALUE`; dabei muss man die Objekttabelle mit einem Variablennamen benennen. Alternativ kann man hierfür das Pseudo-Attribut `OBJECT_VALUE` nutzen.

Tabelle Messungen

datum DATE	...	ort REF(Punkt2D_Typ) SCOPE IS Messpunkte
7.12.04	...	0000280209169EC6...

Objekttabelle Messpunkte

OID	Punkt2D_Typ
169EC669BDF...	(9,6351, 52,3799)
67F921B34F5...	(9,641, 52,3813)
...	

Abb. 2.4: Objekttabellen und Referenztypen

Die OID ist über das Pseudo-Attribut OBJECT_ID abfragbar.

```
-- Attributwerte abfragen:
SELECT * FROM Messpunkte;

         X          Y
---------- ----------
    9,6351    52,3799
     9,641    52,3813
    9,6359    52,3795

-- Objekte abfragen:
SELECT VALUE(m) FROM Messpunkte m;

-- Objekte abfragen (alternativ):
SELECT object_value FROM Messpunkte;

OBJECT_VALUE
----------------------------
PUNKT2D_TYP(9,6351, 52,3799)
PUNKT2D_TYP(9,641, 52,3813)
PUNKT2D_TYP(9,6359, 52,3795)

-- OID abfragen:
SELECT object_id FROM Messpunkte;

OBJECT_ID
--------------------------------
169EC669BDF74B0D8C2A28BF2290AF50
67F921B34F524CF7A83B5A591225C6B8
18E8827CE29843CA9A63301E9514CFF0
```

Um von Tabellen- oder Objektattributen aus auf in Objekttabellen gespeicherte Objekte verweisen zu können, benötigt man *Objektreferenzen*, die neben der eigentlichen OID noch zusätzliche Informationen wie die RowID und Metadaten zur Objekttabelle enthalten können. Die Funktion REF liefert für ein Objekt die Objektreferenz.

```
-- Objektreferenz REF abfragen:
SELECT REF(m) FROM Messpunkte m;

REF(M)
--------------------------------------------------------------------------------------------
0000280209169EC669BDF74B0D8C2A28BF2290AF50EFB797906BA54D5EB69D909D462360DF010007B70001
000028020967F921B34F524CF7A83B5A591225C6B8EFB797906BA54D5EB69D909D462360DF010007B70002
000028020918E8827CE29843CA9A63301E9514CFF0EFB797906BA54D5EB69D909D462360DF010007B70003
```

Objekte sind über *Referenztypen* referenzierbar. Ein Attribut wird über REF <Klassenname> SCOPE IS <Tabellenname> als Referenztyp deklariert, wobei die über SCOPE IS vorgenommene Einschränkung auf eine bestimmte Tabelle optional ist. Abbildung 2.4 stellt eine Tabelle „Messungen“ dar, deren Attribut ort auf Objekte der Tabelle „Messpunkte“ verweist.

Das nachfolgende Beispiel zeigt, wie ein Referenzattributwert durch die Objektreferenz des Zielobjektes belegt wird:

```
-- Tabelle anlegen:
CREATE TABLE Messungen (
  datum       DATE,                                  -- Datumsangabe
  temperatur DECIMAL(5,2),                          -- Temperaturangabe
  ort         REF Punkt2D_Typ SCOPE IS Messpunkte   -- Referenz auf Messpunkt
);

-- Datensätze einfügen:
INSERT INTO Messungen
VALUES ('17.07.2013', 7.3,
        (SELECT REF(m) FROM Messpunkte m WHERE m.x = 9.6351) );

COMMIT;
```

Eine Referenz kann aufgelöst werden, indem die Funktion DEREF aufgerufen wird oder Attribute des referenzierten Objektes angesprochen werden; im zweiten Fall muss die Tabelle benannt werden.

```
SELECT datum, temperatur, DEREF(ort) FROM Messungen;

DATUM    TEMPERATUR DEREF(ORT)(X,Y)
-------- ---------- ----------------------------
17.07.13        7,3 PUNKT2D_TYP(9,6351, 52,3799)

SELECT datum, temperatur, m.ort.x, m.ort.y FROM Messungen m;

DATUM    TEMPERATUR      ORT.X      ORT.Y
-------- ---------- ---------- ----------
17.07.13        7,3     9,6351    52,3799
```

Objekttabellen werden zum Beispiel bei der georeferenzierten Speicherung von Rasterbildern eingesetzt.

2.4.3 Vererbung und Polymorphie

Seit der Version 9 unterstützt Oracle die Vererbungsbeziehung. Dazu muss die Oberklasse explizit als NOT FINAL deklariert sein, da in Oracle Klassen standardmäßig als FINAL definiert sind.

In dem Beispiel in Abschnitt 1.4.2 erbt eine Klasse, die die Benennung von Punkten unterstützt, von der Standardklasse für Punkte. Dieses lässt sich entsprechend in Oracle modellieren. Dazu übernimmt die Klasse BenannterPunkt2D_Typ von der Klasse Punkt2D_Typ deren Struktur. Das Attribut name und die Methode hatGleichenNamen werden der Klasse neu hinzugefügt. Die Funktion gebeBeschreibung überschreibt die gleichnamige Methode aus der Oberklasse und wird daher mit dem Schlüsselwort OVERRIDING eingeleitet:

```
CREATE OR REPLACE TYPE BenannterPunkt2D_Typ UNDER Punkt2D_Typ (
  name VARCHAR(30),              -- der Name

  OVERRIDING MEMBER FUNCTION gebeBeschreibung RETURN VARCHAR,
  -- Gibt vom Objekt eine Beschreibung als String zurück.

  MEMBER FUNCTION hatGleichenNamen (p BenannterPunkt2D_Typ)
         RETURN INTEGER,
  -- Testet, ob das Punktobjekt den gleichen Namen wie p hat.
  -- Falls ja, wird 1, sonst 0 zurückgegeben.
) NOT FINAL;
/
```

In einem zweiten Schritt kann die Implementierung bekannt gegeben werden:

```
CREATE OR REPLACE TYPE BODY BenannterPunkt2D_Typ AS

  OVERRIDING MEMBER FUNCTION gebeBeschreibung RETURN VARCHAR IS
    BEGIN
      RETURN name || ': ' || '(' || x || ' , ' || y || ')' ;
    END;

  MEMBER FUNCTION hatGleichenNamen (p BenannterPunkt2D_Typ)
                  RETURN INTEGER IS
    BEGIN
      IF name = p.name THEN
        RETURN 1;
      ELSE
        RETURN 0;
      END IF;
    END;
END;
/
```

Objekte lassen sich Attributen zuweisen, die den Typ der Oberklasse besitzen. Aufgrund der Polymorphie wird aber bei einem Methodenaufruf die Implementierung der eigentlichen Klasse verwendet, wie das nachfolgende Beispiel zeigt:

```
-- Daten einfügen bzw. ändern:
INSERT INTO Gemeinden (gkz,name,einw,centrum)
VALUES (4011000, 'Bremen', 540950,
        BenannterPunkt2D_Typ(8.8139, 53.0839, 'Marktplatz') );

UPDATE Gemeinden
SET centrum = BenannterPunkt2D_Typ(8.2275, 53.1375, 'Schlossplatz')
WHERE gkz = 3403000;

UPDATE Gemeinden
SET centrum =  BenannterPunkt2D_Typ(7.9256, 53.2581, 'Marktplatz')
WHERE gkz = 3451007;

COMMIT;

-- Daten abfragen:
SELECT name, g.centrum.gebeBeschreibung()
FROM Gemeinden g;
```

```
NAME             G.CENTRUM.GEBEBESCHREIBUNG()
---------------- ---------------------------------
Hannover         (9,7358 , 52,3803)
Oldenburg        Schlossplatz: (8,2275 , 53,1375)
Bad Zwischenahn  (7,9981 , 53,1844)
Westerstede      Marktplatz: (7,9256 , 53,2581)
Elsfleth         (8,4573 , 53,2372)
Osnabrück        (8,045 , 52,281)
Wilhelmshaven    (8,1081 , 53,5397)
Bremen           Marktplatz: (8,8139 , 53,0839)
```

Mithilfe der *Type-Cast*-Funktion TREAT kann ein Attribut als Objekt einer Unterklasse des Attributtyps angesprochen werden. Im nachfolgenden Verbund wird über IS OF in der WHERE-Klausel überprüft, ob die Objekte, die im Attribut centrum gespeichert sind, zur Klasse BenannterPunkt2D_Typ gehören. Wenn dies der Fall ist, werden die Objekte entsprechend überführt, sodass in der in der SELECT-Klausel das Ergebnis der Methode hatGleichenNamen ausgegeben werden kann. Das Type Cast ist erforderlich, da die Oberklasse Punkt2D_Typ diese Methode nicht besitzt.

Im nachfolgenden Beispiel wird für Paare von Gemeinden überprüft, ob deren Zentren den gleichen Namen besitzen:

```
SELECT g1.name, g2.name,
       TREAT(g1.centrum AS BenannterPunkt2D_Typ).hatGleichenNamen(
                               TREAT(g2.centrum AS BenannterPunkt2D_Typ) )
FROM Gemeinden g1 INNER JOIN Gemeinden g2
ON g1.gkz < g2.gkz
WHERE g1.centrum IS OF(BenannterPunkt2D_Typ) AND
      g2.centrum IS OF(BenannterPunkt2D_Typ);
```

```
G1.NAME       G2.NAME       TREAT
------------- ------------- ------
Oldenburg     Westerstede        0
Oldenburg     Bremen             0
Westerstede   Bremen             1
```

3 Modellierung von Geodaten

Um Informationen der realen Welt rechnergestützt verarbeiten und speichern zu können, ist es erforderlich, diese Informationen in einem *Modell* abzubilden. Dabei muss die Komplexität der realen Welt geeignet vereinfacht und verallgemeinert werden. Es gibt eine Reihe von Gründen für eine solche *Abstraktion*:

- Rechnergestützte Informationssysteme unterliegen Beschränkungen hinsichtlich des verfügbaren Speicherplatzes und der möglichen Verarbeitungsgeschwindigkeit, sodass ein Modell hinsichtlich seiner Komplexität eingeschränkt werden muss, um überhaupt von einem Rechner verwendet werden zu können.
- Die Einfachheit der Handhabung und die Überschaubarkeit von Daten nehmen mit zunehmender Komplexität des Modells ab. So ist zum Beispiel eine n-zu-m-Beziehung mächtiger als eine 1-zu-n-Beziehung, aber auch aufwendiger zu erstellen und zu pflegen.
- Bei der Zielsetzung, die Wirklichkeit exakt zu repräsentieren, stellt sich die Frage, ab welchem Modellierungsgrad man tatsächlich exakt ist. Dabei treten üblicherweise Definitionsprobleme auf. Wie kann ein Küstenverlauf und damit zum Beispiel ein Längenmaß für Küsten definiert werden? Ein anderes gerne betrachtetes Beispiel ist die Länge der Grenze zwischen Spanien und Portugal. In dem statistischen Jahrbuch von Portugal soll (angeblich) ein größerer Wert angegeben sein als im spanischen Werk. In Portugal hat man also offenkundig ein anderes, vermutlich genaueres Modell verwendet als im flächenmäßig wesentlich größeren Spanien.
- Ein anderer Aspekt der Modellbildung betrifft deren Zielsetzung. Ein mit Text bedrucktes Blatt Papier kann durch eine Größenangabe des Blattes sowie einer zeichenorientierten Codierung des gedruckten Textes modelliert werden. Eine andere Repräsentation dieses Blattes erhält man, wenn man das Blatt wie bei einem Fax einscannt. Optisch spiegeln die gescannten Daten das Blatt sicher besser wider als das zeichenorientierte Modell. Eine inhaltliche Analyse des Textes ist allerdings in dieser Repräsentation ungleich schwieriger als in der ersten Variante. Aus chemischer Sicht sind die beiden genannten Modelle ungeeignet. Hier müsste man die Molekülstruktur des Papiers und der Farbe beschreiben. Aus Sicht der Physik könnte man sich auf die Ebene der Atome, auf die Ebene der Elementarteilchen oder auf die Ebene von Quarks zur Beschreibung von Elementarteilchen begeben. Die inhaltliche Bedeutung des Textes wird man durch eine solche Modellierung wohl kaum ableiten können.

Ein exaktes Abbild der realen Welt ist offenkundig sowohl ein unerreichbares als auch ein nicht erstrebenswertes Ziel. Daher muss man sich immer im Klaren sein, dass die in einer Datenbank gespeicherten Daten ein vereinfachtes *Datenmodell* der realen Welt darstellen. Durch die Modellbildung gehen – ebenso wie bei der Erfassung der Daten – Informationen verloren bzw. werden verfälscht.

Für die Speicherung und Verwaltung von Geodaten in einem Geoinformationssystem benötigen wir also ein geeignetes Datenmodell. Welche Eigenschaften von Geodaten in einem solchen Modell berücksichtigt werden sollten, ist das Thema des nächsten Abschnitts. Nachdem Abschnitt 3.2 die Standardisierung von Geodaten behandelt, wird im dritten Abschnitt die ISO-Norm 19107 „Spatial Schema“ vorgestellt. Dieses Feature-Geometry-Modell ist Basis für konkrete Datenbankschemata, wie das Simple-Feature-Modell und SQL/MM/

Spatial, die in den nachfolgenden Abschnitten eingeführt werden. Die Behandlung von räumlichen und linearen Bezugssystemen bildet den Abschluss dieses Kapitels.

3.1 Eigenschaften von Geodaten

Die zu modellierenden Eigenschaften von Geodaten lassen sich in vier Kategorien einteilen [97]:

- *Geometrische Eigenschaften* beschreiben die Lage und Ausdehnung von Objekten im Raum. Über *Koordinaten* kann zum Beispiel die *Lage* eines Punktes (z.B. des Ortsmittelpunktes) oder Lage und *Ausdehnung* (bzw. Form) eines Gebietes (z.B. des Gemeindegebietes) repräsentiert werden.
- *Topologische Eigenschaften* dienen der Beschreibung der relativen räumlichen Beziehungen von Objekten zueinander, wobei von der Geometrie abstrahiert wird. Typische topologische Beziehungen betreffen die Nachbarschaft oder die Überschneidung. Die Topologie einer Karte wird durch Transformationen wie das Verschieben, Drehen oder Skalieren aller Kartenelemente bezüglich eines Transformationspunktes nicht verändert. Für die Veranschaulichung dieses Sachverhaltes wird gerne eine auf einem Luftballon aufgetragene Karte herangezogen. Durch Aufpumpen oder Ablassen von Luft verändert sich die Topologie dieser Karte nicht.
- *Thematische Eigenschaften* entsprechen Sachattributen. *Nominale Eigenschaften* sind beispielsweise Bezeichnungen wie Ortsnamen oder Postleitzahlen. *Qualitative Eigenschaften* können der Status einer Gemeinde oder der Wochentag der Müllabfuhr sein. *Quantitative Eigenschaften* wären die Niederschlagsmenge oder die Einwohnerzahl der Gemeinde.
- *Temporale Eigenschaften* beschreiben den Zeitpunkt oder den Zeitraum, für den die übrigen Eigenschaften gelten. Liegen die Geometrie und die übrigen Eigenschaften eines Objektes für mehrere (aufeinanderfolgende) Zeitpunkte bzw. -räume vor, so kann die *Dynamik* des Objektes beschrieben werden. Verändert sich über die Zeit im Wesentlichen nur die Lage, aber nicht die Form der Geometrie, so spricht man auch von sich *bewegenden Geoobjekten*. Die Unterstützung von *spatio-temporalen Datenmodellen* durch ein GIS oder Geodatenbanksystem ist derzeit noch Thema der Forschung. Daher wird im Folgenden zunächst nicht auf die temporalen Eigenschaften von Geodaten eingegangen; diese sind Thema von Abschnitt 14.2 im letzten Kapitel dieses Buchs.

3.1.1 Thematische Eigenschaften

Die thematischen Eigenschaften lassen sich über die normalen Mechanismen eines relationalen Datenbanksystems beschreiben. So können qualitative Eigenschaften durch alphanumerische Attribute und quantitative Eigenschaften durch numerische Attribute repräsentiert werden.

Thematische Eigenschaften von Geodaten müssen geeignet dem (zwei- oder mehrdimensionalen) Raum zugeordnet werden. Dabei lassen sich zwei wesentliche Prinzipien voneinander unterscheiden. Bei *objektbasierten Datenmodellen* ist der Ausgangspunkt der Betrachtung das *Geoobjekt* (engl. *Feature*), das ein ausgezeichnetes Geometrieattribut aufweist. Die übrigen Attributwerte lassen sich dieser Geometrie zuordnen. Besitzt eine Gemeinde zum Beispiel die thematischen Attribute „Gemeindestatus“ und „Einwohnerzahl“ sowie das geometrische Attribut „Gemeindegebiet“, so gelten die genannten thematischen Attributwerte für das Gemeindegebiet. Neben dem ausgezeichneten Geometrieattribut kann ein Geoobjekt durchaus weitere Geometrieattribute aufweisen; eine Gemeinde kann z.B. neben der Gemeindefläche als ausgezeichnetem Geometrieattribut zusätzlich das Gemeindezentrum als punktförmiges Attribut besitzen.

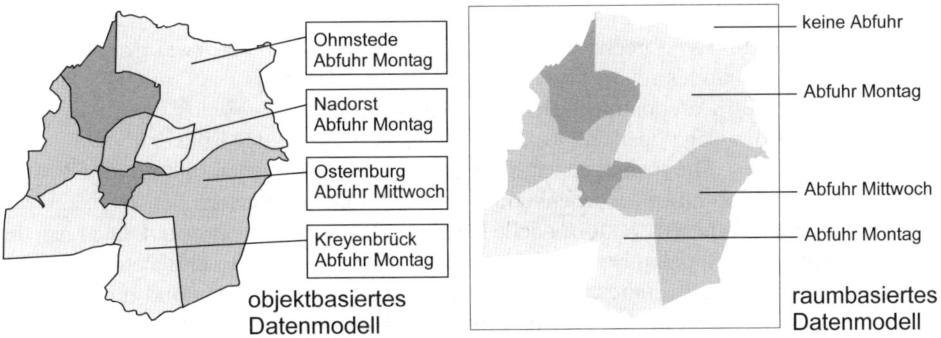

Abb. 3.1: Beispiel für ein objekt- und ein raumbasiertes Datenmodell

Bei *raumbasierten Datenmodellen* ist der Datenraum der Ausgangspunkt der Betrachtung. Mit jedem Punkt im Datenraum ist ein Attributwert verknüpft. Anders formuliert (unter Annahme eines zweidimensionalen Datenraums): Es existiert eine kontinuierliche Funktion $f: \mathbb{R}^2 \rightarrow \mathbb{R}$. Ein raumbasiertes Datenmodell wird auch als *Coverage* bezeichnet. Abbildung 3.1 illustriert an einem Beispiel das objektbasierte und das raumbasierte Modell.

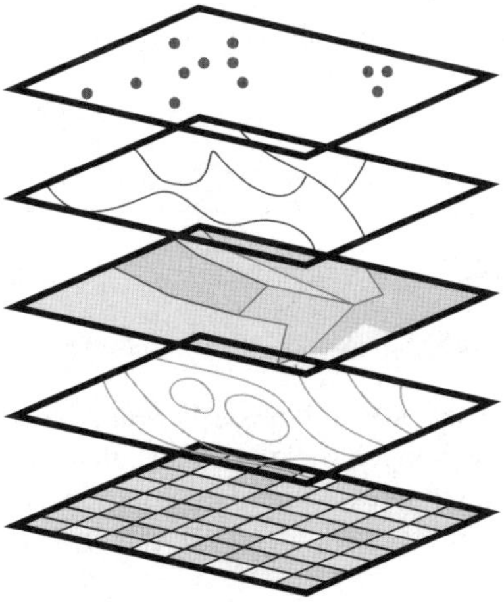

Abb. 3.2: Beschreibung unterschiedlicher Thematiken in mehreren Ebenen

Zu einem Geoobjekt kann es mehrere thematische Attribute geben. Dann bilden alle Geoobjekte zu jeweils einem dieser Attribute eine *thematische Ebene* (engl. *Layer*). Gleiches gilt, wenn bei einem raumbasierten Datenmodell mehrere verschiedene Funktionen vorliegen.

Dann beschreibt jede dieser Funktionen eine thematische Ebene. So kann es zum Beispiel die thematischen Eigenschaften „Niederschlagsmenge“ und „Müllabfuhrtermine“ geben, die zwei verschiedene Layer bilden. In Abbildung 3.2 ist ein Modell dargestellt, das mehrere thematische Ebenen umfasst. Geoinformationssysteme erlauben typischerweise das Ein- und Ausblenden einzelner Layer sowie das Verschneiden von mehreren Ebenen zu einem neuen Layer.

3.1.2 Geometrische Eigenschaften

Bei der Repräsentation von geometrischen Eigenschaften lassen sich zwei grundsätzliche Modellformen voneinander unterscheiden: das *Vektormodell* und das *Rastermodell.* Das Rastermodell zerlegt den Datenraum in gleichförmige Teilflächen. Typischerweise erfolgt die Aufteilung in quadratische oder rechteckige *Rasterzellen*, die in der Bildverarbeitung auch *Pixel* genannt werden. Die thematischen Eigenschaften eines Gebietes sind für eine Rasterzelle einheitlich; dadurch kann es offenkundig je nach Größe der Rasterzellen zu einem Verlust an Genauigkeit kommen. Vektormodelle bauen auf *Punkten* und *Linien* auf. Die Lage der Punkte wird über Koordinaten bezüglich eines Koordinatensystems beschrieben. Auf dieser Basis werden komplexere Einheiten wie *Streckenzüge*, *Polygone* (ohne und mit Löchern) oder *Multipolygone* zur Beschreibung von Linien und Flächen gebildet. Über Linien werden die thematischen Eigenschaften unterschiedlicher Gebiete scharf voneinander getrennt, was, insbesondere bei kontinuierlichen Übergängen, z.B. zwischen Gebieten mit hoher und niedriger Luftverschmutzung oder bei seichten Küsten, zu einer nicht sachgerechten Modellierung führen kann. Abbildung 3.3 zeigt ein Beispiel, in dem eine Fläche durch ein Vektor- und durch ein Rastermodell repräsentiert wird.

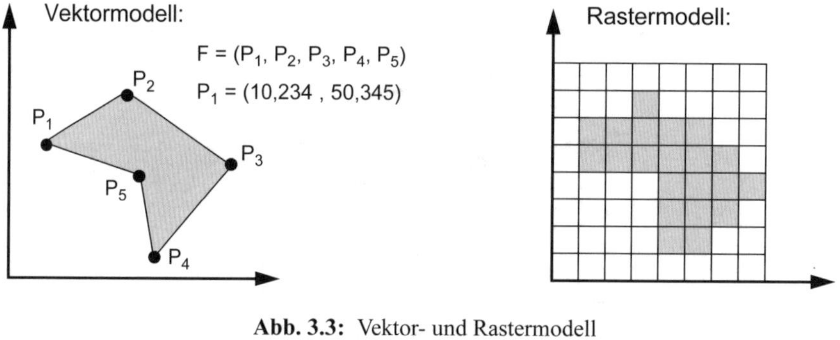

Abb. 3.3: Vektor- und Rastermodell

Raster- und Vektormodelle weisen eine Reihe von Vor- und Nachteilen für die Modellierung von Geodaten auf. Gegenüberstellungen finden sich z.B. in [7] und [97]. Wenn wir diese beiden Modellierungsformen mit der objekt- und raumbasierten Modellierung verbinden, ergeben sich vier Kombinationsmöglichkeiten, die in der Tabelle 3.1 dargestellt sind.

	Vektormodell	*Rastermodell*

Objektbasiertes Datenmodell	Über ein geometrisches Attribut eines Geoobjektes wird eine Vektorgeometrie, zum Beispiel ein Polygon oder eine Linie, gespeichert. Die Kombination eines objektbasierten Vektormodells ist sehr typisch für die Modellierung von Geoobjekten in Geodatenbanksystemen.
	`gemeinde1 =`
	`('Oldenburg','Stadt',`
	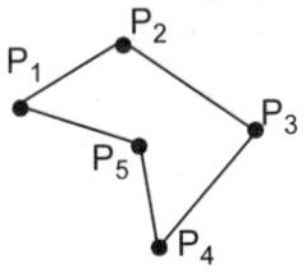
	
		Über ein geometrisches Attribut eines Geoobjektes wird eine Rastergeometrie gespeichert. Die Verwendung von objektbasierten Rastermodellen ist eher unüblich. Eine Beschreibung eines solchen Ansatzes findet sich z.B. in [195].
		`gemeinde1 =`
		`('Oldenburg','Stadt',`
		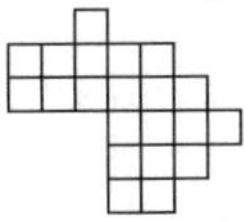

Raumbasiertes Datenmodell	Die räumliche Funktion wird über eine vektorielle Beschreibung einer Ebene im dreidimensionalen Raum repräsentiert. Dies erfolgt zum Beispiel bei der Modellierung von Geländeformen. 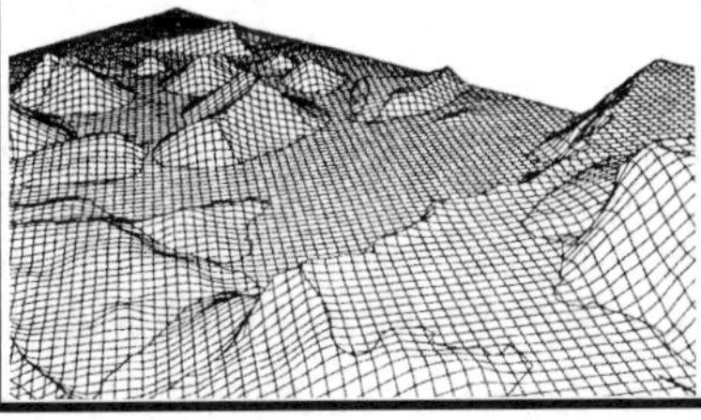	Rasterbilder, die aus Satellitenbildern oder anderen Luftaufnahmen gewonnen wurden, stellen ein raumbasiertes Rastermodell dar. 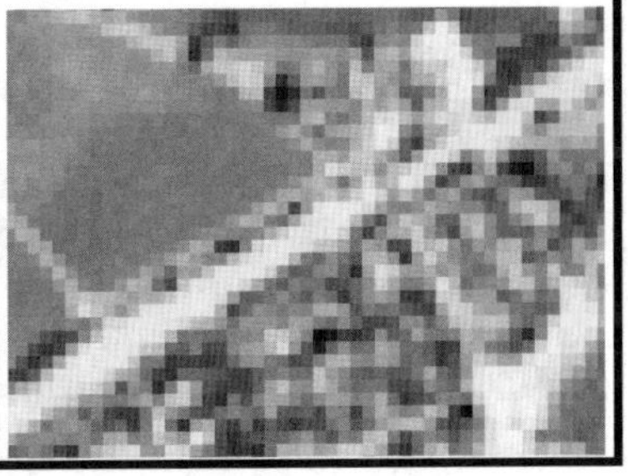

Tabelle 3.1: Kombinationsmöglichkeiten der Modelle

3.1.3 Topologische Eigenschaften

Die Topologie kann entweder durch Angaben entsprechender Beziehungen explizit in einem *topologischen Datenmodell* repräsentiert werden oder implizit aus der Geometrie abgeleitet werden. So kann zwischen allen Flächen, die aneinander stoßen, eine entsprechende n-zu-m-Beziehung definiert werden. Das Problem der expliziten Modellierung ist, dass bei Änderungen der Geometrie auch alle topologischen Beziehungen angepasst werden müssen. Dies kann recht aufwendig sein. Bei der impliziten Modellierung wird eine topologische Eigenschaft bei Bedarf aus der Geometrie abgeleitet. So wird z.B. anhand von Koordinaten bestimmt, welche Flächen eine Überlappung aufweisen. Dies ist die (bislang) übliche Vorgehensweise in Geodatenbanksystemen. Allerdings hat dieser Ansatz auch Nachteile: Zum einen ist ein solches Vorgehen recht rechenaufwendig und zum anderen kann es aufgrund fehlerhafter oder ungenauer Geometriedaten zu falschen Schlussfolgerungen hinsichtlich der Topologie führen.

3.1.4 Metainformationen

Geodaten beschreiben raumbezogene Sachverhalte. Daneben gibt es eine Reihe von Informationen über die eigentlichen Geodaten. Beispiele sind:

- die Thematik der Geodaten,
- das Datenformat,
- die Qualitätseigenschaften der Geodaten,
- die Erfassungsart,
- die Datenaktualität usw.

Solche Informationen über Daten werden *Metainformationen* oder – wenn sie in Datenform vorliegen – *Metadaten* genannt. Sie erlauben eine sachgerechte Einschätzung und einen angemessenen Umgang mit Geodaten. Außerdem unterstützen Metadaten die Verwaltung von Daten. Insbesondere wenn man mit Geodaten aus unterschiedlichen bzw. fremden Quellen arbeitet, sollten Metainformationen vorliegen und beachtet werden. Eng verbunden mit Metainformationen ist der Begriff der *Qualität*. Qualität ist nach ISO 8402 mit der „Gesamtheit aller charakteristischen Eigenschaften eines Produktes" gleichzusetzen.

Für Geodaten hat die Norm *ISO 19115 „Geographic Information – Metadata*" [67] hohe Bedeutung erlangt. Diese Norm definiert ein Schema für Informationen über (u.a.) Titel, Ausdehnung, Qualität, räumliche und temporale Eigenschaften und Vertrieb digitaler Geodaten.

3.2 Standardisierung von Geodaten

Eine wesentliche Voraussetzung, um Geoinformationssysteme zu öffnen und eine Interoperabilität zwischen GIS-Anwendungen zu erreichen, ist die Ausarbeitung und Umsetzung von *Standards* zum Datenaustausch. Dies betrifft insbesondere auch die Modellierung und Speicherung von Geodaten in einer Geodatenbank. Im Rahmen dieser Standardisierungsbemühungen sind aus GIS-Sicht seit Mitte der 90er-Jahre zwei Organisationen zu nennen:

- das *Open Geospatial Consortium* (*OGC*) als eine internationale, nicht auf Profit ausgerichtete Standardisierungsorganisation mit rund 350 Mitgliedern aus Wirtschaft, Verwaltung und Wissenschaft und
- das *Technische Komitee 211 „Geographic Information/Geomatics*" der International Organization for Standardization (*ISO/TC 211*), in der ungefähr 30 Mitgliedsstaaten aktiv mitarbeiten und etwa ebenso viele Staaten beobachtende Mitglieder sind.

Daneben ist aus Datenbanksicht noch das ISO/IEC-Komitee zur Entwicklung der Norm *SQL/MM* zu erwähnen.

Im Rahmen der Standardisierung von Geodaten werden insbesondere zwei Arten von Spezifikationen unterschieden:

- *Abstrakte Spezifikationen* (engl. *Abstract Specifications*) bilden einen implementierungsunabhängigen Rahmen, an dem sich technische Spezifikationen ausrichten sollen. Die Modellierung erfolgt typischerweise in UML. Hierunter fällt zum Beispiel die zuvor erwähnte ISO-Norm 19115.

- *Implementierungsspezifikationen* (engl. *Implementation Specifications*) bieten Entwicklern eine Basis, auf der Software implementiert werden kann. Sie müssen so konkret sein, dass eine solche Software in der Lage ist, mit anderer Software, die die gleiche(n) Spezifikation(en) erfüllt, zu kommunizieren.

Seit 1998 gibt es ein Abkommen zur Zusammenarbeit zwischen dem ISO/TC 211 und dem OGC: Die neu von der ISO/TC 211 erarbeiteten Normen ersetzen die abstrakten Spezifikationen des OGC. Im Gegenzug werden Implementierungsspezifikationen, die vom OGC erarbeitet worden sind, bei der ISO als Normvorschlag eingereicht. Zur Steuerung der Zusammenarbeit gibt es eine gemeinsame Koordinationsgruppe.

3.3 Feature-Geometry-Modell

Die Norm *ISO 19107 „Geographic Information – Spatial Schema“* von 2003 [65][2] beinhaltet ein konzeptionelles Datenmodell, das die räumlichen Eigenschaften von Geoobjekten beschreibt. Es umfasst die (Vektor-)Geometrie und Topologie bis zu einer maximalen Dimension von 3. Das Modell definiert räumliche Standardoperationen für Zugriff, Anfrage, Verwaltung, Verarbeitung und Austausch von Geoobjekten. Die *OGC-Spezifikation „Feature Geometry“* entspricht seit der Version 5 von Mai 2001 der ISO-Norm 19107 „Spatial Schema“. Als abstrakte Spezifikation bildet sie die Bezugsbasis für eine Reihe von OGC-Implementierungsspezifikationen.

Die Feature-Geometry-Spezifikation besteht aus zwei Hauptpaketen:

- Paket „Geometry“: geometrische Eigenschaften der Geoobjekte
- Paket „Topology“: topologische Eigenschaften der Geoobjekte

Das Paket „Topology“ stützt sich auf das Paket „Geometry“. Daneben werden verwendet:

- Paket „Coordinates“ aus der ISO-Norm 19111 „Spatial Referencing by Coordinates“
- Paket „Basic Types“ aus der ISO-Norm 19103 „Conceptional Schema Language“

Abbildung 3.4 illustriert diesen Sachverhalt.

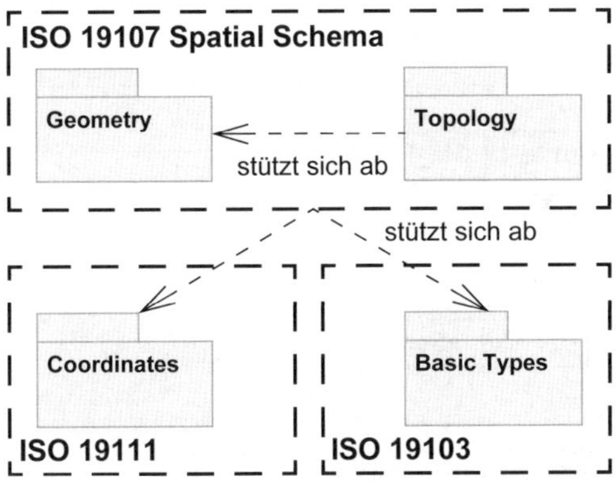

Abb. 3.4: Die Hauptpakete für die Spezifikation „Feature Geometry“

Nachfolgend wird das Paket „Geometry“ näher dargestellt; die Vorstellung des Topologiepakets erfolgt später in Kapitel 11.

3.3.1 Teilpakete

Das Paket „Geometry“, das die geometrischen Eigenschaften von Geoobjekten zusammenfasst, besteht aus fünf Teilpaketen:

- „Geometry root“ enthält eine allgemeine Oberklasse für Geometrien.
- „Geometry primitive“ beschreibt geometrische Primitive.
- „Coordinate Geometry“ enthält die Klassen, die die Definition von Geometrien mittels Koordinaten betreffen.
- „Geometry aggregate“ erlaubt die Zusammenfassung von mehreren Geometrien in losen Geometrieaggregaten.
- „Geometry complex“ definiert hingegen die Zusammenfassung von mehreren geometrischen Primitiven, um eine komplexe Geometrie zu beschreiben.

In Abbildung 3.5 sind die Teilpakete mit den wichtigsten Klassen und Beziehungen ohne Berücksichtigung von dreidimensionalen Geometrien dargestellt.

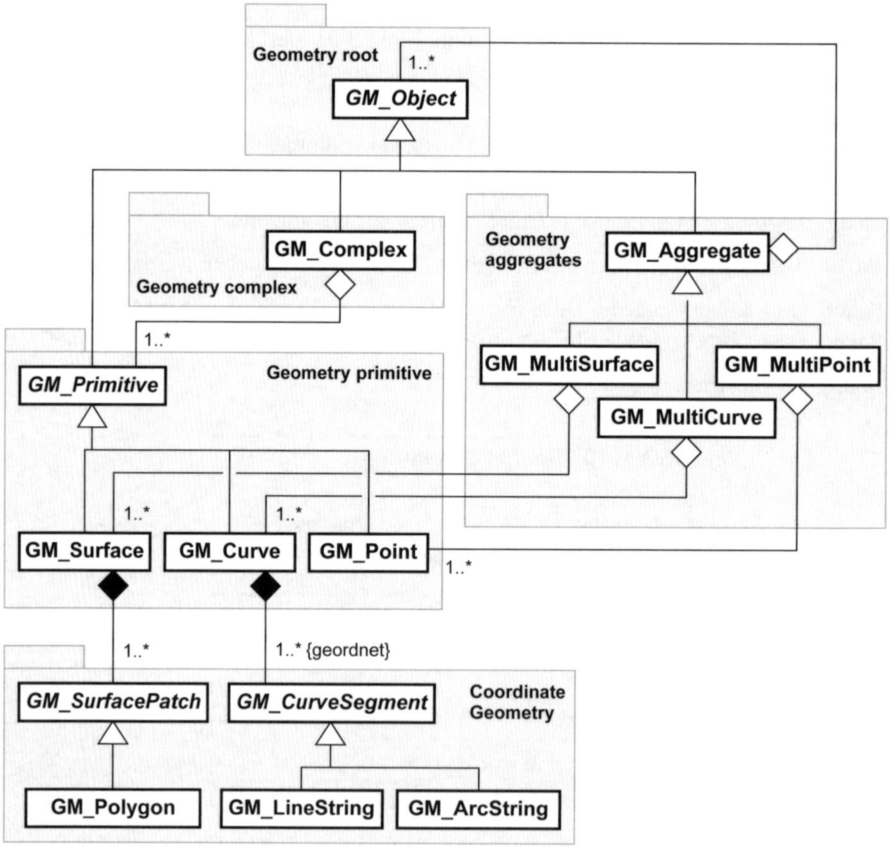

Abb. 3.5: Die Teilpakete des Pakets „Geometry“ mit deren wichtigsten Klassen und Beziehungen

3.3.2 Paket „Geometry root“

Die Eigenschaften und Methoden, die allen Geometrieobjekten gemein sind, sind in der Oberklasse GM_Object zusammengefasst. Die Klasse ist abstrakt und kann optional auf ein Koordinatenbezugssystem (SC_CRS) verweisen (siehe auch Abschnitt 3.6). Sie besitzt – wie in Abbildung 3.6 dargestellt – drei direkte Unterklassen:

- GM_Primitive für geometrische Primitive,
- GM_Aggregate für Geometrieaggregate und
- GM_Complex für komplexe Geometrien.

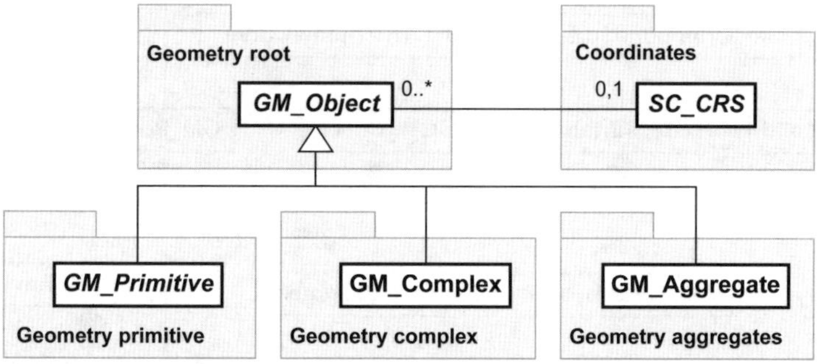

Abb. 3.6: Die Oberklasse GM_Object

3.3.3 Geometrische Primitive

Ein *geometrisches Primitiv* ist ein Objekt, das durch eine zusammenhängende Geometrie beschrieben werden kann. Es wird im Feature-Geometry-Modell durch die abstrakte Klasse GM_Primitive beschrieben. Je nach Dimension unterscheidet man folgende geometrische Primitive:

- GM_Point für nulldimensionale Punkte,
- GM_Curve für eindimensionale Linien,
- GM_Surface für zweidimensionale Flächen und
- GM_Solid für dreidimensionale Körper.

Abbildung 3.7 zeigt diese Unterteilung.

Linien- und flächenhafte Primitive können eine *Orientierung* aufweisen:

- Bei Linien (GM_OrientableCurve) gibt die Orientierung die *Ablaufrichtung* an. Eine positive Orientierung bedeutet, dass die Linie vom Anfangspunkt zum Endpunkt durchlaufen wird. Bei einer negativen Orientierung kehrt sich die Ablaufrichtung um. Die linke Darstellung in Abbildung 3.8 illustriert die beiden Varianten.

- Bei Flächen (GM_OrientableSurface) gibt die Orientierung die *Umlaufrichtung* an. Hier bedeutet eine positive Orientierung, dass die Ablaufreihenfolge des Randes die Umlaufrichtung vorgibt. Bei einer negativen Orientierung gilt die zur Ablaufreihenfolge des Randes entgegengesetzte Umlaufrichtung. Auch hier zeigt Abbildung 3.8 ein Beispiel.

Für die beiden Unterklassen GM_Curve und GM_Surface ist jeweils eine positive Orientierung festgeschrieben.

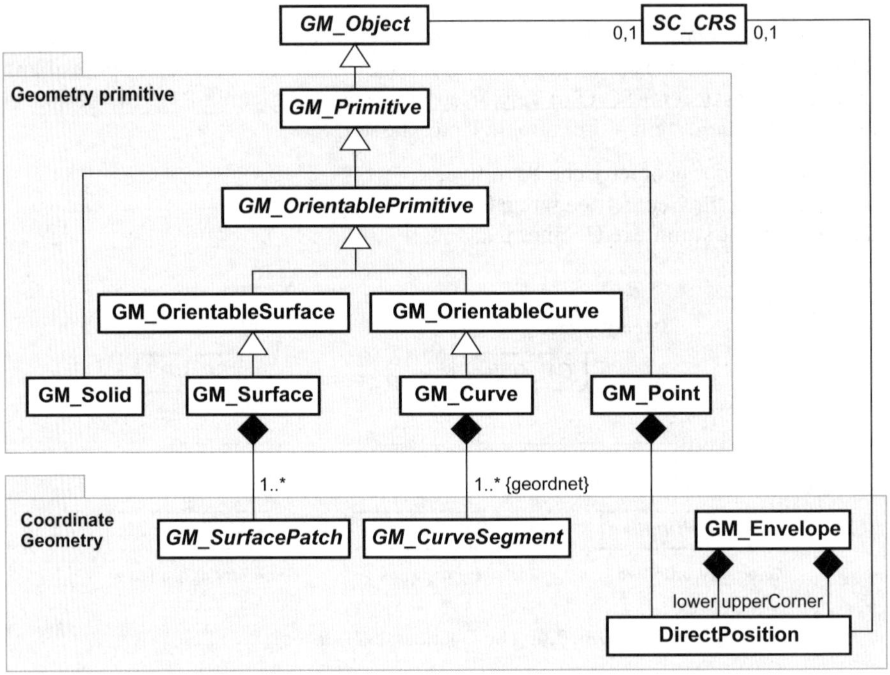

Abb. 3.7: Datenmodell für geometrische Primitive

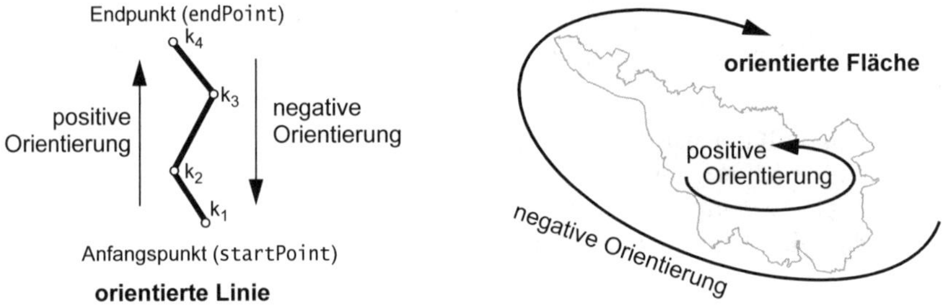

Abb. 3.8: Beispiele für die Orientierung von Linien und Flächen

Die Beschreibung geometrischer Primitive kann (außer bei Punkten) aus einem oder mehreren Objekten des Pakets „Coordinate Geometry" bestehen:

- Linien bestehen aus Objekten der (abstrakten Ober-)Klasse `GM_CurveSegment`. Die Segmente einer Linie sind geordnet.
- Flächen bestehen aus Objekten der (abstrakten Ober-)Klasse `GM_SurfacePatch`.

Zwei Beispiele hierfür sind in Abbildung 3.9 zu sehen.

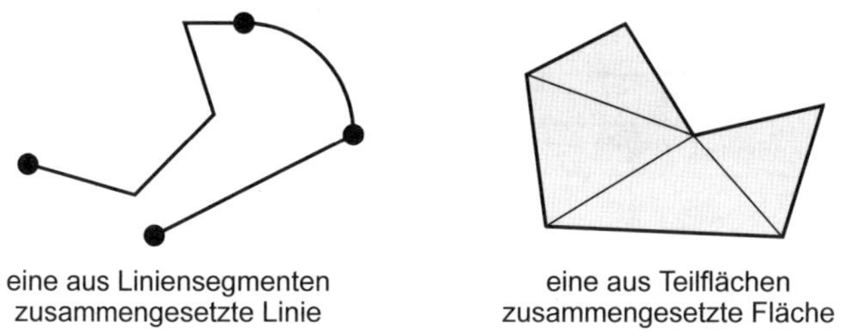

Abb. 3.9: Beispiele für zusammengesetzte Beschreibungen von geometrischen Primitiven

3.3.4 Koordinatenbehaftete Geometrien

Im Paket „Coordinate Geometry" sind die Klassen zusammengefasst, die mithilfe von Koordinaten die Lage und Ausdehnung von (Teil-)Geometrien beschreiben. Diese Klassen sind im Gegensatz zu geometrischen Primitiven (in der Regel) keine Unterklassen der Oberklasse `GM_Object`. Die Verbindungen zwischen Stützpunkten von solchen Objekten können geradlinig oder Kurven sein.

Hilfsklassen und Punkte

Punkthafte Koordinatenangaben werden durch die Klasse `DirectPosition` repräsentiert. Ein Punkt der Klasse `GM_Point` besteht insbesondere, wie in Abbildung 3.7 zu sehen ist, aus einem `DirectPosition`-Objekt. Die Koordinaten werden durch eine Folge von Zahlenwerten beschrieben. Zudem kann es einen Verweis auf ein Koordinatenbezugssystem geben, der aber entfallen kann, falls das `DirectPosition`-Objekt zu einem geometrische Primitiv gehört, für welches das Bezugssystem bereits festgelegt ist. *Minimal umgebende Rechtecke* werden durch die Klasse `GM_Envelope` repräsentiert, die aus zwei `DirectPosition`-Objekten (`lowerCorner` und `upperCorner`) besteht.

Linien

Linienhafte (Teil-)Geometrien werden – wie in Abbildung 3.11 dargestellt – durch Unterklassen von `GM_CurveSegment` beschrieben:

- *Streckenzüge* (`GM_LineString`) weisen geradlinige Verbindungen zwischen den Stützpunkten auf. Spezialfall hiervon sind *Strecken* (`GM_LineSegment`).
- *Linienzüge*, die aus Kreisbögen zusammengesetzt sind, werden durch Objekte der Klasse `GM_ArcString` beschrieben. Spezialfälle sind der einfache *Kreisbogen* (`GM_Arc`) und der *Kreis* (`GM_Circle`).

Abbildung 3.10 zeigt einige Beispiele für solche Linienzüge.

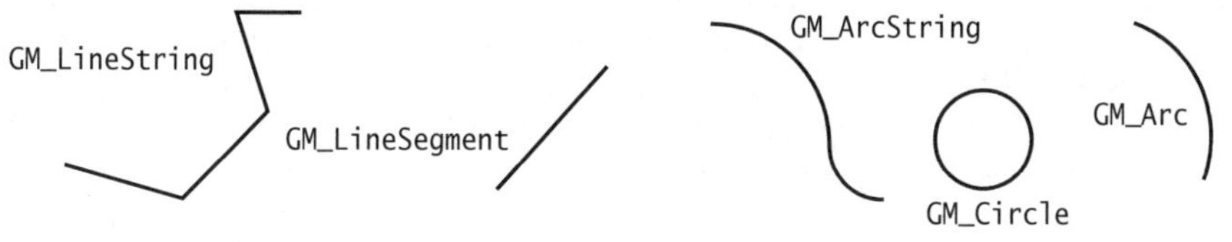

Abb. 3.10: Beispiele für Liniengeometrien

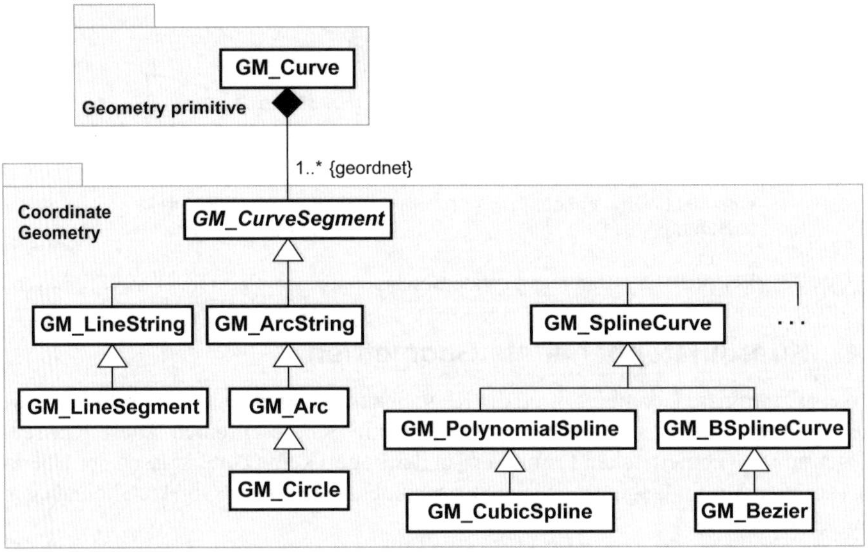

Abb. 3.11: Die Klasse `GM_CurveSegment` und deren Unterklassen (Auswahl)

Eine weitere Unterklasse von `GM_CurveSegment` stellt die Klasse `GM_SplineCurve` dar. Sie repräsentiert *Freiformkurven*, die häufig in der Computergrafik genutzt werden und im CAD-Bereich der Definition von Freiformflächen dienen. Freiformkurven werden durch *polynomiale Funktionen* beschrieben, also mit Funktionen der Form

$$f(p) = a_d \cdot p^d + a_{d-1} \cdot p^{d-1} + ... + a_2 \cdot p^2 + a_1 \cdot p + a_0,$$

wobei d den Grad des Polynoms angibt (Eigenschaft `degree` von `GM_SplineCurve`) und a_i die Koeffizienten des Polynoms darstellen. Da sich ein (weitgehend) beliebiger Kurvenverlauf nicht durch ein einzelnes Polynom beschreiben lässt, werden Freiformkurven stückweise aus k Polynomfunktionen zusammengesetzt. Dabei wird der Kurvenbereich durch einen Kurvenparameter $p \in [p_{min}, p_{max}]$ vorgegeben, sodass je nach Wert von p die Funktion gewählt und damit die Teilkurve spezifiziert wird. Damit es an den Übergangsstellen zu keinen abrupten Richtungsänderungen kommt, müssen die Kurven auch an den Verbindungsstellen (d-1)-mal stetig differenzierbar sein. Abbildung 3.12 skizziert diesen Vorgang auf der linken Seite.

Die Steuerung des Kurvenverlaufs erfolgt über *Kontrollpunkte* (Attribut `controlPoints` in `GM_SplineCurve`). Für die Festlegung des Verlaufs eines Polynoms von Grad d benötigt man d+1 Kontrollpunkte (zur Veranschaulichung: eine geradlinige Strecke, die den Grad 1 besitzt, wird über zwei Punkte eindeutig spezifiziert). Je nach Art der Freiformkurve durchläuft die Kurve die Kontrollpunkte oder die Kontrollpunkte bilden einen Korridor für den Kurvenverlauf (siehe auch Abbildung 3.13). Die Kontrollpunkte werden nicht separat für jede Teilkurve festgelegt, sondern es wird eine Gesamtfolge von n Kontrollpunkten definiert. d+1 benachbarte Kontrollpunkte legen dabei den Verlauf einer Teilkurve fest (d+1 wird auch *Ordnung* der Freiformkurve genannt). Beispielsweise steuern bei d=3 die ersten vier Kontrollpunkte die erste Teilkurve, die Kontrollpunkte 2 bis 5 die zweite Teilkurve usw.

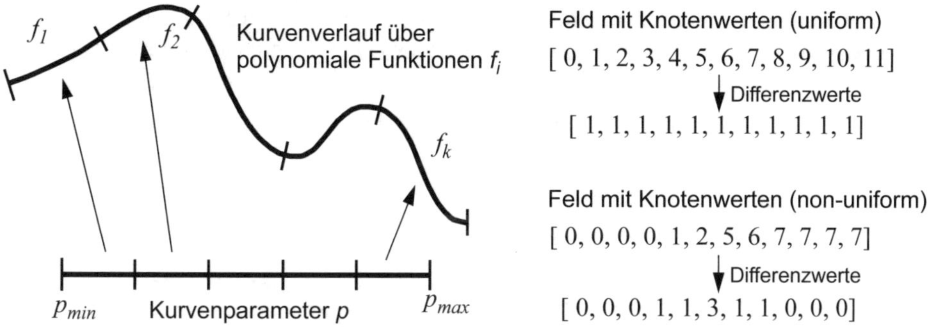

Abb. 3.12: Zusammensetzung von Freiformkurven aus Teilkurven (links) und Ableitung von Differenzwerten aus Knotenwerten (rechts)

Für die Festlegung des Einflusses der Kontrollpunkte gibt es zwei Mechanismen: (a) einen *Gewichtungsfaktor* (Attribut `weight`) für jeden Kontrollpunkt[1] und zur Feinsteuerung (b) ein Feld von *Knotenwerten* (`knot[].value`), die den Einflussbereich der Kontrollpunkte bezüglich des Kurvenparameters bestimmen. Die Anzahl Knotenwerte beträgt $n+d+1$. Der erste Eintrag korrespondiert zum minimalen Kurvenparameterwert p_{min} und der letzte zum maximalen Wert p_{max}. Dazwischen steigen die Werte im Feld monoton an. Die (relativen) Differenzwerte zwischen den Einträgen legen die Größe des Einflussbereiches fest. So kann beispielsweise durch $d+1$ aufeinanderfolgende identische Knotenwerte (s.d. d Differenzwerte von 0 vorliegen) erreicht werden, dass die Kurve durch einen Kontrollpunkt verläuft. Zwei Beispiele für Knotenwerte und die Ableitung von Differenzwerten sind auf der rechten Seite von Abbildung 3.12 dargestellt.

Von der allgemeinen `GM_SplineCurve`-Klasse leiten sich speziellere Klassen ab (vgl. Abb. 3.11):

- `GM_PolynomialSpline` ist eine durch polynomiale Gleichungen beschriebene Freiformkurve (*polynomialer Spline*), die durch alle angegebenen Kontrollpunkte verläuft. Abbildung 3.13 zeigt links ein entsprechendes Beispiel.
- `GM_CubicSpline` entspricht einem `GM_PolynomialSpline` mit Grad 3 (*kubisch-polynomialer Spline*).
- `GM_BSplineCurve` entspricht einem „generellen" B-Spline. Üblicherweise spricht man hierbei von *NURBS (Non-Uniform Rational B-Spline)*. Die Kontrollpunkte werden i.d.R. nicht durchlaufen, sondern gehen über die Koeffizienten in die Polynome ein; die Kurve befindet sich in der konvexen Hülle der Kontrollpunkte (siehe auch Abschnitt 3.4.4). Das „rational" bedeutet, dass die Gewichtung der Kontrollpunkte ungleichmäßig sein darf, und das „non-uniform" heißt, dass die Differenzen der Knotenwerte variieren dürfen. „Normale" *B-Splines* sind nichtrationale NURBS. Abbildung 4.4 auf Seite 115 zeigt Beispiele für NURBS unterschiedlichen Grads.
- `GM_Bezier` repräsentriert eine *Bézier-Kurve*, die einen speziellen Fall eines uniformen, nichtrationalen B-Splines darstellt. Während der erste und der letzte Kontrollpunkt den

[1] ISO 19107 ordnet den Gewichtungsfaktor fehlerhafterweise nicht den Kontrollpunkten, sondern den Knotenwerten zu. Nach [78] soll dies in kommenden Versionen korrigiert werden.

Anfangs- und den Endpunkt der Kurve vorgeben, werden die anderen Kontrollpunkte nicht durchlaufen. Zudem beeinflussen alle Kontrollpunkte den gesamten Kurvenverlauf (und nicht nur eine Untermenge eine Teilkurve wie bei B-Splines). Abbildung 3.13 zeigt rechts ein Beispiel für eine Bézier-Kurve.

Eine ausführlichere Darstellung zu Freiformkurven im Feature-Geometry-Modell findet man in [2].

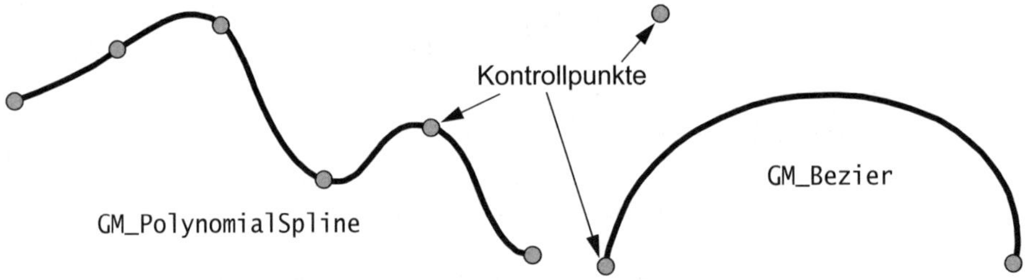

Abb. 3.13: Beispiele für Freiformkurven

Flächen

Flächenhafte (Teil-)Geometrien werden durch Unterklassen von `GM_SurfacePatch` beschrieben. Die Einbettung von `GM_SurfacePatch` in das Feature-Geometry-Modell ist in Abbildung 3.14 dargestellt.

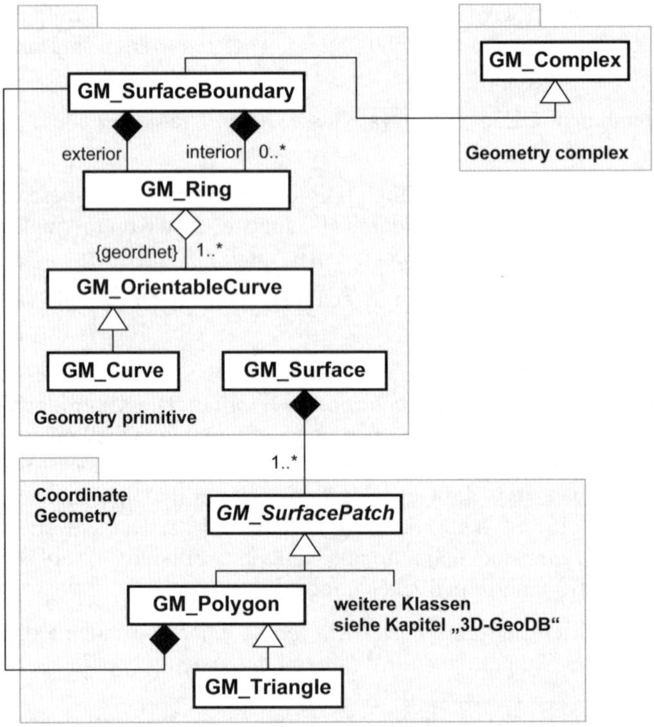

Abb. 3.14: Die Klasse `GM_SurfacePatch` innerhalb des Feature-Geometry-Modells

Polygone (GM_Polygon) werden durch einen äußeren Ring (Beziehung exterior) und optional durch innere Ringe (Beziehung interior) repräsentiert, die *Aussparungen* (*Löcher*) modellieren. Die *Ringe* sind (evtl. zusammengesetzte) geschlossene Linien; ein Beispiel ist in Abbildung 3.15 zu sehen. Einen wichtigen Spezialfall von Polygonen stellen *Dreiecke* (GM_Triangle) dar.

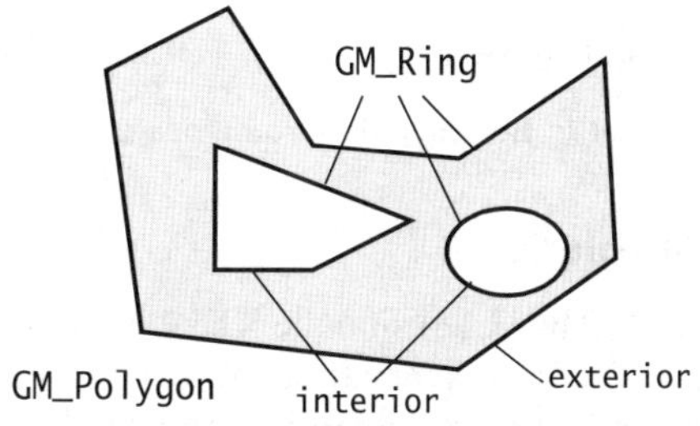

Abb. 3.15: Beispiel für ein Polygon

3.3.5 Geometrieaggregate

Das Paket „Geometry aggregates" (Abb. 3.16) enthält Klassen, die Sammlungen mehrerer Geometrien repräsentieren. In solchen *Geometrieaggregaten* sind die Objekte nur lose gekoppelt. So kann die Oberklasse GM_Aggregate verschiedenartige Geometrien aufnehmen, für die keine weiteren Bedingungen gelten. Klassen, die nur gleichartige geometrische Primitive aufnehmen, sind Unterklassen von GM_MultiPrimitive. Auch hier gelten keine weiteren Einschränkungen. Abbildung 3.17 zeigt zwei Beispiele.

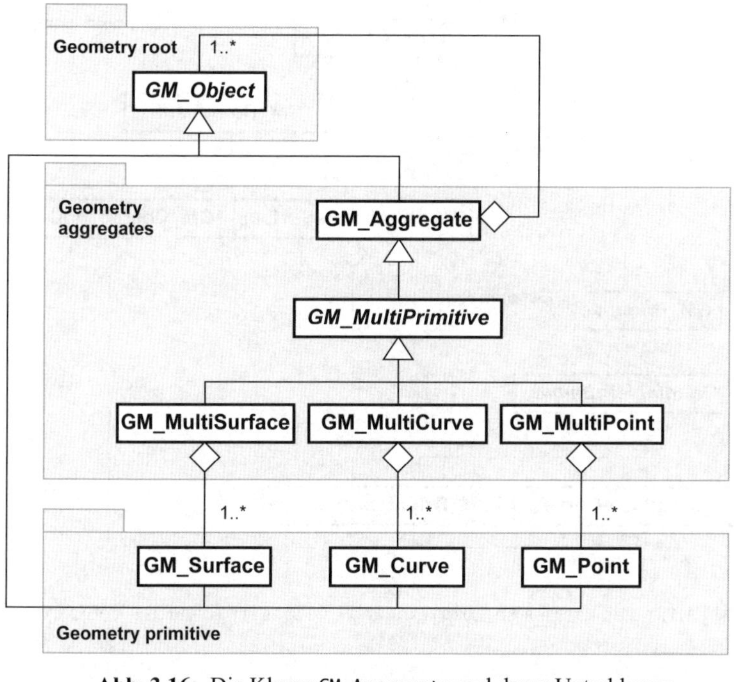

Abb. 3.16: Die Klasse GM_Aggregate und deren Unterklassen

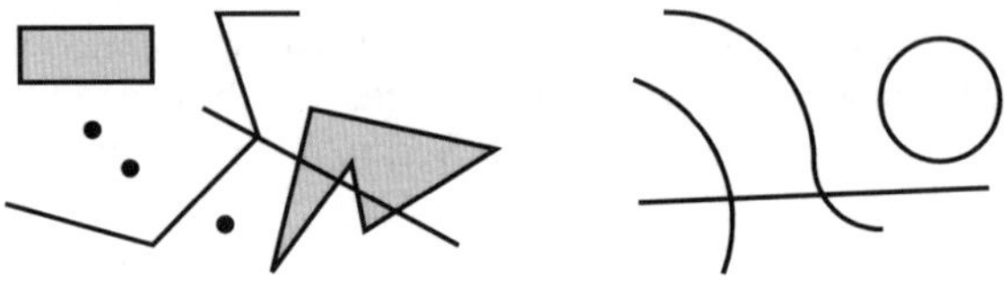

Abb. 3.17: Beispiele für Geometrieaggregate

3.3.6 Geometriekomplexe

Im Paket „Geometry complex" (Abb. 3.18) sind die Klassen für *Geometriekomplexe* zusammengefasst. Ein Komplex (`GM_Complex`) kann aus mehreren geometrischen Primitiven bestehen. Im Gegensatz zu Geometrieaggregaten besteht eine enge Kopplung zwischen Geometriekomplexen und deren Teilgeometrien:

- Für alle Teilgeometrien muss das gleiche Koordinatenbezugssystem gelten.
- Alle Teilgeometrien müssen (mit Ausnahme ihrer Ränder) disjunkt, d.h. überlappungsfrei sein.

Ein Geometriekomplex bietet sich zum Beispiel zur Repräsentation eines Multipolygons an.

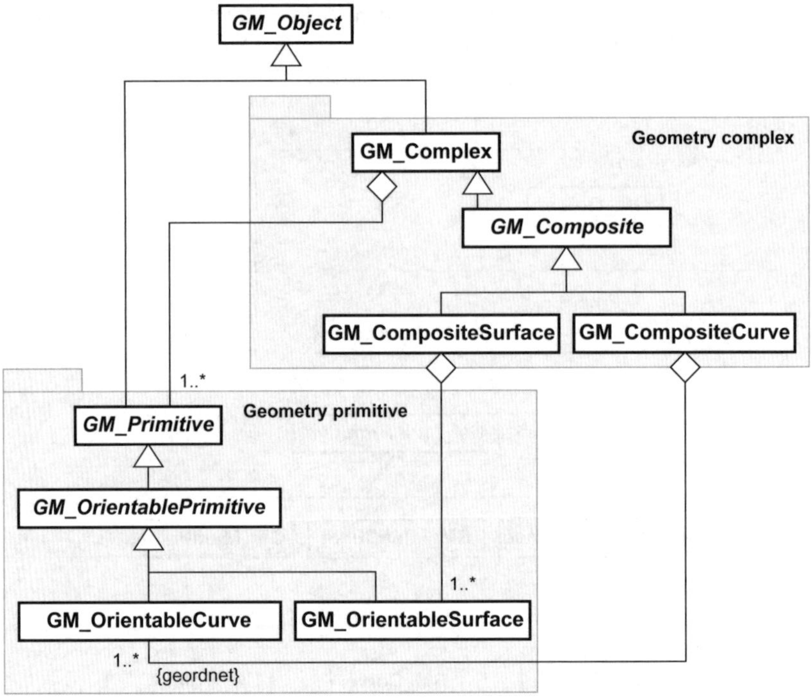

Abb. 3.18: Die Klassen `GM_Complex` und `GM_Composite` (ohne 3D-Komplexe)

Zusätzlich gibt es als Unterklasse von GM_Complex die Klasse GM_Composite, die genutzt werden kann, falls die Gesamtheit eines Geometriekomplexes äquivalent zu einem geometrischen Primitiv ist. Dies kann zum Beispiel der Fall sein, weil eine Geometrie im Rahmen topologischer Datenmodelle in einfachere Bestandteile zerlegt wurde. Abbildung 3.19 zeigt für beide Formen von Geometriekomplexen ein Beispiel.

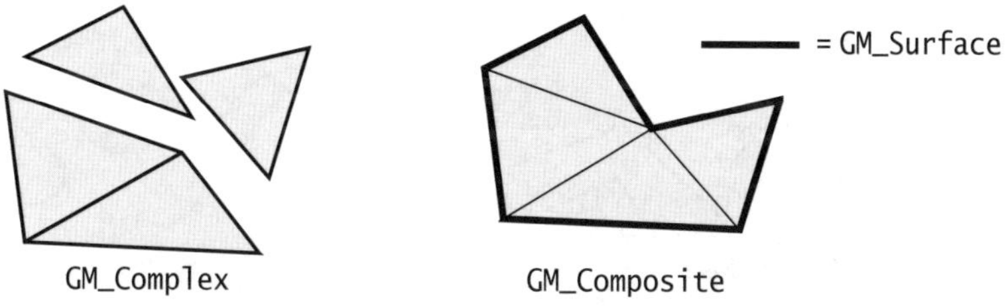

Abb. 3.19: Beispiele für GM_Complex und GM_Composite

Für die Klassen des Pakets „Geometry“ sind auch geometrische Methoden definiert, auf die an dieser Stelle allerdings nicht näher eingegangen werden soll. Eine Auswahl dieser Operationen wird im Rahmen des Simple-Feature-Modells im nächsten Abschnitt vorgestellt.

3.4 Simple-Feature-Modell

Das für Geodatenbanksysteme wohl wichtigste Datenmodell ist das *Simple-Feature-Modell*. Es dient der Beschreibung zweidimensionaler Vektorgeometrien. Das Datenmodell definiert neben den Datentypen räumliche Operationen für Zugriff, Anfrage und Verarbeitung von Geometrien. Das Datenmodell ist ursprünglich vom OGC entwickelt und als Implementierungsspezifikation veröffentlicht worden. Es beruht auf einer Untermenge des abstrakten Feature-Geometry-Modells (also der ISO-Norm 19107 „Spatial Schema“), wobei es allerdings einige Unterschiede zwischen beiden Modellen gibt.

Seit 2004 liegt das Simple-Feature-Modell in zwei ISO-Normen *„Simple Feature Access“ (SFA)* vor, die das allgemeine Modell vorstellen (Teil 1) und dessen Umsetzung in ein SQL-Datenbankschema beschreiben (Teil 2):

- ISO 19125-1: *Simple Feature Access – Common Architecture* [69]
- ISO 19125-2: *Simple Feature Access – SQL Option* [70]

Die beiden ISO-Normen wurden vom Open Geospatial Consortium als Implementierungsspezifikationen (Version 1.1) anerkannt. Die aktuellen OGC-Versionen des Simple-Feature-Modells sind die Version 1.2 bzw. die Korrekturversion 1.2.1 [137][3]. Mit der Version 1.2 hat das OGC Erweiterungen im Vergleich zu ISO 19125 vorgenommen. Dieser Abschnitt beschränkt sich auf die Beschreibung der ISO-Norm. Folgende Erweiterungen der OCG-Version 1.2 werden in anderen Abschnitten und Kapiteln vorgestellt: die Speicherung von Maßzahlen in Abschnitt 3.7 und die Nutzung von Höhenangaben und Dreiecksvermaschungen in Kapitel 13. Auf die Darstellung von „Annotation Text“ für die Repräsentation von Textbeschriftungen in Karten wird aufgrund des starken Gestaltungsbezugs verzichtet.

3.4.1 Geometrieschema

Bei *Simple Features* handelt es sich um Geoobjekte, deren Geometrie im zweidimensionalen Datenraum[2] durch geradlinig[3] miteinander verbundene Stützpunkte begrenzt wird. Abbildung 3.20 zeigt entsprechende Beispiele und Gegenbeispiele. Da bei Simple Features die Geometrieeigenschaft im Vordergrund steht, wird der Begriff synonym für die entsprechenden Geoobjekte als auch für deren Geometrien verwendet.

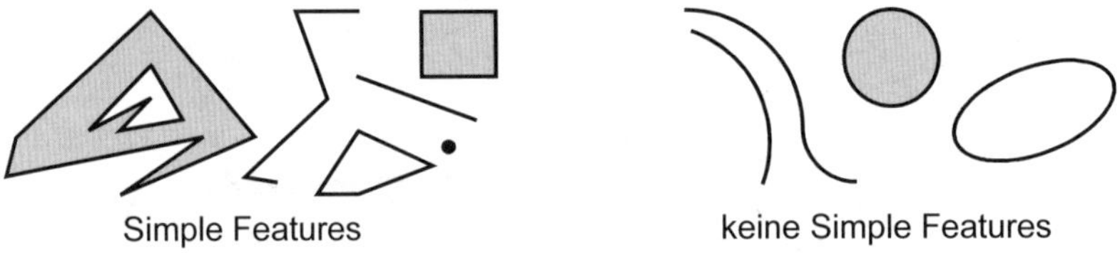

Abb. 3.20: Simple Features

Im Simple-Feature-Modell bündelt die Oberklasse `Geometry` die Attribute und Methoden, die allen Geometrien gemein sind. So kann jeder Geometrie ein *räumliches Bezugssystem* (`SpatialReferenceSystem`) zugeordnet sein[4]. Von der Klasse `Geometry` leiten sich vier prinzipielle Geometrieformen ab: Punkte (`Point`), Linien (`Curve`), Flächen (`Surface`) und Geometriesammlungen (`GeometryCollection`). Abbildung 3.21 gibt einen Überblick über die Klassen zur Repräsentation von Geometrien (*Geometrieschema*).

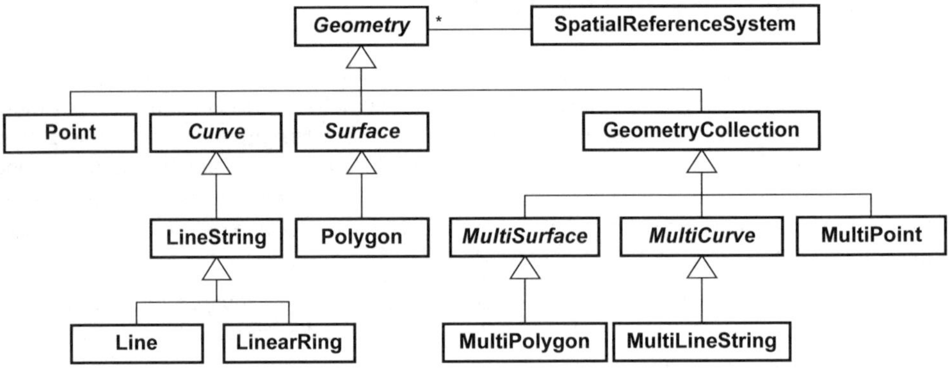

Abb. 3.21: Geometrieschema des Simple-Feature-Modells (2D)

[2] Die OGC-Version 1.2 des Simple-Feature-Modells erlaubt es, Punkten Höhenangaben hinzuzufügen. Dies wirkt sich aber nicht auf die geometrischen und topologischen Funktionen aus, sodass weiterhin die Zweidimensionalität des Datenraums im Vordergrund steht.

[3] Mit der Version 2.0 des GML-Profils für Simple Features [136] erlaubt das OGC auch die Verbindung über Kreisbögen; da dies aber (noch) keinen Niederschlag in anderen OGC-Spezifikationen gefunden hat, wird hier der Begriff in der ursprünglichen Form verwendet. Die Nutzung von Kreisbögen wird u.a. im Abschnitt 3.5 „SQL/MM Spatial" beschrieben.

[4] Vergleiche dazu auch die Diskussion in der Einleitung zu Abschnitt 3.6.

3.4.1.1 Punkte und Linien

Ein `Point`-Objekt beschreibt eine Punktgeometrie mit einer bestimmten Position im Raum. Auf die Koordinaten kann über die Methoden `X()`und `Y()` zugegriffen werden (vgl. dazu auch Abb. 3.22).

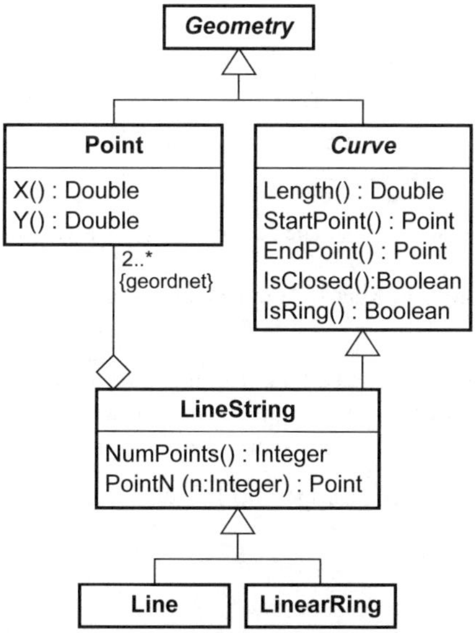

Abb. 3.22: Punkte und Linien im Simple-Feature-Modell

Die Klasse `Curve` ist eine abstrakte Oberklasse für verschiedenartige Linien. Konkrete Linienobjekte können durch die Unterklasse `LineString` erzeugt werden. Diese Klasse repräsentiert *Streckenzüge*, die durch eine Folge von *Streckenpunkten* beschrieben sind. Zwei aufeinanderfolgende Streckenpunkte sind geradlinig miteinander verbunden und bilden somit einen *Streckenabschnitt*. Es gibt zwei Spezialisierungen von Streckenzügen in dem Geometriemodell: Die Klasse mit dem unglücklichen Namen `Line` entspricht einem Streckenzug, der aus zwei Punkten besteht, also einer *Strecke*. `LinearRing` repräsentiert einen *Ring*, d.h. einen einfachen, geschlossenen Streckenzug. Ein Streckenzug ist *geschlossen*, wenn der erste und der letzte Streckenpunkt identisch sind. Ein Streckenzug ist *einfach*, wenn alle Streckenabschnitte bis auf die Streckenpunkte frei von Überlappungen sind und in den Streckenpunkten maximal zwei Streckenabschnitte aufeinanderstoßen. Abbildung 3.23 illustriert für verschiedene Streckenzüge die genannten Eigenschaften.

Diese Eigenschaften lassen sich auch mit Funktionen des Simple-Feature-Modells überprüfen: Die boolesche Funktion[5] `IsSimple():Integer` gibt für eine Geometrie zurück, ob sie einfach ist. Für Linien lässt sich über die Funktion `IsClosed():Integer` testen, ob sie geschlossen sind, bzw. über `IsRing():Integer`, ob sie einen Ring bilden.

[5] In [137] wird grundsätzlich anstelle des Datentyps `Boolean` der Typ `Integer` mit `1` = `true` verwendet. Damit kann eine leichtere Übertragung nach SQL erfolgen.

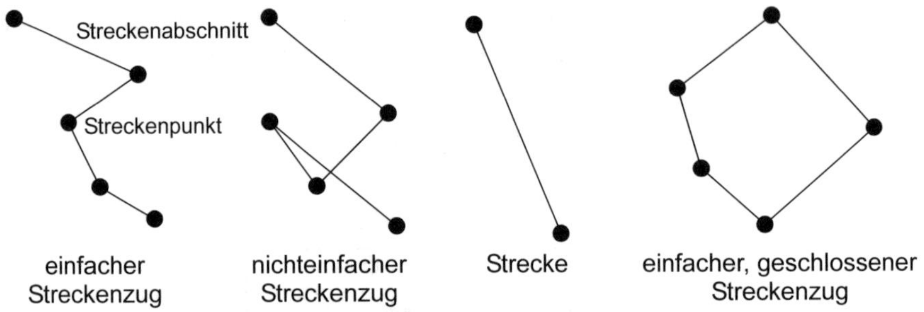

Abb. 3.23: Beispiele für verschiedene Streckenzüge

Für Linien steht eine Reihe von klassenspezifischen *Zugriffsmethoden* zur Verfügung (vgl. Abb. 3.22):

- Zugriff auf den *Anfangspunkt* (`StartPoint`) und *Endpunkt* (`EndPoint`) einer Linie,
- Zugriff auf die Anzahl der Streckenpunkte eines Streckenzuges (`NumPoints`) und
- Zugriff auf einen bestimmten Streckenpunkt eines Streckenzuges (`PointN`).

Die Funktion `Length` berechnet die Länge von Linien auf Basis des verwendeten räumlichen Bezugssystems.

3.4.1.2 Flächen

Das Datenmodell für Flächen ist in Abbildung 3.24 dargestellt.

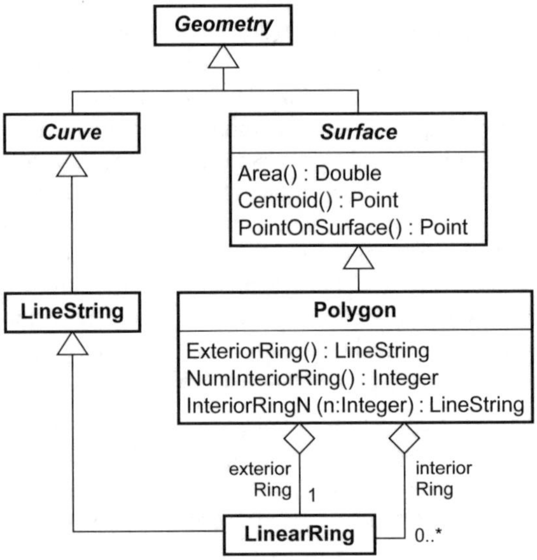

Abb. 3.24: Flächen im Simple-Feature-Modell

Die Oberklasse `Surface` ist abstrakt. Konkrete Flächenobjekte werden durch die Klasse `Polygon` erzeugt. Ein Objekt dieser Klasse entspricht einem *einfachen Polygon mit Löchern.*

Die Begrenzung eines solchen Polygons wird durch *Ringe* beschrieben, die jeweils einem einfachen, geschlossenen Streckenzug entsprechen. Ein Polygon besitzt immer genau einen *äußeren Ring*, der in Abbildung 3.21 durch die Beziehung `exteriorRing` dem Polygon zugeordnet ist. Innerhalb des Polygons können sich *Löcher* als Aussparungen befinden. Die Löcher werden durch *innere Ringe* beschrieben, die dem Polygon über die Beziehung `interiorRing` zugeordnet sind.Die Begrenzungen einfacher Polygone sind (mit wenigen Ausnahmen) überlappungsfrei:

- Alle Ringe sind einfache, geschlossene Streckenzüge.
- Zwei Ringe berühren sich paarweise in höchstens einem Punkt. Die OGC-Version 1.2.1 des Simple-Feature-Modells korrigiert dies insofern, dass sich zwei Ringe (auch mehrfach) in disjunkten Punkten berühren dürfen (oder mit anderen Worten, dass die Anzahl der Berührungen endlich ist).

Abbildung 3.25 zeigt Beispiele für Geometrien, die und die nicht durch die Klasse `Polygon` repräsentiert werden können.

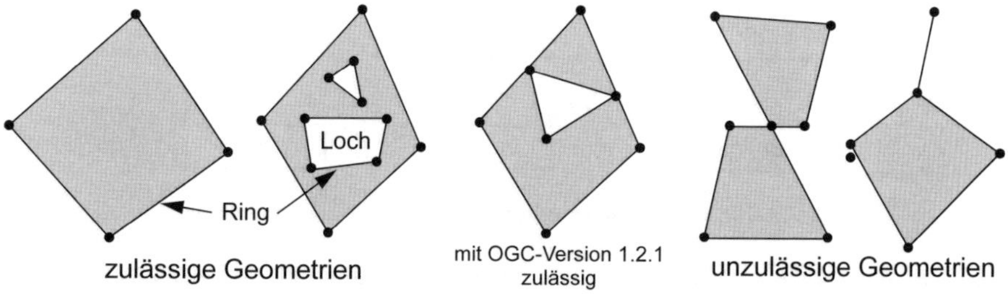

Abb. 3.25: Für die Klasse `Polygon` zulässige und unzulässige Geometrien

Für den Zugriff auf die Ringe eines Polygons stehen die Methoden `ExteriorRing` und `InteriorRingN` zur Verfügung. Die Anzahl der Polygonlöcher kann über die Funktion `NumInteriorRing` abgefragt werden.

Für die Klasse `Surface` sind die folgenden Analysefunktionen (vgl. Abb. 3.24) definiert:

- Die Funktion `Area` berechnet den *Flächeninhalt* des Polygons auf Basis des verwendeten räumlichen Bezugssystems.
- Die Methode `Centroid` bestimmt den *Schwerpunkt* des Polygons. Ein solcher Schwerpunkt kann auch außerhalb des Polygons liegen.
- Das Ergebnis von `PointOnSurface` ist ein beliebiger Punkt des Polygons.

3.4.1.3 Geometriesammlungen

Die Klasse `GeometryCollection` beschreibt *Geometriesammlungen*. Eine Geometriesammlung ist restriktiver als das Geometrieaggregat des Feature-Geometry-Modells. Sie braucht aber nur schwächere Vorgaben als ein Geometriekomplex erfüllen. So müssen alle Geometrien einer Geometriesammlung die gleiche Dimension und das gleiche räumliche Bezugssystem besitzen. Für den Zugriff auf die Anzahl der Elemente einer Geometriesammlung (`NumGeometries`) und auf ein bestimmtes Element einer Geometriesammlung (`GeometryN`) steht je eine Methode zur Verfügung.

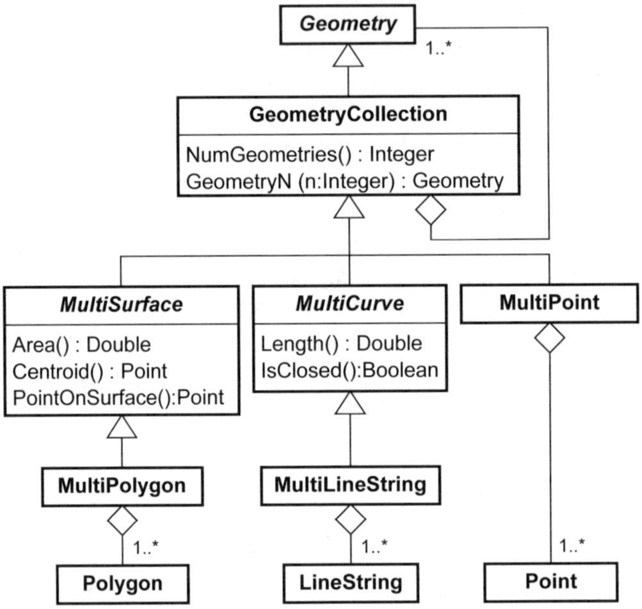

Abb. 3.26: Geometriesammlungen im Simple-Feature-Modell

Für den Fall, dass alle Geometrien der gleichen Klasse angehören, gibt es spezialisierte Geometriesammlungen (siehe auch Abbildung 3.26): die Unterklassen `MultiSurface` und `MultiCurve` sind abstrakt, während die Unterklassen `MultiPoint`, `MultiLineString` und `MultiPolygon` instanziierbar sind und jeweils nur Elemente der entsprechenden Geometrieklasse aufnehmen. Für Multipolygone gelten zwei zusätzliche Regeln:

- die Polygone dürfen sich nur mit ihren äußeren Ringen berühren und
- die Anzahl der gemeinsamen Schnittpunkte zwischen zwei Polygonen ist endlich.

Abbildung 3.27 zeigt Geometriesammlungen, die als Multipolygon zulässig und nicht zulässig sind.

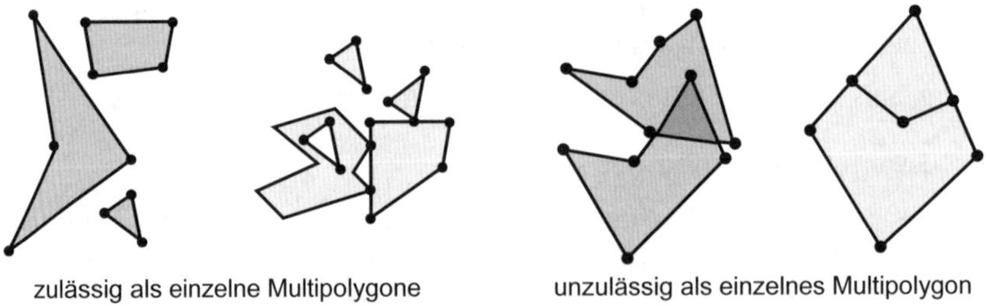

Abb. 3.27: Beispiele für zulässige und unzulässige flächenhafte Geometriesammlungen

Für die Klasse `MultiCurve` stehen in Analogie zur Klasse `Curve` die Methoden `Length` und `IsClosed` zur Verfügung. Gleiches gilt für die Klasse `MultiSurface`, die wie `Surface` die Funktionen `Area`, `Centroid` und `PointOnSurface` umfasst.

3.4.2 Repräsentationsformen

Das Simple-Feature-Modell umfasst zwei Geometrierepräsentationen:

- *Well-known Text* (*WKT*) als Textrepräsentation und
- *Well-known Binary* (*WKB*) als binäre Speicherrepräsentation.

Für zweidimensionale Geometrien ist die WKT-Repräsentation syntaktisch wie folgt definiert:

```
<SFA Geometry Tagged Text> := <Point Tagged Text> | <LineString Tagged Text> |
   <Polygon Tagged Text> | <MultiPoint Tagged Text> |
   <MultiLineString Tagged Text> | <MultiPolygon Tagged Text> |
   <GeometryCollection Tagged Text>

<Point Tagged Text> := POINT <Point Text>
<LineString Tagged Text> := LINESTRING <LineString Text>
<Polygon Tagged Text> := POLYGON <Polygon Text>
<MultiPoint Tagged Text> := MULTIPOINT <MultiPoint Text>
<MultiLineString Tagged Text> := MULTILINESTRING <MultiLineString Text>
<MultiPolygon Tagged Text> := MULTIPOLYGON <MultiPolygon Text>
<GeometryCollection Tagged Text> :=
                                 GEOMETRYCOLLECTION <GeometryCollection Text>

<Point Text> := ∅ | ( <Point> )
<LineString Text> := ∅ | ( <Point> { , <Point> } )
<Polygon Text> := ∅ | ( <LineString Text> { , <LineString Text> } )
<MultiPoint Text> := ∅ | ( <Point Text> { , <Point Text> } )
<MultiLineString Text> := ∅ | ( <LineString Text> { , <LineString Text> } )
<MultiPolygon Text> := ∅ | ( <Polygon Text> { , <Polygon Text> } )
<GeometryCollection Text> := ∅ |
          ( <SFA Geometry Tagged Text> { , <SFA Geometry Tagged Text> } )

<Point> := <x (Dezimalzahl mit Punkt als Dezimaltrennzeichen)>
           <y (Dezimalzahl mit Punkt als Dezimaltrennzeichen)>
```

Beispiele für Well-known Text sind:

```
POINT (10.5 -13.7)
LINESTRING (10 10, 20 20, 30 40)
POLYGON ( (10 10, 10 20, 20 20, 20 15, 10 10) )
POLYGON ( (10 10, 10 20, 20 20, 20 15, 10 10) ,
          (15 15, 15 18, 18 18, 15 15) )
MULTIPOINT ( (10 10) , (20 20) )
MULTILINESTRING ( (10 10, 20 20) , (15 15, 30 15) )
MULTIPOLYGON ( ( (10 10, 10 20, 20 20, 20 15, 10 10) ),
               ( (60 60, 70 70, 80 60, 60 60) ) )
GEOMETRYCOLLECTION (POINT (10 10), POINT (30 3), LINESTRING (15 15, 20 20))
```

WKT und WKB können (zusammen mit der Angabe des räumlichen Bezugssystems) in zwei allgemeinen Konstruktoren verwendet werden: `GeomFromText` und `GeomFromWKB`. Daneben existieren spezielle Konstruktoren für die einzelnen Geometrietypen (z.B. `PointFromText` und `PointFromWKB` für Punkte). Optional anzubietende Konstruktoren sind `BdPolyFromText`, `BdPolyFromWKB`, `BdMPolyFromText` und `BdMPolyFromWKB`, die Polygone bzw. Multipolygone aus `MultiLineString`-Beschreibungen erstellen.

3.4.3 Basismethoden

Grundlegende Methoden, die von allen nichtabstrakten Unterklassen bereitgestellt werden müssen, sind bei der Klasse `Geometry` angesiedelt. Zu diesen Methoden gehört die nachfolgende Auswahl:

- `Dimension() : Integer`

  Diese Funktion liefert die *Dimension der Geometrie* zurück. Diese Dimension ist kleiner oder gleich der Dimension des Datenraums. Ein Punkt besitzt zum Beispiel die Dimension 0.

- `IsEmpty() : Integer`

  Diese boolesche Funktion testet, ob die Geometrie leer ist, d.h. einer leeren Punktmenge entspricht.

- `GeometryType() : String`

  Das Resultat dieser Funktion ist der Name des konkreten *Geometrietyps*. Für einen Punkt wird also `'Point'` zurückgegeben.

- `SRID() : Integer`

  Die Funktion gibt die *Schlüsselnummer des räumlichen Bezugssystems* zurück.

- `AsText() : String`

  Die Geometrie wird als *Well-known Text* (WKT) zurückgegeben.

- `AsBinary() : Blob`

  Die Geometrie wird als *Well-known Binary* (WKB) bereitgestellt.

3.4.4 Geometrische Funktionen

Für die Klasse `Geometry` gibt es eine Reihe von geometrischen Funktionen, die räumliche Analysen ermöglichen:

- `Envelope() : Geometry`

  Das Ergebnis der Funktion `Envelope` ist das *minimal umgebende Rechteck* (*MUR*) um die Geometrie. Der Rückgabewert ist in der Regel ein Objekt der Klasse `Polygon`, welches das Rechteck über alle seine Eckpunkte beschreibt. In Ausnahmefällen kann auch ein Strecken- oder Punktobjekt zurückgegeben werden.

- `Boundary() : Geometry`

  Der Rückgabewert ist der *Rand* der Geometrie.

- `Distance (anotherGeometry : Geometry) : Double`

  Diese Funktion berechnet den geringsten *Abstand*, der zwischen zwei Punkten der beiden Geometrien auftritt (vgl. Abb. 3.28). Dabei wird der Abstand auf Basis des räumlichen Bezugssystems des Objektes bestimmt, auf das die Methode angewendet wird.

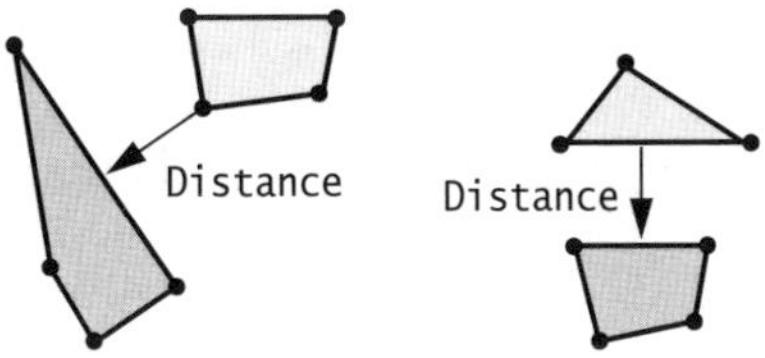

Abb. 3.28: Funktion `Distance`

- `Buffer (distance : Double) : Geometry`

  Die Methode `Buffer` berechnet die *Pufferzone* um die Geometrie. Der Abstand wird in Einheiten des räumlichen Bezugssystems des Objektes angegeben, auf das die Methode angewendet wird. Die Bestimmung von Pufferzonen ist eine häufig verwendete GIS-Funktionalität. Ein typisches Beispiel ist die Bestimmung aller Spielplätze, die nicht weiter als 25 m von einer Straße entfernt liegen. Abbildung 3.29 zeigt die Pufferzonen für einen Punkt, eine Strecke, ein rechteckiges Polygon und einen geschlossenen Streckenzug. Zu beachten ist, dass im Simple-Feature-Modell keine Kreisbögen repräsentiert werden können, sodass Pufferzonen durch entsprechende Polygone approximiert werden.

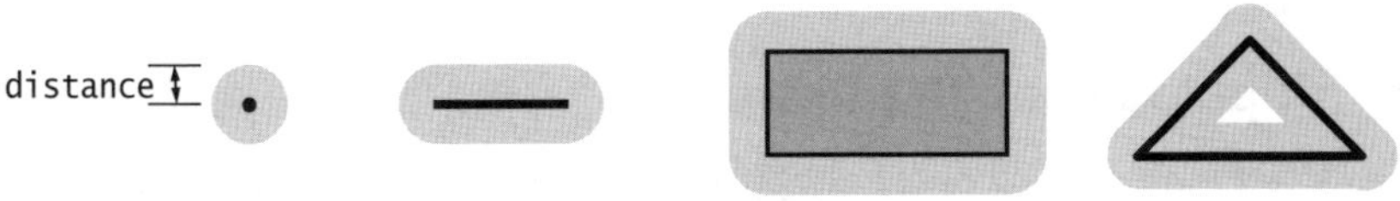

Abb. 3.29: Pufferzonen

- `ConvexHull() : Geometry`

  Über diese Funktion kann die *konvexe Hülle* einer Geometrie berechnet werden. Eine Punktmenge *M* ist *konvex*, wenn für ein beliebiges Paar von Punkten p, $q \in M$ auch die Strecke zwischen p und q sich vollständig in dieser Punktmenge befindet. In analoger Weise lässt sich ein *konvexes Polygon* definieren. Die konvexe Hülle `ConvexHull` für eine Geometrie *G* ist nun das kleinste konvexe Polygon *Pol*, für das (gemäß der DE-9IM-Definition) gilt: `Pol.contains(G)`. Abbildung 3.30 zeigt die konvexe Hülle für eine Punktmenge und ein Polygon.

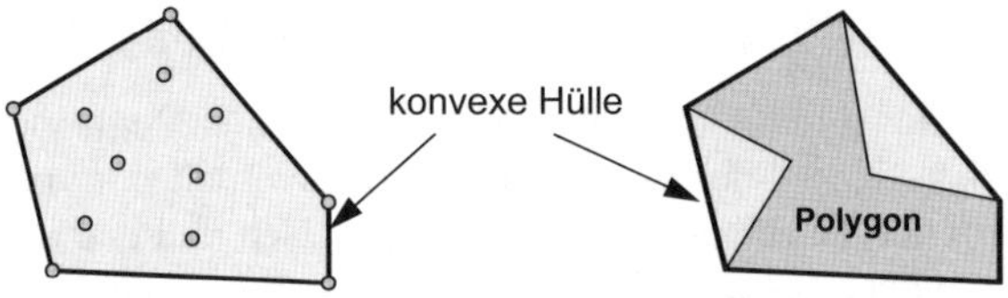

Abb. 3.30: Konvexe Hülle für eine Punktmenge und ein Polygon

- `Intersection (otherGeometry : Geometry) : Geometry`
- `Union (otherGeometry : Geometry) : Geometry`
- `Difference (otherGeometry : Geometry) : Geometry`
- `SymDifference (otherGeometry : Geometry) : Geometry`

Diese vier *Verschneidungsoperationen* berechnen den *Schnitt*, die *Vereinigung*, die *Differenz* und die *symmetrische Differenz* zwischen einer aktuellen und einer als Parameter übergebenen Geometrie. Während die Differenz die Teile von der aktuellen Geometrie entfernt, die von der zweiten Geometrie überdeckt werden, erfolgt dies bei der symmetrischen Differenz wechselseitig; die symmetrische Differenz entspricht somit einem Exklusiv-Oder (XOR). Abbildung 3.31 zeigt die Arbeitsweise der vier Methoden an einem Beispiel.

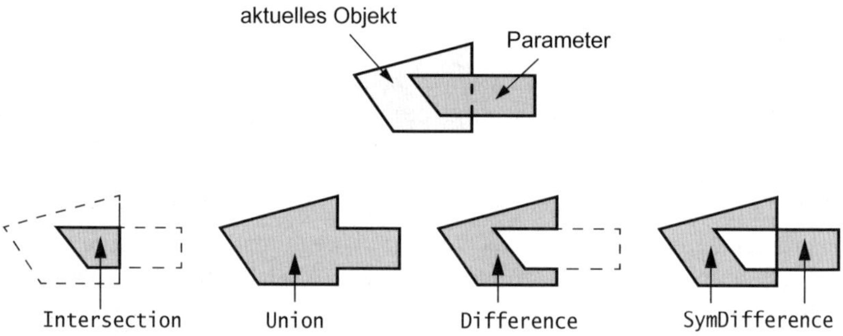

Abb. 3.31: Verschneidungsoperationen

3.4.5 Topologische Prädikate

Topologische Prädikate sind boolesche Aussagen über *topologische Beziehungen* zwischen zwei Geometrien. Um die Semantik solcher Prädikate exakt festlegen zu können, bedient man sich des *9-Intersection-Modells* (*9IM*).

Die Grundidee dieses Ansatzes besteht darin, für jede Geometrie G drei Bereiche zu definieren: den *Rand* G_R, das *Innere* G_I und das *Äußere* G_A der Geometrie. Diese drei Bereiche sind paarweise *disjunkt*: ein Punkt im Datenraum liegt entweder auf dem Rand, im Inneren oder im Äußeren der Geometrie, aber nicht gleichzeitig in zwei dieser Bereiche.

- Für Polygone bilden der äußere Ring und die inneren Ringe den Rand. Die Punkte innerhalb des äußeren Rings, die nicht innerhalb oder auf einem inneren Ring liegen, bilden das Innere des Polygons. Das Innere der Löcher gehört zum Äußeren des Polygons.
- Für Linien bilden die Endpunkte den Rand und die übrigen Punkte das Innere der Linie.
- Bei einem Punkt bildet dieser das Innere des Punktes; der Rand ist grundsätzlich leer.

Abbildung 3.32 soll die Aufteilung für ein Polygon `Pol`, einen Punkt `Pkt` und einen Streckenzug `Str` verdeutlichen; eine Zeichnung kann den Sachverhalt nur andeuten, da der Durchmesser von Rändern und einzelnen Punkten mathematisch null beträgt. Man beachte außerdem, dass z.B. das Innere des abgebildeten Polygons zum Äußeren des dargestellten Streckenzuges gehört.

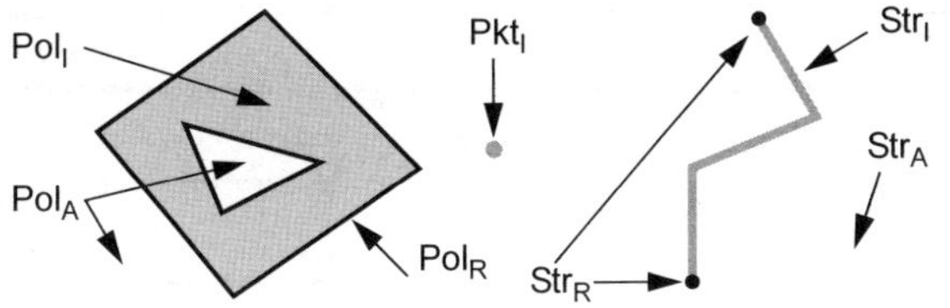

Abb. 3.32: Das Äußere, der Rand und das Innere unterschiedlicher Geometrien

3.4.5.1 Boolesche Matrix

Für die Bereiche A_X und B_Y zweier Geometrien A und B ($X, Y \in \{R, I, A\}$) lässt sich überprüfen, ob sie sich paarweise schneiden. Ein solcher Schnitt ist wie folgt definiert, wobei die Bereiche als zweidimensionale Punktmengen aus $\mathbb{R}^2$ aufgefasst werden:

$$A_X \cap B_Y = true \quad \Leftrightarrow \quad A_X \cap B_Y \neq \varnothing \quad \Leftrightarrow \quad \exists p \in A_X : p \in B_Y$$

Betrachten wir die jeweils drei Bereiche zweier Geometrien, so existieren zwischen diesen Bereichen insgesamt neun Kombinationen, die bezüglich eines Schnittes überprüft werden können; daher stammt der Name „9-Intersection-Modell". Über diese neun Kombinationen lassen sich nun topologische Prädikate für zwei Geometrien definieren. Für eine topologische Beziehung $\otimes$ erfolgt diese Definition mittels einer booleschen 3×3-Matrix:

$$A \otimes B = \begin{bmatrix} A_I \cap B_I & A_I \cap B_R & A_I \cap B_A \\ A_R \cap B_I & A_R \cap B_R & A_R \cap B_A \\ A_A \cap B_I & A_A \cap B_R & A_A \cap B_A \end{bmatrix}$$

Da jede der Schnittbedingungen $A_X \cap B_Y$ entweder das Ergebnis „true" oder „false" hat, gibt es prinzipiell $2^9 = 512$ verschiedene Matrizen und damit 512 verschiedene topologische Beziehungen. Glücklicherweise können viele dieser Beziehungen überhaupt nicht auftreten, sodass für Flächen nur acht verschiedene sinnvolle topologische Beziehungen existieren. Diese sind in Tabelle 3.2 auf Seite 88 aufgeführt und illustriert, wobei A eine hellere und B eine dunklere Innenfläche aufweist.

Es bestehen einige Äquivalenzen zwischen den acht Beziehungen; das Spiegeln der Matrix an ihrer Hauptdiagonalen entspricht dem Vertauschen der Argumente A und B:

- *A.Disjoint(B)* $\Leftrightarrow$ *B.Disjoint(A)*
- *A.Inside(B)* $\Leftrightarrow$ *B.Contains(A)*
- *A.Equals(B)* $\Leftrightarrow$ *B.Equals(A)*
- *A.Meets(B)* $\Leftrightarrow$ *B.Meets(A)*
- *A.Covers(B)* $\Leftrightarrow$ *B.CoveredBy(A)*
- *A.Overlaps(B)* $\Leftrightarrow$ *B.Overlaps(A)*

Da das boolesche Modell auf Arbeiten von Max Egenhofer [36][35] zurückgeht, werden in den ISO-Normen die entsprechenden Prädikate als *Egenhofer-Operatoren* bezeichnet.

Beziehung	*Definition*	*Beispiel*
A .Disjoint(B)	$\begin{bmatrix} \text{false} & \text{false} & \text{true} \\ \text{false} & \text{false} & \text{true} \\ \text{true} & \text{true} & \text{true} \end{bmatrix}$	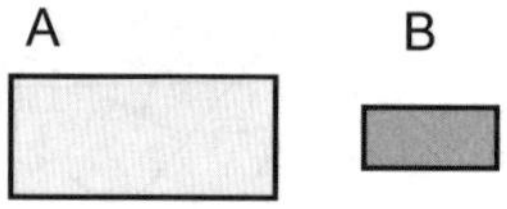
A.Inside(B)	$\begin{bmatrix} \text{true} & \text{false} & \text{false} \\ \text{true} & \text{false} & \text{false} \\ \text{true} & \text{true} & \text{true} \end{bmatrix}$	
A.Contains(B)	$\begin{bmatrix} \text{true} & \text{true} & \text{true} \\ \text{false} & \text{false} & \text{true} \\ \text{false} & \text{false} & \text{true} \end{bmatrix}$	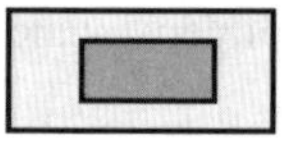
A.Equals(B)	$\begin{bmatrix} \text{true} & \text{false} & \text{false} \\ \text{false} & \text{true} & \text{false} \\ \text{false} & \text{false} & \text{true} \end{bmatrix}$	
A.Meets(B)	$\begin{bmatrix} \text{false} & \text{false} & \text{true} \\ \text{false} & \text{true} & \text{true} \\ \text{true} & \text{true} & \text{true} \end{bmatrix}$	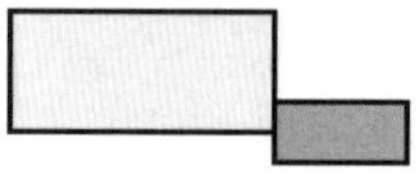
A.Covers(B)	$\begin{bmatrix} \text{true} & \text{true} & \text{true} \\ \text{false} & \text{true} & \text{true} \\ \text{false} & \text{false} & \text{true} \end{bmatrix}$	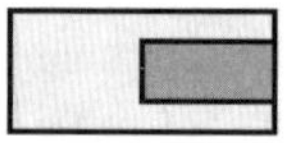
A.CoveredBy(B)	$\begin{bmatrix} \text{true} & \text{false} & \text{false} \\ \text{true} & \text{true} & \text{false} \\ \text{true} & \text{true} & \text{true} \end{bmatrix}$	
A.Overlaps(B)	$\begin{bmatrix} \text{true} & \text{true} & \text{true} \\ \text{true} & \text{true} & \text{true} \\ \text{true} & \text{true} & \text{true} \end{bmatrix}$	

Tabelle 3.2: Definition topologischer Beziehungen zwischen zwei Flächen mittels einer booleschen Matrix

3.4.5.2 Dimensionsmatrix

Im bisher vorgestellten Ansatz wurden für zwei Flächen die topologischen Beziehungen mittels einer Matrix definiert, die aus neun booleschen Bedingungen besteht. Um differenzierte Aussagen für beliebige Geometrien vornehmen zu können, wurde von Clementini und Di Felice eine Matrix eingeführt, die anstelle von booleschen Werten Dimensionsangaben enthält (*Dimensionally Extended 9-Intersection Matrix, DE-9IM*). Die entsprechenden topologischen Prädikate werden auch als *Clementini-Operatoren* bezeichnet.

Für zwei Geometrien *A* und *B* hat die 3×3-*Dimensionsmatrix* folgenden Aufbau, wobei die Funktion *d* die *maximale Dimension* der jeweiligen Schnittgeometrie berechnet:

$$\begin{bmatrix} d(A_I \cap B_I) & d(A_I \cap B_R) & d(A_I \cap B_A) \\ d(A_R \cap B_I) & d(A_R \cap B_R) & d(A_R \cap B_A) \\ d(A_A \cap B_I) & d(A_A \cap B_R) & d(A_A \cap B_A) \end{bmatrix}$$

Die maximale Dimension kann, falls ein Schnitt der Teilgeometrien vorliegt und *A* und *B* Punkte, Linien oder Flächen sind, die Werte

- 0 (Schnitt wird durch einzelne Punkte beschrieben),
- 1 (Schnitt wird durch Linien und evtl. zusätzlich durch Punkte beschrieben) oder
- 2 (Schnitt wird durch Flächen und evtl. zusätzlich durch Punkte und Linien beschrieben)

annehmen. Schneiden sich zwei Teilgeometrien nicht, so beträgt der Dimensionswert -1. Abbildung 3.33 zeigt für ein Beispiel die DE-9IM.

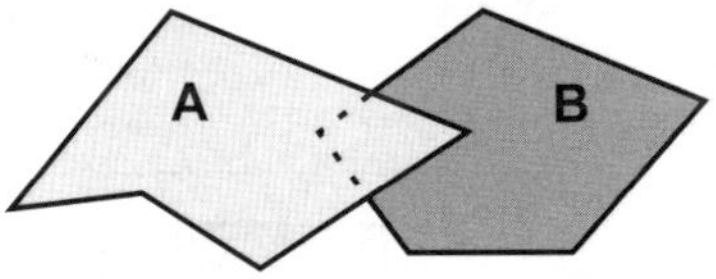

Matrix: $\begin{bmatrix} 2 & 1 & 2 \\ 1 & 0 & 1 \\ 2 & 1 & 2 \end{bmatrix}$

Abb. 3.33: Beispiel für die DE-9IM

Um mithilfe einer Dimensionsmatrix topologische Prädikate zu definieren, stehen sechs Werte zur Verfügung:

- T $\Rightarrow$ $d(x) \in \{0, 1, 2\}$ (es liegt ein Schnitt vor)
- F $\Rightarrow$ $d(x) = -1$ (es liegt kein Schnitt vor)
- * $\Rightarrow$ $d(x) \in \{-1, 0, 1, 2\}$ („don't care")
- 0 $\Rightarrow$ $d(x) = 0$
- 1 $\Rightarrow$ $d(x) = 1$
- 2 $\Rightarrow$ $d(x) = 2$

Tabelle 3.3 definiert fünf topologische Beziehungen mithilfe von Dimensionsmatrizen und illustriert die damit abgedeckten Fälle.

Auf Basis dieser Beziehungen können zwei weitere Prädikate definiert werden:

- *A.Contains(B)* $\Leftrightarrow$ *B.Within(A)*
- *A.Intersects(B)* $\Leftrightarrow$ $\neg$ (*B.Disjoint(A)*)

Beziehung	*Definition*	*Beispiele*
A.Equals(B)	$\begin{bmatrix} T & F & F \\ F & T & F \\ F & F & T \end{bmatrix}$	
A.Disjoint(B)	$\begin{bmatrix} F & F & * \\ F & F & * \\ * & * & * \end{bmatrix}$	
A.Touches(B) *(d(A)>0 ∨ d(B)>0)*	$\begin{bmatrix} F & T & * \\ * & * & * \\ * & * & * \end{bmatrix} \vee \begin{bmatrix} F & * & * \\ T & * & * \\ * & * & * \end{bmatrix} \vee \begin{bmatrix} F & * & * \\ * & T & * \\ * & * & * \end{bmatrix}$	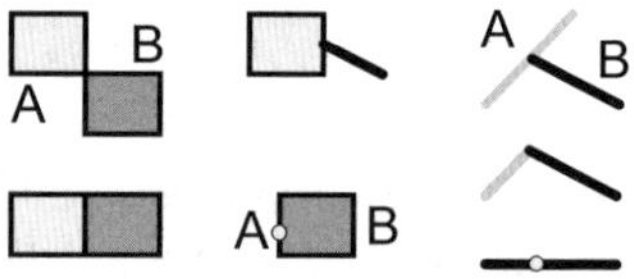
A.Crosses(B) *(d(A)<d(B))*	$\begin{bmatrix} T & * & T \\ * & * & * \\ * & * & * \end{bmatrix}$	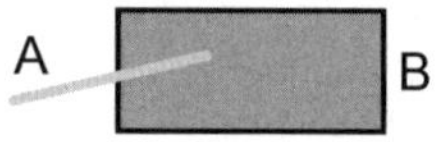
A.Crosses(B) *(d(A)=d(B)=1)*	$\begin{bmatrix} 0 & * & * \\ * & * & * \\ * & * & * \end{bmatrix}$	
A.Within(B)	$\begin{bmatrix} T & * & F \\ * & * & F \\ * & * & * \end{bmatrix}$	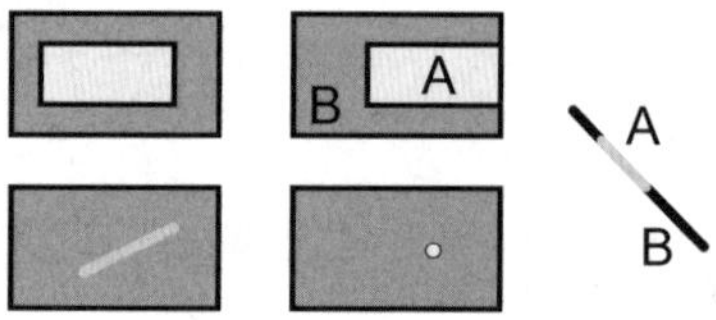
A.Overlaps(B) *(d(A)=d(B)≠1)*	$\begin{bmatrix} T & * & T \\ * & * & * \\ T & * & * \end{bmatrix}$	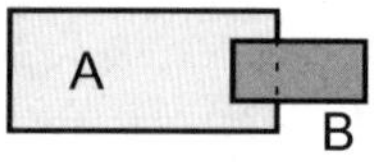
A.Overlaps(B) *(d(A)=d(B)=1)*	$\begin{bmatrix} 1 & * & T \\ * & * & * \\ T & * & * \end{bmatrix}$	

Tabelle 3.3: Definition topologischer Beziehungen zwischen Punkten, Linien und Flächen mittels einer Dimensionsmatrix

3.4.5.3 Funktionen im Simple-Feature-Modell

Im Simple-Feature-Modell sind die topologischen Prädikate auf Basis des Dimensionsmodells definiert. Für jedes Prädikat gibt es jeweils eine gleichnamige boolesche Funktion, die je zwei Geometrien auf die entsprechende topologische Beziehung prüft. Als Beispiel sei die Methode `Disjoint` angeführt:

- `Disjoint (anotherGeometry : Geometry) : Integer`

Diese übrigen Funktionen weisen die gleiche Struktur wie `Disjoint` auf. Daneben gibt es die allgemeine Methode `Relate`, die zusätzlich eine DE-9IM als Argument erhält:

- `Relate (anotherGeometry : Geometry, matrix : String) : Integer`

In der Zeichenkette `intersectionMatrix` sind die Prüfwerte zeilenweise nacheinander aufgeführt; für „within" zum Beispiel `'T*F**F***'`.

3.4.6 Informationsschema

Zur Aufnahme von Metadaten über die in einer Datenbank gespeicherten Geodaten definiert ISO 19125-2 „Simple Feature Access – SQL Option" zwei Tabellen als *Informationsschema*: `GEOMETRY_COLUMNS` enthält Informationen über alle Tabellenspalten, die Geometrien speichern, und die Tabelle `SPATIAL_REF_SYS` enthält Daten über die räumlichen Bezugssysteme. Abbildung 3.34 skizziert diesen Sachverhalt.

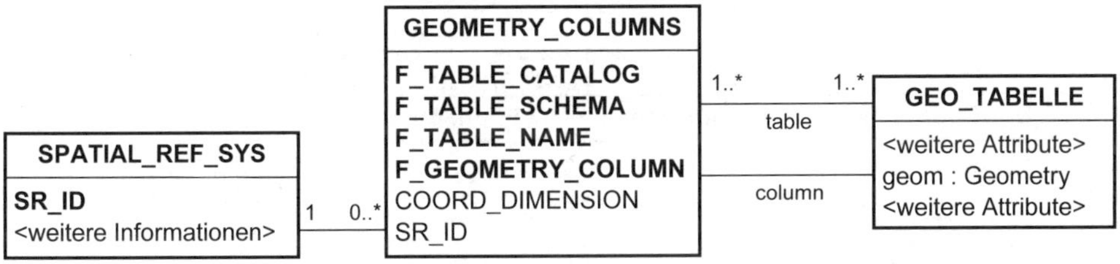

Abb. 3.34: Informationsschema für Geodaten

Die Tabelle `GEOMETRY_COLUMNS` identifiziert (angedeutet über die Beziehung `table`) mithilfe der Attribute `F_TABLE_CATALOG`, `F_TABLE_SCHEMA` und `F_TABLE_NAME` die Tabelle, die Geometrien speichert. Da eine Tabelle mehrere Spalten mit Geometrien enthalten kann, ist das Attribut `F_GEOMETRY_COLUMN` erforderlich, um eindeutig das Geometrieattribut zu identifizieren. Das Attribut `COORD_DIMENSION` gibt die *Dimension der Koordinaten* (also des Datenraums) an. Das Attribut `SR_ID` verweist als Fremdschlüssel auf das entsprechende räumliche Bezugssystem in der Tabelle `SPATIAL_REF_SYS`.

3.5 SQL/MM Spatial

Im Rahmen der Standardisierung von SQL:1999 wurde erkannt, dass es eine Reihe von Anwendungsgebieten gibt, die man aufgrund ihrer Komplexität und Eigenständigkeit nicht mit dem eigentlichen SQL-Standard abdecken sollte, sondern mithilfe von *SQL-Erweiterungen*. Eine in diesem Rahmen entstandene Erweiterung ist *SQL/MM*, wobei MM für Multimedia steht. Dieser ISO/IEC-Standard 13249 untergliedert sich in einen allgemeinen Teil, der generelle Konzepte definiert, und in mehrere Unterbereiche: „SQL/MM Full-Text“ zur Unterstützung komplexer Dokumente, „SQL/MM Still Image“ zur Speicherung von Rasterbildern, „SQL/MM Data Mining“ zur Unterstützung von Suchanfragen, insbesondere für Data-Warehouse-Anwendungen, und schließlich „SQL/MM Spatial“ als Datenbankschema für Geodaten.

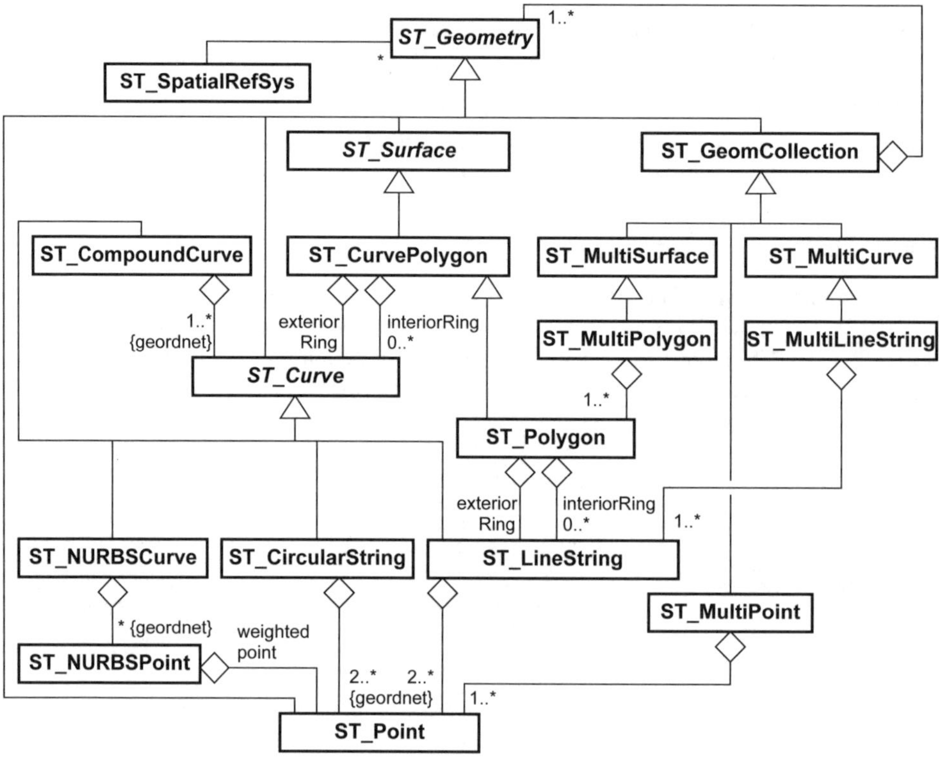

Abb. 3.35: Wesentliche Teile des Geometrieschemas von SQL/MM Spatial

Die ISO/IEC-Standard 13249-3 liegt in vier Fassungen vor:

- Die erste Version wurde 1999 als ISO/IEC-Standard veröffentlicht; sie beinhaltete im Wesentlichen das in Abbildung 3.35 dargestellte Geometrieschema.
- Version 2 wurde 2003 verabschiedet und enthält einige kleinere Verbesserungen gegenüber der ersten Version.
- Die Version 3 wurde 2006 von der ISO freigegeben. Seit dieser Version können Punkte zusätzlich eine z-Koordinate und eine Maßzahl aufnehmen. Außerdem sind Datenbankschemata für Netzwerk- und allgemeine topologische Datenmodelle enthalten.
- Version 4 von SQL/MM Spatial stammt aus dem Jahr 2011 [77]. Mit dieser Version wurden insbesondere geometrische Berechnungsmethoden für den dreidimensionalen Datenraum eingeführt. Das Datenbankschema wurde um Datenstrukturen für Dreiecksvermaschungen erweitert.

Zudem liegt (Stand 2013) ein erster Entwurf für die Version 5 von SQL/MM Spatial vor, der u.a. lineare Bezugssysteme sowie elliptische und Freiformkurven beinhaltet [78].

Die nachfolgenden Ausführungen beziehen sich insbesondere auf das Geometriemodell von SQL/MM Spatial, dessen Grundstruktur in Abbildung 3.35 dargestellt wird. Die Datenbankschemata für Netzwerk- und allgemeine topologische Datenmodelle sind Thema von Kapitel 11. Die vertiefte Behandlung von Maßzahlen erfolgt in Abschnitt 3.7 „Lineare Bezugssysteme". Die Unterstützung der Geography Markup Language wird in Abschnitt 10.3.5.2 und von Geometrien im dreidimensionalen Datenraum in Abschnitt 13.1.3 vorgestellt.

3.5.1 Geometrieschema

3.5.1.1 Oberklasse „ST_Geometry"

Das Geometrieschema von SQL/MM Spatial weist recht große Ähnlichkeiten mit dem Simple-Feature-Modell auf. So gibt es auch hier eine abstrakte Oberklasse namens `ST_Geometry`. Allerdings existiert eine Reihe zusätzlicher Methoden im Vergleich zur SFA-Klasse `Geometry`:

- `ST_CoordDim () : Integer`

  Während die Funktion `ST_Dimension` analog zur OGC-Funktion `Dimension` die Dimension der Geometrie bestimmt, liefert die Funktion `ST_CoordDim` die Dimension der Koordinaten, die die Geometrie im Datenraum beschreiben.

- `ST_IsValid () : Integer`

  Diese boolesche Funktion[6] validiert die Geometrie. Falls diese wohlgeformt ist, wird der Wert `1` zurückgegeben.

Das *räumliche Bezugssystem* einer Geometrie (vgl. dazu Abschnitt 3.6) wird durch einen Verweis auf ein Objekt der Klasse `ST_SpatialRefSys` repräsentiert. In Rahmen dieser Klasse werden von SQL/MM Spatial Zugriffs- und Konvertierungsfunktionen definiert. Insbesondere steht eine Transformationsfunktion zur Verfügung:

- `ST_Transform (srid : Integer) : ST_Geometry`

  `ST_Transform` transformiert eine Geometrie in ein anderes Bezugssystem. Dazu wird die Schlüsselnummer des Zielsystems übergeben.

Für die Abstands- und Pufferfunktionen kann optional eine *Maßeinheit* für die Distanz angegeben werden:

- `ST_Buffer (distance : Double [ , unit : String ] ) : Geometry`
- `ST_Distance (anotherGeometry : Geometry [ , unit : String ] ) : Double`

  Während bei `ST_Buffer` sich die Einheit auf den Distanzparameter bezieht, definiert bei `ST_Distance` der Parameter `unit` die Maßeinheit für das Ergebnis.

[6] Auch in SQL/MM Spatial wird grundsätzlich anstelle des Datentyps `Boolean` der Typ `Integer` mit 1 = `true` verwendet, um eine leichtere Übertragung nach SQL zu ermöglichen.

3.5.1.2 Punkte

Punkte werden durch die Klasse ST_Point repräsentiert. Da SQL/MM Spatial auch dreidimensionale Koordinaten erlaubt, gibt es in Ergänzung zu den Methoden ST_X und ST_Y auch die Zugriffsmethode ST_Z. Alle Koordinatenwerte eines Punktes können über die Funktion ST_ExplicitPoint als Feld abgerufen werden.

3.5.1.3 Linien

Im Bereich der Linienrepräsentation lassen sich auch einige Unterschiede zum Simple-Feature-Modell ausmachen. So besitzt die Klasse ST_Curve nicht nur eine, sondern drei direkte Unterklassen. Die Klasse ST_CircularString repräsentiert Linienzüge, die aus *Kreisbögen* bestehen. Daneben gibt es die Klasse ST_CompoundCurve für *zusammengesetzte Linienzüge*, die aus geradlinigen und kreisbogenförmigen Teillinien bestehen. Diese Teillinien dürfen aber ihrerseits keine zusammengesetzten Linienzüge sein.

Nach [78] enthält das Geometrieschema von SQL/MM Spatial die Klasse ST_NURBSCurve für die Repräsentation von Freiformkurven durch *Non-Uniform Rational B-Splines*. Die Kontrollpunkte eines NURBS werden durch eine Sequenz von Objekten der Klasse ST_NURBSPoint gespeichert, die neben einem Gewicht einen Punkt der Klasse ST_Point umfassen. Ein NURBS enthält daneben auch ein Feld von Knotenwerten.

Abbildung 3.36 zeigt verschiedene Beispiele für Liniengeometrien in SQL/MM Spatial.

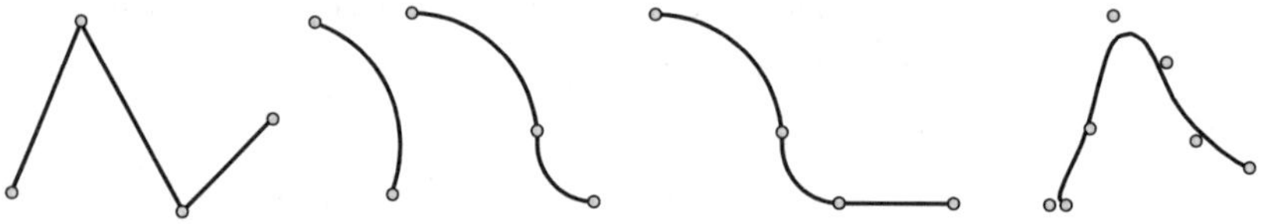

Abb. 3.36: Beispiele für Objekte der Unterklassen von ST_Curve

Da es nun Linienzüge gibt, die keine Simple Features sind, ist für die Klasse ST_Curve die Methode ST_CurveToLine():ST_LineString spezifiziert, die einen Linienzug durch einen Streckenzug approximiert.

Neben den Methoden ST_StartPoint, ST_EndPoint und ST_Point(Integer), die analog zum Simple-Feature-Modell den Zugriff auf Einzelpunkte unterstützen, bietet SQL/MM Spatial ST_Points als Zugriffsfunktion an, die die Punkte des Linienzugs als Punktfeld zurückgibt. Umgekehrt können über eine gleichnamige Methode auch Linienzüge aus einem Feld von Punkten konstruiert werden.

Der Methode ST_Length kann optional eine Zeichenkette als Parameter übergeben werden, die die *Längeneinheit* des Resultats bestimmt.

Gegenstücke zu den explizit im Simple-Feature-Modell aufgeführten Klassen für Strecken und Ringe gibt es im Klassenmodell von SQL/MM Spatial nicht.

3.5.1.4 Flächen

Auch die abstrakte Klasse ST_Surface weist im Vergleich zum Simple-Feature-Modell eine zusätzliche Unterklasse auf. Sie heißt ST_CurvePolygon. Wie das Klassenmodell zeigt, sind die inneren und äußeren Ringe solcher Flächen Objekte der Klasse ST_Curve. Damit können

Ringe dieser Klasse nicht nur geradlinige Verbindungen, sondern auch *Kreisbögen* aufweisen, sodass beispielsweise Pufferzonen auch mit Kreisbögen repräsentiert werden können. Abbildung 3.37 zeigt zwei Geometrien der Klasse `ST_CurvePolygon`.

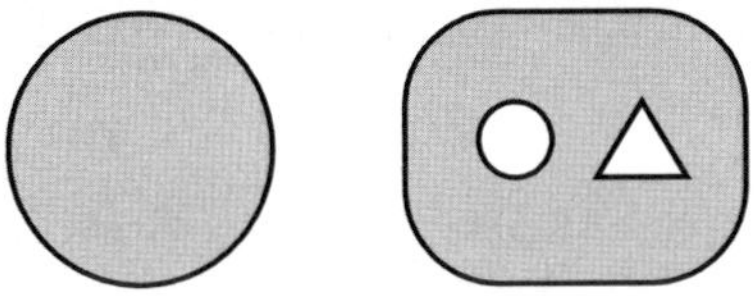

Abb. 3.37: Objekte der Klasse `ST_CurvePolygon`

Analog zur Methode `ST_CurveToLine` enthält die Klasse `ST_CurvePolygon` die Methode `ST_CurvePolyToPoly():ST_Polygon`, die das Objekt durch ein Polygon mit geradlinigen Ringen approximiert.

In Ergänzung zum Simple-Feature-Modell steht für Flächen die Methode `ST_Perimeter` zur Verfügung, die deren *Umfang* berechnet. Bei dieser Funktion kann – ebenso wie bei der Funktion `ST_Area` zur Berechnung des *Flächeninhalts* – optional eine *Maßeinheit* für das Resultat angegeben werden.

Über die Funktion `ST_IsWorld` wird geprüft, ob das Äußere der Geometrie leer ist, also ob die Geometrie als *Welt* (engl. *World*) den gesamten Datenraum einnimmt.

Neben den in diesem Abschnitt dargestellten Geometrieklassen existieren in SQL/MM Spatial Definitionen zur Repräsentation von räumlichen Bezugssystemen (vgl. Abschnitt 3.6.2), von Winkeln (Klasse `ST_Angle`) und von Richtungen (Klasse `ST_Direction`). Für den Umgang mit Koordinatenfeldern werden Hilfsfunktionen spezifiziert.

3.5.2 Repräsentationsformen

Durch die zusätzlichen Geometrieformen wird in SQL/MM Spatial auch eine Erweiterung der *WKT*- und der *WKB-Repräsentationen* als Text- bzw. als binäre Speicherrepräsentation erforderlich.

Die WKT-Repräsentation für zweidimensionale Geometrien erweitert sich syntaktisch wie folgt:

```
<Geometry Tagged Text> := <SFA Geometry Tagged Text> |
   <CircularString Tagged Text> | <CompoundCurve Tagged Text> |
   <CurvePolygon Tagged Text> | <MultiCurve Tagged Text> |
   <MultiSurface Tagged Text>

<CircularString Tagged Text> := CIRCULARSTRING <LineString Text>
<CompoundCurve Tagged Text> := COMPOUNDCURVE <CompoundCurve Text>
<CurvePolygon Tagged Text> := CURVEPOLYGON <CurvePolygon Text>
<MultiCurve Tagged Text> := MULTICURVE <MultiCurve Text>
<MultiSurface Tagged Text> := MULTISURFACE <MultiSurface Text>

<CompoundCurve Text> := ∅ | ( <SingleCurve Text> { , <SingleCurve Text> } )
<SingleCurve Text> := <LineString Text> | <CircularString Tagged Text>

<CurvePolygon Text> := ∅ | ( <Ring Text> { , <Ring Text> } )
<Ring Text> := <LineString Text> | <CircularString Tagged Text> |
               <CompoundString Tagged Text>
```

```
<MultiCurve Text> := ∅ | ( <Curve Text> { , <Curve Text> } )
<Curve Text> := <LineString Text> | <CircularString Tagged Text> |
                <CompoundString Tagged Text>
<MultiSurface Text> := ∅ | ( <Surface Text> { , <Surface Text> } )
<Surface Text> := CURVEPOLYGON <CurvePolygon Text> | <Polygon Text>
```

Beispiele sind[7]:

```
CIRCULARSTRING (1 15, 2.414 15.586, 3 17, 3.586 18.414, 5 19)
MULTICURVE ( ( 10 10, 30 60, 20 20) ,
             COMPOUNDCURVE ( (1 0, 2 7, 1 15) ,
                CIRCULARSTRING (1 15, 2.414 15.586, 3 17) ) )
MULTISURFACE( (10 10, 14 12, 11 10, 10 10) ,
  CURVEPOLYGON( CIRCULARSTRING (5 0, 5 10, 5 0), (4 4, 6 4, 5 6, 4 4) ) )
```

Kreisbögen werden durch den Start- und Endpunkt sowie einen Punkt auf dem Kreisbogen definiert. Sollte – wie im letzten Beispiel – der CIRCULARSTRING einen *Kreis* bilden, sind Start- und Endpunkt identisch und der zweite Punkt liegt dem Start-/Endpunkt diagonal gegenüber (vgl. auch Abb. 3.38).

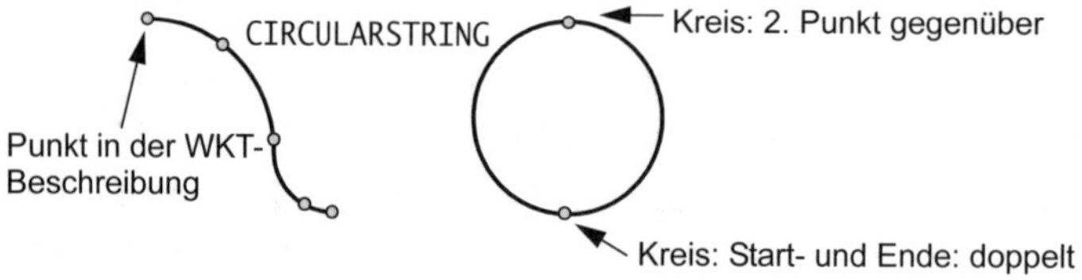

Abb. 3.38: Punkte in den WKT-Beschreibungen von Kreisbögen

3.5.3 Informationsschema

Analog zur ISO-/OGC-Spezifikation „Simple Feature Access – SQL Option" definiert SQL/MM Spatial ebenfalls zwei Tabellen für das *Informationsschema* über die verwendeten *Geometrieattribute* (ST_GEOMETRY_COLUMNS) und über die vorhandenen *räumlichen Bezugssysteme* (ST_SPATIAL_REFERENCE_SYSTEMS). Die verwendeten Bezeichnungen unterscheiden sich dabei leicht.

Zusätzlich wird eine Tabelle ST_UNITS_OF_MEASURE spezifiziert, die *Maßeinheiten* definiert:

```
Name              Typ              Bedingung
----------------- ---------------- -----------
UNIT_NAME         VARCHAR          PRIMARY KEY  -- Name der Maßeinheit
UNIT_TYPE         VARCHAR          NOT NULL     -- Art der Maßeinheit
CONVERSION_FACTOR DOUBLE PRECISION NOT NULL     -- Umrechnungsfaktor
DESCRIPTION       VARCHAR                       -- optionale Beschreibung
```

Als Arten von Maßeinheiten gibt es Winkel- ('ANGULAR') und Längenmaße ('LINEAR'). UNIT_TYPE ist der Umrechnungsfaktor in die Basiseinheit, d.h. in Bogenmaß bei Winkelmaßen und in Meter im anderen Fall.

[7] Ein Beispiel für einen NURBS (syntaktisch hier nicht dargestellt) findet sich in Abschnitt 4.2.1.2.

3.6 Räumliche Bezugssysteme

Bezugssysteme erlauben die Interpretation eines Wertes in Bezug auf einen Datenraum, in dem dieser Wert eingebettet ist. Ein Kalendersystem (z.B. der Gregorianische Kalender) ist ein *zeitliches Bezugssystem*, das die Einordnung von Datumsangaben ermöglicht.

Räumliche Bezugssysteme (engl. *Spatial Reference Systems*, *SRS*) erlauben es, Lageinformationen räumlich zu verorten. Dies kann z.B. über räumliche Bezeichnungen erfolgen (z.B. „in München" oder „Grenzstein XYZ") oder über *Koordinaten* [64]. Im letztgenannten Fall spricht man von *Koordinatenbezugssystemen* (engl. *Coordinate Reference Systems*, *CRS*). Nur wenn zu Koordinaten ihr Bezugssystem bekannt ist, kann ihre Interpretation als Beschreibung von Lage- und Ausdehnungsinformationen in einem (realen) Datenraum erfolgen. Erst dann ist es möglich, aus den Koordinaten konkrete Längen- und Flächenangaben abzuleiten. Ein Koordinatenbezugssystem besteht aus einem *Koordinatensystem*, einem Geltungsbereich und Angaben, die es erlauben, Daten auf ein globales System abzubilden. Da für die rechnergestützte Systeme in der Regel ausschließlich Koordinatenbezugssysteme verwendet werden, wird der Begriff „räumliches Bezugssystem" oftmals (insbesondere wenn man verschiedene Standards miteinander vergleicht) synonym zur Bezeichnung „Koordinatenbezugssystem" verwendet.

3.6.1 Kategorien von Koordinatensystemen

Im bisherigen Beispiel „GeoDbLand" wurden zweidimensionale *kartesische Koordinaten* verwendet. Dabei stehen die Achsen des Koordinatensystems *rechtwinklig* zueinander (*Orthogonalsystem*). Ein kartesisches Koordinatensystem beschreibt einen n-dimensionalen metrischen Raum, sodass der Abstand zwischen zwei Punkten dem euklidischen Abstand entspricht. Daher beträgt zum Beispiel in „GeoDbLand" der Abstand zwischen dem Haus und dem Flaggenmast 1.

Koordinatensysteme, die einen Bezug zu Positionen auf der Erdoberfläche haben, werden als *georeferenzierende Koordinatensysteme* bezeichnet. Im Gegensatz dazu beschreiben *lokale Koordinaten* die Lage von Positionen unabhängig von der Erdoberfläche. Dies trifft zum Beispiel für CAD-Daten zu oder falls man für ein (oft kleinräumiges) Gebiet nur an der relativen Lage der Objekte interessiert ist. Dazu werden in der Regel kartesische Koordinaten verwendet. Bei georeferenzierenden Koordinatensystemen lassen sich zwei wesentliche Kategorien voneinander unterscheiden:

- *Geografische Koordinatensysteme*

  Die Gestalt der Erde lässt sich mathematisch nicht exakt beschreiben. Eine gute Annäherung stellen (*Rotations-*)*Ellipsoide* dar, die die Abplattung der Erde berücksichtigen. Aufgrund der Abweichungen von der tatsächlichen Erdgestalt werden je nach Anwendung Ellipsoide verwendet, die sich in der Definition des Erdkörpers bezüglich Form, Ausrichtung und Mittelpunkt unterscheiden. Beispiele hierfür sind Bessel-, Krassowski- und WGS84-Ellipsoide.

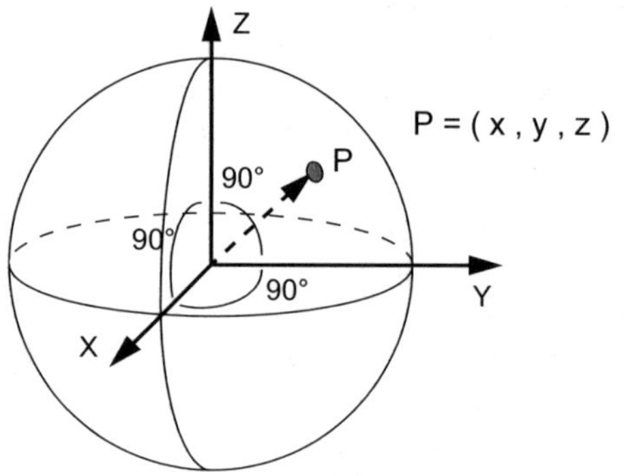

Abb. 3.39: Globales kartesisches Bezugssystem

Die Lage eines Punktes auf (oder aber auch ober- und unterhalb) der Erdoberfläche kann durch ein dreidimensionales kartesisches Koordinatensystem angegeben werden, das seinen Ursprung (*geozentrisch*) im Mittelpunkt des Rotationsellipsoids hat und als Rotationsachse die z-Achse besitzt. Die Koordinaten in einem solchen *globalen Bezugssystem* entsprechen dann (wie in Abb. 3.39 angedeutet) einem dreidimensionalen Vektor (x, y, z).

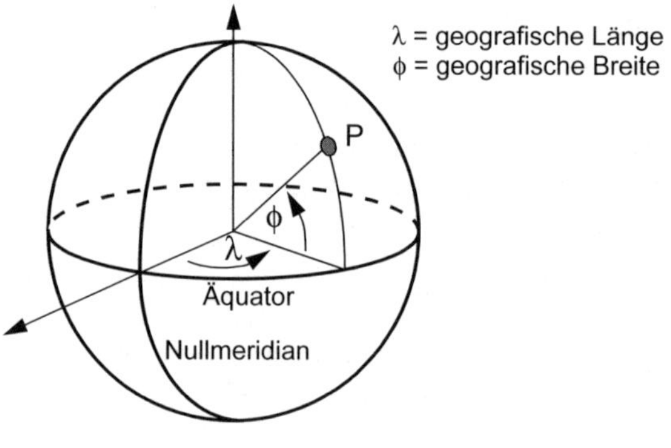

Abb. 3.40: Geografische Koordinaten eines Punktes *P*

Für die Beschreibung von Positionen auf der Erdoberfläche sind kartesische 3D-Koordinaten eher ungeeignet. Stattdessen legen *geografische Koordinaten* über Angaben im Winkelmaß Punkte der Erdoberfläche, bezogen auf den *Äquator* und einen *Nullmeridian*, fest. Die Abweichung vom Äquator wird als *geografische Breite* und die Abweichung vom Nullmeridian als *geografische Länge* bezeichnet (siehe Abb. 3.40); ggf. erfolgt zusätzlich eine *Höhenangabe*.

Der Satz von Parametern, der verwendet wird, um ein geografisches Koordinatensystem in Hinblick auf das globale Bezugssystem zu definieren, wird *geodätisches Datum* genannt.

- *Projizierte Koordinatensysteme*

  Da Karten die gekrümmte Erdoberfläche auf einer ebenen Oberfläche darstellen, wird für die Kartendarstellung eine mathematische Abbildung von Positionen der Erdoberfläche in die Ebene benötigt. In Abhängigkeit von der gewählten *Kartenprojektion* gehen einige der ursprünglichen Eigenschaften des Raums verloren, während andere erhalten bleiben. Zu nennen ist die *Flächentreue*, die die relativen Flächenverhältnisse korrekt wiedergibt, und die *Winkeltreue*. Flächentreue Karten können nicht winkeltreu sein und umgekehrt. *Längentreue* kann nur für wenige Linien (z.B. längs eines Berührungsmeridians) erhalten bleiben. Projizierte Koordinatensysteme bergen somit grundsätzlich gewisse *Verzerrungen*. Diese hängen von der gewählten Projektion, der Lage des betroffenen Gebietes und von dessen Größe ab. Je größer ein Gebiet, desto stärker schlägt die Abweichung der Erdoberfläche von der Ebene durch. Aus diesen Gründen ist es ggf. notwendig, Koordinaten zwischen verschiedenen Kartenprojektionen umzurechnen (*Koordinatentransformation*).

  Vorteilhaft sind projizierte Koordinaten für Darstellungen auf einem ebenen Kartenblatt oder auf einem Bildschirm. Außerdem lässt sich in einem rechtwinkligen, projizierten Koordinatensystem wesentlich einfacher rechnen. Die Ausführung von geometrischen Funktionen auf Basis von geografischen Koordinaten benötigt hingegen mehr Rechenzeit; [154] nennt hier einen Faktor 2 bis 3.

3.6.2 Beschreibung von Bezugssystemen

3.6.2.1 Well-known Text

OGC und ISO haben eine formale Vorgabe zur Beschreibung von Koordinatensystemen in Textform definiert. Diese Beschreibung wird als „Well-known Text" (WKT) für Koordinatensysteme bezeichnet [125]. Der WKT beginnt mit der Kategorie des verwendeten Koordinatensystems: z.B. mit `GEOGCS` oder `PROJCS`, je nachdem ob es sich um ein geografisches oder projiziertes Koordinatensystem handelt. Das erste Beispiel zeigt den Fall eines geografischen Koordinatensystems: WGS84 ist die Basis für das globale Navigationssatellitensystem GPS.

```
GEOGCS [
  "Longitude / Latitude (WGS 84)",
  DATUM ["WGS 84", SPHEROID ["WGS 84", 6378137, 298.257223563]],
  PRIMEM [ "Greenwich", 0.000000 ],
  UNIT ["Decimal Degree", 0.01745329251994330]
]
```

Die Beschreibung `DATUM` enthält neben einem Namen (hier `"WGS 84"`) obligatorisch Angaben über den Namen des verwendeten Ellipsoids (hier ebenfalls `"WGS 84"`), dessen Radius und dessen Abflachung sowie optional die Abweichung des Ellipsoids im Vergleich zum WGS84-Ellipsoid.

Im zweiten Beispiel wird das projizierte Gauß-Krüger-Koordinatensystem (3. Meridianstreifen, GK3) definiert:

```
PROJCS[
  "GK Zone 3 (DHDN)",
  GEOGCS ["",
    DATUM ["", SPHEROID ["Bessel 1841", 6377397.155, 299.1528128],
           582.0, 105.0, 414.0, -1.040, -0.350, 3.080, 8.30 ],
    PRIMEM [ "Greenwich", 0.000 ],
    UNIT ["Decimal Degree", 0.01745329251994330]
  ],
  PROJECTION ["Transverse Mercator"],
  PARAMETER ["Scale_Factor", 1.00],
  PARAMETER ["Central_Meridian", 9.00],
  PARAMETER ["False_Easting", 3500000.0],
  UNIT ["Meter", 1.0]
]
```

Unter `GEOGCS` werden Angaben zu dem geografischen Koordinatensystem gemacht, auf das sich die projizierten Koordinaten beziehen. Die Angaben hierfür entsprechen der zuvor erläuterten Beschreibung, wobei in diesem Beispiel das geodätische Datum nicht benannt ist und die Abweichungsparameter zu WGS84 aufgeführt sind.

Unter `PROJECTION` ist der Name der Projektion aufgeführt (hier `"Transverse Mercator"`). Der Eintrag `PROJECTION` wird von einer Reihe von Parametern mit jeweils dem Parameternamen und Parameterwert sowie der geltenden *Maßeinheit* (`UNIT`) gefolgt.

Informationsschema

Die zuvor in Abschnitt 3.4.5 vorgestellten Tabellen des Informationsschema vom Simple-Feature-Modell identifizieren das räumliche Bezugssystem über eine *Schlüsselnummer* `SR_ID` (vgl. Abb. 3.41). Die Tabelle `SPATIAL_REF_SYS` enthält als weitere Metadaten den Namen der Behörde, die das Bezugssystem definiert (`AUTH_NAME`), deren Identifikationsnummer (`AUTH_SRID`) und die Beschreibung als Well-Known Text. Für SQL/MM Spatial gilt (bei leicht unterschiedlichen Bezeichnern) gleiches.

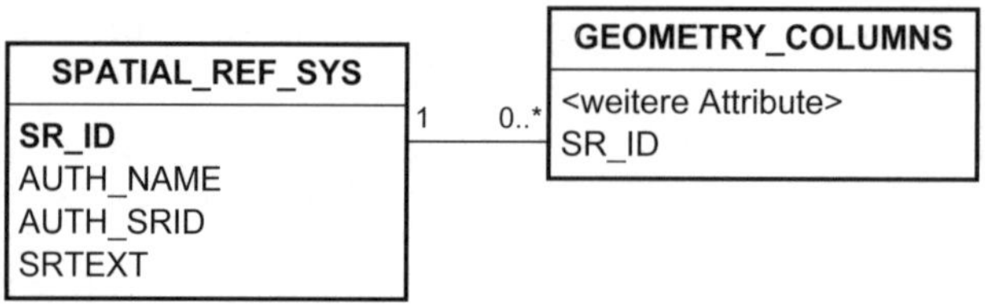

Abb. 3.41: Metadaten über räumliche Bezugssysteme (SFA)

3.6.2.2 EPSG-Bezugssysteme

Das „Geomatics Committee" der „International Association of Oil & Gas Producers" (OGP), in das 2005 die *„European Petroleum Survey Group"* (*EPSG*) aufgegangen ist, führt eine Datenbank zur Beschreibung von Koordinatenbezugssystemen [140]. Diese Datenbank, die unter der Webadresse http://www.epsg.org frei erhältlich ist, enthält über 500 geodätische Datumsangaben und knapp 50 Beschreibungen von Ellipsoiden. Insbesondere sind mehrere Tausend georeferenzierende Bezugssysteme in der Datenbank enthalten, die durch einen eindeutigen *EPSG-Schlüssel* identifiziert werden. So steht 4326 für WGS84 und 31467 für GK3.

3.7 Lineare Bezugssysteme

Ein *lineares Bezugssystem* (engl. *Linear Referencing System*, *LRS*) erlaubt die Identifizierung von Punkten oder Geoobjekten auf einer Linie durch *Entfernungsangaben* zu einem ausgezeichneten *Anfangspunkt*. Gerade in Netzwerken – zum Beispiel in Straßennetzen oder in Ver- und Entsorgungsnetzen wie Wasser- und Kanalnetzen – hat eine solche *Kilometrierung* eine große Bedeutung. Abbildung 3.42 zeigt einen Streckenzug, dessen Streckenpunkte mit Koordinaten und/oder Entfernungsangaben versehen sind.

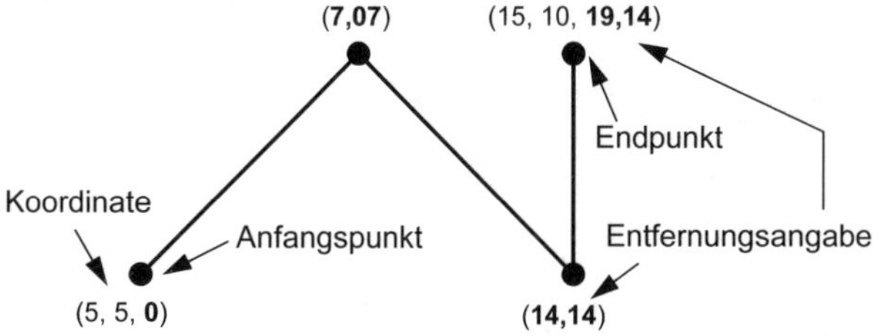

Abb. 3.42: Streckenzug mit Angaben eines linearen Bezugssystems

3.7.1 ISO 19148

ISO 19148:2012 „Linear Referencing" [75] definiert Begriffe, Klassen und Methoden für lineare Bezugssysteme. Das Objekt, auf dem mithilfe eines linearen Bezugssystems gemessen wird, heißt *lineares Element* (engl. *Linear Element*). Es kann sich dabei um eine Liniengeometrie, aber auch andere Geoobjekte oder auch um Objekte handeln, deren Geometrie nicht (explizit) vorliegt. Die Art der Messung wird in einem *linearen Referenzierungsverfahren* (engl. *Linear Referencing Method*) festgelegt. Dabei werden unterschieden:

- *absolute Messungen* (z.B. beim Anfangs- und Endpunkt in Abbildung 3.42),
- *relative Messungen* beginnend an einem Punkt entlang des linearen Elements (z.B. die drei Entfernungsangaben in Abbildung 3.42, die sich auf den Anfangspunkt beziehen),
- *interpolierende Messungen*, die erforderlich sind, wenn keine Entfernungsangaben vorliegen (z.B. für die Bestimmung der Entfernung zu Punkten, die zwischen den Streckenpunkten in Abbildung 3.42 liegen).

Das lineare Referenzierungsverfahren spezifiziert neben der Art der Messung u.a. auch die Maßeinheiten.

Grundsätzlich bezieht sich eine *Entfernungsangabe* auf die Entfernung entlang des linearen Elements („Distance Along"). Im einfachsten Fall wird ausgehend vom Anfangspunkt des linearen Elements gerechnet. Alternativ befindet sich der Punkt, auf den sich die Entfernung bezieht (*Nullpunkt*; engl. *Absolute Zero*), vor dem Anfangspunkt des linearen Elements. Dann addiert sich die Entfernung zwischen Null- und Anfangspunkt auf die Entfernung, die auf dem linearen Element bestimmt wird. Eine weitere Möglichkeit ist, dass die Entfernung ab einem beliebigen Objekt (*„From Referent"*), das sich auf dem linearen Element befindet, bestimmt werden soll. Dabei kann die Richtung der Entfernungsbestimmung durch ein weiteres Objekt (*„Towards Referent"*) definiert werden. Abbildung 3.43 zeigt entsprechende Beispiele.

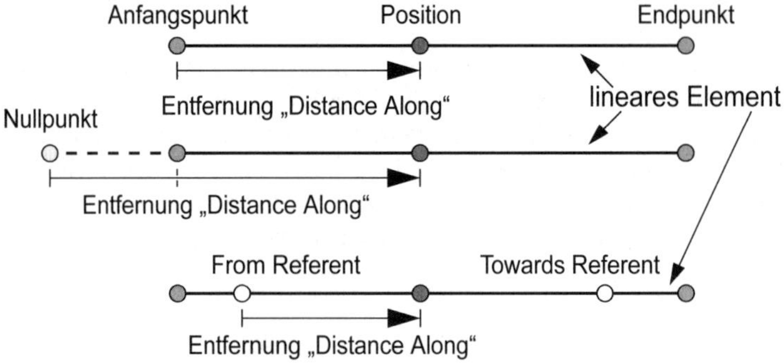

Abb. 3.43: Beispiele für „Distance Along“

In Ergänzung sind *Versatzentfernungen* (engl. *Offset Distances*) von Relevanz, falls sich die relevante Position nicht auf, sondern neben dem linearen Element befindet. Die Versatzentfernung wird oftmals senkrecht zum linearen Element bestimmt (engl. *Lateral Offset Distance*). In Ergänzung zum Verlauf des linearen Elements kann ein *„Offset Referent“* herangezogen werden, um die Versatzentfernung zu bestimmen. Dann setzt sich die Versatzentfernung aus der Entfernung zwischen dem linearen Element und dem Offset Referent plus der Entfernung zwischen Offset Referent und der relevanten Position zusammen. Abbildung 3.44 zeigt zwei Beispiele für Versatzentfernungen.

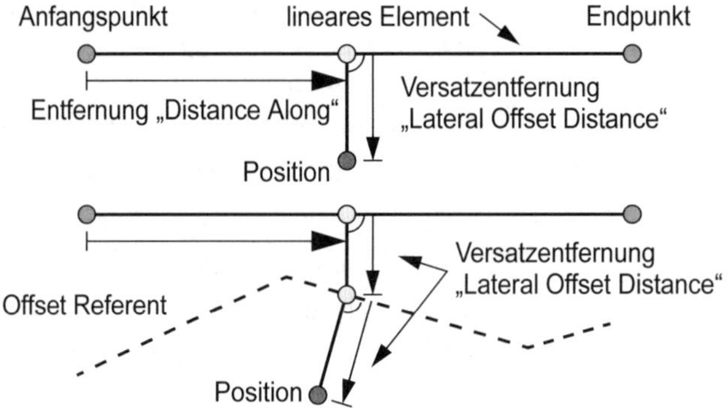

Abb. 3.44: Beispiele für Versatzentfernungen

Auf linearen Elementen spielen häufig zeitlich befristete *Ereignisse* (engl. *Events*) eine Rolle, z.B. ein Stau auf einer Autobahn oder ein Schaden an einer Pipeline. Die Ortsangabe für ein Ereignis kann ein Punkt (*„At Location“*) oder ein Intervall sein (*„From/To Location“*). Gleiches gilt für die zeitliche Dimension des Ereignisses: Es kann sich dabei um einen *Zeitpunkt* (engl. *Instant*) oder *Zeitraum* (engl. *Period*) handeln (vgl. Abschnitt 14.2.1). Damit ergeben sich vier Kombinationsmöglichkeiten, die in Abbildung 3.45 dargestellt sind.

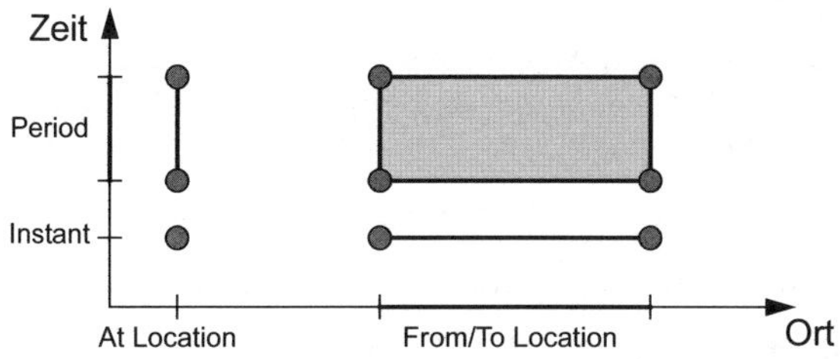

Abb. 3.45: Ort und Zeit von Ereignissen in linearen Bezugssystemen

ISO 19148 definiert zu den genannten Begriffen ein Datenmodell mit Klassen, Methoden und Beziehungen. Ein lineares Element wird durch eine Schnittstelle `LR_ILinearElement` definiert. Für die Realisierung über eine Geometrie dient der Datentyp `LR_Curve`, der Unterklasse von `GM_Curve` aus dem Feature-Geometry-Modell ISO 19107 ist.

SQL/MM Spatial wird in der Version 5 [78] auf Basis von ISO 19148 lineare Bezugssysteme unterstützen.

3.7.2 Maßzahlen

Maßzahlen im Simple-Feature-Modell und in SQL/MM Spatial

Wie bereits kurz erwähnt, erlauben SQL/MM Spatial und (seit der OGC-Version 1.2) das Simple-Feature-Modell es, zusätzlich zu den räumlichen Koordinaten eine *Maßzahl* (auch: *m*-Wert oder *m*-Koordinate, engl. *Measure*) zu speichern. Diese kann als Entfernungsangabe für ein lineares Bezugssystem aufgefasst werden.

In der *WKT-Repräsentation* von Punktkoordinaten führt dies zur Erweiterung um einen optionalen *m*-Wert:

```
<Point> :=   <x (Dezimalzahl mit Punkt als Dezimaltrennzeichen)>
             <y (Dezimalzahl mit Punkt als Dezimaltrennzeichen)>
           [ <z (Dezimalzahl mit Punkt als Dezimaltrennzeichen)> ]
           [ <m (Dezimalzahl mit Punkt als Dezimaltrennzeichen)> ]
```

Diese Erweiterung führt zu der Schwierigkeit, dass bei einer Koordinate mit drei Werteangaben nicht erkennbar ist, ob der dritte Wert eine Höhenangabe oder eine Maßzahl darstellt. Daher muss in solchen Fällen nach Angabe des Geometrietyps ein `Z` für die Ergänzung um einen Höhenangabe, ein `M` für eine Ergänzung um eine Maßzahl und ein `ZM` für die Ergänzung um beides angegeben werden. Nachfolgend drei Beispiele:

```
LINESTRING M (10 10 0, 20 20 15.3, 30 40 38.75)
MULTIPOINT ZM ((10 10 7.5 67) , (20 20 11 69))
GEOMETRYCOLLECTION M (POINT M (10 10 0), LINESTRING M (10 10 20, 20 20 35.3))
```

Man beachte, dass die in einer Geometriesammlung enthaltenen Teilgeometrien der Angabe, die auf `GEOMETRYCOLLECTION` folgt, entsprechen müssen.

Operationen auf Maßzahlen

Der Datenbankstandard SQL/MM Spatial und das Simple-Feature-Modell definieren folgende Operationen auf Maßzahlen, wobei im Simple-Feature-Modell jeweils der Präfix `ST_` in der Bezeichnung entfällt:

- Die Funktion `ST_M` erlaubt es, auf die Maßzahl einer Koordinate zuzugreifen.
- `ST_IsMeasured` gibt für eine Geometrie an, ob Maßzahlen vorhanden sind.
- `ST_LocateAlong (m : Double) : ST_Geometry`

  Diese Funktion berechnet die Teile einer Geometrie, bei denen der Parameterwert mit der gespeicherten bzw. (im Fall von Linien) *interpolierten Maßzahl* übereinstimmt. `ST_LocateAlong` gibt einen leeren `ST_Point` zurück, falls es keine solche Geometrie gibt. Ansonsten wird das Ergebnis durch eine (Unterklasse einer) Geometriesammlung repräsentiert.
- `ST_LocateBetween (mstart : Double, mend : Double) : ST_Geometry`

  Es werden die Teile einer Geometrie bestimmt, bei denen die gespeicherten bzw. (im Fall von Linien) die interpolierten Maßzahlen im angegebenen Intervall `[mstart,mend]` liegen. Der Rückgabetyp bestimmt sich wie bei `ST_LocateAlong`.

  Weder SQL/MM Spatial noch das Simple-Feature-Modelldefinieren ein explizites Verhalten der beiden `Locate`-Funktionen für Flächen.

Für die Berechnung von Maßzahlen ist folgende Methode von SQM/MM Spatial nützlich:

- `ST_DistanceToPoint (p : ST_Point [, unit : String] ) : Double`

  Die Funktion berechnet für eine Linie die Entfernung zwischen dem Anfangspunkt der Linie und dem Punkt `p`, der auf der Linie liegen muss. In Ergänzung gibt es die Umkehrfunktion `ST_PointAtDistance(d:Double[,unit:String]):ST_Point`, die ohne Berücksichtigung der Maßzahlen den Punkt berechnet, der auf der Linie liegt und einen Abstand von `d` zum Anfangspunkt der Linie aufweist.

Für Abbildung 3.46 illustriert die Operationen auf Maßzahlen anhand eines Beispiels.

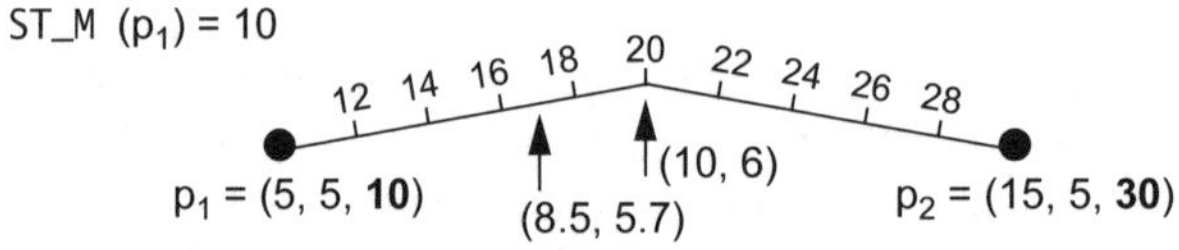


```
ST_LocateAlong (20) = MULTIPOINT M ( (10 6 20) )
ST_LocateBetween (17,20) = MULTILINESTRING M ( (8.5 5.7 17 , 10 6 20) )
```

Abb. 3.46: Operationen auf Maßzahlen

4 Datenbankschema von Oracle Spatial

Eine konkrete Implementierung des *Simple-Features-Modells* und der ISO-Norm „*SQL/MM Spatial*" stellt das Datenbankschema von Oracle Spatial[1] dar, das in diesem Kapitel ausführlich vorgestellt und mit den Vorgaben der Standards verglichen wird. Zunächst wird dazu auf die Repräsentation von Geometrien in Oracle und die für Geometrien verfügbaren Operationen eingegangen. Die Umsetzung *räumlicher Bezugssysteme* ist Thema von Abschnitt 4.3, während *lineare Bezugssysteme* in Abschnitt 4.4 behandelt werden. Den Abschluss dieses Kapitels bildet der *Import von Geometrien* in das räumliche Datenbankschema von Oracle.

4.1 Geometrieschema

Dieser Abschnitt behandelt das objektrelationale Datenbankschema von Oracle Spatial zur Repräsentation von Geometrien. Die Klassen, Methoden und Funktionen dieses Geometrieschemas werden eingeführt und anhand eines Beispiels veranschaulicht. Zusätzlich werden Varianten vorgestellt, die eine Konformität zum Simple-Feature-Modell und zu SQL/MM Spatial herstellen. Die nachfolgende Darstellung gilt für die Releases 10.x, 11.x und 12.1 von Oracle Spatial[2]; auf Einschränkungen der älteren Versionen wird im Text oder Fußnoten hingewiesen.

4.1.1 Klasse SDO_GEOMETRY

In Oracle Spatial [154] gibt es *eine* generelle Geometrieklasse `SDO_GEOMETRY`, die Objekte der verschiedenen im OGC-Modell definierten Klassen repräsentieren kann. Spezifischere Unterklassen zu `SDO_GEOMETRY` werden durch Oracle Spatial nicht definiert. Die Klasse wird durch das Schema `MDSYS` bereitgestellt, das bei der Datenbankinstallation erzeugt wird. Damit ist `MDSYS.SDO_GEOMETRY` der vollständige Name der Klasse. In dieser Benennung spiegeln sich noch die vorhergehenden Namen von Oracle Spatial wider: `MD` steht für Oracle Multidimension und `SDO` für Oracle Spatial Data Option. Da für die meisten Schemaobjekte von `MDSYS` öffentliche Synonyme definiert sind, braucht im Regelfall der Schemaname bei SQL-Anweisungen nicht angegeben werden.

Um kompakt möglichst unterschiedliche Geometrien vorstellen zu können, verlassen wir vorübergehend unsere bisherige Anwendung mit den Gemeinden und Hochschulen und legen stattdessen eine neue Tabelle „GeoDbLand" an, die als Attribute eine Schlüsselnummer als Primärschlüssel, einen Namen und ein Geometrieattribut vom Typ `SDO_GEOMETRY` besitzt. Dieses Attribut kann als thematische Ebene aufgefasst werden.

[1] Wie in der Einleitung erwähnt, wird in diesem Buch nicht zwischen den beiden Ausprägungen „Oracle Locator" und „Oracle Spatial and Graph" unterschieden und beide zusammenfassend als „Oracle Spatial" bezeichnet.

[2] Das Release von Oracle Spatial stimmt mit dem verwendeten Oracle-Release überein; es kann mithilfe der Pseudo-Tabelle `DUAL` abgefragt werden: `SELECT SDO_VERSION FROM DUAL;`

```
CREATE TABLE GeoDbLand (
  id      INTEGER,                         -- ID
  name    VARCHAR(20),                     -- Objektname
  geo     SDO_GEOMETRY,                    -- die Geometrie
  CONSTRAINT pk_gdbland PRIMARY KEY(id)    -- Primärschlüssel
);
```

Die Klasse SDO_GEOMETRY besteht aus fünf Attributen:

```
Name            Typ
--------------- -------------------------
SDO_GTYPE       NUMBER                     -- Geometrietyp
SDO_SRID        NUMBER                     -- ID des räuml. Bezugssystems
SDO_POINT       MDSYS.SDO_POINT_TYPE       -- Punktgeometrie
SDO_ELEM_INFO   MDSYS.SDO_ELEM_INFO_ARRAY  -- Interpretation der Koordinaten
SDO_ORDINATES   MDSYS.SDO_ORDINATE_ARRAY   -- Koordinaten
```

Die Bedeutung dieser Attribute soll nachfolgend anhand der in Abbildung 4.1 dargestellten Geometrien erläutert werden.

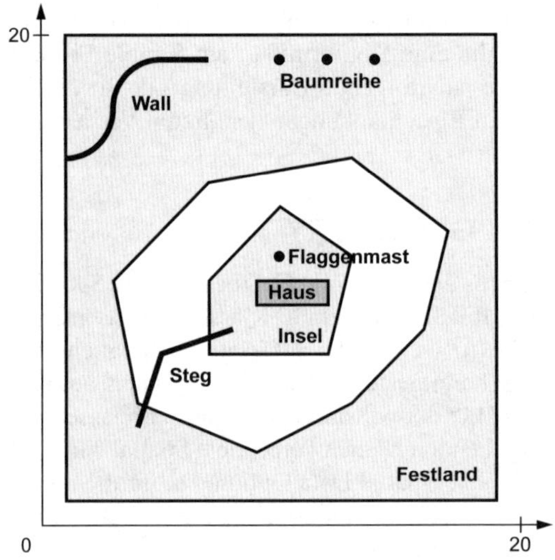

Abb. 4.1: Geometrien für die Tabelle „GeoDbLand"

4.1.1.1 Geometrietyp SDO_GTYPE

Das Attribut SDO_GTYPE gibt den Geometrietyp über eine vierstellige Zahl an. Die erste Ziffer bestimmt die *Dimension* der Koordinaten im Datenraum. Die Dimension darf Werte zwischen 2 und 4 aufweisen. Oracle Spatial unterstützt allerdings nur zweidimensionale Geometrien vollständig; die Möglichkeiten, die für dreidimensionale Geometrien zur Verfügung stehen, sind Thema von Kapitel 13. Die zweite Ziffer spezifiziert das *lineare Bezugssystem*. Der Standardwert 0 bedeutet, dass kein lineares Bezugssystem verwendet wird. Die verbleibenden zwei Ziffern definieren den *Geometrietyp* gemäß dem Simple-Feature-Modell (SFA). Es werden sieben Typen unterstützt, die in Tabelle 4.1 aufgelistet sind.

Wert von SDO_GTYPE (d = Dimension, l = lineares Bezugssystem)	*Beschreibung*
`dl01`	Punkt (SFA: `Point`)
`dl02`	Linienzug (SFA: `Curve` und `LineString`)
`dl03`	Einfaches Polygon, ggf. mit Löchern (SFA: `Polygon`)
`dl04`	Sammlung von unterschiedlichen Geometrien (SFA: `GeometryCollection`)
`dl05`	Sammlung von Punkten (SFA: `MultiPoint`)
`dl06`	Sammlung von Linienzügen (SFA: `MultiCurve` und `MultiLineString`)
`dl07`	Sammlung von überlappungsfreien („disjunkten") Polygonen (SFA: `MultiPolygon`)

Tabelle 4.1: Übersicht über die Geometrietypen

Der Geometrietyp `2003` entspricht zum Beispiel einem einfachen Polygon, das Löcher aufweisen kann. Für Geometrietypen, die nicht von Oracle Spatial unterstützt werden, ist der Wert `d000` vorgesehen. Die Attributwerte vom Typ `SDO_GEOMETRY` dürfen für ein Tabellenattribut durchaus unterschiedliche Geometrietypen annehmen. Es ist somit möglich, in einer Spalte sowohl Punkte als auch Multipolygone zu speichern. Allerdings müssen alle Werte die gleiche Dimension aufweisen. Über eine Integritätsregel, die den Wert des Attributs `SDO_GTYPE` prüft, kann ein Benutzer sicherstellen, dass nur Geometrien des gewünschten Typs in einer Tabelle gespeichert werden.

4.1.1.2 Räumliches Bezugssystem SDO_SRID

Das Attribut `SDO_SRID` gibt die *Schlüsselnummer* des verwendeten *räumlichen Bezugssystems* an. Dieses Attribut braucht nicht gesetzt sein. Wenn es gesetzt ist, müssen alle Attributwerte einer Tabellenspalte auf das gleiche Bezugssystem verweisen und die gleiche Schlüsselnummer im Informationsschema eingetragen werden (siehe dazu auch Abschnitt 4.1.3). Weitere Informationen zu den unterstützten Bezugssystemen folgen in Abschnitt 4.3.

4.1.1.3 Attribut SDO_POINT

Über das Attribut `SDO_POINT` lassen sich effizient einzelne Punkte (vom Geometrietyp `2001`) beschreiben. Das Attribut hat den Typ `MDSYS.SDO_POINT_TYPE`, der aus drei Koordinatenwerten besteht:

```
Name            Typ
--------------- -------
X               NUMBER        -- x-Koordinate
Y               NUMBER        -- y-Koordinate
Z               NUMBER        -- z-Koordinate oder Entfernungsangabe
```

Für zweidimensionale Punkte wird der in `Z` gespeicherte Wert ignoriert. Die beiden übrigen Attribute von `SDO_GEOMETRY` (`SDO_ELEM_INFO` und `SDO_ORDINATES`) dürfen bei Nutzung des Attributs `SDO_POINT` nicht gesetzt sein; sie müssen also den Wert `NULL` besitzen.

Mit diesen Informationen sind wir in der Lage, mit dem Flaggenmast das erste Geoobjekt in die Tabelle „GeoDbLand“ einzufügen:

```
-- Flaggenmast einfügen:
INSERT INTO GeoDbLand (id,name,geo)
VALUES (1, 'Flaggenmast', SDO_GEOMETRY(2001,NULL,
                          SDO_POINT_TYPE(10,11,NULL),NULL,NULL));
COMMIT;

-- Tabelle anzeigen:
SELECT * FROM GeoDbLand;

ID NAME        GEO
-- ----------- ----------------------------------------------------
 1 Flaggenmast SDO_GEOMETRY(2001,NULL,SDO_POINT_TYPE(10,11,NULL),NULL,NULL)
```

4.1.1.4 Koordinatenfeld SDO_ORDINATES

Das Attribut SDO_ORDINATES speichert alle Koordinaten einer Geometrie. Es ist vom Typ MDSYS.SDO_ORDINATE_ARRAY, das einem Zahlenfeld entspricht (VARRAY(1048576) OF NUMBER)[3]. Die Koordinatenwerte werden in erster Linie nach dem Koordinatenindex und in zweiter Linie nach der Dimension sortiert gespeichert. Bei einer zweidimensionalen Geometrie ist die Reihenfolge also x_1, y_1, x_2, y_2 usw. Bei einem dreidimensionalen Objekt würde die Reihenfolge im Feld $x_1, y_1, z_1, x_2, y_2, z_2$ usw. lauten. Ist eine Geometrie geschlossen, tritt die erste Koordinate nochmals im Feld zum Abschluss der Geometrie auf. Für komplexe Geometrien, die sich aus mehreren Teilen zusammensetzen (z.B. Polygone mit Löchern oder Sammlungen von Linienzügen) gibt es keine besonderen Werte, die die Geometrieteile voneinander trennen. Solche Teilgeometrien werden direkt hintereinander gespeichert. Die in diesem Fall für die korrekte Interpretation der Koordinaten notwendigen Informationen werden im Attribut SDO_ELEM_INFO bereitgestellt.

4.1.1.5 Attribut SDO_ELEM_INFO

Das Attribut SDO_ELEM_INFO beschreibt, wie die im Attribut SDO_ORDINATES gespeicherten Koordinatenwerte zu interpretieren sind. Das Attribut SDO_ELEM_INFO hat den Datentyp MDSYS.SDO_ELEM_INFO_ARRAY, welches ein Zahlenfeld repräsentiert (VARRAY(1048576) OF NUMBER).

In dem Feld werden die Zahlenwerte in Dreiergruppen interpretiert. Ein solches Tripel beschreibt eine Teilgeometrie, die von Oracle Spatial als Element bezeichnet wird. Der erste Wert in einer Dreiergruppe wird SDO_STARTING_OFFSET genannt. Dieser Wert gibt jeweils die Position im Koordinatenfeld SDO_ORDINATES an, ab der die aktuelle Teilgeometrie beginnt. Der erste Feldeintrag hat – wie bei SQL-Feldern üblich – den Index 1.

Der zweite Feldeintrag, der SDO_ETYPE genannt wird, identifiziert den Elementtyp, also die Art der Teilgeometrie, auf die sich die Dreiergruppe bezieht. Tabelle 4.2 gibt die zulässigen Werte für SDO_ETYPE und deren Bedeutung an.

[3] Seit Release 11.2 stellt Oracle auch Skripte zur Verfügung, die SDO_ORDINATE_ARRAY so verändern, dass die Beschränkung auf 1.048.576 Werte entfällt.

Wert von SDO_ETYPE	*Bedeutung*
1	*Punkt*
2	*Linienzug*
1003	*Äußerer Ring*; dessen Koordinaten müssen entgegen dem Uhrzeigersinn angegeben werden
2003	*Innerer Ring* (d.h. ein Loch); dessen Koordinaten müssen im Uhrzeigersinn angegeben werden
4	Zusammengesetzter Linienzug
1005	Zusammengesetzter äußerer Ring
2005	Zusammengesetzter innerer Ring
1006	*Zusammengesetzte Fläche*; wird insbesondere für 3D-Flächen und äußere Körperoberflächen genutzt (siehe Abschnitt 13.3.1)
2006	Zusammengesetzte Fläche für die Abgrenzung einer Körperoberfläche hinsichtlich einer Aussparung („innere Oberfläche")

Tabelle 4.2: Übersicht über die Elementtypen

Der dritte Eintrag im Feld wird SDO_INTERPRETATION genannt und spezifiziert den Elementtyp näher. Die Bedeutung des Wertes ist vom SDO_ETYPE-Wert abhängig. Tabelle 4.3 zeigt mögliche Werte von SDO_INTERPRETATION für Punkte und Linienzüge.

Wert von SDO_ETYPE	*Wert von SDO_INTER PRETATION*	*Bedeutung*
1	1	Ein einzelner Punkt (SFA: Point)
1	$n > 1$	Eine Sammlung von *n* Punkten (SFA: MultiPoint)
2	1	Ein Streckenzug (d.h. die Streckenpunkte sind durch geradlinige Streckenabschnitte miteinander verbunden; SFA: LineString)
2	2	Ein Linienzug, der aus Kreisbögen besteht (SQL/MM Spatial: ST_CircularString, ISO 19107: GM_ArcString). Dabei wird ein Kreisbogen durch drei Punkte beschrieben: den Anfangspunkt, einen beliebigen Punkt auf dem Kreisbogen und den Endpunkt. Der Endpunkt des *i*-ten Kreisbogens bildet den Anfangspunkt des *i*+1-ten Kreisbogens.
2	3	Ein *NURBS* (Non-Uniform Rational B-Spline); eine Beschreibung wird in Abschnitt 4.1.1.7 gegeben.

Tabelle 4.3: Übersicht über die Elementtypen für Punkte und Linienzüge

Streckenzüge entsprechen gemäß Tabelle 4.3 der Dreiergruppe (*offset*, 2, 1). Außerdem wird in Analogie zu SQL/MM Spatial eine Erweiterung von Oracle Spatial gegenüber dem Simple-Feature-Modell deutlich: Tripel (*offset*, 2, 2) entsprechen einer zusätzlichen Unterklasse von Curve, bei der Linienzüge durch Kreisbögen gebildet werden.

Die nachfolgende Geometrie repräsentiert alternativ die gleiche Punktgeometrie, die wir schon zuvor für den Flaggenmast mithilfe des Attributs SDO_POINT beschrieben haben; Oracle empfiehlt allerdings die Verwendung von SDO_POINT:

```
SDO_GEOMETRY(2001,NULL,NULL, SDO_ELEM_INFO_ARRAY(1,1,1),
                             SDO_ORDINATE_ARRAY(10,11) )
```

Nun können wir den Steg, die Baumreihe und den Wall der Tabelle „GeoDbLand" hinzufügen, wobei die Geometrie des Walls allerdings nicht vollständig ist, da noch die horizontale Verlängerung Richtung Osten fehlt.

```
INSERT INTO GeoDbLand (id,name,geo)
VALUES (2,'Steg', SDO_GEOMETRY(2002, NULL,NULL,
        SDO_ELEM_INFO_ARRAY(1,2,1), SDO_ORDINATE_ARRAY(4,4, 5,7, 8,8)));
INSERT INTO GeoDbLand (id,name,geo)
VALUES (3,'Baumreihe', SDO_GEOMETRY(2005, NULL,NULL,
        SDO_ELEM_INFO_ARRAY(1,1,3),
        SDO_ORDINATE_ARRAY(10,19, 12,19, 14,19)));
INSERT INTO GeoDbLand (id,name,geo)
VALUES (4,'Wall', SDO_GEOMETRY(2002, NULL,NULL,
        SDO_ELEM_INFO_ARRAY(1,2,2),
        SDO_ORDINATE_ARRAY(1,15, 2.414,15.586, 3,17, 3.586,18.414, 5,19)));
COMMIT;
```

Die so in die Tabelle eingefügten Geometrien sind in Abbildung 4.2 dargestellt.

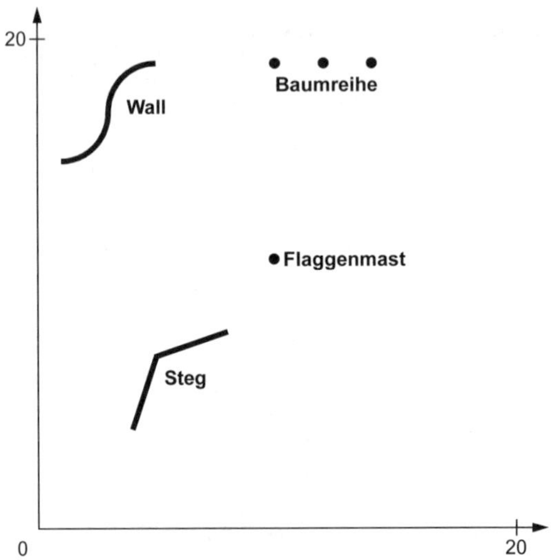

Abb. 4.2: Punkt- und Liniengeometrien für die Tabelle „GeoDbLand"

Tabelle 4.4 zeigt die möglichen Werte von SDO_INTERPRETATION für flächenhafte Teilgeometrien. Wie bei den Linien wird auch bei den Flächen über die Unterstützung von Polygonen, die aus Kreisbögen bestehen, eine Erweiterung gegenüber dem Simple-Feature-Modell vorgenommen. Kreise sind letztendlich nur ein Spezialfall dieser Kreisbogenpolygone. Rechtecke erlauben gegenüber normalen Polygonen eine verkürzte Notation; bei nichtrechtwinkligen Koordinatensystemen muss eine Rechteckfläche aber weiterhin über einen geschlossenen Streckenzug (*offset*, 1003, 1) bzw. (*offset*, 2003, 1) beschrieben werden.

Wert von SDO_ETYPE	*Wert von SDO_INTERPRETATION*	*Bedeutung*
1003 2003	1	*Einfacher Ring*, der aus geradlinigen Streckenabschnitten besteht (SFA: LinearRing). Die erste und die letzte Koordinate müssen identisch sein.
1003 2003	2	Einfacher Ring, der aus Kreisbögen gebildet wird (SQL/MM Spatial: Spezialfall von ST_CircularString, ISO 19107: Spezialfall von GM_ArcString). Dabei wird ein Kreisbogen wiederum durch den Anfangspunkt, einen Punkt auf dem Kreisbogen und den Endpunkt beschrieben. Der Endpunkt des *i*-ten Kreisbogens bildet den Anfangspunkt des *i*+1-ten Kreisbogens. Die erste und die letzte Koordinate müssen identisch sein.
1003 2003	3	*Rechteck*, das durch zwei Punkte *p* und *q* beschrieben wird, wobei $p.x < q.x$ und $p.y < q.y$. Solche Rechtecke können nur bei rechtwinkligen Koordinatensystemen bzw. ohne räumliches Bezugssystem verwendet werden. So erzeugte Rechtecke können auch zur Definition von Anfragefenstern verwendet werden.
1003 2003	4	*Kreis*, der durch drei unterschiedliche Punkte auf dem Umkreis beschrieben wird (ISO 19107: GM_Circle). Solche Kreise können nur bei rechtwinkligen Koordinatensystemen bzw. ohne räumliches Bezugssystem verwendet werden.

Tabelle 4.4: Übersicht über Elementtypen für Flächen

Die Beschreibung des Hauses in „GeoDbLand“ kann als Rechteck wie folgt erfolgen:

```
INSERT INTO GeoDbLand (id,name,geo)
VALUES (5, 'Haus', SDO_GEOMETRY(2003, NULL,NULL,
                   SDO_ELEM_INFO_ARRAY(1,1003,3),
                   SDO_ORDINATE_ARRAY(9,9, 12,10)));
COMMIT;
```

Für die alternative Beschreibung über ein einfaches Polygon müssen alle Rechteckkoordinaten entgegen dem Uhrzeigersinn angegeben werden:

```
SDO_GEOMETRY(2003, NULL,NULL, SDO_ELEM_INFO_ARRAY(1,1003,1),
            SDO_ORDINATE_ARRAY(9,9, 12,9, 12,10, 9,10, 9,9))
```

Die Landfläche in „GeoDbLand" besteht aus zwei Gebieten, dem Festland mit der Aussparung für den See sowie der Insel. Zur Beschreibung ist also ein Multipolygon (SDO_GTYPE = 2007) erforderlich. Die ersten zehn Koordinatenwerte beschreiben den äußeren Ring des Festlands entgegen dem Uhrzeigersinn. Ab Position 11 folgt, durch die zweite Dreiergruppe (11, 2003, 1) beschrieben, der innere Polygonring zur Abgrenzung des Sees. Dessen Koordinaten folgen dem Uhrzeigersinn. Die dritte und letzte Teilgeometrie ist die Insel, deren Koordinaten ab der Position 29 entgegen dem Uhrzeigersinn angegeben sind.

```
INSERT INTO GeoDbLand (id,name,geo)
VALUES (6, 'Land', SDO_GEOMETRY(2007,NULL,NULL,
              SDO_ELEM_INFO_ARRAY(1,1003,1, 11,2003,1, 29,1003,1),
              SDO_ORDINATE_ARRAY(1,1, 19,1, 19,20, 1,20, 1,1,
                4,5, 3,10, 7,14, 13,15, 17,12, 16,8, 13,5, 9,3, 4,5,
                7,7, 12,7, 13,11, 10,13, 7,10, 7,7)));
COMMIT;
```

Abbildung 4.3 zeigt den mit diesen Einfügeoperationen erreichten Zwischenstand.

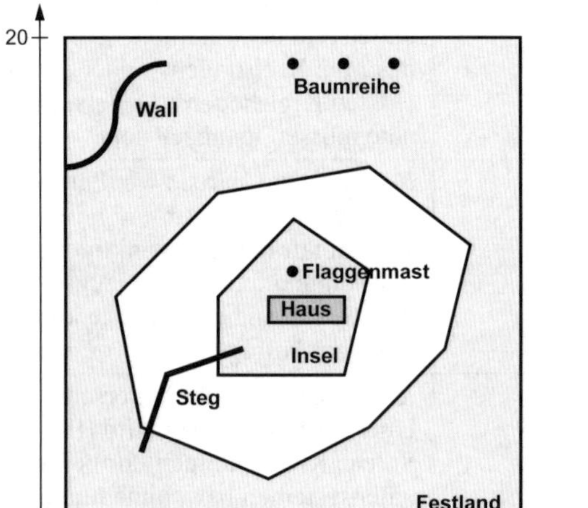

Abb. 4.3: Punkt-, Linien- und Flächengeometrien für die Tabelle „GeoDbLand"

Die verbleibenden Elementtypen betreffen zusammengesetzte Teilgeometrien, d.h. Linienzüge, die sowohl aus geradlinigen Streckenabschnitten als auch als Kreisbögen bestehen. Tabelle 4.5 gibt einen Überblick über diese Elementtypen.

Mit einem zusammengesetzten Linienzug lässt sich die vollständige Geometrie des Walls einschließlich der horizontalen Verlängerung über zwei Teilstücke beschreiben. Die ersten fünf Koordinatenpunkte stellen den Kreisbogenlinienzug dar, wobei der fünfte Punkt (Index 9 und 10) gleichzeitig der erste Punkt für den anschließenden horizontalen Streckenzug ist.

```
UPDATE GeoDbLand
SET geo = SDO_GEOMETRY(2002, NULL,NULL,
                       SDO_ELEM_INFO_ARRAY(1,4,2, 1,2,2, 9,2,1),
                       SDO_ORDINATE_ARRAY(1,15, 2.414,15.586, 3,17,
                                          3.586,18.414, 5,19, 7,19))
WHERE name = 'Wall';
COMMIT;
```

Wert von SDO_ETYPE	*Wert von SDO_INTERPRETATION*	*Bedeutung*
4	$n > 1$	*Zusammengesetzter Linienzug*, der sowohl aus geradlinigen Strecken als auch aus Kreisbögen besteht (SQL/MM Spatial: ST_CompoundCurve). Der Wert *n* gibt die Anzahl der einheitlich beschriebenen Teilstücke an. Für jedes dieser Teilstücke folgt eine Dreiergruppe im SDO_ELEM_INFO_ARRAY, die den entsprechenden Strecken- bzw. Linienzug beschreibt (SDO_ETYPE muss für diese Teilstücke also jeweils 2 betragen). Der Endpunkt des *i*-ten Teilstücks bildet den Anfangspunkt des *i*+1-ten Teilstücks.
1005 2005	$n > 1$	*Zusammengesetzter Ring*, für den die gleichen Ausführungen gelten wie für den zusammengesetzten Linienzug. Zusätzlich müssen die erste und die letzte Koordinate identisch sein (SQL/MM Spatial: Spezialfall von ST_CompoundCurve).

Tabelle 4.5: Übersicht über die zusammengesetzte Elementtypen

4.1.1.6 WKT und WKB

Es gibt folgende Konstruktoren, die aus einem Well-known Text (WKT) bzw. einem Well-known Binary (WKB) ein SDO_GEOMETRY-Objekt erzeugen:

```
SDO_GEOMETRY ( wkt VARCHAR2 [ , srid NUMBER DEFAULT NULL ] );
SDO_GEOMETRY ( wkt CLOB     [ , srid NUMBER DEFAULT NULL ] );
SDO_GEOMETRY ( wkb BLOB     [ , srid NUMBER DEFAULT NULL ] );
```

Der WKT wird entweder als normale Zeichenkette oder als CLOB übergeben, während der WKB als BLOB vorliegen muss.

```
UPDATE GeoDbLand SET geo = SDO_GEOMETRY('POINT(10 11)') WHERE id = 1;
COMMIT;
```

4.1.1.7 NURBS

Ein *NURBS (Non-Uniform Rational B-Spline)* erlaubt, wie bereits in Abschnitt 3.3.4 dargestellt wurde, die stückweise Definition einer *Freiformkurve* durch Polynomfunktionen von Grad *d*. Die Beschreibung der Kurve erfolgt über *n Kontrollpunkte* P_i, wobei die Kurve in der konvexen Hülle der Kontrollpunkte verläuft. Der Einfluss der Kontrollpunkte kann durch Angabe von *Gewichtsfaktoren* w_i und einem Feld *V* mit *Knotenwerten* gesteuert werden. Die

Anzahl der Einträge in *V* beträgt, wie bereits ausgeführt, $n+d+1$ und wird nachfolgend mit m bezeichnet.

Oracle Spatial unterstützt ab Version 12 NURBS-Kurven. In dem Fall ist 2 als SDO_ETYPE und 3 als SDO_INTERPRETATION anzugeben. Das Feld SDO_ORDINATES ist (im zweidimensionalen Fall) wie folgt aufgebaut:

$$(d,\ n,\ px_1,py_1,w_1,\ px_2,py_2,w_2,\ \ldots,\ px_n,py_n,w_n,\ m,\ v_1,v_2,\ \ldots,v_m)$$

Im nachfolgenden Beispiel werden in die neue Tabelle „KurvenDBLand" zu Illustrationszwecken zunächst die Kontrollpunkte (als Punktsammlung) und dann vier NURBS-Kurven eingefügt. Die vier Kurven haben jeweils die gleichen Kontrollpunkte und ähnliche Knotenwerte. Die ersten drei Kurven unterscheiden sich im Grad der Kurve (von 1 bis 3). Die vierte Kurve besitzt auch Grad 3, aber der dritte und der fünfte Kontrollpunkt sind höher gewichtet. Abbildung 4.4 stellt die vier Kurven visuell dar.

```
CREATE TABLE KurvenDBLand (
  id    INTEGER,                                -- Identifikationsnummer
  name  VARCHAR(40),                            -- Bezeichnung
  geo   SDO_GEOMETRY,                           -- Kurvengeometrie
  CONSTRAINT pk_kurvenland PRIMARY KEY(id)      -- Primärschlüssel
);

INSERT INTO KurvenDBLand VALUES (0, 'Kontrollpunkte',
  SDO_GEOMETRY(2005, NULL,NULL, SDO_ELEM_INFO_ARRAY(1,1,7),
  SDO_ORDINATE_ARRAY(3,1, 2,1, 5,7, 7,16, 11,12, 14,6, 18,4) ) );

INSERT INTO KurvenDBLand VALUES (1, 'Kurve Grad 1',
   SDO_GEOMETRY(2002, NULL,NULL, SDO_ELEM_INFO_ARRAY(1,2,3),
     SDO_ORDINATE_ARRAY(1, 7,          -- Grad und Anzahl der Kontrollpunkte
       3,1,1, 2,1,1, 5,7,1, 7,16,1, 11,12,1, 14,6,1, 18,4,1,
       9,          -- Anzahl der Knotenwerte = Anzahl Kontrollpunkte+Grad+1
       0, 0, 0, 0.25, 0.5, 0.75, 1, 1, 1) ) );

INSERT INTO KurvenDBLand VALUES (2, 'Kurve Grad 2',
   SDO_GEOMETRY(2002, NULL,NULL,
     SDO_ELEM_INFO_ARRAY(1,2,3),
     SDO_ORDINATE_ARRAY(2, 7,          -- Grad und Anzahl der Kontrollpunkte
       3,1,1, 2,1,1, 5,7,1, 7,16,1, 11,12,1, 14,6,1, 18,4,1,
       10,         -- Anzahl der Knotenwerte = Anzahl Kontrollpunkte+Grad+1
       0, 0, 0, 0.25, 0.4, 0.6, 0.75, 1, 1, 1) ) );

INSERT INTO KurvenDBLand VALUES (3, 'Kurve Grad 3',
   SDO_GEOMETRY(2002, NULL,NULL, SDO_ELEM_INFO_ARRAY(1,2,3),
     SDO_ORDINATE_ARRAY(1, 3,          -- Grad und Anzahl der Kontrollpunkte
       3,1,1, 2,1,1, 5,7,1, 7,16,1, 11,12,1, 14,6,1, 18,4,1,
       11,         -- Anzahl der Knotenwerte = Anzahl Kontrollpunkte+Grad+1
       0, 0, 0, 0, 0.25, 0.5, 0.75, 1, 1, 1, 1) ) );

INSERT INTO KurvenDBLand VALUES (4, 'Kurve Grad 3 gewichtet',
   SDO_GEOMETRY(2002, NULL,NULL, SDO_ELEM_INFO_ARRAY(1,2,3),
     SDO_ORDINATE_ARRAY(1, 3,          -- Grad und Anzahl der Kontrollpunkte
       3,1,1, 2,1,1, 5,7,3, 7,16,1, 11,12,3, 14,6,1, 18,4,1,
       11,         -- Anzahl der Knotenwerte = Anzahl Kontrollpunkte+Grad+1
       0, 0, 0, 0, 0.25, 0.5, 0.75, 1, 1, 1, 1) ) );

COMMIT;
```

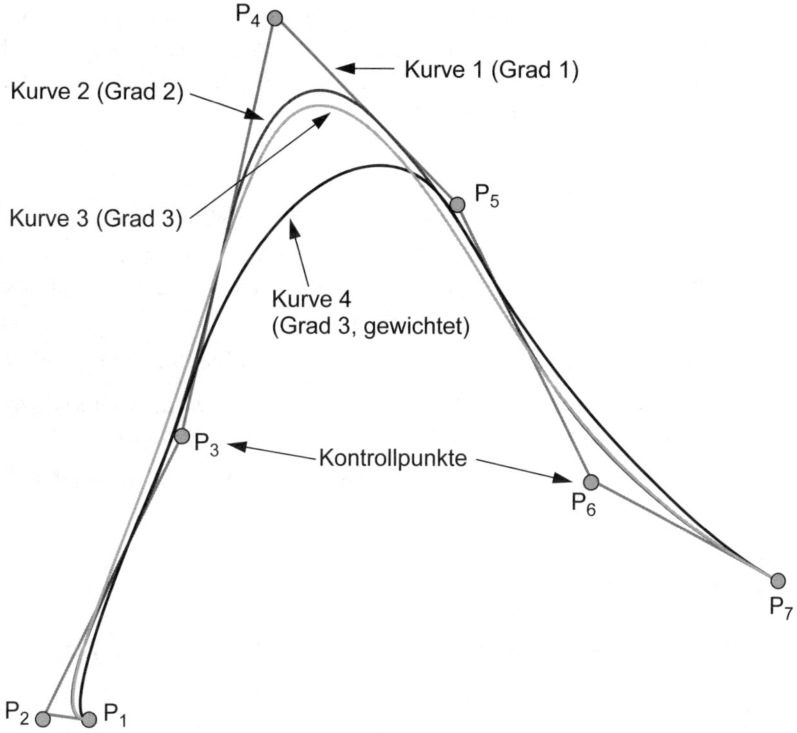

Abb. 4.4: Beispiele für NURBS-Kurven

4.1.2 Klasse ST_GEOMETRY

Neben der Klasse SDO_GEOMETRY stehen in Oracle die Klasse ST_GEOMETRY und ihre Unterklassen gemäß SQL/MM Spatial zur Verfügung [154] (siehe auch Abbildung 3.35 auf Seite 92)[4]. Der strukturelle Aufbau dieser Klassen ist einfach, denn sie enthalten nur ein einziges Attribut geom vom Typ SDO_GEOMETRY. Solche Klassen nennt man auch „Wrapper-Klassen“:

```
ST_GEOMETRY (geom SDO_GEOMETRY)  -- Aufbau einer ST_GEOMETRY
```

Analog zu SDO_GEOMETRY kann ST_GEOMETRY (und deren Unterklassen) als Datentyp von Geometrieattributen verwendet werden:

```
CREATE TABLE MMSpatialLand (
  id      INTEGER,                          -- Identifikationsnummer
  name    VARCHAR(20),                      -- Objektname
  geo     ST_GEOMETRY,                      -- Objektgeometrie
  CONSTRAINT pk_mmspland PRIMARY KEY(id)    -- Primärschlüssel
);
```

[4] Dokumentiert werden diese Klassen seit Release 11.1. Strukturell existieren sie seit der Version 10.1. Bereits Release 10.2 bietet weitgehend die geometrische Funktionalität nach SQL/MM Spatial an; für die Nutzung ist in Release 10.2 immer explizit die Angabe des Schemas MDSYS erforderlich. Dies gilt ab Release 11.1 nur noch für die abstrakte Klasse MULTI_SURFACE.

Neben der Unterstützung von SQL/MM Spatial dienen die ST_GEOMETRY-Klassen auch zur Erfüllung der Konformität der Simple-Feature-Spezifikation (SFA). So stellt Oracle *Synonyme* zur Verfügung, die die SFA-Geometrietypen auf die ST_GEOMETRY-Klassen abbilden. So können zum Beispiel die SFA-Datentypen GEOMETRY und POINT genutzt werden, die dann den Klassen ST_GEOMETRY bzw. ST_POINT entsprechen.

Konstruktoren

Um ST_GEOMETRY-Objekte zu erzeugen, bestehen folgende Möglichkeiten:

- Aufruf des Konstruktors ST_GEOMETRY(*<SDO_GEOMETRY>*), der aus einer SDO_GEOMETRY ein ST_GEOMETRY-Objekt erzeugt. Analog können so auch Objekte der Unterklassen erzeugt werden (z.B. ST_POINT(*<SDO_GEOMETRY>*)).
- Aufruf der Konstruktoren gemäß dem Simple-Feature-Modell und SQL/MM Spatial.
- Aufruf der Klassenmethoden FROM_WKT und FROM_WKB, die aus Well-known Text bzw. Well-known Binary gemäß SQL/MM Spatial Geometrien erzeugen.

Die nachfolgenden Beispiele, die sich am bekannten „GeoDbLand" orientieren, illustrieren die Nutzungsmöglichkeiten.

```
-- SFA-Konstruktor Point(x,y):
INSERT INTO MMSpatialLand (id,name,geo)
VALUES (1,'Flaggenmast', POINT(10,11));

-- SQL/MM Spatial Konstruktor ST_LineString(ARRAY OF ST_Point):
INSERT INTO MMSpatialLand (id,name,geo)
VALUES (2,'Steg', ST_LINESTRING(
  ST_POINT_ARRAY( ST_POINT(4,4), ST_POINT(5,7), ST_POINT(8,8) ) ) );

-- SQL/MM Spatial WKT-Methode für ST_MultiPoint:
INSERT INTO MMSpatialLand (id,name,geo)
VALUES (3,'Baumreihe', ST_MULTIPOINT.FROM_WKT(
  'MULTIPOINT ( (10 19) , (12 19) , (14 19) )') );

-- SQL/MM Spatial WKT-Methode für ST_CircularString:
INSERT INTO MMSpatialLand (id,name,geo)
VALUES (4,'Wall',ST_CIRCULARSTRING.FROM_WKT(
  'CIRCULARSTRING (1 15, 2.414 15.586, 3 17, 3.586 18.414, 5 19)') );

-- SQL/MM Spatial WKT-Methode für ST_CompoundCurve:
UPDATE MMSpatialLand SET geo = ST_COMPOUNDCURVE.FROM_WKT(
  'COMPOUNDCURVE ( CIRCULARSTRING (1 15, 2.414 15.586, 3 17, 3.586 18.414,
                                    5 19) , (5 19, 7 19) )')
WHERE name = 'Wall';

-- SQL/MM Spatial Konstruktor ST_Polygon(ST_LineString):
INSERT INTO MMSpatialLand (id,name,geo)
VALUES (5,'Haus', ST_POLYGON( ST_LINESTRING (
  ST_POINT_ARRAY(ST_POINT(9,9), ST_POINT(12,9), ST_POINT(12,10),
  ST_POINT(9,10), ST_POINT(9,9) ) ) ) );

-- Oracle-Konstruktor ST_GEOMETRY(SDO_GEOMETRY)
INSERT INTO MMSpatialLand (id,name,geo)
VALUES (6,'Land',
        ST_MULTIPOLYGON( (SELECT geo FROM GeoDbLand WHERE id = 6) ) );

COMMIT;
```

Der in zwei Anweisungen verwendete Datentyp ST_POINT_ARRAY spezifiziert ein Feld, das aus ST_POINT-Objekten besteht. Nach Ausführung dieser INSERT-Anweisungen liegen die gleichen Geometrien wie in „GeoDbLand" vor (vgl. auch Abbildung 4.1 auf Seite 106).

Zugriff auf SDO_GEOMETRY

Neben dem direkten Zugriff auf das eingebettete SDO_GEOMETRY-Attribut steht für ST_GEOMETRY-Objekte die (bevorzugt zu verwendende) Zugriffsmethode GET_SDO_GEOM zur Verfügung:

```
-- Zugriff über Attribut:
SELECT id, name, m.geo.geom FROM MMSpatialLand m;
-- Zugriff über Zugriffsmethode:
SELECT id, name, m.geo.GET_SDO_GEOM() FROM MMSpatialLand m;
```

Geometrische Methoden

Auf die von ST_GEOMETRY und ihre Unterklassen bereitgestellten geometrischen Methoden wird in den Folgeabschnitten eingegangen. Diese unterstützen – entgegen dem aktuellen Stand von SQL/MM Spatial und anders als SDO_GEOMETRY – nicht die Angabe von Maßeinheiten.

4.1.3 Informationsschema

4.1.3.1 Geometrieattribute

Für jedes geometrische Attribut vom Typ SDO_GEOMETRY benötigt Oracle Spatial zusätzliche beschreibende Metadaten in einem *Informationsschema*. Diese Daten sind für das Anlegen eines räumlichen Indexes erforderlich und werden automatisch von räumlichen Operationen, die den Index nutzen, verwendet.

Oracle Spatial speichert die Metadaten zentral in der Tabelle SDO_GEOM_METADATA_TABLE, die zu dem Schema MDSYS gehört[5]. Für jeden Benutzer sind verschiedene Sichten definiert, die den Zugriff auf Datensätze dieser Tabelle ermöglichen. Die wichtigste Sicht heißt USER_SDO_GEOM_METADATA. Sie umfasst die Metadaten für alle Tabellen, die dem jeweiligen Benutzer gehören. Nur über diese Sicht kann ein Benutzer Datensätze in die globale Tabelle einfügen bzw. dort verändern oder löschen. Die Sicht ALL_SDO_GEOM_METADATA enthält die Metadaten aller Tabellen, auf denen ein Benutzer Anfragen stellen darf. Für diese Sicht besteht nur eine Leseberechtigung.

Die Sicht USER_SDO_GEOM_METADATA umfasst vier Attribute:

```
Name          Typ
------------- -------------------
TABLE_NAME    VARCHAR2(32)          -- Name der Tabelle in Großbuchstaben
COLUMN_NAME   VARCHAR2(32)          -- Name des Attributs in Großbuchstaben
DIMINFO       MDSYS.SDO_DIM_ARRAY   -- Beschreibung der Dimensionen
SRID          NUMBER                -- ggf. ID des räuml. Bezugssystems
```

5 Daneben steht auch gemäß der SFA-Spezifikation (vgl. Abschnitt 3.4.5) eine globale Tabelle OGIS_GEOMETRY_COLUMNS zur Verfügung, die aber anscheinend seitens Oracle nicht genutzt wird.

Über die Attribute TABLE_NAME und COLUMN_NAME wird das Attribut in einer Tabelle spezifiziert, auf das sich die Metadaten beziehen. Das Attribut SRID braucht nicht gesetzt werden. Wenn es gesetzt ist, dürfen keine widersprechenden Schlüsselnummern bei den einzelnen Geometrien eingetragen werden.

Die wesentlichen Informationen sind im Attribut DIMINFO enthalten. Dabei handelt es sich um ein Feld mit maximal vier Elementen vom Typ SDO_DIM_ELEMENT (VARRAY(4) OF MDSYS.SDO_DIM_ELEMENT). Jedes dieser Elemente beschreibt eine Dimension des Datenraums, sodass für zweidimensionale Geometrien ein Feld mit zwei Einträgen anzulegen ist. Jedes Feldelement besitzt vier Attribute:

```
Name            Typ
--------------- ------------
SDO_DIMNAME     VARCHAR2(64)    -- Name der Dimension
SDO_LB          NUMBER          -- Untergrenze
SDO_UB          NUMBER          -- Obergrenze
SDO_TOLERANCE   NUMBER          -- Toleranzwert
```

Das Attribut SDO_DIMNAME gibt der jeweiligen Dimension einen Namen wie zum Beispiel „Länge“, „x-Dimension“ oder „Rechtswert“. Über SDO_LB und SDO_UB wird der zulässige Wertebereich der Dimension definiert, wobei SDO_LB die Untergrenze (LB = lower bound) und SDO_UB die Obergrenze (UB = upper bound) angibt.

Das Attribut SDO_TOLERANCE definiert einen *Toleranzwert*, der größer als null sein muss. Die Interpretation des Toleranzwertes hängt vom verwendeten räumlichen Bezugssystem ab. Ist kein Bezugssystem gesetzt, hat SDO_TOLERANCE die gleiche Einheit wie die Koordinatenwerte. Der maximale Wert für SDO_TOLERANCE beträgt dann 1.

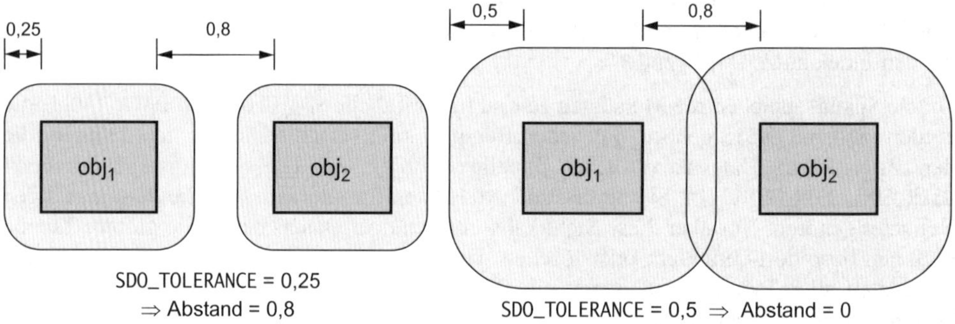

Abb. 4.5: Der Toleranzwert SDO_TOLERANCE

Mit dem Attribut SDO_TOLERANCE kann entweder die *Präzision* der gespeicherten Geodaten beschrieben werden oder die Präzision, mit denen man geometrische Operationen durchführen möchte. Im ersten Fall gelten zwei Punkte einer Geometrie als gleich, wenn der Abstand der Punkte unterhalb des Toleranzwertes liegt. Der Toleranzwert hat auch Einfluss auf das Ergebnis von geometrischen Operationen: Beträgt der rechnerische Abstand zwischen zwei Geometrien 0,8 und der Toleranzwert 0,5, so beträgt das Ergebnis einer Distanzberechnung 0, da 0,8 kleiner als $2 \cdot 0{,}5$ ist. Bei einem Toleranzwert von 0,25 würde das Ergebnis 0,8 lauten. Diesen Ansatz kann man veranschaulichen, indem man um die Geometrien jeweils eine Pufferzone mit einem Abstand von 0,25 bzw. 0,5 legt. Die Abbildung 4.5 zeigt ein entsprechendes Beispiel. Bei geometrischen SDO_GEOMETRY-Operationen, die keinen räumlichen Index nutzen, wird der Toleranzwert durch einen Zahlenwert oder ein SDO_DIM_ARRAY-Feld spezifiziert.

Damit sind wir nun in der Lage, die Metadaten für das Attribut geo von „GeoDbLand" zu spezifizieren.

```
INSERT INTO USER_SDO_GEOM_METADATA
VALUES ('GEODBLAND', 'GEO', SDO_DIM_ARRAY(
                              SDO_DIM_ELEMENT('X', 0,20, 0.001),
                              SDO_DIM_ELEMENT('Y', 0,20, 0.001) ), NULL);
COMMIT;
```

Für die beiden Dimensionen wird ein Wertebereich von 0 bis 20 angegeben; der Toleranzwert beträgt jeweils 0,001. Da kein räumliches Bezugssystem verwendet wird, ist das Attribut SRID mit NULL belegt.

Da bei den geometrischen Methoden von SQL/MM Spatial kein individueller Toleranzwert spezifiziert werden kann, nimmt Oracle Spatial bei ST_GEOMETRY-Objekten eine Präzision von 0,005 an. Bei Bedarf kann dieser Wert in einer globalen Tabelle SDO_ST_TOLERANCE für alle Nutzer verändert werden. Für Operationen, die räumliche Indexe nutzen, wird der Toleranzwert wie bei SDO_GEOMETRY-Objekten der Sicht USER_SDO_GEOM_METADATA entnommen.

```
-- Einfügen von Metadaten für ST_GEOMETRY (ab V.11):
INSERT INTO USER_SDO_GEOM_METADATA
VALUES ('MMSPATIALDBLAND', 'GEO', SDO_DIM_ARRAY(
                        SDO_DIM_ELEMENT('X', 0,20, 0.005),
                        SDO_DIM_ELEMENT('Y', 0,20, 0.005) ), NULL);
COMMIT;
```

4.1.3.2 Maßeinheiten

In Analogie zu der Tabelle ST_UNITS_OF_MEASURE von SQL/MM Spatial werden die von Oracle Spatial unterstützten *Längenmaßeinheiten* in der Tabelle MDSYS.SDO_DIST_UNITS bereitgehalten. Das Attribut sdo_unit dient als Schlüssel zur Identifizierung der Maßeinheit. conversion_factor beschreibt den Umrechnungsfaktor in die Basiseinheit Meter.

Das nachfolgende Beispiel zeigt einen Teil der verfügbaren Längenmaßeinheiten.

```
SELECT DISTINCT *
FROM SDO_DIST_UNITS
WHERE conversion_factor >= 0.1 AND
      conversion_factor <= 1 AND
      LENGTH(sdo_unit) <= 8
ORDER BY sdo_unit;
```

```
SDO_UNIT    UNIT_NAME                CONVERSION_FACTOR
--------    ---------------------    -----------------
CL_FT       Clarke's Foot                   ,304797265
FOOT        Foot (International)                 ,3048
IND_FT      Indian Foot                     ,304799518
IND_YARD    Yard (Indian)                   ,914398554
LINK        Link                            ,201166195
LINK_BEN    Link (Benoit)                   ,201167651
LINK_SRS    Link (Sears)                    ,201167651
M           Meter                                    1
METER       Meter                                    1
METRE       Meter                                    1
MOD_USFT    Modified American Foot          ,304812253
SRS_YARD    Yard (Sears)                    ,914398415
YARD        Yard                                 ,9144
```

Die möglichen *Flächenmaßeinheiten* sind in der Tabelle MDSYS.SDO_AREA_UNITS gespeichert. Hier erlaubt das Attribut conversion_factor die Umrechnung in die Basiseinheit Quadratmeter.

```
SELECT DISTINCT *
FROM SDO_AREA_UNITS
WHERE conversion_factor >= 0.1 AND conversion_factor <= 100 AND
      LENGTH(sdo_unit) <= 8
ORDER BY sdo_unit;

SDO_UNIT UNIT_NAME    CONVERSION_FACTOR
-------- ------------ -----------------
PERCH    Perch                 25,29285
SQ_M     Square Meter                 1
SQ_METER Square Meter                 1
SQ_ROD   Square Rod            25,29285
SQ_YARD  Square Yard           ,8361274
```

4.2 Operationen

In diesem Abschnitt werden die Operationen vorgestellt, die Oracle Spatial für Objekte der Klassen SDO_GEOMETRY und (ab Release 10.2 bzw. 11) ST_GEOMETRY bereitstellt. Dabei kann man zunächst feststellen, dass für die Klasse SDO_GEOMETRY die wenigsten Funktionen als objektrelationale Methoden, sondern als relationale PL/SQL-Funktionen bereitgestellt werden. Der Grund hierfür liegt in der Entstehungsgeschichte begründet, da die Vorversionen von Oracle Spatial rein relational ausgelegt waren. Für ST_GEOMETRY und deren Unterklassen wird hingegen die geometrische Funktionalität über objektrelationale Methoden angeboten.

4.2.1 Basismethoden und -funktionen

4.2.1.1 Geometrieeigenschaften

Dimension

Die parameterlose Methode GET_DIMS gibt zu einem Objekt der Klasse SDO_GEOMETRY die Dimension der Koordinaten zurück, die die Geometrie im Datenraum beschreiben. Diese Funktionalität entspricht damit (leider) nicht der SFA-Funktion Dimension, sondern der Funktion ST_CoordDim von SQL/MM Spatial, die gesondert auch in Oracle zur Verfügung steht. Die nachfolgenden Anfragen geben für alle Geometrien den Wert 2 aus:

```
-- Methoden GET_DIMS, ST_COORDDIM; Funktion DIMENSION:
SELECT name, g.geo.GET_DIMS() FROM GeoDbLand g;

SELECT name, g.geo.ST_COORDDIM() FROM GeoDbLand g;

SELECT name, DIMENSION(geo) FROM MMSpatialLand;
```

Für ST_GEOMETRY-Objekte verhält sich Oracle mit den beiden Methoden ST_DIMENSION (Dimension der Geometrie) und ST_COORDDIM (Dimension der Koordinaten) standardkonform:

```
-- Methode ST_DIMENSION für ST_Geometry (ab V.11):
SELECT name, g.geo.ST_DIMENSION() FROM MMSpatialLand g;

NAME                 G.GEO.ST_DIMENSION()
-------------------- --------------------
Flaggenmast                             0
Haus                                    2
Baumreihe                               0
Steg                                    1
Wall                                    1
Land                                    2

-- Methode ST_COORDDIM für ST_Geometry (ab V.11) (gibt 2 aus):
SELECT name, g.geo.ST_COORDDIM() FROM MMSpatialLand g;
```

Geometrietyp

Die ebenfalls parameterlose Funktion GET_GTYPE liefert mit den beiden letzten Ziffern des Attributs SDO_GTYPE den *Geometrietyp* (siehe auch Tabelle 4.2 auf Seite 109). Im nachfolgenden Beispiel wird die Methode GET_GTYPE in der SELECT-Klausel verwendet:

```
SELECT name, g.geo.GET_GTYPE() FROM GeoDbLand g;

NAME          G.GEO.GET_GTYPE()
------------- -----------------
Flaggenmast                   1
Steg                          2
Baumreihe                     5
Wall                          2
Haus                          3
Land                          7
```

Die Methode ST_GEOMETRYTYPE von SQL/MM Spatial gibt ebenso wie die SFA-Variante GEOMETRYTYPE den Namen des Geometrietyps zurück[6]:

```
SELECT name, g.geo.ST_GEOMETRYTYPE() FROM MMSpatialLand g;
SELECT name, GEOMETRYTYPE(geo) FROM MMSpatialLand;

NAME            GEOMETRYTYPE(GEO)
------------    -----------------
Flaggenmast     ST_POINT
Haus            ST_POLYGON
Baumreihe       ST_MULTIPOINT
Steg            ST_LINESTRING
Wall            ST_COMPOUNDCURVE
Land            ST_MULTIPOLYGON
```

4.2.1.2 Konvertierung in andere Geometrierepräsentationen

SDO_GEOMETRY-Objekte können über die Methoden GET_WKT und GET_WKB in einen Well-known Text bzw. einen Well-known Binary konvertiert werden. Sie entsprechen den SFA-Funktionen AsText und AsBinary. Der WKT wird als CLOB und der WKT als BLOB zurückgegeben. Bei Bedarf (und falls die Zeichenlänge es erlaubt) lässt sich ein CLOB durch die Oracle-Funktion TO_CHAR in eine einfache Zeichenkette umwandeln.

Das folgende Beispiel zeigt den Aufruf von GET_WKT für Simple Features; die Nutzung von GET_WKB bietet sich eher in Anwendungsprogrammen an:

```
SELECT g.geo.GET_WKT()      -- TO_CHAR(g.geo.GET_WKT()) für einen VARCHAR
FROM GeoDbLand g
WHERE name <> 'Wall';

G.GEO.GET_WKT()
-----------------------------------------------------------------
POINT (10.0 11.0)
LINESTRING (4.0 4.0, 5.0 7.0, 8.0 8.0)
MULTIPOINT ((10.0 19.0), (12.0 19.0), (14.0 19.0))
POLYGON ((9.0 9.0, 12.0 9.0, 12.0 10.0, 9.0 10.0, 9.0 9.0))
MULTIPOLYGON (((1.0 1.0, 19.0 1.0, 19.0 20.0, 1.0 20.0, 1.0 1.0),
     (4.0 5.0, 3.0 10.0, 7.0 14.0, 13.0 15.0, 17.0 12.0,
      16.0 8.0, 13.0 5.0, 9.0 3.0, 4.0 5.0)),
    ((7.0 7.0, 12.0 7.0, 13.0 11.0, 10.0 13.0, 7.0 10.0, 7.0 7.0)))
```

Bei Anwendung von GET_WKT auf Geometrien, die Kreisbögen enthalten, ist für ST_GEOMETRY-Objekte und seit Release 11.2 auch für SDO_GEOMETRY-Objekte möglich:

```
SELECT g.geo.GET_WKT() FROM GeoDbLand g WHERE name = 'Wall';

G.GEO.GET_WKT()
---------------------------------------------------------------------
COMPOUNDCURVE (CIRCULARSTRING (1.0 15.0, 2.414 15.586, 3.0 17.0,
                          3.586 18.414, 5.0 19.0), (5.0 19.0, 7.0 19.0))
```

Auch für die NURBS-Kurven stellt Oracle eine WKT-Notation bereit, die mit [78] korrespondiert:

[6] Ob dem Typnamen ein ST_ vorangestellt ist, hängt von der Oracle-Version und nicht von der verwendeten Funktion ab.

```
SELECT k.geo.GET_WKT() FROM KurvenDbLand k WHERE id = 5;
K.GEO.GET_WKT()
--------------------------------------------------------------------------
NURBSCURVE (DEGREE 3, CONTROLPOINTS (
  NURBSPOINT (WEIGHTEDPOINT (3.0 1.0), WEIGHT 1.0),
  NURBSPOINT (WEIGHTEDPOINT (2.0 1.0), WEIGHT 1.0),
  NURBSPOINT (WEIGHTEDPOINT (5.0 7.0), WEIGHT 3.0),
  NURBSPOINT (WEIGHTEDPOINT (7.0 16.0), WEIGHT 1.0),
  NURBSPOINT (WEIGHTEDPOINT (11.0 12.0), WEIGHT 3.0),
  NURBSPOINT (WEIGHTEDPOINT (14.0 6.0), WEIGHT 1.0),
  NURBSPOINT (WEIGHTEDPOINT (18.0 4.0), WEIGHT 1.0)
), KNOTS (
  KNOT (VALUE 0.0, MULTIPLICITY 4), KNOT (VALUE 0.25, MULTIPLICITY 1),
  KNOT (VALUE 0.5, MULTIPLICITY 1), KNOT (VALUE 0.75, MULTIPLICITY 1),
  KNOT (VALUE 1.0, MULTIPLICITY 4)
))
```

Weitere Funktionen erlauben die Konvertierung einer Geometrie in die *Geography Markup Language* (*GML*) und nach *KML*. Hierauf wird in Kapitel 10 näher eingegangen.

4.2.1.3 Zugriffsfunktionen

Das Simple-Feature-Modell und SQL/MM Spatial spezifizieren eine Reihe von Methoden, um auf Bestandteile von Geometrien zugreifen zu können. Neben dem direkten Zugriff auf das Attribut SDO_ORDINATES stellt Oracle Spatial solche Funktionen für SDO_GEOMETRY-Geometrien im Paket SDO_UTIL zur Verfügung.

Zugriff auf SDO_GEOMETRY-Koordinaten

Die Funktion SDO_UTIL.GETNUMVERTICES erlaubt (außer für einzelne Punkte) die Abfrage der Anzahl der Punkte einer Geometrie (SFA: NumPoints). Wie in Abschnitt 2.4.1 vorgestellt, kann über eine PL/SQL-Funktion auf einzelne Feldelemente zugegriffen werden. Eine alternative Möglichkeit, um auf Punkte einer Geometrie zuzugreifen, stellt die Funktion SDO_UTIL.GETVERTICES dar. Diese gibt alle Punkte einer Geometrie als Relation vom Typ MDSYS.VERTEX_SET_TYPE zurück, die aus Punktbeschreibungen besteht. Eine Punktbeschreibung hat den Datentyp MDSYS.VERTEX_TYPE, der u.a. folgende Attribute besitzt:

```
Name   Typ
------ ------
X      NUMBER      -- Koordinate der 1. Dimension
Y      NUMBER      -- Koordinate der 2. Dimension
Z      NUMBER      -- Koordinate der 3. Dimension
W      NUMBER      -- Koordinate der 4. Dimension
ID     NUMBER      -- Positionsangabe
```

Die Attribute X bis W beschreiben Koordinatenwerte und das Attribut ID gibt die Position des Punktes in der Geometrie an.

```
SELECT id, name, SDO_UTIL.GETVERTICES(geo)
FROM (SELECT * FROM GeoDbLand WHERE id > 1)
WHERE SDO_UTIL.GETNUMVERTICES(geo) = 5;
```

```
ID NAME SDO_UTIL.GETVERTICES(GEO)(X, Y, Z, W, ID)
-- ---- ------------------------------------------------------------------
 5 Haus VERTEX_SET_TYPE(VERTEX_TYPE(9,9,NULL,...,1),
          VERTEX_TYPE(12,9,NULL,...,2), VERTEX_TYPE(12,10,NULL,...,3),
          VERTEX_TYPE(9,10, NULL,...,4), VERTEX_TYPE(9,9,NULL,...,5))
```

Möchte man die Punkte, die die Funktion zurückliefert, in der SELECT- oder der WHERE-Klausel ansprechen, kann man das Funktionsergebnis über TABLE in Tupel umwandeln. Diesen Ansatz können wir dazu nutzen, um auf alle Punkte oder einen bestimmten Punkt (SFA: PointN) zuzugreifen:

```
-- Zugriff auf alle Punkte in GeoDbLand:
SELECT SDO_GEOMETRY(2001,NULL,SDO_POINT_TYPE(t.x,t.y,NULL),NULL,NULL)
FROM GeoDbLand g, TABLE(SDO_UTIL.GETVERTICES(g.geo)) t;

38 Zeilen ausgewählt.

-- Zugriff auf einen bestimmten Punkt in GeoDbLand:
SELECT g.id, name, t.x, t.y
FROM (SELECT * FROM GeoDbLand WHERE id > 1) g,
     TABLE(SDO_UTIL.GETVERTICES(g.geo)) t
WHERE SDO_UTIL.GETNUMVERTICES(g.geo) = 5 AND t.id = 3;

 ID NAME                          X          Y
--- -------------------- ---------- ----------
  5 Haus                         12         10
```

Zugriff auf SDO_GEOMETRY-Teilgeometrien

Das Simple-Feature-Modell definiert die Methoden ExteriorRing und InteriorRingN für Polygone bzw. GeometryN für Geometriesammlungen, um auf einzelne Teilgeometrien zuzugreifen. Zu diesem Zweck steht in Oracle Spatial die Funktion EXTRACT zur Verfügung:

```
SDO_UTIL.EXTRACT(
    geometry  IN  SDO_GEOMETRY,  -- die Eingabegeometrie
    element  IN  NUMBER          -- Index der Teilgeometrie
 [, ring  IN  NUMBER]            -- optional: Index des Rings bei Polygonen
) RETURN SDO_GEOMETRY;           -- die Teilgeometrie
```

Falls das dritte Argument von SDO_UTIL.EXTRACT nicht belegt wird, ermöglicht die Funktion den Zugriff auf ein Element einer Geometriesammlung:

```
SELECT SDO_UTIL.EXTRACT(geo,1)
FROM GeoDbLand WHERE Name = 'Land';

SDO_UTIL.EXTRACT(GEO,1)
----------------------------------------------------------------------
SDO_GEOMETRY(2003, NULL,NULL, SDO_ELEM_INFO_ARRAY(1, 1003, 1, 11, 2003, 1),
  SDO_ORDINATE_ARRAY(1,1, 19,1, 19,20, 1,20, 1,1,
                     4,5, 3,10, 7,14, 13,15, 17,12, 16,8, 13,5, 9,3, 4,5))
```

Handelt es sich bei der Teilgeometrie um ein Polygon, so kann man mithilfe des dritten Parameters ring auf den äußeren Ring (ring = 1) bzw. auf den *i*-ten inneren Ring (ring = *i*+1) zugreifen.

```
SELECT SDO_UTIL.EXTRACT(geo,1,2)
FROM GeoDbLand WHERE Name = 'Land';

SDO_UTIL.EXTRACT(GEO,1,2)
--------------------------------------------------------------------------
SDO_GEOMETRY(2003, NULL,NULL, SDO_ELEM_INFO_ARRAY(1, 1003, 1),
  SDO_ORDINATE_ARRAY(4,5, 9,3, 13,5, 16,8, 17,12, 13,15, 7,14, 3,10, 4,5))
```

Die ergänzende Funktion SDO_UTIL.GETNUMELEM (SFA: NumGeometries) erlaubt, die Anzahl der Teilgeometrien von Geometriesammlungen abzufragen:

```
SELECT name, SDO_UTIL.GETNUMELEM(geo)
FROM GeoDbLand WHERE SDO_UTIL.GETNUMELEM(geo) > 1;

NAME                 SDO_UTIL.GETNUMELEM(GEO)
-------------------- ------------------------
Land                                        2
```

Man beachte, dass beide Funktionen nicht sinnvoll auf Punktsammlungen angewendet werden können; hier kann stattdessen über den zuvor vorgestellten Mechanismus auf einzelne Punkte zugegriffen werden.

Zugriffsfunktionen für ST_GEOMETRY-Objekte

Im Simple-Feature-Modell und in SQL/MM Spatial stehen in Abhängigkeit von der spezifischen Unterklasse unterschiedliche Zugriffsfunktionen zur Verfügung. Diese können so auch in Oracle Spatial angewendet werden. Eine Ausnahme stellen die SFA-Funktionen X und Y für Punkte dar; sie heißen in Oracle OGC_X und OGC_Y.

Da in der Beispieltabelle „MMSpatialLand" das Geometrieattribut vom Datentyp der Oberklasse ST_GEOMETRY vereinbart worden ist, muss zur Verwendung der Zugriffsfunktionen ein entsprechender Type Cast mittels TREAT durchgeführt werden. Die nachfolgenden Beispiele erläutern die Nutzung exemplarisch:

```
-- Zugriff auf Punktkoordinaten mit ST_X und ST_Y:
SELECT TREAT( g.geo AS ST_POINT ).ST_X() AS x,
       TREAT( g.geo AS ST_POINT ).ST_Y() AS y
FROM MMSpatialLand g
WHERE g.geo IS OF (ST_POINT);

         X          Y
---------- ----------
        10         11

-- Zugriff auf Punktkoordinaten mit OGC_X und OGC_Y (V.10: MDSYS.OGC_X/_Y):
SELECT OGC_X( TREAT(g.geo AS POINT) ) AS x,
       OGC_Y( TREAT(g.geo AS POINT) ) AS y
FROM MMSpatialLand g WHERE g.geo IS OF (POINT);

-- Zugriff auf Linienendpunkte mit ST_STARTPOINT, ST_POINTN und ST_ENDPOINT:
SELECT name, TREAT(g.geo AS ST_CURVE).ST_STARTPOINT().GET_WKT() AS s,
       TREAT(g.geo AS ST_CURVE).ST_POINTN( ROUND(
         TREAT(g.geo AS ST_CURVE).ST_NUMPOINTS() / 2) ).GET_WKT() AS m,
       TREAT(g.geo AS ST_CURVE).ST_ENDPOINT().GET_WKT() AS e
FROM MMSpatialLand g
WHERE g.geo IS OF (ST_CURVE);
```

```
NAME            S                 M                 E
-------------   ----------------  ----------------  ----------------
Steg            POINT (4.0 4.0)   POINT (5.0 7.0)   POINT (8.0 8.0)
Wall            POINT (1.0 15.0)  POINT (3.0 17.0)  POINT (7.0 19.0)

-- Zugriff auf Linienpunkte mit ST_POINTS:
SELECT name, TREAT(g.geo AS ST_CURVE).ST_POINTS() AS punktfeld
FROM MMSpatialLand g
WHERE g.geo IS OF (ST_CURVE);

-- Zugriff auf Linienpunkte mit Umwandlung in Relation:
SELECT name, t.GET_WKT() AS point
FROM MMSpatialLand g, TABLE(TREAT(g.geo AS ST_LINESTRING).ST_POINTS()) t
WHERE name = 'Steg';

NAME    POINT
------  ----------------
Steg    POINT (4.0 4.0)
Steg    POINT (5.0 7.0)
Steg    POINT (8.0 8.0)

-- Zugriff auf Außenring eines Polygons mit ST_EXTERIORRING:
SELECT TREAT(g.geo AS ST_POLYGON).ST_EXTERIORRING().GET_WKT() AS aring
FROM MMSpatialLand g
WHERE g.geo IS OF (ST_POLYGON);

ARING
-----------------------------------------------------------
POLYGON ((9.0 9.0, 12.0 9.0, 12.0 10.0, 9.0 10.0, 9.0 9.0))

-- Zugriff auf Außenring eines Polygons mit EXTERIORRING:
SELECT EXTERIORRING( TREAT(g.geo AS POLYGON) ).GET_WKT() AS aring
FROM MMSpatialLand g
WHERE g.geo IS OF (POLYGON);

-- Zugriff auf Teilgeometrien von Geometriesammlungen mit ST_GEOMETRIES:
SELECT name, TREAT(g.geo AS ST_MULTIPOLYGON).ST_GEOMETRIES() AS gfeld
FROM MMSpatialLand g
WHERE g.geo IS OF (ST_MULTIPOLYGON);

-- Zugriff auf Teilgeometrien mit Umwandlung in Relation:
SELECT name, t.GET_WKT() AS geom
FROM MMSpatialLand g,
     TABLE(TREAT(g.geo AS ST_GEOMCOLLECTION).ST_GEOMETRIES()) t
WHERE g.geo IS OF (ST_GEOMCOLLECTION);

NAME       GEOM
---------  -------------------------------------------------------------
Baumreihe  MULTIPOINT ((10.0 19.0), (12.0 19.0), (14.0 19.0))
Land       POLYGON ((1.0 1.0, 19.0 1.0, 19.0 20.0, 1.0 20.0, 1.0 1.0),
                   (4.0 5.0, 3.0 10.0, 7.0 14.0, 13.0 15.0, 17.0 12.0,
                    16.0 8.0, 13.0 5.0, 9.0 3.0, 4.0 5.0))
Land       POLYGON ((7.0 7.0, 12.0 7.0, 13.0 11.0, 10.0 13.0,
                    7.0 10.0, 7.0 7.0))
```

Das letzte Beispiel zeigt, dass ST_GEOMETRIES bei einem Zugriff auf eine Punktsammlung entgegen der Spezifikation von SQL/MM Spatial kein Feld mit Einzelpunkten zurückgibt.

4.2.2 Geometrische Funktionen

Oracle Spatial unterscheidet drei Formen von geometrischen Operationen:

- geometrische Funktionen,
- geometrische Aggregatfunktionen und
- räumliche Operatoren.

Räumliche Operatoren dienen zur Einschränkung der Antwortmenge einer Anfrage nach räumlichen Kriterien. Sie treten daher in der WHERE-Klausel auf und werden in den Kapiteln, die sich mit der Anfragebearbeitung in Geodatenbanksystemen beschäftigen, näher erörtert. *Geometrische Funktionen* sind Operationen, die auf Geometrien angewendet werden, die aufgrund von Anfragebedingungen bereits durch das Datenbanksystem bestimmt worden sind. Geometrische Funktionen werden typischerweise in der SELECT-Klausel verwendet. Sie können aber auch in einigen Fällen in der WHERE-Klausel auftreten. Die von Oracle Spatial unterstützten geometrischen Funktionen werden in diesem Abschnitt vorgestellt. *Geometrische Aggregatfunktionen* sind Aggregatfunktionen, die auf ein geometrisches Attribut angewendet werden. Sie werden in Abschnitt 4.2.3 näher besprochen.

Nachfolgend wird eine Auswahl von geometrischen Funktionen vorgestellt. Im Fall von SDO_GEOMETRY-Geometrien sind diese als PL/SQL-Funktionen größtenteils in dem Paket SDO_GEOM zusammengefasst. Für ST_GEOMETRY-Objekte stehen sie als Methoden direkt zur Verfügung.

4.2.2.1 Validieren und Korrigieren der Geometrie

SDO_GEOM.VALIDATE_GEOMETRY_WITH_CONTEXT

Falls kein räumlicher Index für ein geometrisches Attribut definiert ist, überprüft Oracle die Korrektheit neuer Geometrien nicht. Ein Benutzer kann dann in Anlehnung an die SQL/MM-Methode ST_IsValid über die Funktion VALIDATE_GEOMETRY_WITH_CONTEXT prüfen, ob die Geometrie korrekt ist. Es gibt zwei Varianten[7] dieser Funktion:

```
SDO_GEOM.VALIDATE_GEOMETRY_WITH_CONTEXT(
  geom IN  SDO_GEOMETRY,      -- die zu prüfende Geometrie
  tolerance IN NUMBER         -- der Toleranzwert
) RETURN VARCHAR2;            -- TRUE, FALSE oder Fehlermeldung

SDO_GEOM.VALIDATE_GEOMETRY_WITH_CONTEXT(
  geom IN SDO_GEOMETRY,       -- die zu prüfende Geometrie
  dimInfo  IN  SDO_DIM_ARRAY  -- deren Dimensionsbeschreibungen
) RETURN VARCHAR2;            -- TRUE, FALSE oder Fehlermeldung
```

Der Funktion wird neben der Geometrie entweder direkt oder indirekt über das DIMINFO-Metadatenattribut ein Toleranzwert übergeben. Sie liefert als Zeichenkette entweder 'TRUE', falls die Geometrie korrekt ist, oder 'FALSE' oder die Nummer einer Oracle-Fehlermeldung, falls die Geometrie Fehler aufweist. Die Funktion kann sowohl in der SELECT- als auch in der WHERE-Klausel verwendet werden. Man beachte, dass der Tabellenname und der Attributname zur Selektion des DIMINFO-Attributs in Großbuchstaben angegeben werden müssen.

[7] Nachfolgend beschränkt sich die Vorstellung der SDO_GEOMETRY-Funktionen von Oracle Spatial in der Regel auf die Variante, die einen Toleranzwert als Parameter besitzt.

```
SELECT id FROM GeoDbLand
WHERE SDO_GEOM.VALIDATE_GEOMETRY_WITH_CONTEXT(geo,0.001) <> 'TRUE';

SELECT id, SDO_GEOM.VALIDATE_GEOMETRY_WITH_CONTEXT(geo,m.diminfo)
FROM GeoDbLand, USER_SDO_GEOM_METADATA m
WHERE m.table_name = 'GEODBLAND' AND m.column_name = 'GEO';
```

Wird folgender Datensatz in „GeoDbLand“ eingefügt, gibt die Funktion die Fehlermeldung 13367 mit dem Kontext „[Element <1>] [Ring <1>]“ zurück, da die Koordinaten im Uhrzeigersinn angeordnet sind („Wrong orientation for interior/exterior rings“).

```
-- Fehlerhafte Geometrie einfügen:
INSERT INTO GeoDbLand (id,name,geo)
VALUES (7, 'Haus 2', SDO_GEOMETRY(2003, NULL,NULL,
                    SDO_ELEM_INFO_ARRAY(1,1003,1),
                    SDO_ORDINATE_ARRAY(9,9, 9,10, 12,10, 12,9, 9,9)));
```

Daneben gibt es die Methode ST_ISVALID, die 1 bei gültiger und 0 bei fehlerhafter Geometrie zurückgibt; es wird dabei ein Toleranzwert von 0,001 angenommen. Für ST_GEOMETRY-Objekte steht diese Methode ebenfalls zur Verfügung.

SDO_GEOM.SDO_SELF_UNION, SDO_MIGRATE.TO_CURRENT

Flächenhafte Geometrien lassen sich ab Release 12.1 mit der Funktion SDO_SELF_UNION aus dem Paket SDO_GEOM korrigieren. Damit werden Selbstüberlappungen des Randes beseitigt und falsche Orientierungen der Ringe korrigiert. Der Funktion wird neben einer SDO_GEOMETRY-Geometrie entweder der Toleranzwert oder ein SDO_DIM_ELEMENT-Feld übergeben. Für die Korrektur der Orientierungen steht zudem die Funktion TO_CURRENT aus dem Paket SDO_MIGRATE zur Verfügung, die neben der Geometrie ein SDO_DIM_ELEMENT-Feld als Parameter erwartet.

Die erste und die dritte SQL-Anweisung korrigieren jeweils die Orientierung, während die zweite Anweisung aus einem Polygon mit Selbstüberlappung in ein korrektes Multipolygon überführt (siehe auch Abbildung 4.6):

```
-- Version 12:
UPDATE GeoDbLand
SET geo = SDO_GEOM.SDO_SELF_UNION (geo,0.001)
WHERE name = 'Haus 2';

SELECT SDO_GEOM.SDO_SELF_UNION( SDO_GEOMETRY(2003, NULL,NULL,
        SDO_ELEM_INFO_ARRAY(1,1003,1),
        SDO_ORDINATE_ARRAY(9,9, 9,11, 8,10, 12,10, 12,9, 9,9)), 0.001)
FROM DUAL;

-- alle Versionen:
UPDATE GeoDbLand
SET geo = SDO_MIGRATE.TO_CURRENT (geo,
            SDO_DIM_ARRAY( SDO_DIM_ELEMENT('X', 0,20, 0.001),
                           SDO_DIM_ELEMENT('Y', 0,20, 0.001)) )
WHERE name = 'Haus 2';
```

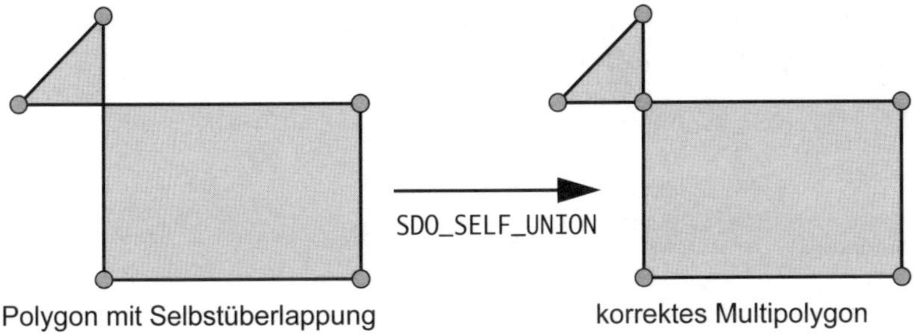

Abb. 4.6: Korrektur einer Selbstüberlappung

SDO_UTIL.REMOVE_DUPLICATE_VERTICES

Eine andere nützliche Funktion ist REMOVE_DUPLICATE_VERTICES aus dem Paket SDO_UTIL, die aufeinanderfolgende Koordinaten, die gleich sind bzw. aufgrund des Toleranzwertes als gleich angesehen werden, aus einer Geometrie entfernt.

```
SDO_UTIL.REMOVE_DUPLICATE_VERTICES
  geometry  IN  SDO_GEOMETRY,        -- die Eingabegeometrie
  tolerance  IN  NUMBER              -- der Toleranzwert
) RETURN SDO_GEOMETRY;               -- die Geometrie ohne Duplikate
```

Ein Beispielaufruf:

```
SELECT SDO_GEOM.SDO_SELF_UNION( SDO_GEOMETRY(2003, NULL,NULL,
         SDO_ELEM_INFO_ARRAY(1,1003,1),
         SDO_ORDINATE_ARRAY(9,9, 12,9, 12.001,9, 12,10, 9,10, 9,9)), 0.01)
FROM DUAL;
```

4.2.2.2 Geometrische Funktionen bezüglich einer Geometrie

Nachfolgend sind geometrische Funktionen beschrieben, die sich genau auf eine Geometrie beziehen. Man kann sie sowohl in der SELECT- als auch in der WHERE-Klausel verwenden.

Länge und Umfang

Die Funktionen zur *Längenberechnung* erhalten folgende Parameter:

```
SDO_GEOM.SDO_LENGTH(                -- SDO_GEOMETRY-Funktion
    geom  IN  SDO_GEOMETRY,         -- die Eingabegeometrie
    tolerance  IN  NUMBER           -- der Toleranzwert
 [, unit  IN  VARCHAR2]             -- optional: die Maßeinheit
) RETURN NUMBER;                    -- die berechnete Länge

ST_CURVE.ST_LENGTH(                 -- SQL/MM-Methode
) RETURN NUMBER;                    -- die berechnete Länge

OGC_LENGTH(                         -- SFA-Funktion
  geom  IN  GEOMETRY                -- die Eingabegeometrie
) RETURN NUMBER;                    -- die berechnete Länge
```

Im Gegensatz zur SFA-Spezifikation ist SDO_LENGTH für alle Geometrien definiert, wobei für Punktgeometrien 0 und für Flächen der *Umfang* (also die Länge des äußeren und der eventuellen inneren Ringe) berechnet wird.

```
SELECT name, SDO_GEOM.SDO_LENGTH(geo,0.001)
FROM GeoDbLand;

NAME          SDO_GEOM.SDO_LENGTH
------------- -------------------
Flaggenmast                     0
Steg                   6,32455532
Baumreihe                       0
Wall                   8,28255954
Haus                            8
Land                   134,032981
```

Über den optionalen Parameter unit kann eine *Längenmaßeinheit* übergeben werden, falls ein räumliches Bezugssystem für die Daten definiert ist (z.B. 'unit=KM'). Dafür können die im Attribut sdo_unit der Tabelle MDSYS.SDO_DIST_UNITS gespeicherten Werte verwendet werden (vgl. Abschnitt 4.1.3.2).

Die Funktion ST_LENGTH steht nur den Klassen ST_CURVE und ST_MULTICURVE bzw. deren Unterklassen zur Verfügung. Möchte man den Umfang einer Fläche berechnen, so muss man dazu den äußeren Ring und – falls gewünscht – die inneren Ringe extrahieren und für diese die Länge ausrechnen lassen; die SQL/MM-Funktion ST_Perimeter wird von Oracle bislang nicht angeboten.

OGC_LENGTH kann auf alle Geometrien angewendet werden; außer für Streckenzüge ist das Ergebnis NULL.

```
SELECT name, TREAT(g.geo AS ST_CURVE).ST_LENGTH() AS länge
FROM MMSpatialLand g
WHERE g.geo IS OF (ST_CURVE);

SELECT name, OGC_LENGTH(geo)
FROM MMSpatialLand;
```

Flächeninhalt

Die Funktionen zur Berechnung des *Flächeninhalts* weisen eine analoge Struktur wie die Funktionen zur Längenberechnung auf. Ein Aufruf der SDO_GEOMETRY-Funktion SDO_GEOM.SDO_AREA für Punkt- und Liniengeometrien würde die Rückgabe von 0 bewirken.

```
SELECT name, SDO_GEOM.SDO_AREA(geo,0.001)
FROM GeoDbLand g
WHERE g.geo.GET_GTYPE() = 3 OR g.geo.GET_GTYPE() = 7;

NAME    SDO_GEOM.SDO_AREA
------- -----------------
Haus                    3
Land                252,5
```

Über den optionalen Parameter unit kann eine *Flächenmaßeinheit* übergeben werden, falls ein räumliches Bezugssystem für die Daten definiert ist (z.B. 'unit=SQ_KM'). Die möglichen Maßeinheiten sind in der Tabelle MDSYS.SDO_AREA_UNITS gespeichert (vgl. Abschnitt 4.1.3.2).

Die parameterlose ST_GEOMETRY-Funktion ST_AREA ist für die Klassen ST_SURFACE und ST_MULTISURFACE sowie deren Unterklassen verfügbar. Die separate Behandlung beider Klassen ist erforderlich, da ST_MULTISURFACE keine Unterklasse von ST_SURFACE ist.

```
SELECT name, TREAT(g.geo AS ST_SURFACE).ST_AREA() AS fläche
FROM MMSpatialLand g
WHERE g.geo IS OF (ST_SURFACE)
UNION ALL
SELECT name, TREAT(g.geo AS MDSYS.ST_MULTISURFACE).ST_AREA()
FROM MMSpatialLand g
WHERE g.geo IS OF (MDSYS.ST_MULTISURFACE);

NAME           FLÄCHE
---------- ----------
Haus                3
Land            252,5
```

Die SFA-Variante AREA kann für alle Geometrietypen aufgerufen werden, wobei für Punkte und Linien NULL zurückgegeben wird.

```
SELECT name FROM MMSpatialLand
WHERE AREA(geo) IS NOT NULL;

NAME
-----------
Haus
Land
```

Schwerpunkt

Über die Funktionen SDO_GEOM.SDO_CENTROID, ST_GEOMETRY.ST_CENTROID und CENTROID kann der *Schwerpunkt* einer Fläche berechnet werden. Sie weisen die gleiche Struktur wie die Funktionen zur Berechnung der konvexen Hülle auf. Im Gegensatz zur SFA-Spezifikation sind sie auch für Punkte und Punktsammlungen definiert. Für Linien wird NULL (SDO_CENTROID) bzw. eine ST_GEOMETRY ohne Geometrie zurückgegeben (ST_CENTROID und CENTROID). Letzteres kann über die Funktion ST_ISEMPTY überprüft werden.

```
SELECT name, SDO_GEOM.SDO_CENTROID(geo,0.001)
FROM GeoDbLand
WHERE SDO_GEOM.SDO_CENTROID(geo,0.001) IS NOT NULL;

NAME        SDO_GEOM.SDO_CENTROID
----------- ---------------------------------------------------------
Flaggenmast SDO_GEOMETRY(2001, NULL,
              SDO_POINT_TYPE(10, 11, NULL), NULL,NULL)
Baumreihe   SDO_GEOMETRY(2001, NULL,
              SDO_POINT_TYPE(12, 19, NULL), NULL,NULL)
Haus        SDO_GEOMETRY(2001, NULL,
              SDO_POINT_TYPE(10,5, 9,5, NULL), NULL,NULL)
Land        SDO_GEOMETRY(2001, NULL,
              SDO_POINT_TYPE(10,0554455, 10,9841584, NULL), NULL,NULL)

SELECT name, g.geo.ST_CENTROID() AS centroid
FROM MMSpatialLand g
WHERE g.geo.ST_CENTROID().ST_ISEMPTY() = 0;
```

Geometriepunkt

Korrespondierend zur SFA-Funktion PointOnSurface steht in Oracle Spatial die Funktion SDO_GEOM.SDO_POINTONSURFACE für SDO_GEOMETRY-Objekte zur Verfügung, die auf alle Geometrien angewendet werden kann. Es wird jeweils ein Punkt zurückgeliefert, der auf der Geometrie liegt. Die ST_GEOMETRY-Funktion ST_POINTONSURFACE ist analog wie ST_AREA nur für Flächengeometrien verwendbar.

```
SELECT name, SDO_GEOM.SDO_POINTONSURFACE(geo,0.001)
FROM GeoDbLand;
```

Innerer Punkt

In Ergänzung zu SDO_GEOM.SDO_POINTONSURFACE gibt es seit Release 11.2 die Funktion SDO_UTIL.INTERIOR_POINT, die (nur für Flächen) einen *Punkt des Inneren* zurückgibt.

```
SELECT name, SDO_UTIL.INTERIOR_POINT(geo,0.001)
FROM GeoDbLand
WHERE name = 'Haus' OR name = 'Land';

NAME SDO_UTIL.INTERIOR_POINT(GEO,0.001)
---- -------------------------------------------------------------------
Haus SDO_GEOMETRY(2001,NULL, SDO_POINT_TYPE(9,5625, 9,4375,NULL), NULL,NULL)
Land SDO_GEOMETRY(2001,NULL, SDO_POINT_TYPE(4,375, 16,4375,NULL), NULL,NULL)
```

Abbildung 4.7 zeigt für die Resultate von SDO_CENTROID, SDO_POINTONSURFACE und INTERIOR_POINT angewandt auf die Geometrien von „Haus" und „Land".

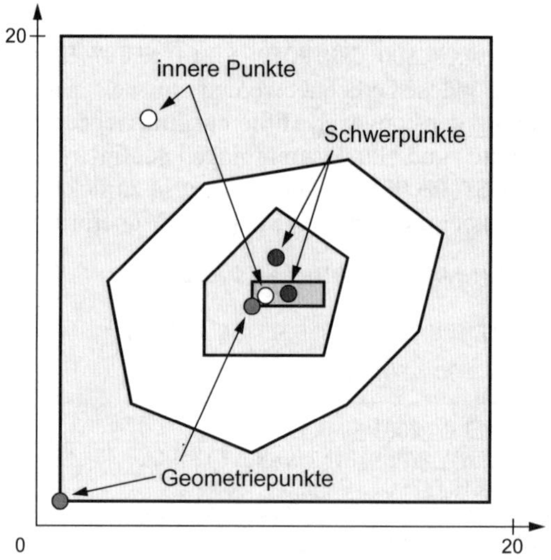

Abb. 4.7: Schwer-, Geometrie- und innere Punkte von „Haus" und „Land"

Rand

Die SFA-Funktion Boundary gibt den *Rand* einer Geometrie zurück. Ebenso verhalten sich die Funktionen ST_BOUNDARY für ST_GEOMETRY und BOUNDARY für GEOMETRY, wobei für Punktgeometrien, die keinen Rand besitzen, NULL als Ergebnis geliefert wird.

```
SELECT name, g.geo.ST_BOUNDARY().GET_WKT()
FROM MMSpatialLand g;

NAME         G.GEO.ST_BOUNDARY().GET_WKT()
------------ ---------------------------------------------------------------
Flaggenmast
Steg         MULTIPOINT ((4.0 4.0), (8.0 8.0))
Baumreihe
Wall         MULTIPOINT ((1.0 15.0), (7.0 19.0))
Haus         LINESTRING (9.0 9.0, 12.0 9.0, 12.0 10.0, 9.0 10.0, 9.0 9.0)
Land         MULTILINESTRING ((1.0 1.0, 19.0 1.0, 19.0 20.0, 1.0 20.0,
               1.0 1.0), (4.0 5.0, 3.0 10.0, 7.0 14.0, 13.0 15.0, 17.0 12.0,
               16.0 8.0, 13.0 5.0, 9.0 3.0, 4.0 5.0), (7.0 7.0, 12.0 7.0,
               13.0 11.0, 10.0 13.0, 7.0 10.0, 7.0 7.0))

SELECT BOUNDARY(geo) FROM MMSpatialLand;
```

Für SDO_GEOMETRY-Objekte steht ab Version 12 die Funktion POLYGONTOLINE im Paket SDO_UTIL zur Verfügung, die (nur) für Flächengeometrien den Rand bestimmt.

Pufferzone

Die Funktionen SDO_BUFFER, ST_BUFFER und BUFFER berechnen eine *Pufferzone*:

```
SDO_GEOM.SDO_BUFFER(                    -- SDO_GEOMETRY-Funktion
    geom IN SDO_GEOMETRY,               -- die Eingabegeometrie
    distance IN NUMBER                  -- die Distanz
    tolerance IN NUMBER                 -- der Toleranzwert
 [, params IN VARCHAR2]                 -- ggf. weitere Parameter
) RETURN SDO_GEOMETRY;                  -- die berechnete Pufferzone

ST_GEOMETRY.ST_BUFFER(                  -- SQL/MM-Methode
    distance IN NUMBER                  -- die Distanz
) RETURN ST_GEOMETRY;                   -- die berechnete Pufferzone

BUFFER(                                 -- SFA-Funktion
    geom IN GEOMETRY,                   -- die Eingabegeometrie
    distance IN NUMBER                  -- die Distanz
) RETURN GEOMETRY;                      -- die berechnete Pufferzone
```

Der Parameter distance definiert die Größe der Pufferzone. Auch ist die Angabe von negativen Werten möglich, sodass ein Puffer innerhalb der (Flächen-)Geometrie berechnet wird. Der Parameter params der Funktion SDO_BUFFER erlaubt Maßeinheiten anzugeben und die Approximation von Kreisbögen zu steuern. Dies wird in Abschnitt 4.3.2 näher beschrieben.

Die ersten drei Anfragen legen jeweils eine Pufferzone mit Abstand 2 um die ausgewählten Geometrien (siehe auch Abb. 4.8). Die letzte Anfrage berechnet einen negativen Puffer bezüglich der Landfläche.

```
SELECT geo, SDO_GEOM.SDO_BUFFER(geo,2,0.001)
FROM GeoDbLand WHERE name <> 'Land';

SELECT geo, g.geo.ST_BUFFER(2)
FROM MMSpatialLand g WHERE name <> 'Land';

SELECT BUFFER(geo,2)
FROM MMSpatialLand WHERE name <> 'Land';
```

```
SELECT geo, SDO_GEOM.SDO_BUFFER(geo,-0.5,0.001)
FROM GeoDbLandWHERE name = 'Land';
```

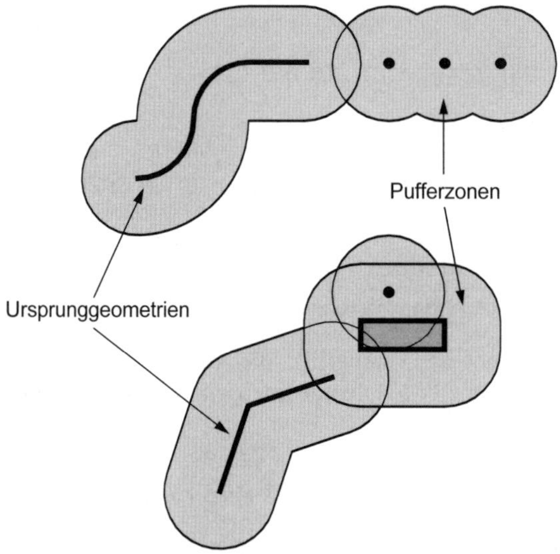

Abb. 4.8: Beispiel für die Berechnung von Pufferzonen

4.2.2.3 Geometrische Funktionen bezüglich zweier Geometrien

Die letzte Kategorie der geometrischen Funktionen stellen die Funktionen dar, die zwei Geometrien als Parameter besitzen. Diese Funktionen sollten in der SELECT-Klausel verwendet werden. Für die Verwendung in der WHERE-Klausel stehen entsprechende räumliche Operatoren zur Verfügung (siehe Abschnitte 6.6.2 und 7.6.2).

Abstandsberechnung

Die nachfolgenden Funktionen berechnen den geringsten *Abstand* zwischen zwei Geometrien:

```
SDO_GEOM.SDO_DISTANCE(                 -- SDO_GEOMETRY-Funktion
    geom1  IN  SDO_GEOMETRY,           -- erste Geometrie
    geom2  IN  SDO_GEOMETRY,           -- zweite Geometrie
    tolerance  IN  NUMBER              -- der Toleranzwert
  [, unit  IN  VARCHAR2]               -- optional: Längeneinheit
) RETURN NUMBER;                       -- der berechnete Abstand

ST_GEOMETRY.ST_DISTANCE(               -- SQL/MM-Methode
    geom2  IN  ST_GEOMETRY             -- zweite Geometrie
) RETURN NUMBER;                       -- der berechnete Abstand

DISTANCE(                              -- SFA-Funktion
    geom1  IN  GEOMETRY,               -- erste Geometrie
    geom2  IN  GEOMETRY                -- zweite Geometrie
) RETURN NUMBER;                       -- der berechnete Abstand
```

Über den optionalen Parameter unit bei SDO_DISTANCE kann eine Maßeinheit übergeben werden, falls für die Daten ein räumliches Bezugssystem angegeben ist. Als Variante zu SDO_DISTANCE gibt es die Funktion SDO_GEOM.WITHIN_DISTANCE, die testet, ob zwei Geometrien einen vorgegebenen maximalen Abstand einhalten. Die nachfolgenden Anfragen bestimmen den Abstand zwischen allen Paaren von Geometrien:

```
SELECT g1.name, g2.name, SDO_GEOM.SDO_DISTANCE(g1.geo,g2.geo,0.001),
                         SDO_GEOM.WITHIN_DISTANCE(g1.geo,5,g2.geo,0.001)
FROM GeoDbLand g1 INNER JOIN GeoDbLand g2
ON g1.id < g2.id
ORDER BY g1.id, g2.id;
```

```
G1.NAME      G2.NAME     SDO_DISTANCE WITHIN_DISTANCE
------------ ----------- ------------ ---------------
Flaggenmast  Steg          3,60555128 TRUE
Flaggenmast  Baumreihe              8 FALSE
Flaggenmast  Wall          8,54400375 FALSE
Flaggenmast  Haus                   1 TRUE
Flaggenmast  Land                   0 TRUE
Steg         Baumreihe     11,1803399 FALSE
Steg         Wall          8,77054823 FALSE
Steg         Haus          1,41421356 TRUE
Steg         Land                   0 TRUE
Baumreihe    Wall                   3 TRUE
Baumreihe    Haus                   9 FALSE
Baumreihe    Land                   0 TRUE
Wall         Haus          8,63044555 FALSE
Wall         Land                   0 TRUE
Haus         Land                   0 TRUE
```

```
SELECT g1.name, g2.name, g1.geo.ST_DISTANCE(g2.geo)
FROM MMSpatialLand g1 INNER JOIN MMSpatialLand g2
ON g1.id < g2.id
ORDER BY g1.id, g2.id;
```

```
SELECT g1.name, g2.name, DISTANCE(g1.geo,g2.geo)
FROM MMSpatialLand g1 INNER JOIN MMSpatialLand g2
ON g1.id < g2.id
ORDER BY g1.id, g2.id;
```

Verschneidungsoperationen

Es stehen für SDO_GEOMETRY, ST_GEOMETRY und GEOMETRY jeweils vier *Verschneidungsoperationen* zur Verfügung, die

- den *Schnitt* (INTERSECTION, ST_INTERSECTION, INTERSECTION),
- die *Vereinigung* (SDO_UNION, ST_UNION, OGC_UNION),
- die *Differenz* (SDO_DIFFERENCE, ST_DIFFERENCE, DIFFERENCE) und
- die *symmetrische Differenz* (SDO_XOR, ST_SYMMETRICDIFFERENCE, SYMDIFFERENCE)

zwischen zwei Geometrien berechnen. Die Arbeitsweise dieser Operationen wurde bereits in Abbildung 3.31 auf Seite 86 illustriert. Sie haben jeweils den gleichen Aufbau. Beispielhaft sei die Schnittoperation aufgeführt:

```
SDO_GEOM.SDO_INTERSECTION(          -- SDO_GEOMETRY-Funktion
  geom1  IN  SDO_GEOMETRY,          -- erste Eingabegeometrie
  geom2  IN  SDO_GEOMETRY,          -- zweite Eingabegeometrie
  tolerance  IN  NUMBER             -- der Toleranzwert
) RETURN SDO_GEOMETRY;              -- die berechnete Geometrie

ST_GEOMETRY.ST_INTERSECTION(        -- SQL/MM-Methode
  geom2  IN  ST_GEOMETRY            -- zweite Eingabegeometrie
) RETURN ST_GEOMETRY;               -- die berechnete Geometrie

INTERSECTION(                       -- SFA-Funktion
  geom1  IN  GEOMETRY,              -- erste Eingabegeometrie
  geom2  IN  GEOMETRY               -- zweite Eingabegeometrie
) RETURN GEOMETRY;                  -- die berechnete Geometrie
```

Das nachfolgende Beispiel schneidet aus der Insel, die zum Multipolygon „Land“ gehört, die Fläche des Hauses aus:

```
SELECT SDO_GEOM.SDO_DIFFERENCE(g1.geo,g2.geo,0.001)
FROM GeoDbLand g1, GeoDbLand g2
WHERE g1.name = 'Land' AND g2.name = 'Haus';

SDO_GEOM.SDO_DIFFERENCE
-----------------------------------------------------------------
SDO_GEOMETRY(2007, NULL,NULL,
  SDO_ELEM_INFO_ARRAY(1,1003,1, 13,2003,1, 23,1003,1, 33,2003,1),
  SDO_ORDINATE_ARRAY(10,13, 7,10, 7,7, 12,7, 13,11, 10,13,
    9,9, 9,10, 12,10, 12,9, 9,9,
    1,20, 1,1, 19,1, 19,20, 1,20,
    4,5, 3,10, 7,14, 13,15, 17,12, 16,8, 13,5, 9,3, 4,5) )

SELECT g1.geo.ST_DIFFERENCE(g2.geo)
FROM MMSpatialLand g1, MMSpatialLand g2
WHERE g1.name = 'Land' AND g2.name = 'Haus';

SELECT DIFFERENCE(g1.geo, g2.geo)
FROM MMSpatialLand g1, MMSpatialLand g2
WHERE g1.name = 'Land' AND g2.name = 'Haus';
```

4.2.2.4 Prüfung topologischer Prädikate

Prüfung für SDO_GEOMETRY

In Oracle Spatial erlaubt die Funktion RELATE die Prüfung, ob und welche topologischen Beziehungen zwischen zwei Geometrien vorliegen:

```
SDO_GEOM.RELATE(                    -- SDO_GEOMETRY-Funktion
  geom1  IN  SDO_GEOMETRY,          -- erste Geometrie
  mask  IN  VARCHAR2,               -- zu prüfende Beziehung
  geom2  IN  SDO_GEOMETRY,          -- zweite Geometrie
  tolerance  IN  NUMBER             -- Toleranzwert für beide Geometrien
) RETURN VARCHAR2;                  -- TRUE, FALSE oder Beziehung(en)
```

Der Parameter mask gibt die zu überprüfende(n) Beziehung(en) an. In Tabelle 4.6 sind die von Oracle Spatial unterstützten topologischen Beziehungen aufgeführt. Die Beziehungen sind auf Basis des 9-Intersection-Modells (9IM) definiert, wobei die verwendeten booleschen Matrizen weitgehend mit denen in Tabelle 3.2 auf Seite 88 dargestellten Definitionen übereinstimmen.

Beziehung in Oracle Spatial	*Bedeutung*
ANYINTERACT	Negation der 9IM-Funktion `Disjoint`. Diese Beziehung wird eingesetzt, falls man nicht an einer spezifischen topologischen Beziehung interessiert ist.
CONTAINS	9IM: `Contains`
COVEREDBY	9IM: `CoveredBy`
COVERS	9IM: `Covers`
DISJOINT	9IM: `Disjoint`
EQUAL	9IM: `Equals`
INSIDE	9IM: `Inside`
ON	Prüft, ob der Rand und das Innere der einen Geometrie den Rand, aber nicht das Innere oder das Äußere der anderen Geometrie schneiden. Eintreten kann diese Situation, falls ein Linienzug (dessen Endpunkte den Rand bilden) sich vollständig auf dem Rand eines Polygons befindet. $\begin{bmatrix} \text{false} & \text{true} & \text{false} \\ \text{false} & \text{true} & \text{false} \\ \text{true} & \text{true} & \text{true} \end{bmatrix}$ 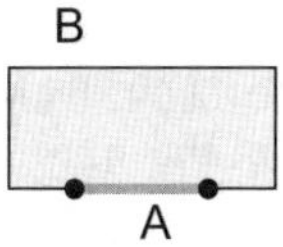 Diese Beziehung impliziert, dass für das Polygon bezüglich des Linienzuges die COVERS-Beziehung gilt: A ON B $\Rightarrow$ B COVERS A
OVERLAPBDYDISJOINT	Prüft, ob das Innere der einen Geometrie den Rand und das Innere der anderen Geometrie schneidet, aber sich nicht die Ränder der Geometrien schneiden. Bei zwei einfachen Polygonen kann dieser Fall nicht entstehen. Eintreten kann diese Situation z.B. aber, falls ein Linienzug (dessen Endpunkte den Rand bilden) in einem Polygon beginnt und außerhalb des Polygons endet oder bei zwei sich partiell überlappenden Multipolygonen. $\begin{bmatrix} \text{true} & \text{true} & \text{true} \\ \text{true} & \text{false} & \text{true} \\ \text{true} & \text{true} & \text{true} \end{bmatrix}$ 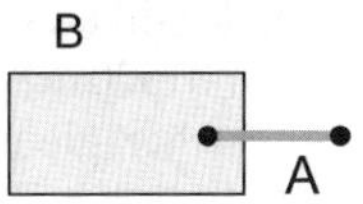 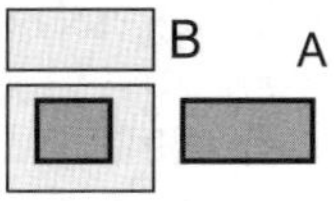
OVERLAPBDYINTERSECT	9IM: `Overlaps`
TOUCH	9IM: `Meets`

Tabelle 4.6: Topologische Beziehungen in Oracle Spatial

Soll mehr als eine der aufgeführten Beziehungen im Parameter `mask` aufgeführt werden, so sind diese über ein +, d.h. über eine Oder-Konjunktion, miteinander zu verbinden. Wird keine der in der Maske aufgeführten Beziehungen erfüllt, hat SDO_GEOM.RELATE die Zeichenkette 'FALSE' als Ergebnis. Falls eine der topologischen Beziehungen, die in der Maske aufgeführt sind, erfüllt ist, wird der Wert von mask zurückgegeben. Eine Ausnahme bildet ANYINTERACT, das im Erfolgsfall 'TRUE' liefert. Außerdem kann durch Verwendung des Schlüsselwortes DETERMINE veranlasst werden, dass die Bezeichnung der geltenden Beziehung als Ergebnis bestimmt wird.

Die Funktion SDO_GEOM.RELATE sollte nur in der SELECT-Klausel verwendet werden, da für räumliche Anfragekriterien entsprechende räumliche Operatoren zur Verfügung stehen (siehe Abschnitt 7.6.1).

```
SELECT SDO_GEOM.RELATE(g1.geo,'ANYINTERACT',g2.geo,0.001)
FROM GeoDbLand g1, GeoDbLand g2
WHERE g1.name = 'Haus' AND g2.name = 'Land';

SDO_GEOM.RELATE
---------------
TRUE

SELECT SDO_GEOM.RELATE(g1.geo,'INSIDE+EQUAL',g2.geo,0.001)
FROM GeoDbLand g1, GeoDbLand g2
WHERE g1.name = 'Haus' AND g2.name = 'Land';

SDO_GEOM.RELATE
---------------
INSIDE+EQUAL

SELECT SDO_GEOM.RELATE(g1.geo,'TOUCH',g2.geo,0.001)
FROM GeoDbLand g1, GeoDbLand g2
WHERE g1.name = 'Haus' AND g2.name = 'Land';

SDO_GEOM.RELATE
---------------
FALSE

SELECT SDO_GEOM.RELATE(g1.geo,'DETERMINE',g2.geo,0.001)
FROM GeoDbLand g1, GeoDbLand g2
WHERE g1.name = 'Haus' AND g2.name = 'Land';

SDO_GEOM.RELATE
---------------
INSIDE
```

Prüfung für ST_GEOMETRY

Die Prüfung topologischer Prädikate erfolgt für ST_GEOMETRY-Objekte über die Methoden ST_CONTAINS, ST_CROSS, ST_DISJOINT, ST_EQUALS, ST_INTERSECTS, ST_OVERLAP, ST_TOUCH und ST_WITHIN. Außerdem stehen gleichnamige SFA-Funktionen (ohne Präfix ST_) zur Verfügung (Ausnahme: OGC_CONTAINS). Deren Funktionalität folgt den in Abschnitt (ab Seite 88) vorgestellten Definitionen. Die Funktionen sind wie folgt aufgebaut:

```
ST_GEOMETRY.ST_XXX (              -- SQL/MM-Methode
  geom2  IN  ST_GEOMETRY          -- zweite Geometrie
) RETURN NUMBER;                  -- 0 = FALSE und 1 = TRUE
```

```
XXX (                              -- SFA-Funktion
  geom1  IN   GEOMETRY             -- erste Geometrie
  geom2  IN   GEOMETRY             -- zweite Geometrie
) RETURN NUMBER;                   -- 0 = FALSE und 1 = TRUE
```

Das Resultat der Funktionen ist 1, falls die topologische Bedingung erfüllt wird, und 0, wenn sie nicht gilt:

```
SELECT g1.geo.ST_INTERSECTS(g2.geo)
FROM MMSpatialLand g1, MMSpatialLand g2
WHERE g1.name = 'Haus' AND g2.name = 'Land';

G1.GEO.ST_INTERSECTS(G2.GEO)
----------------------------
                           1

SELECT WITHIN(g1.geo, g2.geo) + EQUALS(g1.geo, g2.geo)
FROM MMSpatialLand g1, MMSpatialLand g2
WHERE g1.name = 'Haus' AND g2.name = 'Land';

WITHIN(G1.GEO,G2.GEO)+EQUALS(G1.GEO,G2.GEO)
-------------------------------------------
                                          1
```

Die Funktionen ST_GEOMETRY.ST_RELATE und GEOMETRY.RELATE erlauben – wie im Standard vorgegeben – die Spezifikation des Prädikats über eine Dimensionsmatrix:

```
-- 'T*F**F***' entspricht WITHIN:
SELECT g1.geo.ST_RELATE(g2.geo, 'T*F**F***')
FROM MMSpatialLand g1, MMSpatialLand g2
WHERE g1.name = 'Haus' AND g2.name = 'Land';

G1.GEO.ST_RELATE(G2.GEO,'T*F**F***')
------------------------------------
                                   1
```

4.2.3 Geometrische Aggregatfunktionen

Aggregatfunktionen werten eine Relation bezüglich eines Attributs aus. So kann zum Beispiel die Anzahl der Tupel oder die Summe oder der Durchschnitt der Attributwerte berechnet werden. Oracle Spatial stellt *geometrische Aggregatfunktionen* für geometrische Attribute zur Verfügung. Im Simple-Feature-Modell und in SQL/MM Spatial sind hingegen keine solchen Aggregatfunktionen enthalten. Geometrische Aggregatfunktionen können an den Stellen verwendet werden, an denen herkömmliche Aggregatfunktionen erlaubt sind.

SDO_AGGR_MBR

Diese Funktion berechnet das *minimal umgebende Rechteck* (*MUR*) über die angefragten Geometrien. Sie hat die folgende Struktur:

```
SDO_AGGR_MBR(
  geometry  IN  SDO_GEOMETRY      -- Eingabegeometrie
) RETURN SDO_GEOMETRY;            -- berechnetes MUR
```

Die nächste Anfrage bestimmt das MUR über alle Geometrien in „GeoDbLand“. Das Anfrageergebnis ist in Abbildung 4.9 illustriert.

```
SELECT SDO_AGGR_MBR(geo)
FROM GeoDbLand;

SDO_AGGR_MBR(GEO)
-----------------------------------------------------------------
SDO_GEOMETRY(2003, NULL,NULL, SDO_ELEM_INFO_ARRAY(1,1003,3),
                              SDO_ORDINATE_ARRAY(1,1, 19,20))
```

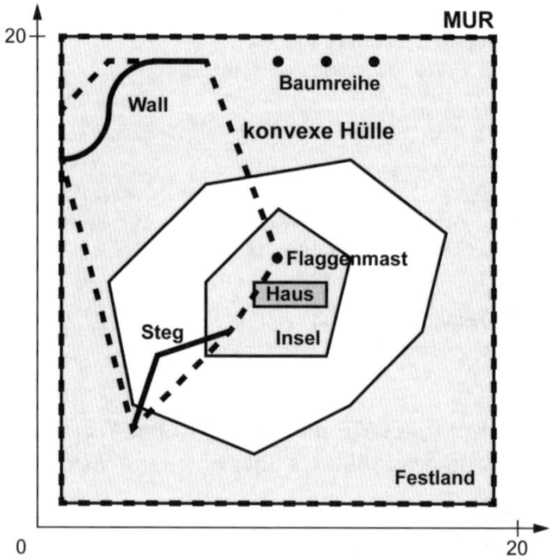

Abb. 4.9: Beispiele für die Resultate von Aggregatfunktionen

SDO_AGGR_CONVEXHULL

Die Aggregatfunktion SDO_AGGR_CONVEXHULL berechnet die *konvexe Hülle* um die angefragten Geometrien (vgl. Abschnitt 5.3.1). Sie hat – wie auch die übrigen geometrischen Aggregatfunktionen – die folgende Struktur:

```
SDO_AGGR_CONVEXHULL(
  AggregateGeometry  IN  SDOAGGRTYPE    -- Geometrie mit Toleranzwert
) RETURN SDO_GEOMETRY;                  -- berechnete konvexe Hülle
```

MDSYS.SDOAGGRTYPE wird nur als Parametertyp für Aggregatfunktionen verwendet und führt eine Geometrie mit einem Toleranzwert zusammen:

```
Name         Typ
-----------  ------------
GEOMETRY     SDO_GEOMETRY      -- die Geometrie
TOLERANCE    NUMBER            -- der Toleranzwert
```

Die nachfolgende Anfrage soll die konvexe Hülle um alle nichtflächigen Geometrien bestimmen. Da sich am Rand der konvexen Hülle der Wall mit seinen Kreisbögen befindet, wird ein nichtminimales konvexes Polygon berechnet (siehe auch die Beschreibung der Funktion SDO_GEOM.SDO_CONVEXHULL in Abschnitt 5.4.3). Das Ergebnis ist in Abbildung 4.9 dargestellt.

```
SELECT SDO_AGGR_CONVEXHULL( SDOAGGRTYPE(geo,0.001) )
FROM GeoDbLand g WHERE g.geo.GET_GTYPE() < 3;

SDO_AGGR_CONVEXHULL(SDOAGGRTYPE(GEO,0.001))
----------------------------------------------------------

SDO_GEOMETRY(2003, NULL,NULL, SDO_ELEM_INFO_ARRAY(1,1003,1),
             SDO_ORDINATE_ARRAY(4,4, 8,8, 10,11, 7,19, 5,19,
                                 3,19, 1,17, 1,15, 4,4))
```

SDO_AGGR_UNION

Über diese geometrische Aggregatfunktion lassen sich die angefragten Geometrien zu einer Geometrie vereinigen. Die Funktion ist analog zu SDO_AGGR_CONVEXHULL zu verwenden.

Im nachfolgenden Beispiel wird das Ergebnis nach dem Geometrietyp gruppiert. Daher darf der Geometrietyp zusätzlich in die SELECT-Klausel aufgenommen werden. Aufgrund der Gruppierung wird die Länge über die vereinigte Geometrie nun für jede Gruppe (d.h. für jeden Geometrietyp) separat berechnet. Da es für Geometrietyp 2 zwei Datensätze in der Tabelle „GeoDbLand" gibt, wird dort die Gesamtlänge des Walls und des Stegs bestimmt. Für die übrigen Geometrietypen liegt jeweils nur ein Tupel vor, sodass die Ausgabe der jeweiligen Einzellänge erfolgt.

```
SELECT g.geo.GET_GTYPE(),
       SDO_GEOM.SDO_LENGTH(SDO_AGGR_UNION(SDOAGGRTYPE(geo,0.001)),0.001)
FROM GeoDbLand g
GROUP BY g.geo.GET_GTYPE()
HAVING SDO_GEOM.SDO_LENGTH(SDO_AGGR_UNION(SDOAGGRTYPE(geo,0.001)),0.001) > 0;

G.GEO.GET_GTYPE() SDO_LENGTH
----------------- ----------
                2 14,6071149
                3          8
                7 134,032981
```

SDO_AGGR_CENTROID

SDO_AGGR_CENTROID bestimmt den *Schwerpunkt* aller angefragten Geometrien. Die Berechnungsweise ist von den jeweiligen Geometrien abhängig, wobei Liniengeometrien stets ignoriert werden. Sobald im Resultat ein Polygon auftritt, werden nur Polygone für die Berechnung berücksichtigt. Tritt kein Polygon auf, wird der Schwerpunkt für die vorhandenen Punktgeometrien bestimmt. Die beiden nachfolgenden Anfragen liefern somit das gleiche Ergebnis:

```
-- Nur Polygone als Eingabeparameter:
SELECT SDO_AGGR_CENTROID( SDOAGGRTYPE(geo,0.001) )
FROM GeoDbLand g
WHERE g.geo.GET_GTYPE() = 3 OR g.geo.GET_GTYPE() = 7;

-- Alle Geometrien als Eingabeparameter:
SELECT SDO_AGGR_CENTROID( SDOAGGRTYPE(geo,0.001) )
FROM GeoDbLand;

SDO_AGGR_CENTROID(SDOAGGRTYPE(GEO,0.001))
----------------------------------------------------------------

SDO_GEOMETRY(2001,NULL,
             SDO_POINT_TYPE(10,06067, 10,96673, NULL), NULL, NULL)
```

4.3 Räumliche Bezugssysteme

Seit Release 10.2 basiert die Beschreibung von räumlichen Bezugssystemen in Oracle Spatial im Regelfall auf dem in Abschnitt 3.6.2.2 vorgestellten EPSG-Datenmodell[8].

4.3.1 Informationsschema

Die verfügbaren Bezugssysteme werden in der Tabelle SDO_COORD_REF_SYS beschrieben[9]. Diese Tabelle besitzt die u.a. folgenden Attribute:

```
Name                 Typ
-------------------  ---------------
SRID                 NUMBER(38)          -- der Schlüssel
COORD_REF_SYS_NAME   VARCHAR2(80)        -- Name des Bezugsystems
COORD_REF_SYS_KIND   VARCHAR2(24)        -- Kategorie des Bezugsystems
COORD_SYS_ID         NUMBER(10)          -- Fremdschlüssel auf SDO_COORD_SYS
GEOG_CRS_DATUM_ID    NUMBER(10)          -- ID des geodätischen Datums
DATA_SOURCE          VARCHAR2(40)        -- Quelle (meist EPSG)
LEGACY_CODE          NUMBER(10)          -- evtl. alter Oracle-Schlüssel
LEGACY_WKTEXT        VARCHAR2(2046)      -- evtl. der WKT
```

Das Attribut SRID ist der Primärschlüssel dieser Tabelle und entspricht, falls im Attribut DATA_SOURCE der Wert „EPSG“ oder „OGP“ angegeben ist, dem EPSG-Schlüssel. In SDO_GEOMETRY und USER_SDO_GEOM_METADATA werden räumliche Bezugssysteme über einen entsprechenden Fremdschlüssel referenziert. Der Name und die Kategorie des räumlichen Bezugssystems liegen in den Attributen COORD_REF_SYS_NAME und COORD_REF_SYS_KIND vor. Lokale Koordinatensysteme sind der Kategorie ENGINEERING zugeordnet. Geografische Koordinatensysteme ohne Höhenangabe gehören zu GEOGRAPHIC2D und mit Höhenangabe zu GEOGRAPHIC3D. Geozentrische kartesische 3D-Koordinatensysteme weisen die Kategorie GEOCENTRIC auf. Die meisten räumlichen Bezugssysteme beruhen auf projizierten Koordinatensystemen (PROJECTED).

```
-- Ausgabe ausgewählter Bezugssysteme:
SELECT srid, coord_ref_sys_name, data_source AS SRC,
       coord_ref_sys_kind, coord_sys_id
FROM SDO_COORD_REF_SYS
WHERE srid IN (4326, 25832, 31467, 262148, 900913);

  SRID COORD_REF_SYS_NAME         SRC  COORD_REF_SYS_KIND COORD_SYS_ID
------ -------------------------- ---- ------------------ ------------
  4326 WGS 84                     EPSG GEOGRAPHIC2D               6422
 25832 ETRS89 / UTM zone 32N      EPSG PROJECTED                  4400
 31467 DHDN / Gauss-Kruger zone 3 EPSG PROJECTED                  4530
262148 Non-Earth (meters)              ENGINEERING
900913 Google Mercator                 PROJECTED                  4499
```

[8] Die Beschreibung des WKT-Ansatzes, der in Oracle Spatial 9.x und 10.1 verwendet wurde, findet sich zum Download auf http://www.geodbs.de. Die entsprechenden Beschreibungstabellen sind weiterhin (unter geänderten Namen) vorhanden.

[9] Daneben steht auch gemäß der SFA-Spezifikation (vgl. Abschnitt 3.6.2.1) eine globale Tabelle OGIS_SPATIAL_REFERENCE_SYSTEMS zur Verfügung, die aber leer ist.

```
-- Gruppierung der Bezugssysteme nach Kategorie:
SELECT coord_ref_sys_kind, COUNT(*)
FROM SDO_COORD_REF_SYS
GROUP BY coord_ref_sys_kind
ORDER BY coord_ref_sys_kind;

COORD_REF_SYS_KIND COUNT
------------------ -----
COMPOUND              41
ENGINEERING           52
GEOCENTRIC           111
GEOGRAPHIC2D         871
GEOGRAPHIC3D         124
PROJECTED           4636
VERTICAL             123
```

Weitere Informationen zur Beschreibung von räumlichen Bezugssystemen können den in Tabelle 4.7 aufgeführten Tabellen entnommen werden.

Tabelle	*Bedeutung*
SDO_COORD_SYS	Information über Koordinatensysteme im Sinne „eines Paars wieder verwendbarer Achsen“
SDO_COORD_AXES	Beschreibung der Achsen der Koordinatensysteme
SDO_COORD_AXIS_NAMES	Namen der Koordinatensystemachsen
SDO_DATUMS	Angaben zu den Abweichungen eines geodätischen Datums vom WGS84-Ellipsoid
SDO_ELLIPSOIDS	Informationen über die Ellipsoide
SDO_UNITS_OF_MEASURE	Informationen über Maßeinheiten

Tabelle 4.7: Auswahl von Tabellen mit Beschreibungen von Koordinatensystemen

Maßeinheiten

Falls beim Aufruf einer Operation keine Maßeinheit angegeben ist, wird die *Standardmaßeinheit* des zugrunde liegenden räumlichen Bezugssystems verwendet. Auch der *Toleranzwert* (vgl. Abschnitt 4.1.3) wird in der Standardmaßeinheit angegeben. Bei geografischen Koordinatensystemen ist das Meter die Standardmaßeinheit. Für projizierte und lokale Koordinatensysteme kann sie mithilfe der vorliegenden Tabellen bestimmt werden:

```
-- Bestimmung der Standardmaßeinheit für projizierte Bezugssysteme:
SELECT DISTINCT r.coord_ref_sys_name, m.unit_of_meas_name,
                m.unit_of_meas_type
FROM SDO_UNITS_OF_MEASURE m, SDO_COORD_AXES a, SDO_COORD_REF_SYS r
WHERE m.uom_id = a.uom_id AND a.coord_sys_id = r.coord_sys_id AND
      r.srid = 25832;

R.COORD_REF_SYS_NAME         M.UNIT_OF_MEAS_NAME UNIT_OF_MEAS_TYPE
---------------------------- ------------------- -----------------
ETRS89 / UTM zone 32N        metre               length
```

```
-- Bestimmung der Standardmaßeinheit für lokale Koordinatensysteme:
SELECT legacy_wktext FROM SDO_COORD_REF_SYS WHERE srid = 262148;

LEGACY_WKTEXT
---------------------------------------------------------------
LOCAL_CS [ "Non-Earth (Meter)", LOCAL_DATUM ["Local Datum", 0],
UNIT ["Meter", 1.0], AXIS ["X", EAST], AXIS["Y", NORTH]]
```

Benutzerdefinierte räumliche Bezugssysteme

Ein Benutzer kann ein nicht vorhandenes Bezugssystem selber definieren. Dazu muss ein entsprechender Datensatz in die Sicht SDO_COORD_REF_SYSTEM eingefügt werden. Diese Sicht ist identisch zu der Tabelle SDO_COORD_REF_SYS, nur dass hier Trigger definiert sind, die bei Änderungen alle weiteren betroffenen Systemtabellen modifizieren. Sollten dabei Werte referenziert werden, die in den in Tabelle 4.7 aufgeführten (oder anderen) Tabellen fehlen, so sind diese zuvor dort einzufügen. Die Schlüsselnummer eines benutzerdefinierten Bezugssystems sollte größer als 1.000.000 sein.

4.3.2 Verwendung von räumlichen Bezugssystemen

Ist für eine Geometrie kein räumliches Bezugssystem angegeben, so werden von Oracle Spatial kartesische Koordinaten angenommen.

Wie bereits zuvor erwähnt, können Geometrien, die als Rechteck oder Kreis beschrieben sind oder die Kreisbögen enthalten (und somit nicht im Simple-Feature-Modell enthalten sind), nur bei rechtwinkligen Koordinatensystemen oder ohne Bezugssystem genutzt werden. Damit stehen diese nicht zur Verfügung, wenn geografische Koordinaten eingesetzt werden. Daneben gibt es zwei weitere Beschränkungen für geografische Koordinatensysteme:

- Polygone dürfen nicht größer als die halbe Erdoberfläche sein und
- Linienzüge dürfen nicht länger als der halbe Erdumfang sein.

Bei räumlichen Bezugssystemen, die ein geografisches Koordinatensystem aufweisen, ist in den Metadaten das Intervall [-180, 180] für die Länge und [-90, 90] für die Breite anzugeben, auch wenn nur ein kleinerer Datenraum abgedeckt wird.

Mit diesen Informationen sind wir nun in der Lage, die Tabelle „Gemeinden", die in den vorhergehenden Kapiteln als Beispiel genutzt wurde, um geometrische Attribute zu ergänzen.

Aufnahme der Ortszentren

Das Attribut centrum, das bislang einen benutzerdefinierten Datentyp aufwies, können wir mit dem Typ SDO_GEOMETRY deklarieren, die entsprechenden Metadaten angeben und anschließend die Ortszentren mit Werten belegen:

```
-- Attribut entfernen:
ALTER TABLE Gemeinden DROP (centrum);

-- Attribut neu hinzufügen:
ALTER TABLE Gemeinden ADD centrum SDO_GEOMETRY;
```

```
-- Metadaten bekannt geben:
INSERT INTO USER_SDO_GEOM_METADATA
VALUES ('GEMEINDEN', 'CENTRUM', SDO_DIM_ARRAY(
                            SDO_DIM_ELEMENT('Länge', -180,180, 100),
                            SDO_DIM_ELEMENT('Breite', -90,90, 100)), 4326);
COMMIT;

-- Attributwerte setzen:
UPDATE Gemeinden SET centrum = SDO_GEOMETRY(2001, 4326,
                           SDO_POINT_TYPE(9.7358,52.3803,NULL), NULL,NULL)
WHERE gkz = 3241001;

UPDATE Gemeinden SET centrum = SDO_GEOMETRY(2001, 4326,
                           SDO_POINT_TYPE(8.2275,53.1375,NULL), NULL,NULL)
WHERE gkz = 3403000;
-- und so weiter ...
COMMIT;
```

Als Bezugssystem wird in den Metadaten und bei den Geometrien mit 4326 jeweils WGS84 angegeben. Der Toleranzwert wird auf 100 m gesetzt. Da es sich bei den Geometrien jeweils um einfache Punkte handelt, wird nur das Attribut `SDO_POINT` belegt.

Nun können wir um die Zentrumspunkte eine (im Prinzip kreisförmige) Pufferzone berechnen. Da bei geografischen Koordinatensystemen keine Kreisbögen unterstützt werden, wird von Oracle Spatial der Kreis durch ein Polygon ersetzt. Die Qualität der Annäherung wird durch den Parameter `arc_tolerance` gesteuert, indem die maximal tolerierte Diskrepanz zwischen dem Kreisbogen und dem berechneten Streckenzug angegeben wird. Dabei muss `arc_tolerance` größer als der Wert des `tolerance`-Parameters sein. Das nachfolgende Beispiel zeigt, dass erwartungsgemäß die Anzahl der Stützpunkte sinkt, wenn man eine größere Toleranz zulässt:

```
-- Puffer mit 1000m Abstand und Annäherungstoleranz von 50m: 10-Eck
SELECT SDO_GEOM.SDO_BUFFER(centrum,1000,10,'arc_tolerance=50')
FROM Gemeinden
WHERE name = 'Oldenburg';

SDO_GEOM.SDO_BUFFER(CENTRUM,1000,10,'ARC_TOLERANCE=50')
---------------------------------------------------------------
SDO_GEOMETRY(2003,4326, NULL, SDO_ELEM_INFO_ARRAY(1,1003,1),
SDO_ORDINATE_ARRAY(8,2275, 53,1464856, 8,21871561, 53,1447692,
  8,21328804, 53,1402759, 8,21328987, 53,1347224, 8,21871857, 53,1302301,
  8,2275, 53,1285144, 8,23628143, 53,1302301, 8,24171013, 53,1347224,
  8,24171196, 53,1402759, 8,23628439, 53,1447692, 8,2275, 53,1464856))

-- Puffer mit 1000m Abstand und Annäherungstoleranz von 200m: 6-Eck
SELECT SDO_GEOM.SDO_BUFFER (centrum, 1000, 10, 'arc_tolerance=200')
FROM Gemeinden
WHERE name = 'Oldenburg';

SDO_GEOM.SDO_BUFFER(CENTRUM,1000,10,'ARC_TOLERANCE=200')
--------------------------------------------------------------
SDO_GEOMETRY(2003,4326, NULL, SDO_ELEM_INFO_ARRAY(1,1003,1),
SDO_ORDINATE_ARRAY(8,2275, 53,1464856, 8,21455817, 53,1419921,
  8,21456087, 53,1330065, 8,2275, 53,1285144, 8,24043913, 53,1330065,
  8,24044183, 53,1419921, 8,2275, 53,1464856))
```

Im nächsten Beispiel soll die Distanz zwischen den Gemeinden Oldenburg und Hannover in Kilometern bestimmt werden:

```
SELECT SDO_GEOM.SDO_DISTANCE (g1.centrum, g2.centrum, 100, 'unit=KM')
FROM Gemeinden g1, Gemeinden g2
WHERE g1.name = 'Oldenburg' AND g2.name = 'Hannover';

SDO_GEOM.SDO_DISTANCE
---------------------
           132,164463
```

Aufnahme des Gemeindegebietes

Zusätzlich soll bei den Gemeinden nun auch die Geometrie des Gemeindegebietes abgespeichert werden. Dazu wird die Tabelle um ein Attribut `gebiet` ergänzt, die entsprechenden Metadaten abgespeichert und für Oldenburg und Hannover deren Gemeindegebiet eingefügt:

```
-- Attribut neu hinzufügen:
ALTER TABLE Gemeinden ADD gebiet SDO_GEOMETRY;
-- Metadaten bekannt geben:
INSERT INTO USER_SDO_GEOM_METADATA
VALUES ('GEMEINDEN', 'GEBIET', SDO_DIM_ARRAY(
                              SDO_DIM_ELEMENT('Länge', -180,180, 100),
                              SDO_DIM_ELEMENT('Breite', -90,90, 100)), 4326);
-- Attributwerte setzen:
UPDATE Gemeinden SET gebiet = SDO_GEOMETRY (2003 ,4326,NULL,
  SDO_ELEM_INFO_ARRAY(1,1003,1), SDO_ORDINATE_ARRAY(
    8.214289,53.087776, 8.23346, 53.089134, 8.277027,53.099326,
    8.284276,53.121173, 8.296767,53.145781, 8.305773,53.148083,
    8.307031,53.153128, 8.300405,53.162775, 8.299069,53.171417,
    8.298319,53.192052, 8.279517,53.191205, 8.255955,53.194478,
    8.24101, 53.201628, 8.226077,53.200909, 8.213507,53.204358,
    8.201577,53.206405, 8.188254,53.19307,  8.173382,53.184449,
    8.158582,53.177491, 8.164676,53.170631, 8.153453,53.165192,
    8.152922,53.153215, 8.143793,53.136619, 8.164244,53.11119,
    8.20185, 53.115248, 8.193622,53.097121, 8.204879,53.089616,
    8.214289,53.087776 ))
WHERE gkz = 3403000;
UPDATE Gemeinden SET gebiet = SDO_GEOMETRY (2003 ,4326,NULL,
  SDO_ELEM_INFO_ARRAY(1,1003,1), SDO_ORDINATE_ARRAY(
    9.820821,52.443919, 9.800375,52.450597, 9.773278,52.452986,
    9.730943,52.429469, 9.723265,52.429253, 9.654279,52.433481,
    9.621969,52.427492, 9.616331,52.407012, 9.609993,52.395092,
    9.629717,52.401469, 9.640883,52.411954, 9.648996,52.399476,
    9.655472,52.398622, 9.651906,52.384535, 9.660093,52.375006,
    9.643668,52.36304,  9.646189,52.352631, 9.682835,52.340672,
    9.670515,52.328613, 9.678468,52.314826, 9.717761,52.330883,
    9.738732,52.337596, 9.764779,52.324283, 9.787924,52.322608,
    9.811941,52.318664, 9.844539,52.306531, 9.862442,52.321224,
    9.876362,52.335064, 9.87331, 52.350532, 9.894356,52.36427,
    9.898358,52.400342, 9.90666, 52.411375, 9.888405,52.42307,
    9.836918,52.421681, 9.828833,52.435279, 9.820821,52.443919 ))
WHERE gkz = 3241001;
COMMIT;
```

Nun kann die Distanz zwischen den beiden Gemeindegebieten berechnet werden:

```
SELECT SDO_GEOM.SDO_DISTANCE( g1.gebiet, g2.gebiet, 100, 'unit=KM')
FROM Gemeinden g1, Gemeinden g2
WHERE g1.name = 'Oldenburg' AND g2.name = 'Hannover';

SDO_GEOM.SDO_DISTANCE
---------------------
           117,342217
```

Wir können beobachten, dass dieser Abstand deutlich kleiner als der Abstand zwischen den Ortszentren ist, da der minimale Abstand zwischen den Flächen berechnet wird.

Im nächsten Beispiel werden die Fläche und der Umfang der Gemeindegebiete bestimmt:

```
SELECT name, SDO_GEOM.SDO_AREA(gebiet,100,'unit=SQ_KM'),
             SDO_GEOM.SDO_LENGTH(gebiet,100,'unit=KM')
FROM Gemeinden WHERE gebiet IS NOT NULL;

NAME                   SDO_AREA SDO_LENGTH
-------------------- ---------- ----------
Hannover             204,988906 69,2635152
Oldenburg            99,1013499 41,3799412
```

Bestimmung des räumlichen Bezugssystems

Bei einer SDO_GEOMETRY kann das räumliche Bezugssystem über das Attribut SDO_SRID direkt abgefragt werden. Für ST_GEOMETRY-Objekte steht dazu die Methode ST_SRID zur Verfügung:

```
-- Abfrage des räumlichen Bezugssystems:
SELECT name, g.centrum.SDO_SRID FROM Gemeinden g;

SELECT name, (ST_GEOMETRY(centrum)).ST_SRID() FROM Gemeinden g;
```

4.3.3 Koordinatentransformationen

Oracle Spatial erlaubt die Transformation von Koordinaten zwischen unterschiedlichen räumlichen Bezugssystemen. Über die Funktion TRANSFORM aus dem Paket SDO_CS können für eine Geometrie die transformierten Koordinaten berechnet werden. Es gibt zwei Varianten, die sich darin unterscheiden, ob die Schlüsselnummer oder der Name des Zielsystems angegeben wird. Der Parameter dimInfo ist jeweils optional:

```
SDO_CS.TRANSFORM(
   geom  IN  SDO_GEOMETRY,          -- Geometrie im ursprünglichen System
 [ dimInfo  IN  SDO_DIM_ARRAY, ]    -- optional: Dimensionsbeschreibungen
   to_srid  IN  NUMBER              -- ID des Zielsystems
) RETURN SDO_GEOMETRY;              -- die transformierte Geometrie

SDO_CS.TRANSFORM(
   geom  IN  SDO_GEOMETRY,          -- Geometrie im ursprünglichen System
 [ dimInfo  IN  SDO_DIM_ARRAY, ]    -- optional: Dimensionsbeschreibungen
   to_srname  IN  VARCHAR2          -- Name des Zielsystems
) RETURN SDO_GEOMETRY;              -- die transformierte Geometrie
```

Koordinatentransformationen sind zwischen georeferenzierenden Koordinatensystemen (also geografischen und projizierten Koordinaten) und zwischen lokalen Koordinatensystemen erlaubt. Die nachfolgende Anfrage transformiert die Koordinaten des Gemeindegebietes von Oldenburg in Gauß-Krüger-Koordinaten (3. Streifen):

```
SELECT SDO_CS.TRANSFORM(gebiet,25832)
FROM Gemeinden WHERE gkz = 3403000;

SDO_CS.TRANSFORM(GEBIET,25832)
----------------------------------------------------------------------
SDO_GEOMETRY(2003, 25832, NULL, SDO_ELEM_INFO_ARRAY(1,1003,1),
  SDO_ORDINATE_ARRAY(3447378,101, 5882323,45, 448663,647, 5882460,61,
  451592,791, 5883564,05, 452102,428, 5885989,47, 452965,219, 5888718,63,
  453570,047, 5888968,83, 453659,613, 5889529,24, 453227,011, 5890606,7,
  453147,105, 5891568,93, 453119,479, 5893864,92, 451862,354, 5893783,18,
  450291,916, 5894163,39, 449301,925, 5894969,26, 448303,601, 5894899,96,
  447468,184, 5895292,79, 446673,906, 5895529,33, 445767,259, 5894055,93,
  444762,602, 5893108,28, 443764,536, 5892345,79, 444162,909, 5891577,9,
  443405,569, 5890981,67, 443354,305, 5889649,75, 442721,768, 5887810,86,
  444056,855, 5884965,95, 446579,078, 5885388,66, 446005,682, 5883378,37,
  446750,162, 5882535,09, 447378,101, 5882323,45) )
```

Die folgende Anfrage liefert das gleiche Ergebnis:

```
SELECT SDO_CS.TRANSFORM (gebiet,'ETRS89 / UTM zone 32N')
FROM Gemeinden WHERE gkz = 3403000;
```

Im nächsten Beispiel wird eine Pufferzone um das nach ETRS89 transformierte Ortszentrum von Oldenburg gelegt. Im Gegensatz zu dem Beispiel mit geografischen Koordinaten wird der Puffer nun über (zwei) Kreisbögen beschrieben:

```
SELECT SDO_GEOM.SDO_BUFFER(SDO_CS.TRANSFORM (centrum,25832), 1000,10)
FROM Gemeinden
WHERE name = 'Oldenburg';

SDO_GEOM.SDO_BUFFER(SDO_CS.TRANSFORM(CENTRUM,25832),1000,10)
--------------------------------------------------------------
SDO_GEOMETRY(2003, 25832, NULL, SDO_ELEM_INFO_ARRAY(1,1003,2),
SDO_ORDINATE_ARRAY(448322,527, 5886845,18, 449322,527, 5887845,18,
  448322,527, 5888845,18, 447322,527, 5887845,18, 448322,527, 5886845,18) )
```

Mit der Prozedur SDO_CS.TRANSFORM_LAYER können alle Attribute einer Tabellenspalte transformiert werden.

4.4 Lineare Bezugssysteme

Lineare Bezugssysteme (engl. *Linear Referencing System*, *LRS*) erlauben – wie in Abschnitt 3.7 vorgestellt – die Identifizierung von Punkten auf einer Linie durch *Entfernungsangaben* zu einem ausgezeichneten *Anfangspunkt*. Oracle Spatial unterstützt solche lineare Bezugssysteme.

4.4.1 Repräsentation

In Oracle Spatial können ein- oder mehrteilige Linienzüge sowie Polygone ein lineares Bezugssystem aufweisen und damit ein *lineares Element* darstellen. Die *Richtung* eines linearen Elements leitet sich aus der Reihenfolge der Koordinaten des Elements ab. In Richtung des linearen Elements nehmen die Entfernungsangaben entweder nur zu oder nur ab.

Um die Funktionsweise von linearen Bezugssystemen zu demonstrieren, wird die folgende Tabelle „Netzwerk" angelegt:

```
CREATE TABLE Netzwerk (
  id     INTEGER,                             -- Identifikationsnummer
  name   VARCHAR(20),                         -- Objektname
  geo    SDO_GEOMETRY,                        -- Objektgeometrie
  CONSTRAINT pk_netzwerk PRIMARY KEY(id)      -- Primärschlüssel
);
```

Bei den zugehörigen Metadaten berücksichtigen die LRS-Informationen als zusätzliche Dimension:

```
INSERT INTO USER_SDO_GEOM_METADATA
VALUES ('NETZWERK', 'GEO', SDO_DIM_ARRAY(
                       SDO_DIM_ELEMENT('X', 0,20, 0.001),
                       SDO_DIM_ELEMENT('Y', 0,15, 0.001),
                       SDO_DIM_ELEMENT('Entfernung', 0,25, 0.001) ), NULL);
COMMIT;
```

Als Erstes soll ein Streckenzug eingefügt werden, für dessen Streckenpunkte jeweils Entfernungsangaben (in absteigender Reihenfolge) vorliegen. Abbildung 4.10 zeigt, dass diese leicht von den geometrischen Verhältnissen abweichen.

```
INSERT INTO Netzwerk (id,name,geo)
VALUES (1, 'Weg 1', SDO_GEOMETRY(3302,NULL,NULL,
                       SDO_ELEM_INFO_ARRAY(1,2,1),
                       SDO_ORDINATE_ARRAY(5,10,4.18, 5,8,2.12, 7,8,0)));
```

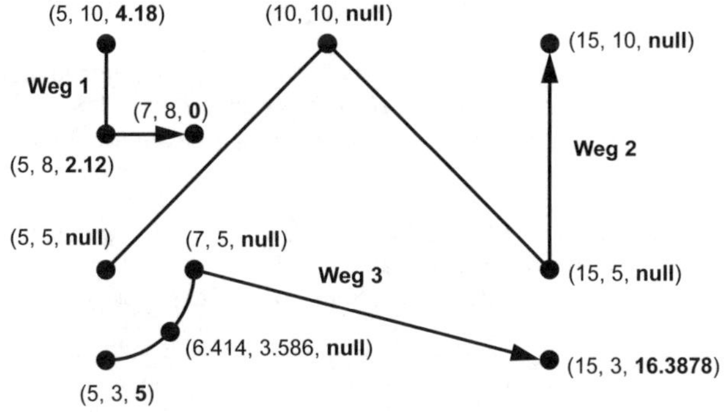

Abb. 4.10: Beispiele für lineare Elemente

Das Attribut SDO_GTYPE hat hier den Wert 3302: Durch die zusätzliche Entfernungsangabe erhöht sich der Dimensionswert (die erste Ziffer in SDO_GTYPE) auf 3. Die zweite Ziffer spezifiziert das lineare Bezugssystem. Der bislang verwendete Wert 0 bedeutet, dass kein lineares Bezugssystem verwendet wird. Bei einem linearen Bezugssystem wird an dieser Stelle hingegen die Dimension spezifiziert, in der die Entfernungsangabe abgelegt wird. Die Angabe 3 bedeutet also, dass das Feld SDO_ORDINATES mit x_1, y_1, $entfernung_1$, x_2, y_2, $entfernung_2$ usw. belegt ist.

Bei den beiden folgenden Linienzügen liegen die Entfernungsangaben gar nicht bzw. nur teilweise vor; fehlende Entfernungsangaben werden auf den Wert NULL gesetzt:

```
INSERT INTO Netzwerk (id,name,geo)
VALUES (2, 'Weg 2', SDO_GEOMETRY(3302,NULL,NULL,
                    SDO_ELEM_INFO_ARRAY(1,2,1),
                    SDO_ORDINATE_ARRAY(5,5,NULL, 10,10,NULL,
                                       15,5,NULL, 15,10,NULL)) );
INSERT INTO Netzwerk (id,name,geo)
VALUES (3, 'Weg 3', SDO_GEOMETRY(3302,NULL,NULL,
                    SDO_ELEM_INFO_ARRAY(1,4,2,1,2,2,7,2,1),
                    SDO_ORDINATE_ARRAY(5,3,5, 6.414,3.586,NULL,
                                       7,5,NULL, 15,3,16.3878)) );
COMMIT;
```

Die Prozedur DEFINE_GEOM_SEGMENT aus dem Paket SDO_LRS erlaubt, die fehlenden Entfernungsangaben zu *interpolieren*. Sie hat folgende Struktur:

```
SDO_LRS.DEFINE_GEOM_SEGMENT (
    segment  IN OUT  SDO_GEOMETRY   -- der Linienzug
 [, dimInfo  IN  SDO_DIM_ARRAY ]    -- optional: Dimensionsbeschreibungen
 [, start_measure  IN  NUMBER,      -- optional: Entfernungsangabe zum
    end_measure  IN  NUMBER ]       --           Anfangs- und Endpunkt
);
```

Der aus vorhergehenden Funktionen bekannte Parameter dimInfo kann optional angegeben werden. Gleiches gilt für die Entfernungsangabe des ersten Punktes im Koordinatenfeld (start_measure) und des letzten Punktes (end_measure). Um eine gespeicherte Geometrie um fehlende Entfernungsangaben zu ergänzen, muss man die Geometrie abfragen, durch die Prozedur DEFINE_GEOM_SEGMENT anpassen und dann wieder in die Tabelle Netzwerk zurückschreiben. Dies übernimmt folgende PL/SQL-Prozedur:

```
-- Prozedur zur Ergänzung einer Geometrie um Entfernungsangaben
-- id_param: id des Tupels in der Tabelle Netzwerk
CREATE OR REPLACE PROCEDURE berechneEntfernung (id_param IN DECIMAL) IS
  geo_var SDO_GEOMETRY;
BEGIN
  SELECT geo INTO geo_var FROM Netzwerk WHERE id = id_param FOR UPDATE;
  SDO_LRS.DEFINE_GEOM_SEGMENT(geo_var);
  UPDATE Netzwerk SET geo = geo_var WHERE id = id_param;
  COMMIT;
END;
/
-- Ausführen der Ergänzung:
CALL berechneEntfernung(2);
CALL berechneEntfernung(3);
```

```
-- Überprüfung der Ergebnisse:
SELECT name, geo FROM Netzwerk WHERE id > 1;

NAME  GEO
----- ------------------------------------------------------------------
Weg 2 SDO_GEOMETRY(3302,NULL,NULL,SDO_ELEM_INFO_ARRAY(1,2,1),
         SDO_ORDINATE_ARRAY(5, 5, 0,  10, 10, 7,07106781,
                            15, 5, 14,1421356,  15, 10, 19,1421356))
Weg 3 SDO_GEOMETRY(3302,NULL,NULL,SDO_ELEM_INFO_ARRAY(1,4,2, 1,2,2, 7,2,1),
         SDO_ORDINATE_ARRAY(5, 3, 5,  6,414, 3,586, 6,5706825,
                            7, 5, 8,141365,  15, 3, 16,3878))
```

4.4.2 Anfragen

Oracle Spatial stellt eine Reihe von Funktionen zur Verfügung, die den Umgang mit linearen Bezugssystemen unterstützen. Eine kleine Auswahl soll hier vorgestellt werden.

LRS-Dimension

Die parameterlose Funktion GET_LRS_DIM gibt für ein SDO_GEOMETRY-Objekt die Ziffer zurück, mit der im Attribut SDO_GTYPE das lineare Bezugssystem spezifiziert worden ist.

```
SELECT name, n.geo.GET_LRS_DIM() FROM Netzwerk n;
```

Berechnung der Länge eines linearen Elements

Über die Funktion

```
SDO_LRS.MEASURE_RANGE(
    geom_segment  IN  SDO_GEOMETRY      -- der Linienzug
  [, dimInfo  IN  SDO_DIM_ARRAY ]       -- optional: Dimensionsbeschreibungen
) RETURN NUMBER;                        -- berechnete Länge
```

kann mit der Differenz zwischen den Entfernungsangaben des Anfangs- und des Endpunktes die *Länge* eines linearen Elements bestimmt werden:

```
SELECT name, SDO_LRS.MEASURE_RANGE(geo,m.dimInfo)
FROM Netzwerk, USER_SDO_GEOM_METADATA m
WHERE m.table_name = 'NETZWERK' AND m.column_name = 'GEO';

NAME                 SDO_LRS.MEASURE_RANGE(GEO,M.DIMINFO)
-------------------- ------------------------------------
Weg 1                                                4,18
Weg 2                                          19,1421356
Weg 3                                             11,3878
```

Berechnung von Koordinaten aus Entfernungsangabe und Versatz

Die Funktion

```
SDO_LRS.LOCATE_PT(
    geom_segment  IN  SDO_GEOMETRY,     -- der Linienzug
  [ dim_array  IN  SDO_DIM_ARRAY, ]     -- optional: Dimensionsbeschreibungen
    measure  IN  NUMBER                 -- die Entfernungsangabe
  [, offset  IN  NUMBER]                -- optional: Versatzentfernung
) RETURN SDO_GEOMETRY;
```

erlaubt in ihrer einfachsten Form die Berechnung der Koordinaten eines Punktes auf Basis einer Entfernungsangabe bezüglich eines linearen Elements. In Abbildung 4.11 sind die beiden Punkte, deren Koordinaten nachfolgend berechnet werden, durch ein ○ dargestellt.

```
SELECT name, SDO_LRS.LOCATE_PT(geo,1.5) FROM Netzwerk WHERE id <> 3;

NAME  SDO_LRS.LOCATE_PT(GEO,1.5)
----- --------------------------------------------------------------
Weg 1 SDO_GEOMETRY(3301, NULL,NULL, SDO_ELEM_INFO_ARRAY(1,1,1),
                    SDO_ORDINATE_ARRAY(5,58490566, 8, 1,5))
Weg 2 SDO_GEOMETRY(3301, NULL,NULL, SDO_ELEM_INFO_ARRAY(1,1,1),
                    SDO_ORDINATE_ARRAY(5,35355339, 6,76776695, 1,5))
```

Der Parameter `offset` gibt optional eine *Versatzentfernung* des Punktes vom eigentlichen Linienzug an. Die Versatzentfernung wird (wie bereits in Abschnitt 3.7.1 dargestellt) rechtwinklig zum linearen Element gemessen. Ein positiver Wert bedeutet, dass sich der Punkt unter Berücksichtung der Richtung links vom linearen Element befindet. Bei einem negativen Wert befindet sich der Punkt rechts vom Element. In Abbildung 4.11 sind die vier Punkte, deren Koordinaten nachfolgend berechnet werden, durch ein ● kenntlich gemacht.

```
-- positive Versatzentfernung: links vom Linienzug:
SELECT name, SDO_LRS.LOCATE_PT(geo,1.5,1)
FROM Netzwerk
WHERE id <> 3;

NAME  SDO_LRS.LOCATE_PT(GEO,1.5)
----- --------------------------------------------------------------
Weg 1 SDO_GEOMETRY(3301, NULL,NULL, SDO_ELEM_INFO_ARRAY(1,1,1),
                    SDO_ORDINATE_ARRAY(5,58490566, 9, 1,5))
Weg 2 SDO_GEOMETRY(3301, NULL,NULL, SDO_ELEM_INFO_ARRAY(1,1,1),
                    SDO_ORDINATE_ARRAY(5,35355339, 6,76776695, 1,5))

-- negative Versatzentfernung: rechts vom Linienzug:
SELECT name,SDO_LRS.LOCATE_PT(geo,1.5,-1)
FROM Netzwerk
WHERE id <> 3;

NAME  SDO_LRS.LOCATE_PT(GEO,1.5)
----- --------------------------------------------------------------
Weg 1 SDO_GEOMETRY(3301, NULL,NULL, SDO_ELEM_INFO_ARRAY(1,1,1),
                    SDO_ORDINATE_ARRAY(5,58490566, 7, 1,5))
Weg 2 SDO_GEOMETRY(3301, NULL,NULL, SDO_ELEM_INFO_ARRAY(1,1,1),
                    SDO_ORDINATE_ARRAY(6,76776695, 5,35355339, 1,5))
```

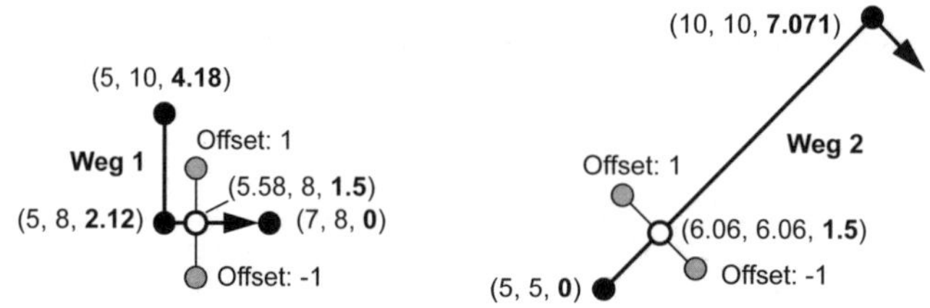

Abb. 4.11: Berechnung von Koordinaten aus Entfernungsangabe und Versatzentfernung

Berechnung der Entfernungsangabe für einen Punkt

Die inverse Operation zu SDO_LRS.LOCATE_PT ist:

```
SDO_LRS.FIND_MEASURE(
   geom_segment  IN  SDO_GEOMETRY,      -- der Linienzug
  [ dimInfo  IN  SDO_DIM_ARRAY, ]       -- optional: Dimensionsbeschreibungen
   point IN SDO_GEOMETRY                -- der Punkt auf dem Linienzug
) RETURN NUMBER;                        -- die berechnete Entfernungsangabe
```

Sie bestimmt zu einem Punkt eine Entfernungsangabe bezüglich eines linearen Elements. Falls der Punkt nicht auf der Linie liegt, wird die Entfernung zum *Projektionspunkt* berechnet, d.h. zum Schnittpunkt mit der rechtwinkligen Verbindung zwischen dem Punkt und dem linearen Element. Das nachfolgende Beispiel ist auch in Abbildung 4.12 dargestellt:

```
SELECT SDO_LRS.FIND_MEASURE(geo, SDO_GEOMETRY(3001, NULL,NULL,
            SDO_ELEM_INFO_ARRAY(1,1,1), SDO_ORDINATE_ARRAY(7,7, NULL)) )
FROM Netzwerk
WHERE id = 2;

SDO_LRS.FIND_MEASURE
--------------------
          2,82842712

SELECT SDO_LRS.FIND_MEASURE(geo, SDO_GEOMETRY(3001, NULL,NULL,
            SDO_ELEM_INFO_ARRAY(1,1,1), SDO_ORDINATE_ARRAY(8,9, NULL)) )
FROM Netzwerk
WHERE id = 2;

SDO_LRS.FIND_MEASURE
--------------------
          4,94974747
```

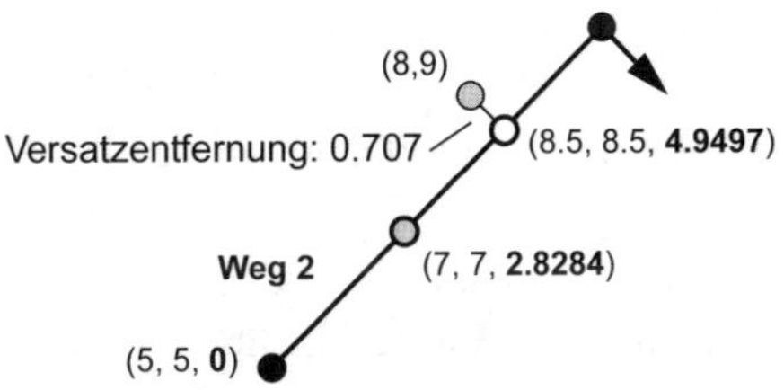

Abb. 4.12: Berechnung von Entfernung entlang des linearen Elements und Versatzentfernung

Die Funktion SDO_LRS.FIND_OFFSET erlaubt die Bestimmung der Versatzentfernung eines Punktes zu einem linearen Element. Der dritte Parameter dieser Funktion ist der Toleranzwert.

```
SELECT SDO_LRS.FIND_OFFSET(geo, SDO_GEOMETRY(3001, NULL,NULL,
        SDO_ELEM_INFO_ARRAY(1,1,1), SDO_ORDINATE_ARRAY(8,9, NULL)), 0.001)
FROM Netzwerk
WHERE id = 2;

SDO_LRS.FIND_OFFSET
-------------------
          ,707106781
```

Die Funktion SDO_LRS.PROJECT_PT ermöglicht die Berechnung des Projektionspunktes mit den gleichen Parametern wie zuvor:

```
SELECT SDO_LRS.PROJECT_PT(geo, SDO_GEOMETRY(3001, NULL,NULL,
         SDO_ELEM_INFO_ARRAY(1,1,1), SDO_ORDINATE_ARRAY(8,9, NULL)), 0.001)
FROM Netzwerk
WHERE id = 2;

SDO_LRS.PROJECT_PT
------------------------------------------------------------

SDO_GEOMETRY(3301, NULL,NULL, SDO_ELEM_INFO_ARRAY(1, 1, 1),
             SDO_ORDINATE_ARRAY(8,5, 8,5, 4,94974747))
```

4.5 Import von Geodaten

Bislang wurde die Geometrie von Datensätzen über einzelne SQL-Anweisungen in die Datenbank eingefügt. Dieser Ansatz weist allerdings eine Reihe von Nachteilen auf: Die Formulierung der entsprechenden SQL-Anweisungen ist recht mühsam und fehlerträchtig. Auch benötigt die Weiterleitung und Interpretation der SQL-Anweisungen einige Zeit. Somit ist eine solche Vorgehensweise für das Laden größerer Datenmengen, das auch *Bulk Loading* genannt wird, nicht geeignet. Ein spezielles Problem tritt bei der Verwendung des Werkzeugs „SQL*Plus“ auf: Da dort die Länge von einzelnen SQL-Anweisungen beschränkt ist, können keine umfangreichen Geometrien formuliert werden.

Um ein räumliches Datenmodell effektiv mit Daten zu füllen, müssen wir daher Alternativen zu der bisherigen Herangehensweise betrachten:

1. Das Einfügen der Geometrien über die Programmierschnittstelle

   Die Programmierschnittstelle des Datenbanksystems kann von eigenen Programmen aus angesprochen werden. Da Datenbankprogrammierung Thema des 9. Kapitels ist, werden wir eine Java-basierte Lösung für Oracle Spatial dort betrachten.

2. Das Einfügen der Geodaten über ein Geoinformationssystem

   Da das Erfassen und das Importieren von Geodaten zu den Standardaufgaben von Geoinformationssystemen gehört, ist es oft sinnvoll, die Geometriedaten mithilfe eines Geoinformationssystems in das Geodatenbanksystem zu überführen.

3. Das Importieren der Geodaten über ein Datenbankwerkzeug

   In Abschnitt 2.3.4 wurde der SQL*Loader als ein Importwerkzeug für Oracle vorgestellt, das den Import von größeren Datenmengen aus Textdateien unterstützt. Dieser Ansatz soll nachfolgend für das Bulk Loading von Geodaten näher betrachtet werden.

4.5.1 Import von Punktdaten

Um die in der Datenbank gespeicherten Datensätze um Geometrien zu ergänzen, ist es meist zweckmäßig, in zwei Schritten vorzugehen: Im ersten Schritt werden die Geometrien (und Fremdschlüssel) in eine temporäre Hilfstabelle importiert und erst im zweiten Schritt mithilfe von Anfragen in die eigentliche Zieltabelle überführt.

Zunächst sollen Punktkoordinaten für das Attribut centrum der Tabelle „Gemeinden“ aus einer Datei eingelesen werden. Dazu wird folgende temporäre Hilfstabelle definiert:

```
CREATE TABLE GeoTemp (
  id     DECIMAL(8),                        -- Identifikationsnummer
  geo    SDO_GEOMETRY,                      -- Objektgeometrie
  CONSTRAINT pk_geotemp PRIMARY KEY(id)  -- Primärschlüssel
);
```

Der nächste Schritt ist die Definition der Ladekontrolldatei (vgl. auch Abschnitt 2.3.4.1):

```
LOAD DATA INFILE 'centrum.txt'
TRUNCATE INTO TABLE GeoTemp
FIELDS TERMINATED BY ';'
TRAILING NULLCOLS
( id,
   geo  COLUMN OBJECT
   ( sdo_gtype,
      sdo_srid,
      sdo_point  COLUMN OBJECT (x, y, z)
) )
```

Diese Kontrolldatei vereinbart das Semikolon als Trennzeichen zwischen den Attributwerten. Die verwendete Anweisung TRAILING NULLCOLS gibt an, dass für einen Datensatz die letzten Attribute, die in der Kontrolldatei aufgeführt sind, auf NULL zu setzen sind, falls für sie in der Importdatei keine Attributwerte angegeben sind. Bei strukturierten Attributen (in diesem Fall also bei geo, das den Typ SDO_GEOMETRY hat, und bei sdo_point vom Typ SDO_POINT_TYPE) werden die Angabe COLUMN OBJECT und in Klammern die Attribute, die importiert werden sollen, aufgeführt. Da im Beispiel zunächst ausschließlich Punktgeometrien eingelesen werden sollen, benötigen wir nur die Attribute sdo_gtype, sdo_srid und sdo_point, um eine Geometrie zu beschreiben.

Eine zu dieser Kontrolldatei passende Importdatei kann wie folgt aussehen:

```
3241001;2001;4326;9,7358;52,3803
3403000;2001;4326;8,2275;53,1375;7
3451002;2001;4326;7,9981;53,1844
3451007;2001;4326;7,9256;53,2581
3402000;2001;4326;7,2072;53,3686
3461004;2001;4326;8,4573;53,2372
3405000;2001;4326;8,1081;53,5397
4011000;2001;4326;8,8075;53,0761
```

Aufgrund der Anweisung TRAILING NULLCOLS kann die z-Koordinate in der Importdatei entfallen; für den zweiten Datensatz ist sie zu Demonstrationszwecken ausnahmsweise gesetzt. Der Start des SQL*Loaders erfolgt über das bereits bekannte Programm SQLLDR von der Kommandozeile des Betriebssystems aus:

```
SQLLDR USERID=<Benutzer>/<Passwort>@<Dienstname>
       CONTROL=centrum.ctl LOG=centrum.log ERRORS=50
```

Jetzt können die Punkte in die Zieltabelle überführt werden:

```
UPDATE Gemeinden
SET centrum = (SELECT geo FROM GeoTemp WHERE id = gkz);
COMMIT;
```

Eine weitere Datei, die zusätzlich zum Gemeindekennzeichen auch den Namen und die Einwohnerzahl von 114 weiteren Gemeinden enthält,

```
Achim;03361001;29531;2001;4326;9,0303;53,0161
Alfeld;03254002;19443;2001;4326;9,8244;51,9875
Aurich;03452001;40699;2001;4326;7,4822;53,4714
Bad Harzburg;03153002;22033;2001;4326;10,5611;51,8858
 -- und so weiter ...
```

können wir hingegen mit einer ähnlichen Kontrolldatei direkt in die Tabelle „Gemeinden“ einlesen:

```
LOAD DATA INFILE 'gemeinden.txt'
APPEND INTO TABLE Gemeinden
FIELDS TERMINATED BY ';'
TRAILING NULLCOLS
( name,
   gkz,
   einw,
   centrum COLUMN OBJECT
   ( sdo_gtype,
      sdo_srid,
      sdo_point  COLUMN OBJECT (x, y, z)
) )
```

4.5.2 Import von Flächen

Der Import von Flächen soll anhand von Daten demonstriert werden, die die geografischen Grenzen von Ortsnetzbereichen im Gebiet der Länder Niedersachsen und Bremen repräsentieren [169]. Für diese Daten werden folgende Tabelle und Metadaten angelegt:

```
-- Tabelle 'Ortnetze' anlegen:
CREATE TABLE Ortsnetze (
  vorwahl VARCHAR(6),             -- Vorwahlnummer
  name VARCHAR(80),               -- Name des Ortsnetzes
  gebiet  SDO_GEOMETRY,           -- Gebiet des Ortsnetzes
  CONSTRAINT pk_vorwahlgebiete PRIMARY KEY(vorwahl),
  CONSTRAINT ck_geb CHECK (gebiet.SDO_GTYPE = 2003 OR
                           gebiet.SDO_GTYPE = 2007)
                                  -- Integritätsregel Geometrietyp
);
```

Über die Integritätsregel ck_geb wird sichergestellt, dass nur Polygone (Geometrietyp 2003) oder Multipolygone (2007) gespeichert werden können.

```
-- Metadaten einfügen:
INSERT INTO USER_SDO_GEOM_METADATA
VALUES ('ORTSNETZE', 'GEBIET', SDO_DIM_ARRAY(
                         SDO_DIM_ELEMENT ('X', -180,180, 1),
                         SDO_DIM_ELEMENT ('Y', -90,90, 1) ), 4326);
COMMIT;
```

Für den Import komplexer Geodaten wie Linien und Flächen müssen zusätzlich die Attribute SDO_ELEM_INFO und SDO_ORDINATES der Klasse SDO_GEOMETRY importiert werden. Da es sich bei beiden Attributen um Felder handelt, muss dies in der entsprechenden Kontrolldatei berücksichtigt werden:

```
LOAD DATA
INFILE 'vorwahl.txt'
TRUNCATE
CONTINUEIF NEXT(1:1) = '#'
INTO TABLE Ortsnetze
FIELDS TERMINATED BY ';'
TRAILING NULLCOLS
( vorwahl,
  name,
  gebiet  COLUMN OBJECT
  ( sdo_gtype,
    sdo_elem_info  VARRAY  TERMINATED BY '|' (elements),
    sdo_ordinates  VARRAY  TERMINATED BY 'end' (ordinates)
) )
```

Die Zeile CONTINUEIF NEXT(1:1)='#' definiert ein *Fortsetzungszeichen*. Durch diese Definition ist es möglich, dass sich Datensätze über mehrere Zeilen der Importdatei hinweg erstrecken können. Das erste Zeichen jeder Zeile zeigt dabei an, ob es sich um den Anfang eines Datensatzes handelt oder um eine Fortsetzung. In beiden Fällen wird das erste Zeichen nicht importiert.

Feldtypen werden in der Importdatei durch die Angabe VARRAY angezeigt. In diesem Fall muss ein Trennzeichen oder eine Trennzeichenkette für das Feld vereinbart werden, die sich von den Trennzeichen(ketten) der Feldelemente unterscheiden. Der Name für die Feldelemente kann beliebig gewählt werden.

Die als Beispiel genutzte Importdatei hat (u.a.) folgenden Inhalt:

```
04921;Emden Stadt;2003;4326; 1;1003;1|7,13056;53,39298;
#7,13300;53,38763;7,11723;53,37316;7,11493;53,37183;
#7,11429;53,37051;7,11490;53,36988;7,11376;53,36907;
#7,11054;53,36794;7,10843;53,36876;7,10505;53,36703;
  -- und so weiter ...
#7,14302;53,39435;7,14229;53,39609;7,14147;53,39751;
#7,13268;53,39391;7,13056;53,39298 end
```

Die Datei enthält fast ausschließlich Polygone. Einzige Ausnahme ist der Ortsnetzbereich Schüttorf, der durch ein Multipolygon repräsentiert wird. Nach Laden der Datei sollten 721 Datensätze in der Tabelle „Ortsnetze“ vorliegen. Abbildung 4.13 zeigt die entsprechenden Geometrien.

Abb. 4.13: Ortsnetzbereiche im Gebiet der Länder Niedersachsen und Bremen

5 Anfragebearbeitung und Approximationen

Die im letzten Kapitel vorgestellten räumlichen Datenbankschemata erlauben die Speicherung und Verarbeitung von Geometrien in Geodatenbanken. Damit wird allerdings noch nicht die *Selektion von Geoobjekten* unterstützt, die vom Benutzer oder einem Programm vorgegebene Anfragebedingungen erfüllen. Dabei sind Anfragen von besonderer Bedeutung, die geometrische oder topologische Anfragebedingungen enthalten. Die zur Verarbeitung solcher Anfragen notwendigen Techniken der *räumlichen Anfragebearbeitung* (engl. *Spatial Query Processing*) werden in diesem und den nächsten Kapiteln ausführlich behandelt. Wir beginnen diese Betrachtung mit der Vorstellung des Prinzips der *mehrstufigen Anfragebearbeitung* und der Filterung von Geoobjekten mithilfe von geeigneten *Approximationen*. Den Abschluss bildet die Verwendung von Approximationen in Oracle Spatial.

5.1 Räumliche Basisanfragen

Weist eine Anfragebedingung einen Raumbezug auf, so führt ein Geodatenbanksystem die Anfrage auf eine oder eine Folge von *räumlichen Basisanfragen* zurück. Die nachfolgenden Anfragen, die zum Teil auch in Abbildung 5.1 veranschaulicht werden, sind für eine effiziente Bearbeitung räumlicher Anfragen erforderlich und sollten daher von einem Geodatenbanksystem unterstützt werden.

- *Punktanfrage* (engl. *Point Query*)

  Die Punktanfrage bestimmt zu einem gegebenen Anfragepunkt p alle Geoobjekte, die p enthalten. Ein typischer Anwendungsfall ist die Selektion von Flächenobjekten über eine Koordinate oder eine interaktive Auswahl.

- *Rechteck- oder Fensteranfrage* (engl. *Window Query*)

  Eine Rechteckanfrage berechnet zu einem gegebenen Anfragerechteck r alle Geoobjekte, die r schneiden (d.h. im Rechteck liegen oder einen Schnitt mit dessen Rand aufweisen). Letztendlich beruht die Darstellung eines (rechteckigen) Kartenausschnittes in einem Geoinformationssystem auf der Rechteckanfrage.

- *Regions-* oder *Gebietsanfrage* (engl. *Region Query*)

  Die Regionsanfrage ist eine Verallgemeinerung der Rechteckanfrage: Sie bestimmt zu einem gegebenen Anfragepolygon pol alle Geoobjekte, die pol schneiden. Ein solches Polygon kann zum Beispiel bei der Berechnung einer *Pufferzone* entstehen.

- *Richtungsanfrage* (engl. *Directional Query*)

  Eine Richtungsanfrage berechnet alle Geoobjekte, die zu einem Anfrageobjekt in einer bestimmten Richtung liegen, zum Beispiel nördlich von einem Anfragepunkt. Richtungsanfragen lassen sich auf Regionsanfragen zurückführen, deren Anfrageregion in der Anfragerichtung unbegrenzt ist.

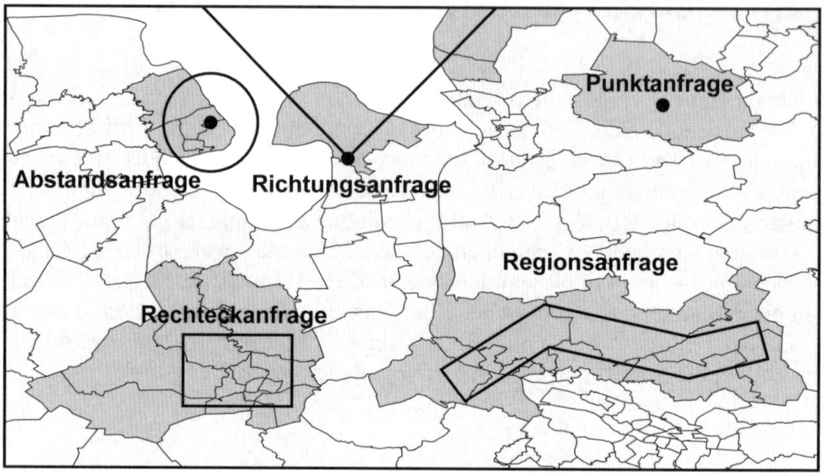

Abb. 5.1: Beispiele für Basisanfragen

- *Abstandsanfrage* (engl. *Distance Query*)

  Die Abstandsanfrage bestimmt alle Geoobjekte, die sich in einem vorgegebenen Abstand *dist* zu einem Anfragepunkt *p* befinden. Mit anderen Worten: Es wird eine kreisförmige Regionsanfrage mit Radius *dist* gestellt. Die Abstandsanfrage kann beispielsweise zur Selektion von Linien durch einen Anfragepunkt verwendet werden.

- *Nächste-Nachbarn-Anfrage* (engl. *Nearest Neighbor Query*)

  Eine solche Anfrage bestimmt zu einem Geoobjekt *obj* das nächstgelegene Objekt oder die *k* nächstgelegenen Objekte. Alternativ kann die Suche auch von einem Anfragepunkt *p* aus erfolgen.

- *Räumlicher* oder *geometrischer Verbund* (engl. *Spatial Join*)

  Der räumliche Verbund ist eine Verbundoperation zwischen zwei oder mehr Relationen, die mindestens eine geometrische Verbundbedingung beinhaltet. Eine solche *geometrische Verbundbedingung* stellt zum Beispiel der Test auf Schnitt dar, d.h. es werden alle Paare (oder Tupel) von Geoobjekten bestimmt, die aus verschiedenen Relationen stammen und deren Geometrien sich schneiden. Ein räumlicher Verbund ist die Grundlage für die *Verschneidung von Karten* (engl. *Map Overlay*) in einem Geoinformationssystem.

- *Nächste-Paar-Anfrage* (engl. *Closest-Pair Query*)

  Diese Anfrage ist eine Mischung aus der Nächsten-Nachbarn-Anfrage und dem räumlichen Verbund: Sie bestimmt für zwei Relationen die *k* Paare von Geoobjekten, die aus verschiedenen Relationen stammen und von allen Paaren die geringsten Abstände voneinander aufweisen.

5.2 Mehrstufige Anfragebearbeitung

5.2.1 Charakteristika von Geodaten

Die effiziente Bearbeitung von räumlichen Basisanfragen wird durch einige Charakteristika von Geodaten erschwert, die hier kurz erörtert werden sollen:

- Die Anzahl der Objekte in einer Geodatenbank ist unter Umständen sehr hoch. In geografischen Anwendungen treten nicht selten mehrere Millionen Geoobjekte auf.
- Verglichen mit herkömmlichen Datentypen aus relationalen Datenbanken – Zeichenketten, Zahlen und Datumsangaben – ist die Verarbeitung der geometrischen Datentypen, die zum Beispiel das Simple-Feature-Modell für SQL enthält, weitaus komplexer. So ist der Test, ob sich zwei Geometrien schneiden, deutlich aufwendiger zu programmieren und benötigt ein Vielfaches an Rechenzeit verglichen mit dem Test, ob zwei Zahlen gleich sind.
- Geometrische Attributwerte zeichnen sich durch eine sehr große Variabilität aus. Dies bezieht sich auf ihre räumliche Ausdehnung und auf den Speicherplatzbedarf, auf die Form der Geometrien und auf ihre Verteilung im Raum. So finden wir in einem Datenbestand oft Objekte, die sich in ihrer Ausdehnung und im Speicherplatzbedarf um mehrere Größenordnungen voneinander unterscheiden. Auch gibt es häufig Gebiete, in denen eine hohe Konzentration von Objekten auftritt, zum Beispiel im Innenstadtbereich einer Großstadt.
- Da die Erfassung eines Geodatenbestands sehr aufwendig ist, wird eine solche Datenbasis im Regelfall langfristig genutzt. Dabei bleiben die Geoobjekte im Allgemeinen jedoch nicht unverändert, sondern unterliegen Veränderungen durch die nachträgliche Korrektur von Fehlern, durch Änderungen in der modellierten Welt oder durch das Hinzufügen von abgeleiteten Daten.

Diese Eigenschaften von Geodaten müssen beim Entwurf eines Geodatenbanksystems berücksichtigt werden. Eine wesentliche Konsequenz daraus ist die mehrstufige Bearbeitung von räumlichen Anfragen.

5.2.2 Prinzip der mehrstufigen Anfragebearbeitung

Das Prinzip der *mehrstufigen Anfragebearbeitung* (engl. *Multi-Step Query Processing*) bedeutet, dass eine Anfrage in mehreren Stufen durch *Filterschritte* verarbeitet wird. Dabei wird versucht, die Menge der Objekte, die die Anfragebedingung potenziell erfüllen können (die sogenannten *Kandidaten*), in frühen Filterschritten durch schnell ausführbare Algorithmen und Datenrepräsentationen soweit wie möglich einzuschränken. Kandidaten, bei denen erst später erkannt wird, dass sie die Anfrage nicht erfüllen, heißen *Fehltreffer* (engl. *False Hits*). Zusätzliches Ziel dieser Strategie ist es, möglichst viele Objekte, die die Anfrage sicher erfüllen (*Treffer*, engl. *Hits*), durch die Filterschritte zu identifizieren. Im letzten Schritt, dem *Verfeinerungsschritt* (engl. *Refinement Step* [157]), wird schließlich der aufwendige, exakte Test der Anfragebedingung auf einer reduzierten Kandidatenmenge ausgeführt.

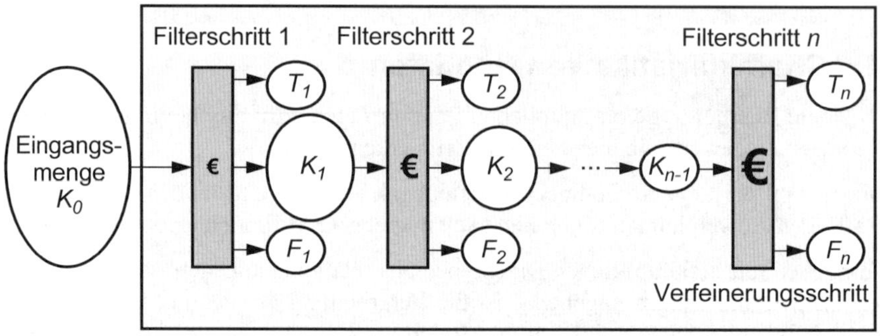

Abb. 5.2: Prinzip der mehrstufigen Anfragebearbeitung mit *n* Filterschritten

Das Prinzip der mehrstufigen Anfragebearbeitung ist in Abbildung 5.2 schematisch dargestellt, wobei eine Anfrage in n Filterschritten bearbeitet wird. K_i, T_i und F_i beschreiben die Kandidaten-, Treffer- und Fehltreffermengen nach dem i-ten Filterschritt. Die Vereinigung der Treffer T_i $(1 \leq i \leq n)$ einer Anfrage bildet deren vollständige Antwortmenge T. Es gilt:

$$K_i = T_{i+1} \cup F_{i+1} \cup K_{i+1} \; (0 \leq i < n).$$

In der Abbildung soll durch die Größe des Euro-Symbols der Aufwand angedeutet werden, der für einen identifizierten Treffer oder Fehltreffer in einem Filterschritt entsteht. Dieser Aufwand steigt innerhalb der Folge von Filterschritten. Damit ist ein wichtiges Ziel, um den Gesamtaufwand für die Bearbeitung einer Anfrage zu verringern, eine große Anzahl von Treffern oder Fehltreffern in einem möglichst frühen Filterschritt zu identifizieren. Der Aufwand umfasst sowohl die reine Rechenzeit (*CPU-Kosten*) als auch die Zeit, die notwendig ist, um Daten vom Hintergrundspeicher in den Hauptspeicher einzulesen (*I/O-Kosten*).

5.3 Filterung über Approximationen

Eine Schwierigkeit bei der Anfragebearbeitung stellt die Komplexität der geometrischen Datentypen dar. So ist der Test, der bestimmt, ob sich zwei Multipolygone mit Löchern schneiden oder nicht, algorithmisch aufwendig. Daher ist es ein in Geodatenbanksystemen gängiger Ansatz, die exakte Geometrie mithilfe von vereinfachten Geometrien zunächst nur angenähert zu beschreiben. Eine solche *Approximation* legt in einer Näherung die Lage und die Ausdehnung des Objektes fest.

Die gängigste Approximation ist das *minimal umgebende Rechteck* (*MUR*) (engl. *Minimal Bounding Rectangle*, *MBR*), dessen Seiten parallel zu den Achsen des Koordinatensystems verlaufen. Das linke Beispiel in Abbildung 5.3 approximiert Großbritannien durch ein MUR.

Im Rahmen der mehrstufigen Anfragebearbeitung versucht nun ein Filterschritt (der *Approximationsfilter*), möglichst viele Objekte anhand ihrer Approximation als Treffer bzw. Fehltreffer zu identifizieren. Eine Berechnung auf Basis einer Approximation ist in der Regel weitaus weniger aufwendig als die vergleichbare Operation auf Basis der exakten Geometrie. So kann auf Grundlage des minimal umgebenden Rechtecks vielfach bereits entschieden werden, ob ein Objekt die Anfrage erfüllt bzw. ob es sie nicht erfüllt. Allerdings erlaubt im

Gegenzug eine Approximation nicht immer die Identifikation eines Geoobjektes als Treffer oder Fehltreffer, sodass das Objekt dann zunächst in der Kandidatenmenge verbleiben muss.

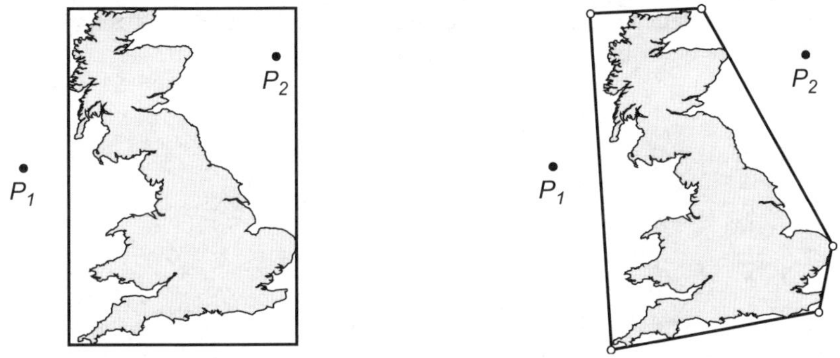

Abb. 5.3: Minimal umgebendes Rechteck und minimal umgebendes Fünfeck

Eine Approximation schließt in der Regel auch Teile des Datenraums ein, die gar nicht zur Geometrie eines Objektes gehören. Diese Fläche wird *Fehlfläche* genannt. Je kleiner die Fehlfläche ist, desto häufiger können Anfragen ohne Betrachtung der exakten Objektgeometrie beantwortet werden. Dieser Sachverhalt soll anhand der Punktanfrage für ein MUR veranschaulicht werden. Der Approximationsfilter prüft, ob der Anfragepunkt im MUR enthalten ist. Liegt der Anfragepunkt außerhalb des Rechtecks (wie z.B. der Anfragepunkt P_1 in Abb. 5.3), kann das Geoobjekt als Fehltreffer identifiziert werden. Trifft der Punkt das Rechteck und liegt dabei außerhalb der exakten Geometrie, handelt es sich (wie bei P_2 in Abb. 5.3) um einen Fehltreffer; dieser würde aber ggf. erst anhand der exakten Objektgeometrie entdeckt werden. Bei einer genaueren Approximation, wie im rechten Beispiel von Abbildung 5.3, steigt die Wahrscheinlichkeit, ein Objekt mithilfe der Approximation als Fehltreffer zu identifizieren.

5.3.1 Konservative und progressive Approximationen

Das minimal umgebende Rechteck ist eine *konservative Approximation*, d.h. die Geometrie des approximierten Objektes ist vollständig in der Approximation enthalten. Bei vielen Anfragen erfüllt ein Geoobjekt die Anfrage nicht, falls die konservative Approximation der Anfragebedingung nicht genügt. Anders formuliert: Konservative Approximationen dienen in erster Linie dazu, Fehltreffer von der Antwortmenge auszuschließen und so aufwendige Operationen auf der exakten Geometrie zu vermeiden. Oft können zusätzlich auch Treffer identifiziert werden; so ist die exakte Geometrie in einem Anfragerechteck enthalten, wenn dies für ihre konservative Approximation gilt.

Bei dem minimal umgebenden Rechteck handelt es sich außerdem um eine *konvexe Approximation*. Viele Algorithmen besitzen für konvexe Objekte einen geringeren Rechenaufwand als für Objekte, die nicht konvex sind.

Im Gegensatz zu konservativen Approximationen stehen *progressive Approximationen*, die vollständig in der Objektgeometrie enthalten sind. Für viele Anfragen erlauben es progressive Approximationen, Treffer zu identifizieren [24]. Befindet sich zum Beispiel bei einer Punktanfrage der Anfragepunkt innerhalb der progressiven Approximation, so liegt er auch innerhalb der Objektgeometrie. Dadurch kann der Test der exakten Geometrie entfallen. Der

Schnitt zweier progressiver Approximationen impliziert, dass sich auch die zugehörigen Geometrien schneiden. Anstelle der Objektgeometrie kann man auch die Geometrie der Anfragebedingung über eine progressive Approximation beschreiben. Dies ermöglicht ggf. die Identifikation zusätzlicher Treffer und Fehltreffer [90]. Abbildung 5.4 zeigt ein Beispiel für eine konservative und eine progressive Approximation.

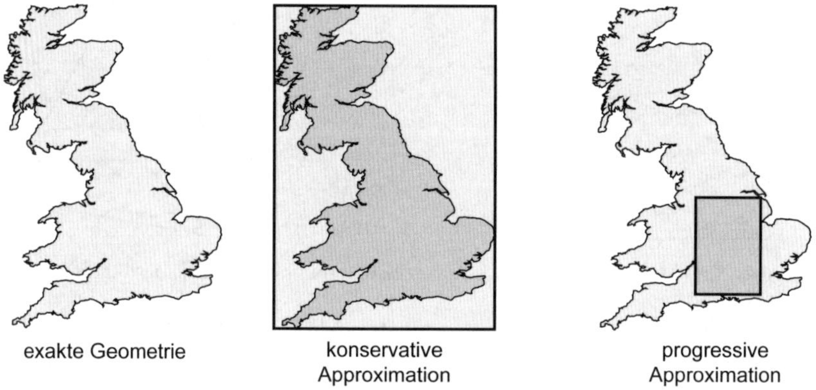

Abb. 5.4: Konservative und progressive Approximation

5.3.2 Einelementige Approximationen

Prinzipiell lassen sich Approximationen, die die Objekte durch eine einzelne Komponente beschreiben, von Approximationen unterscheiden, die dazu eine Menge von geometrischen Teilobjekten verwenden. Zunächst sollen hier *einelementige Approximationen* betrachtet werden, während die Diskussion von *mehrelementigen Approximationen* in Abschnitt 5.3.3 erfolgt.

5.3.2.1 Konservative Approximationen

Bei der Betrachtung von einelementigen konservativen Approximationen beschränkt man sich zweckmäßigerweise auf konvexe Approximationen. Abbildung 5.5 zeigt Beispiele für solche Approximationen [22]. Ein wichtiger Gesichtspunkt einer Approximation ist neben der Genauigkeit, mit der eine Approximation die Geometrie beschreibt (*Approximationsgüte*), auch deren Speicherplatzbedarf. So benötigt ein MUR vier Parameter zur Repräsentation.

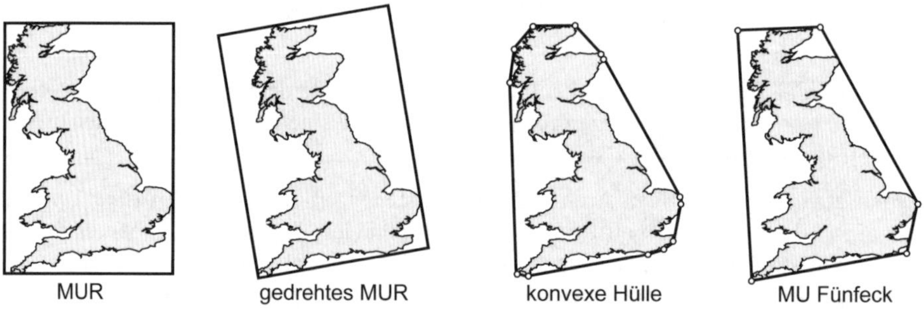

Abb. 5.5: Konvexe konservative Approximationen

Beim dargestellten *gedrehten minimal umgebenden Rechteck* wird die Restriktion aufgegeben, dass das MUR achsenparallel ist. Dadurch kann die Genauigkeit der Approximation gesteigert werden. Das gedrehte MUR benötigt fünf Parameter zur Speicherung. Die beste konvexe konservative Approximation ist die *konvexe Hülle*. Der Speicherplatzbedarf der konvexen Hülle hängt von der Objektgeometrie ab und schwankt damit von Objekt zu Objekt; er ist nur durch die Eckpunktzahl der Originalgeometrie beschränkt. Alternativ kann man *minimal umgebende konvexe Polygone* berechnen. Ein Beispiel hierfür ist das dargestellte minimal umgebende Fünfeck. Ein solches Fünfeck hat einen konstanten Speicherplatzbedarf.

Die Beispiele zeigen, dass man auf Kosten eines erhöhten Speicherplatzbedarfs eine Verbesserung der Approximationsgüte gegenüber dem minimal umgebenden Rechteck erreichen kann. Allerdings muss man dabei auch berücksichtigen, dass der Test einer Anfragegeometrie mit einem achsenparallelen Rechteck wesentlich einfacher und schneller auszuführen ist als der gleiche Test mit einer komplexeren Approximation. Auch die Berechnung solcher Approximationen beim Einfügen eines Geoobjektes in die Datenbank oder bei deren Änderung ist deutlich aufwendiger als die Bestimmung des minimal umgebenden Rechtecks.

5.3.2.2 Progressive Approximationen

Abbildung 5.6 zeigt mögliche progressive Approximationen:

- Das Pendant zum MUR ist das *maximal eingeschlossene Rechteck*, das ebenso wie das MUR achsenparallele Seiten besitzt.
- Das geometrisch einfachste Objekt, das als progressive Approximation dienen kann, ist der *maximal eingeschlossene Kreis*.
- Die bislang vorgestellten Approximationen sind flächige Geometrien. Es ist aber auch möglich, Linien als progressive Approximationen zu verwenden. Im Beispiel ist ein Paar *maximal eingeschlossener achsenparalleler Strecken* dargestellt. Durch die Achsenparallelität wird der Speicherplatzbedarf auf sechs Parameter beschränkt. Auch werden dadurch Berechnungen vereinfacht. Schneidet zum Beispiel das Streckenpaar eines Geoobjektes die progressive Approximation eines anderen Geoobjektes, kann daraus abgeleitet werden, dass sich auch die exakten Geometrien schneiden.

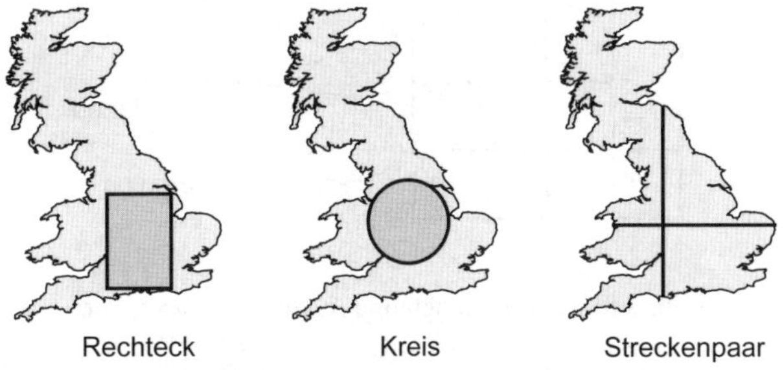

Abb. 5.6: Progressive Approximationen

5.3.3 Mehrelementige Approximationen

Mehrelementige Approximationen beschreiben eine Geometrie über eine Sammlung von geometrischen Elementen. Dabei sollte die Form der verwendeten Approximationselemente möglichst einfach sein. Eine Option stellt die Approximation einer Geometrie durch eine Menge achsenparalleler Rechtecke dar [80]. Während dies ein auf dem Vektormodell basierender Ansatz ist, beruhen die meisten vorgeschlagenen mehrelementigen Approximationen auf dem Rastermodell. In diesen Fällen werden als Approximationselemente Rasterzellen [178] oder reguläre Binärregionen [157] verwendet. Eine *Binärregion* entsteht durch fortgesetztes Halbieren des Datenraums bezüglich der Dimensionen. Eine *reguläre Binärregion* ist eine Binärregion, die durch zyklischen Wechsel der Dimension, bezüglich der halbiert wird, entstanden ist. Die *Auflösung einer Binärregion* gibt an, wie oft der ursprüngliche Datenraum halbiert wurde.

Abbildung 5.7 stellt jeweils eine konservative und eine progressive Approximation auf Basis von Rasterzellen dar. Abbildung 5.8 illustriert die Begriffe Binärregion und reguläre Binärregion.

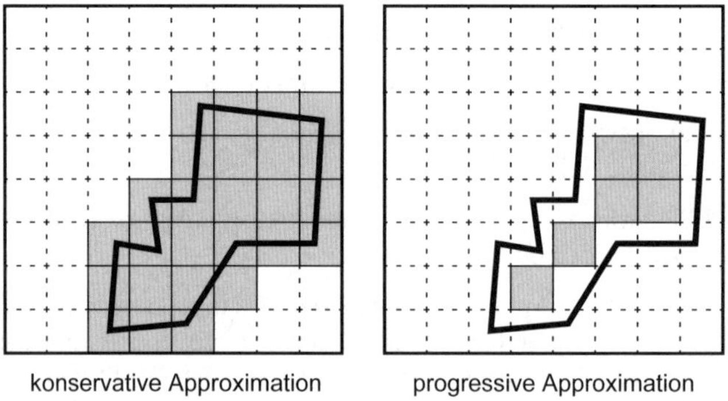

Abb. 5.7: Rasterbasierte mehrelementige Approximationen

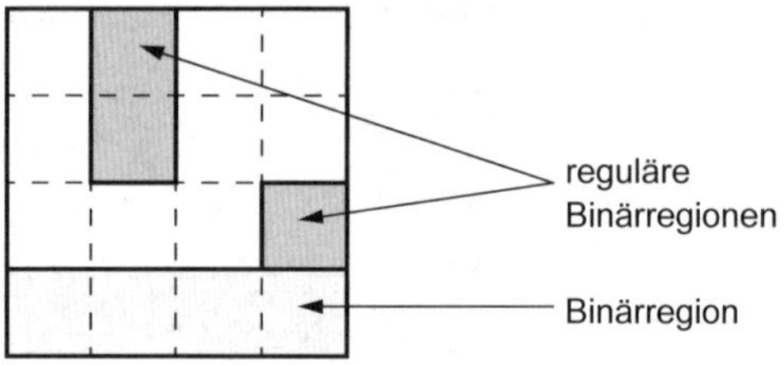

Abb. 5.8: Binärregionen und reguläre Binärregionen

In Abbildung 5.7 sind die Zellen der progressiven Approximation eine Untermenge der Zellen der konservativen Approximation. Daher kann man beide Approximationen in einer Repräsentation zusammenfassen, indem man den Zellen einen Status „Rand“ oder „innere Zelle“ hinzufügt. Die inneren Zellen bilden dann die progressive Approximation.

Bei mehrelementigen Approximationen hängen die Approximationsgüte, der Speicherbedarf für die Approximation und der Aufwand für die Algorithmen, die die Approximation verwenden, insbesondere von der Anzahl der Elemente ab. Die Anzahl kann durch eine (maximale) Anzahl objektunabhängig vorgegeben sein („Size Bound Approximation“) oder von der erreichten Approximationsgüte abhängen („Error Bound Approximation“). Da mit steigender Elementanzahl auch der Speicherbedarf der Approximation und der Verarbeitungsaufwand steigen, liegen hier offenkundig zwei gegenläufige Optimierungsziele vor, für die ein geeigneter Kompromiss erzielt werden muss.

Bei rasterbasierten Approximationen lässt man zur Variation der Elementzahl mitunter auch Rasterzellen unterschiedlicher Größe zu, wobei in der Regel vier benachbarte Rasterzellen die nächst größere Zelle bilden können [178]. Einen weiteren Einflussfaktor bildet auch die maximal zulässige Gitterauflösung. Abbildung 5.9 zeigt solche Variationen anhand eines Beispiels.

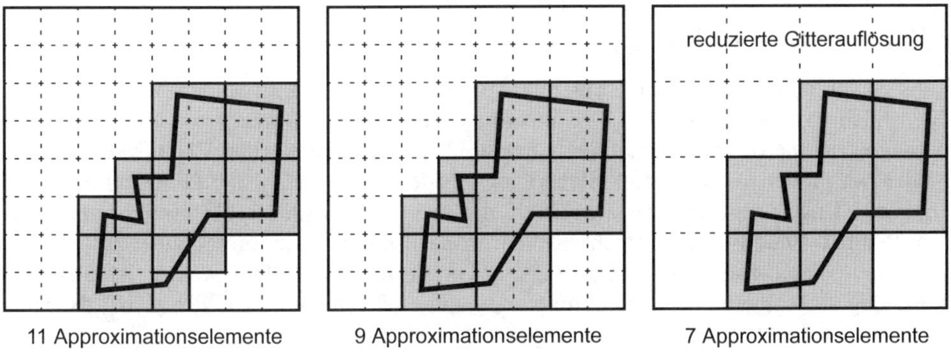

Abb. 5.9: Variation der Anzahl der Approximationselemente und der Gitterauflösung

5.4 Approximationen in Oracle Spatial

In Abhängigkeit von dem verwendeten Index kommen bei Oracle Spatial entweder minimal umgebende Rechtecke als einelementige Approximation oder Mengen von Rasterzellen als mehrelementige Approximation zum Einsatz. Für den zweiten Fall werden zwei unterschiedliche Varianten unterstützt: eine Approximation mit Zellen einheitlicher Größe (*Fixed Indexing*) und mit Zellen unterschiedlicher Größe (*Hybrid Indexing*).

5.4.1 Fixed Indexing

Falls Zellen einheitlicher Größe als Approximation gewählt werden, gilt diese Größe für alle Geometrien eines Attributs einer Tabelle. Fixed Indexing ist insbesondere dann sinnvoll, wenn alle Objekte in etwa die gleiche Ausdehnung aufweisen. Die Größe der Zellen muss als SDO_LEVEL beim Anlegen des Indexes angegeben werden. Dieser Wert bestimmt, wie oft der Datenraum in jeweils vier Quadranten aufgeteilt wird, um die gewünschte Zellengröße zu erreichen. Ein SDO_LEVEL von 3 bedeutet, dass der Datenraum in $4^3 = 64$ Zellen aufgeteilt wird. Abbildung 5.10 illustriert dies anhand von unterschiedlichen Werten von SDO_LEVEL.

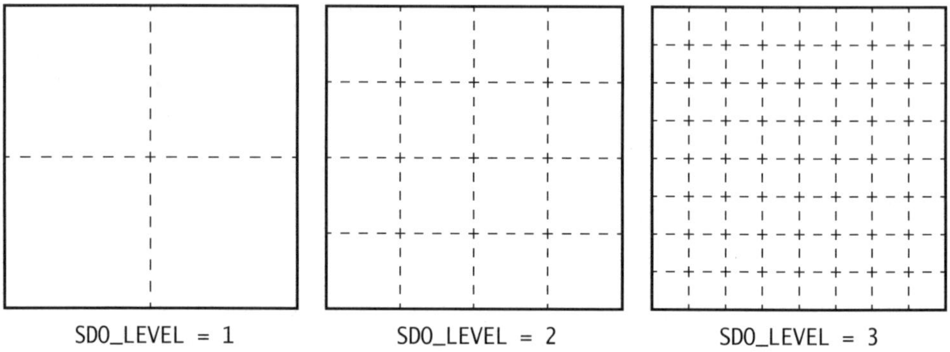

Abb. 5.10: Definition der Zellengröße über SDO_LEVEL

5.4.2 Hybrid Indexing

Falls Zellen unterschiedlicher Größe als Approximation gewählt werden, muss zusätzlich über einen Parameter SDO_NUMTILES die Anzahl der Zellen vorgegeben werden. Zunächst wird eine Geometrie in Zellen einheitlicher Größe gemäß dem Attribut SDO_LEVEL eingeteilt. Ist die Anzahl der so erzeugten Zellen kleiner als der Wert von SDO_NUMTILES, wird die Zerlegung so lange fortgesetzt, bis die Anzahl den Wert von SDO_NUMTILES erreicht bzw. überschritten hat. Ein zweites Abbruchkriterium ist das Erreichen einer minimalen Zellengröße, die durch einen Parameter SDO_MAXLEVEL vorgegeben wird. Der Ansatz ist also eine Mischung aus einheitlicher Zellengröße und einer „Size Bound Approximation"; daher das Adjektiv „Hybrid". Abbildung 5.11 zeigt ein Beispiel für das Hybrid Indexing.

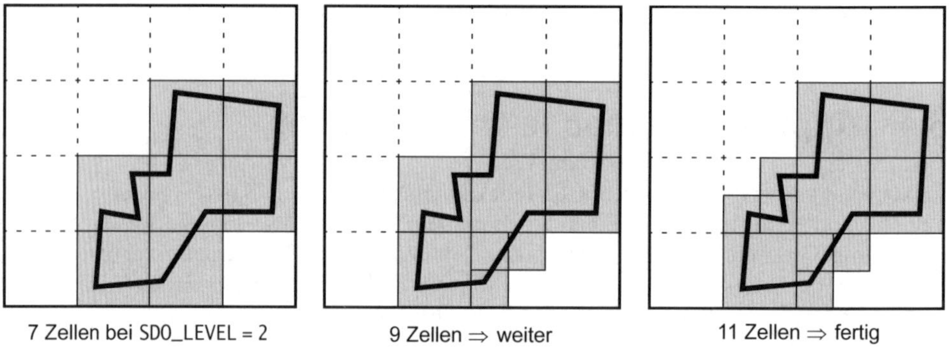

Abb. 5.11: Hybrid Indexing für SDO_LEVEL = 2 und SDO_NUMTILES = 10

Da die Verarbeitung von Zellen unterschiedlicher Größe relativ aufwendig ist, empfiehlt Oracle [154], sie möglichst zu vermeiden. Eine Verwendung ist allerdings insbesondere dann sinnvoll, wenn die Größe der Geometrien in einer Tabellenspalte stark variiert.

Die konkrete Nutzung der verschiedenen Approximationsformen wird im nächsten Kapitel im Zusammenspiel mit dem zugehörigen Index demonstriert.

5.4.3 Approximationsfunktionen

Die nachfolgenden Funktionen erlauben in Oracle Spatial die Berechnung von Approximationen. Sie können sowohl in der SELECT- als auch in der WHERE-Klausel verwendet werden.

Approximation von Geometrien durch Streckenzüge

Die Funktion SDO_GEOM.SDO_ARC_DENSIFY erlaubt es, die Teilelemente einer Geometrie, die durch Kreisbögen beschrieben sind, durch einen Streckenzug (also durch ein Simple Feature) zu approximieren. Ein Anwendungszweck dieser Funktion ist die Umwandlung von Kreisbögen in Streckenzüge, bevor sie in geografische Koordinaten transformiert werden. Dies ist notwendig, da Kreisbögen in geografischen Koordinatensystemen nicht verwendet werden können. Die Funktion hat folgenden Aufbau:

```
SDO_GEOM.SDO_ARC_DENSIFY(
  geom  IN  SDO_GEOMETRY,          -- die Eingabegeometri
  tol  IN  NUMBER,                 -- der Toleranzwert
  params  IN  VARCHAR2             -- Steuerung durch arc_tolerance
) RETURN SDO_GEOMETRY;             -- die approximierte Geometrie
```

Die Qualität der Approximation wird – wie bereits bei SDO_BUFFER in Abschnitt 4.3.2 – durch den Parameter arc_tolerance gesteuert, der die maximal tolerierte Diskrepanz zwischen dem Kreisbogen und der berechneten Geometrie angibt. Ein Beispiel:

```
SELECT SDO_GEOM.SDO_ARC_DENSIFY (geo,0.001,'arc_tolerance=0.01')
FROM GeoDbLand
WHERE name = 'Wall';
```

Abbildung 5.12 zeigt die Approximation des Walls mit unterschiedlichen arc_tolerance-Werten.

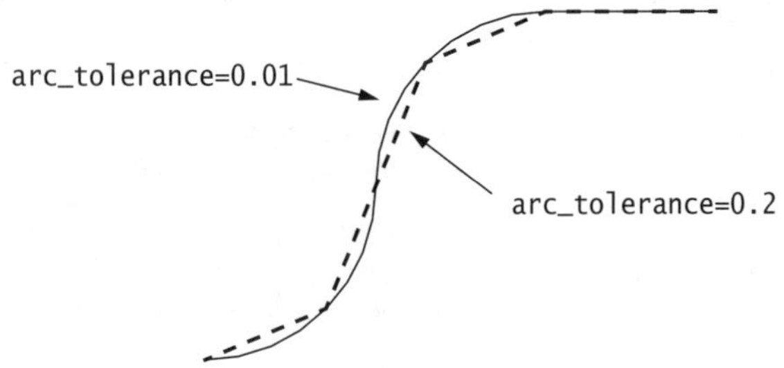

Abb. 5.12: Approximation der Wall-Geometrie mit unterschiedlichem maximalen Diskrepanzwert

Minimal umgebendes Rechteck

Die nachfolgenden Funktionen, die zu der SFA-Funktion Envelope korrespondieren, berechnen das (achsenparallele) *minimal umgebende Rechteck* (*MUR*) einer Geometrie. Optional kann für SDO_MBR das DIMINFO-Attribut aus den Metadaten übergeben werden.

```
SDO_GEOM.SDO_MBR(                         -- SDO_GEOMETRY-Funktion
    geom  IN  SDO_GEOMETRY                -- die Eingabegeometrie
  [, dimInfo  IN  SDO_DIM_ARRAY ]         -- optional: die Dimensionsbeschreibungen
) RETURN SDO_GEOMETRY;                    -- das berechnete MUR
```

```
SDO_GEOM_MBR(                     -- ab V12.1; performanter als SDO_MBR
    geom  IN  SDO_GEOMETRY        -- die Eingabegeometrie
)

ST_GEOMETRY.ST_ENVELOPE(          -- SQL/MM-Methode
) RETURN ST_GEOMETRY;             -- das berechnete MUR

ENVELOPE(                         -- SFA-Funktion
    geom  IN  GEOMETRY            -- die Eingabegeometrie
) RETURN GEOMETRY;                -- das berechnete MUR
```

Die nachfolgenden Beispiele bestimmen das MUR um die Wallmauer (siehe auch Abb. 5.13).

```
SELECT SDO_GEOM.SDO_MBR(geo)       -- oder: SDO_GEOM_MBR(geo)
FROM GeoDbLand WHERE name = 'Wall';

SDO_GEOM.SDO_MBR(GEO)
------------------------------------------------------------
SDO_GEOMETRY(2003, NULL,NULL, SDO_ELEM_INFO_ARRAY(1,1003,3),
                              SDO_ORDINATE_ARRAY(1,15, 7,19))

SELECT g.geo.ST_ENVELOPE()
FROM MMSpatialLand g WHERE name = 'Wall';

SELECT ENVELOPE(geo)
FROM MMSpatialLand WHERE name = 'Wall';
```

Konvexe Hülle

Die Funktionen für die Berechnung einer *konvexen Hülle* haben die folgende Form:

```
SDO_GEOM.SDO_CONVEXHULL(          -- SDO_GEOMETRY-Funktion
  geom  IN  SDO_GEOMETRY,         -- die Eingabegeometrie
  tolerance  IN  NUMBER           -- der Toleranzwert
) RETURN SDO_GEOMETRY;            -- die berechnete konvexe Hülle

ST_GEOMETRY.ST_CONVEXHULL(        -- SQL/MM-Methode
) RETURN ST_GEOMETRY;             -- die berechnete konvexe Hülle

CONVEXHULL(                       -- SFA-Funktion
  geom  IN  GEOMETRY              -- die Eingabegeometrie
) RETURN GEOMETRY;                -- die berechnete konvexe Hülle
```

Bei Geometrien, die ganz oder teilweise aus Kreisbögen bestehen, ist das Ergebnis nicht minimal.

Die nachfolgenden Beispiele berechnen die konvexe Hülle um den Steg (siehe auch Abb. 5.13):

```
SELECT SDO_GEOM.SDO_CONVEXHULL(geo,0.0001)
FROM GeoDbLand WHERE name = 'Steg';

SDO_GEOM.SDO_CONVEXHULL(GEO,M.DIMINFO)
------------------------------------------------------------
SDO_GEOMETRY(2003, NULL,NULL, SDO_ELEM_INFO_ARRAY(1,1003,1),
             SDO_ORDINATE_ARRAY(4,4, 8,8, 5,7, 4,4))
```

```
SELECT g.geo.ST_CONVEXHULL()
FROM MMSpatialLand g WHERE name = 'Steg';

SELECT CONVEXHULL(geo)
FROM MMSpatialLand WHERE name = 'Steg';
```

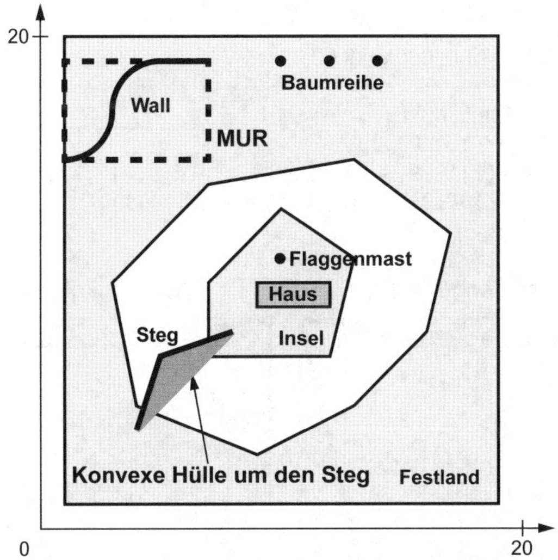

Abb. 5.13: Beispiele für die Berechnung eines MUR und einer konvexen Hülle

Konkave Hülle

Mit Release 11.2 wurde Funktionalität zur Berechnung einer *konkaven Hülle* hinzugefügt. Wie die konvexe Hülle umfasst die konkave Hülle die Punktmenge einer Geometrie vollständig, ohne dass sie dabei konvex sein braucht. Damit ist die konkave Hülle bezüglich einer Geometrie nicht eindeutig und hängt von dem zugrunde liegenden Algorithmus ab. Die Funktion SDO_GEOM.SDO_CONCAVEHULL_BOUNDARY hat drei Parameter:

```
SDO_GEOM.SDO_CONCAVEHULL_BOUNDARY(
  geom    IN  SDO_GEOMETRY,          -- Eingabegeometrie
  tol     IN  NUMBER,                -- Toleranzwert
  length  IN  NUMBER DEFAULT NULL    -- Kantenlänge als Abbruchkriterium
) RETURN SDO_GEOMETRY;
```

Die Funktion berechnet zunächst eine Delaunay-Triangulation (siehe Abschnitt 7.5.2.3). Die Randkanten des Resultats werden in absteigender Reihenfolge bezüglich deren Länge wieder entfernt. Dabei werden die beiden anderen Kanten eines Dreiecks, zu dem die entfernte Randkante gehört, als neue Randkanten in die Liste der bisherigen Randkanten einsortiert. Das Verfahren bricht ab, sobald sich kein Dreieck mehr entfernen lässt, ohne dass das Ergebnis kein zusammenhängendes Polygon mehr bildet bzw. die längste Randkante den optional angegebenen Parameter length unterschreitet.

Nachfolgendes Beispiel berechnet mithilfe des TABLE-Operators und der Aggregatfunktion SDO_AGGR_UNION zunächst die Menge aller Stützpunkte von „GeoDbLand"-Geometrien. Für diese Punktmenge wird die konkave Hülle mit maximaler Kantenlänge 10 bestimmt. Abbildung 5.14 zeigt das Ergebnis (einschließlich der Ursprungspunkte und der resultierenden Triangulation) für zwei unterschiedliche Wertebelegungen des Parameters `length`.

```
SELECT SDO_GEOM.SDO_CONCAVEHULL_BOUNDARY( SDO_AGGR_UNION(SDOAGGRTYPE(
  SDO_GEOMETRY(2001,NULL,SDO_POINT_TYPE(t.x,t.y,NULL),NULL,NULL),0.001)),
  0.001, 10)
FROM GeoDbLand g, TABLE(SDO_UTIL.GETVERTICES(g.geo)) t;

SDO_GEOM.SDO_CONCAVEHULL_BOUNDARY
------------------------------------------------------------------------------
SDO_GEOMETRY(2003, NULL,NULL,
  SDO_ELEM_INFO_ARRAY(1,1003,1),
  SDO_ORDINATE_ARRAY(1,1, 9,3, 13,5, 19,1, 16,8, 17,12, 19,20,
                     10,19, 1,20, 1,15, 3,10, 1,1))
```

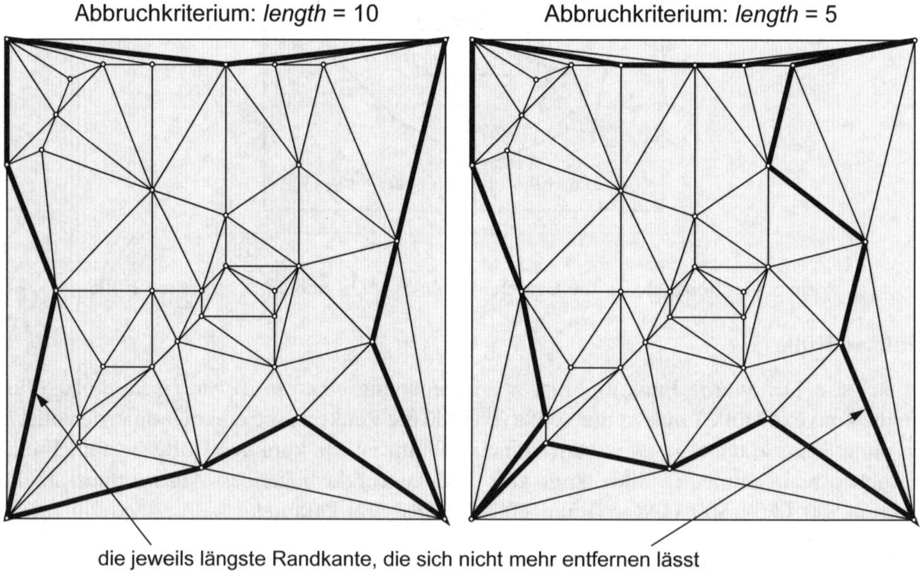

Abb. 5.14: Beispiele für die Berechnung unterschiedlicher konkaver Hüllen über einer Punktmenge

Generalisierung

Die Funktion `SDO_UTIL.SIMPLIFY` erlaubt eine *Generalisierung* einer Geometrie nach dem bekannten Douglas-Peucker-Algorithmus. Der Funktion wird neben der Geometrie als zweiter Parameter ein Schwellenwert übergeben, der die maximale Abweichung der generalisierten Geometrie von der Originalgeometrie festlegt; bei geografischen Koordinaten erfolgt die Angabe in Metern. Optional kann ein Toleranzwert als dritter Parameter angegeben werden.

```
SELECT SDO_UTIL.SIMPLIFY(gebiet,250)  -- maximale Abweichung 250m
FROM Ortsnetze
WHERE name = 'Lilienthal';
```

```
SDO_UTIL.SIMPLIFY(GEO,250)
--------------------------------------------------------------------------
SDO_GEOMETRY(2003, 4326, NULL, SDO_ELEM_INFO_ARRAY(1,1003,1),
SDO_ORDINATE_ARRAY(8,85317, 53,19302, 8,82645, 53,16118, 8,83964, 53,15742,
  8,84059, 53,14754, 8,86095, 53,13786, 8,86198, 53,13152, 8,89731, 53,13398,
  8,90326, 53,13882, 8,91218, 53,13242, 8,92058, 53,14451, 8,94201, 53,15231,
  8,95689, 53,14714, 8,97908, 53,13054, 8,98338, 53,12603, 8,97389, 53,12272,
  8,99113, 53,11725, 9,00435, 53,13584, 8,99085, 53,13794, 8,99682, 53,14517,
  8,98308, 53,14689, 8,98712, 53,15695, 8,96082, 53,16417, 8,94999, 53,16304,
  8,92784, 53,18306, 8,8766, 53,1963, 8,86548, 53,19124, 8,85317, 53,19302))
```

Abbildung 5.15 zeigt links die resultierende Geometrie für das obige Beispiel. Man beachte, dass sich durch eine Generalisierung die topologischen Verhältnisse verändern und dass – bei Polygonen mit Löchern und Multipolygonen – dadurch gegebenenfalls ungültige Geometrien entstehen können. Daher ist es ab Release 12.1 möglich, über einen vierten Parameter anzugeben, dass Selbstüberlappungen im Resultat vermieden werden sollen.

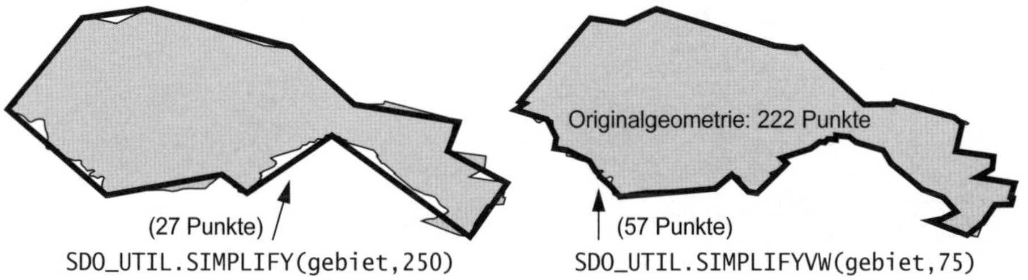

Abb. 5.15: Beispiele für Generalisierung

Neben SIMPLIFY steht seit Version 12 die Funktion SIMPLIFYVW im Paket SDO_UTIL zur Verfügung, die anstelle des Douglas-Peucker-Algorithmus den Algorithmus von Visvalingham-Whyatt verwendet. Anstelle einer maximalen Abweichung wird bei dieser Funktion eine Wahrscheinlichkeit für den Wegfall von Stützpunkten zwischen 0 und 100 angegeben.

```
SELECT SDO_UTIL.SIMPLIFYVW(gebiet,75) -- 75% der Stützpunkte werden entfernt
FROM Ortsnetze
WHERE name = 'Lilienthal';
```

6 Indexierung von Geodaten

Wie im letzten Kapitel ausgeführt, müssen im Rahmen der räumlichen Anfragebearbeitung aus der Gesamtmenge aller Geoobjekte die Kandidaten bestimmt werden, die potenziell die Anfragebedingung erfüllen. Da die Menge der Datensätze sehr groß sein kann, wird dafür ein *räumlicher Index* (engl. *Spatial Access Method*, *SAM*) benötigt. Die räumliche Indexierung[1] von Geodaten ist Thema dieses Kapitels. Zur Vorbereitung werden im ersten Abschnitt die prinzipiellen Formen der Indexierung in relationalen Datenbanksystemen betrachtet. Allerdings sind solche Indexe nicht ohne Weiteres für Geodatenbanken einsetzbar. Die dafür notwendigen Verfahren werden in der weiteren Folge dieses Kapitels behandelt, wobei neben den prinzipiellen Techniken zur Indexierung von Geodaten konkrete räumliche Indexe vorgestellt werden und deren Einsatz erörtert wird.

6.1 Indexierung in Datenbanksystemen

Ziel von Datenbanksystemen ist es, große Mengen von sich ggf. ändernden Datensätzen persistent zu speichern. Dabei organisiert das Datenbankmanagementsystem die Daten in Datenbankblöcken fester Größe. Der Zugriff auf den *Hintergrundspeicher* erfolgt blockweise, d.h., um einen Datensatz auf dem Hintergrundspeicher abzuspeichern oder in den Hauptspeicher einzulesen, wird mindestens ein vollständiger Datenbankblock übertragen, der unter Umständen mehrere Datensätze umfasst. Als Hintergrundspeicher verwenden Datenbanksysteme typischerweise *Magnetplattenspeicher*, die meist als *Festplattenlaufwerk* (engl. *Hard Disk Drive*, *HDD*) bezeichnet werden. Eine Ablösung der Magnetplattentechnologie durch *Solid State Drives* (*SSDs*), die im mobilen Bereich verstärkt Verwendung finden, ist für Datenbank-Server kurzfristig nicht zu erwarten.

Ein Magnetplattenspeicher besteht aus mehreren, übereinander angeordneten *Magnetplatten*, die mit rund 120 Umdrehungen pro Sekunde um eine Achse rotieren. Der Zugriff auf die Festplatte erfolgt über einen Zugriffsarm, an dessen Ende sich ein *Schreib-/Lesekopf* befindet. Eine Magnetplatte ist in *Sektoren* eingeteilt, die ringförmig angeordnet sind. Die Sektoren eines solchen Rings werden *Spur* genannt. Die übereinander liegenden Spuren aller Magnetplatten bilden einen *Zylinder*. Abbildung 6.1 skizziert schematisch die Struktur einer Magnetplatte.

Das Dateisystem fasst einen oder mehrere Sektoren zu einem *Block* zusammen. Solche Blöcke sind die kleinste Zugriffseinheit des Magnetplattenspeichers. Ein *Datenbankblock* wiederum besteht aus einer festen Anzahl von Blöcken des Dateisystems. Anstelle von Blöcken spricht man auch oft von *Seiten* (engl. *Pages*).

Um auf einen Block lesend oder schreibend zugreifen zu können, muss der Schreib-/Lesekopf quer zur Plattenrotation über dem Zylinder positioniert werden, auf dem sich der gesuchte Block befindet. Die dafür erforderliche Zeit wird als *Zugriffsbewegungszeit* (engl. *Seek Time*) bezeichnet. Dann muss so lange gewartet werden, bis der Block sich an dem

[1] Im Gegensatz zu den ansonsten üblichen Begriffen „Indizes“ und „Indizierung“ werden im Bereich der Datenbankzugriffsstrukturen die Wortformen „Indexe“ und „Indexierung“ verwendet.

Schreib-/Lesekopf vorbei bewegt. Die dafür benötigte Zeit nennt man *Latenzzeit* (engl. *Latency Time*). Erst dann können die Daten übertragen werden. Die Zugriffsbewegungszeit und die Latenzzeit bestimmen im Wesentlichen die *Zugriffszeit* (engl. *Access Time*). Da diese beiden Zeiten von der Mechanik des Magnetplattenspeichers abhängen, hat sich die mittlere Zugriffszeit in den letzten 25 Jahren – im Gegensatz zu den drastisch verbesserten Prozessorleistungen und erhöhten Plattenkapazitäten – nur um einen Faktor 4 verbessert. Die Zeit für einen wahlfreien Zugriff auf einen beliebigen Block des Magnetplattenspeichers mit 10.000 Umdrehungen pro Minute beträgt rund 8 ms. Damit ist ein solcher Blockzugriff im Vergleich zu einem Hauptspeicherzugriff sehr zeitaufwendig. Entsprechend muss ein Datenbanksystem versuchen, die Anzahl der Plattenzugriffe (*I/O-Kosten*), die beim Suchen, Einfügen und Löschen von Datensätzen entstehen, möglichst klein zu halten. Ein wichtiges Mittel, um dies zu erreichen, ist der Einsatz von Indexen. Außerdem sollten Daten, die typischerweise gemeinsam angefragt werden, möglichst auf benachbarten Blöcken (beispielsweise auf einer Spur) gespeichert werden, um Zugriffsbewegungs- und Latenzzeiten einzusparen. Dies erreicht man durch eine *Cluster-Bildung*, die das Ziel hat, häufig gemeinsam angefragte Daten physisch nah zu speichern.

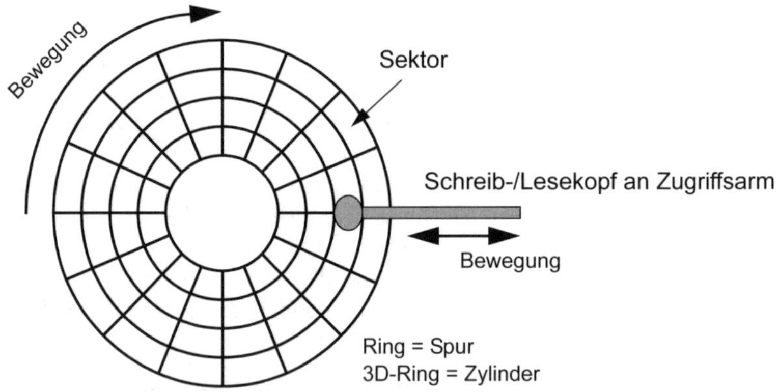

Abb. 6.1: Struktur einer Magnetplatte

Ein *Index* ist ein dynamisches Inhaltsverzeichnis, das die schnelle Suche nach Datensätzen unterstützt. Ein Index kann für ein einzelnes Attribut, für eine Gruppe von Attributen oder auch auf Basis von Ausdrücken angelegt werden, die eine Berechnung auf Basis von Attributwerten vornehmen. Sollten die Datensätze in einer Datei nach einem Attribut sortiert vorliegen, können *Primärindexe* oder *Cluster-Indexe* eingesetzt werden, wobei ein Primärindex auf Primärschlüssel und ein Cluster-Index auf Attribute gelegt wird, die nicht eindeutig sein brauchen [37]. Da sich in diesem Fall in einem Datenbankblock Datensätze mit gleichen oder ähnlichen Schlüsseln befinden, ist es nicht notwendig, für jeden Datensatz einen Eintrag Index zu speichern; der Index ist *nicht dicht*. Es kann maximal einen Primär- oder Cluster-Index geben. Bei *Sekundärindexen* stimmt die Ordnung des Indexes nicht mit der Ordnung der Datei überein, die die Datensätze speichert. Ein Sekundärindex kann für Schlüssel- und Nichtschlüsselattribute angelegt werden. Aufgrund der unterschiedlichen Ordnungen muss für jeden Datensatz die Speicheradresse im Sekundärindex vorliegen; er ist damit *dicht*. Es kann beliebig viele Sekundärindexe für eine Datei und damit für eine Tabelle geben.

Für ein indexiertes Attribut bzw. für eine indexierte Attributgruppe beschleunigt ein Index die Bearbeitung von Anfragen. Dies kann die *exakte Suche* (engl. *Exact Match Query*) nach den Datensätzen betreffen, bei denen die indexierten Attributwerte mit einem angefragten Wert (dem *Suchschlüssel*, engl. *Search Key*) übereinstimmen, oder auch *Bereichsanfragen* (engl. *Range Queries*), bei denen die Attributwerte in einem Intervall zwischen zwei Suchschlüsseln liegen.

In relationalen Datenbanksystemen, die numerische oder alphanumerische Daten verwalten, werden als Datenstrukturen für einen Index (als sogenannte *Indexstrukturen)* typischerweise *B-Bäume* oder *dynamische Hash-Verfahren* bzw. Varianten dieser Verfahren eingesetzt.

6.1.1 B- und B$^+$- Bäume

6.1.1.1 B-Bäume

B-Bäume [9] und deren Varianten sind die gängigste Indexstruktur in Datenbanksystemen. Im Folgenden wird angenommen, dass jeder in einem B-Baum gespeicherte Datensatz x einen *Schlüssel S(x)* besitzt. Für diese Schlüssel wird über eine *Ordnungsrelation* eine *lineare (Sortier-)Ordnung* definiert, sodass man verschiedene Schlüsselwerte eindeutig nacheinander anordnen und damit sortieren kann. Der Einfachheit halber wird dabei im Folgenden angenommen, dass alle gespeicherten Datensätze unterschiedliche Schlüssel haben.

B-Bäume sind *Suchbäume*. In einem Suchbaum sind die Datensätze in den Knoten (gemäß der definierten Ordnungsrelation) sortiert gespeichert und es gilt:

- $S(l) < S(x)$ für alle Datensätze l im „linken" Teilbaum von x und
- $S(r) > S(x)$ für alle Datensätze r im „rechten" Teilbaum von x.

Abbildung 6.2 zeigt zwei binäre Suchbäume, bei denen die Ordnung der Monatsreihenfolge im Jahr entspricht. Der maximale Aufwand, um einen Datensatz bei einem gegebenen Suchschlüssel zu finden, hängt von der Höhe h des Suchbaums ab, also der größten Weglänge von der Wurzel zu einem Blattknoten. So kann im linken Beispiel der Datensatz mit dem Schlüssel ‚JUN' nach der Betrachtung von fünf Knoten gefunden werden, während im rechten Beispiel sechs Schritte erforderlich sind, um ‚AUG' zu finden.

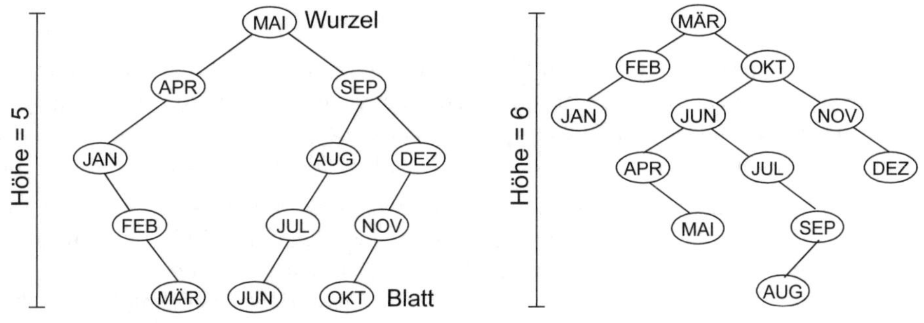

Abb. 6.2: Beispiel für zwei Suchbäume mit einer durch die Monatsreihenfolge definierten Ordnung

Sei n die Anzahl der gespeicherten Datensätze in einem Suchbaum. Dann sind Suchbäume, bei denen die Höhe h im schlimmsten Fall (engl. *Worst Case*) $O(\log n)$ beträgt, in dieser Hinsicht optimal und heißen *(höhen-)balancierte Bäume*.

Eine wesentliche Eigenschaft von Indexstrukturen ist, dass ein Knoten der Indexstruktur einem Datenbankblock entspricht. Da ein solcher Datenbankblock in etwa 4 bis 16 KB groß ist, können in der Regel viele Datensätze in einem Knoten gespeichert werden. Daher macht es keinen Sinn, binäre Bäume als Indexstruktur zu verwenden, da diese wie in dem Beispiel aus Abbildung 6.2 nur einen Datensatz pro Knoten speichern. Stattdessen benötigen wir Bäume mit einer höheren Anzahl von Einträgen pro Knoten. Dabei wird zur Vereinfachung angenommen, dass alle Datensätze den gleichen Speicherbedarf haben.

Ein B-Baum der Ordnung m ist ein Suchbaum mit folgenden Eigenschaften[2]:

1. Jeder Knoten enthält höchstens $2m$ Einträge.
2. Jeder Knoten außer der Wurzel enthält mindestens m Einträge.
3. Ein Knoten mit x Einträgen hat als *innerer Knoten* genau $x+1$ direkte Nachfahren (*Sohnknoten*) oder als *Blattknoten* (engl. *Leaf Node*) keine Nachfahren. Die Anzahl der direkten Nachkommen wird *Verzweigungsgrad* (engl. *Fan Out*) des Knotens genannt. Der maximale Verzweigungsgrad beträgt damit $2m+1$.
4. Alle Blätter befinden sich auf dem gleichen *Niveau*, d.h. die Weglänge von der Wurzel zu allen Blättern ist gleich.

Abbildung 6.3 zeigt als Beispiel einen B-Baum der Ordnung 2.

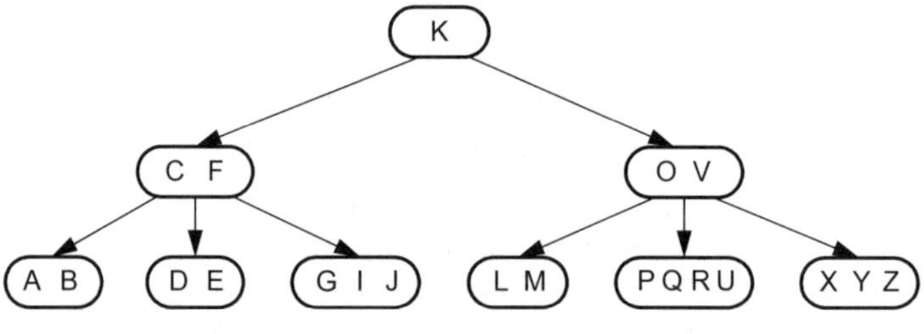

Abb. 6.3: Beispiel für einen B-Baum der Ordnung 2

B-Bäume sind balancierte Bäume, da für die Höhe h eines B-Baums gilt:

- $h \leq \log_{m+1} n$

Bei 1.000.000 Datensätzen erreicht ein B-Baum der Ordnung 32 maximal die Höhe 4. In diesem Fall sind maximal vier Zugriffe auf Datenbankblöcke erforderlich, um einen gesuchten Datensatz zu finden. Da jeder Knoten (mit Ausnahme der Wurzel) mindestens zur Hälfte mit Datensätzen gefüllt ist, beträgt die *Speicherplatzausnutzung* mindestens 50 %.

Zum näheren Verständnis eines B-Baums soll der *Einfügealgorithmus* kurz betrachtet werden, der einen Datensatz x, der noch nicht im B-Baum gespeichert ist, dem Baum hinzufügt: Zunächst wird der Knoten K gesucht, in den der neue Datensatz einzufügen ist. Dazu wird beginnend mit der Wurzel der Schlüssel $S(x)$ mit den Schlüsselwerten der Einträge des aktuellen Knotens verglichen. Gemäß der Sortierung kann so der Teilbaum bestimmt werden, in dem x einzufügen ist. Dieser Vorgang wird so lange wiederholt, bis diese Suche auf ein Blatt K stößt. In dieses Blatt wird der Datensatz entsprechend der geltenden Sortierordnung eingefügt. Dieser Vorgang wird in Abbildung 6.4 an einem Beispiel illustriert.

[2] Der Begriff „Ordnung" an dieser Stelle hat nichts mit der Sortierordnung der im Baum gespeicherten Schlüssel zu tun.

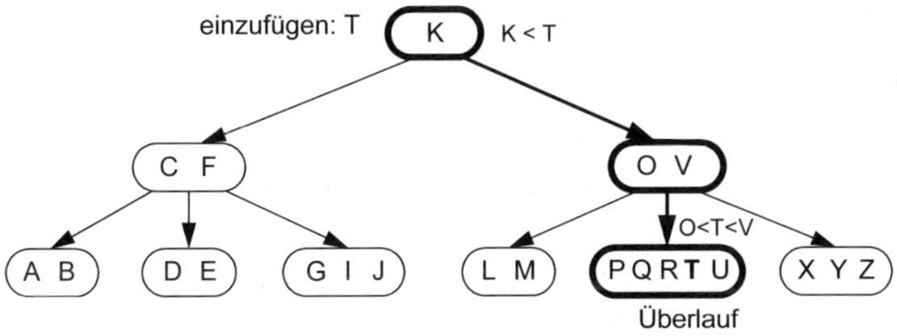

Abb. 6.4: Suche und Einfügen im B-Baum der Ordnung 2

Sei n_K die Anzahl der Einträge in K nach dem Einfügen. Falls $n_K \leq 2 \cdot m$ ist, ist der Einfügevorgang abgeschlossen; der veränderte Knoten kann nun auf dem Hintergrundspeicher gesichert werden. Anderenfalls (d.h. falls $n_K = 2 \cdot m+1$) liegt ein *Überlauf des Knotens* (engl. *Overflow*) vor. Ein Überlauf bewirkt ein Aufspalten (engl. *Split*) des Knotens K in zwei Knoten und das Verschieben des mittleren Eintrags k_m in den Vaterknoten. Dabei wird die Sortierung der Datensätze aufrechterhalten, indem alle Einträge, deren Schlüssel kleiner als $S(k_m)$ ist, dem „linken" Knoten und der Rest dem „rechten" Knoten zugeordnet werden. Dieser Vorgang ist in Abbildung 6.5 skizziert. Das Speichern des mittleren Eintrags im Vaterknoten kann dort eventuell einen Überlauf verursachen, der analog zu behandeln ist. Ist der aufgeteilte Knoten die Wurzel, dann wird der mittlere Datensatz in einer neuen Wurzel abgespeichert, sodass die Höhe des B-Baums um 1 zunimmt.

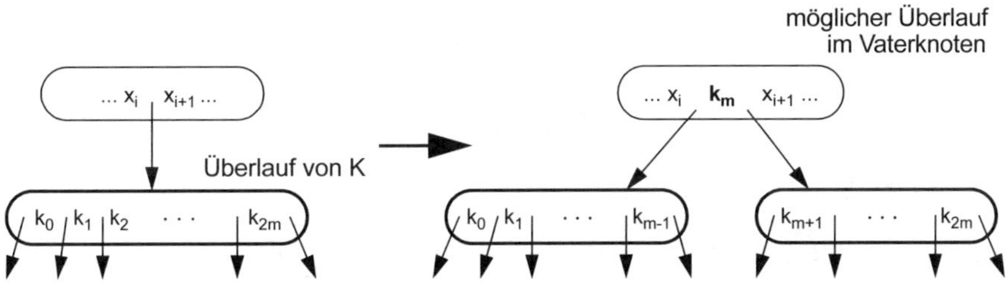

Abb. 6.5: Behandlung eines Überlaufs beim Einfügen in einen B-Baum

Abbildung 6.6 zeigt den B-Baum von Abbildung 6.4 nach dem Split.

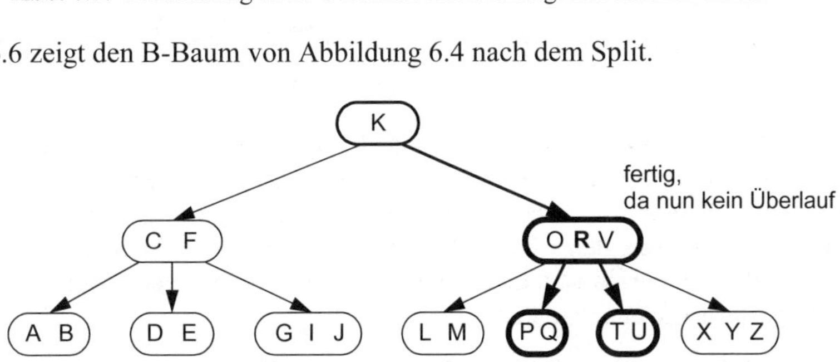

Abb. 6.6: Der B-Baum aus Abbildung 6.4 nach dem Split

Da sowohl die Suche nach der Einfügeposition als auch die Behandlung von möglichen Überläufen auf einen Pfad zwischen der Wurzel und dem Blatt beschränkt ist, in dem der

Datensatz eingefügt wird, beträgt der Aufwand für das Einfügen *O(log n)*. Auch das Löschen eines Datensatzes bleibt auf einen solchen Pfad beschränkt.

6.1.1.2 B⁺-Bäume

Eine Variante von B-Bäumen stellt der *B^+-Baum* (sprich: B-Plus-Baum) dar. Dieser speichert die Daten nur in seinen Blättern. Diese Blätter werden daher auch *Datenknoten* oder *Datenblöcke* genannt.

Die inneren Knoten eines B^+-Baums bilden ein *Verzeichnis* (engl. *Directory*). Sie werden dementsprechend auch *Verzeichnisknoten* oder *Verzeichnisblöcke* genannt. Die Einträge in den Verzeichnisknoten heißen *Separatoren*. Für einen Separator *sep* gelten die folgenden Suchbaumeigenschaften:

- $sep_l < sep$ für alle Separatoren sep_l im „linken" Teilbaum von *sep*,
- $S(l) < sep$ für alle Datensätze *l* in den Blättern des „linken" Teilbaums von *sep*,
- $sep_r > sep$ für alle Separatoren sep_r im „rechten" Teilbaum von *sep* und
- $S(r) \geq sep$ für alle Datensätze *r* in den Blättern des „rechten" Teilbaums von *sep*.

Anders formuliert: Das Verzeichnis eines B^+-Baums ist ein B-Baum, der Separatoren organisiert, die jeweils die Werte von zwei benachbarten Datenknoten voneinander trennen. Abbildung 6.7 veranschaulicht diese Eigenschaften. So sind alle Separatoren und Datensatzschlüssel im linken Teilbaum von „K" gemäß der alphabetischen Sortierordnung kleiner als „K". Die Separatoren „P" und „V" im rechten Teilbaum von „K" müssen größer als „K" sein, da das Verzeichnis ein B-Baum ist. „K" ist Separator zwischen den beiden Datenknoten (G I J) und (K L M O). Analog ist „V" ein Separator zwischen den Datenknoten (P Q R U) und (V X Y Z).

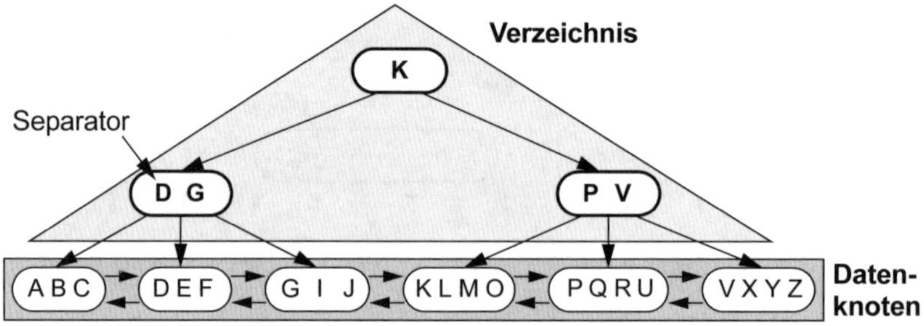

Abb. 6.7: Beispiel für einen B^+-Baum

Zusätzlich sind die jeweils benachbarten Datenknoten eines B^+-Baums über entsprechende Verweise miteinander verkettet, um Bereichsanfragen (z.B. „Bestimme alle Orte, deren Name mit F bis L beginnt.") zu unterstützen. In diesem Fall wird über den B^+-Baum der erste Datensatz in dem angefragten Bereich bestimmt und dann die Datenknoten so lange nach „rechts" durchlaufen, bis man auf den ersten Datensatz außerhalb des Anfrageintervalls stößt oder am Ende der Liste angelangt ist.

Wenn durch ein Einfügen in einem Datenknoten ein Überlauf entsteht, werden die Einträge gemäß der geltenden Sortierordnung vollständig auf zwei Knoten aufgeteilt. Es wird ein Separator bestimmt, der gemäß den oben aufgeführten Eigenschaften die beiden Datenknoten eindeutig voneinander trennt. Abbildung 6.8 skizziert einen solchen Split.

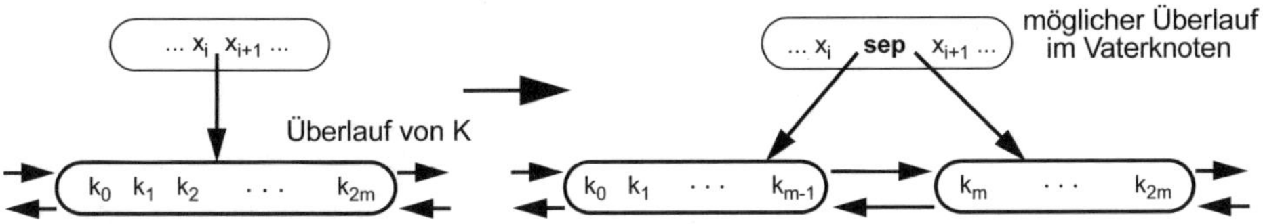

Abb. 6.8: Behandlung des Überlaufs eines Datenknotens in einem B^+-Baum

Abbildung 6.9 zeigt den B^+-Baum von Abbildung 6.7 nach Einfügen von „Lama", wodurch es zu einem Split des dadurch entstandenen Datenknotens (K L Lama M O) in (K L) und (Lama M O) gekommen ist und „Lama" als Separator in den Verzeichnisknoten (P V) eingefügt wurde. Ein Überlauf in Verzeichnisknoten wird wie in einem normalen B-Baum behandelt.

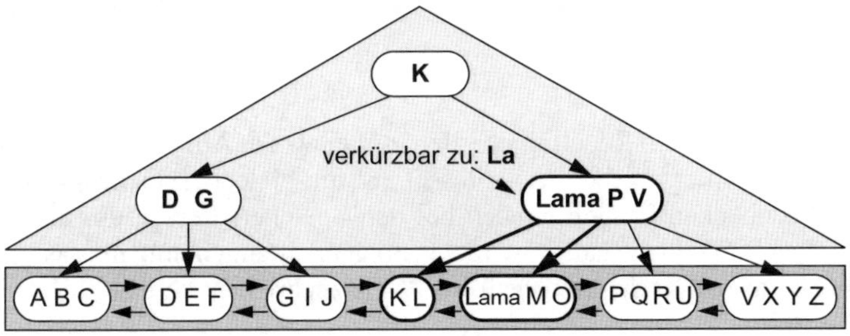

Abb. 6.9: Beispiel für einen Split eines Datenknotens im B^+-Baum

In einem B^+-Baum kann man Separatoren gegenüber den Originalschlüsseln verkürzen: Der Separator „Lama" ist nicht der einzig mögliche und vor allem nicht der kürzest mögliche Separator. Auch die Zeichenkette „La" ist ein gültiger Separator, während z.B. „L" die beiden neuen Knoten nicht mehr hinreichend voneinander unterscheidet. Außerdem brauchen in den Verzeichnisknoten eines B^+-Baums nur die Attribute, die zum Schlüssel gehören, gespeichert werden. Aufgrund dieser beiden Eigenschaften ist die maximale Zahl der Einträge in einem Verzeichnisknoten (in der Regel) deutlich größer als in einem Datenknoten bzw. einem Knoten eines B-Baums. Dies führt zu einer geringeren Höhe gegenüber einem vergleichbaren B-Baum, wodurch wiederum langsame Plattenzugriffe eingespart werden können.

6.1.1.3 Umsetzung in Oracle

Legt man in einem Datenbanksystem einen Index an, so handelt es sich typischerweise um einen B^+-Baum. Dies gilt auch für Oracle. Die Syntax lautet (stark vereinfacht) wie folgt:

```
CREATE [UNIQUE] INDEX <Indexname> ON <Tabellenname>
                                  ( <Attributname> { , <Attributname> } )
```

Die Anweisung `CREATE UNIQUE INDEX` erstellt einen Index über einen Schlüssel, sodass das Datenbanksystem garantiert, dass die entsprechenden Attributwerte eindeutig sind. Ein über `CREATE INDEX` angelegter Index nimmt eine solche Überprüfung nicht vor, sodass der Index dann auch für nicht eindeutige Attribute verwendet werden kann. Über `DROP INDEX` kann ein Index wieder gelöscht werden:

```
-- Index angelegen:
CREATE INDEX Gemeinden_name_ix ON Gemeinden(name);
-- Index wieder löschen:
DROP INDEX Gemeinden_name_ix;
```

Standardmäßig wird in Oracle ein Sekundärindex erzeugt. Das heißt, in den Blattknoten werden die indexierten Attributwerte mit der RowID als Verweis auf den eigentlichen Speicherort des Datensatzes gespeichert.

6.1.2 Hash-Verfahren

Hash-Verfahren sind eine weitverbreitete Methode zur Organisation von Daten sowohl im Hauptspeicher als auch auf dem Hintergrundspeicher. Die Grundidee dabei ist, aus einem *Schlüssel S(x)* die Speicheradresse zu berechnen, an der der Datensatz *x* gespeichert werden soll bzw. gespeichert ist. Die Berechnung der Speicheradresse erfolgt über eine *Hash-Funktion h*. Diese bildet den Wertebereich der möglichen Schlüssel *D(S)* in einen Adressraum *A* ab:

$$h : D(S) \rightarrow A$$

Da der Wertebereich *D(S)* im Regelfall deutlich größer als der Adressraum *A* ist, können über eine Hash-Funktion unterschiedliche Schlüssel auf die gleiche Speicheradresse abgebildet werden. Bei Datenbanken handelt es sich bei den Speicheradressen um die Adressen der Datenblöcke. Der Einfachheit halber wird im Folgenden angenommen, dass die Adressen durch natürliche Zahlen aus dem Intervall [0...*N*-1] beschrieben werden.

6.1.2.1 Wahl der Hash-Funktion

Ein offenkundiger Vorteil von Hash-Verfahren ist, dass man über eine Berechnung direkt den gesuchten Block bestimmen und über nur einen Plattenzugriff einlesen kann. Falls das Hash-Verfahren den Speicherort der Datensätze bestimmt, kann man so direkt auf den gesuchten Datensatz zugreifen. Wird das Hash-Verfahren als Sekundärindex eingesetzt, ist ein zusätzlicher Lesevorgang erforderlich. Dies setzt allerdings jeweils voraus, dass alle Datensätze bzw. Datensatzadressen in dem Block an der berechneten Adresse gespeichert werden können. Damit hat die Hash-Funktion neben der Reduktion des Wertebereichs *D(S)* auf den verhältnismäßig kleinen Adressraum *A* als weiteres Ziel, die Schlüssel möglichst gleichmäßig über *A* zu verteilen.

Wenn wir die Tabelle der „Gemeinden“ mit dem Gemeindekennzeichen `gkz` als Schlüssel betrachten, gibt es – unter Berücksichtigung aller deutschen Bundesländer – 16 Mio. prinzipiell mögliche Gemeindekennzeichen. Um rund 13.400 deutsche Gemeinden (Stand im Jahr 2002) zu speichern, ist die Anzahl der Datenblöcke und damit der notwendige Adressraum aber wesentlich kleiner. Für das genannte Beispiel können die Datensätze über die Hash-Funktion

```
h1(gkz) = gkz / 100000
```

die eine ganzzahlige Division vornimmt, auf den Adressraum [0...160] abgebildet werden. Diese Hash-Funktion bestimmt somit die ersten drei Ziffern des achtstelligen Gemeindekennzeichens. So berechnete Schlüssel sind in der Regel nicht gleichmäßig über den Datenraum verteilt. Infolgedessen gibt es einerseits Häufungspunkte und andererseits weitgehend ungenutzte Bereiche. Abbildung 6.10 zeigt, dass es rund 1.100 Gemeinden mit einem

Gemeindeschlüssel gibt, der mit 010 beginnt (alle Gemeinden in Schleswig-Holstein), aber keine, die mit 011 bis 019 beginnen (da es in Schleswig-Holstein keine Regierungsbezirke gibt).

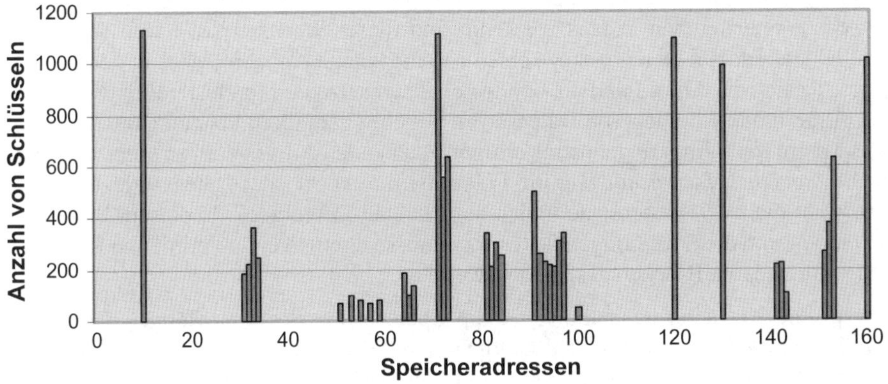

Abb. 6.10: Verteilung der Speicheradressen bei Hash-Funktion h_1

Eine Lösung für das Verteilungsproblem stellt eine Hash-Funktion dar, die möglichst unabhängig von dem Schlüssel ist; d.h. die berechneten Adressen stehen in einem willkürlichen Verhältnis zu den Schlüsselwerten. Dies könnte z.B. über die folgende Hash-Funktion

```
h2(gkz) = gkz % 163
```

erfolgen, die den Restwert bei der Division durch 163 berechnet. Diese Funktion führt, wie auch Abbildung 6.11 zeigt, zu einer recht gleichmäßigen Verteilung der Datensätze auf den Adressraum [0...162]; jeder Adresse sind in diesem Fall zwischen 61 und 96 Schlüssel zugeordnet. Um eine gleichmäßige Verteilung zu erreichen, hat sich die Verwendung von Primzahlen als Divisoren bewährt. Allerdings hat eine solche Hash-Funktion Nachteile bei der Ausführung von Bereichsanfragen, zum Beispiel der Bestimmung aller Gemeinden in Niedersachen (deren Gemeindeschlüssel mit 03 beginnt). Diese Datensätze sind dann über den gesamten Adressraum verstreut gespeichert, sodass zur Ausführung einer solchen Anfrage alle Datenblöcke vom Hintergrundspeicher eingelesen werden müssen. Deshalb spricht man bei Hash-Verfahren auch von einer *gestreuten Speicherung*.

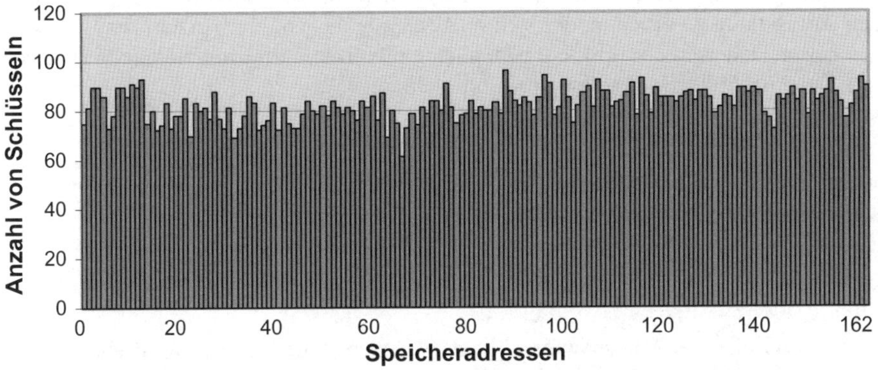

Abb. 6.11: Verteilung der Speicheradressen bei Hash-Funktion h_2

6.1.2.2 Kollisionsbehandlung

Ein weiteres Problem von Hash-Verfahren betrifft die Größe des Adressraums *A*. Bisher haben wir angenommen, dass der Adressraum eine feste Größe hat. Dies ist aber nur dann eine vernünftige Annahme, falls man im Voraus die Anzahl (und ggf. den Speicherplatzbedarf) der zu speichernden Datensätze kennt und dieser Wert sich im Laufe der Zeit nicht wesentlich ändert. Bei Datenbanksystemen ist eine solche Annahme aber in der Regel nicht gegeben, da sich die Anzahl und die Größe von Datensätzen im Laufe der Zeit durch das Einfügen, Ändern und Löschen von Datensätzen beliebig verändern können. Ist die Anzahl der Datensätze im Verhältnis zu dem zur Verfügung stehenden Adressraum zu klein, dann ist eine schlechte *Speicherplatzausnutzung* die Folge. Ist die Anzahl der Datensätze zu groß, dann passen nicht mehr alle Datensätze in den berechneten Datenblock. In diesem Fall liegt eine *Kollision* vor und die überzähligen Datensätze müssen gemäß einer definierten *Kollisionsbehandlung* in anderen Blöcken gespeichert werden.

Eine typische Kollisionsbehandlung ist die Speicherung der überzähligen Datensätze in einem *Überlaufblock*, auf den der übergelaufene Block verweist. Dieser Überlaufblock befindet sich außerhalb des Adressraums *A*. Läuft ein Überlaufblock über, wird ein zusätzlicher Überlaufblock angelegt, auf den der erste Überlaufblock verweist. Dies kann sich mehrfach wiederholen. Daher nennt man das Verfahren *direkte Verkettung*. Abbildung 6.12 skizziert diese Form der Kollisionsbehandlung. Der zunächst über die Hash-Funktion berechnete Block wird auch als *Primärblock* bezeichnet.

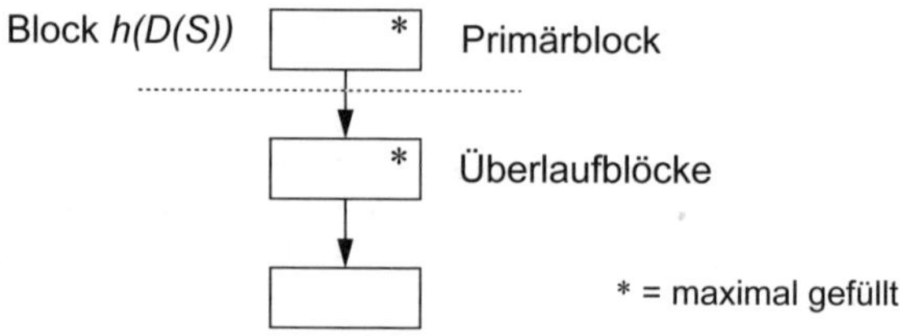

Abb. 6.12: Kollisionsbehandlung über direkte Verkettung

Sobald ein Datensatz (oder dessen Adresse) in einem Überlaufblock abgespeichert wird, benötigt man für das Einlesen des Datensatzes mindestens einen zusätzlichen Plattenzugriff. Treten längere Ketten von Überlaufblöcken auf, so erhöhen sich die Zugriffszeiten erheblich. Daher müssen Hash-Verfahren in Datenbanksystemen in der Lage sein, mit einem variabel großen Adressraum zu arbeiten, der sich in Abhängigkeit von der Anzahl (bzw. Größe) der gespeicherten Datensätze vergrößern oder auch ggf. verkleinern kann. Solche Verfahren werden als *dynamische Hash-Verfahren* [98] bezeichnet.

6.1.2.3 Lineares Hashing

Ein dynamisches Hash-Verfahren ist das *Lineare Hashing* [101]. Hierbei werden zeitgleich zwei Hash-Funktionen h_i und h_{i+1} verwendet, wobei gilt:

- $h_i : D(S) \rightarrow [0 \ldots 2^i\text{-}1]$
- $h_{i+1} : D(S) \rightarrow [0 \ldots 2^{i+1}\text{-}1]$

Die aktuelle Größe des Adressraums N liegt zwischen 2^i und 2^{i+1}-1. Wird ein zusätzlicher Block zur Speicherung der Daten erforderlich, werden die Datensätze des Blocks N-2^i gemäß der Hash-Funktion h_{i+1} auf die Blöcke $N\text{-}2^i$ und N verteilt und N um 1 erhöht. Abbildung 6.13 illustriert diesen Vorgang, wobei in dem Beispiel die Speicheradresse aus einem Schlüssel $S(x)$ wie folgt über eine Restwertbildung berechnet wird:

- $h_i : S(x) = S(x) \% 2^i$

Sobald N den Wert von 2^{i+1} erreicht (also nach jeder Verdoppelung des Adressraum), wird i um 1 erhöht. Bei der Suche nach einem Datensatz x wendet man h_i auf dessen Schlüssel $S(x)$ an. Falls die berechnete Adresse größer oder gleich $N\text{-}2^i$ ist, hat man bereits die richtige Blocknummer bestimmt (dieser Fall tritt im oberen Beispiel von Abbildung 6.13 ein, wenn die Blocknummern 1, 2, 3 oder 4 das Ergebnis der Funktion h_2 ist). Ansonsten muss man den Block über die Hash-Funktion h_{i+1} bestimmen. Im oberen Beispiel von Abbildung 6.13 ist dies erforderlich, falls die Blocknummer 0 über die Funktion h_2 berechnet wurde. Häufig führt man zur Unterscheidung der Hash-Funktionen einen *Split-Zeiger* ein, der in der Abbildung mit „sp" gekennzeichnet ist. Liegt die über h_i berechnete Blocknummer unterhalb der Position, auf die der Split-Zeiger verweist, muss die Adresse über h_{i+1} berechnet werden. Wird der Adressraum um einen Block vergrößert, muss der Split-Zeiger um eine Position erhöht werden. Nach jeder Verdoppelung des Adressraums wird der Split-Zeiger auf 0 gesetzt.

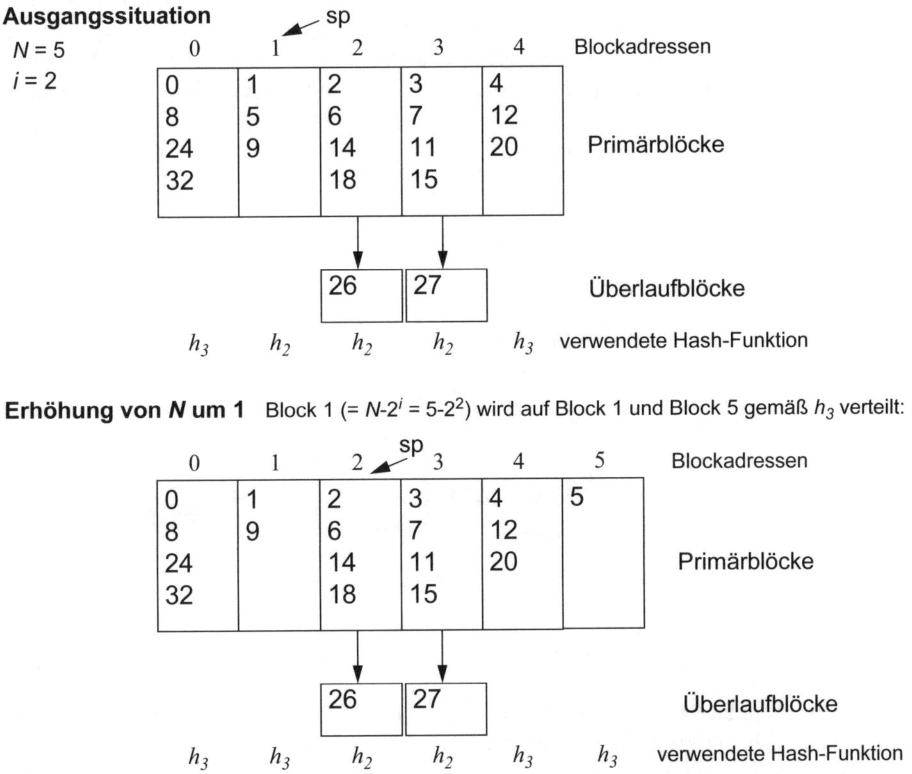

Abb. 6.13: Vergrößerung des Adressraums beim Linearen Hashing

Zusammenfassend kann festgehalten werden, dass Hash-Verfahren insbesondere dazu geeignet sind, die exakte Suche nach einzelnen Datensätzen in der Datenbank effizient zu unterstützen.

6.2 Indexierung von Geodaten

Um Anfragen bezüglich geometrischer Attribute effizient ausführen zu können, muss ein Geodatenbanksystem in der Lage sein, räumliche Daten zu indexieren. Allerdings sind geometrische Datentypen im Vergleich zu Zahlen oder Zeichenketten sehr komplex. B-Bäume oder ihre Varianten sind Suchbäume, d.h. sie benötigen eine lineare Ordnung, nach der die Schlüssel sortiert werden können. Eine solche lineare Ordnung ist für Zahlen oder Zeichenketten offenkundig gegeben, für geometrische Datentypen hingegen nicht. Es lässt sich nicht ohne Weiteres sagen, ob die Position des Kölner Doms kleiner oder größer als die der Düsseldorfer Altstadt ist oder ob das Polygon, das Unterfranken beschreibt, vor oder nach dem Polygon des Regierungsbezirks Kassel einzuordnen ist. Eine Möglichkeit ist es, den Geometrien (mehr oder weniger) willkürliche Nummern zuzuordnen, wie das in Abbildung 6.14 für die Regierungsbezirke von Bayern dargestellt ist. Dann können wir zwar die Daten sortieren, allerdings entsteht dadurch ein anderes Problem: Wir müssten für eine räumliche Anfrage wissen, nach welchen Nummern wir zu suchen haben. Es muss also einen Zusammenhang zwischen der Nummerierung und der räumlichen Lage und Ausdehnung der Geometrien geben.

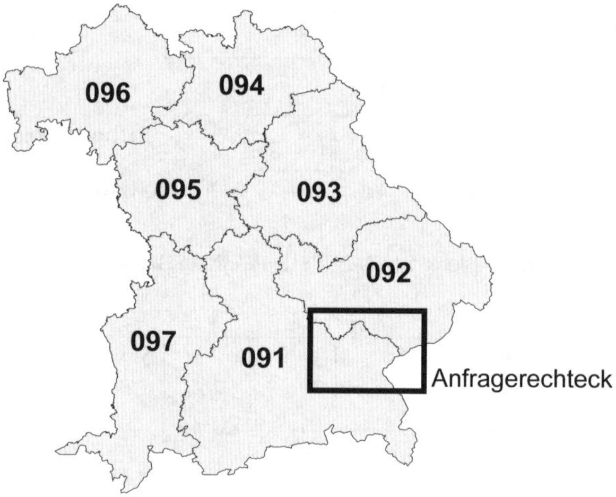

Abb. 6.14: Nummerierung von Geometrien

Bei Hash-Verfahren benötigen wir eine Zuordnung von den Schlüsseln zu der Blocknummer mithilfe einer Hash-Funktion. Ein Ansatz ist es, den Datenraum in kleine Bereiche zu zerlegen und jeden dieser Bereiche über eine Nummer einem Datenblock zuzuordnen. Solche Bereiche werden im Folgenden *Blockregionen* genannt. Eine beispielhafte *Partitionierung* des Datenraums mithilfe eines Gitternetzes in 16 Blockregionen ist in Abbildung 6.15 dargestellt.

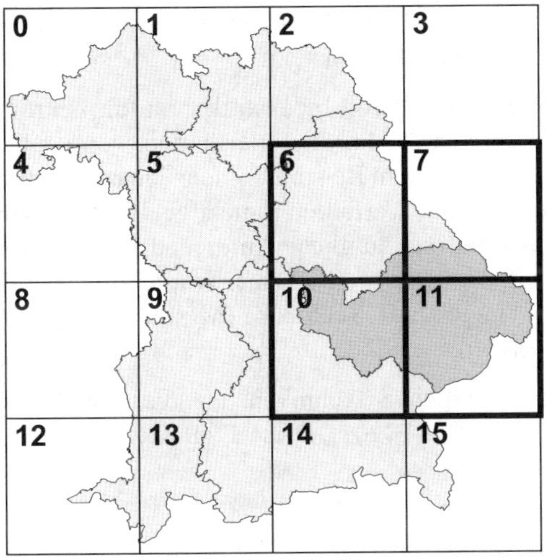

Abb. 6.15: Zuordnung von Blocknummern über ein Gitternetz

Bei der Zerlegung in gleichgroße, überlappungsfreie Blockregionen treten allerdings zwei Probleme auf: So hat eine solche Lösung Schwierigkeiten, ungleich verteilte Daten effizient zu verwalten. Ungleichverteilungen sind, wie wir bereits festgestellt haben, für reale Geodaten recht typisch. Das zweite Problem betrifft die Zuordnung der Geoobjekte zu den Blockregionen. Der Regierungsbezirk Niederbayern wird in Abbildung 6.15 von vier Gitterzellen (6, 7, 10 und 11) überdeckt. Dies entspricht einer Hash-Funktion, die nicht einen Wert, sondern eine Menge von Blockadressen für einen Schlüssel berechnet. Damit stellt sich die Frage, wie in solchen Situationen zu verfahren ist.

Wir können als ein erstes Fazit festhalten, dass herkömmliche Verfahren nicht (ohne Weiteres) zur Indexierung von Geodaten eingesetzt werden können. Indexstrukturen, die Geodaten verwalten können, werden daher *räumliche Indexstrukturen* genannt.

Die wesentlichen Anforderungen an solche räumliche Indexstrukturen sind:

- *Räumliche Basisanfragen* müssen effizient ausgeführt werden. Der Index sollte eine Suchanfrage möglichst direkt zu den Blöcken hinführen, die die angefragten Geoobjekte speichern. Effizient bedeutet in diesem Zusammenhang insbesondere, dass der Zugriff mit möglichst wenigen Plattenzugriffen erfolgt. Eine unmittelbare Konsequenz aus dieser Forderung ist, dass Daten, die räumlich benachbart sind (und daher in räumlichen Anfragen häufig gemeinsam eingelesen werden), mit hoher Wahrscheinlichkeit in einem gemeinsamen Datenblock gespeichert werden. Bei der Speicherung von Geodaten sind also *räumliche Cluster* zu bilden. Man spricht hier auch von (*lokaler*) *Ordnungserhaltung*.
- Ein dynamisches Einfügen, Löschen und Verändern von Geoobjekten muss möglich sein. Die Effizienz der Indexstruktur sollte sich durch wiederholte Einfüge- und Löschoperationen nicht wesentlich ändern.
- Eine gute Speicherplatzausnutzung sollte garantiert sein.

- Die Indexstruktur sollte robust gegenüber Ungleichverteilungen der Geoobjekte im Datenraum sein, ohne dass dadurch die Speicherplatzausnutzung degeneriert oder die Bearbeitungszeit für Anfragen stark ansteigt.

In den 80er-Jahren wurde eine Reihe von Indexstrukturen für mehrdimensionale Punktgeometrien (*Punktstrukturen*) entwickelt. Für die Speicherung von geometrischen Datentypen, die eine Ausdehnung besitzen, wie zum Beispiel Linienzüge oder Polygone, sind Punktstrukturen – zumindest ohne ergänzende Verfahren – nicht geeignet. Im vorhergehenden Kapitel haben wir gesehen, dass man für die räumliche Anfragebearbeitung komplexere Geometrien durch einfache Approximationen beschreibt. Daher wurden Indexstrukturen entwickelt, die in der Lage sind, minimal umgebende Rechtecke (MURs) zu organisieren. Hierbei spricht man auch von *Rechteckstrukturen*.

Es gibt eine Reihe unterschiedlicher Techniken, die die Speicherung von ausgedehnten Objekten unterstützen [43][178][184][201]. Diese Techniken sollen nachfolgend kurz vorgestellt werden.

6.2.1 Clipping

Das *Clipping* basiert auf der Idee, ein geometrisches Objekt bzw. dessen MUR jeder Blockregion zuzuordnen, die es schneidet. Abbildung 6.16 skizziert diesen Ansatz. In dem Beispiel wird das Rechteck R_1 gleich vier Blockregionen zugeordnet.

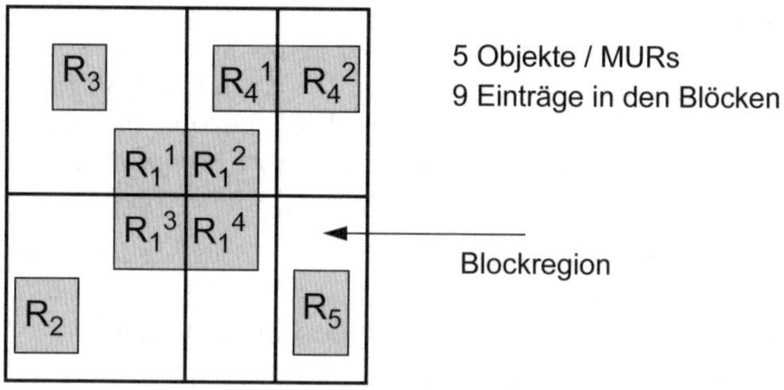

Abb. 6.16: Clipping

Beim Clipping steigt die Zahl der Einträge in der Indexstruktur stärker als die Zahl der gespeicherten Geoobjekte. Dieses gilt insbesondere dann, wenn die Ausdehnung der Objekte im Verhältnis zum Datenraum groß ist oder die Partitionierung durch die Speicherung vieler Objekte sehr fein geworden ist. Wird eine gewisse Schwelle überschritten, kann dieser Prozess eine schwer zu kontrollierende Eigendynamik entwickeln. Damit sinkt die Speicherplatzausnutzung rapide. Ein weiteres Problem stellt das *Entfernen von Duplikaten* dar. Da ein Geoobjekt mehrfach in der Indexstruktur gespeichert ist, kann es bei der Bearbeitung einer Anfrage auch mehrfach aufgefunden werden. Die Duplikate müssen daher – meist in einem nachträglichen Arbeitsschritt – aus der Antwortmenge wieder entfernt werden. Das überproportionale Wachstum der Anzahl der Einträge und die Behandlung der Duplikate kann das Leistungsverhalten von räumlichen Anfragen beim Clipping stark verschlechtern. Außerdem ist das Einfügen und Löschen von Geoobjekten beim Clipping recht aufwendig, da oft mehrere Blöcke von einer solchen Operation betroffen sind.

6.2.2 Transformation in den höherdimensionalen Raum

Bei der *Transformation in den höherdimensionalen Raum* (auch *Punkttransformation* genannt) werden zweidimensionale achsenparallele Rechtecke in vierdimensionale Punkte überführt und in einer Indexstruktur für mehrdimensionale Punkte abgespeichert. Dabei lassen sich zwei unterschiedliche Varianten unterscheiden: Die *Eckentransformation* repräsentiert ein Rechteck durch seine diagonal gegenüberliegenden Eckpunkte (x_{min}, y_{min}) und (x_{max}, y_{max}). Bei der *Mittentransformation* wird dagegen ein Rechteck durch seinen Mittelpunkt (x_{cent}, y_{cent}) und der halben Ausdehnung bezüglich jeder Dimension (x_{ausd}, y_{ausd}) beschrieben. In Abbildung 6.17 werden diese Werte anhand eines Beispielrechtecks skizziert. Die Punkttransformation kann auch bei höherdimensionalen Rechtecken angewendet werden: So wird ein dreidimensionaler Quader in einen sechsdimensionalen Punkt transformiert.

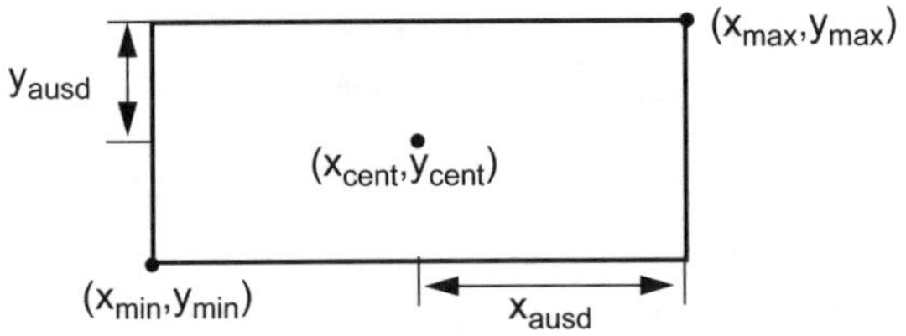

Abb. 6.17: Transformationswerte für Ecken- und Mittentransformation

Vorteil der Punkttransformation ist es, dass für die berechneten Tupel jede mehrdimensionale Punktstruktur verwendet werden kann. So müssen keine besonderen Operationen zum Einfügen oder Löschen von Objekten implementiert werden. Hauptnachteil der Punkttransformation ist, dass die geometrischen Verhältnisse aufgrund der Einbeziehung der Ausdehnung verloren gehen. Insbesondere die räumliche Nachbarschaft von Objekten bleibt nicht erhalten. Dadurch verliert die Bearbeitung räumlicher Anfragen deutlich an Effizienz. Abbildung 6.18 zeigt dies anhand eindimensionaler Rechtecke (d.h. anhand von Intervallen): Während sich die Intervalle I_1 und I_2 schneiden, liegt zwischen I_2 und I_3 keine Überlappung vor. Im transformierten Raum kehren sich dagegen die Verhältnisse um: Die gemäß der Mittentransformation berechneten Punkte P_1 und P_2 liegen weiter auseinander als P_2 und P_3. Gleiches gilt für die Eckentransformation.

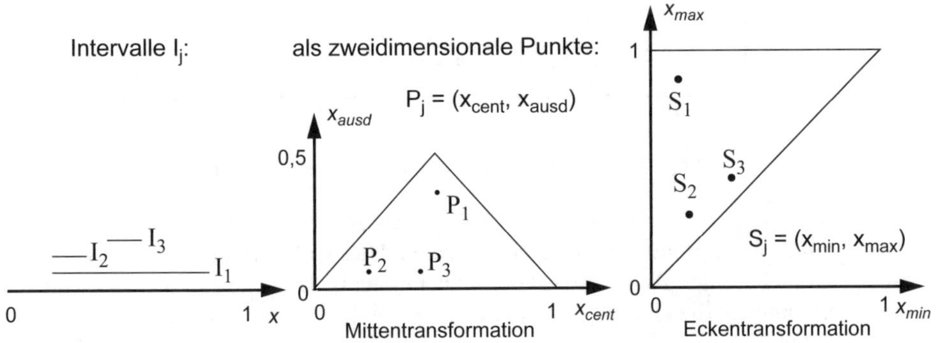

Abb. 6.18: Transformation von Intervallen in zweidimensionale Punkte

Eine Folge des Verlusts von räumlicher Nachbarschaft ist, dass die Bereiche, die für räumliche Anfragen untersucht werden müssen, sehr groß sind. Dies wird in Abbildung 6.19 anhand der Mittentransformation für eine eindimensionale Rechteckanfrage demonstriert, die für ein Anfrageintervall $A = (a_{cent}, a_{ausd})$ alle Intervalle bestimmt, die dieses Intervall schneiden. Alle Punkte, die sich in dem unterlegten Anfragefenster befinden, gehören zum Anfrageergebnis. Das Anfragefenster ist (im Wesentlichen) ein gegenüber dem Datenraum um 45° gedrehtes Rechteck.

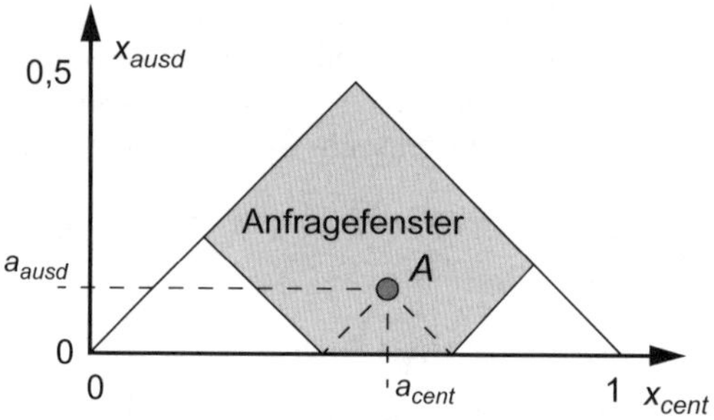

Abb. 6.19: Anfragefenster bei der Mittentransformation

Außerdem sind die transformierten Punkte extrem ungleich im Datenraum verteilt, da die Ausdehnungen der gespeicherten Objekte in der Regel im Verhältnis zum Gesamtdatenraum recht klein sind. Bei der Mittentransformation sammeln sich die transformierten Punkte im unteren Bereich der Ausdehnungsachse. Dies wird in Abbildung 6.20 anhand von realen Geodaten verdeutlicht: Die Datenpunkte liegen fast alle in der Nähe der x_{cent}-Achse.

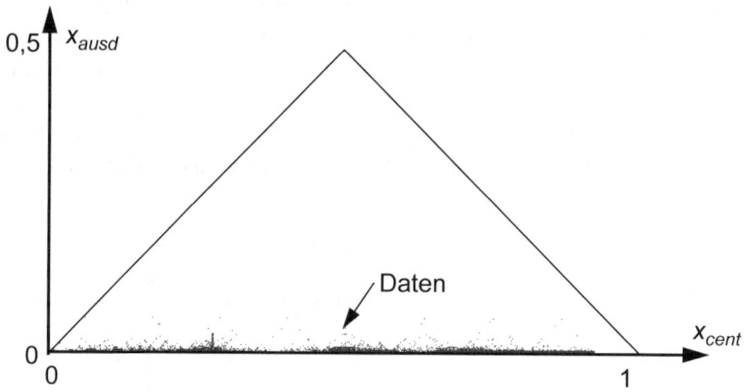

Abb. 6.20: Datenverteilung bei Mittentransformation

Abbildung 6.21 zeigt für die Eckentransformation das Anfragefenster für ein Intervall $A = (a_{min}, a_{max})$ und eine Verteilung von realen Geodaten. Hier verlaufen die Seiten des Anfragerechtecks parallel zur den Achsen des Koordinatensystems. Hingegen ist die effiziente Verwaltung von Punkten, die eine Datenverteilung wie bei der Eckentransformation aufweisen, für viele Punktstrukturen schwierig; wir werden dies für das Gridfile in Abschnitt 6.4 näher betrachten.

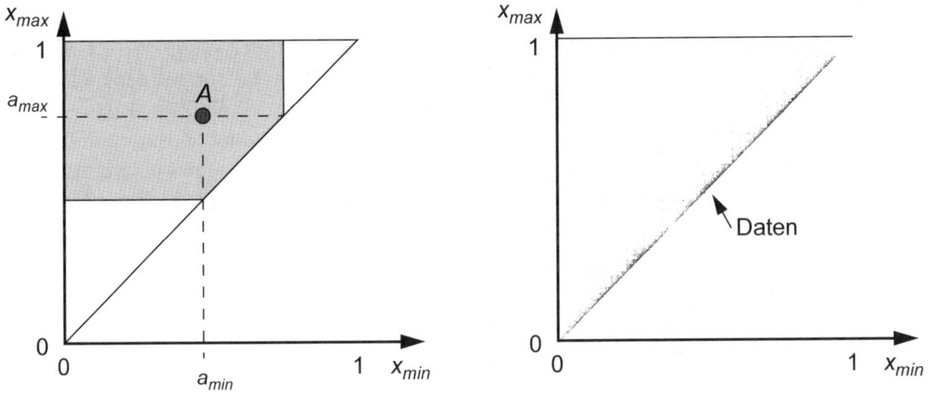

Abb. 6.21: Anfragefenster und Datenverteilung bei der Eckentransformation

6.2.3 Einbettung in den eindimensionalen Raum

Mithilfe von *raumfüllenden Kurven* (engl. *Space-Filling Curves*) lässt sich für Punkte im zwei- oder mehrdimensionalen Raum eine lineare Ordnung definieren. Dazu wird der Datenraum in Zellen gleicher Größe eingeteilt, die reguläre Binärregionen sind. Zur Erinnerung (siehe auch Abschnitt 5.3.3): Eine *Binärregion* entsteht durch fortgesetztes Halbieren des Datenraums bezüglich jeder der Dimensionen. Eine *reguläre Binärregion* ist eine Binärregion, die durch zyklischen Wechsel der Dimension, bezüglich der halbiert wird, entstanden ist. Die *Auflösung einer Binärregion* gibt an, wie oft der ursprüngliche Datenraum halbiert wurde.

Bei der *z-Ordnung* [159] werden jeweils vier Zellen in einer Zickzackkurve durchlaufen[3], wobei sich dieser Vorgang rekursiv für jede wiederum in vier Zellen aufgeteilte Zelle wiederholt. Abbildung 6.22 illustriert dies.

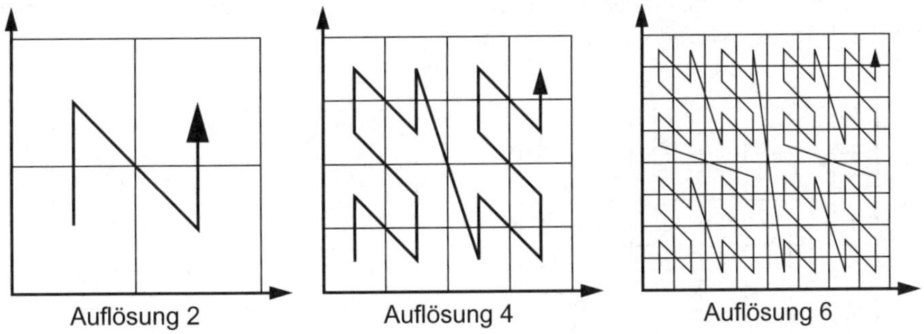

Abb. 6.22: Verfeinerung der z-Ordnung

[3] Die Entscheidung, ob der Name z-Ordnung nun für „zigzag" steht oder das Z symbolisiert, das man sieht, wenn man den Datenraum um 90° dreht, bleibt der Leserin/dem Leser überlassen. Man spricht gemäß [117] auch von *Morton-Codierung* oder *bitweiser Verzahnung* (engl. *Bit Interleaving*). Da das Verfahren wie auch andere raumfüllende Kurven auf ein Veröffentlichung von Peano aus dem Jahr 1890 [164] zurückgeführt werden kann, ist als Oberbegriff auch der Name *Peano-Kurve* üblich.

Eine reguläre Binärregion kann durch eine Binärfolge repräsentiert werden. Für jedes Halbieren wird eine 0 gesetzt, falls die zu beschreibende Region sich links bzw. unterhalb der Partitionierungslinie befindet. Anderenfalls – wenn die Binärregion rechts oder oberhalb der Trennlinie liegt – wird eine 1 gesetzt. Die zuletzt bestimmte Ziffer entspricht der Stelle $2^0 = 1$, die vorletzte Ziffer der Stelle $2^1 = 2$, die vorvorletzte Ziffer der Stelle $2^2 = 4$ usw. Damit erhält man eine Binärfolge, die als ganze Zahl interpretiert werden kann. Zusammen mit der Auflösung der Binärregion, die der Anzahl der so bestimmten Binärstellen entspricht, erhält man ein Paar, das *z-Wert* genannt wird. Dieser Vorgang ist in Abbildung 6.23 illustriert.

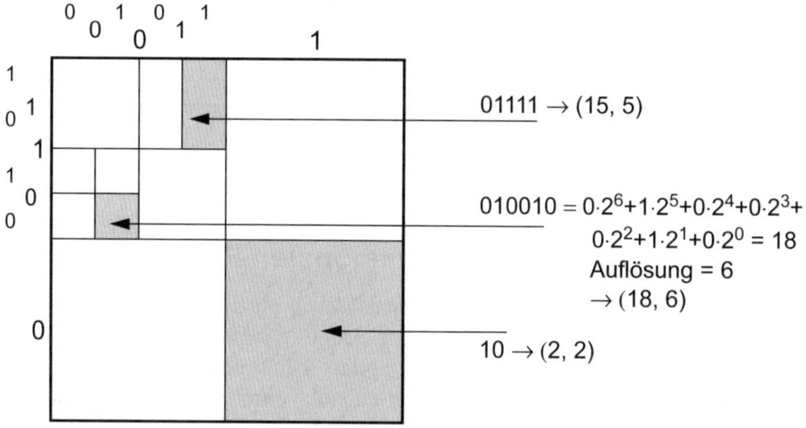

Abb. 6.23: Berechnung von z-Werten

Die z-Werte können (bei gleicher Auflösung) gemäß der interpretierten Binärfolge sortiert werden. Die Reihenfolge, die so entsteht, ist die z-Ordnung. Abbildung 6.24 zeigt ein Beispiel, bei dem alle Binärregionen die Auflösung 6 besitzen. Man kann dabei beobachten, dass die z-Ordnung vielfach in der Lage ist, räumliche Nähe zu erhalten. So liegen zum Beispiel die Binärregionen mit den Ordnungsnummern 4, 5, 6 und 7 auch räumlich nebeneinander. Allerdings gibt es auch Positionen, bei denen das nicht der Fall ist. Am deutlichsten wird dies bei den durch 15, 26, 37 und 48 codierten Binärregionen.

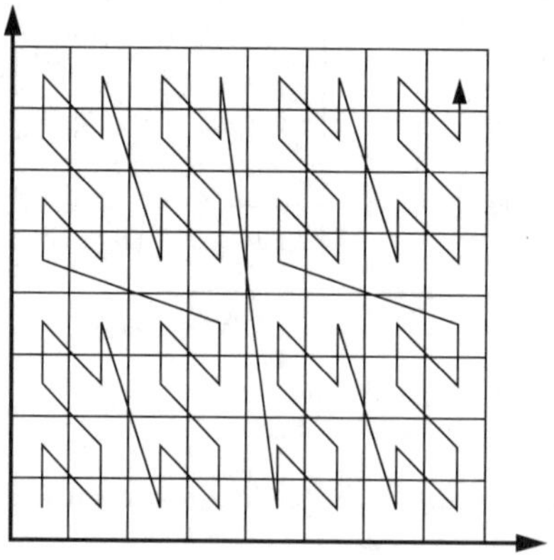

21	23	29	31	53	55	61	63
20	22	28	30	52	54	60	62
17	19	25	27	49	51	57	59
16	18	24	26	48	50	56	58
5	7	13	15	37	39	45	47
4	6	12	14	36	38	44	46
1	3	9	11	33	35	41	43
0	2	8	10	32	34	40	42

Abb. 6.24: z-Ordnung bei Auflösung 6

Unter Verwendung des z-Wertes als Schlüssel können Geoobjekte in einer herkömmlichen Indexstruktur (z.B. in einem B^+-Baum) gespeichert werden. Die Lage und Ausdehnung einer Geometrie kann durch eine einzelne Zelle oder genauer durch Mengen von Binärregionen approximiert werden (vgl. Abschnitt 5.3.3). Für diese Binärregionen können nun die jeweiligen z-Werte berechnet und in den Index eingefügt werden. In Abschnitt 6.3.2 werden konkrete Verfahren vorgestellt, die auf der Einbettung in den eindimensionalen Raum basieren.

Ein Problem stellt die Approximation eines Objektes durch eine Menge von Binärregionen dar. Damit müssen mehrere Schlüssel zur Beschreibung eines Objektes verwendet werden und von der Indexstruktur behandelt werden. Ein weiteres Problem entsteht bei der Einbettung von Geoobjekten in den eindimensionalen Raum durch den Effekt, dass die räumliche Nachbarschaft von Geoobjekten – vergleichbar zur Punkttransformation – in einzelnen Fällen verloren gehen kann. In solchen Fällen kann die Bearbeitung von Anfragen wie der Rechteckanfrage deutlich an Effizienz verlieren.

6.2.4 Überlappende Blockregionen

Die Kernidee der folgenden Technik ist es, überlappende Blockregionen zuzulassen, sodass die Partitionierung des Datenraums nicht mehr überlappungsfrei (disjunkt) ist. Durch die Überlappungen der Blockregionen kann ein willkürliches Zerschneiden von Geoobjekten vermieden werden. Hauptvertreter der Technik überlappender Blockregionen ist der *R-Baum* [53], den wir mit seinen Varianten in Abschnitt 6.5 näher betrachten werden. Abbildung 6.25 skizziert diesen Ansatz.

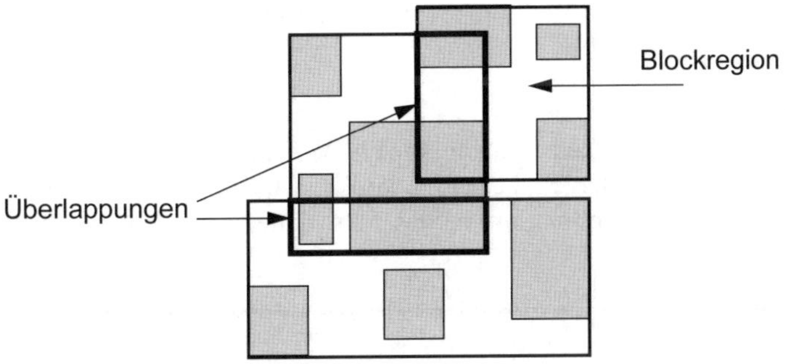

Abb. 6.25: Überlappungen zwischen Blockregionen

Hauptschwierigkeit bei der Technik überlappender Blockregionen ist es, die Überlappungen klein zu halten. Durch die Überlappung wird insbesondere die Bearbeitung selektiver Anfragen (z.B. der Punktanfrage) negativ beeinflusst, da mehrere Blockregionen potenziell ein Objekt enthalten können. Ist die Überlappung sehr groß, kann dadurch auch die Bearbeitung weniger selektiver Anfragen wie der Rechteckanfrage an Effizienz verlieren. Daher ist es entscheidend, die Überlappungen möglichst klein zu halten.

6.2.5 Mehrschichtentechnik

Ein ähnliches Verfahren ist die *Mehrschichtentechnik*, die in Abbildung 6.26 dargestellt wird. Dabei werden mehrere, möglichst unterschiedliche Partitionierungen des Datenraums parallel verwendet. Ein Geoobjekt wird dann in eine der Partitionierungen eingefügt, bei der es, ohne zerschnitten zu werden, in eine Blockregion passt. In jeder einzelnen Partitionierung sind die Blockregionen überlappungsfrei, während aber die verschiedenen Partitionierungen den gleichen Datenraum zerlegen. Da für eine Suchanfrage in jeder der vorhandenen Partitionierungen nach den Geoobjekten gesucht werden muss, ist es für diese Technik äußerst wichtig, die Anzahl der vorhandenen Partitionierungen klein zu halten.

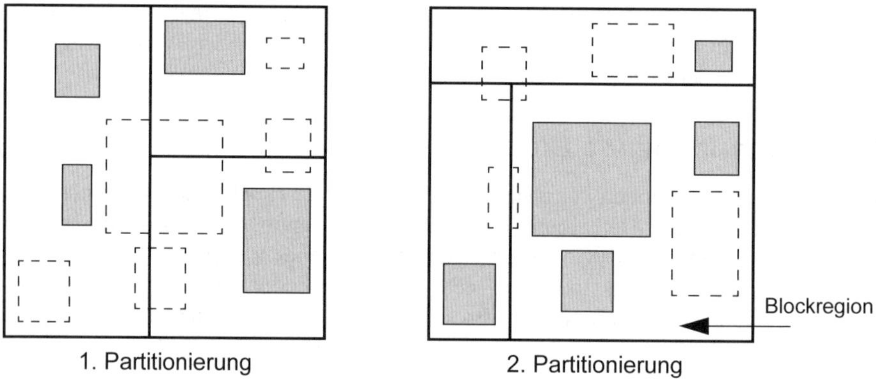

Abb. 6.26: Mehrschichtentechnik

6.2.6 Fazit

Alle fünf vorgestellten Techniken besitzen sowohl Vor- als auch Nachteile. Diese sind im Überblick in Tabelle 6.1 wiedergegeben. Eine konkrete Indexstruktur, die auf einem dieser fünf Verfahren (oder einer Kombination) beruht, muss daher versuchen, die jeweiligen Nachteile möglichst zu minimieren.

Technik	*Keine Redundanz*	*Räumliche Ordnungserhaltung*	*Keine Überlappungen*
Clipping	–	+	+
Punkttransformation	+	–	+
Einbettung	–	±	+
Überlappung	+	+	–
Mehrschichtentechnik	+	+	–

Tabelle 6.1: Bewertung der Techniken zur Indexierung ausgedehnter Geometrien

6.3 Quadtrees

6.3.1 PR-Quadtrees

Quadtrees sind räumliche Datenstrukturen, die einen k-dimensionalen Datenraum rekursiv in 2^k gleich große Zellen unterteilen. Sie werden in der deutschsprachigen Literatur auch als *Quadrantenbäume* bezeichnet. Im dreidimensionalen Fall spricht man auch von *Octrees*. Quadtrees werden in vielen Anwendungsbereichen der Computergrafik und der Bildverarbeitung genutzt. Je nach Variante lassen sich über Quadtrees Punkte, Linien oder Flächen verwalten. Abbildung 6.27 zeigt einen *PR-Quadtree* [178], der Punktgeometrien speichert. Der zweidimensionale PR-Quadtree teilt eine Zelle so lange in vier neue Zellen auf, die nach der jeweiligen Himmelsrichtung mit NW, NO, SW und SO bezeichnet sind, bis die Zelle nur noch einen Punkt enthält. Zu diesem Vorgehen korrespondiert der ebenfalls in Abbildung 6.27 dargestellte Baum: Die Wurzel entspricht der Aufteilung des Gesamtdatenraums in vier Quadranten. Die Blätter dieses Baums repräsentieren jeweils einen gespeicherten Punkt ● bzw. sind leer, während die inneren Knoten ○ eine Zerlegung einer Zelle in vier Teilzellen darstellen.

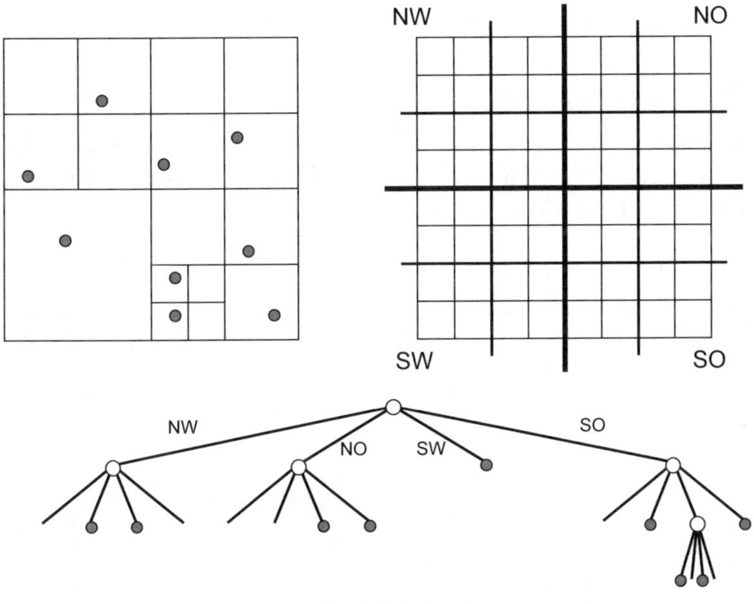

Abb. 6.27: PR-Quadtree

Abbildung 6.28 skizziert die Vorgehensweise für das Einfügen eines neuen Punktes P in den vorhergehenden Quadtree: Die bislang noch nicht aufgeteilte SW-Zelle unterhalb der Wurzel wird so lange in jeweils vier Zellen zerlegt, bis sich der neue Punkt P und der bislang in dieser Zelle gespeicherte Punkt in unterschiedlichen Zellen befinden. Interaktive Demos zum Thema Quadtrees werden von Brabec und Samet auf ihrer Website bereitgestellt [17].

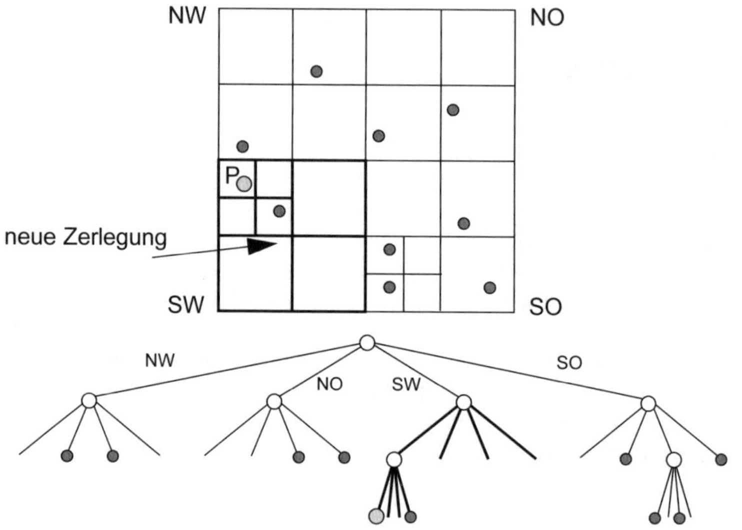

Abb. 6.28: Einfügen in den PR-Quadtree

6.3.2 Lineare Quadtrees

Der PR-Quadtree speichert maximal nur einen Punkt pro Zelle. Damit lässt er sich nicht als Indexstruktur für Geodatenbanken verwenden, denn dazu müsste er in der Lage sein, mehrere Datensätze in einem Block zusammenzufassen.

6.3.2.1 Datenraumbezogener linearer Quadtree

Eine Möglichkeit dieses Problem zu lösen, stellt die Erhöhung der maximalen Kapazität pro Zelle dar. Abbildung 6.29 zeigt einen *Bucket PR-Quadtree* [178], in dessen Blättern maximal sieben Punkte gespeichert werden können.

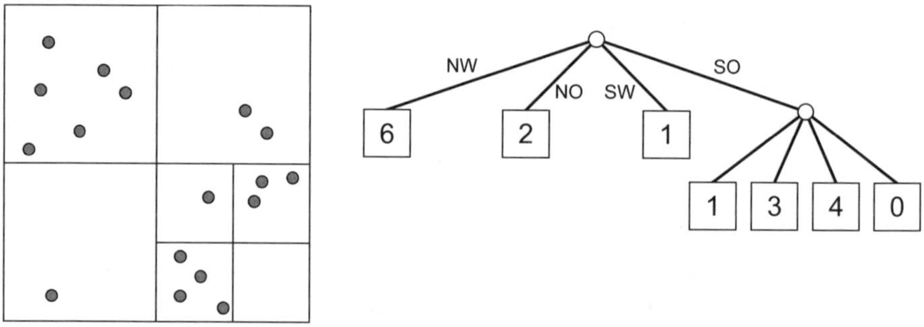

Abb. 6.29: PR-Quadtree mit einer Knotenkapazität von 7

Die inneren Knoten von diesem PR-Quadtree bestehen aber weiterhin aus vier Verweisen und nehmen damit nur einen Bruchteil eines Datenbankblocks ein. Daher ist die direkte Abbildung von Knoten in Datenbankblöcke kein sinnvoller Ansatz. Stattdessen kann man versuchen, die inneren Knoten in den eindimensionalen Raum einzubetten, damit sie von einer herkömmlichen Indexstruktur verwaltet werden können. Da Quadtree-Zellen reguläre Binärregionen darstellen, deren Auflösung eine gerade Zahl ist, können z-Werte zur ihrer Beschreibung verwendet werden. Für diesen Ansatz ist es erforderlich, eine lineare Ordnung auf den z-Werten zu definieren:

- Seien (z_1, l_1) und (z_2, l_2) zwei z-Werte und sei $l = \min(l_1, l_2)$.
- Dann ist die Ordnungsrelation $\leq$ wie folgt definiert („div" sei die ganzzahlige Division):

$$(z_1, l_1) \leq (z_2, l_2) \quad \Leftrightarrow \quad z_1 \text{ div } 2^{l_1 - l} \leq z_2 \text{ div } 2^{l_2 - l}$$

Mit anderen Worten: Die längere Bitfolge wird auf die geringere Auflösung des anderen z-Wertes transformiert, indem die hinteren Bits abgeschnitten werden. Dies ist sinnvoll, da der Vergleich von z-Werten gleicher Auflösung wohldefiniert ist. Zum Beispiel ist $(1,2) < (8,4)$, weil l hier 2 beträgt und $1 \text{ div } 2^0 = 1 \text{ div } 1 = 1 < 8 \text{ div } 2^2 = 8 \text{ div } 4 = 2$.

Mithilfe dieser Ordnungsrelation können die Datenknoten des Quadtrees von einem B^+-Baum verwaltet werden, der die z-Werte und die Speicheradressen der Datenknoten in seinen Blättern speichert. Einen solchen Quadtree nennt man *linearen Quadtree.* Abbildung 6.30 zeigt ein Beispiel, wobei der B^+-Baum eine (unrealistisch kleine) maximale Kapazität von vier Einträgen pro Knoten hat.

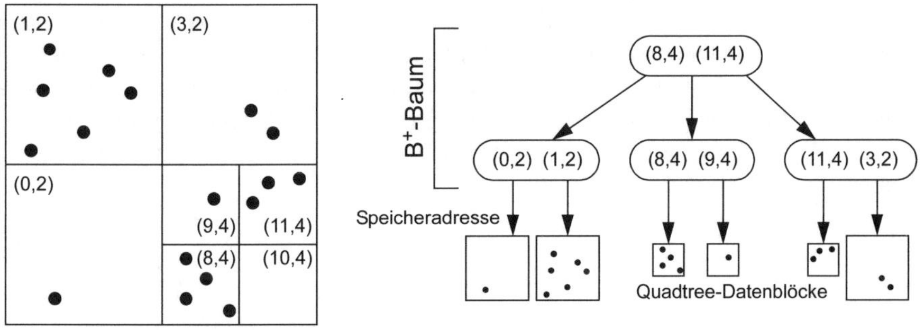

Abb. 6.30: Linearer Quadtree

Allerdings zeigt sich ein Problem: Die Ausnutzung der Quadtree-Datenblöcke variiert stark. So können Blöcke auftreten, in denen nur sehr wenige Geoobjekte gespeichert sind. Bei einem Überlauf müssen die Daten eines Blocks auf vier Blöcke verteilt werden, wodurch schlecht gefüllte Datenblöcke entstehen.

Die hier vorgestellte Lösung zur Verwendung von Quadtrees als räumliche Indexstruktur ist *datenraumbezogen*, d.h. die Quadtree-Zellen teilen den gesamten Datenraum auf und verwalten ihn. Ein anderer Ansatz ist es, die Geometrie eines Objektes als Ausgangspunkt zu nehmen, sie durch Quadtree-Zellen zu approximieren und in einer Indexstruktur zu organisieren. Dieser *datenbezogene* Ansatz wird von den beiden Verfahren verwendet, die nachfolgend vorgestellt werden.

6.3.2.2 z-Werte einheitlicher Auflösung

Abbildung 6.31 zeigt ein Beispiel, in dem Geometrien durch eine oder mehrere Quadtree-Zellen approximiert sind. Alle Zellen haben die gleiche Auflösung und damit die identische

Größe. Auf der linken Seite der Abbildung sind zu jedem Geoobjekt dessen z-Werte angegeben und auf der rechten Seite ist für die verwendete Auflösung 6 die zugehörige z-Ordnung dargestellt.

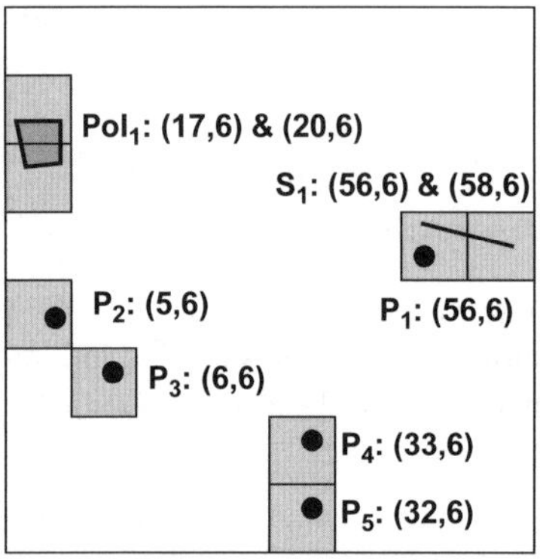

21	23	29	31	53	55	61	63
20	22	28	30	52	54	60	62
17	19	25	27	49	51	57	59
16	18	24	26	48	50	56	58
5	7	13	15	37	39	45	47
4	6	12	14	36	38	44	46
1	3	9	11	33	35	41	43
0	2	8	10	32	34	40	42

Abb. 6.31: Approximation der Geometrien durch z-Werte gleicher Auflösung

Die Binärfolgen der z-Werte können direkt als Schlüssel von einem B$^+$-Baum verwaltet werden [199]. Abbildung 6.32 zeigt einen B$^+$-Baum, der die z-Werte aus dem vorigen Beispiel speichert. Erneut hat dieser B$^+$-Baum nur eine maximale Kapazität von vier Einträgen in einem Datenblock. Dadurch entstehen drei Datenblöcke. Jeder dieser Datenblöcke repräsentiert eine Blockregion, die in der Abbildung durch R_1 bis R_3 gekennzeichnet sind und im rechten Teil mit unterschiedlicher Helligkeit hinterlegt sind. Dabei kann man beobachten, dass nicht rechteckige (R_3) und nicht zusammenhängende Blockregionen entstehen können (R_2 besteht aus zwei Teilen).

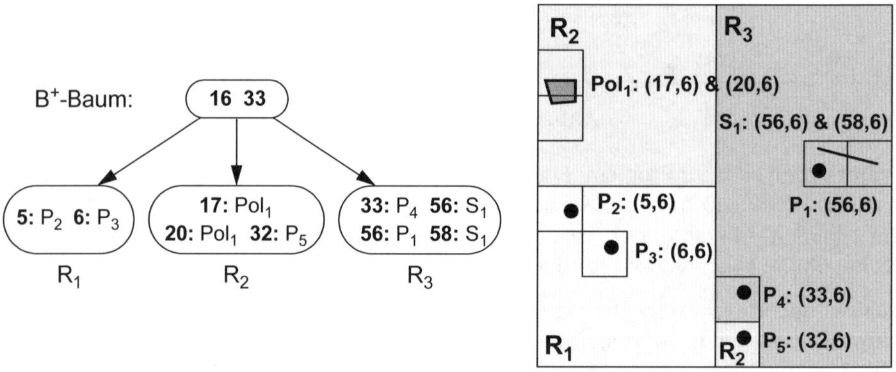

Abb. 6.32: Datenbezogene Speicherung von z-Werten gleicher Auflösung in einem B$^+$-Baum

Eine Punktanfrage läuft wie folgt ab: Zunächst wird für den Anfragepunkt der z-Wert gemäß der gewählten Auflösung bestimmt. Mit dem aus der Binärfolge gewonnenen Zahlenwert als Suchschlüssel wird nun eine Anfrage im B$^+$-Baum gestartet, die alle Datensätze mit entsprechenden Schlüsseln bestimmt. Diese Datensätze bilden eine Kandidatenmenge, auf deren Basis in weiteren Schritten die exakte Antwortmenge ermittelt werden kann.

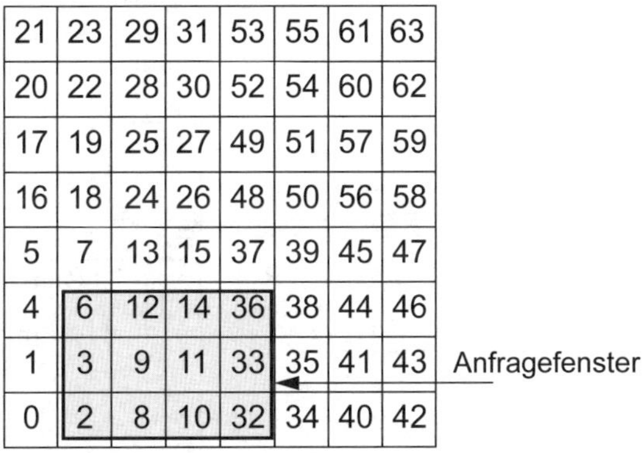

Abb. 6.33: Anfragefenster einer Rechteckanfrage mit den zugehörigen z-Werten

Bei einer Rechteckanfrage ist der Vorgang ein wenig komplizierter: Abbildung 6.33 zeigt ein entsprechendes Anfragefenster. Dieses Fenster überdeckt die Zellen 2, 3, 6, 8, 9, 10, 11, 12, 14, 32, 33 und 36. Damit kann diese Rechteckanfrage über sechs Bereichsanfragen für die Intervalle [2...3], [6...6], [8...12], [14...14], [32...33] und [36...36] gelöst werden. Jede dieser Bereichsanfragen bestimmt alle Datensätze im B^+-Baum, deren Binärfolge in dem angefragten Intervall liegt. Die Vereinigung der Antwortmengen aller Bereichsanfragen bildet die Kandidatenmenge für die weitere Anfragebearbeitung. Objekte, die durch mehrere Quadtree-Zellen approximiert sind, können ggf. in der Kandidatenmenge mehrfach vorkommen. Solche Duplikate müssen daher entfernt werden.

6.3.2.3 z-Werte unterschiedlicher Auflösung

Bei Geometrien, die im Verhältnis zu den Quadtree-Zellen flächenmäßig sehr groß sind, führt die Verwendung von Zellen gleicher Größe zu einer hohen Anzahl von Zellen. Daher kann der Einsatz von z-Werten unterschiedlicher Auflösung eine sinnvolle Alternative darstellen. Abbildung 6.34 zeigt ein entsprechendes Beispiel.

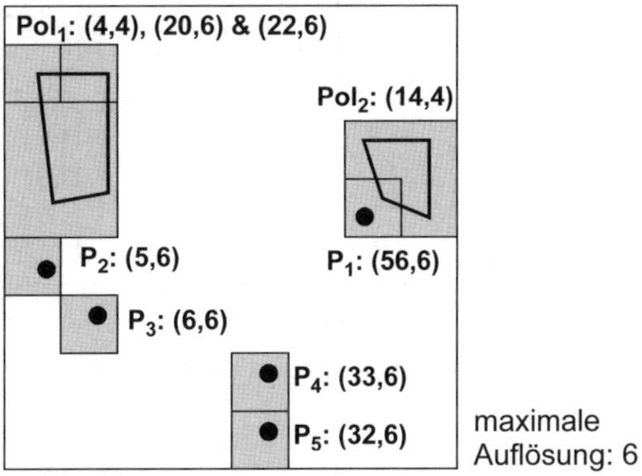

Abb. 6.34: Approximation der Geometrien durch z-Werte unterschiedlicher Auflösung

Um die z-Werte in einem B^+-Baum speichern zu können, sind die Einträge im B^+-Baum gemäß der in Abschnitt 6.3.2.1 vorgestellten Ordnungsrelation zu organisieren. Die daraus resultierenden Blockregionen werden in Abbildung 6.35 dargestellt.

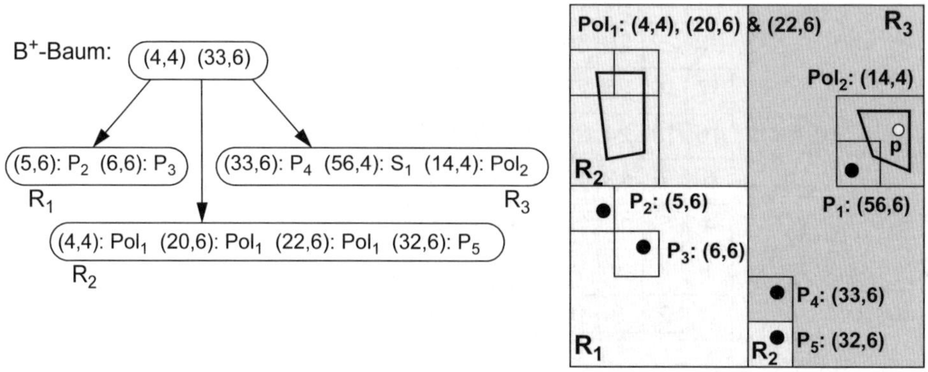

Abb. 6.35: Speicherung von z-Werten unterschiedlicher Auflösung in einem B^+-Baum

Die Anfragebearbeitung ist im Fall von z-Werten mit unterschiedlicher Auflösung deutlich komplexer als für den Fall, dass alle z-Werte die gleiche Auflösung besitzen. Dies hat seine Ursache darin, dass große Quadtree-Zellen in die Anfrageregion hineinragen können. Betrachten wir eine Punktanfrage mit dem Anfragepunkt p, wie er in Abbildung 6.35 eingezeichnet ist: Dann reicht es nicht aus, die kleinste Quadtree-Zelle um p mit dem z-Wert (59,6) zu berechnen und mit diesem Wert im B^+-Baum zu suchen, da so Pol_2 mit dem z-Wert (14,4) nicht gefunden werden würde.

6.3.2.4 Hilbert-Ordnung

Die z-Ordnung ist nicht die einzige Sortierordnung auf Basis einer raumfüllenden Kurve, die für Geodatenbanksysteme von Relevanz ist. Insbesondere die *Hilbert-Ordnung* findet in Datenstrukturen für Geodaten Anwendung. Abbildung 6.36 zeigt eine *Hilbert-Kurve* für unterschiedliche Auflösungen.

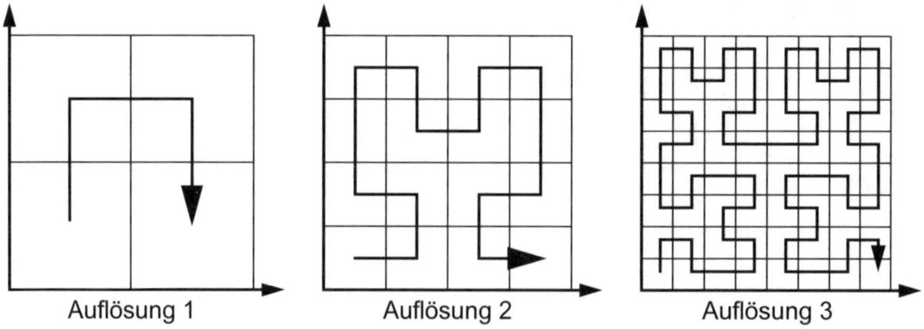

Abb. 6.36: Verfeinerung der Hilbert-Ordnung

Man erhält die Hilbert-Kurve der Auflösung i, indem man die Kurve der Auflösung i-1 nimmt und unverändert in den NW- und NO-Quadranten legt, um 90° mit dem Uhrzeigersinn gedreht in den SW-Quadranten und um 90° entgegen dem Uhrzeigersinn gedreht in den SO-

Quadranten setzt. Für die beiden letztgenannten Quadranten muss zudem die Durchlaufreihenfolge umgekehrt werden. Abbildung 6.37 skizziert diese Vorgehensweise.

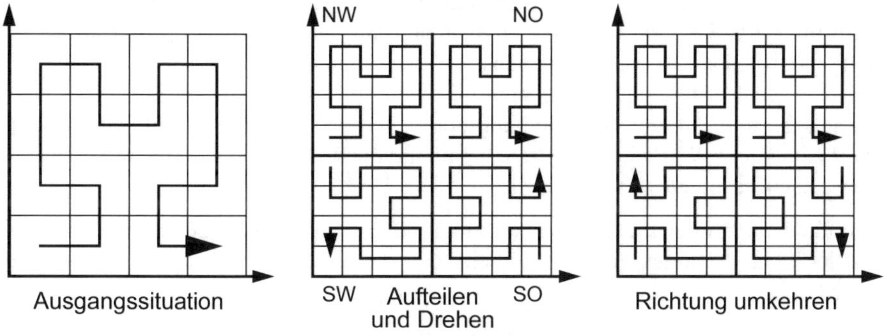

Abb. 6.37: Rekursive Erzeugung der Hilbert-Kurve

Vergleichbar zu den z-Werten kann man über entsprechende Algorithmen (z.B. [79] für 2D- und [83] für höherdimensionale Datenräume) die Ordnungsnummer einer Zelle berechnen und diesen Wert als Schlüssel in einer eindimensionalen Indexstruktur verwenden. Vergleicht man die Hilbert-Ordnung mit der z-Ordnung, so kann man beobachten, dass die Hilbert-Ordnung weniger starke Sprünge aufweist als die z-Ordnung, also räumliche Nähe etwas besser erhält als die z-Ordnung. Dies führt im Regelfall zu einem (leicht) besseren Leistungsverhalten hinsichtlich der Festplattenzugriffe. Diesem Gewinn steht allerdings die schwierigere Handhabung der Hilbert-Ordnung gegenüber. So ist zum Beispiel der Algorithmus für die Berechnung der Ordnungsnummern deutlich komplizierter als der Algorithmus, der bei der z-Ordnung eingesetzt wird.

6.3.3 Verwendung in Oracle Spatial

In Oracle Spatial können Quadtrees als räumliche Indexstruktur eingesetzt werden, falls die Daten nicht in einem geografischen Koordinatensystem vorliegen[4]. Dabei werden die Geometrien über Mengen von Quadtree-Zellen approximiert und datenbezogen in einem B^+-Baum gespeichert. Wie bereits in Abschnitt 5.4 vorgestellt, werden zwei unterschiedliche Varianten zur Approximation von Objekten unterstützt: die Approximation mit Zellen einheitlicher Größe („Fixed Indexing") und die Approximation mit Zellen unterschiedlicher Größe („Hybrid Indexing"). Damit ähnelt der Ansatz von Oracle den beiden datenbezogenen Speicherungsformen, die zuvor vorgestellt worden sind. Quadtrees können unter Oracle nur als Sekundärindex verwendet werden.

6.3.3.1 Fixed Indexing

Da Oracle für Daten mit einem geografischen Koordinatensystem Quadtrees nicht korrekt unterstützt, betrachten wir als Beispiel die Tabelle „GeoDbLand", deren Geometrien ohne räumliches Bezugssystem auskommen. Über die nachfolgende Anweisung kann ein Index für Zellen gleicher Größe angelegt werden:

[4] Oracle empfiehlt, Quadtrees nur noch für „spezielle Situationen" zu verwenden; ohne Unterstützung von geografischen Koordinatensystemen haben die Quadtrees in Oracle für Geoinformationssysteme nur einen eingeschränkten Nutzen.

```
CREATE INDEX GeoDbLand_geo_ix ON GeoDbLand(geo)
INDEXTYPE IS MDSYS.SPATIAL_INDEX PARAMETERS('SDO_LEVEL=6');
```

Die erste Zeile entspricht einer normalen CREATE INDEX-Anweisung. In der INDEXTYPE-Klausel wird über MDSYS.SPATIAL_INDEX angegeben, dass es sich um einen räumlichen Index handelt; die Angabe des Schemanamens MDSYS ist dabei obligatorisch. Über PARAMETERS können weitere Einstellungen vorgenommen werden: Der Parameter SDO_LEVEL, den wir bereits in Abschnitt 5.4 zur Beschreibung der Zellengröße kennengelernt haben, entspricht der Auflösung der z-Werte geteilt durch 2. Anhand dieses Parameters erkennt Oracle zudem, dass ein Quadtree angelegt werden soll.

Man kann die Parameter eines Indexes über ALTER INDEX REBUILD nachträglich ändern, sodass der bisherige Index gelöscht und ein neuer Index gemäß den neuen Angaben aufgebaut wird:

```
ALTER INDEX GeoDbLand_geo_ix REBUILD PARAMETERS('SDO_LEVEL=4');
```

Abbildung 6.38 zeigt die Quadtree-Partitionierung der GeoDbLand-Daten für SDO_LEVEL = 6 und SDO_LEVEL = 4; der Datensatz „Land“ wurde dabei weggelassen, da er den gesamten Datenraum einnimmt.

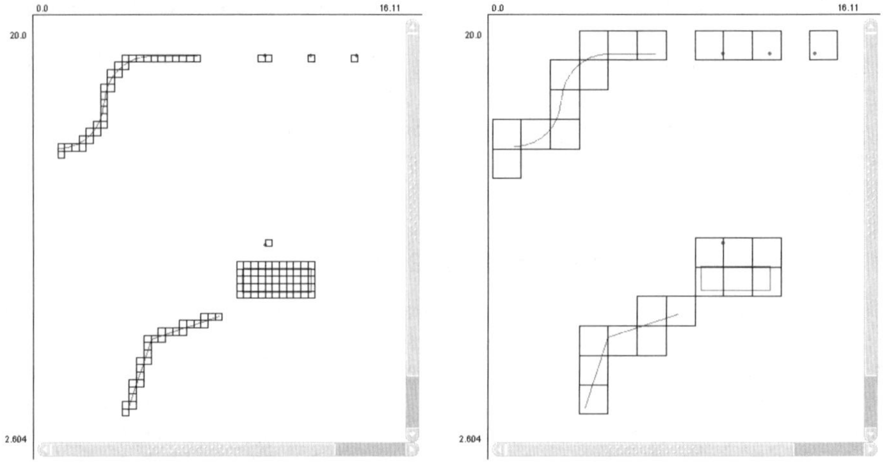

SDO_LEVEL = 6 SDO_LEVEL = 4

Abb. 6.38: Quadtree-Partitionierung beim Fixed Indexing

6.3.3.2 Hybrid Indexing

Zum Anlegen von Quadtrees mit Zellen unterschiedlicher Größe muss nur ein zusätzlicher Parameter übergeben werden:

```
-- Bisherigen Index löschen:
DROP INDEX GeoDbLand_geo_ix;

-- Neuen Index anlegen:
CREATE INDEX GeoDbLand_geo_ix ON GeoDbLand(geo)
INDEXTYPE IS MDSYS.SPATIAL_INDEX PARAMETERS('SDO_LEVEL=6 SDO_NUMTILES=10');
```

Der Parameter SDO_NUMTILES definiert die minimale Anzahl von z-Werten pro Geometrie (vgl. Abschnitt 5.4.2).

Bei größeren Datenmengen und einer hohen Auflösung kann die Indexerstellung sowohl für das „Fixed Indexing“ als auch für das „Hybrid Indexing“ eine geraume Zeit in Anspruch nehmen.

6.3.3.3 Metadaten und Indextabelle

Informationen über die angelegten Indexe kann man über zwei vordefinierte Sichten abfragen. Die Sicht USER_SDO_INDEX_INFO enthält nur statische Daten:

```
SELECT INDEX_NAME, TABLE_NAME, COLUMN_NAME, SDO_INDEX_TYPE, SDO_INDEX_TABLE
FROM USER_SDO_INDEX_INFO;

INDEX_NAME       TABLE_NAME COLUMN_NAME SDO_INDEX_TYPE SDO_INDEX_TABLE
---------------- ---------- ----------- -------------- ---------------
GEODBLAND_GEO_IX GEODBLAND  GEO         QTREE          MDQT_774C$
```

Der Wert QTREE im Attribut SDO_INDEX_TYPE zeigt einen Quadtree an.

Die Sicht USER_SDO_INDEX_METADATA enthält weitere Informationen über den Quadtree, insbesondere über dessen Parameter:

```
SELECT SDO_INDEX_NAME,SDO_INDEX_TABLE,SDO_LEVEL,SDO_NUMTILES,SDO_MAXLEVEL
FROM USER_SDO_INDEX_METADATA;

SDO_INDEX_NAME   SDO_INDEX_TABLE SDO_LEVEL SDO_NUMTILES SDO_MAXLEVEL
---------------- --------------- --------- ------------ ------------
GEODBLAND_GEO_IX MDQT_774C$              6           10           15
```

Das Attribut SDO_MAXLEVEL definiert, wie bereits in Abschnitt 5.4.2 erwähnt, die minimale Größe einer Quadtree-Zelle beim Hybrid Indexing. Dieser Wert wird automatisch beim Anlegen des Indexes berechnet[5].

In beiden Sichten ist das Attribut SDO_INDEX_TABLE enthalten. Dieses Attribut benennt die Tabelle, die die Quadtree-Zellen des Indexes speichert. In diesem Fall heißt die *Indextabelle* „MDQT_774C$“. Dieser Name wurde automatisch von Oracle generiert. Die Tabelle hat folgende Struktur:

```
Name            Typ
--------------- -----------
SDO_GROUPCODE   RAW(11)          -- Gruppierung bei Hybrid Indexing
SDO_ROWID       ROWID            -- Verweis auf Datensatz
SDO_CODE        RAW(11)          -- z-Wert
SDO_STATUS      VARCHAR2(1)      -- Inneres oder Rand
```

Die im Attribut SDO_ROWID gespeicherte RowID verweist auf den Datensatz, der über den z-Wert indexiert wird. Das Attribut SDO_STATUS kann zwei Werte annehmen: ’I’, falls die Zelle sich vollständig im Inneren der approximierten Geometrie befindet, und ’B’, falls der Rand (engl. Boundary) der Geometrie durch die Zelle verläuft. Der SDO_CODE beschreibt den z-

[5] SDO_MAXLEVEL kann aber auch, obwohl es in der Dokumentation von Oracle Spatial [154] nicht erwähnt wird, durch den Benutzer beim Anlegen des Indexes über die PARAMETERS-Klausel gesetzt werden.

Wert. Das Attribut SDO_GROUPCODE wird beim Hybrid Indexing benutzt, um alle z-Werte, die aus einer Zelle der Größe SDO_LEVEL durch eine weitere Zerlegung entstanden sind, als eine Gruppe zusammenzufassen; solche Zellen besitzen dann den gleichen SDO_GROUPCODE.

Mithilfe der Indextabelle können wir zum Beispiel feststellen, wie viele Quadtree-Zellen pro Geometrie bei den verschiedenen Varianten entstehen[6]:

```
-- Fix Indexing mit grober Zerlegung:
ALTER INDEX GeoDbLand_geo_ix REBUILD PARAMETERS('SDO_LEVEL=4');

-- Bestimmung der Anzahl der z-Werte pro Geometrie:
SELECT l.name, COUNT(i.sdo_code)
FROM MDQT_774C$ i INNER JOIN GeoDbLand l
ON i.sdo_rowid = l.rowid
GROUP BY l.name;

NAME                 COUNT(I.SDO_CODE)
-------------------- -----------------
Baumreihe                            4
Flaggenmast                          1
Haus                                 6
Land                               230
Steg                                 7
Wall                                10

-- Fix Indexing mit feinerer Zerlegung:
ALTER INDEX GeoDbLand_geo_ix REBUILD PARAMETERS('SDO_LEVEL=6');

-- Bestimmung der Anzahl der z-Werte pro Geometrie:
SELECT l.name, COUNT(i.sdo_code)
FROM MDQT_774C$ i INNER JOIN GeoDbLand l
ON i.sdo_rowid ON l.rowid
GROUP BY l.name;

NAME                 COUNT(I.SDO_CODE)
-------------------- -----------------
Baumreihe                            4
Flaggenmast                          1
Haus                                55
Land                              2740
Steg                                27
Wall                                33

-- Hybrid Indexing:
ALTER INDEX GeoDbLand_geo_ix
REBUILD PARAMETERS('SDO_LEVEL=4 SDO_NUMTILES=10');

-- Bestimmung der Anzahl der z-Werte pro Geometrie:
SELECT l.name, COUNT(i.sdo_code)
FROM MDQT_774C$ i INNER JOIN GeoDbLand l
ON i.sdo_rowid = l.rowid
GROUP BY l.name;
```

[6] Der Name der Indextabelle muss in den nachfolgenden Beispielanfragen dem Attributwert SDO_INDEX_TABLE aus SDO_INDEX_TABLE entsprechen.

```
NAME                 COUNT(I.SDO_CODE)
-------------------- -----------------
Baumreihe                           10
Flaggenmast                          1
Haus                                10
Land                               230
Steg                                10
Wall                                10
```

Die Ergebnisse der drei Anfragen zeigen das unterschiedliche Verhalten der verschiedenen Varianten. Bei Attributwerten, die keine Punktgeometrien repräsentieren, steigt die Anzahl der z-Werte pro Objekt bei einer feineren Partitionierung durch Zellen gleicher Größe deutlich an. Wenn wir die erste mit der dritten Variante vergleichen, können wir beobachten, dass die Anzahl der Zellen sich auf den Wert von SDO_NUMTILES erhöht hat. Einzige Ausnahme ist der Flaggenmast, bei dem SDO_MAXLEVEL als Abbruchkriterium greift. Die Gruppierung über das Attribut SDO_GROUPCODE macht die nachfolgende Anfrage deutlich: von den sechs Zellen, die durch SDO_LEVEL = 4 für das Haus entstehen, wurden zwei feiner zerlegt:

```
SELECT l.name, i.sdo_groupcode, COUNT(i.sdo_code)
FROM MDQT_774C$ i INNER JOIN GeoDbLand l
ON i.sdo_rowid = l.rowid
WHERE l.name = 'Haus'
GROUP BY l.name, i.sdo_groupcode;

NAME    SDO_GROUPCODE  COUNT(I.SDO_CODE)
------- -------------- -----------------
Haus    3F                             4
Haus    6A                             2
Haus    95                             1
Haus    97                             1
Haus    C0                             1
Haus    C2                             1
```

Das letzte Beispiel zeigt die Anzahl der Statuswerte 'I' und 'B' (Inneres und Rand) für die z-Werte des Hauses:

```
-- Fix Indexing mit feiner Zerlegung:
ALTER INDEX GeoDbLand_geo_ix REBUILD PARAMETERS('SDO_LEVEL=6');

-- Betrachtung der Zellenstati beim Haus:
SELECT l.name, i.sdo_status, COUNT(i.sdo_code)
FROM MDQT_774C$ i INNER JOIN GeoDbLand l
ON i.sdo_rowid = l.rowid
WHERE l.name = 'Haus'
GROUP BY l.name, i.sdo_status;

NAME        SDO_STATUS COUNT(I.SDO_CODE)
----------- ---------- -----------------
Haus                 B                37
Haus                 I                18
```

6.4 Gridfiles

6.4.1 Struktur und Suchanfragen

Das *Gridfile* (mitunter auch *Gitterdatei* genannt) [120] ist eine Indexstruktur zur Speicherung von mehrdimensionalen Punkten. Es besitzt ein Verzeichnis (das *Grid Directory*), das Verweise auf die eigentlichen Datenblöcke verwaltet. Das Grid Directory zerlegt den Datenraum durch ein *k*-dimensionales Gitter (engl. *Grid*), wobei *Skalen* die Einteilung des Gitters für jeweils eine Dimension definieren. Abbildung 6.39 stellt diese Begriffe anhand einer Zeichnung dar.

Jede Gitterzelle des Grid Directorys speichert genau einen Verweis auf einen Datenblock. Um eine niedrige Speicherplatzausnutzung der Datenblöcke zu verhindern, dürfen mehrere Gitterzellen auf den gleichen Datenblock verweisen. Die Zellen, die auf den gleichen Datenblock zeigen, bilden die entsprechende Blockregion. Dabei gilt die Regel, dass die Blockregionen *k*-dimensionale Rechtecke sein müssen. In Abbildung 6.39 und den folgenden Abbildungen werden die Blockregionen durch abgerundete Rechtecke dargestellt.

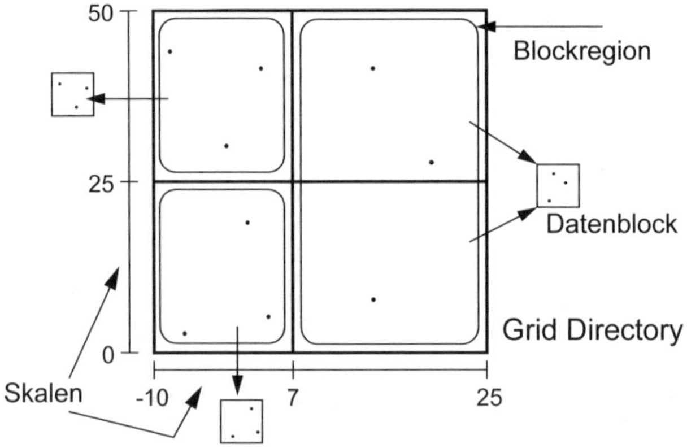

Abb. 6.39: Die Struktur des Gridfiles

Die Bearbeitung von Anfragen ist relativ einfach. Bei der Punktanfrage wird mithilfe der Skalen die Gitterzelle im Grid Directory bestimmt, die den Anfragepunkt enthält. Dabei kann davon ausgegangen werden, dass die Skalen im Hauptspeicher vorliegen. Daraufhin wird der Verzeichnisblock, in dem die entsprechende Gitterzelle abspeichert ist, vom Hintergrundspeicher eingelesen. Mithilfe des dort gespeicherten Verweises kann dann auf den eigentlichen Datenblock zugegriffen werden und dieser nach dem Anfragepunkt durchsucht werden. Damit fallen zwei Plattenzugriffe an. Bei größeren Rechteckanfragen wird analog eine Menge von Gitterzellen bestimmt und alle Datenblöcke, auf die diese Gitterzellen verweisen, eingelesen und durchsucht. Damit entstehen entsprechend mehr Plattenzugriffe.

6.4.2 Dynamisches Verhalten

Das Gitter wächst dynamisch über Einfügeoperationen. Dies soll anhand eines zweidimensionalen Beispiels verdeutlicht werden. Die Ausgangssituation ist in Abbildung 6.40 dargestellt.

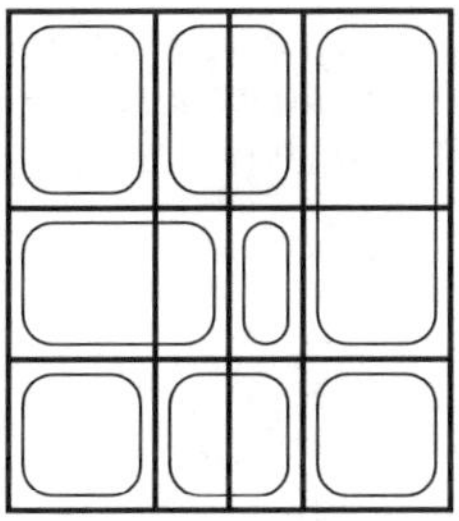

Abb. 6.40: Ausgangssituation für das Einfügen in ein Gridfile

Beim Einfügen eines neuen Punktes wird mithilfe der Skalen und durch das Grid Directory der entsprechende Datenblock bestimmt. Ist in dem Datenblock noch genügend Platz vorhanden, um den Punkt abzuspeichern, ist damit das Einfügen abgeschlossen. Anderenfalls liegt ein Überlauf des Datenblocks vor, sodass dieser aufgeteilt werden muss. Dabei können zwei unterschiedliche Fälle auftreten:

1. Die Blockregion des übergelaufenen Datenblocks umfasst mehrere Gitterzellen.

   In diesem Fall aktiviert man eine Partitionierungslinie, die die Blockregion schneidet und teilt den Datenblock gemäß dieser Partitionierungslinie in zwei Blöcke so auf, wie es in Abbildung 6.41 dargestellt ist. Dies setzt allerdings voraus, dass in jedem der beiden neuen Blockregionen mindestens ein Datenpunkt liegt.

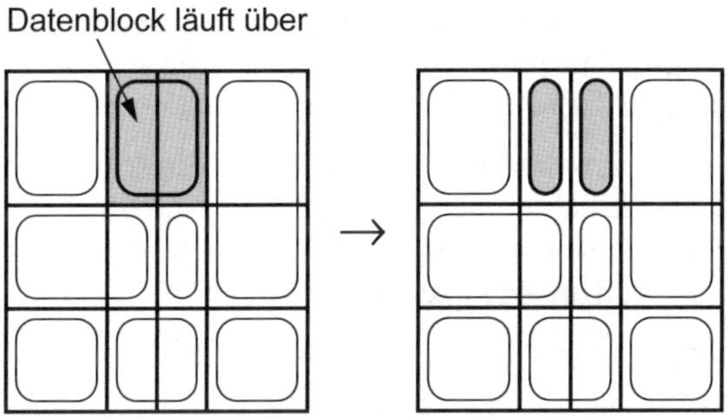

Abb. 6.41: Aktivieren einer Partitionierungslinie

2. Die Blockregion des übergelaufenen Datenblocks umfasst nur eine Gitterzelle.

   In diesem Fall muss eine neue Partitionierungslinie eingeführt werden. Durch diesen Split entsteht eine neue (k-1)-dimensionale Zeile oder Spalte, in die (bis auf die Gitterzelle, die von dem Einfügen betroffen war) die Verweise der aufgespalteten Zeile bzw. Spalte dupliziert werden. In Abbildung 6.42 wird ein solches Vorgehen dargestellt.

   Beim Einführen einer neuen Partitionierungslinie stellt sich die Frage, wie diese bestimmt wird. Die Wahl einer Partitionierungslinie besteht aus:

   - der Wahl der *Split-Achse* und
   - der Wahl der *Split-Position*.

Bei der Wahl der Split-Achse sollte man versuchen, die Form der Blockregion an die typische Form der Anfrageregionen anzupassen (siehe hierzu auch die Diskussion in Abschnitt 6.5.2). Typischerweise werden quadratische Blockregionen angestrebt, d.h. man nimmt die Achse, bei der die Blockregion die größte Seitenlänge besitzt.

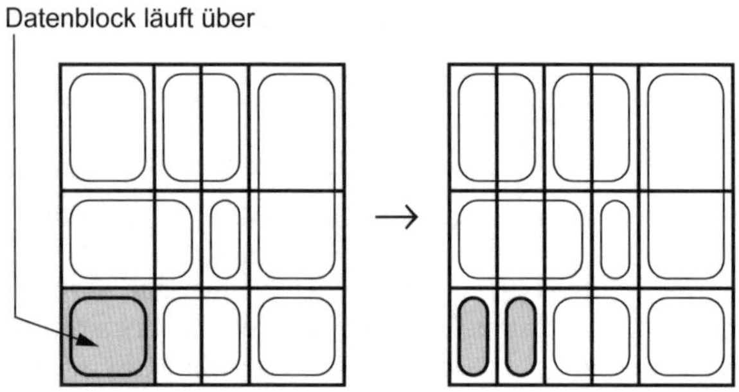

Abb. 6.42: Einführen einer neuen Partitionierungslinie

Zwei prominente Möglichkeiten zur Wahl der Split-Position stellen der Mitten-Split und der Median-Split dar. Beim *Mitten-Split* halbiert man den Block bezüglich der Split-Achse. Dadurch wird der Datenraum möglichst gleichmäßig aufgeteilt. Der Median-Split teilt den Datenblock derart auf, dass beiden Hälften etwa gleich viele Datensätze zugeordnet werden. Damit werden die Daten möglichst gleichmäßig aufgeteilt.

Werden Datensätze gelöscht oder Blöcke einseitig aufgeteilt, können Datenblöcke auftreten, die nur gering gefüllt sind. Solche Blöcke sind möglichst mit einem anderen zu verschmelzen, vorausgesetzt die Gesamtzahl der Datensätze passt in den verschmolzenen Block. In [120] wird empfohlen, dass der resultierende Block höchstens zu 70 % gefüllt sein sollte.

Beim Verschmelzen stellt sich die Frage, mit welchem Block man den unterfüllten Datenblock vereinigt. Dabei ist die Forderung zu beachten, dass die Blockregion des resultierenden Datenblocks wieder ein k-dimensionales Rechteck sein muss. In [120] werden für das Verschmelzen zwei unterschiedliche Ansätze vorgeschlagen:

- Das *Buddy-System*

  Beim Buddy-System dürfen nur „Kumpel" miteinander verschmolzen werden, die bezüglich einer Dimension zuvor durch einen Split voneinander getrennt wurden. Damit gibt es k Blöcke, die für einen Block als Buddy infrage kommen. Abbildung 6.43 zeigt ein Beispiel für den zweidimensionalen Fall. Die Nummerierung an den Skalen gibt die Reihenfolge an, in der die Partitionierungslinien beim Aufbau in das Grid Directory eingezogen worden sind.

  Für Dimensionen $k > 2$ kann durch eine unglückliche Reihenfolge beim Verschmelzen die Situation eintreten, dass für einige Blöcke kein weiteres Verschmelzen mit einem Buddy mehr möglich ist. Abbildung 6.44 zeigt eine solche *Verklemmung* (engl. *Deadlock*).

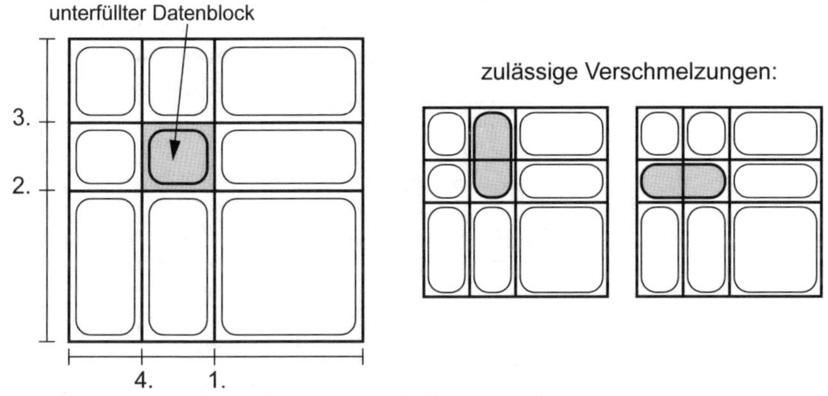

Abb. 6.43: Zulässige Verschmelzungen nach dem Buddy-System

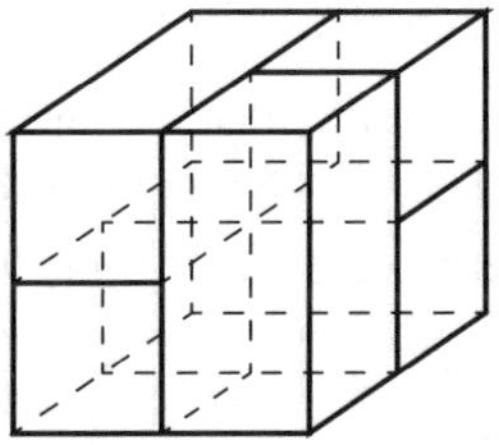

Abb. 6.44: Verklemmung beim Buddy-System

- Das *Nachbarsystem*

  Beim Nachbarsystem darf ein Block mit einem beliebigen benachbarten Block verschmolzen werden, wiederum vorausgesetzt, dass die resultierende Blockregion ein k-dimensionales Rechteck bildet. Es gibt es $2 \cdot k$ Nachbarn. Abbildung 6.45 stellt ein Beispiel für den zweidimensionalen Fall dar.

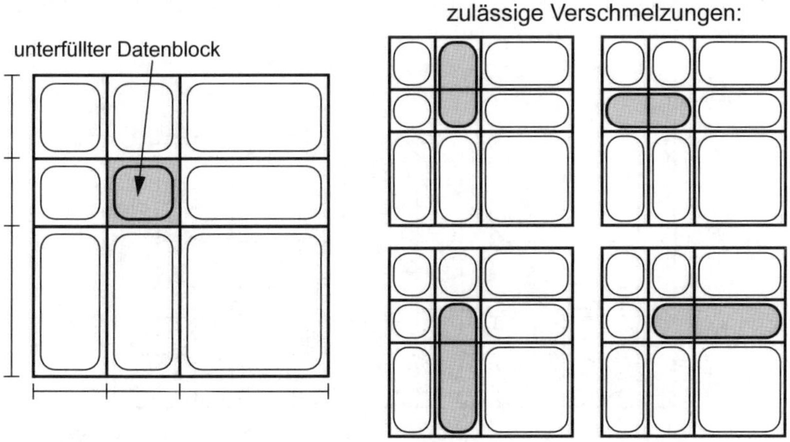

Abb. 6.45: Zulässige Verschmelzungen nach dem Nachbarsystem

Das Nachbarsystem führt in der Regel zu einer besseren Speicherplatzausnutzung, aber ggf. auch schon für Dimensionen $k > 1$ zu Verklemmungen. Ein Beispiel, bei dem der mittlere Block nicht verschmolzen werden kann, ist in Abbildung 6.46 dargestellt.

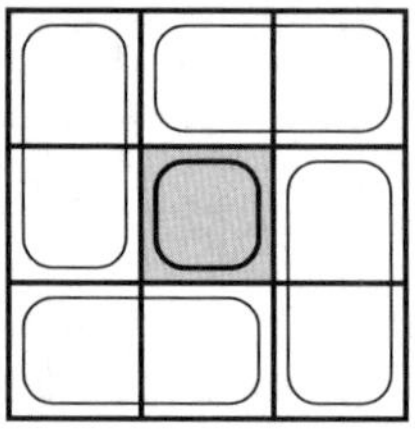

Abb. 6.46: Verklemmung beim Nachbarsystem

Ein eventuell mögliches Verschmelzen von zwei (k-1)-dimensionalen Zeilen oder Spalten im Grid Directory wird man nicht unbedingt implementieren.

6.4.3 Speicherung von Rechtecken

In seiner Grundform verwaltet das Gridfile mehrdimensionale Punkte. Für die Speicherung von minimal umgebenden Rechtecken bestehen zwei Möglichkeiten:

- die Transformation der Rechtecke in vierdimensionale Punkte oder
- das Clipping der Rechtecke.

6.4.3.1 Punkttransformation

Bei Verwendung der Mittentransformation sind die Suchfenster gegenüber den Achsen des Koordinatensystems um 45° gedreht und die Datenpunkte konzentrieren sich nahe einzelner Achsen (vgl. Abschnitt 6.2.2). Der Effekt auf eine mögliche Gridfile-Partitionierung ist in Abbildung 6.47 für zwei der vier resultierenden Dimensionen dargestellt. Im oberen Teil des Datenraums und in den Randbereichen entstehen große Blockregionen, die viele Gitterzellen zusammenfassen. In der Nähe der x_{cent}-Achse entstehen kleine Gitterzellen, die im Regelfall auch den Blockregionen entsprechen. Die unterlegte Fläche in Abbildung 6.47 entspricht einem möglichen Suchfenster. Es wird deutlich, dass viele Gitterzellen eine zumindest partielle Berührung mit dem Suchfenster aufweisen.

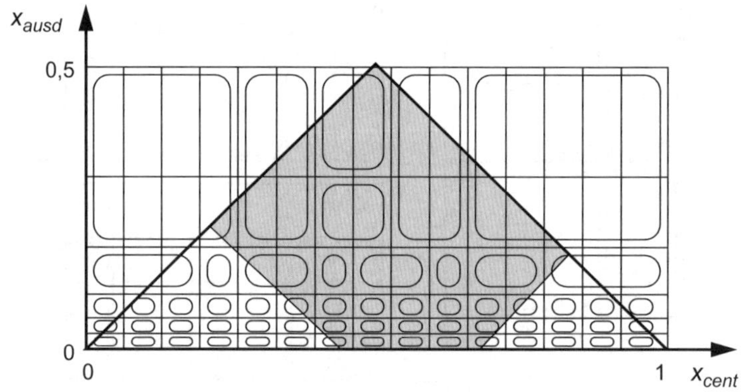

Abb. 6.47: Mögliche Partitionierung eines Gridfiles bei der Mittentransformation

Bei einer Eckentransformation kann die Drehung des Suchfensters vermieden werden. Allerdings tritt hier eine für das Gridfile äußerst ungünstige Datenverteilung auf, die zu sehr vielen Gitterzellen führt. Abbildung 6.48 zeigt ein Beispiel. Damit wächst das Grid Directory schneller als die Anzahl der Datenblöcke und damit schneller als die Anzahl der gespeicherten Datensätze. Das Wachstum des Grid Directorys ist somit nicht linear von der Anzahl der gespeicherten Daten abhängig, sondern nimmt stärker zu. Dies ist eine sehr ungünstige Eigenschaft, insbesondere für Anfragen, die einen größeren Teil des Datenraums betreffen. Das superlineare Wachstum tritt (in deutlich geringerem Maße) selbst bei gleichmäßig verteilten Datenpunkten auf [170].

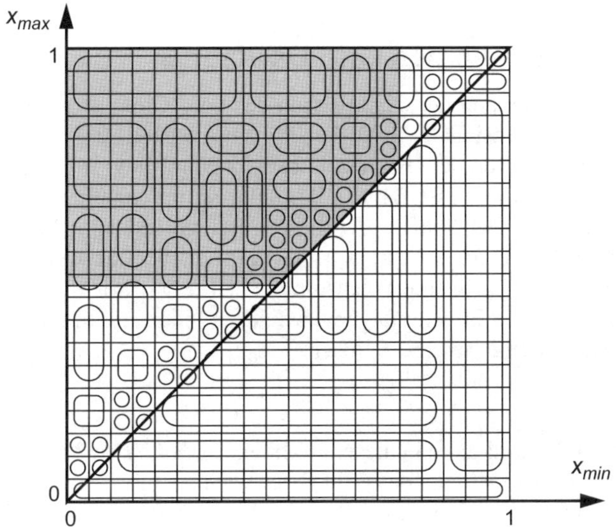

Abb. 6.48: Mögliche Partitionierung eines Gridfiles bei der Eckentransformation

6.4.3.2 Clipping

Eine zweite Möglichkeit, Rechtecke in einem Gridfile zu speichern, stellt das Clipping dar. In diesem Fall wird ein Rechteck in allen Datenblöcken gespeichert, deren Blockregion einen Schnitt mit dem Rechteck aufweist. Bei einem Überlauf eines Datenblocks infolge einer Einfügeoperation wird dessen Blockregion aufgeteilt und die Datensätze in zwei Datenblöcken gespeichert. Dabei können zwei Fälle eintreten:

1. Das Rechteck schneidet nur eine der beiden neuen Blockregionen:
   Der entsprechende Datensatz wird nur in diesem einen Block gespeichert.
2. Das Rechteck schneidet beide neue Blockregionen:
   Der entsprechende Datensatz muss in beiden Blöcken gespeichert werden.

Dieser Sachverhalt ist auch in Abbildung 6.49 dargestellt.

Sei cap_{max} die maximale Kapazität eines Blocks. Dann führt die Situation, dass ein Punkt des Datenraums von mehr als cap_{max} Rechtecken überdeckt wird, dazu, dass keine Aufteilung gefunden werden kann, in der nicht mindestens ein Datenblock überfüllt ist. Eine Lösung für diesen Fall ist – ähnlich wie bei Hash-Verfahren – das Einführen von Überlaufblöcken. Dies erschwert allerdings eine Implementierung der Gridfile-Algorithmen.

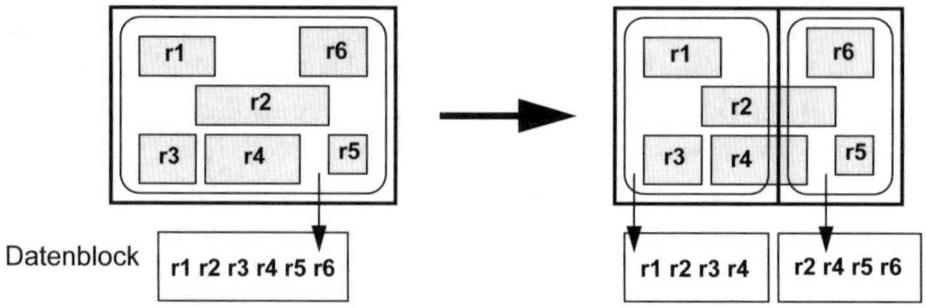

Abb. 6.49: Aufteilen von Datenblöcken beim Clipping

6.4.4 Organisation des Grid Directorys

Die bisherige Beschreibung der Organisation des Grid Directorys war recht vage. Das Grid Directory ist ein k-dimensionales Feld, dem dynamisch neue Spalten bzw. Zeilen hinzugefügt werden können und das auf dem Hintergrundspeicher abgelegt ist. Wenn über die Skalen eine Gitterzelle bestimmt worden ist, dann soll möglichst mit einem Plattenzugriff der Verzeichnisblock eingelesen werden können, der diese Gitterzelle enthält. Die effiziente Organisation eines solchen Grid Directorys ist kein triviales Problem. Eine weitere Herausforderung ist das bereits erwähnte superlineare Wachstum des Grid Directorys. Daher hat eine Reihe von Arbeiten versucht, durch Erweiterungen bzw. durch Indexstrukturen, die vom Gridfile abgeleitet sind, diese beiden Probleme zu lösen.

2-Level-Gridfile

Eine der ersten Indexstrukturen in diesem Rahmen ist das *2-Level-Gridfile* [57]. Diese Datenstruktur basiert auf dem Ansatz, das Grid Directory über ein zweites Grid Directory zu organisieren. Damit gibt es zwei Stufen (vgl. Abbildung 6.50):

- Das *Wurzel-Gridfile* mit Wurzelskalen und Wurzelverzeichnis

  Diese Stufe ist klein genug, um im Hauptspeicher gehalten zu werden.

- *Sub-Gridfiles* mit Subskalen und einem Subverzeichnis

  Eine Gitterzelle vom Wurzelverzeichnis verweist auf ein Sub-Gridfile. Das Sub-Gridfile ist maximal so groß, dass es auf einem Datenbankblock gespeichert werden kann.

Das 2-Level-Gridfile hat folgende Eigenschaften:

- Das Wurzel-Gridfile und die Sub-Gridfiles organisieren die Gitterzellen jeweils wie normale Gridfiles. So können auch Gitterzellen vom Wurzelverzeichnis zu einer (rechteckigen) Blockregion zusammengefasst werden (z.B. die Regionen der Blöcke 3 und 4 in Abb. 6.50).
- Die Gesamtheit der Blockregionen eines Sub-Gridfiles entspricht genau einer Blockregion des Wurzel-Gridfiles.
- Jedes Sub-Gridfile besitzt eigene Partitionierungslinien, die unabhängig von anderen Sub-Gridfiles sind, d.h. es gibt *lokale Partitionierungslinien*. Dies ermöglicht eine wesentlich bessere Anpassung an Häufungspunkte und andere Ungleichverteilungen, als dies beim herkömmlichen Gridfile der Fall ist. Nichtsdestotrotz wächst auch das Wurzelverzeichnis superlinear.

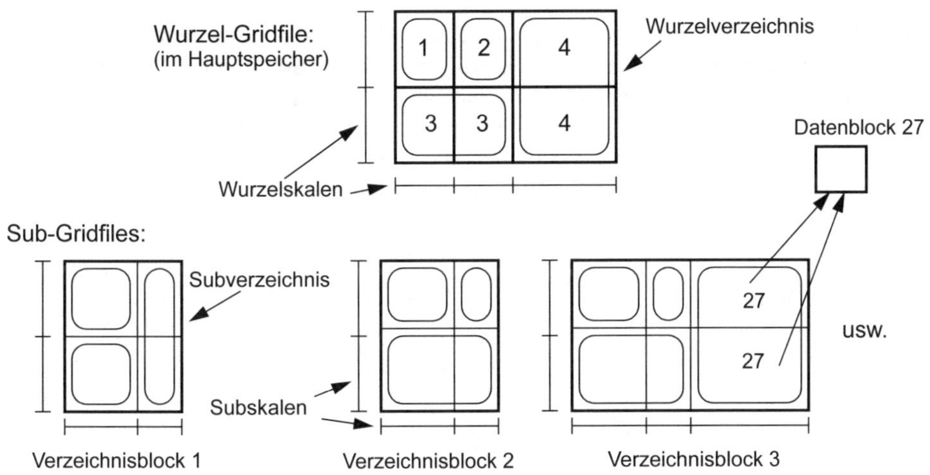

Abb. 6.50: Struktur des 2-Level-Gridfile

Da das 2-Level-Gridfile eine feste Anzahl von Stufen besitzt, verzögern sich letztendlich nur die Probleme, die das normale Gridfile, insbesondere mit ungleich verteilten Datenpunkten, hat.

Mehrstufiges Grid Directory

Eine mögliche Lösung dieses Problems ist es, die Anzahl der Stufen in einem Verzeichnis nicht zu begrenzen und stattdessen eine Baumstruktur einzuführen. Abbildung 6.51 skizziert eine solche mehrstufige Baumstruktur.

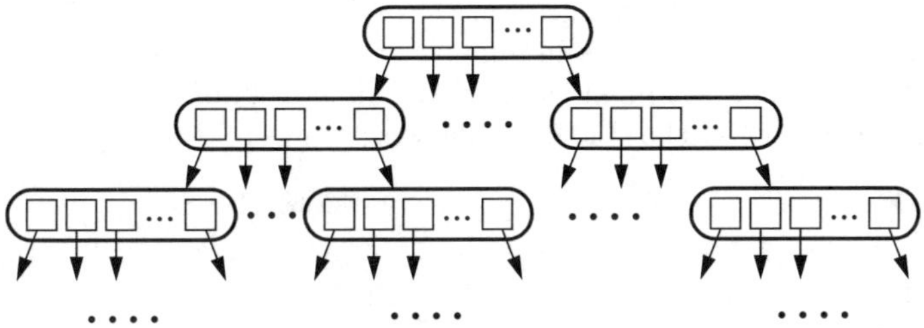

Abb. 6.51: Das Grid Directory als Baumstruktur

Die Partitionierung des Datenraums durch das Gridfile hat folgende Eigenschaften:

- Die Blockregionen sind rechteckig.
- Der Datenraum wird vollständig durch Blockregionen überdeckt.
- Die Blockregionen (auf einer Stufe) sind disjunkt, d.h. sie überlappen sich nicht.

Nach Seeger [182] können aber Indexstrukturen mit Partitionierungen, die alle drei Eigenschaften besitzen, die Forderung nach gleich bleibender Leistungsfähigkeit bei beliebiger Verteilung der Daten nicht erfüllen. Zwei Indexstrukturen, die dies berücksichtigen, sind das BANG-File und der Buddy Tree.

BANG-File

Das *BANG-File* („Balanced and Nested Grid File“ [41]) weist nichtrechteckige Blockregionen auf: Dabei werden von dem Rechteck, das eine Blockregion umgibt, alle eingelagerten kleineren Rechtecke abgezogen. Dadurch hat eine Blockregion ggf. eine unregelmäßige Form und kann in mehrere nicht zusammenhängende Gebiete zerfallen. Abbildung 6.52 zeigt zwei von vier Dimensionen der Datenpunkte und Blockregionen, die bei einer Eckentransformation von realen Geodaten für ein BANG-File resultieren.

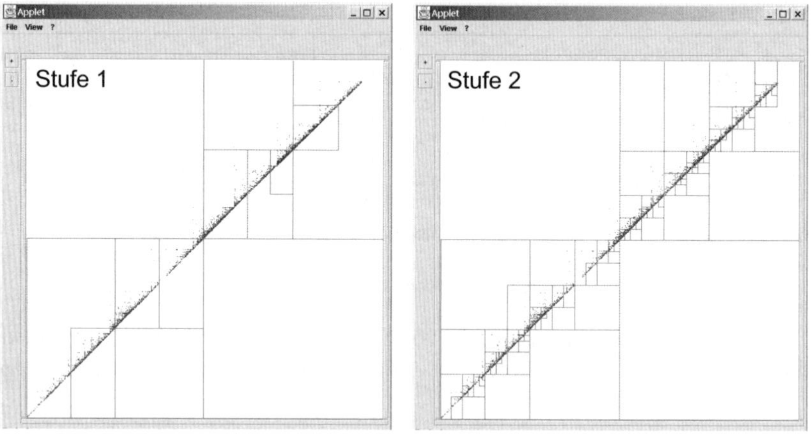

Abb. 6.52: Typische Blockregionen vom BANG-File bei einer Eckentransformation

Buddy Tree

Der *Buddy Tree* [185] beschreibt die Blockregionen durch Rechtecke, deren Kanten auf einem vorgegebenen Raster liegen müssen. Die Blockregionen vom Buddy Tree brauchen nicht alle Teile des Datenraums überdecken. Dies wird in Abbildung 6.53 durch die nicht unterlegten Rechtecke deutlich. Das Bild zeigt die Partitionierung vom Buddy Tree unter den gleichen Umständen wie in Abbildung 6.52. Durch die Projektion auf zwei von vier Dimensionen entsteht dabei der (falsche) Eindruck, dass es auch leere Blockregionen gibt.

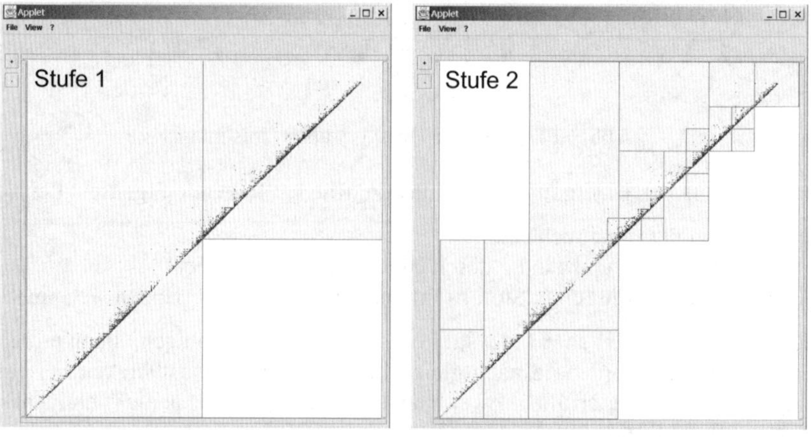

Abb. 6.53: Typische Blockregionen vom Buddy Tree bei einer Eckentransformation

Verfahren ohne Grid Directory

Ein konträrer Ansatz ist der Einsatz eines mehrdimensionalen Hash-Verfahrens, sodass auf ein Grid Directory vollständig verzichtet werden kann. Ein Beispiel hierfür ist das *PLOP-Hashing* [95] („Piecewise Linear Order Preserving"), das sich auch „Gridfile ohne Directory" nennt. Für stark korrelierte Datenverteilungen, wie sie bei der Eckentransformation auftreten, ist ein solches Verfahren allerdings nicht geeignet.

6.5 R-Bäume

6.5.1 R-Baum

Der *R-Baum* ist eine räumliche Indexstruktur, die zwei- oder mehrdimensionale Rechtecke mithilfe überlappender Blockregionen auf dem Hintergrundspeicher organisiert [110]. Ein R-Baum ist also eine Rechteckstruktur. Die Grundvariante des R-Baums wurde von Antonin Guttman 1984 erstmals vorgestellt und untersucht [53]. In der Zwischenzeit sind eine Reihe von Varianten präsentiert worden, die ein besseres Leistungsverhalten als der ursprüngliche R-Baum aufweisen.

6.5.1.1 Datenstruktur des R-Baums

Der R-Baum ist ein balancierter Baum, dessen Blattknoten alle den gleichen Abstand zur Wurzel besitzen. Entsprechend dem B^+-Baum unterscheidet man beim R-Baum *Daten-* und *Verzeichnisknoten*, die jeweils zu Datenbankblöcken korrespondieren. Ein Verzeichnisknoten umfasst Einträge *entry* der Form (*ref*, *mbr*), wobei *entry.ref* ein Verweis (Referenz) auf den direkten Nachfahren darstellt und *entry.mbr* das minimal umgebende Rechteck um alle Rechtecke beschreibt, die in dem Sohnknoten und damit im korrespondierenden Teilbaum gespeichert sind. Durch *entry.mbr* wird also die Blockregion des Knotens beschrieben, auf den *entry.ref* verweist.

Im Fall eines Datenknotens korrespondiert ein Eintrag mit einem Datensatz, der (falls der R-Baum als Primärindex genutzt wird) ein Geoobjekt beschreibt oder der (falls es sich um einen Sekundärindex handelt) auf ein Geoobjekt verweist. In beiden Fällen enthält der Eintrag das minimal umgebende Rechteck *entry.mbr* als Approximation der Objektgeometrie. Das MUR dient als geometrischer Schlüssel, an dem sich die Einfüge- und Suchoperationen des R-Baums orientieren.

Abbildung 6.54 zeigt einen R-Baum der Höhe 3, der aus drei Verzeichnis- und vier Datenknoten besteht. Im oberen Teil der Zeichnung ist die Partitionierung des Datenraums auf den unterschiedlichen Niveaustufen des R-Baums dargestellt. Die Geometrien der Objekte sind minimal umgebenden Rechtecke und werden in der Zeichnung dunkel unterlegt wiedergegeben. Die Blockregionen sind jeweils gestrichelt abgebildet. Die untere Hälfte der Abbildung zeigt die korrespondierende Datenstruktur.

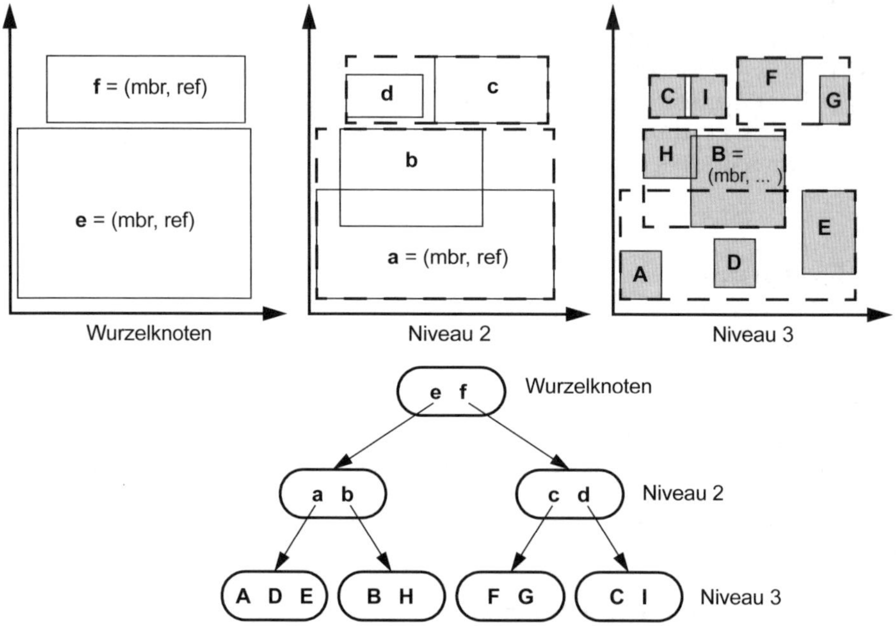

Abb. 6.54: Beispiel für einen R-Baum

Die Wurzel eines R-Baums besitzt mindestens zwei Einträge, außer sie ist gleichzeitig der (einzige) Datenknoten. Ansonsten hat jeder Knoten zwischen cap_{min} und cap_{max} Einträge[7]. Es gilt:

$$cap_{min} \leq \lceil cap_{max} / 2 \rceil$$

Der R-Baum ist vollständig dynamisch: Einfüge- und Löschoperationen können sich beliebig mit Anfragen aller Art mischen. Ähnlich wie B-Bäume garantieren R-Bäume eine Speicherplatzausnutzung von mindestens cap_{min} / cap_{max} und eine Höhe, die logarithmisch mit der Anzahl der gespeicherten Objekte wächst.

6.5.1.2 Basisalgorithmen des R-Baums

Rechteckanfrage

Eine Rechteckanfrage wird im R-Baum wie folgt bearbeitet: Die Anfrage beginnt bei der Wurzel und bestimmt alle Einträge, deren Rechtecke das Anfragerechteck schneiden. Die Knoten, auf die diese Einträge verweisen, werden nacheinander in den Hauptspeicher eingelesen und entsprechend der Wurzel bearbeitet. Dieser Vorgang setzt sich rekursiv bis zu den Datenknoten fort.

[7] Genau genommen müssten verschiedene Kapazitäten cap_{min} und cap_{max} für Daten- und Verzeichnisknoten unterschieden werden; dieses unterbleibt aber aus Übersichtsgründen. In Fällen, wo die Größe der Einträge in den Datenknoten variiert, sind diese Kapazitätszahlen auf die Speicherplatzausnutzung zu übertragen.

Abbildung 6.55 illustriert die Bearbeitung einer Rechteckanfrage. Für diese Anfrage werden die minimal umgebenden Rechtecke der Einträge in der Wurzel mit dem Anfragerechteck *r* verglichen. Da *r* sich mit MURs von *e*, aber nicht von *f* schneidet, wird der Verzeichnisblock (*a b*) eingelesen. Dort weist *r* einen Schnitt mit beiden Einträgen auf, sodass zunächst der Datenknoten (*A D E*), auf den *a* verweist, geladen wird. In diesem Knoten hat aber kein Eintrag einen Schnitt mit *r*. Nun wird der Datenknoten, auf den *b* verweist, eingelesen und *H* als Antwort identifiziert. In der Datenstruktur auf der rechten Seite sind die Knoten, die für die Anfrage betrachtet werden müssen, hervorgehoben dargestellt.

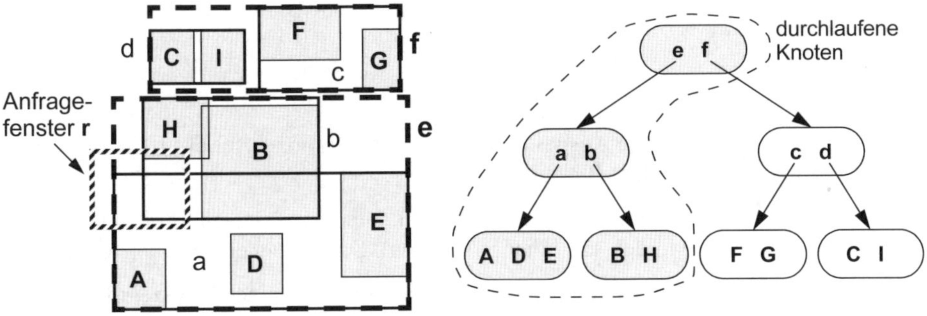

Abb. 6.55: Beispiel für eine Rechteckanfrage in einem R-Baum

Punktanfrage

Eine Punktanfrage läuft ähnlich wie die Rechteckanfrage ab, nur dass getestet wird, ob der Anfragepunkt in dem jeweiligen Rechteck eines Eintrags enthalten ist.

Einfügen

Das Einfügen neuer Geoobjekte erfolgt über die nachfolgend dargestellte Methode `insert`. Diese Methode wird zunächst auf die Wurzel angewendet und ruft sich dann so lange rekursiv auf, bis sie auf ein Blatt stößt, in dem das neue Geoobjekt gespeichert wird. Falls es zu einem Überlauf kommt, muss ein Split durchgeführt werden. Veränderte oder neue Knoten (d.h. veränderte oder neue Datenbankblöcke) müssen auf den Hintergrundspeicher (zurück) geschrieben werden; dies ist im Algorithmus nicht dargestellt:

```
// Einfügealgorithmus für den R-Baum
void insert (GeoObject obj) {
    // Fall 1: Der Knoten ist ein Blatt: Eintrag mit Geoobjekt hinzufügen
    if (this.isLeaf())
        this.append(new DataEntry(obj));
    // Fall 2: Der Knoten ist ein innerer Knoten
    else {
        // Teilbaum für das Einfügen bestimmen, MUR anpassen und lesen
        Entry nextEntry = this.chooseSubtree (obj.getMBR());
        nextEntry.getMBR().add(obj.getMBR());
        RTreeNode nextNode = nextEntry.readNode();
        // Rekursiver Aufruf
        nextEntry.Node.insert(obj);
```

```
            // Falls dabei ein Split erfolgte, kann der Knoten überfüllt sein.
            if (this.getNumOfEntries() > RTreeNode.CAP_MAX) {
               RTreeNode newNode = this.split();
                  // split gibt den Eintrag des neuen zweiten Knotens zurück.
                  // MUR vom Eintrag zu this im Vaterknoten wurde angepasst.
               // ggf. neue Wurzel anlegen
               if (this.isRoot())
                  root = new RTreeNode (new Entry(this), new Entry(newNode));
               // ansonsten Eintrag des neuen Knotens in Vaterknoten einfügen
               else
                  this.getParentNode().insert(new Entry(newNode));
            }
         }
      }
```

Beim Einfügen hat die konkrete Ausgestaltung zweier Operationen für das Leistungsverhalten des R-Baums eine besondere Bedeutung:

1. Die Bestimmung des Eintrags, in dessen Datenknoten bzw. dessen Teilbaum das neue Geoobjekt eingefügt werden soll (`ChooseSubtree`). Dabei können drei Fälle eintreten:
   - Das MUR des neuen Geoobjektes liegt innerhalb genau einer Blockregion des aktuell betrachteten Verzeichnisknotens. Für diesen Fall ist die Lösung offenkundig.
   - Das MUR des neuen Geoobjektes liegt innerhalb mehrerer Blockregionen des aktuell betrachteten Verzeichnisknotens. In diesem Fall wählt `ChooseSubtree` die Blockregion mit der geringsten Fläche aus.
   - Das MUR des neuen Geoobjektes ist in keiner der Blockregionen des aktuell betrachteten Verzeichnisknotens vollständig enthalten. Dann wird der Eintrag ausgewählt, dessen Blockregion durch das Einfügen den geringsten Flächenzuwachs erfährt.
2. Falls ein Knoten überläuft (d.h. cap_{max} wird überschritten), muss ein Teil von dessen Einträgen in einen neuen Knoten verlagert werden, sodass sich jeweils mindestens cap_{min} Einträge in den beiden Knoten befinden (`Split`). Im Vaterknoten wird dazu ein zusätzlicher Eintrag mit entsprechendem Verweis und MUR eingefügt und für den übergelaufenen Eintrag das MUR neu berechnet (Abbildung 6.56). Analog zu B-Bäumen kann dadurch ggf. ein Überlauf im Vaterknoten entstehen. Ist der übergelaufene Knoten die Wurzel, muss ein neuer Wurzelknoten erzeugt werden.

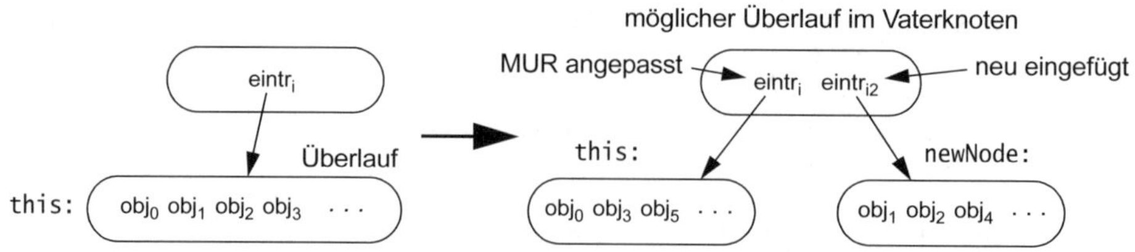

Abb. 6.56: Behandlung eines Überlaufs beim Einfügen in einen R-Baum

Bei einem Überlauf ist – anders als beim B-Baum und B^+-Baum – nicht eindeutig klar, welche Objekte (falls ein Datenknoten überläuft) bzw. welche Einträge (falls in einem Verzeichnisknoten die maximale Kapazität überschritten wurde) welchem der beiden Knoten zugeordnet werden sollen. Im Artikel von Guttman [53] werden zwei Algorithmen vorgeschlagen: der *lineare Split-Algorithmus* und der *quadratische Split-Algorithmus*.

Linearer Split-Algorithmus

Zunächst bestimmt der Algorithmus für alle Dimensionen jeweils die beiden Rechtecke, die die maximalen Minimalkoordinaten bzw. die minimalen Maximalkoordinaten aufweisen, und berechnet deren Abstand bezüglich der jeweiligen Dimension[8]. Diese Abstände werden normalisiert, indem der Abstand durch die Ausdehnung der Blockregion in der entsprechenden Dimension geteilt wird. Die beiden Rechtecke, die dann bezüglich einer Dimension den größten Abstand voneinander aufweisen, werden als Kristallisationspunkte (engl. *Seeds*) für jeweils eine von zwei Gruppen ausgewählt. Abbildung 6.57 illustriert diesen Vorgang teilweise.

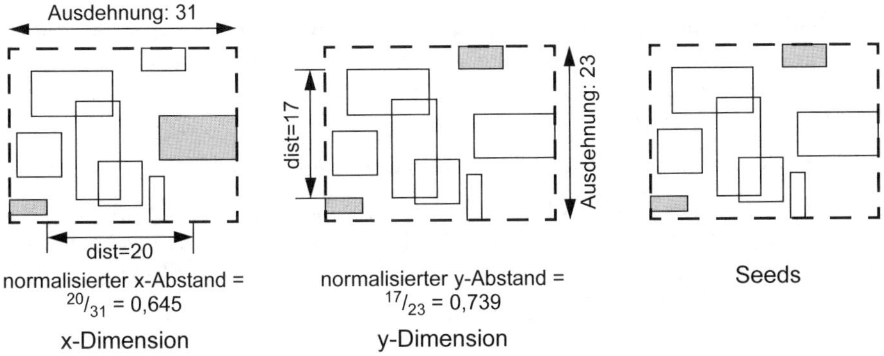

Abb. 6.57: Bestimmung der Seeds beim linearen Split-Algorithmus

Die übrigen Einträge werden nun (in der Reihenfolge, in der sie im Knoten gespeichert sind) durchlaufen und jeweils der Gruppe zugeordnet, deren minimal umgebendes Rechteck durch das Hinzufügen den geringsten Flächenzuwachs erfährt. Dies wird so lange wiederholt, bis alle Einträge aufgeteilt sind oder einer Gruppe cap_{max}-cap_{min}+1 Einträge zugeordnet worden sind. Tritt der zweite Fall ein, werden – recht brutal und ineffektiv – alle verbliebenen Einträge der anderen Gruppe zugeordnet, um zu garantieren, dass jeder Knoten mindestens cap_{min} Einträge besitzt. Im Beispiel von Abbildung 6.58 wird der Eintrag $entry_i$ der Gruppe 1 aufgrund des geringeren Flächenzuwachses zugeordnet.

Der Algorithmus hat (daher auch sein Name) eine lineare Laufzeit in Bezug auf die Anzahl der gespeicherten Einträge.

[8] Die jeweils möglichen Sonderfälle werden in dieser Darstellung nicht betrachtet.

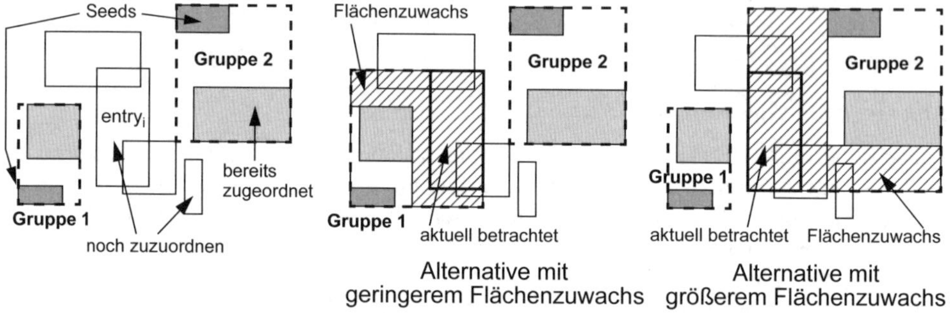

Abb. 6.58: Zuordnung von Einträgen beim Split

Quadratischer Split-Algorithmus

Der quadratische Split-Algorithmus berechnet zur Bestimmung der Seeds für jedes Paar ($eintr_i$, $eintr_j$) von Einträgen, die im übergelaufenen Knoten gespeichert sind, die Fläche des minimal umgebenden Rechtecks um die beiden Eintragsrechtecke minus der Fläche der beiden betrachteten Rechtecke:

$$\text{Fläche}\ (\text{MUR}(\{eintr_i.mbr\ ,\ eintr_j.mbr\})) - \text{Fläche}\ (eintr_i.mbr) - \text{Fläche}\ (eintr_j.mbr)$$

Die Rechtecke des Paars, bei dem die so bestimmte Fläche am größten ist, werden als Kristallisationspunkte genommen. Der Aufwand für diesen Schritt hängt offenkundig quadratisch von der Anzahl der gespeicherten Einträge ab. Das weitere Aufteilen der Einträge erfolgt wie beim linearen Split-Algorithmus.

Optimaler Split

Einen Algorithmus für das Problem, eine Menge von Rechtecken gemäß eines geometrischen Kriteriums in zwei optimale Mengen aufzuteilen, stellen Becker et al. in [10] vor. Dieser Algorithmus weist für den zweidimensionalen Fall eine Laufzeit von $O(cap_{max}^3)$ auf.

Löschen

Zum Löschen eines Geoobjektes wird der Datenknoten bestimmt, in dem das Objekt gespeichert ist, und der entsprechende Eintrag entfernt. Weist der Datenknoten aufgrund dieser Löschoperation eine Unterfüllung auf, so ist der einfachste Ansatz, diesen Knoten und den zugehörigen Eintrag im Vaterknoten zu löschen und alle bisherigen Einträge des Knotens neu in den R-Baum einzufügen. Durch das Löschen des Eintrags im Vaterknoten kann dieser Verzeichnisknoten unterfüllt sein. In diesem Fall geht man analog vor, wobei aber die Einträge auf ihrem ursprünglichen Niveau in den R-Baum eingefügt werden.

Weitere Anfrageoperationen werden in Kapitel 8 vorgestellt.

6.5.2 R*-Baum

Der *R*-Baum* (sprich: R-Stern-Baum) [11] ist eine beliebte und sehr leistungsfähige Variante des R-Baums. Die Optimierungskriterien beim Entwurf des R*-Baums waren die vier folgenden Gesichtspunkte:

- Minimierung der Überlappung zwischen den Blockregionen

  Wie bereits in Abschnitt 6.2.4 ausgeführt, führen Überlappungen dazu, dass ggf. mehrere Teilbäume für die Bearbeitung einer räumlichen Anfrage durchsucht werden müssen. Dies kann zu einer erhöhten Zahl von Plattenzugriffen führen.

- Minimierung der Fläche der Blockregionen

  Je kleiner eine Blockregion ist, desto seltener wird sie bei der Anfragebearbeitung betrachtet werden. Daher sollten die Blockregionen möglichst klein sein.

- Minimierung des Randes der Blockregionen

  Dieses Kriterium mag zunächst verwundern. Bei gleicher Fläche ist das Quadrat das Rechteck mit dem kürzesten Rand. Dieses Kriterium fordert also, dass die Blockregionen möglichst quadratisch sein sollen. Dies ist unter der Annahme sinnvoll, dass die Anfrageregionen von Rechteck- und Regionsanfragen (in etwa) quadratisch sind. Dies ist keine völlig abwegige Annahme, da Kartenblätter und Bildschirmfenster eine mehr oder weniger quadratische Form haben. Sind die Anfragerechtecke quadratisch, dann führen quadratische Blockregionen dazu, dass die Anfragerechtecke (im Mittel) weniger Blockregionen schneiden und dadurch weniger Plattenzugriffe erforderlich sind. Abbildung 6.59 versucht, dieses Phänomen zu illustrieren.

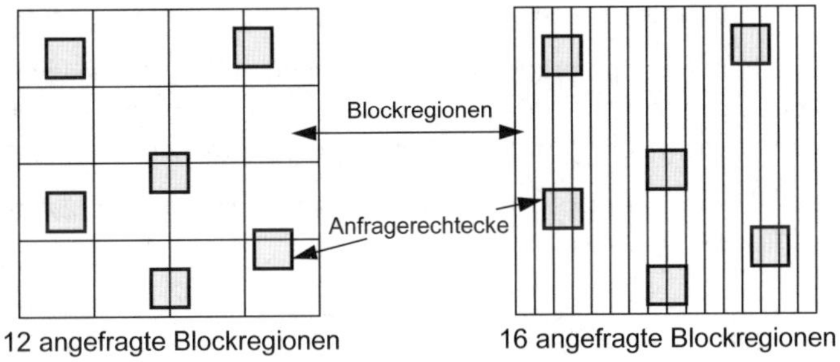

Abb. 6.59: Abhängigkeit zwischen Form und Anzahl der angefragten Blockregionen

- Maximierung der Speicherplatzausnutzung

  Je weniger Blöcke benötigt werden, um die Daten und das Verzeichnis des R*-Baums zu speichern, desto weniger Blöcke werden auch im Mittel auch bei der Bearbeitung einer Anfrage angefordert werden.

Keines der vier Kriterien führt für sich genommen zu einem guten Leistungsverhalten. Würde man nur die Speicherplatzausnutzung optimieren, ohne die drei anderen Gesichtspunkte zu beachten, wäre eine sehr schlechte Effizienz der resultierenden Datenstruktur möglich. Es kommt also – wie so oft – auf die richtige Mischung an. Genau dies versucht der R*-Baum.

Während die Datenstruktur des R*-Baums identisch zum herkömmlichen R-Baum ist, unterscheidet sich der Einfügealgorithmus des R*-Baums in drei wesentlichen Punkten von dem des normalen R-Baums:

- Zunächst wurde der Algorithmus `ChooseSubtree` modifiziert: Falls das minimal umgebende Rechteck des neuen Geoobjektes in keiner Blockregion vollständig enthalten ist, wird die Blockregion ausgewählt, die den geringsten Flächenzuwachs erfährt, vorausgesetzt die Einträge in dem aktuell betrachteten Knoten verweisen auf Verzeichnisknoten. Ansonsten ist das Auswahlkriterium der geringste Zuwachs an Überlappung; dazu muss für jeden Eintrag die Überlappung mit allen anderen Einträgen berechnet werden. Der Aufwand beträgt im schlimmsten Fall somit $O(cap_{max}^2)$.

Um diesen Aufwand zu verringern, wird in [11] als Modifikation vorgeschlagen, für die Berechnung des Überlappungszuwachses nur die *p* Einträge heranzuziehen, die den geringsten Flächenzuwachs verursachen. 32 wird in [11] (etwas magisch) als geeigneter Wert für *p* genannt.

- Der Algorithmus `Split` bestimmt zunächst eine *Split-Dimension*, hinsichtlich der die Einträge des übergelaufenen Blocks näher betrachtet werden. Dazu werden die minimal umgebenden Rechtecke der Einträge für jede Dimension hinsichtlich ihrer minimalen und maximalen Koordinatenwerte sortiert; im zweidimensionalen Fall also für die x- und die y-Dimension, was jeweils $O(cap_{max} \cdot \log cap_{max})$ Rechenzeit erfordert. Für jede dieser Sortierreihenfolgen werden die Rechtecke in zwei Gruppen aufgeteilt, wobei jede Gruppe mindestens cap_{min} Einträge besitzt. So entstehen für jede Sortierung $cap_{max} - 2 \cdot cap_{min} + 2$ verschiedene Aufteilungen (vgl. Abb. 6.60). Für jede Aufteilung wird der Umfang der minimal umgebenden Rechtecke um die beiden Gruppen berechnet und bezüglich der jeweiligen Dimension aufsummiert. Ausgewählt wird die Dimension mit der niedrigsten Umfangssumme.

  Von den betrachteten Gruppierungen der ausgewählten Split-Dimension wird nun diejenige als Grundlage für den Split genommen, bei der die beiden zugehörigen minimal umgebenden Rechtecke die geringste Überlappung aufweisen.

  Experimentell hat sich gezeigt, dass der R*-Baum das beste Leistungsverhalten mit $cap_{min} = 0{,}4 \cdot cap_{max}$ besitzt.

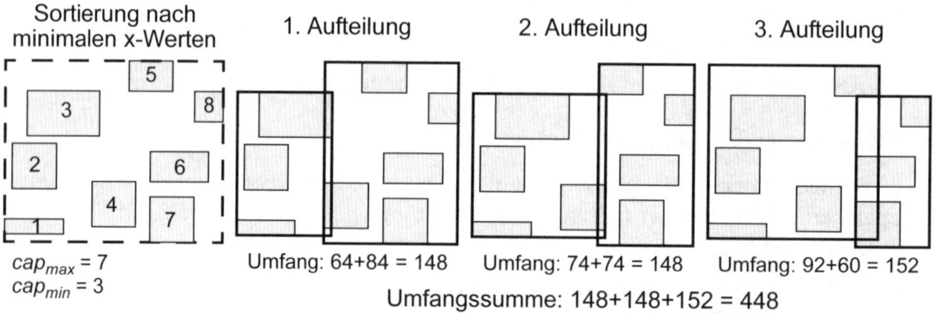

Abb. 6.60: Berechnung der Umfangssumme für eine Sortierung

- Die Partitionierung des R-Baums wird stark von der Einfügereihenfolge geprägt, da der Baum beim Einfügen von neuen Geoobjekten nur lokal verändert wird. Insbesondere die zu Beginn eingefügten Objekte prägen die Partitionierung des R-Baums stark. Daher versucht man mithilfe der Operation `ForcedReinsert`, den Baum durch Löschen und Wiedereinfügen von Einträgen schrittweise zu reorganisieren. Dazu wird, falls ein neuer Eintrag in einen vollen Block eingefügt wird, dieser nicht gleich durch einen Split aufgeteilt. Stattdessen werden die Einträge gelöscht, die den größten Abstand zum Mittelpunkt der Blockregion aufweisen, das minimal umgebende Rechteck im Vaterknoten entsprechend verkleinert und die gelöschten Einträge wieder in den Baum eingefügt. Dabei ist zu beachten, dass die Einträge auf ihrem ursprünglichen Niveau einzubringen sind. Das Wiedereinfügen erfolgt in der Reihenfolge des Abstands zum Mittelpunkt der Blockregion; [11] empfiehlt für 30 % der Einträge einen `ForcedReinsert` durchzuführen. Löst das Einfügen eines Eintrags in einem anderen Knoten ein weiteres Überlaufen aus, wird kein weiterer Reinsert-Prozess gestartet, sondern der normale Split ausgeführt. Führt dieser Split zu einem Überlauf in einem höheren Knoten, kann dort ein `ForcedReinsert` ausgeführt werden.

Die Operation `ForcedReinsert` erhöht die Speicherplatzausnutzung, verringert die Überlappung von Blockregionen und macht den R*-Baum weitgehend unabhängig von der Einfügereihenfolge. Abbildung 6.61 zeigt ein Beispiel. Dabei werden zwei Einträge (1 und 3) in andere Knoten eingefügt und ein Eintrag (2) im ursprünglichen Knoten gespeichert. Dadurch kann ein Split (zunächst) vermieden werden.

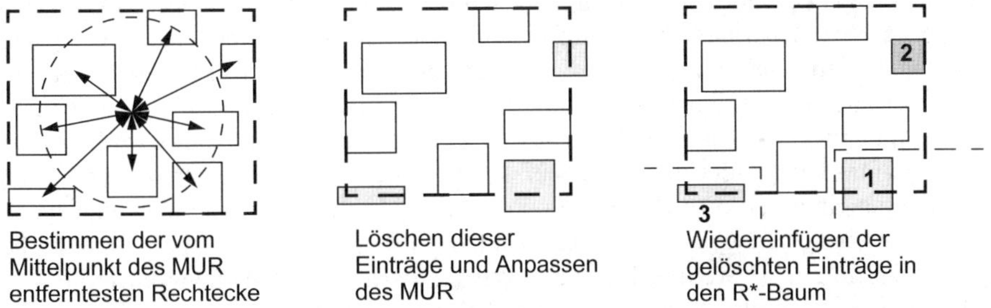

Abb. 6.61: Ablauf der Operation `ForcedReinsert`

Abbildung 6.62 zeigt unter gleichen Testbedingungen die Partitionierung eines R-Baums mit linearem Split-Algorithmus und die eines R*-Baums. Dargestellt sind die Blockregionen von Verzeichnisknoten auf jeweils gleichem Niveau im Baum. Es wird deutlich, dass sich die Blockregionen des R-Baums wesentlich stärker überlappen als die des R*-Baums. Infolge werden räumliche Anfragen bei einem R*-Baum mit deutlich weniger Blockzugriffen bearbeitet als bei einem herkömmlichen R-Baum.

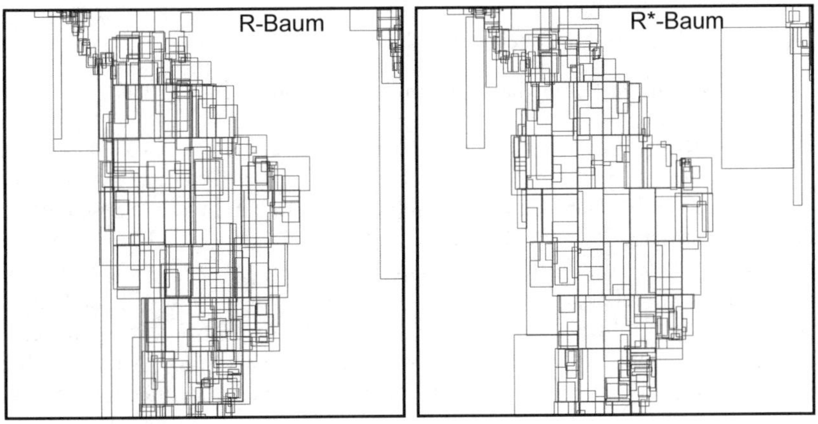

Abb. 6.62: Partitionierung des R- und R*-Baums

Allerdings darf ein wesentlicher Nachteil des R*-Baums an dieser Stelle nicht verschwiegen werden. Der Einfügealgorithmus ist sehr rechenzeitaufwendig. Insbesondere bei größeren Blöcken, die mehrere Hundert Einträge speichern können, macht sich dies spürbar bemerkbar. Auch muss angemerkt werden, dass die Operation `ForcedReinsert` nicht auf einem Pfad von der Wurzel zu einem Knoten beschränkt bleibt, sondern sich über den Baum ausbreiten kann, wodurch ein Mehrbenutzerbetrieb ggf. eingeschränkt wird.

6.5.3 Weitere Varianten

6.5.3.1 R$^+$-Baum

Der *R$^+$-Baum* [186] kann als eine Variation des R-Baums angesehen werden, bei der die Technik der überlappenden Blockregionen durch ein Clipping ersetzt wird. Die Struktur des R$^+$-Baums entspricht der Struktur des R-Baums. Allerdings dürfen sich die minimal umgebenden Rechtecke von Einträgen in Verzeichnisknoten nicht überlappen. Dies hat Konsequenzen für die Überlaufbehandlung von Knoten. Ist ein Knoten überfüllt, so wird eine orthogonale Partitionierungslinie bestimmt, die den Knoten in zwei Bereiche aufteilt. Dazu wird der Datenraum in jeder Dimension mit einer potenziellen Partitionierungslinie durchstrichen und mit einer Kostenfunktion an den Anfangs- und Endpunkten der MURs bewertet. Dabei beginnt bzw. endet der Durchlauf so, dass die minimale Knotenkapazität durch die Aufteilung nicht unterschritten wird. Es wird daraufhin die Partitionierungslinie ausgewählt, bei der die geringsten Kosten auftreten. Die Kostenfunktion sollte insbesondere berücksichtigen, dass möglichst wenige Einträge von der Partitionierungslinie geschnitten werden. Abbildung 6.63 veranschaulicht dies anhand eines Beispiels.

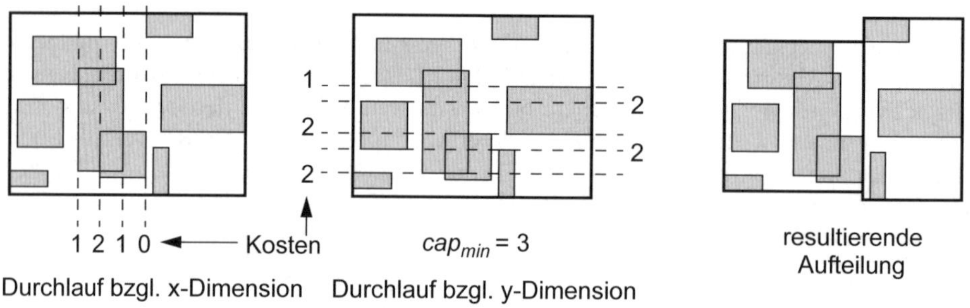

Abb. 6.63: Bestimmung der Partitionierungslinie beim R$^+$-Baum

Der R$^+$-Baum findet nicht immer eine Partitionierungslinie, die kein MUR schneidet. Dann müssen die betroffenen Einträge entsprechend behandelt werden. Falls der übergelaufene Block ein Datenknoten ist, dann werden die von der Partitionierungslinie geschnittenen Einträge in beiden resultierenden Datenknoten gespeichert. Handelt es sich um einen Verzeichnisknoten, dann setzt sich die Aufteilung von dem aktuellen Knoten bis hinab zu den Datenknoten fort. Alle entsprechenden Verzeichnis- und Datenknoten werden gemäß der Partitionierungslinie aufgeteilt, obwohl sie nicht überfüllt sind (Abb. 6.64). Infolgedessen können sehr gering gefüllte Knoten entlang der Partitionierungslinie entstehen. Außerdem bleibt das Einfügen damit nicht auf einen Pfad von der Wurzel zu einem Datenknoten beschränkt.

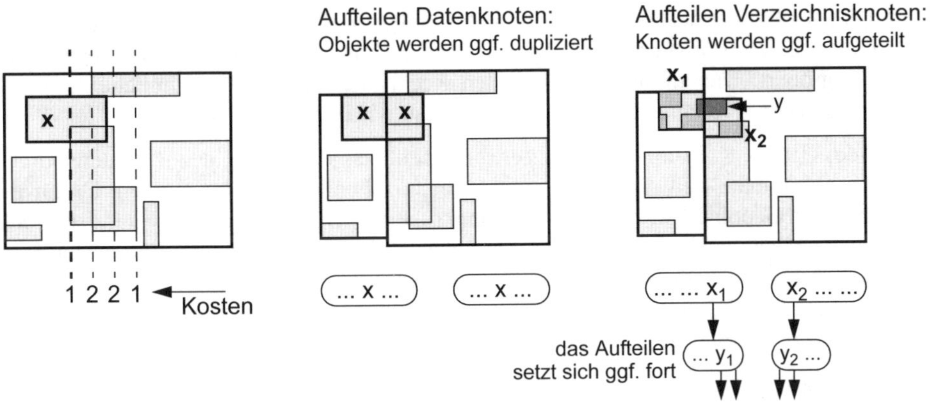

Abb. 6.64: Clipping bei R^+-Bäumen

6.5.3.2 Hilbert-R-Baum

Der *Hilbert-R-Baum* [84] ist eine Mischung aus R-Baum und B^+-Baum. Die Einträge in Verzeichnisknoten des Hilbert-R-Baums bestehen aus einem Verweis auf den Sohnknoten (wie bei R- und B^+-Bäumen), aus einem minimal umgebenden Rechteck (wie beim R-Baum) und aus einem Separator (wie beim B^+-Baum). Der Separator berechnet sich aus einer raumfüllenden Kurve, nämlich der Hilbert-Kurve (vgl. Abschnitt 6.3.2.4). Für alle im Baum gespeicherten Geoobjekte wird für den Mittelpunkt des minimal umgebenden Rechtecks die Ordnungsnummer gemäß der Hilbert-Ordnung bestimmt. Falls die so ermittelte Ordnungsnummer eines Objektes kleiner als der Separator ist, so ist das Objekt in einem Teilbaum „links" von diesem Separator zu speichern. Andernfalls erfolgt dies in einem Teilbaum „rechts" von dem Separator. Es gelten also die Suchbaumeigenschaften wie beim B^+-Baum (vgl. Abschnitt 6.1.1.2). Abbildung 6.65 zeigt ein Beispiel für einen Hilbert-R-Baum.

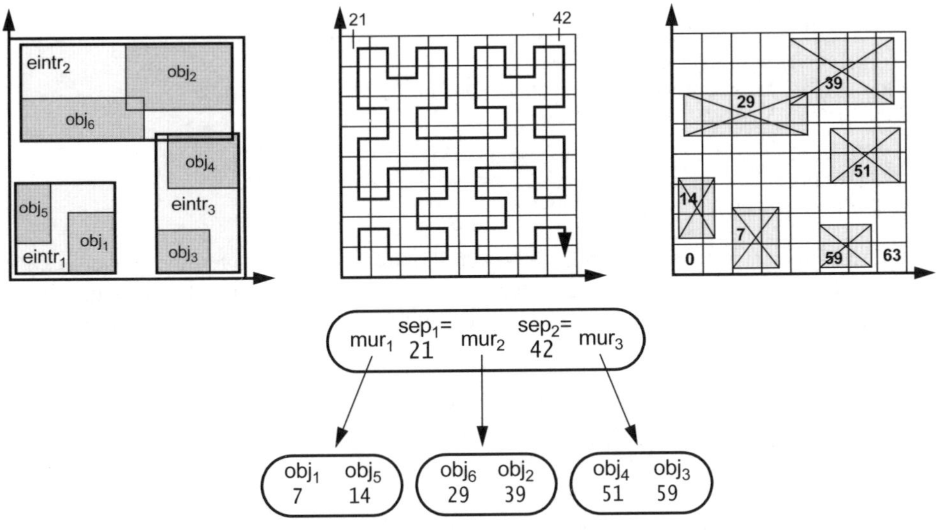

Abb. 6.65: Beispiel für einen Hilbert-R-Baum

Das Einfügen und die Überlaufbehandlung erfolgen im Wesentlichen wie beim B^+-Baum, allerdings wird für jeden Teilbaum das minimal umgebende Rechteck gespeichert: wird ein Geoobjekt in einen Teilbaum eingefügt, so wird ggf. dieses Rechteck gemäß dem neuen Objekt vergrößert. Die minimal umgebenden Rechtecke werden für räumliche Anfragen genutzt; Punkt- oder Rechteckanfragen laufen genau wie in einem R-Baum ab.

Vorteile des Hilbert-R-Baums sind, dass er relativ einfach auf Basis eines B^+-Baums implementiert werden kann und dass Einfügeoperationen schnell ausgeführt werden. Da für die Zuordnung von Geoobjekten zu einem Teilbaum (über die Ordnungsnummer) nur deren Mittelpunkt herangezogen wird und keine zusätzlichen Kriterien wie beim R*-Baum, steigt u.a. die Überlappung zwischen den minimal umgebenden Rechtecken, die die Teilbäume beschreiben, recht schnell an. Daher verzweigt die Anfragebearbeitung häufig im Baum und es sind mehr Plattenzugriffe erforderlich als zum Beispiel beim R*-Baum.

6.5.3.3 GiST-Index

Der *Generalized Search Tree* (*GiST*) ist eine verallgemeinerte, parameterisierbare Indexstruktur [45]. Sie erlaubt es insbesondere, R-Bäume und B^+-Bäume mit einer einheitlichen Datenstruktur zu repräsentieren. Analog zu R-Bäumen ist die Anzahl der Einträge in einem Verzeichnisknoten identisch zu der Zahl der zugehörigen Teilbäume. Für einen B^+-Baum werden die Separatoren durch Einträge ersetzt, die das Intervall beschreiben, in dem sich alle Daten des zugehörigen Teilbaums befinden. Im Gegensatz zu einer R-Baum-Repräsentation sind diese Intervalle überlappungsfrei.

6.5.4 Verwendung in Oracle Spatial

6.5.4.1 Erzeugung eines R-Baums

Das Anlegen eines R-Baums als räumliche Indexstruktur in Oracle ähnelt dem Anlegen eines Quadtrees, nur dass bei R-Bäumen der Parameter SDO_LEVEL entfällt:

```
-- Bisherigen Index löschen:
DROP INDEX GeoDbLand_geo_ix;

-- Neuen Index anlegen:
CREATE INDEX GeoDbLand_geo_ix ON GeoDbLand(geo)
INDEXTYPE IS MDSYS.SPATIAL_INDEX;

-- Ab V.11 auch für ST_GEOMETRY möglich:
CREATE INDEX MMSpatialLand_geo_ix ON MMSpatialLand(geo)
INDEXTYPE IS MDSYS.SPATIAL_INDEX;
```

R-Bäume können wie Quadtrees nur als Sekundärindex vereinbart werden, wobei sie aber auch für Geometrien verwendet werden dürfen, die einem geografischen Koordinatensystem unterliegen. Dies gilt z.B. für die räumlichen Attribute der Tabellen „Gemeinden“ und „Ortsnetze“:

```
-- R-Baum für das Attribut 'centrum' von 'Gemeinden' anlegen:
CREATE INDEX Gemeinden_centrum_ix ON Gemeinden(centrum)
INDEXTYPE IS MDSYS.SPATIAL_INDEX;

-- R-Baum für das Attribut 'gebiet' von 'Ortsnetze' anlegen:
CREATE INDEX Ortsnetze_gebiet_ix ON Ortsnetze(gebiet)
INDEXTYPE IS MDSYS.SPATIAL_INDEX;
```

6.5.4.2 Sicherstellung des Geometrietyps

Über die PARAMETERS-Klausel kann festgelegt werden, dass nur ein bestimmter Geometrietyp in einem Attribut gespeichert werden darf. Dies erfolgt über den Parameter LAYER_GTYPE. Der Geometrietyp wird dabei (kurioserweise) nicht über die Codierung festgelegt, die in Abschnitt 4.1.1.1 vorgestellt worden ist, sondern für 2D-Geometrien über die folgenden Schlüsselwörter: POINT, LINE (=CURVE), POLYGON (=SURFACE), COLLECTION, MULTIPOINT, MULTILINE (=MULTICURVE), MULTIPOLYGON und MULTISURFACE. Beim Einfügen eines Objektes, das nicht den vorgeschriebenen Typ aufweist, erfolgt eine (kryptische) Fehlermeldung:

```
-- Restriktion auf Punkte:
ALTER INDEX Gemeinden_centrum_ix
REBUILD PARAMETERS('LAYER_GTYPE=POINT');
-- Versuch ein Polygon zu speichern:
UPDATE Gemeinden SET centrum =
  SDO_GEOMETRY (2003, 4326,NULL, SDO_ELEM_INFO_ARRAY(1,1003,1),
           SDO_ORDINATE_ARRAY(8.214289,53.087776, 8.305773, 53.148083,
                              8.173382,53.184449, 8.214289,53.087776) )
WHERE gkz = 3403000;

FEHLER in Zeile 1:
ORA-29877: Routine ODCIINDEXUPDATE nicht erfolgreich ausgeführt
ORA-13375: Die Ebene ist vom Typ [2001], während die eingefügte Geometrie den
           Typ [2003] hat
ORA-06512: in "MDSYS.SDO_INDEX_METHOD_10I", Zeile 270
```

6.5.4.3 Metadaten und Indextabellen

Informationen über die angelegten R-Bäume kann man wiederum mithilfe der beiden Sichten USER_SDO_INDEX_INFO und USER_SDO_INDEX_METADATA abfragen. Die erstgenannte Sicht enthält bekanntermaßen nur statische Daten:

```
SELECT INDEX_NAME, TABLE_NAME, COLUMN_NAME, SDO_INDEX_TYPE, SDO_INDEX_TABLE
FROM USER_SDO_INDEX_INFO;

INDEX_NAME             TABLE_NAME    COLUMN_NAME SDO_INDEX_TYPE SDO_INDEX_TABLE
-------------------- ------------- ----------- -------------- ---------------
GEODBLAND_GEO_IX       GEODBLAND     GEO         RTREE          MDRT_7765$
GEMEINDEN_CENTRUM_IX   GEMEINDEN     CENTRUM     RTREE          MDRT_776D$
MMSPATIALLAND_GEO_IX   MMSPATIALLAND GEO         RTREE          MDRT_7773$
ORTSNETZE_GEBIET_IX    ORTSNETZE     GEBIET      RTREE          MDRT_777B$
```

Im Attribut SDO_INDEX_TYPE wird durch den Wert RTREE angezeigt, dass ein R-Baum als Indexstruktur verwendet wird.

Die Sicht USER_SDO_INDEX_METADATA enthält weitere Informationen über den R-Baum, insbesondere über die verwendeten Parameter und einige dynamische Eigenschaften:

```
SELECT SDO_INDEX_TABLE,SDO_RTREE_HEIGHT,SDO_INDEX_NAME,SDO_RTREE_NUM_NODES,
       SDO_RTREE_FANOUT,SDO_RTREE_ROOT,SDO_RTREE_PCTFREE,SDO_LAYER_GTYPE
FROM USER_SDO_INDEX_METADATA;
```

```
SDO_INDEX_TABLE SDO_RTREE_HEIGHT   SDO_INDEX_NAME     SDO_RTREE_NUM_NODES
--------------- ----------------- ------------------ ------------------
SDO_RTREE_FANOUT SDO_RTREE_ROOT    SDO_RTREE_PCTFREE  SDO_LAYER_GTYPE
--------------- ----------------- ------------------ --------------
MDRT_7765$                       1 GEODBLAND_GEO_IX                    1
34              AAAHeSAAJAAAAAoAAA                 10 DEFAULT
MDRT_776D$                       2 GEMEINDEN_CENTRUM_IX                4
54              AAAHeYAAJAAAAKAAAA                 10 POINT
MDRT_7773$                       1 MMSPATIALLAND_GEO_IX                1
34              AAAHeSAAJAAAASoAAA                 10 DEFAULT
MDRT_777B$                       2 ORTSNETZE_GEBIET_IX                26
54              AAAHeDAAJAAAAKWAAA                 25 DEFAULT
```

Das Attribut SDO_RTREE_HEIGHT gibt die aktuelle Höhe des R-Baums an und das Attribut SDO_RTREE_NUM_NODES die aktuelle Anzahl der Knoten des R-Baums. SDO_RTREE_FANOUT speichert den maximalen Verzweigungsgrad der Knoten. SDO_RTREE_ROOT enthält die RowID des Wurzelknotens.

In beiden Sichten benennt das Attribut SDO_INDEX_TABLE die Tabelle, die die Knoten des R-Baums speichert. Diese Indextabelle hat die folgende Struktur:

```
Name          Typ
------------- -------
NODE_ID       NUMBER   -- Knoten-ID
NODE_LEVEL    NUMBER   -- Höhenangabe, wobei 1 für Blattknoten steht
INFO          BLOB     -- die Knoteneinträge
```

Es ist möglich, die Daten- und Verzeichnisknoten des R-Baums in zwei separaten Indextabellen zu speichern. Dies erfolgt über den Parameter SDO_NON_LEAF_TBL, der über die PARAMETERS-Klausel auf TRUE gesetzt werden kann. Dann wird eine zusätzliche Tabelle für die Verzeichnisknoten des R-Baums angelegt. Dies kann für große Indexe die Leistung steigern, da dann die Tabelle für die Verzeichnisknoten eher vollständig im Datenbankpuffer zwischengespeichert werden kann als eine Tabelle für beide Knotentypen. Der Name der zusätzlichen Tabelle beginnt mit „MDNT“.

```
-- Index ändern:
ALTER INDEX Ortsnetze_gebiet_ix
REBUILD PARAMETERS('SDO_NON_LEAF_TBL=TRUE');

-- Tabellennamen anzeigen:
SELECT t.table_name
FROM USER_TABLES t INNER JOIN USER_SDO_INDEX_INFO i
ON SUBSTR(t.table_name,5,5) = SUBSTR(i.sdo_index_table,5,5)
WHERE i.index_name = 'ORTSNETZE_GEBIET_IX';

TABLE_NAME
----------
MDNT_777B$
MDRT_777B$
```

6.5.4.4 Funktionsbasierter räumlicher Index

Grundsätzlich ist es in Oracle nicht nur möglich, einen räumlichen Index auf einem Tabellen- oder Objektattribut zu definieren, sondern auch auf vor- oder benutzerdefinierten Funktionen, die eine Geometrie als Ergebnis haben. Damit wird das Ergebnis der Funktion räumlich indexiert, was – falls die Funktion in der WHERE-Klausel verwendet wird – zu Leistungssteigerungen führen kann. Falls es sich um eine benutzerdefinierte Funktion handelt, ist bei ihrer Vereinbarung in PL/SQL die Option DETERMINISTIC anzugeben. Dadurch wird anzeigt, dass die Funktion ein deterministisches Verhalten hat, d.h. bei gleichen Funktionsargumenten immer dasselbe Ergebnis liefert:

```
CREATE OR REPLACE FUNCTION schwerpunkt (geo SDO_GEOMETRY)
                                          RETURN SDO_GEOMETRY DETERMINISTIC
IS
BEGIN
  RETURN SDO_GEOM.SDO_CENTROID(geo,0.001);
END;
/
```

Zu der Funktion sind entsprechende Metadaten in USER_SDO_GEOM_METADATA einzufügen. Dabei ist die Funktion inklusive Schemanamen anzugeben; bei benutzerdefinierten Funktionen entspricht der Schemaname in der Regel dem Benutzernamen:

```
INSERT INTO USER_SDO_GEOM_METADATA
VALUES ('ORTSNETZE','<Schemaname>.SCHWERPUNKT(GEBIET)', SDO_DIM_ARRAY(
  SDO_DIM_ELEMENT('X',-180,180,1),
  SDO_DIM_ELEMENT('Y',-90,90,1)
) , 4326);
COMMIT;
```

Soll der Index z.B. für die vordefinierte Funktion INTERIOR_POINT angelegt werden, ist stattdessen 'MDSYS.SDO_UTIL.INTERIOR_POINT(GEBIET,0.001)' anzugeben.

Nun kann der Index erzeugt werden:

```
CREATE INDEX Ortsnetze_gebiet_spkt_ix
ON Ortsnetze (schwerpunkt(gebiet))
INDEXTYPE IS MDSYS.SPATIAL_INDEX;
```

6.6 Filterung in Oracle Spatial

Über *räumliche Operatoren* kann im Rahmen der räumlichen Anfragebearbeitung unter Nutzung geeigneter Indexe und Approximationen im ersten Filterschritt eine Kandidatenmenge bestimmt werden. Dazu stehen in Oracle Spatial zwei räumliche Operatoren zur Verfügung, die nachfolgend beschrieben werden.

6.6.1 SDO_FILTER

Der räumliche Operator SDO_FILTER bestimmt die Tupel, deren Geometrie eine (potenzielle) Überlappung mit einer oder mehreren Anfragegeometrien aufweist. Der Operator hat die folgende Form:

```
SDO_FILTER(
  geometry1  IN  SDO_GEOMETRY,    -- Geometrieattribut in Tabelle
  geometry2  IN  SDO_GEOMETRY     -- Anfragegeometrie
)
```

Der erste Parameter `geometry1` ist das geometrische Attribut einer Tabelle, auf die die Anfrage ausgeführt wird. Für dieses Attribut muss ein räumlicher Index existieren. Der zweite Parameter `geometry2` stellt die Anfragegeometrie dar. Sie kann ebenfalls aus einer Tabelle stammen; ein räumlicher Index ist für dieses Attribut kein Zwang. Alternativ kann es sich beim zweiten Parameter um eine einzelne Geometrie handeln, die ad hoc für die Anfrage erzeugt wurde oder die in einer Variablen vorliegt.

Rechteckanfrage mit R-Baum

Das erste Beispiel zeigt eine Rechteckanfrage über die Tabelle „GeoDbLand", wobei das Anfragerechteck ((5,5), (15,15)) direkt in der SQL-Anweisung definiert wird und ein R-Baum als räumliche Indexstruktur verwendet wird. Für die Tupel, deren Approximation einen Schnitt mit der Approximation der Anfragegeometrie aufweist, gibt der Operator `SDO_FILTER` den Wert `'TRUE'` zurück.

```
-- R-Baum als Index:
ALTER INDEX GeoDbLand_geo_ix REBUILD;

-- Anfrage ausführen:
SELECT name
FROM GeoDbLand
WHERE SDO_FILTER (geo,
        SDO_GEOMETRY('POLYGON((5 5, 5 15, 15 15, 15 5, 5 5))')) = 'TRUE';

-- Ab V.11 auch auf ST_GEOMETRY anwendbar:
SELECT name
FROM MMSpatialLand
WHERE SDO_FILTER (geo, ST_POLYGON.FROM_WKT(
                'POLYGON((5 5, 5 15, 15 15, 15 5, 5 5))')) = 'TRUE';

NAME
-----------
Land
Steg
Haus
Flaggenmast
Wall
```

Das Anfrageergebnis umfasst auch den Wall, der zwar – wie Abbildung 6.66 deutlich macht – keine Berührung mit dem Anfragerechteck aufweist, aber dessen MUR das Anfragerechteck schneidet.

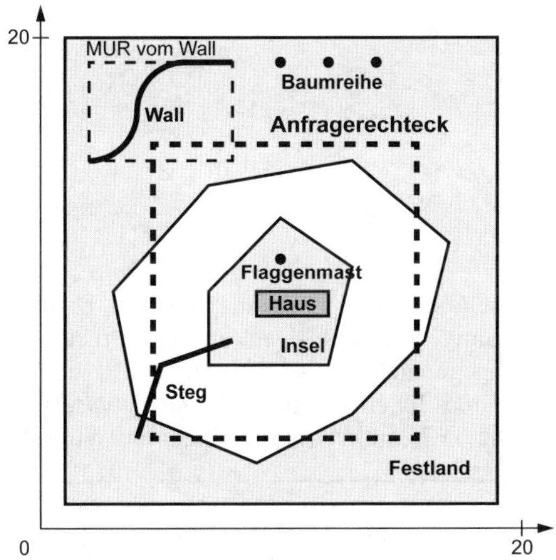

Abb. 6.66: Rechteckanfrage auf „GeoDbLand"

Rechteckanfrage mit Quadtree

Führt man die gleiche Anfrage mit einem Quadtree als Index durch, kann der „Wall" bei hinreichender Auflösung der Approximation ausgefiltert werden (vgl. auch Abb. 6.38 auf S. 202):

```
-- Quadtree als Index:
ALTER INDEX GeoDbLand_geo_ix
REBUILD PARAMETERS ('SDO_LEVEL=6');

-- Anfrage ausführen:
SELECT name FROM GeoDbLand
WHERE SDO_FILTER (geo,
         SDO_GEOMETRY('POLYGON((5 5, 5 15, 15 15, 15 5, 5 5))')) = 'TRUE';

NAME
-----------
Land
Steg
Haus
Flaggenmast
```

Regionsanfrage

Bei der folgenden Anfrage wird auch der zweite Parameter einer Tabelle entnommen. In diesem Beispiel stammen beide Argumente aus der Tabelle „Ortsnetze". Während der erste Parameter alle Ortsnetze umfasst, beinhaltet der zweite Parameter nur den Ortsnetzbereich von „Wildeshausen".

```
SELECT n1.name
FROM Ortsnetze n1 INNER JOIN Ortsnetze n2
ON SDO_FILTER (n1.gebiet, n2.gebiet) = 'TRUE'
WHERE n2.name = 'Wildeshausen';
```

```
NAME
----------------------
Harpstedt
Gross Ippener
Dötlingen
Dötlingen-Brettorf
Wildeshausen
Grossenkneten
Visbek Kr Vechta
Colnrade
```

Das Attribut `gebiet` wird über einen R-Baum indexiert. Daher werden alle Ortsnetze bestimmt, deren minimal umgebendes Rechteck um das Ortsnetzgebiet eine Überlappung mit dem MUR der Anfragegeometrie (also mit dem MUR um Wildeshausen) aufweist. Damit gehört z.B. auch „Gross Ippener" zum Anfrageergebnis, obwohl sich dessen exakte Geometrie – wie Abbildung 6.67 deutlich macht – nicht mit Wildeshausen schneidet.

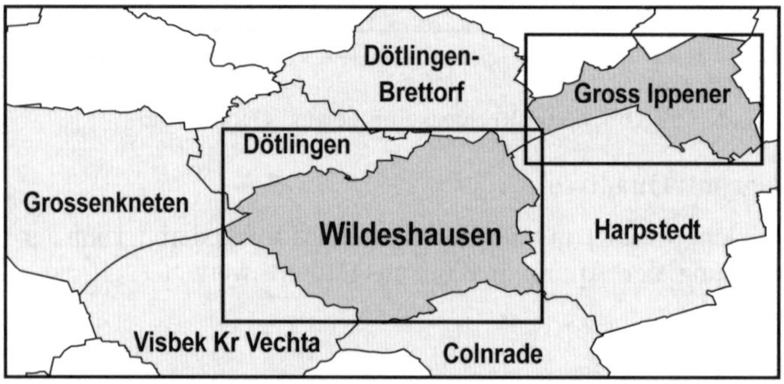

Abb. 6.67: Räumliche Anfrage auf die Tabelle „Ortsnetze"

Nutzung des funktionsbasierten Index

Falls ein funktionsbasierter räumlicher Index vereinbart wurde, wird dieser bei Verwendung der entsprechenden Funktion in der `WHERE`-Klausel genutzt. Für den funktionsbasierten Index aus Abschnitt 6.5.4.4 ist dies beispielsweise bei folgender Anfrage der Fall:

```
SELECT * FROM Ortsnetze
WHERE SDO_FILTER (schwerpunkt(gebiet),
        SDO_GEOMETRY('POLYGON((8 53,8 54,9 54,9 53,8 53))',4326)) = 'TRUE';

93 Zeilen ausgewählt.
```

6.6.2 SDO_WITHIN_DISTANCE

`SDO_WITHIN_DISTANCE` ist der zweite räumliche Operator zur Filterung von Geoobjekten. Er dient zur Bestimmung von Kandidaten für eine *Abstandsanfrage*. Der Operator hat den folgenden Aufbau:

```
SDO_WITHIN_DISTANCE(
  geometry   IN  SDO_GEOMETRY,      -- Geometrieattribut in Tabelle
  querygeom  IN  SDO_GEOMETRY,      -- Anfragegeometrie
  params     IN  VARCHAR2           -- weitere Optionen
);
```

Der erste Parameter geometry ist ein geometrisches Attribut einer Tabelle. Der Operator führt die Anfrage bezüglich dieses Attributs aus. Daher muss es räumlich indexiert sein. Die Anfragegeometrie wird in dem zweiten Parameter querygeom definiert. Diese Geometrie kann ad hoc definiert sein, aus einer Variablen stammen oder in einer Tabelle vorliegen. Der Parameter params enthält weitere Angaben zur Anfrage:

- Über distance muss der maximale Abstand zwischen den Geometrien angegeben werden. Ohne weitere Angaben leitet sich die Maßeinheit aus der Standardmaßeinheit des räumlichen Bezugssystems von geometry ab. Alternativ kann aber auch eine Maßeinheit über die Option unit angegeben werden.
- Die Option querytype=FILTER bewirkt, dass SDO_WITHIN_DISTANCE als Filteroperator auf Basis der Approximationen ausgeführt wird.

Die nachfolgende Anfrage filtert Ortsnetze heraus, die potenziell nicht weiter als 5 km vom Ortszentrum der Gemeinde „Bad Zwischenahn“ entfernt sind. Deren Name und die exakte Entfernung zwischen den Geometrien, die über SDO_GEOM.SDO_DISTANCE berechnet wird, werden ausgegeben.

```
SELECT netz.name,
       SDO_GEOM.SDO_DISTANCE(netz.gebiet,gem.centrum,1e-5,'unit=KM')
FROM Ortsnetze netz INNER JOIN Gemeinden gem
ON SDO_WITHIN_DISTANCE (netz.gebiet, gem.centrum,
                        'distance=5 querytype=FILTER unit=KM') = 'TRUE'
WHERE gem.name = 'Bad Zwischenahn';

NAME                          SDO_GEOM.SDO_DISTANCE
----------------------------- ---------------------
Westerstede                              3,80253892
Westerstede-Ocholt                       3,74267766
Edewecht                                 3,32026899
Bad Zwischenahn                                   0
Edewecht-Friedrichsfehn                  4,66729056
Rastede                                  6,92391584
```

Das Beispiel zeigt, dass auch eine Gemeinde gefunden wird (Rastede), deren Abstand größer als 5 km ist, da die Filterung auf Grundlage der minimal umgebenden Rechtecke erfolgt.

Entsprechend lässt sich SDO_WITHIN_DISTANCE auch auf indexierte ST_GEOMETRY-Spalten anwenden:

```
SELECT g1.name, g1.geo.ST_DISTANCE(g2.geo)
FROM MMSpatialLand g1 INNER JOIN MMSpatialLand g2
ON SDO_WITHIN_DISTANCE (g1.geo, g2.geo,'distance=5 querytype=FILTER') = 'TRUE'
WHERE g2.name = 'Flaggenmast';

NAME                G1.GEO.ST_DISTANCE
------------------- ------------------
Land                                 0
Steg                        3,60555128
Haus                                 1
Flaggenmast                          0
Wall                        8,54400375
```

7 Geometrische Algorithmen

Aus den Filterschritten einer mehrstufigen Anfragebearbeitung erhalten wir neben eindeutig identifizierten Treffern auch Kandidaten, die die Anfrage potenziell erfüllen. In der Kandidatenmenge können sowohl richtige Antworten als auch Fehltreffer enthalten sein, die der Anfragebedingung nicht entsprechen. Die Bestimmung der eigentlichen Treffer ist dann Aufgabe des *Verfeinerungsschrittes*. Dazu muss die exakte Geometrie der Kandidaten mit der Anfragebedingung verglichen werden. Außerdem erfordern es räumliche Anfragen häufig, mittels *geometrischer Funktionen* exakte Längen- oder Flächenberechnungen auszuführen oder neue Geometrien (z.B. Schnitt- oder Differenzflächen) zu erzeugen. Daher soll in diesem Kapitel eine Auswahl dafür geeigneter *geometrischer Algorithmen* und Datenstrukturen präsentiert werden.

7.1 Algorithmische Geometrie

Die *algorithmische Geometrie* (engl. *Computational Geometry*) [13] [167] beschäftigt sich mit der Entwicklung effizienter Algorithmen und Datenstrukturen zur Lösung geometrischer Fragestellungen. Damit stellt sie die Grundlage für Methoden zur Verfügung, die im Verfeinerungsschritt von Geodatenbanksystemen und für die Implementierung von Analyseoperationen in Geoinformationssystemen benötigt werden. Allerdings sollte beim praktischen Einsatz von geometrischen Datenstrukturen und Algorithmen eine Reihe von Aspekten beachtet werden:

- Die Effizienz von Algorithmen und Datenstrukturen wird typischerweise in der O-Notation bewertet. Diese gibt die *Ordnung* der Laufzeit bzw. des Speicherplatzbedarfs in Abhängigkeit von der Problemgröße an. Eine solche Problemgröße kann zum Beispiel die Anzahl der Stützpunkte eines Streckenzuges oder die Anzahl der Eckpunkte eines Polygons sein. Viele Verfahren der algorithmischen Geometrie sind auf eine Optimierung für (sehr) große Problemgrößen ausgerichtet. In praktischen Anwendungen sind die tatsächlich auftretenden Probleme häufig aber von beschränkter Größe, da z.B. aufgrund der Digitalisierung und der Objektgrößen die Anzahl von Polygonpunkten gewisse Werte nicht überschreitet. Daher muss aus Sicht eines Geodatenbanksystems auch die tatsächliche Laufzeit eines Algorithmus für typische Problemgrößen als Auswahlkriterium herangezogen werden.
- Bei Effizienzbetrachtungen wird (der Einfachheit halber) in der Regel das Komplexitätsverhalten für den schlechtesten Fall (engl. *Worst Case*) bestimmt. Bei solchen Betrachtungen stellt sich die Frage, ob und wie oft ein solcher Worst Case bei realen Daten eintritt.
- Bei der Darstellung der Algorithmen werden mitunter vereinfachende Annahmen getroffen, z.B. dass sich alle x-Koordinaten der Geometrien unterscheiden. Die Behandlung der Ausnahmefälle, die erforderlich ist, um den Algorithmus für reale Geodaten einsetzen zu können, ist hingegen oft nicht trivial.
- Optimale Algorithmen und Datenstrukturen sind häufig recht aufwendig zu implementieren und reagieren nicht selten empfindlich auf numerische Fehler. Daher kann es sinn-

voll sein, Verfahren zu verwenden, die zwar von der Laufzeit her nicht optimal sind, aber robust auf numerische Fehler reagieren.

Die Grundprinzipien, die bei der algorithmischen Geometrie Anwendung finden, haben nichtsdestotrotz für die Implementierung von Geodatenbanksystemen eine große Bedeutung. Viele dort eingesetzte Algorithmen und Datenstrukturen beruhen direkt oder indirekt auf den Ergebnissen dieser Teildisziplin.

7.1.1 Algorithmische Entwurfsmethoden

Zur algorithmischen Lösung von Problemstellungen gibt es eine Reihe von generellen Entwurfsmethoden. Im Bereich der algorithmischen Geometrie finden insbesondere drei Methoden häufig Anwendung:

- die inkrementelle Methode,
- „Teile und Herrsche“ und
- der Plane Sweep.

Das Prinzip dieser drei Ansätze wird nachfolgend anhand eines einfachen Beispiels – der Berechnung des Flächeninhalts eines Polygons – erläutert. Dieses Beispiel soll die wesentlichen Eigenschaften und Unterschiede der Entwurfsmethoden deutlich machen, ohne auf Sonderfälle einzugehen oder die Eignung für die Problemstellung zu erörtern. In den späteren Abschnitten kommen die drei Verfahren in den vorgestellten Algorithmen zur Anwendung.

7.1.1.1 Inkrementelle Methode

Die Grundidee bei inkrementellen Methoden ist, ausgehend von einer kleinen Ausgangsmenge, wiederholt einen Teil der Daten hinzuzunehmen und zu verarbeiten, bis man schließlich das gesamte Problem gelöst hat.

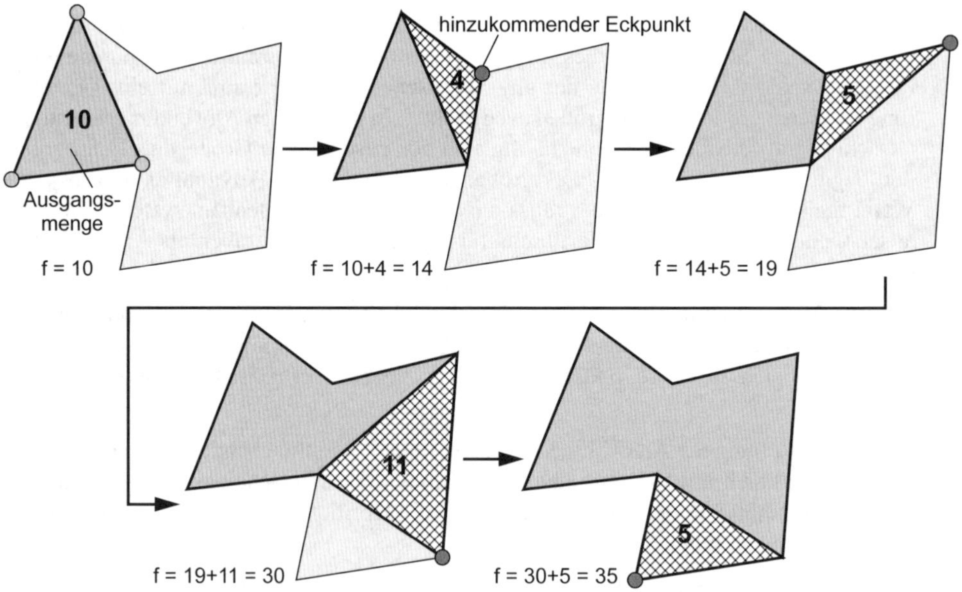

Abb. 7.1: Berechnung des Flächeninhalts *f* über eine inkrementelle Methode

Ein Polygon wird durch eine Folge von Eckpunkten beschrieben. Ausgangsmenge seien drei aufeinanderfolgende Eckpunkte. Diese bilden ein Dreieck, dessen Flächeninhalt berechnet werden kann. Anschließend betrachtet man einen der beiden benachbarten Eckpunkte und addiert die Dreiecksfläche zwischen diesem Punkt und der bisher bearbeiteten Fläche auf. Dies wiederholt man so lange, bis man alle Polygonpunkte behandelt und so den gesamten Flächeninhalt berechnet hat. Abbildung 7.1 illustriert diese Vorgehensweise.

Dieser Ansatz kann dazu genutzt werden, um eine allgemeine Flächenformel für Polygone abzuleiten. So kann der Flächeninhalt *Area* eines Dreiecks, das durch drei Punkte $p_i = (x_i, y_i)$ beschrieben ist, über

$$\mathrm{Area}(p_1, p_2, p_3) = \frac{x_1y_2 - x_2y_1 + x_3y_1 - x_1y_3 + x_2y_3 - x_3y_2}{2}$$

berechnet werden. Dabei erhält man je nach Umlaufsinn ein positives oder ein negatives Ergebnis. Das Hinzunehmen eines Dreiecks entspricht dem Aufaddieren einer Dreiecksfläche zu der bisherigen Formel. Den dabei entstehenden Gesamtausdruck kann man zu folgender Flächenformel für ein Polygon *pol* mit *n* Punkten $p_i = (x_i, y_i)$ vereinfachen ($p_{n+1} = p_1$):

$$\mathrm{Area}(pol) = \frac{1}{2} \cdot \sum_{i=1}^{n} (x_iy_{i+1} - x_{i+1}y_i)$$

Auch hier hängt das Vorzeichen vom Umlaufsinn des Polygons ab.

7.1.1.2 Teile und Herrsche

Bei der Entwurfsmethode *Teile und Herrsche* (engl. *Divide and Conquer*, lat. *Divide et Impera*[1]) wird ein algorithmisches Problem in zwei (oder mehr) Teilprobleme zerlegt, die eine kleinere Problemgröße als das Ursprungsproblem aufweisen. Diesen Schritt wiederholt man (rekursiv) so lange, bis man eine Problemgröße erreicht hat, für die die Aufgabenstellung mehr oder weniger trivial zu lösen ist. Man löst also anstatt eines komplexen Problems viele kleinere Probleme. Anschließend muss man die Lösungen der kleineren Probleme schrittweise zu einer Gesamtlösung zusammenführen. Diese Zusammenführung wird auch als *Merge* bezeichnet.

Als Illustration soll wieder die Berechnung des Flächeninhalts eines Polygons dienen. Ein Polygon kann in zwei Polygone zerlegt werden, die jeweils weniger Eckpunkte aufweisen als das bisherige Polygon. Auf die resultierenden Polygone kann man rekursiv diesen Zerlegungsschritt anwenden, bis man nur noch Dreiecke vorliegen hat. Die Flächenberechnung für ein Dreieck ist trivial. Abschließend addiert man in umgekehrter Schrittfolge die berechneten Flächeninhalte auf. Abbildung 7.2 stellt diese Vorgehensweise dar.

[1] Gerne wird diese Entwurfsmethode mit der Herrschaft römischer Kaiser verglichen, die das römische Reich in Provinzen eingeteilt und durch eingesetzte Präfekten regiert haben.

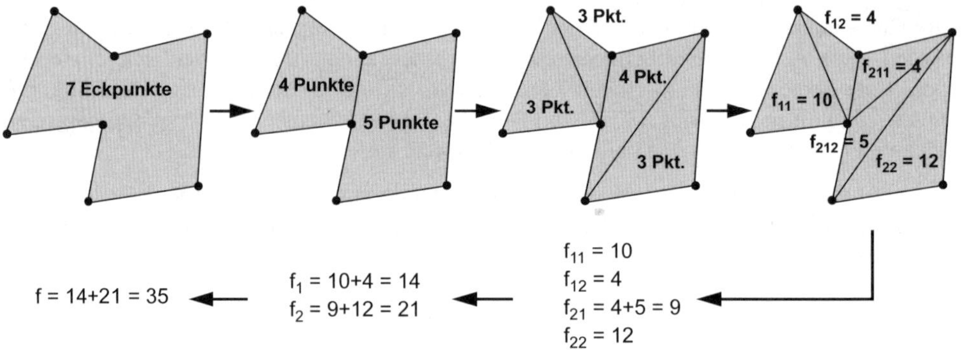

Abb. 7.2: Berechnung des Flächeninhalts *f* über „Teile und Herrsche"

Die Sortierverfahren Quicksort und Mergesort beruhen zum Beispiel auf dem Prinzip „Teile und Herrsche".

7.1.1.3 Plane Sweep

Im Gegensatz zu den beiden anderen Methoden ist die Entwurfsmethode *Geradenüberstreichung* (engl. *Plane Sweep*, auch: *Scan-Line-Prinzip*) eine spezifische Technik für geometrische Fragestellungen in der Ebene. Dabei wird eine senkrechte Gerade (die *Lauflinie*, engl. *Sweep Line*) von links nach rechts über die Ebene des Datenraums verschoben[2], wobei die Lauflinie an allen relevanten Punkten (*Haltepunkte*, engl. *Event Points*) stoppt und der jeweilige Algorithmus dann geeignete Operationen und Berechnungen durchführt. Dazu benötigt man zwei Datenstrukturen:

- Die *x-Struktur* (engl. *Event Point Schedule*) speichert die Haltepunkte sortiert in der Reihenfolge, in der die Lauflinie bei ihnen halten soll.
- Die *y-Struktur* (engl. *Sweep Line Status*) beschreibt die geometrischen Objekte, die aktuell die Lauflinie schneiden. Die y-Struktur wird immer dann aktualisiert, wenn die Lauflinie anhält. In der y-Struktur sind die Objekte in der Reihenfolge der y-Koordinaten in Höhe der Lauflinie gespeichert.

Für das Beispiel der Berechnung des Flächeninhalts werden die Eckpunkte zunächst nach ihren x-Koordinaten sortiert in der x-Struktur abgespeichert und nachfolgend abgerufen, sodass die Lauflinie zunächst bei dem Eckpunkt mit der kleinsten x-Koordinate hält. Zum Schluss befindet sich die Lauflinie bei dem Eckpunkt mit der größten x-Koordinate. Bei jedem Halt (außer dem ersten) können mithilfe der Polygonkanten, die die Lauflinie schneiden und daher in der y-Struktur gespeichert sind, die Dreiecke und/oder Trapeze konstruiert werden, die sich links von der Lauflinie befinden und links von der vorhergehenden Position der Lauflinie begrenzt werden. Der Flächeninhalt dieser Dreiecke und Trapeze wird berechnet und aufaddiert, sodass man zum Schluss den gesamten Flächeninhalt des Polygons bestimmt hat. Abbildung 7.3 zeigt die entsprechende Vorgehensweise.

[2] Alternativ kann die Lauflinie auch von rechts nach links oder eine waagerechte Lauflinie vertikal verschoben werden.

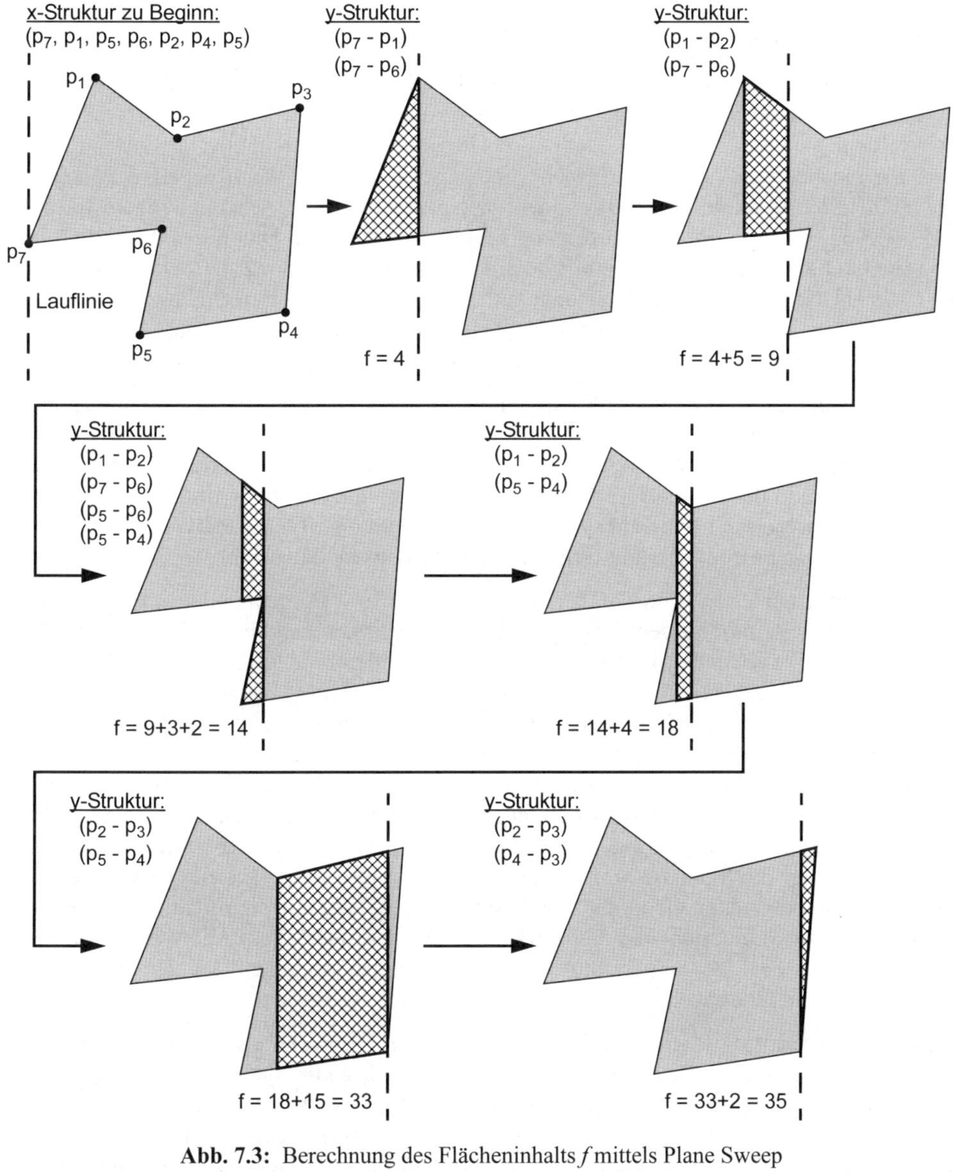

Abb. 7.3: Berechnung des Flächeninhalts *f* mittels Plane Sweep

7.1.2 Behandlung numerischer Probleme

Beim Umgang mit Geometrien können Probleme auftreten, die aus der rechnergestützten Repräsentation von Zahlen resultieren. Bei der Verarbeitung von Geodaten muss zum einen die *Genauigkeit* (engl. *Accuracy*) der Daten berücksichtigt werden. Ungenauigkeiten können zum Beispiel durch Messfehler oder durch eine bewusste oder unbewusste Vereinfachung bei der Modellierung der Daten entstehen (vgl. Kap. 3). Beim Umgang mit Rasterbildern oder mithilfe von Scannern digitalisierten Daten ist deren *Auflösung* (engl. *Resolution*) zu berücksichtigen. Zum anderen beeinflusst die *Präzision* (engl. *Precision*) der Repräsentation von Zahlen die Genauigkeit und ggf. auch die Richtigkeit von Berechnungen.

Die Präzision ist der Grad der Genauigkeit, mit denen Zahlen auf einem Rechner gespeichert werden. Sie wird durch die beschränkte Speichergröße, die für die Repräsentation einer Zahl zur Verfügung steht, vorgegeben. Bei der Speicherung von ganzen Zahlen hat dies zur Folge, dass nur ein beschränkter Wertebereich genutzt werden kann. Wenn negative Zahlen als *Zweierkomplement* dargestellt werden, dann entspricht dieser Wertebereich einem Intervall $[-2^n , 2^{n-1}-1]$, wobei n die Anzahl der zur Verfügung stehenden Bits bezeichnet. Bei einer typischen Zahlenrepräsentation mit 4 Byte pro Zahl können also nur Zahlen im Wertebereich $[-2^{31} , 2^{31}-1]$ dargestellt werden (also ungefähr ±2 Mrd.). Wird bei Berechnungen dieser Wertebereich – und sei es auch nur vorübergehend – verlassen, kann es zu Fehlern kommen. Bei der Programmierung komplexerer Rechenausdrücke kann dies leicht passieren.

Für gebrochene Zahlen mit einem Nachkommaanteil unterscheidet man zwei unterschiedliche *Zahlenrepräsentationen*: Bei der *Festkommadarstellung* (engl. *Fixed Point Representation*) steht eine vorgegebene maximale Anzahl von Stellen für den Vorkomma- und für den Nachkommaanteil der Zahl zur Verfügung. Die Festkommadarstellung findet man zum Beispiel bei Datentypen in Datenbanksystemen. So erlauben die SQL-Datentypen `DECIMAL` und `NUMERIC` die Angabe einer Gesamt- und einer Nachkommastellenanzahl.

In Programmiersprachen (und damit auch für komplexere Berechnungen innerhalb eines Geodatenbanksystems) werden hingegen *Fließkommadarstellungen* (engl. *Floating Point Representations*) verwendet. In diesem Fall werden Zahlen in einer *Exponentialdarstellung* der Form $m \cdot 2^{exp}$ gespeichert, wobei m die Mantisse und exp der Exponent ist. Da es für eine Zahl mehrere unterschiedliche Exponentialdarstellungen gibt, findet eine Normalisierung statt, sodass $½ \leq m < 1$ gilt. Fließkommadarstellungen erlauben es, einen sehr großen Wertebereich abzudecken. Bei einer typischen 8-Byte-Repräsentation zum Beispiel bis ungefähr 10^{308}. Die Größe des Wertebereichs wird durch die Anzahl der Bits, die für den Exponenten exp zur Verfügung stehen, vorgegeben. Dies erkauft man sich mit einer beschränkten Präzision. Da auch für die Mantisse m nur eine bestimmte Anzahl von Bits zur Verfügung steht, hat eine Fließkommadarstellung nur eine beschränkte Anzahl von signifikanten Stellen. Bei einer 8-Byte-Repräsentation sind dies etwa 15 bis 16 Dezimalstellen. Alle weiter rechts stehenden Stellen – egal, ob vor oder hinter einem Dezimaltrennzeichen – können nicht gespeichert werden und fallen weg.

Dieser Effekt hat insbesondere auch Auswirkungen auf Berechnungen. Um zum Beispiel zwei Fließkommazahlen zu addieren, muss zunächst die Zahl mit dem kleineren Exponenten so angepasst werden, dass sie den gleichen Exponenten besitzt wie die größere Zahl. Dazu müssen die Stellen der Mantisse der kleineren Zahl nach rechts verschoben werden, sodass dadurch ggf. signifikante Stellen verloren gehen. Die Zahl wird dadurch ungenauer. Dieser *Rundungsfehler* ist umso größer, je größer der Größenunterschied zwischen den Zahlen ist. Auch bei anderen Grundrechenarten kann es zu solchen *numerischen Fehlern* kommen, die das Ergebnis einer Berechnung mehr oder weniger stark verfälschen können. Dies hat Konsequenzen: So ist die Reihenfolge, in der addiert oder multipliziert wird, nicht mehr austauschbar. Addiert man in einer aufsteigend sortierten Folge von Zahlen die Zahlen von links nach rechts (also zunächst die kleineren miteinander), so wird das Ergebnis oft genauer sein, als wenn man die Zahlen von rechts nach links addiert hätte. Mit anderen Worten: das Assoziativgesetz gilt nicht mehr. Eine andere Folge ist, dass man zwei gebrochene Zahlen, die aufgrund von Berechnungen zustande gekommen sind, sinnvollerweise nicht auf Gleichheit testen sollte, da die Zahlen – selbst wenn sie aufgrund der eigentlichen mathematischen Gegebenheiten gleich sein sollten – wegen der Rundungsfehler eventuell voneinander abweichen können.

Gerade bei der Implementierung von Algorithmen der algorithmischen Geometrie tritt sehr häufig die Fragestellung auf, wie man numerische Fehler so handhabt, dass die Rundungsfehler möglichst klein bleiben und dass insbesondere das prinzipielle Ergebnis nicht verfälscht wird: Falls die Position eines berechneten Schnittpunktes geringfügig von der mathematisch korrekten Position abweicht, ist dies meist nicht besonders gravierend, zumal die Basiskoordinaten aufgrund der Digitalisierung oder des eingesetzten Datenmodells gewisse Ungenauigkeiten besitzen. Wesentlich schlimmer ist hingegen, dass ein existierender Schnittpunkt aufgrund numerischer Fehler nicht gefunden wird oder dass ein Programm abstürzt oder in eine Endlosschleife gerät, da im Programmablauf ein Fall eingetreten ist, den es eigentlich (aus mathematisch-algorithmischer Sicht) gar nicht geben kann und der daher von der Implementierung des Algorithmus nicht abgefangen wird. Auch sind Situationen schwerwiegend, in denen sich Rundungsfehler nach und nach aufaddieren, sodass sich nicht nur die Geometrie, sondern auch die Topologie der Objekte verändert. So kann die Situation eintreten, dass sich zwei eigentlich überlappungsfreie Polygone nach einer Folge von Berechnungen schneiden, weil sich die Rundungsfehler aufsummiert (*akkumuliert*) haben.

Ein anderes Problem stellt die Qualität der Eingangsdaten dar. Bei Flächenobjekten wird beispielsweise meist vorausgesetzt, dass es sich um einfache Polygone oder einfache Polygone mit Löchern handelt. Allerdings kann dies bei manuell oder automatisch digitalisierten Daten nicht immer vorausgesetzt werden, sodass eine vorhergehende Prüfung notwendig wäre. Am Beispiel von Oracle Spatial haben wir in Abschnitt 4.2.2.1 gesehen, dass es zwar entsprechende Funktionen gibt, sie aber nicht automatisch beim Speichern von Daten aufgerufen werden, sodass nachfolgend Fehler eintreten können. Auch die bereits erwähnte vereinfachende Darstellung von geometrischen Algorithmen, die „Spezialfälle" wie gleiche x-Koordinaten bei den Eingabedaten auslässt, trägt ihren Teil zu dieser Problematik bei[3].

Um numerische Fehler in geometrischen Algorithmen handhaben zu können, gibt es eine Reihe von Ansätzen, auf die nachfolgend kurz eingegangen werden soll [180].

7.1.2.1 Epsilon-Umgebung

Der wohl meistgenutzte Ansatz, um Rundungsfehler zu berücksichtigen, ist die Verwendung einer *Epsilon-Umgebung*. Dazu wird eine Zahl $\varepsilon > 0$ definiert. Sobald zwei Zahlen x und y weniger als ε voneinander differieren, wird angenommen, dass x und y gleich sind: Der Test $x = y$ wird in den Test $| x - y | < \varepsilon$ überführt. An dieser Stelle stellt sich die Frage nach dem Wert von ε. Bei der Beantwortung begibt man sich oft in den Bereich der Kaffeesatzleserei: es wird meist irgendein Wert (z.B. 10^{-6} oder 10^{-9}) fest definiert und ggf. so lange angepasst, bis für die Testdatenmenge, mit der man einen Algorithmus auf Funktionsfähigkeit überprüft, keine katastrophalen Fehler mehr auftreten. Eine Form der Epsilon-Umgebung haben wir in Abschnitt 4.1.3 mit dem von Oracle Spatial verwendeten Toleranzwert kennengelernt.

Wenn wir zwei Punkte p_1 und p_2 betrachten, kann der Ansatz mithilfe einer Abstandsfunktion *dist* umgesetzt werden: Der Gleichheitstest $p_1 = p_2$ wird dabei in $dist\,(p_1, p_2) < \varepsilon$ überführt.

[3] Auch dieses Lehrbuch ist nicht frei von solchen Vereinfachungen, insbesondere da die algorithmische Geometrie nur eines von mehreren dargestellten Themen ist.

Dieser Ansatz entspricht bei zweidimensionalen Punkten der Konstruktion einer kreisförmigen Umgebung mit Radius ½ · ε. Zwei Punkte sind dann gleich, wenn sich das Innere der Kreise schneidet. Abbildung 7.4 illustriert dies anhand eines Beispiels. Das Beispiel macht auch deutlich, dass durch den Einsatz von Epsilon-Umgebungen die Transitivität der Gleichheit von Punkten verloren geht. Zwar gilt im Beispiel, dass $p_1 = p_2$ und $p_2 = p_3$. Daraus kann aber nicht mehr – wie sonst in der Geometrie – geschlossen werden, dass $p_1 = p_3$ ist.

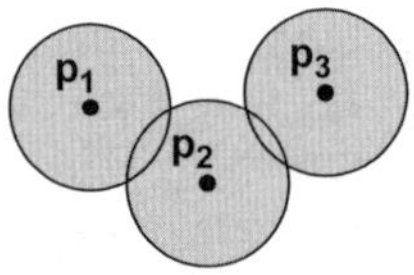

$dist\,(p_1, p_2) < \varepsilon$
$dist\,(p_2, p_3) < \varepsilon$
aber: $dist\,(p_1, p_3) > \varepsilon$

Abb. 7.4: Fehlende Transitivität der Gleichheit von Punkten beim Einsatz von Epsilon-Umgebungen

7.1.2.2 Verwendung alternativer Datenrepräsentationen

Intervallarithmetik

Die *Intervallarithmetik* repräsentiert eine Zahl x durch ein Intervall $[x_u, x_o]$, das die obere und die untere Schranke für den Wert von x speichert. Es ist nur bekannt, dass x einen Wert innerhalb des Intervalls besitzt; es gilt also: $x_u \le x \le x_o$. Wenn zwei Zahlen gemäß der Intervallarithmetik miteinander verrechnet werden, müssen die jeweiligen Unter- und Oberschranken sowie die Ungenauigkeit der jeweiligen Operation berücksichtigt werden. Für die Addition gilt zu Beispiel:

$$[x_u, x_o] + [y_u, y_o] \;=\; [\,x_u + y_u - \varepsilon_u, x_o + y_o + \varepsilon_o\,]$$

Die Werte ε_u und ε_o beschreiben mögliche Ungenauigkeiten bezüglich der oberen und unteren Schranke. Sie sollten möglichst operations- und wertespezifisch ermittelt werden, um die Intervallgrenzen nicht zu weit auseinander driften zu lassen. Für den Vergleich von Zahlenwerten ist bei der Intervallarithmetik eine zweiwertige Logik nicht ausreichend; ein dritter Ergebniswert *maybe* ist erforderlich, der ausdrückt, dass das Vergleichsergebnis nicht sicher mit *true* oder *false* beantwortet werden kann. So gilt zum Beispiel:

- $[x_u, x_o] < [y_u, y_o] = \mathit{true} \;\Leftrightarrow\; x_o < y_u$
- $[x_u, x_o] < [y_u, y_o] = \mathit{false} \;\Leftrightarrow\; x_u \ge y_o$
- $[x_u, x_o] < [y_u, y_o] = \mathit{maybe}$ in den übrigen Fällen

Diskrete Wertebereiche

Eine Alternative stellt die Definition von geometrischen Datentypen und Operationen auf Basis eines diskreten Wertebereichs dar (wie z.B. in der „ROSE-Algebra" von Güting und Schneider [50][181]). Dann liegen alle Punkte auf einem vorgegebenen Raster. Die Abbildung 7.5 zeigt ein solches Beispiel.

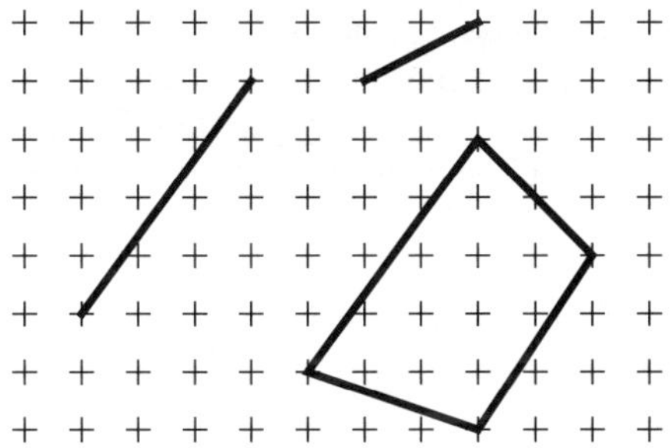

Abb. 7.5: Repräsentation von Geometrien mittels eines beschränkten Wertebereichs

Falls in einer solchen Umgebung ein neuer Schnittpunkt berechnet wird, liegt dieser im Regelfall nicht auf dem Raster. Dann muss der Punkt so verschoben werden, dass er auf einem der vorgegebenen Rasterpunkte zu liegen kommt. Dies kann – falls man keine zusätzlichen Vorkehrungen trifft – zu regelrechten Streckenwanderungen führen, wie es in Abbildung 7.6 dargestellt ist.

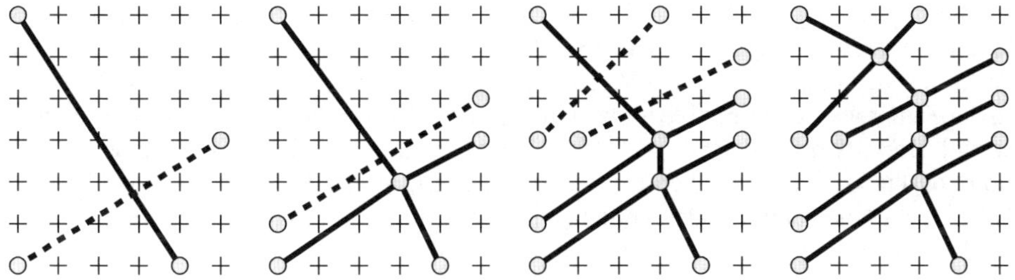

Abb. 7.6: Wanderung von Geometrien beim Einführen zusätzlicher Schnittpunkte

Nach dem Verfahren von Greene und Yao [46] kann allerdings sichergestellt werden, dass mehrere Verschneidungen sich nicht übermäßig aufaddieren und es so zu keiner beliebigen Wanderung der Geometrien im Datenraum kommt. Abbildung 7.7 zeigt, dass die Rasterpunkte dabei als eine Art von Nagelbrett aufzufassen sind, über dessen Nägel sich eine Strecke beim Einführen eines Schnittpunktes nicht hinwegbewegen darf.

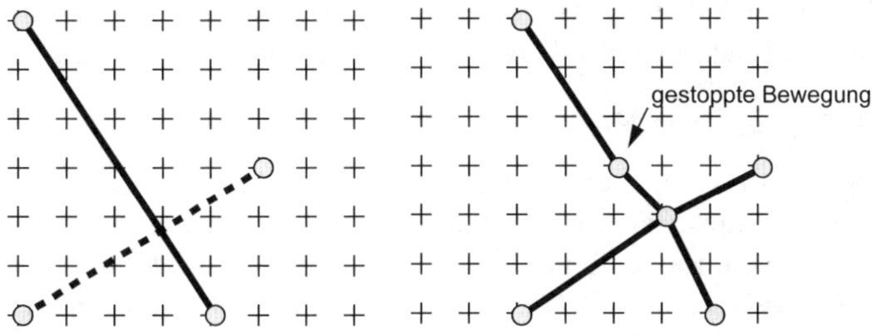

Abb. 7.7: Beschränkung der Wanderung von Geometrien beim Einführen zusätzlicher Schnittpunkte

Über die Einführung von diskreten Wertebereichen kann die Konsistenz zwischen Geometrien sichergestellt werden (z.B. dass der gemeinsame Rand von zwei benachbarten Flächen immer vollständig zu beiden Flächen gehört) und numerisch robuste Berechnungen durchgeführt werden. Allerdings können sich die topologischen Verhältnisse ändern: So kann ein Punkt, der eigentlich neben einer Linie liegt, aufgrund von Verschiebungen auf der Linie zu liegen kommen.

Exakte Zahlenrepräsentationen

Ein Ansatz, das Problem numerischer Fehler gänzlich zu vermeiden, ist der Einsatz von *exakten Zahlenrepräsentationen* anstelle von Fließkommadarstellungen. So existieren Programmpakete zur Repräsentation beliebig langer ganzer Zahlen oder von rationalen Zahlen, die eine Zahl durch ein Paar, das aus Zähler und Nenner besteht, darstellen. Da für viele Aufgaben (z.B. die Verschneidung von Flächen) keine reellen Zahlen benötigt werden, sondern die Menge der *rationalen Zahlen* ausreichend ist, stellen diese eine interessante Alternative für geometrische Fragestellungen dar. Auch die Berechnung der Quadratwurzel kann durch entsprechende Umformungen oft vermieden werden. So ist es nicht notwendig (und auch nicht sinnvoll), zwei euklidische Abstände erst nach der Wurzelbildung miteinander zu vergleichen.

Zwar nimmt bei vielen Berechnungen die Länge von Zähler und Nenner zu, allerdings kann man auch Schranken angeben. Liegen die Endpunkte von Strecken als ganze Zahlen mit n Bits Auflösung vor, so reichen bei Verschneidungen maximal $3 \cdot n+3$ Bits für die Repräsentation der Zähler der Schnittpunkte und maximal $2 \cdot n+3$ Bits für die Nenner von Schnittpunkten aus [94]. Dieser Umstand wird in [31] näher untersucht und so die Basis für eine Repräsentation von Punkten und Strecken gelegt. Auf diesen Geometrien können wiederholt ausgewählte Operationen angewendet werden kann, ohne dass es zu numerischen Fehlern kommt oder die erforderliche Auflösung für die rationalen Zahlen unbeschränkt zunimmt.

7.2 Konvexe Hülle

7.2.1 Berechnung der konvexen Hülle

Die Berechnung der konvexen Hülle um eine Menge von Punkten oder aus einem beliebigen Polygon ist eine beliebte Fragestellung der algorithmischen Geometrie. Auch das Simple-Feature-Modell beinhaltet die Methode `ConvexHull` zur Bestimmung der konvexen Hülle einer Geometrie. Nachfolgend sollen zwei entsprechende Algorithmen vorgestellt werden.

7.2.1.1 Inkrementelle Methode

Bei der folgenden inkrementellen Methode werden zunächst alle n Punkte der Geometrie gemäß ihrer x-Koordinate sortiert; bei Punkten mit gleichen x-Koordinaten bestimmen die y-Koordinatenwerte die Reihenfolge. Dieses Sortieren kann in $O(n \log n)$ erfolgen. Anschließend wird zunächst die *obere Hülle* und dann die *untere Hülle* berechnet, wobei die obere Hülle den oberen Teil der konvexen Hülle zwischen den beiden Punkten p_1 und p_n mit dem kleinsten bzw. dem größten x-Koordinatenwert bildet und die untere Hülle den unteren Teil zwischen diesen beiden Punkten. Abbildung 7.8 illustriert dies für eine Punktmenge, die aus zwölf Punkten besteht.

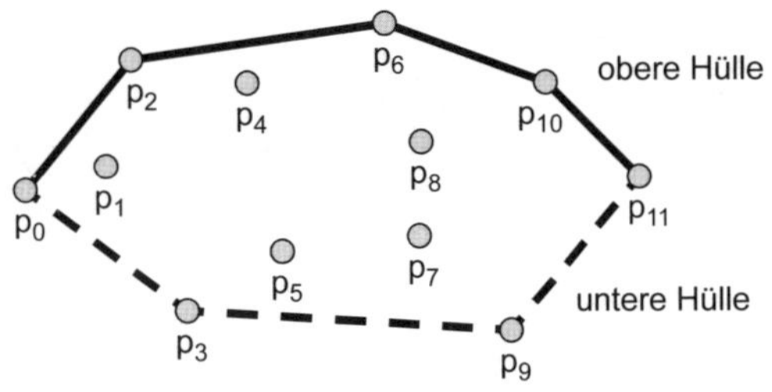

Abb. 7.8: Obere und untere Hülle

Für die Berechnung der oberen Hülle bilden p_0 und p_1 die Ausgangssequenz *upperHull*. Anschließend wird der nächste in der Sortierung folgende Punkt p_i dieser Folge hinzugefügt. Die letzten drei Punkte von *upperHull* werden mit *p'''*, *p''* und *p'* bezeichnet; im Beispiel sind das anfangs p_0, p_1 und p_2. Falls dabei die Kante *p''–p'* eine Rechtsdrehung im Verhältnis zu der Kante *p'''–p''* aufweist, kann der nächste Punkt p_{i+1} an *upperHull* angefügt werden (vgl. Fall 1 in Abb. 7.9). Anderenfalls wird der mittlere Punkt *p''* aus der Sequenz *upperHull* gelöscht und wieder die letzten drei Punkte von *upperHull* betrachtet (Fall 2 in Abb. 7.9). Dieser Vorgang wiederholt sich so lange, bis die beiden Kanten eine Rechtsdrehung aufweisen oder nur noch zwei Punkte in *upperHull* enthalten sind. Dann kann der nächste Punkt p_{i+1} hinzugefügt werden. Nachdem alle Punkte so verarbeitet worden sind, entspricht *upperHull* der oberen Hülle. Die Bestimmung, ob eine Rechts- und Linksdrehung vorliegt, kann z.B. mit der Formel zur Berechnung des Flächeninhalts von Dreiecken erfolgen, da je nach Drehung die drei Punkte im oder entgegen dem Uhrzeigersinn durchlaufen werden und damit der berechnete Flächeninhalt negativ oder positiv ist.

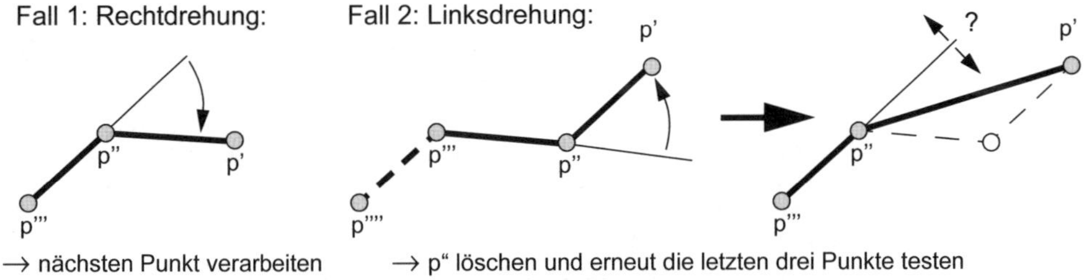

Abb. 7.9: Fälle bei der Berechnung der oberen Hülle

Abbildung 7.10 zeigt die wesentlichen Schritte bei der Berechnung der oberen Hülle für das Beispiel aus Abbildung 7.8.

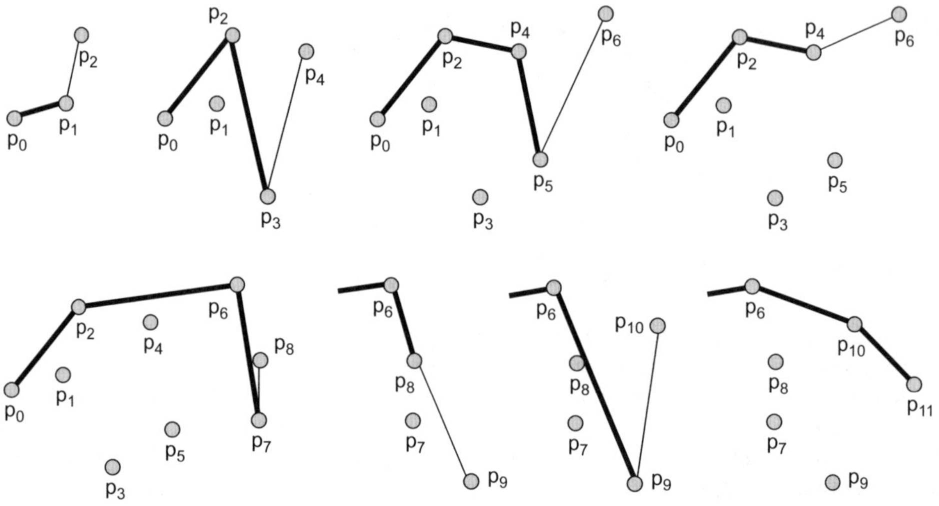

Abb. 7.10: Wesentliche Schritte bei der Berechnung der oberen Hülle

Der nachfolgende Algorithmus stellt die Berechnung der oberen Hülle dar:

```
// Berechnung der oberen Hülle
List<Point> computeUpperHull (Polygon pol) {
   Point[] points = pol.getPointsSortedX();  // nach X sortiertes Punktfeld
   Vector<Point> upperHull = new Vector<Point>();

   // Durchlauf durch die Punkte
   for (Point p : points) {
      upperHull.add(p);        // Punkt der Folge hinzufügen
      boolean left;
      do {
         // Verlassen der do-Schleife, falls weniger als 3 Punkte
         int m = upperHull.size();
         if (m < 3)
            break;

         // Betrachte die letzten 3 Punkte in upperHull
         Point pI = upperHull.elementAt(m-1);
         Point pII = upperHull.elementAt(m-2);
         Point pIII = upperHull.elementAt(m-3);
         Segment seg = new Segment(pI,pII);
         left = pIII.liesToLeftOf(seg);

         // Fall: Linksdrehung: lösche vorletzten Punkt
         if (left)
            upperHull.remove(m-2);

      } while (left);  // Rechtsdrehung: Verlassen der do-Schleife
   } // for
   return upperHull;
} // computeUpperHull
```

Für die Berechnung der unteren Hülle wird analog zu der oberen Hülle vorgegangen, außer dass nun die Punkte p_{n-1} und p_{n-2} die Ausgangssequenz *lowerHull* bilden und die Punkte in entgegengesetzter Reihenfolge an die Folge *lowerHull* angehängt werden.

Für die Berechnung der oberen Hülle werden alle n Punkte der Sequenz angefügt. Dies erzeugt einen Aufwand von $O(n)$. Da maximal n-2 Punkte aus der Sequenz gelöscht werden können, setzt der Algorithmus auch nur höchstens (n-2)-mal zurück, sodass dadurch ein maximaler zusätzlicher Aufwand in der Größenordnung von $O(n)$ entstehen kann. Die gleichen Überlegungen gelten für die untere Hülle, sodass im Worst Case für die Berechnung der oberen und unteren Hülle ein Aufwand von $O(4 \cdot n) = O(n)$ entstehen kann. Damit überwiegen die Kosten für das Sortieren der Punkte, sodass die Worst-Case-Komplexität dieses Algorithmus $O(n \log n)$ beträgt.

7.2.1.2 Teile und Herrsche

Ein anderer Ansatz zur Berechnung der konvexen Hülle beruht auf der Entwurfsmethode „Teile und Herrsche". Auch hier werden die n Punkte zunächst nach ihren x-Koordinaten sortiert. Anschließend wird diese Punktfolge in zwei sortierte Punktfolgen aufteilt, wobei die eine Folge die Punkte mit den kleineren x-Koordinaten und die andere die mit den größeren x-Koordinaten erhält. Dieser Schritt wird so oft für jede dieser Folgen rekursiv wiederholt, bis die konvexe Hülle trivial berechnet werden kann. Dies ist der Fall, wenn die Punktfolge aus drei oder weniger Punkten besteht. Anschließend müssen im Merge-Schritt wiederholt zwei konvexe Hüllen zu einer konvexen Hülle zusammengeführt werden.

```
// Konvexe Hülle für Polygon
List<Point> computeConvexHull (Polygon pol) {
   Point[] p = pol.getPointsSortedX();         // sortiertes Feld
   return computeConvexHull(p, 0,p.length-1);
}

// Konvexe Hülle für Punktsequenz zwischen Index start und end
List<Point> computeConvexHull (Point[] p, int start, int end) {
   // Fall: Problemgröße nicht trivial
   if (end-start+1 > 3) {
      // Teilen
      int m = start + (end-start) / 2;
      List<Point> hull1 = computeConvexHull(p, start,m);
      List<Point> hull2 = computeConvexHull(p, m+1,end);
      // Merge
      return merge (hull1,hull2);
   }
   // Fall: Problemgröße trivial
   else
      // Konvexe Hülle um 2 oder 3 Punkte berechnen
      return computeSimpleConvexHull (p, start,end);
} // computeConvexHull
```

Abbildung 7.11 zeigt die Vorgehensweise des Algorithmus anhand eines Beispiels.

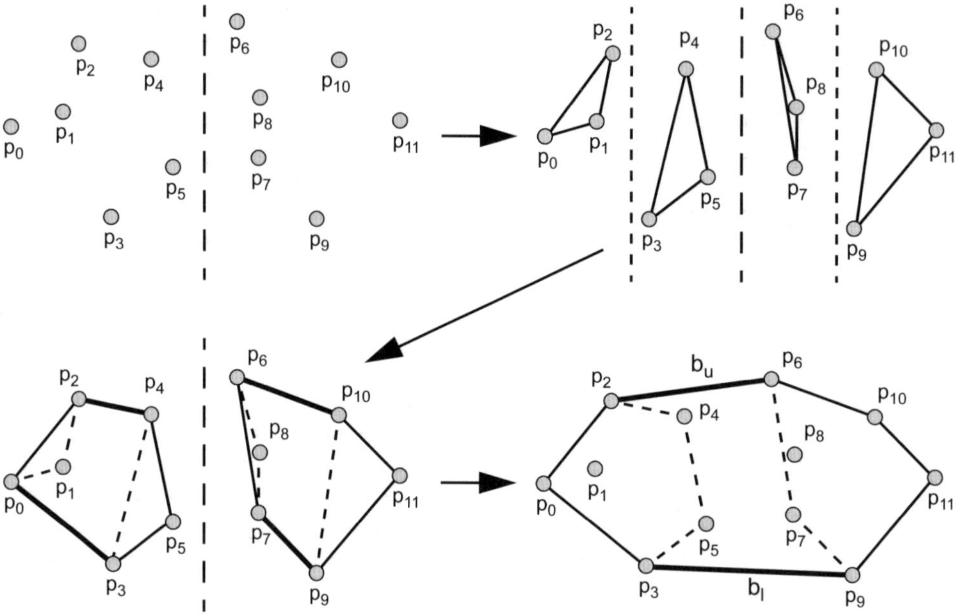

Abb. 7.11: Berechnung der konvexen Hülle mittels „Teile und Herrsche"

Das eigentliche Problem ist nun das Zusammenführen von zwei konvexen Hüllen zu einer konvexen Hülle. Dazu müssen jeweils zwei Verbindungslinien (*Brücken*) gefunden werden, die die beiden Hüllen zusammenführen. In Abbildung 7.11 sind in der letzten Zeichnung diese Brücken mit b_u und b_l gekennzeichnet. Um die Brücken zu bestimmen, verbindet man zunächst den Punkt am rechten Rand der linken Hülle mit dem Punkt am linken Rand der rechten Hülle. In Abbildung 7.12 verläuft diese Kante von p_5 nach p_6 und ist mit s bezeichnet. Um die untere Brücke b_l zu finden, werden nun ausgehend von den beiden Eckpunkten von s die Punkte p_l der linken konvexen Hülle im Uhrzeigersinn und die Punkte p_r der rechten Hülle gegen den Uhrzeigersinn durchlaufen. Einer der beiden Eckpunkte p_l oder p_r wird s als neuer Eckpunkt zugewiesen, falls die resultierende Kante unterhalb der bisherigen Kantenposition liegt; p_l bzw. p_r rückt entsprechend eine Position weiter. Falls dies für beide Eckpunkte p_l und p_r möglich ist, wird einer der beiden Punkte genommen. Falls dies für keinen der beiden Eckpunkte der konvexen Hülle möglich ist, entspricht die so bestimmte Kante der unteren Brücke. Abbildung 7.12 illustriert diese Vorgehensweise.

Die obere Brücke b_u kann in analoger Weise bestimmt werden, wobei dann die beiden Hüllen in jeweils umgekehrter Richtung durchlaufen werden und die resultierende Kante jeweils oberhalb der bisherigen Position liegen muss. Es kann gezeigt werden, dass der Algorithmus einen Aufwand von *O(n log n)* erfordert.

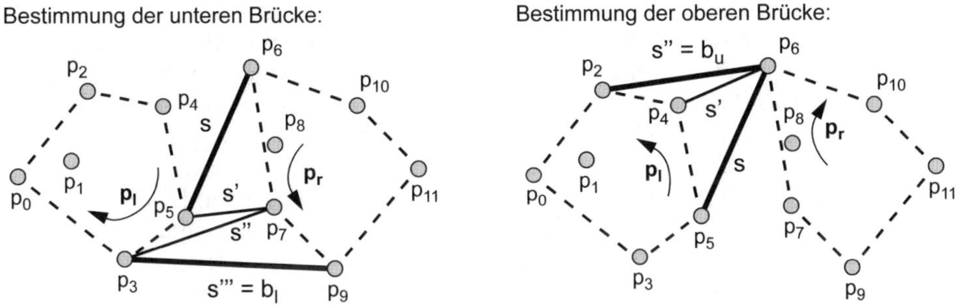

Abb. 7.12: Bestimmung der oberen und der unteren Brücke

Algorithmen für die Berechnung der unteren Brücke und für den Merge-Schritt können wie folgt formuliert werden:

```
// Merge
List<Point> merge (List<Point> hull1, List<Point> hull2) {
   Segment bl = lowerBridge(hull1,hull2);
   Segment bu = upperBridge(hull1,hull2);
   // Führe die Hüllen entlang von bl und bu zusammen
   return merge (hull1,hull2, bl,bu);
}

// Berechnung der unteren Brücke
Segment lowerBridge (List<Point> hull1, List<Point> hull2) {
   // Ausgangsposition von s bestimmen
   Segment s = new Segment (getMaxXPoint(hull1),getMinXPoint(hull2));
   while (true) {
      Point pl = clockwiseSuccessor(s.p1,hull1);
      Segment sI = new Segment(pl,s.p2);
      // Fall 1: linker Punkt erfolgreich bewegt
      if (sI.isBelowOf(s))
         s = sI;
      else {
         Point pr = counterClockwiseSuccessor(s.p2,hull2);
         sI = new Segment(s.p1,pr);
         // Fall 2: rechter Punkt erfolgreich bewegt
         if (sI.isBelowOf(s))
            s = sI;
         // Fall 3: kein Punkt erfolgreich bewegt: fertig
         else
            return s;
      }
   } // while
} // lowerBridge
```

7.2.2 Minimal umgebende konvexe Polygone

In Abschnitt 5.3.2.1 wurde ein Ansatz vorgestellt, um eine komplexe Geometrie über eine konvexe Hülle konservativ zu approximieren. Ein alternativer Ansatz ist die Verwendung von *minimal umgebenden konvexen Polygonen* mit vorgegebener Eckenzahl zur Approximation eines Geoobjektes. Ein solches Vieleck kann ausgehend von der konvexen Hülle inkrementell berechnet werden, indem für jede Kante der Flächenzuwachs berechnet wird, der entsteht, falls die jeweilige Kante aus der konvexen Hülle entfernt wird. Es wird dann die Kante gelöscht, die den geringsten Flächenzuwachs verursacht. Dadurch verlängern sich die beiden benachbarten Kanten, sodass für diese beiden Kanten die potenzielle Flächenzunahme neu berechnet werden muss. Ist das geschehen, kann erneut die Kante mit dem kleinsten Flächenzuwachs bestimmt und entfernt werden. Dieser Vorgang wiederholt sich so lange, bis das resultierende Polygon die gewünschte Anzahl von Eckpunkten besitzt. Abbildung 7.13 illustriert die Vorgehensweise.

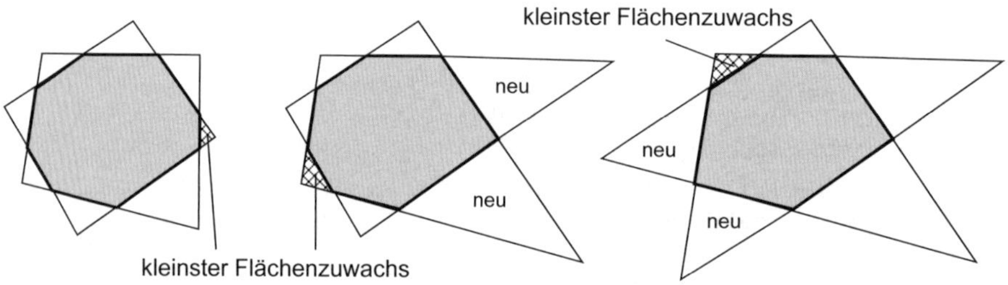

Abb. 7.13: Berechnung eines minimal umgebenden konvexen Vielecks

7.3 Inklusionsprobleme

Eine wichtige Problemklasse in der algorithmischen Geometrie stellen *Inklusionsprobleme* dar. Dabei wird getestet, ob ein Objekt vollständig in einem anderen Objekt enthalten ist. Im Simple-Feature-Modell haben wir die entsprechenden Operationen `Inside` und `Contains` kennengelernt. Nachfolgend sollen daher Algorithmen betrachtet werden, die testen, ob ein Punkt bzw. ein Polygon in einem anderen Polygon enthalten ist.

7.3.1 Punkt-in-Polygon-Test

Beim *Punkt-in-Polygon-Test* sind ein Polygon *pol* und ein Anfragepunkt *pkt* gegeben. Es soll festgestellt werden, ob *pkt* im Polygon enthalten ist, d.h. ob der Anfragepunkt sich innerhalb des Polygons befindet.

7.3.1.1 Algorithmus nach Jordan

Der nachfolgende Algorithmus nutzt das *Jordan'sche Kurventheorem* aus, wonach der Rand eines einfachen Polygons den Datenraum in zwei disjunkte, d.h. überlappungsfreie, Regionen, nämlich das *Äußere* und das *Innere* aufteilt. Die Grundidee des Algorithmus ist, von dem Anfragepunkt *pkt* einen Strahl in beliebiger Richtung loszusenden und zu zählen, wie oft der Strahl den äußeren Ring von *pol* schneidet. Liegt *pkt* innerhalb des Polygons, ist diese Anzahl offenkundig ungerade, da der Strahl dazu das Innere des Polygons verlassen muss. Ein wiederholtes Eintreten und Verlassen des Polygons erhöht die Anzahl um 2. Im Fall, dass der Punkt außerhalb liegt, muss der Strahl zunächst erst in das Polygon eintreten, sodass die Anzahl dann gerade ist. Abbildung 7.14 illustriert diese Eigenschaft für zwei Anfragepunkte pkt_1 und pkt_2.

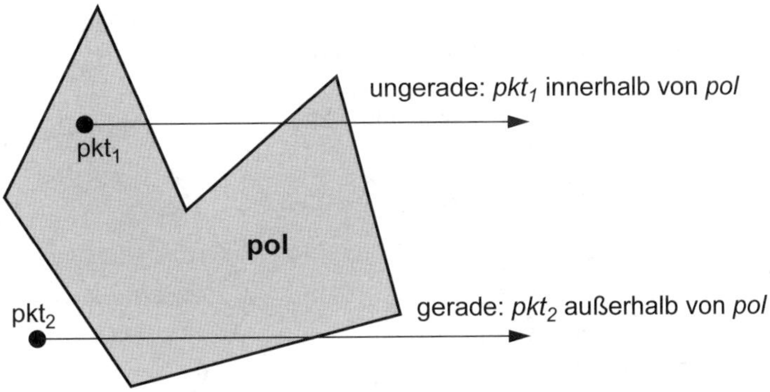

Abb. 7.14: Algorithmus nach Jordan

Auf dieser Basis kann man einen Algorithmus entwickeln, der alle *n* Kanten des Polygons durchläuft, diese auf Schnitt mit dem horizontalen Strahl testet und ggf. einen Zähler entsprechend erhöht. Abschließend wird getestet, ob der Wert dieses Zählers gerade oder ungerade ist. Der Aufwand für die Laufzeit beträgt $O(n)$, da jede Polygonkante einmal betrachtet wird. Für Polygone mit Löchern kann der Algorithmus in analoger Weise verwendet werden, nur dass dann auch die Kanten der inneren Ringe getestet werden müssen.

Allerdings können bei diesem Verfahren Sonderfälle auftreten, wenn der Strahl Eckpunkte des Polygonzuges schneidet. Diese Fälle sind in Abbildung 7.15 dargestellt und erfordern, dass der Zähler um die dort aufgeführten Werte erhöht wird.

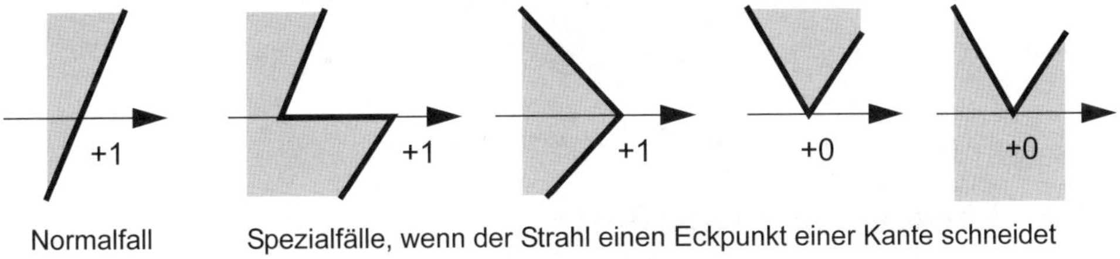

Abb. 7.15: Handhabung von Spezialfällen beim Algorithmus nach Jordan

7.3.1.2 Winkelsummentest

Beim *Winkelsummentest* wird der Winkel zwischen zwei Strahlen berechnet, die am Anfragepunkt *pkt* beginnen und zu zwei im Linienzug benachbarten Eckpunkten p_i und p_{i+1} führen. Dies wird für alle Paare benachbarter Eckpunkte durchgeführt und dabei die Summe der berechneten Winkel gebildet. Beträgt diese Winkelsumme 2π, dann liegt *pkt* im Inneren des Polygons. Beträgt die Winkelsumme 0, so befindet sich der Anfragepunkt außerhalb des Polygons. Der dritte Fall, der eintreten kann, ist eine Winkelsumme von π. Dann liegt *pkt* auf dem Rand von *pol*. Abbildung 7.16 illustriert den Winkelsummentest. Bei nichtkonvexen Polygonen oder falls der Anfragepunkt außerhalb des Polygons liegt, können auch negative Winkel entstehen, die die Winkelsumme vermindern. Im Beispiel mit der Winkelsumme 0 gilt dies für den Winkel zwischen den Verbindungen von *pkt* zu p_1 bzw. p_2. Da alle Paare von benachbarten Eckpunkten des Polygons für den Winkelsummentest durchlaufen werden müssen, hat auch dieser Algorithmus eine Laufzeit von $O(n)$, wenn n die Eckpunktzahl des Polygons ist. Beim Test der Winkelsumme muss berücksichtigt werden, dass es bei der Summenbildung zu numerischen Fehlern kommen kann.

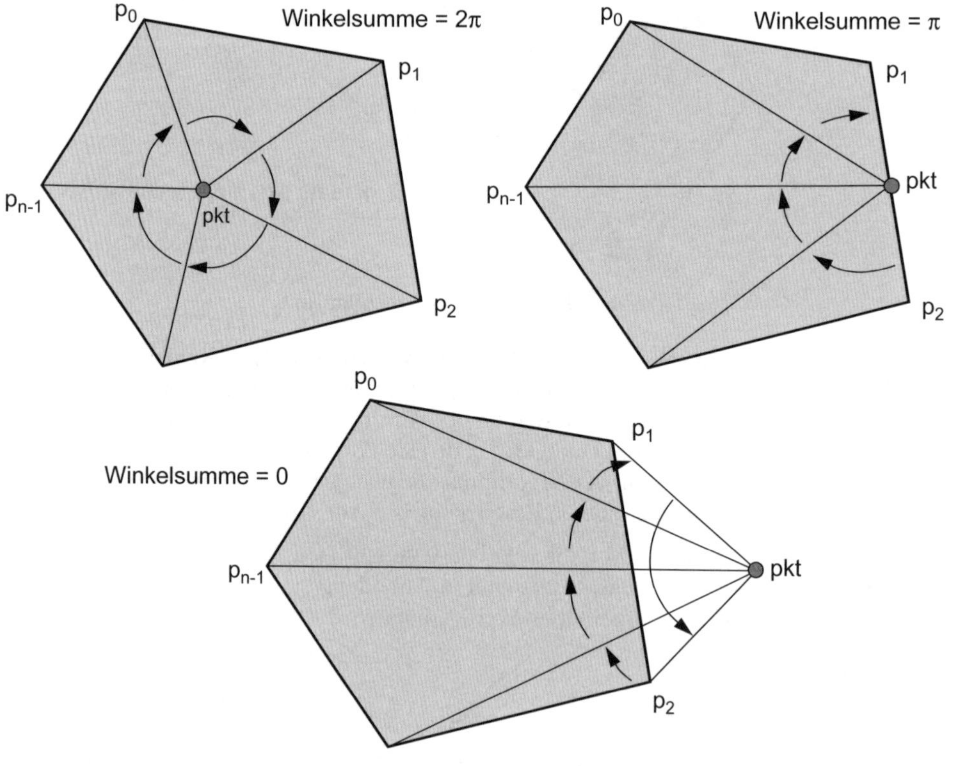

Abb. 7.16: Winkelsummentest

7.3.2 Polygon-in-Polygon-Test

Viele geometrische Operationen lassen sich auf andere, einfachere Tests zurückführen. Ein Beispiel hierfür ist der *Polygon-in-Polygon-Test*, der prüft ob ein Polygon pol_1 in einem anderen Polygon pol_2 vollständig enthalten ist. Dazu nimmt man einen beliebigen Eckpunkt p_i von pol_1 und prüft, ob dieser Punkt im Polygon pol_2 enthalten ist. Wenn dies nicht der Fall ist, kann pol_1 nicht in pol_2 enthalten sein. Anderenfalls muss geprüft werden, ob eine Kante von pol_1 einen Schnitt mit einer Kante von pol_2 aufweist (siehe dazu auch Abschnitt 7.4). Existiert kein Schnitt zwischen zwei Kanten, ist pol_1 in pol_2 enthalten.

7.4 Schnittprobleme

Eine wichtige Klasse von Fragenstellungen, mit denen sich die algorithmische Geometrie auseinandersetzt, sind *Schnittprobleme*. Dabei wird einerseits geprüft, ob sich zwei Geometrien schneiden, und andererseits ggf. die Schnittregionen zwischen zwei oder mehr Geometrien berechnet. Im Simple-Feature-Modell beruht die Prüfung von topologischen Beziehungen auf dem Test, ob sich Teilgeometrien schneiden (siehe auch Abschnitt 3.4.5). Die Berechnung von Schnittflächen erfolgt in den Verschneidungsoperationen `Intersection`, `Union`, `Difference` und `SymDifference` (vgl. Abschnitt 3.4.6). Nachfolgend wird der Schnitt von Rechtecken, Strecken und Polygonen näher betrachtet.

7.4.1 Schnitt von Rechtecken

Während die Prüfung des Schnitts und die eventuelle Berechnung des Schnittrechtecks zwischen zwei achsenparallelen Rechtecken relativ einfache Fragestellungen sind, ist die gleiche Aufgabe für eine Menge von achsenparallelen Rechtecken (z.B. eine Menge von minimal umgebenden Rechtecken) algorithmisch interessanter: Gegeben sei im Folgenden eine Menge $R = \{r_0 , ... , r_{n-1}\}$ von n achsenparallelen Rechtecken r_i. Gesucht werden alle Paare (r_i , r_j) von Rechtecken aus R, für die gilt: $r_i \cap r_j \neq \emptyset$ bei $i < j$.

Der einfachste Ansatz zur Lösung dieses Problems ist, jedes Rechteck $r_i \in R$ mit jedem anderen Rechteck $r_j \in R$ $(i < j)$ auf Schnitt zu testen. Der Aufwand hierfür beträgt $O(½ \cdot n^2) = O(n^2)$. Da im Worst Case jedes Rechteck jedes andere Rechteck schneidet, ist dieser Ansatz unter diesem Gesichtspunkt sogar optimal. Da aber dieser Fall eher unwahrscheinlich ist, berücksichtigt man dies durch den Entwurf von Algorithmen, deren Laufzeit nicht nur von der Größe der Eingangsmenge, sondern auch von der Größe der Ergebnismenge – hier also der Anzahl sich schneidender Paare von Rechtecken – abhängt. So hat der nachfolgend vorgestellte Plane-Sweep-Algorithmus eine Laufzeit von $O(n \log n + k)$, wobei k die Anzahl sich schneidender Rechtecke ist.

7.4.1.1 Plane-Sweep-Algorithmus

Der Algorithmus speichert die Rechtecke, die von der Lauflinie geschnitten werden, in der y-Struktur. Daher wird ein Rechteck, dessen linke Seite von der Lauflinie erreicht wird, neu in die y-Struktur eingefügt und ein Rechteck, sobald die Lauflinie es nicht mehr überstreicht, wieder aus der y-Struktur entfernt. Damit definieren die senkrechten Kanten der Rechtecke die Haltepunkte. Schnitttests finden nur statt, wenn ein Rechteck in die y-Struktur eingefügt werden soll: Ein neues Rechteck braucht nur mit den Rechtecken auf Schnitt getestet zu werden, die sich zu diesem Zeitpunkt in der y-Struktur befinden.

Abbildung 7.17 zeigt den Ablauf anhand eines Beispiels. Der entsprechende Algorithmus ist darauf folgend dargestellt:

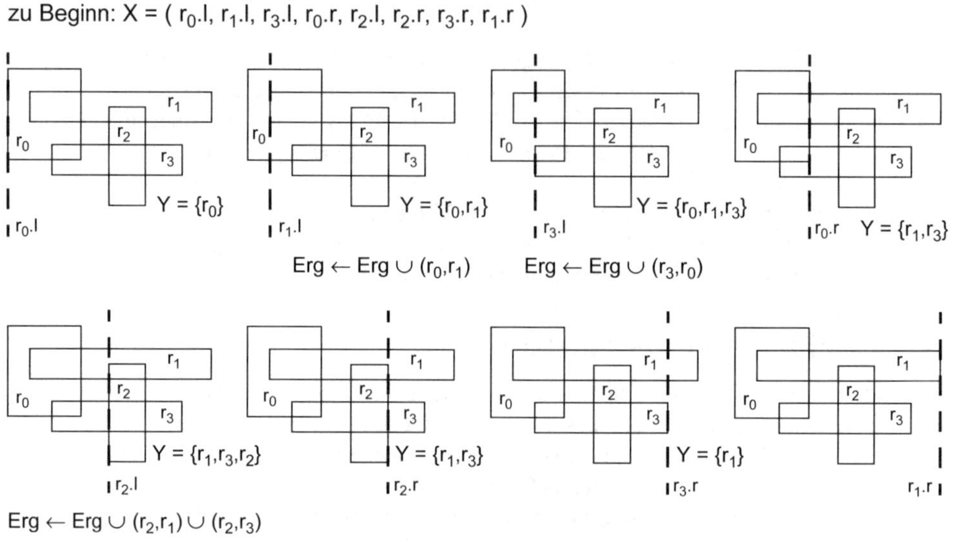

Abb. 7.17: Beispiel für den Plane-Sweep-Algorithmus zur Schnittbestimmung zwischen Rechtecken

```
// Bestimmung der Paare von Rechtecken, die sich schneiden
Collection<RectanglePair> intersectingRectangles (Collection<Rectangle> r) {
    EventPointSchedule<RectangleEdge> x =
        new EventPointSchedule<RectangleEdge> (r);
        // Speichere alle senkrechten Kanten der Rechtecke aus r
        // nach ihrer x-Koordinate sortiert in x
    PlaneSweepStatus<Rectangle> y = new PlaneSweepStatus<Rectangle>();
    Collection<RectanglePair> res = new Vector<RectanglePair>();

    // alle Haltepunkte durchlaufen
    while (! x.isEmpty()) {
        RectangleEdge e = x.poll();    // Hole und lösche 1.Element

        // Fall 1: neues Rechteck erreicht
        if (e.isLeftEdge()) {          // e ist linke Kante vom Rechteck
            Rectangle rect = e.getRectangle();
            y.insert(rect);            // gemäß y-Koordinate der oberen Kante
            Collection<RectanglePair> c = y.determineIntersectingRects(rect);
            res.addAll(c);
        }

        // Fall 2: Ende eines Rechtecks erreicht
        else                           // e ist rechts Kante vom Rechteck
            y.remove(e.getRectangle());

    } // while

    return res;
} // intersectingRectangles
```

Falls es Rechtecke gibt, bei denen die x-Koordinaten der linken Kante mit den x-Koordinaten der rechten Kante von anderen Rechtecken übereinstimmen, muss auch die Art der Kante bei der Sortierung der x-Struktur berücksichtigt werden. Möchte man solche Paare von Rechtecken grundsätzlich nicht als Schnittpaare ausgeben, müssen rechte Kanten grundsätzlich vor linken Kanten mit gleichen x-Koordinaten in die x-Struktur eingefügt werden. Sollen solche Paare ausgegeben werden, erfolgt das Einfügen in umgekehrter Reihenfolge.

Damit der Plane-Sweep-Algorithmus effizient ausgeführt werden kann, müssen Rechtecke schnell in die y-Struktur eingefügt bzw. wieder aus ihr gelöscht werden können. Außerdem muss es mit geringem Aufwand möglich sein, die Rechtecke zu bestimmen, die ein neu eingefügtes Rechteck schneiden. Falls aufgrund der Problemstellung nicht allzu viele Rechtecke gleichzeitig in der y-Struktur gespeichert sind, ist es zweckmäßig, ein normales Feld als y-Struktur einzusetzen. Tritt hingegen eine hohe Anzahl von Rechtecken entlang der Lauflinie auf, sollte man eine effizientere Datenstruktur verwenden. Da die While-Schleife im Algorithmus n-mal durchlaufen wird, muss – damit eine Laufzeit von $O(n \log n + k)$ garantiert werden kann – das Löschen eines Rechtecks aus der Datenstruktur in $O(\log n)$ Schritten ausgeführt werden. Das Einfügen und die Suche nach Schnittrechtecken sollten zusammen in $O(\log n + k')$ Schritten ablaufen können, wobei k' die Anzahl der Rechtecke ist, die das neue Rechteck schneiden. Diese Anforderungen kann man durch Einsatz eines Intervallbaums erreichen.

7.4.1.2 Intervallbaum

Der *Intervallbaum*, der 1980 von Edelsbrunner und McCreight entworfen wurde, dient zur Speicherung von Intervallen. Bei der Schnittbestimmung zwischen den Rechtecken entspricht die Projektion der Rechtecke auf die y-Achse diesen Intervallen. Der erste Schritt, um einen Intervallbaum zu erzeugen, ist die Erstellung eines *Skeletts*. Dazu werden alle $2 \cdot n$ Endpunkte der n Intervalle $I_i = [u_i, o_i]$, die später in dem Baum gespeichert werden sollen, betrachtet und daraus ein balancierter binärer Suchbaum erzeugt. Da einige der Endpunkte wertmäßig übereinstimmen können, besitzt der Suchbaum höchstens $2 \cdot n$ Knoten. Die Abbildung 7.18 illustriert diesen Vorgang.

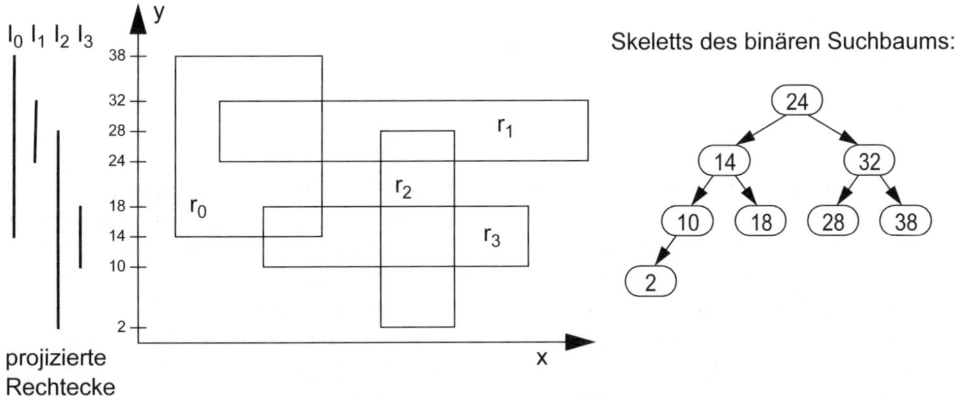

Abb. 7.18: Aufbau eines Skeletts für den Intervallbaum

Jedes Intervall [*min* , *max*] wird in dem von der Wurzel aus betrachteten ersten Knoten abgespeichert, dessen Wert *value* im Intervall enthalten ist. Falls *max* kleiner als *value* ist, wird das Intervall im linken Teilbaum des Knotens abgespeichert. Falls *min* größer als *value* ist, muss das Intervall im rechten Teilbaum eingefügt werden. Neben dem Wert *value* besitzt jeder Knoten des Intervallbaums zwei Datenstrukturen L und R, die die zugeordneten Intervalle nach der linken Intervallgrenze aufsteigend (L) bzw. nach der rechten Intervallgrenze absteigend sortiert (R) abspeichern. Damit kann der Einfügealgorithmus für einen Knoten des Intervallbaums wie folgt formuliert werden:

```
// Einfügen eines Intervalls in den Intervallbaum
void insert (Interval i) {
   if (i.max < this.value)
      this.leftSubTree.insert(i);    // im linken Teilbaum
   else if (i.min > this.value)
      this.rightSubTree.insert(i);   // im rechten Teilbaum
   else {
      this.L.add(i);  // nach u aufsteigend sortiert abspeichern
      this.R.add(i);  // nach o absteigend sortiert abspeichern
   }
} // insert
```

Abbildung 7.19 zeigt den Intervallbaum, in dem die drei Intervalle I_0, I_1 und I_3 aus der Abbildung 7.18 eingefügt wurden. Dies entspricht der Situation aus Abbildung 7.17, nachdem die Lauflinie die linke Kante von r_3 überstrichen hat.

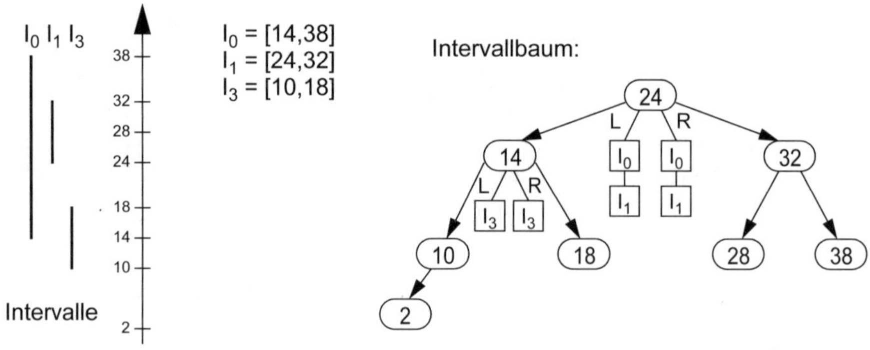

Abb. 7.19: Speicherung von Intervallen im Intervallbaum

Um die Intervalle zu bestimmen, die einen Anfragewert x enthalten, wird geprüft, ob x kleiner oder größer als der Wert w des aktuellen Knotens ist. Ist er kleiner, wird die Datenstruktur L so lange durchlaufen, bis die Suche auf ein Intervall stößt, das nicht den Anfragewert enthält (oder bis alle Einträge durchlaufen worden sind). Die so gefundenen Intervalle gehören zur Ergebnismenge. Anschließend wird die Suche im linken Teilbaum fortgesetzt. Ist x größer als *value*, wird analog in der Datenstruktur R gesucht und danach die Suche im rechten Teilbaum fortgeführt. Ist x gleich *value*, dann werden alle Einträge von L (oder R) dem Ergebnis zugeschlagen und die Suche endet.

Abbildung 7.20 illustriert zwei Suchanfragen im Intervallbaum.

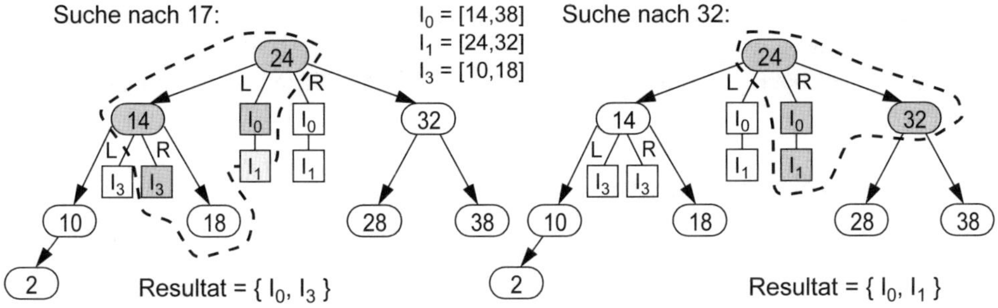

Abb. 7.20: Beispiele für die Suche nach Intervallen, die einen Anfragewert enthalten

```
// Suche der Intervalle, die einen Wert x enthalten
Collection<Interval> search (double x) {
   Collection<Interval> res = new Vector<Interval>();
   // Fall 1: Suchwert und Knotenwert sind identisch
   if (x == this.value)
      res.addAll(this.L);
   // Fall 2: Suchwert ist kleiner als Knotenwert
   else if (x < this.value) {
      // Datenstruktur L durchsuchen
      int pos = 0;
      Interval i = this.L.get(pos); // erstes Element
      while ((i != null) && i.contains(x)) {
         res.add(i);
         pos++;
         i = this.L.get(pos);          // nächstes Element
      }
      // ggf. im linken Teilbaum weitersuchen
      if (this.leftSubTree != null)
         res.addAll(this.leftSubTree.search(x));
   }
   // Fall 3: Suchwert ist größer als Knotenwert
   else {  // x > this.value
      // Datenstruktur R durchsuchen
      int pos = 0;
      Interval i = this.R.get(pos); // erstes Element
      while ((i != null) && i.contains(x)) {
         res.add(i);
         pos++;
         i = this.R.get(pos);          // nächstes Element
      }
      // ggf. im rechten Teilbaum weitersuchen
      if (this.rightSubTree != null)
         res.addAll(this.rightSubTree.search(x));
   }
   return res;
} // search
```

Für die Suche nach den Intervallen, die ein Anfrageintervall schneiden, kann ähnlich vorgegangen werden. Allerdings muss der Test, ob ein Anfragepunkt enthalten ist, durch den Test, ob das Anfrageintervall geschnitten wird, ersetzt werden. Falls der Wert eines Knotens im Anfrageintervall liegt, verzweigt die Anfrage sowohl in den linken als auch in den rechten Teilbaum.

7.4.2 Schnitt von Strecken

Bei der Bestimmung von Streckenpaaren, die sich schneiden, können zwei Varianten unterschieden werden:

- der Schnitt zwischen einer Menge von achsenparallelen Strecken und
- der Schnitt zwischen einer Menge beliebig ausgerichteter Strecken.

Um die Beschreibung der Algorithmen zu vereinfachen, wird im Folgenden angenommen, dass alle Streckenendpunkte und Schnittpunkte sich in ihren x-Koordinaten voneinander unterscheiden. Außerdem wird vorausgesetzt, dass zwei Strecken in höchstens einem Punkt übereinstimmen und dass sich nicht mehr als zwei Strecken in einem Punkt schneiden.

7.4.2.1 Schnittpunkte zwischen achsenparallelen Strecken

Der Schnitt zwischen einer Menge von achsenparallelen Strecken kann mithilfe eines Plane-Sweep-Verfahrens gelöst werden. Der Ansatz ist relativ ähnlich zu dem in Abschnitt 7.4.1 vorgestellten Algorithmus. Der wesentliche Unterschied ist, dass nur waagerechte Strecken in die y-Struktur eingefügt werden. Bei Erreichen von senkrechten Strecken wird dann jeweils die y-Struktur nach Schnittpaaren durchsucht.

Eine Alternative stellen Algorithmen dar, die auf der Entwurfsmethode „Teile und Herrsche“ beruhen. Ein Beispiel hierfür ist der Algorithmus von Güting und Wood [52].

7.4.2.2 Schnittpunkte zwischen beliebig ausgerichteten Strecken

Ein bekannter Algorithmus, um die Schnittpaare aus einer Menge von n beliebig ausgerichteten Strecken zu bestimmen, ist das *Plane-Sweep-Verfahren von Bentley und Ottmann* [12]. Es beruht auf einem *Algorithmus von Shamos und Hoey* [187], der prüft, ob in der Menge überhaupt ein Schnitt vorliegt.

In der x-Struktur werden zunächst die Endpunkte aller Strecken nach ihren x-Koordinaten sortiert abgespeichert. In der y-Struktur liegen die Strecken vor, die die Lauflinie schneiden; diese sind gemäß den y-Koordinaten der Schnittpunkte sortiert. Abbildung 7.21 stellt dies anhand eines Beispiels dar.

Wenn sich zwei Strecken schneiden, ändert sich die Reihenfolge der y-Koordinaten nach dem Schnittpunkt. Daher muss die y-Struktur entsprechend modifiziert werden, sobald die Lauflinie den Schnittpunkt erreicht. In Abbildung 7.21 ist dies bei Erreichen von s_0 und von s_1 der Fall. Dazu muss der Schnittpunkt als Haltepunkt in der x-Struktur gespeichert sein. Da die Schnittpunkte zu Beginn des Algorithmus nicht bekannt sind, haben wir hier den Fall vorliegen, dass neue Haltepunkte erst während der Laufzeit des Algorithmus in die x-Struktur eingefügt werden.

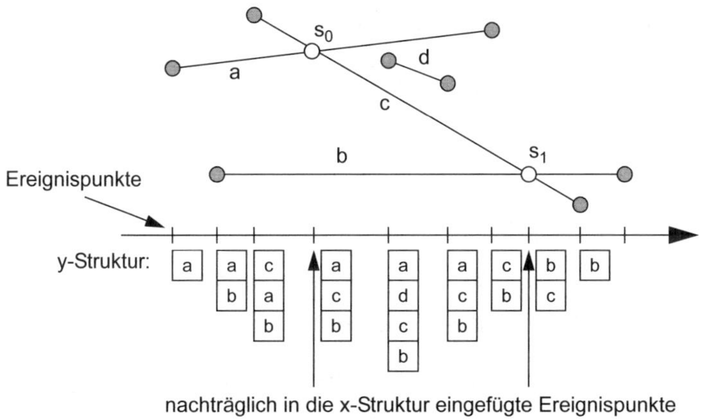

Abb. 7.21: Beispiel für den Plane-Sweep-Algorithmus von Bentley und Ottmann

Der Algorithmus von Bentley und Ottmann macht sich den Umstand zu Nutze, dass eine Strecke *s* (zunächst) nur ihre direkten Nachbarn in der y-Struktur potenziell schneiden kann. Daher sind – lokal begrenzte – Schnitttests immer dann erforderlich, wenn sich die y-Struktur verändert. Dabei können drei Fälle unterschieden werden:

1. Der Anfangspunkt *p* einer Strecke *s* wird erreicht und die Strecke wird daher in die y-Struktur eingefügt:

   Dann muss *s* mit ihren beiden ggf. vorhandenen Nachbarn in der y-Struktur auf Schnitt getestet werden.

2. Der Endpunkt *p* einer Strecke *s* wird erreicht und die Strecke wird daher aus der y-Struktur gelöscht:

   Dann werden die beiden bisherigen Nachbarn von *s* zu direkten Nachbarn und müssen auf Schnitt getestet werden.

3. Ein Schnittpunkt *p* zwischen zwei Strecken wird erreicht und daher deren Reihenfolge in der y-Struktur ausgetauscht:

   Die beiden Strecken müssen mit ihrem jeweils ggf. vorhandenen neuen Nachbarn auf Schnitt getestet werden.

Diese drei Fälle sind in Abbildung 7.22 dargestellt.

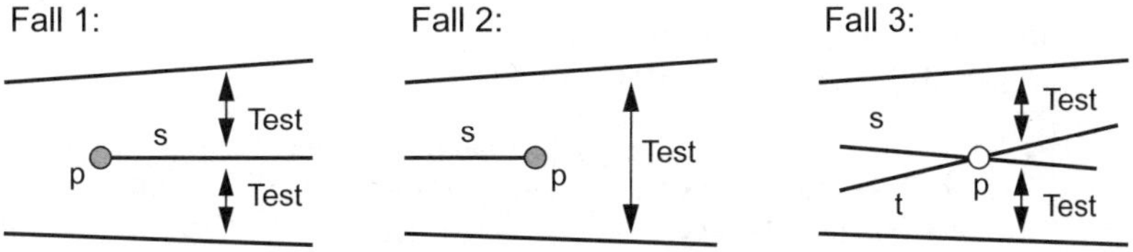

Abb. 7.22: Fallunterscheidung für den Test auf Schnitt

Neu entdeckte Schnittpunkte werden sortiert in die x-Struktur eingefügt. Allerdings kann der Fall eintreten, dass ein Schnittpunkt schon zuvor entdeckt worden ist. Abbildung 7.23 zeigt eine solche Situation. Daher müssen Schnittpunkte, die vor der Lauflinie liegen bzw. bereits in der x-Struktur gespeichert sind, ignoriert werden.

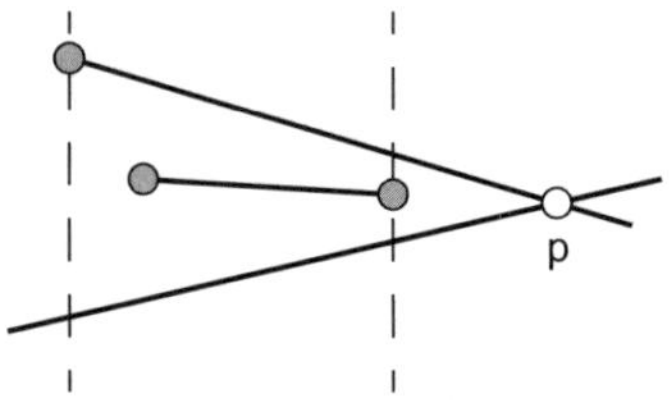

Abb. 7.23: Mehrfache Entdeckung eines Schnittpunktes

Auf dieser Basis kann nun der Algorithmus formuliert werden:

```
// Bestimmung der Schnittpunkte zwischen beliebig ausgerichteten Strecken
Collection<Point> computeIntersections (Collection&lt;Segment&gt; segments) {
   EventPointSchedule<SegmentPoint> x =
      new EventPointSchedule<SegmentPoint>(segments);
      // Speichere die Streckenendpunkte nach ihren x-Koordinaten sortiert
   PlaneSweepStatus&lt;Segment&gt; y = new PlaneSweepStatus&lt;Segment&gt;();
   Collection<Point> res = new Vector<Point>();

   // alle Haltepunkte durchlaufen
   while (! x.isEmpty()) {
      SegmentPoint ep = x.poll();  // Hole Haltepunkt und lösche 1.Element

      // Fall 1: Anfangspunkt
      if (ep.isStartPoint()) {
         Segment s = ep.getSegment();
         y.insert(s);
         testForIntersection(x, s, y.getUpperSegmOf(s));
         testForIntersection(x, s, y.getLowerSegmOf(s));
      }

      // Fall 2: Endpunkt
      else if (ep.isEndPoint()) {
         Segment s = ep.getSegment();
         testForIntersection(x, y.getUpperSegmOf(s), y.getLowerSegmOf(s));
         y.remove(s);
      }

      // Fall 3: Schnittpunkt
      else {
         Segment s = ep.getUpperSegment();
         Segment t = ep.getLowerSegment();
         y.swap(s,t);      // tausche
         testForIntersection(x, t, y.getUpperSegmOf(t));
         testForIntersection(x, s, y.getLowerSegmOf(s));
         res.add(ep.getPoint());     // Schnittpunkt im Resultat aufnehmen
      }
   } // while
   return res;
} // computeIntersections
```

Die im Algorithmus genutzte Prozedur testForIntersection testet zwei Strecken auf Schnitt und fügt sie ggf. der x-Struktur hinzu:

```
// Test und Behandlung von sich schneidenden Strecken
void testForIntersection (EventPointSchedule<SegmentPoint> x,
                          Segment upperSeg, Segment lowerSeg) {
   if ((upperSeg != null) && (upperSeg.intersects(lowerSeg))) {
      Point p = upperSeg.intersection(lowerSeg);        // Schnittpunkt
      SegmentPoint segP = new SegmentPoint(p,upperSeg,lowerSeg);
      if ((p.x > x.getSweepLineX()) && (! x.contains(segP)))
         x.insert(segP);      // sortiert in x einfügen
   }
} // testForIntersection
```

Wenn für die y-Struktur ein balancierter Suchbaum (z.B. ein AVL-Baum oder ein 2-3-Baum) eingesetzt wird, können die notwendigen Operationen in $O(\log n)$ ausgeführt werden. Für die x-Struktur war bei den bisherigen Algorithmen die Verwendung eines Feldes als Datenstruktur ausreichend. Aufgrund der nachträglichen Einfügung von Schnittpunkten benötigt der Algorithmus von Bentley und Ottmann hierfür eine dynamische Datenstruktur. Diese sollte ein Einfügen mit logarithmischem Aufwand $O(\log(2n+k)) = O(\log n)$ erlauben. Wenn es k Schnittpunkte gibt, wird die Schleife $2 \cdot n+k$-mal durchlaufen. Damit ergibt sich ein Gesamtaufwand von $O((n+k) \log n)$. Dieser Aufwand ist allerdings größer als die theoretische Unterschranke von $O(n \log n + k)$.

7.4.2.3 Schnittpunkte zwischen Strecken zweier Mengen

Bei der Verschneidung von zwei Polygonen oder von zwei Polygonsammlungen (= Kartenebenen) sind die Kanten zwei unterschiedlichen Mengen zugeordnet. Man spricht hierbei auch von der „roten" und der „blauen" Menge und dem *Rot-Blau-Schnittproblem.* Für dieses Problem existieren implementierbare Algorithmen, die das Problem in $O(n \log n + k)$ lösen, wobei n die Gesamtanzahl der Strecken ist.

Im Gegensatz zu den bisherigen Plane-Sweep-Algorithmen ist es für das Rot-Blau-Schnittproblem zweckmäßig, zwei y-Strukturen einzusetzen: Y_{red} speichert die roten Strecken und Y_{blue} die blauen Strecken, die jeweils von der Lauflinie geschnitten werden. Die Start- und die Endpunkte der Strecken sind die Haltepunkte, die zu Beginn des Algorithmus in die x-Struktur eingefügt werden. Um die Aufgabe in $O(n \log n + k)$ lösen zu können, darf es kein nachträgliches Einfügen von Schnittpunkten in die x-Struktur geben. Wird ein Haltepunkt erreicht, müssen außerdem die y-Strukturen geeignet durchsucht werden, um die Schnittpunkte zu bestimmen und auszugeben. Damit hat der Algorithmus zunächst folgende Grundstruktur:

```
// Grundstruktur zur Lösung des Rot-Blau-Problems zwischen Strecken
Collection<Point> computeIntersections (Collection&lt;Segment&gt; redSegs,
                                       Collection&lt;Segment&gt; blueSegs) {
   EventPointSchedule<SegmentPoint> x =
      new EventPointSchedule<SegmentPoint> (redSegs,blueSegs);
         // Speichere alle Start- und Endpunkte der roten und der blauen
         // Strecken nach ihren x-Koordinaten sortiert in x
   PlaneSweepStatus&lt;Segment&gt;[] y = new PlaneSweepStatus[2];
   y[RED] = new PlaneSweepStatus&lt;Segment&gt;();
   y[BLUE] = new PlaneSweepStatus&lt;Segment&gt;();
   Collection<Point> res = new Vector<Point>();

   // alle Haltepunkte durchlaufen
   while (! x.isEmpty()) {
      SegmentPoint ep = x.poll();  // Hole Haltepunkt und lösche 1.Element
      Segment s = ep.getSegment();

      // Bestimme Schnittpunkte
      ...

      // Aktualisiere y-Struktur
      if (ep.isStartPoint())
         y[ s.getColor() ].insert(s);
      else  // ep ist Endpunkt von s
         y[ s.getColor() ].remove(s);
   }
   return res;
} // computeIntersections
```

Für die Bestimmung der Schnittpunkte müssen die y-Strukturen geeignet durchsucht werden. Hierin unterscheiden sich die Verfahren, die verschiedene Autoren vorgeschlagen haben. Das prinzipielle Problem dabei ist, ausgehend von der aktuellen Strecke *s*, die gerade eingefügt oder gelöscht worden ist, einerseits alle Schnittpunkte mit Strecken der anderen Farbe zu finden und andererseits nicht die y-Strukturen vollständig zu durchlaufen, um das gewünschte Laufzeitverhalten zu erzielen.

Der *Algorithmus von Chan* [26] führt zur Lösung dieses Problems eine zusätzliche Information ein: Für rote Strecken wird die größte x-Koordinate sx_{max} gespeichert, die ein Schnittpunkt hatte, der bezüglich dieser Strecke bislang gefunden worden ist. Zu Beginn wird sx_{max} auf die x-Koordinate des linken Endpunktes der Strecke gesetzt.

Für die aktuelle Kante *s* werden die beiden direkt oberhalb und unterhalb von *s* benachbarten blauen Strecken aus Y_{blue} näher betrachtet, falls diese existieren. Bei Erreichen des Endpunktes einer blauen Strecke *s* wird dies auch für die blaue Strecke selbst getan. Für jede dieser bis zu drei blauen Strecken *str* werden die Schnittpunkte wie folgt gesucht:

Für *str* wird Y_{red} vom Schnittpunkt zwischen *str* und Lauflinie aus durchsucht. Zunächst wird Y_{red} aufwärts durchlaufen. Dabei wird die rote Strecke in Y_{red} bestimmt, die an der Lauflinienposition direkt oberhalb von der blauen Strecke *str* liegt. Dabei kann es folgende Fälle geben (vgl. auch Abbildung 7.24):

1. Das obere Ende der y-Struktur wurde erreicht, ohne eine (weitere) Strecke zu bestimmen: die Suche bricht ab.
2. Eine rote Strecke *t* wird erreicht, die *str* nicht schneidet: die Suche bricht ab.

3. Eine rote Strecke *t* wird erreicht, die *str* schneidet:
   a) Die x-Koordinate des Schnittpunktes ist kleiner oder gleich $t.sx_{max}$:
      Dieser Schnittpunkt wurde bereits entdeckt; die Suche bricht ab.
   b) Die x-Koordinate des Schnittpunktes liegt auf oder rechts von der Lauflinie:
      Dieser Schnittpunkt wird erst später behandelt; die Suche bricht ab.
   c) Die x-Koordinate des Schnittpunktes liegt zwischen $t.sx_{max}$ und der Lauflinie:
      Dieser Schnittpunkt *S* wird der Ergebnismenge hinzugefügt.
      Außerdem wird Y_{blue} ausgehend von *str* – so lange es Schnittpunkte von *t* mit den betrachteten blauen Strecken zwischen $t.sx_{max}$ und der Lauflinie gibt – abwärts durchlaufen und auch diese Schnittpunkte der Ergebnismenge hinzugefügt.
      Anschließend wird $t.sx_{max}$ auf $S.x$ gesetzt und die Suche in Y_{red} aufwärts fortgesetzt.

Anschließend wird Y_{red} von *str* abwärts durchsucht und die drei Fälle analog behandelt.

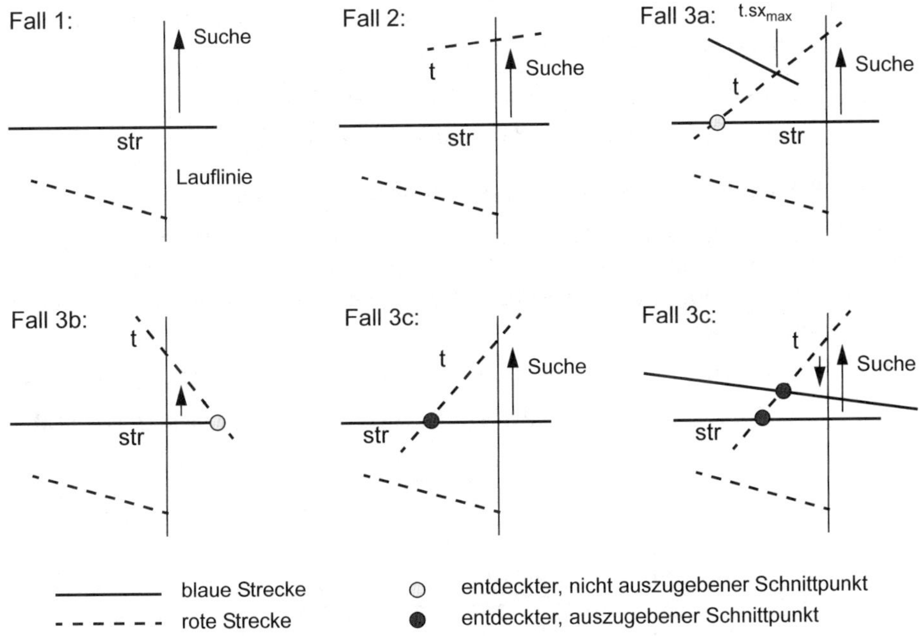

Abb. 7.24: Mögliche Fälle beim Rot-Blau-Schnittproblem nach Chan

7.4.3 Schnitt von Polygonen

7.4.3.1 Algorithmus von Margalit und Knott

Der *Algorithmus von Margalit und Knott* [111] erlaubt die Berechnung der Schnittflächen, der Vereinigungsfläche und der Differenzflächen zwischen zwei einfachen Polygonen. Nachfolgend soll die Schnittberechnung anhand des Beispiels in Abbildung 7.25 erläutert werden, wobei beide Polygone die gleiche Orientierung besitzen müssen.

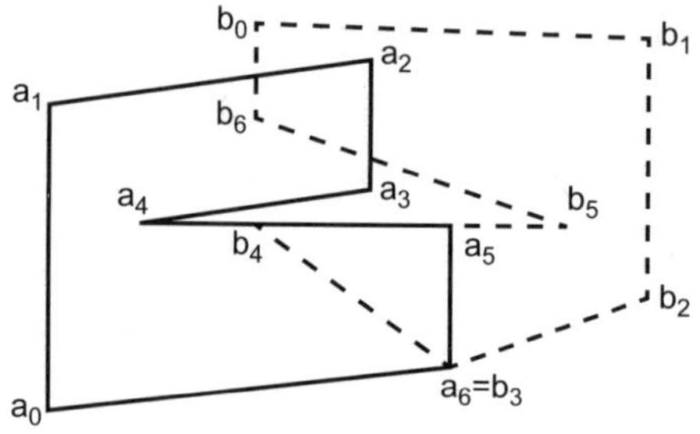

Abb. 7.25: Beispiel zur Schnittflächenberechnung zwischen zwei einfachen Polygonen

Die Berechnung läuft in vier Schritten ab:

Schritt 1: Klassifizierung der Knoten

Für alle Punkte der beiden Polygone wird bestimmt, ob sie sich innerhalb (I), außerhalb (A) oder auf dem Rand (R) des jeweils anderen Polygons befinden. Für die Polygone aus Abbildung 7.25 ergibt dies folgende Knotenlisten:

- K_A = ((a_0,A), (a_1,A) , (a_2,I) , (a_3,A) , (a_4,A) , (a_5,R) , (a_6,R))
- K_B = ((b_0,A) , (b_1,A) , (b_2,A) , (b_3,R) , (b_4,R) , (b_5,A) , (b_6,I))

Schritt 2: Bestimmung der Schnittpunkte zwischen den Kanten

Alle Kanten des Polygons *A* werden auf Schnitt mit den Kanten von Polygon *B* getestet und so bestimmte Schnittpunkte (vgl. Abb. 7.26), als Rand markiert, in die beiden Listen zwischen die beiden Endpunkte der jeweiligen Kante eingefügt, falls der Schnittpunkt nicht bereits Eckpunkt des Polygons ist.

- K_A = ((a_0,A) , (a_1,A) , **(s_1,R)** , (a_2,I) , **(s_2,R)** , (a_3,A) , (a_4,A) , **(s_3,R)** , (a_5,R) , (a_6,R))
- K_B = ((b_0,A) , (b_1,A) , (b_2,A) , (b_3,R) , (b_4,R) , **(s_4,R)** , (b_5,A) , **(s_2,R)** , (b_6,I) , **(s_1,R)**)

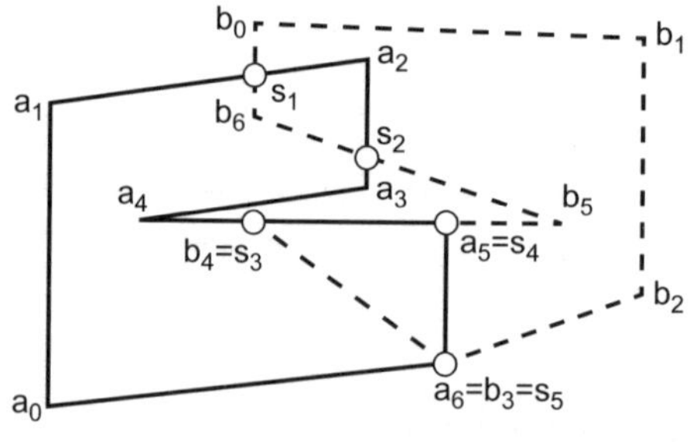

Abb. 7.26: Die Schnittpunkte für das Beispiel

3. Schritt: Klassifizierung und Selektion von Kanten

Eine Kante wird durch den Schnitt mit einer anderen Kante im allgemeinen Fall in zwei *Fragmentkanten* aufgeteilt, von denen eine vollständig innerhalb (*innere Fragmentkante*) und eine vollständig außerhalb des anderen Polygons liegt (*äußere Fragmentkante*). Abbildung 7.27 illustriert diesen Sachverhalt.

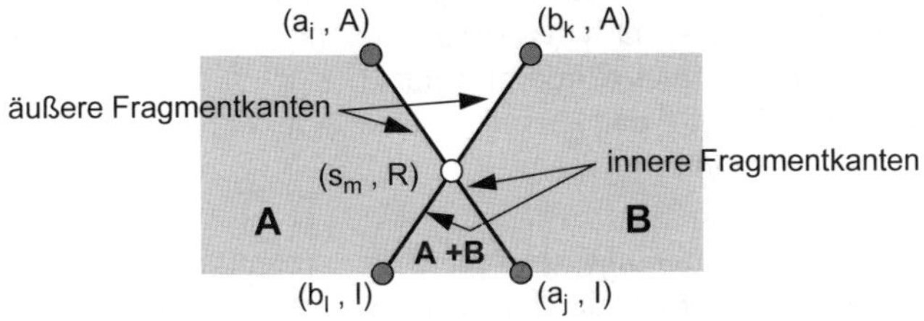

Abb. 7.27: Innere und äußere Fragmentkanten

Bei inneren Fragmentkanten befinden sich der eine Endpunkt auf dem Rand und der andere im Inneren des anderen Polygons. Sind zwei aufeinanderfolgende Knoten Randknoten, dann ist eine weitere Prüfung erforderlich. Wenn der Streckenmittelpunkt im anderen Polygon liegt, handelt es sich um eine innere Fragmentkante. Liegt der Streckenmittelpunkt auf dem Rand der anderen Kante, handelt es sich um eine *Randkante*, die auch von der anderen Punktliste repräsentiert wird. Die übrigen Kanten sind äußere Fragmentkanten, die ignoriert werden können. Aus K_A und K_B können nun zwei Mengen mit den Rand- (R) und inneren Fragmentkanten (I) abgeleitet werden:

- $F_A = \{ (s_1 – a_2, \text{I}), (a_2 – s_2, \text{I}), (s_3 – a_5, \text{R}), (a_5 – a_6, \text{I}) \}$
- $F_B = \{ (b_3 – b_4, \text{I}), (b_4 – s_4, \text{R}), (s_2 – b_6, \text{I}), (b_6 – s_1, \text{I}) \}$

Abbildung 7.28 illustriert die entsprechende Klassifizierung der Kanten.

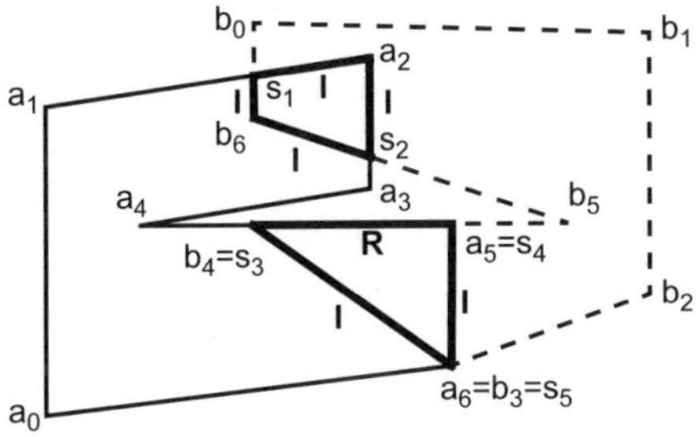

Abb. 7.28: Rand- und innere Fragmentkanten der Polygone

Schritt 4: Berechnung der Schnittpolygone

Die beiden Mengen F_A und F_B können nun zur Menge F vereinigt werden, wobei bei den Randkanten zwei Fälle eintreten können: Entweder existiert in beiden Mengen die gleiche Randkante mit identischer Reihenfolge der Endpunkte (wie im Beispiel bei $(s_3 – a_5, \text{R})$ und $(b_4 – s_4, \text{R})$). Dann wird eine der beiden Randkanten als Duplikat entfernt. Im anderen Fall tritt die Randkante in der anderen Menge mit umgekehrter Reihenfolge der Eckpunkte auf. Dann werden beide Randkanten gelöscht. Damit ergibt sich für F:

- $F = \{ (s_1 – a_2), (a_2 – s_2), (s_3 – a_5), (a_5 – a_6), (b_3 – b_4), (s_2 – b_6), (b_6 – s_1) \}$

Nun wird eine Kante aus F entfernt (z.B. $(s_1–a_2)$) und die Folgekante gesucht, deren Anfangspunkt mit dem Endpunkt der vorhergehenden Kante übereinstimmt (also $(a_2–s_2)$ in diesem Fall). Diese Kante wird wieder aus F gelöscht und der Vorgang wiederholt sich so lange, bis eine Kante herausgesucht wird, deren Endpunkt mit dem Anfangspunkt der ersten Kante übereinstimmt. Im Beispiel würde man also $(s_2–b_6)$ und $(b_6–s_1)$ und damit das erste Schnittpolygon erhalten. Sollte F dann noch nicht leer sein, wiederholt man den Vorgang und berechnet so die weiteren Schnittpolygone.

Für die Berechnung der Vereinigung bzw. der Differenz müssen die Kanten nach anderen Kriterien selektiert werden. Der zweite Schritt ist der aufwendigste Schritt. Der Aufwand für die Schnittberechnung hängt von dem zugrunde liegenden Algorithmus ab (vgl. Abschnitt 7.4.2). Dazu kommt der Aufwand für das Einfügen der Schnittpunkte in die Listen. Auch für die Klassifizierung schlagen Margalit und Knott in [111] eine Optimierung vor.

7.4.3.2 Plane Sweep zur Verschneidung von Mengen von Polygonen

Bei der Verschneidung von zwei oder mehr Mengen von Polygonen wird der Datenraum in polygonale Regionen zerlegt. Für die resultierenden Regionen muss der Algorithmus bestimmen, ob und von welcher Menge der Ausgangspolygone die Region überdeckt wurde. Abbildung 7.29 zeigt ein Beispiel mit zwei Ausgangsmengen.

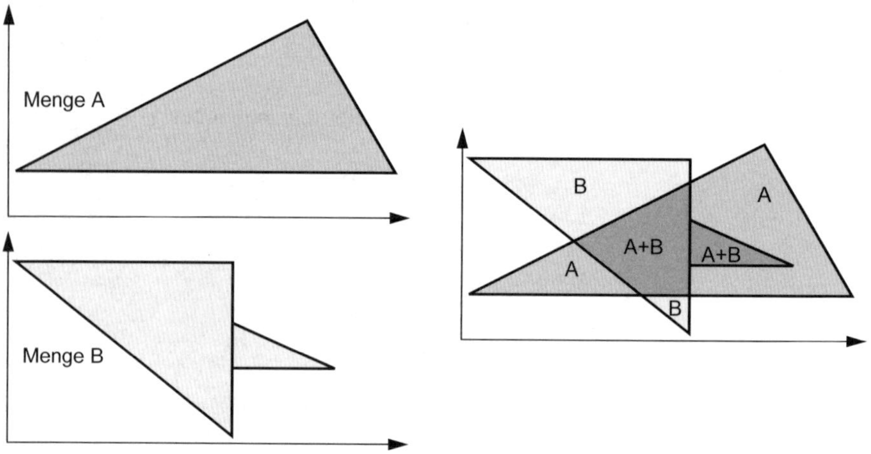

Abb. 7.29: Verschneidung von zwei Mengen von Polygonen

Eine Möglichkeit, diese Aufgabenstellung zu lösen, ist den Algorithmus von Margalit und Knott entsprechend anzupassen. Ein anderer Ansatz, um die Menge der resultierenden Polygone zu berechnen, beruht auf dem *Plane-Sweep-Algorithmus von Nievergelt und Preparata* [121]. Dazu überstreicht eine Laufline den Datenraum, die „Gummibänder" über die Polygone zieht, die sich an den Polygonkanten anheften und die resultierenden Regionen beschreiben. Die Gummibänder sind doppelt verkettete Punktlisten, die schrittweise während des Durchlaufs aufgebaut und ggf. miteinander verknüpft werden. Jeder Kante s in der y-Struktur sind dazu zwei Verweise auf Punktlisten zugeordnet, $A(s)$ verweist auf das Gummiband oberhalb der Kante und $B(s)$ auf das Band unterhalb der Kante. Abbildung 7.30 zeigt für das Beispiel aus Abbildung 7.29 zwei Positionen der Lauflinie mit den bis dahin entstandenen Punktlisten. Schnittpunkte zwischen Polygonkanten werden wie im Algorithmus von Bentley und Ottmann bestimmt; die Schnittberechnung wird in der nachfolgenden Darstellung, die sich an [94] anlehnt, aus Übersichtsgründen nicht weiter ausgeführt.

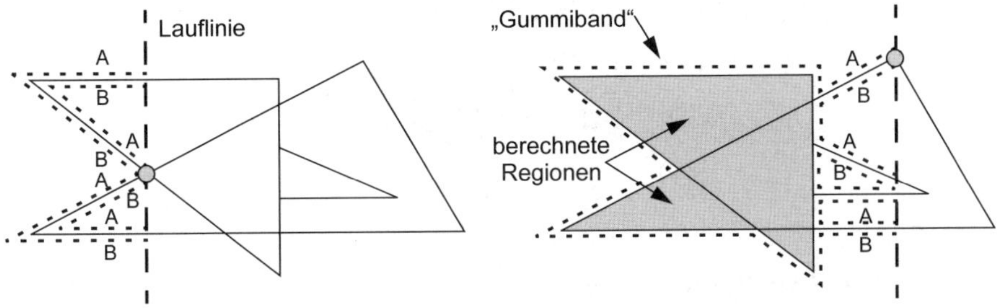

Abb. 7.30: Aufziehen von Punktlisten als „Gummibänder“ während des Durchstreichens der Ebene

Die Eckpunkte aller Polygone in der x-Struktur werden nach ihren x-Koordinaten sortiert gespeichert. Die während des Durchstreichens der Ebene gefundenen Schnittpunkte müssen nachträglich in die x-Struktur eingefügt werden. Für die Bearbeitung eines Haltepunktes *ep* gibt es zwei Variablen L_u und L_l, die der Übergabe der Gummibänder dienen. Zunächst wird die linke Seite vom Haltepunkt bearbeitet. Dabei können drei Fälle gemäß der Anzahl der Kanten (*nl*), die sich links von *ep* befinden, unterschieden werden (Kanten, die durch den Punkt hindurchgehen, zählen sowohl links als auch rechts):

1. $nl = 0$

   Es wird eine neue Punktliste mit dem Punkt *ep* erzeugt und den Variablen L_u und L_l zugewiesen (vgl. linke Skizze in Abb. 7.31).

2. $nl = 1$

   Die Punktlisten $A(s_0)$ und $B(s_0)$ der linken Kante s_0 werden um *ep* verlängert. L_u verweist nun auf die Liste $A(s_0)$ und L_l auf die untere Liste $B(s_0)$. Die Kante s_0 wird aus der y-Struktur entfernt (vgl. rechte Skizze in Abb. 7.31).

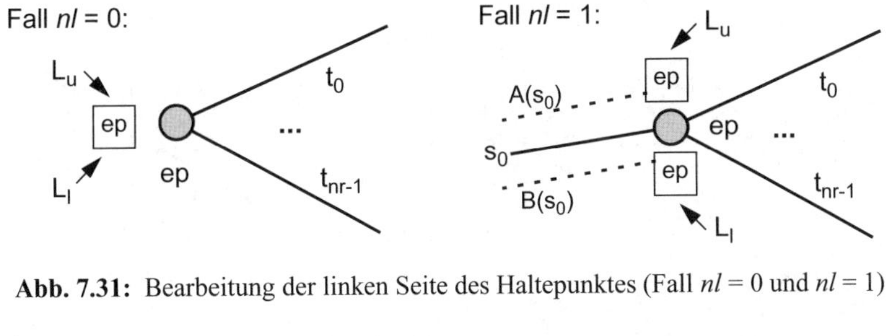

Abb. 7.31: Bearbeitung der linken Seite des Haltepunktes (Fall $nl = 0$ und $nl = 1$)

3. $nl > 1$

   Die Punktlisten $A(s_0)$ und $B(s_{nl-1})$ der obersten linken Kante s_0 bzw. untersten linken Kante s_{nl-1} werden um *ep* verlängert. L_u verweist nun auf die Liste $A(s_0)$ und L_l auf die untere Liste $B(s_{nl-1})$. Jeweils zwei Punktlisten $B(s_i)$ und $A(s_{i+1})$ ($i = 0$ bis nl-2) können mit *ep* zu einer Liste zusammengefügt werden. Falls $B(s_i)$ und $A(s_{i+1})$ auf die gleiche Liste verweisen, dann beschreibt diese Liste eine neue Region und kann als Ergebnis ausgegeben werden. Die Kanten s_0 bis s_{nl-1} werden aus der y-Struktur entfernt (vgl. Abb. 7.32).

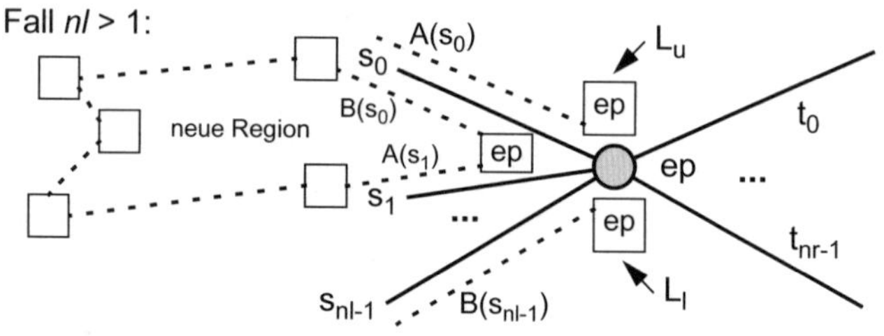

Abb. 7.32: Bearbeitung der linken Seite des Haltepunktes (Fall $nl > 1$)

Danach erfolgt die Bearbeitung der rechten Seite von *ep*. Auch hierbei können gemäß der Anzahl der Kanten (*nr*) drei Fälle unterschieden werden:

1. $nr = 0$

   Die Listen L_u und L_l werden miteinander zu einer Liste verbunden (vgl. linke Skizze in Abb. 7.33). Dabei muss einmal *ep* entfernt werden, damit es nicht doppelt in der Liste aufgeführt ist.

2. $nr = 1$

   t_0 wird in die y-Struktur eingefügt. $A(t_0)$ erhält den Wert von L_u und $B(t_0)$ erhält L_l zugewiesen (vgl. mittlere Skizze in Abb. 7.33).

3. $nr > 1$

   t_0 bis t_{nr-1} werden in die y-Struktur eingefügt. $A(t_0)$ erhält L_u und $B(t_{nr-1})$ erhält L_l zugewiesen. Zwischen t_i und t_{i+1} (i=0 bis nr–2) werden jeweils neue Punktlisten mit *ep* angelegt, sodass $B(t_i)$ und $A(t_{i+1})$ auf die gleiche neue Punktliste verweisen (vgl. rechte Skizze in Abb. 7.33).

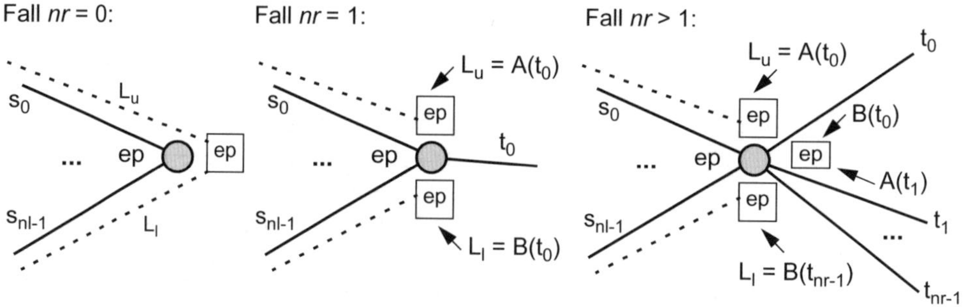

Abb. 7.33: Bearbeitung der rechten Seite des Haltepunktes

Da das Anfügen von Punkten an doppelt verkettete Listen und auch deren Zusammenfügen in konstanter Zeit ausführbar ist, entspricht die Laufzeit größenordnungsmäßig der des Bentley-Ottmann-Algorithmus.

Die in Abbildung 7.29 dargestellte Zuordnung der berechneten Regionen kann bestimmt werden, indem man die Kanten der Eingangspolygone beidseitig markiert ($mark_{upper}$ und $mark_{lower}$). Die Marke auf der Seite, auf der sich das Polygon befindet, enthält einen entsprechenden Verweis, während die Marke auf der Außenseite leer ist. Die Markierung *mark* einer neuen Region *r* wird bestimmt, wenn die neue Region beginnt (also in Fall 3 bei der Verarbeitung der rechten Seite des Haltepunktes). Zu diesem Zeitpunkt ist die Markierung der Region *q* oberhalb von *r* ebenso wie die Markierungen der Kante t_i zwischen *q* und *r* bekannt. Damit kann die Markierung von *r* wie folgt berechnet werden [94]:

$$r.mark = (q.mark \setminus e.mark_{upper}) \cup e.mark_{lower}$$

7.5 Objektzerlegung

Beim Entwurfsprinzip „Teile und Herrsche“ wird ein Problem in mehrere kleinere Probleme zerlegt, um diese zu lösen. Für Geometrien bedeutet dies, dass sie in einfachere Geometrien zerlegt werden. Bisher wurde angenommen, dass die Zerlegung des Objektes – je nach verwendetem Algorithmus – während der jeweiligen Operation erfolgt. In Zusammenhang mit Geodatenbanken ist es aber auch möglich, ein komplexes (Flächen-)Objekt in kleinere Teile zerlegt abzuspeichern und Anfragen auf diesen Bestandteilen auszuführen. Dazu ist es erforderlich, Geometrien in geeignete Komponenten zu zerlegen und diese adäquat zu organisieren.

7.5.1 Trapezzerlegung

Eine Zerlegung eines Polygons in Trapeze wurde in Abschnitt 7.1.1.3 bei der Darstellung der Entwurfsmethode „Plane Sweep“ vorgestellt. Dabei wurden durch den Plane Sweep entweder Trapeze erzeugt, deren parallele Seiten senkrecht sind, oder zu Dreiecken degenerierte Trapeze, bei denen der Anfangspunkt und der Endpunkt einer senkrechten Seite in einem Punkt zusammenfallen. Die Anzahl der Trapeze ist durch die Anzahl der Polygonpunkte beschränkt.

Bei realen Geodaten entstehen bei einer solchen Trapezzerlegung relativ schmale und lange Trapeze, wie es in Abbildung 7.34 für den Umriss von Bremen zu sehen ist.

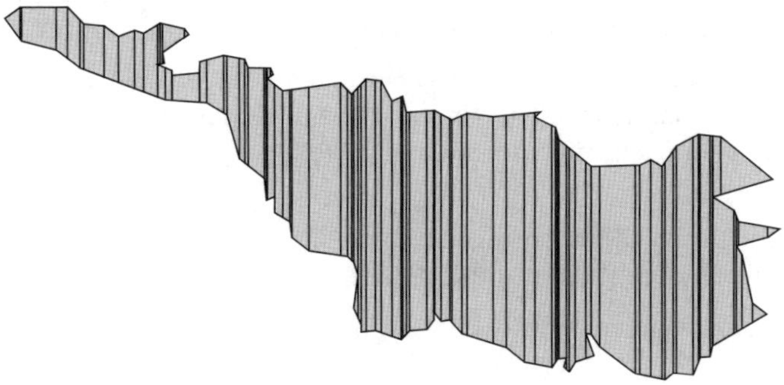

Abb. 7.34: Das in Trapeze zerlegte Gemeindegebiet von Bremen

7.5.2 Triangulation

Eine *Triangulation* ist eine vollständige Zerlegung einer Flächengeometrie in disjunkte, d.h. überlappungsfreie, Dreiecke. Bevor wir die Zerlegung einfacher Polygonen betrachten, soll zunächst die Triangulation für eine einfachere Problemklasse erörtert werden [93].

7.5.2.1 Triangulation monotoner Polygone

Ein Polygon ist monoton bezüglich der x-Koordinatenachse, wenn der äußere Ring in zwei Streckenzüge aufgeteilt werden kann, die monoton bezüglich der x-Koordinaten der Eckpunkte sind. Das heißt, dass beim Ablaufen dieser Streckenzüge die x-Koordinaten jeweils nur zunehmen oder zumindest gleich bleiben. Abbildung 7.35 zeigt Beispiele für ein monotones und ein nichtmonotones Polygon.

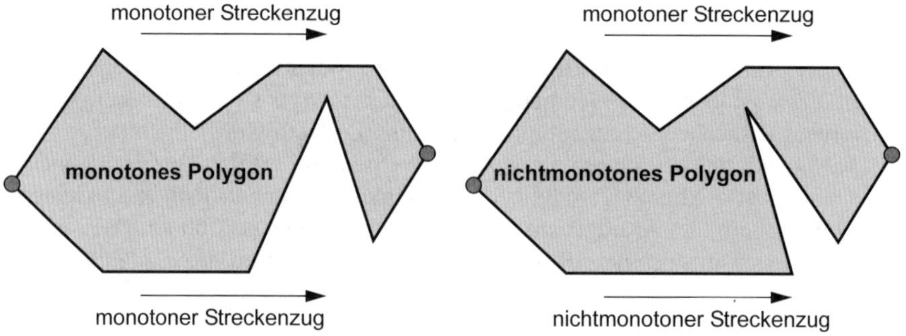

Abb. 7.35: Monotones und nichtmonotones Polygon

Der *Algorithmus von Garey et al.* sortiert nun die Eckpunkte eines monotonen Polygons gemäß den x-Koordinaten. Dazu muss man nur den beiden Streckenzügen beim äußerst linken Punkt beginnend folgen und wiederholt jeweils den Eckpunkt mit der kleineren x-Koordinate auswählen. Dies ist mit einem Aufwand von $O(n)$ möglich, wenn n die Anzahl der Polygonpunkte ist. Die ersten beiden Punkte gemäß dieser Sortierung werden in eine Liste L eingefügt. Die beiden Punkte gehören zum gleichen Streckenzug, da der erste Punkt zu beiden Streckenzügen gehört. Nun wird der nächste Punkt p gemäß der Sortierung bearbeitet. Prinzipiell gibt es bei der Betrachtung des jeweils aktuellen Punktes drei Fälle:

1. p gehört zum gleichen Streckenzug wie der letzte Punkt in L und das Dreieck t, das aus p und den beiden letzten Punkten aus L gebildet wird, liegt im Polygon[4]:

   Das Dreieck t wird als Ergebnis ausgegeben und der letzte Punkt aus L gelöscht. Falls L zwei oder mehr Einträge besitzt, wird p weiterhin als aktueller Punkt betrachtet. Andernfalls wird p an L angefügt und der nächste Polygonpunkt gemäß der Sortierung ausgewählt.

2. p gehört zum gleichen Streckenzug wie der letzte Punkt in L und das Dreieck, das aus p und den beiden letzten Punkten aus L gebildet wird, liegt nicht im Polygon:

   p wird an L angefügt und der nächste Polygonpunkt gemäß der Sortierung betrachtet.

[4] Dies kann anhand der Orientierung des Dreiecks geprüft werden, die man z.B. durch eine Flächenberechnung bestimmen kann (vgl. Abschnitt 7.1.1.1).

3. p gehört zum anderen Streckenzug als der letzte Punkt in L:

   Das Dreieck, das aus p und den ersten beiden Punkten in L besteht, wird als Ergebnis ausgegeben und der erste Punkt aus der Liste gelöscht. Die Dreiecksbildung und das Löschen werden so lange wiederholt, bis nur noch ein Punkt in L gespeichert ist. Danach wird p an L angefügt und der nächste Polygonpunkt gemäß der Sortierung als neuer Punkt p betrachtet.

Abbildung 7.36 zeigt den Ablauf anhand eines Beispiels. Zunächst werden p_1 und p_2 in der Liste L gespeichert. Bei p_3 tritt Fall 1 auf: L entspricht nun (p_1, p_3). Bei p_4 und p_5 tritt Fall 2 ein, sodass danach $L = (p_1, p_3, p_4, p_5)$. Für p_6 gilt wiederholt Fall 3, sodass die drei schraffierten Dreiecke ausgegeben werden und L nur noch (p_5, p_6) enthält. p_7 entspricht Fall 1: Das nächste Dreieck wird ausgegeben, p_6 aus L gelöscht und p_7 angefügt, sodass $L = (p_5, p_7)$. Für p_8 wird gemäß Fall 3 das schraffierte Dreieck ausgegeben. L beinhaltet danach (p_7, p_8). Analog wird für p_9 vorgegangen, sodass $L = (p_8, p_9)$. Für p_{10} gilt Fall 1, woraufhin das letzte Dreieck erzeugt wird.

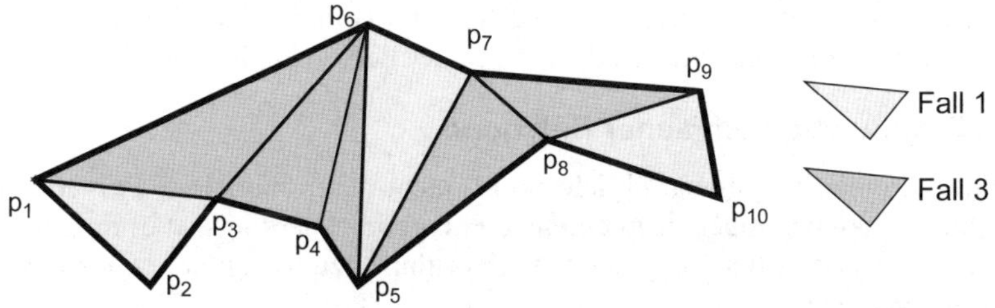

Abb. 7.36: Beispiel für die Triangulation eines monotonen Polygons

```
// Triangulation eines monotonen Polygons
Collection<Triangle> computeTriangulation (MonotonePolygon pol) {
   EventPointSchedule<Point> x = new EventPointSchedule<Point>(pol);
        // Speichere Polygonpunkte nach ihren x-Koordinaten sortiert in x
   LinkedList<Point> l = new LinkedList<Point>();
   l.add(x.poll());                  // ersten Punkt an Liste anfügen
   l.add(x.poll());                  // zweiten Punkt an Liste anfügen
   Collection<Triangle> res = new ArrayList<Triangle>();

   // Punkte der x-Struktur durchlaufen
   while (! x.isEmpty()) {
      Point p = x.poll();                          // aktueller Punkt
      Point last = l.getLast();                    // letzter Punkt

      // Test, ob beide auf gleicher Seite
      if (p.isUpperNode() == last.isUpperNode()) {
         Point lastButOne = l.get(l.size()-2);   // vorletzter Punkt
         // Fall 1:
         while ((l.size() > 1) && areTriangle(last,lastButOne,p)) {
            res.add( new Triangle(last,lastButOne,p) );
            l.removeLast();
            last = lastButOne;
            lastButOne = l.get(l.size()-2);
         }
         l.add(p);                                 // Fall 2
      }
```

```
            // Fall 3:
            else {
               while (l.size() > 1) {
                  Point p1 = l.getFirst();            // erster Punkt
                  Point p2 = l.get(1);                // zweiter Punkt
                  res.add( new Triangle(p1,p2,p) );
               }
               l.add(p);
            }
         }
         return res;
      } // computeTriangulation
```

Da bei jedem aktuellen Punkt nur Listenoperationen auftreten, die die ersten beiden bzw. letzten beiden Punkte in der Liste betreffen, kann jeder aktuelle Punkt mit konstantem Aufwand verarbeitet werden. Jeder Punkt wird maximal einmal als aktueller Punkt betrachtet. Die Sortierung kann in $O(n)$ erfolgen. Somit ist der Gesamtaufwand für diese Triangulation linear. Da beim Erzeugen eines neuen Dreiecks immer ein Punkt aus L gelöscht wird, ist die Anzahl der erzeugten Dreiecke durch die Anzahl der Eckpunkte beschränkt.

7.5.2.2 Triangulation einfacher Polygone

Flächenhafte Geometrien können üblicherweise nicht durch monotone Polygone repräsentiert werden, sondern benötigen dazu einfache Polygone. Allerdings ist es möglich, einfache Polygone auf Basis des zuvor vorgestellten Algorithmus zu triangulieren, wenn wir dazu in zwei Schritten vorgehen:

1. Zerlegung des einfachen Polygons in monotone Polygone
2. Triangulation der monotonen Polygone

Um ein einfaches Polygon in monotone Polygone zu zerlegen, werden die Eckpunkte, wie in Abbildung 7.37 dargestellt, in fünf Kategorien eingeteilt. Von besonderem Interesse sind die *Einkerbungen*, die verhindern, dass das Polygon monoton ist. Um monotone Polygone zu erhalten, müssen wir daher von den Einkerbungen ausgehend Partitionierungslinien l_i zu anderen Eckpunkten einziehen. Dabei werden linke Einkerbungen ◀ mit dem rechtesten Eckpunkt p_i links von der Einkerbung verbunden, der sich zwischen oder auf den Kanten befindet, die bezüglich einer Lauflinie zur Einkerbung benachbart sind. In Abbildung 7.37 sind diese Polygonkanten jeweils als „Begrenzungskanten" dicker dargestellt. Umgekehrt werden rechte Einkerbungen ▷ mit dem linkesten Eckpunkt rechts der Einkerbung verbunden, der ebenfalls von den Kanten begrenzt wird, die bezüglich der Lauflinie zur Einkerbung benachbart sind.

In [93] wird ein Plane-Sweep-Algorithmus dargestellt, der diese Vorgehensweise für eines einfaches Polygons mit n Eckpunkten in $O(n \log n)$ realisiert. Der Aufwand für die Triangulation eines einfachen Polygons beträgt damit ebenfalls $O(n \log n)$. Dies ist nicht optimal. Chazelle hat 1990 gezeigt, dass eine Triangulation in linearer Zeit möglich ist. Allerdings ist dieser Algorithmus sehr kompliziert.

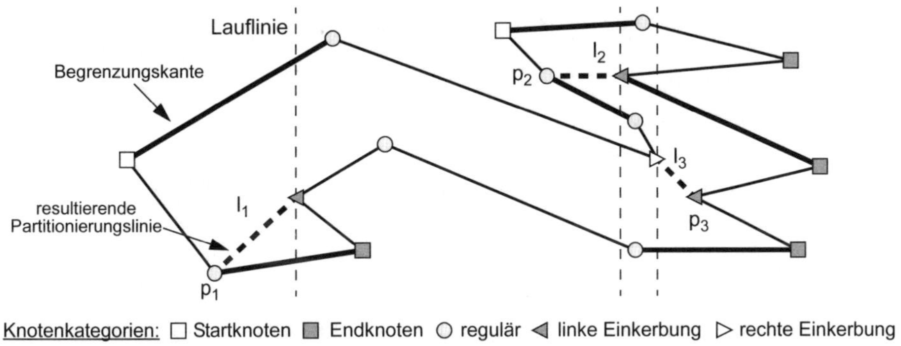

Abb. 7.37: Beispiel für die Zerlegung eines einfachen Polygons in monotone Polygone

7.5.2.3 Delaunay-Triangulation

Neben der Triangulation von Polygonen spielt im Bereich der Geoinformatik die *Dreiecksvermaschung* von Punktmengen eine große Rolle, um zum Beispiel ein Digitales Geländemodell (DGM) zu repräsentieren (siehe auch Abschnitt 13.3.3). Dafür finden häufig Delaunay-Triangulationen Einsatz, die zu Voronoi-Diagrammen korrespondieren [13].

Voronoi-Diagramm

Ein *Voronoi-Diagramm* (auch *Thiessen-Polygon* oder *Dirichelet-Zerlegung* genannt) zerlegt für eine Punktmenge den Datenraum in Einflussgebiete, sodass jeder Punkt des Datenraums dem nächstgelegenen Punkt der Punktmenge zugeordnet ist. Die Einflussgebiete können offen sein.

Das Einflussgebiet eines Punktes p erhält man, indem man die Mittelsenkrechten von den umliegenden Punkten zu p bestimmt. Die Verbindungslinien der Schnittpunkte der einzelnen Mittelsenkrechten begrenzen dann das Einflussgebiet. Abbildung 7.38 illustriert dies anhand eines Beispiels. In der Regel sind bei diesem Schritt nicht alle Punkte der Punktmenge zu berücksichtigen, sondern nur die Punkte in der näheren Umgebung von p. Der Punkt p wird auch als *Zentrum* des Einflussgebietes bezeichnet. Die Vereinigung aller Einflussgebiete bildet das Voronoi-Diagramm.

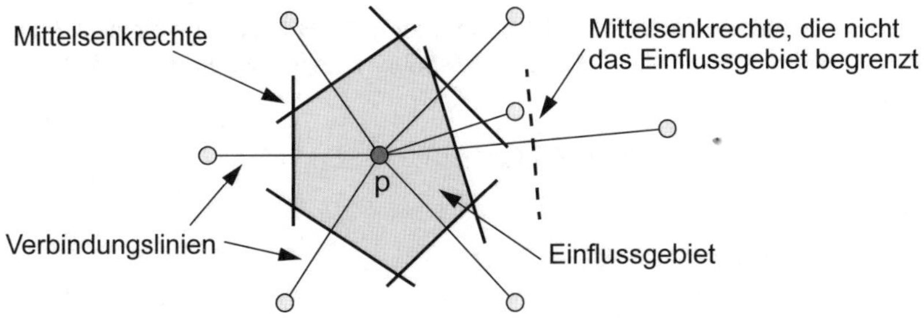

Abb. 7.38: Konstruktion eines Einflussgebietes bei einem Voronoi-Diagramm

Es gibt eine Reihe von Algorithmen, die ein Voronoi-Diagramm mit Laufzeit *O(n log n)* konstruieren, wenn *n* die Anzahl der Punkte ist [13][167].

Delaunay-Triangulation

Eine *Delaunay-Triangulation* wird aus den Verbindungslinien der Punktmenge erzeugt, die eine Kante zum Voronoi-Diagramm beigetragen haben. Abbildung 7.39 zeigt dies anhand eines Beispiels. Delaunay-Triangulationen haben folgende, oftmals wünschenswerte Eigenschaften:

- Die sich ergebende Dreiecksvermaschung ist eindeutig, d.h. unabhängig von der Reihenfolge der Abarbeitung ist die Triangulation immer identisch.
- Im Umkreis um drei Punkte, die ein Dreieck bilden, liegt kein weiterer Punkt der Punktmenge. Der Mittelpunkt eines solchen Umkreises liegt auf dem Knoten des Voronoi-Diagramms, der im Dreieck enthalten ist.

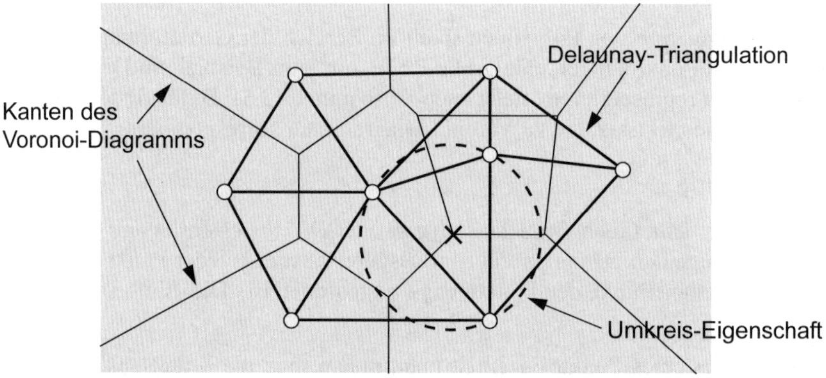

Abb. 7.39: Korrespondenz zwischen Delaunay-Triangulation und Voronoi-Diagramm

Eine Delaunay-Triangulation kann algorithmisch entweder aus einem zuvor berechneten Voronoi-Diagramm abgeleitet werden oder direkt aus den Punkten – ebenfalls mit einer Laufzeit von *O(n log n)* – berechnet werden [13].

7.5.2.4 Triangulationen in Oracle Spatial

Seit Release 11.2 bietet Oracle Spatial eine Funktion zur Berechnung einer *Delaunay-Triangulation* an. Der Funktion `SDO_GEOM.SDO_TRIANGULATE` wird neben der Geometrie der Toleranzwert übergeben:

```
SELECT SDO_GEOM.SDO_TRIANGULATE(geo,0.0001)
FROM GeoDbLand g
WHERE name='Land';

SDO_GEOM.SDO_TRIANGULATE(GEO,0.0001)
----------------------------------------------------------------------------
SDO_GEOMETRY(2007, NULL,NULL,
  SDO_ELEM_INFO_ARRAY(1,1003,1, 9,1003,1, 17,1003,1,25, 1003,1,33,
    1003,1,41, 1003,1,49, 1003,1,57, 1003,1,65, 1003,1,73, -- usw.
, SDO_ORDINATE_ARRAY(1,1, 19,1, 9,3, 1,1, 1,1, 9,3, 4,5, 1,1, 1,1, 4,5, 3,10,
    1,1, 1,1, 3,10, 1,20, 1,1, 1,20, 3,10, 7,14, 1,20, 1,20, 7,14, -- usw.
```

Das Resultat ist ein Multipolygon, das aus den berechneten Dreiecken besteht. Es ist auf der rechten Seite von Abbildung 7.40 dargestellt. Das Bild zeigt, dass die Triangulation die Grenzen der ursprünglichen Geometrie beachtet, aber auch die Aussparungen mit Dreiecken belegt.

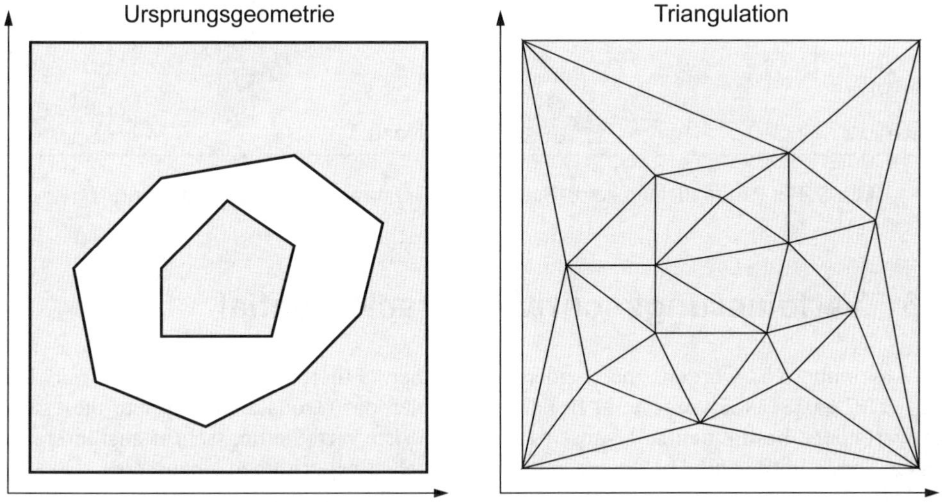

Abb. 7.40: Beispiel für Delaunay-Triangulation in Oracle Spatial

7.5.3 Verwaltung der Zerlegungskomponenten

Wenn eine Geometrie in einzelne Zerlegungskomponenten zerlegt wurde, ist eine Aufgabe zu lösen, die wir bereits im Kapitel „Indexierung von Geodaten" kennen gelernt haben: Für die Bearbeitung einer räumlichen Anfrage muss das Geodatenbanksystem möglichst effizient zu den Komponenten hingeführt werden, die potenziell helfen, das Geoobjekt als Treffer oder Fehltreffer zu identifizieren. Dazu müssen die Zerlegungskomponenten über eine geeignete Datenstruktur nach räumlichen Kriterien organisiert werden. Da üblicherweise aber ein Geoobjekt, nachdem es über eine Approximation als Kandidat identifiziert worden ist, in den Hauptspeicher eingelesen wird, kann auch davon ausgegangen werden, dass sich die Zerlegungskomponenten und die zugehörige Datenstruktur im Hauptspeicher befinden. Es wird also eine *räumliche Datenstruktur* benötigt, die für den Hauptspeicher ausgelegt ist. Der wesentliche Unterschied zu den Indexstrukturen aus Kapitel 6 ist, dass die Knoten einer Hauptspeicherstruktur nicht zu Datenbankblöcken korrespondieren, sondern eine möglichst kleine Kapazität aufweisen, um den Aufwand für eine eventuelle lineare Suche in einem Knoten zu minimieren.

In dem Gebiet der algorithmischen Geometrie ist eine Reihe von Datenstrukturen für geometrische Daten entstanden. Wir haben in Abschnitt 7.4.1.2 den Intervallbaum als ein Beispiel kennengelernt. Eine Alternative kann der Einsatz von Hauptspeichervarianten räumlicher Indexstrukturen darstellen. Solche Varianten weisen eine gegenüber den herkömmlichen Indexstrukturen verringerte Knotenkapazität auf. Hier bieten sich zum Beispiel *Quadtrees* und *R-Bäume* [24] an. Abbildung 7.41 zeigt als Beispiel die Partitionierung eines R-Baums, der die Trapeze aus Abbildung 7.34 verwaltet. Der dargestellte Hauptspeicher-R-Baum hat eine maximale Knotenkapazität von 7. Die Abbildung macht deutlich, dass aufgrund der Trapezzerlegung kaum Überlappungen im Baum auftreten.

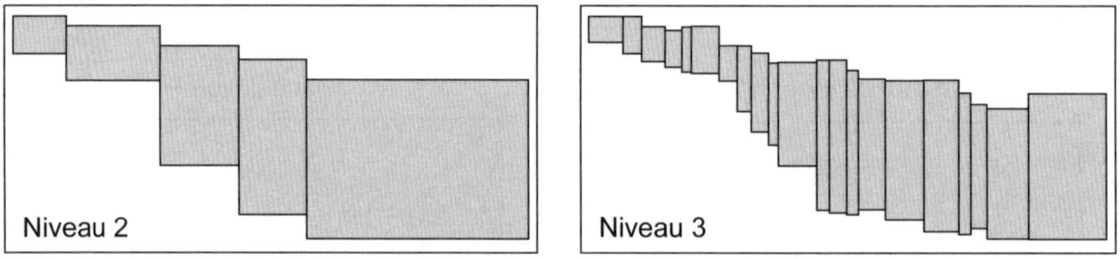

Abb. 7.41: Partitionierung des R-Baums beim Einsatz als Hauptspeicherdatenstruktur

7.6 Verfeinerungsschritt in Oracle Spatial

In Abschnitt 6.6 wurden die beiden räumlichen Filteroperatoren `SDO_FILTER` und `SDO_WITHIN_DISTANCE` vorgestellt. In Fällen, in denen das Geodatenbanksystem die exakte Antwortmenge bestimmen soll, muss es zusätzlich den Verfeinerungsschritt ausführen. Zu dessen Durchführung sind entsprechende geometrischen Algorithmen einzusetzen.

7.6.1 SDO_RELATE

Der räumliche Operator `SDO_RELATE` bestimmt die Datensätze, deren Geometrie eine Überlappung mit einer oder mehreren Anfragegeometrien aufweist. Der Operator führt den Filter- und den Verfeinerungsschritt aus. Er hat folgende Form:

```
SDO_RELATE(
  geometry1  IN  SDO_GEOMETRY,      -- Geometrieattribut in Tabelle
  geometry2  IN  SDO_GEOMETRY       -- Anfragegeometrie
  params  IN  VARCHAR2              -- weitere Optionen
)
```

Die ersten beiden Parameter entsprechen den Parametern von `SDO_FILTER`: `geometry1` ist das geometrische Attribut einer Tabelle, auf das die Anfrage ausgeführt wird und das daher räumlich indexiert sein muss. Der zweite Parameter `geometry2` stellt die Anfragegeometrie dar, die z.B. in der Anfrage definiert wird oder aus einer Tabelle stammt. Im zweiten Fall ist ein räumlicher Index optional. Alternativ kann `SDO_RELATE` mit `ST_GEOMETRY`-Objekten aufgerufen werden.

Der dritte Parameter `params` erfordert die Spezifikation der topologischen Beziehung, die im Verfeinerungsschritt untersucht werden soll: Diese Angabe erfolgt durch das Schlüsselwort `mask`. Dabei stehen die gleichen topologischen Beziehungen zur Verfügung wie bei der Funktion `SDO_GEOM.RELATE`: `ANYINTERACT`, `CONTAINS`, `COVEREDBY`, `COVERS`, `DISJOINT`, `EQUAL`, `INSIDE`, `ON`, `OVERLAPBDYDISJOINT`, `OVERLAPBDYINTERSECT` und `TOUCH` (vgl. Tab. 4.6 auf S. 137). Diese Beziehungen können über ein + in einer Oder-Konjunktion miteinander verbunden werden, z.B.: `mask=INSIDE+TOUCH`. `CONTAINS` und `INSIDE` erfordern zum Beispiel die Lösung der vorgestellten Inklusionsprobleme, während andere topologische Beziehungen den Schnittproblemen entsprechen.

Es ist auch die Verwendung von Operatoren möglich, die die aufgeführten topologischen Beziehungen als Bezeichnung besitzen (mit Ausnahme von DISJOINT), zum Beispiel:

```
SDO_ANYINTERACT (
  geometry1  IN  SDO_GEOMETRY,    -- Geometrieattribut in Tabelle
  geometry2  IN  SDO_GEOMETRY     -- Anfragegeometrie
)
```

Das folgende Beispiel ist eine Variante der ersten *Rechteckanfrage* aus Abschnitt 6.6.1: Für die Tabelle „GeoDbLand“ wird ein Anfragerechteck mit den Eckpunkten (5,5) und (15,15) definiert. Für die Tupel, deren Geometrie einen Schnitt mit der Anfragegeometrie aufweist, gibt der Operator den Wert 'TRUE' zurück.

```
-- Rechteckanfrage:
SELECT name
FROM GeoDbLand
WHERE SDO_RELATE(geo,SDO_GEOMETRY('POLYGON((5 5, 5 15, 15 15, 15 5, 5 5))'),
                 'querytype=WINDOW mask=ANYINTERACT') = 'TRUE';
-- Rechteckanfrage angewendet auf ST_GEOMETRY (ab Version 11):
SELECT name
FROM MMSpatialLand
WHERE SDO_RELATE(geo,ST_POLYGON.FROM_WKT(
                               'POLYGON((5 5, 5 15, 15 15, 15 5, 5 5))'),
                 'querytype=WINDOW mask=ANYINTERACT') = 'TRUE';
-- Rechteckanfrage mittels SDO_ANYINTERACT:
SELECT name
FROM GeoDbLand
WHERE SDO_ANYINTERACT (geo,
          SDO_GEOMETRY('POLYGON((5 5, 5 15, 15 15, 15 5, 5 5))')) = 'TRUE';
NAME
-----------
Land
Steg
Haus
Flaggenmast
```

Das Anfrageergebnis umfasst im Gegensatz zu dem Beispiel mit SDO_FILTER – wie Abbildung 7.42 deutlich macht – nicht den Wall. Nachfolgend die Anfragevariante, die alle Geometrien innerhalb des Anfragerechtecks bestimmt:

```
SELECT name
FROM GeoDbLand
WHERE SDO_INSIDE(geo,
          SDO_GEOMETRY('POLYGON((5 5, 5 15, 15 15, 15 5, 5 5))')) = 'TRUE';
NAME
-----------
Haus
Flaggenmast
```

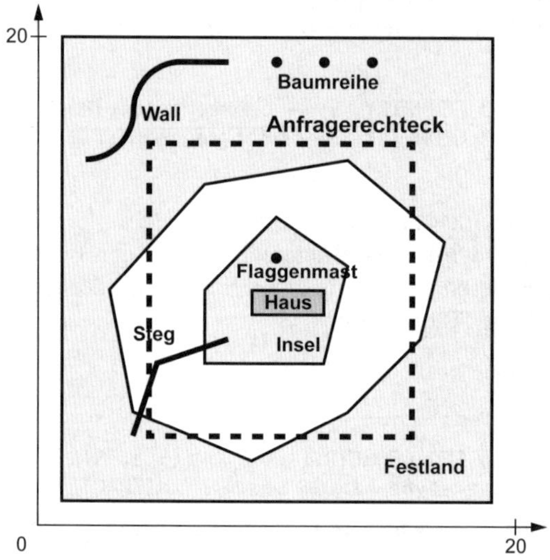

Abb. 7.42: Rechteckanfrage auf „GeoDbLand“

7.6.2 SDO_WITHIN_DISTANCE

Der räumlichen Operator SDO_WITHIN_DISTANCE wurde in Abschnitt 6.6.2 als Filteroperation für die *Abstandsanfrage* eingesetzt. Dies wurde erreicht, indem der Parameter params die Option querytype=FILTER enthielt. Um sowohl den Filter- als auch den Verfeinerungsschritt durchzuführen, muss diese Option weggelassen werden. In der nachfolgenden Beispielanfrage sollen die Ortsnetze bestimmt werden, die nicht weiter als 5 km vom Zentrum der Gemeinde „Bad Zwischenahn“ entfernt liegen. Zur Überprüfung wird neben dem Gemeindenamen mithilfe der Funktion SDO_GEOM.SDO_DISTANCE auch die minimale Entfernung zum Anfrageobjekt ausgegeben.

```
SELECT netz.name,
       SDO_GEOM.SDO_DISTANCE(netz.gebiet,gem.centrum,1e-5,'unit=KM')
FROM Ortsnetze netz INNER JOIN Gemeinden gem
ON SDO_WITHIN_DISTANCE(netz.gebiet,gem.centrum,'distance=5 unit=KM')='TRUE'
WHERE gem.name = 'Bad Zwischenahn';

NAME                              SDO_GEOM.SDO_DISTANCE
------------------------------ ---------------------
Westerstede                                 3,80253892
Westerstede-Ocholt                          3,74267766
Edewecht                                    3,32026899
Bad Zwischenahn                                      0
Edewecht-Friedrichsfehn                     4,66729056
```

Im Gegensatz zu der Variante aus Abschnitt 6.6.2 werden nur Ortsnetze bestimmt, deren Entfernung 5 km nicht überschreitet.

In analoger Weise kann SDO_WITHIN_DISTANCE auch auf ST_GEOMETRY-Spalten angewendet werden.

8 Verarbeitung komplexer Basisanfragen

Während in den bisherigen Kapiteln die effiziente Bearbeitung von Punkt-, Rechteck- und Regionsanfragen im Vordergrund stand, soll in diesem Kapitel die Verarbeitung komplexerer räumlicher Basisanfragen betrachtet werden. Dazu werden zwei Operationen – der räumliche Verbund und die Bestimmung der nächstgelegenen Nachbarn – detaillierter erörtert.

8.1 Räumlicher Verbund

Der *Verbund* (engl. *Join*) ist die wohl wichtigste Operation in relationalen Datenbanksystemen. Er verknüpft diejenigen Tupel von zwei (oder mehr) Relationen miteinander, die eine *Verbundbedingung* erfüllen. Im Anfrageergebnis können Attribute aller beteiligten Relationen aufgenommen werden.

Der *räumliche Verbund* (auch: *geometrischer Verbund,* engl. *Spatial Join*) ist ein Join, der eine *geometrische Verbundbedingung* beinhaltet[1]. Eine solche geometrische Bedingung ist zum Beispiel der Test auf Schnitt, d.h. es werden alle Paare von Geoobjekten bestimmt, deren Geometrie sich schneidet. Abbildung 8.1 zeigt ein einfaches Beispiel für einen solchen *Intersection Join.* Prinzipiell kommen alle topologischen Beziehungen aus Abschnitt 3.4.5 zur Definition der geometrischen Verbundbedingung infrage. Zusätzlich können auch metrische Bedingungen berücksichtigt werden, zum Beispiel die Einhaltung eines vorgegebenen Abstands zwischen jeweils zwei Geometrien (*Distance Join*) [47]. Auf Basis der so ermittelten Objektpaare werden die angefragten Attributwerte ausgewählt.

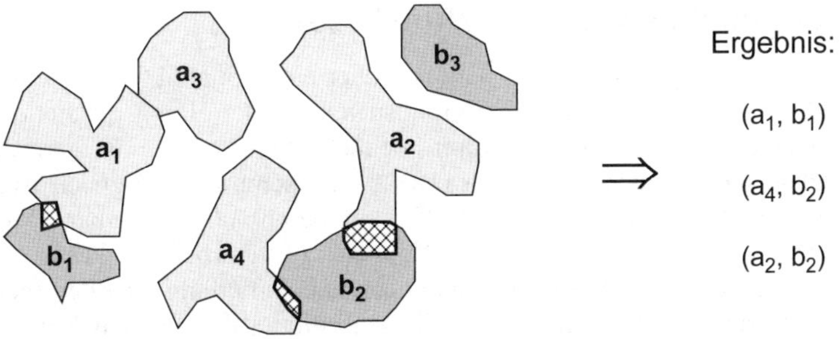

Abb. 8.1: Beispiel für einen Intersection Join

Ein räumlicher Verbund ist die Grundlage für die *Verschneidung von Karten* (engl. *Map Overlay*) in einem Geoinformationssystem, bei dem die über den Verbund bestimmten Objekte miteinander verschnitten und ggf. neu klassifiziert werden.

Im Rahmen der mehrstufigen Anfragebearbeitung (vgl. Kap. 5) besteht die Bearbeitung eines räumlichen Verbunds – wenn möglich – aus folgenden Filterschritten:

[1] Im Folgenden beschränkt sich die Darstellung – wenn nichts anderes erwähnt ist – auf den räumlichen Verbund zwischen zwei Relationen.

1. Bestimmung von Kandidatenpaaren möglichst mithilfe der Indexe
2. Überprüfung dieser Kandidatenpaare anhand ihrer Approximationen
3. Überprüfung der verbliebenen Kandidatenpaare im Verfeinerungsschritt anhand ihrer exakten Geometrie

In diesem Kapitel werden insbesondere die beiden ersten Filterschritte betrachtet. Für die Bearbeitung geometrischer Verbundbedingungen wie *Intersects*, *Touches*, *Crosses*, *Overlaps*, *Within* oder *Contains* müssen Blockregionen und ggf. Approximationen auf Schnitt getestet werden. Daher spielt auf dieser Verarbeitungsstufe der Intersection Join eine hervorgehobene Rolle. Abbildung 8.2 zeigt einen Intersection Join für die Geometrien aus Abbildung 8.1, wobei minimal umgebende Rechtecke als Approximation verwendet werden. Die berechnete Kandidatenmenge umfasst auch das Paar (a_2, b_3), das sich erst später im Verfeinerungsschritt als Fehltreffer herausstellen wird.

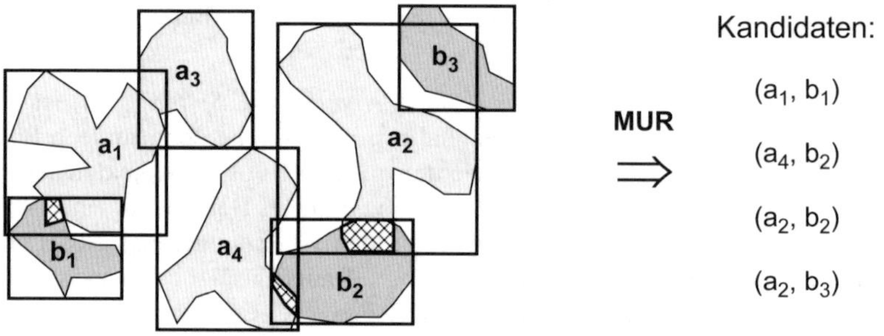

Abb. 8.2: Beispiel für einen Intersection Join auf Basis minimal umgebender Rechtecke

8.1.1 Räumlicher Verbund ohne Index

Das einfachste Verfahren, um zwei Relationen über einen Spatial Join miteinander zu verknüpfen, ist beide Relationen vom Hintergrundspeicher in den Hauptspeicher einzulesen und dann dort geeignet zu verarbeiten. Allerdings benötigt dieser Ansatz die Bereitstellung eines großen Hauptspeicherbereichs. In einem Datenbanksystem, das zeitgleich Anfragen vieler Benutzer bearbeitet, ist diese Ressource aber nur beschränkt verfügbar. Daher ist es oft unvermeidbar, den Verbund in kleineren „Happen" zu verarbeiten. Werden die Geodaten über einen räumlichen Index verwaltet, kann man eine Aufteilung über den Index erreichen. Steht kein Index zur Verfügung, muss der Join-Algorithmus die zu einem Zeitpunkt zu verarbeitenden Daten anderweitig einschränken.

Beim *Spatial Hash Join* [104] [161] wird der Datenraum in kleinere Teilregionen (engl. *Buckets*) zerlegt. Die Objektapproximationen (einschließlich des jeweiligen Objektschlüssels) werden einer oder allen Teilregionen zugeordnet, die von der Approximation überlappt werden. Danach können die Daten, die einer Teilregion zugeordnet sind, separat von den anderen Teilregionen verarbeitet werden.

Eine wesentliche Eigenschaft einer Teilregion ist, dass alle zugeordneten Daten vom verfügbaren Hauptspeicherbereich aufgenommen werden können. Um geeignete Teilregionen zu bestimmen, ist ggf. ein *Sampling* erforderlich: Eine kleine Teilmenge der Daten wird eingelesen und analysiert. Unter der Annahme, dass diese Teilmenge repräsentativ für die Gesamtmenge der Daten ist, wird eine Partitionierung berechnet.

Je nach Verfahren kann die Zuordnung für ein Objekt eindeutig sein (dann gibt es ggf. Überlappungen zwischen den Teilregionen) und/oder die Zuordnung weist ein Objekt mehreren Buckets zu. Abbildung 8.3 illustriert zwei unterschiedliche Zuordnungsvarianten. Im linken Beispiel sind die Teilregionen überlappungsfrei. Während dort das Rechteck *x* nur einer Teilregion zugeordnet wird, muss *y* (wie beim Clipping) gleich vier Teilregionen zugewiesen werden. Auf der rechten Seite sind die hellen Rechtecke jeweils nur einer Teilregion zugewiesen worden, sodass zwischen den Teilregionen (wie beim R-Baum) Überlappungen entstehen. Die dunklen Rechtecke (wie *z*) müssen ggf. aber mehreren Buckets zugeordnet werden; ansonsten würde z.B. der Schnitt von *z* mit *w* nicht entdeckt werden.

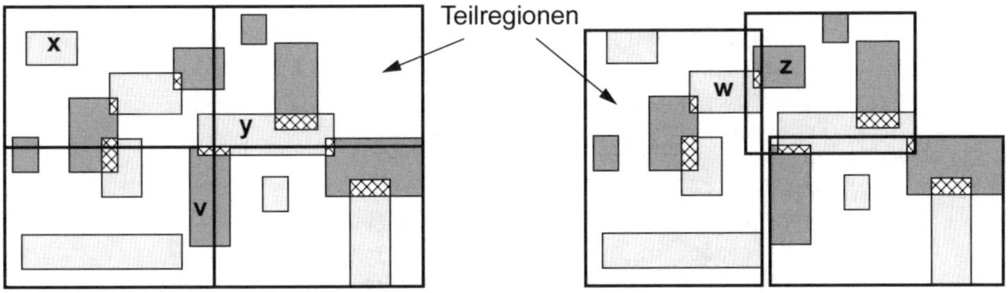

Abb. 8.3: Varianten der Zuordnung von Objekten bei einem Spatial Hash Join

Wurde eine Partitionierung festgelegt, werden die beiden Relationen nacheinander durchlaufen und die Approximationen mit den Objektschlüsseln den entsprechenden Teilregionen zugeordnet. Mit der Zuweisung von Daten zu einer Teilregion ist deren Zwischenspeicherung auf dem Hintergrundspeicher verbunden. Danach können die einzelnen Teilregionen nacheinander abgearbeitet werden. Dazu werden die einer Teilregion zugeordneten Daten in den Hauptspeicher eingelesen und dort die Kandidatenpaare für den Join anhand der Approximationen bestimmt. Gegebenenfalls werden gleiche Kandidatenpaare mehrfach entdeckt; dies gilt zum Beispiel für den Schnitt zwischen *v* und *y* in der linken Variante von Abbildung 8.3. Solche *Duplikate* müssen nachträglich wieder aus der Antwortmenge entfernt werden.

8.1.2 Räumlicher Verbund zwischen R-Bäumen

Join-Verfahren auf Basis von R-Bäumen nutzen die Eigenschaft aus, dass das minimal umgebende Rechteck eines Eintrags in einem Verzeichnisknoten alle Objekte umschließt, die sich im zugehörigen Teilbaum befinden. Aufgrund dieser Eigenschaft gilt folgende Implikation:

- Wenn sich die minimal umgebenden Rechtecke zweier Einträge in Verzeichnisknoten nicht schneiden, dann kann auch kein Schnitt zwischen Einträgen bzw. zwischen Geoobjekten aus den beiden zugehörigen Teilbäumen vorliegen.

Der nachfolgende Algorithmus zeigt die prinzipielle Bearbeitung eines Intersection Joins auf Basis von R-Bäumen. Es wird davon ausgegangen, dass die Geoobjekte über minimal umgebende Rechtecke approximiert sind und dass beide R-Bäume die gleiche Höhe besitzen; auf die Bearbeitung von Bäumen unterschiedlicher Höhe wird später in Abschnitt 8.1.2.2 eingegangen.

Der Algorithmus startet mit den Wurzelknoten der beiden beteiligten R-Bäume und einer leeren Antwortmenge *res*. Der Algorithmus durchläuft dann rekursiv die Teilbäume, deren zugehörige Blockregionen sich schneiden. Da die Datenraum-Partitionierung von R-Bäumen keinem vorgegebenen Schema folgt, muss dazu jede Kombination von Einträgen auf Schnitt getestet werden. Paare von Einträgen in Datenknoten, deren minimal umgebenden Rechtecke sich schneiden, werden der Antwortmenge hinzugefügt.

```
// Räumlicher Verbund für R-Bäume gleicher Höhe (nicht optimiert)
public void join (RTreeNode otherNode, Collection<EntryPair> res) {
   // Fall: zwei Datenknoten
   if (this.isLeaf() && otherNode.isLeaf())
      for (Entry obj1: this)
         for (Entry obj2: otherNode)
            if (obj1.getMBR().intersects( obj2.getMBR() ))
               res.add(new EntryPair(obj1,obj2));  // Ergebnis hinzufügen
   // Fall: zwei Verzeichnisknoten
   else if (!this.isLeaf() && !otherNode.isLeaf())
      for (Entry entry1: this)
         for (Entry entry2: otherNode)
            if (entry1.getMBR().intersects( entry2.getMBR() )) {
               RTreeNode n1 = entry1.readNode();
               RTreeNode n2 = entry2.readNode();
               n1.join(n2,res);            // rekursiver Aufruf
            }
} // join
```

8.1.2.1 Optimierung

Der vorgestellte Algorithmus kann in einigen Punkten verbessert werden [25]:

Einschränken des Suchraums

Der Algorithmus testet alle Einträge eines Knotens gegen alle Einträge des anderen Knotens. Dies ist allerdings meist unnötig: Wenn *S* die Schnittfläche der Blockregionen der beiden Knoten *A* und *B* ist, dann können sich nur Paare von Einträgen schneiden, deren minimal umgebendes Rechteck mit *S* überlappt. Abbildung 8.4 zeigt dies anhand eines Beispiels. Nur drei minimal umgebende Rechtecke von *A* und nur zwei von *B* schneiden sich mit *S* und kommen damit für weitere Tests infrage.

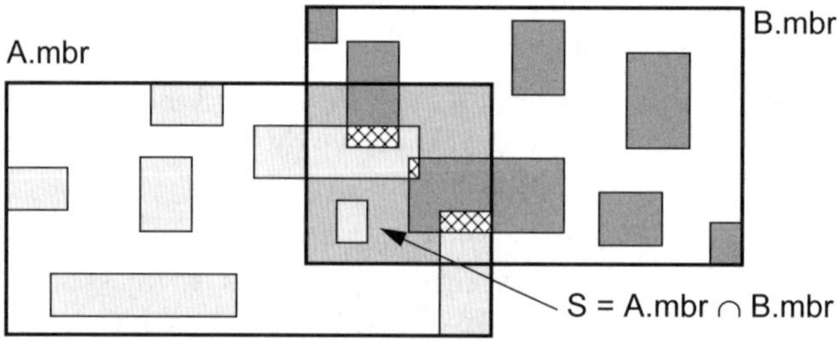

Abb. 8.4: Einschränken des Suchraums beim Intersection Join

Diese Eigenschaft kann dazu genutzt werden, den vorgestellten Algorithmus zu optimieren: Die Einträge der beiden Knoten werden durchlaufen und diejenigen markiert, deren minimal umgebendes Rechteck das Schnittrechteck *S* schneidet. Anschließend werden nur die markierten Einträge miteinander auf Schnitt getestet. Bei dem Beispiel in Abbildung 8.4 werden ohne Einschränkung des Suchraums 49 Paare auf Schnitt untersucht. Berücksichtigt man hingegen den eingeschränkten Suchraum, muss 14-mal getestet werden, ob ein minimal umgebendes Rechteck das Schnittrechteck *S* schneidet, sodass anschließend nur noch sechs Paare geprüft werden brauchen.

Effizienter Schnitttest

Auch nach Einschränken des Suchraums wird jeder markierte Eintrag des einen Knotens mit jedem markierten Eintrag des anderen Knotens getestet. Das heißt, dass ein Aufwand von $O(n_{SA} \cdot n_{SB})$ entsteht, wenn n_{SA} und n_{SB} die Anzahl der Einträge in Knoten *A* und *B* sind, die das Rechteck *S* schneiden. Durch Verfahren aus dem Bereich der algorithmischen Geometrie lässt sich dieser Aufwand in vielen Fällen reduzieren. In Abschnitt 7.4.1 wurde ein entsprechender Algorithmus vorgestellt.

Reduktion der Zugriffe auf den Hintergrundspeicher

Um die Anzahl der Zugriffe auf den Hintergrundspeicher zu verringern, muss eine Reihe von Eigenschaften berücksichtigt werden:

- Beim Intersection Join kann ein Eintrag in mehreren Kandidatenpaaren vorkommen. So ist in dem Beispiel aus Abbildung 8.5 der Eintrag b_2 in drei Paaren enthalten. Das bedeutet, dass der zugehörige Teilbaum von b_2 mehrfach bei der Verarbeitung des räumlichen Verbunds durchlaufen werden muss. Die Knoten (d.h. Datenbankblöcke) solcher Teilbäume werden daher eventuell mehrfach eingelesen.
- Nicht jedes Einlesen eines Datenbankblocks bewirkt tatsächlich einen Zugriff auf den Hintergrundspeicher. Möglicherweise hat das Datenbanksystem den Block noch im Datenbankpuffer zwischengespeichert, sodass der Aufwand für das Einlesen deutlich geringer ausfällt. Je weniger Blöcke zwischen dem aktuellen Zugriff und einem vorhergehenden Zugriff auf den gleichen Block eingelesen werden, desto höher ist die Wahrscheinlichkeit, den Datenbankblock im Puffer zu finden.
- Die Einträge in den Knoten von R-Bäumen sind nach keinem vorgegebenen Kriterium sortiert.

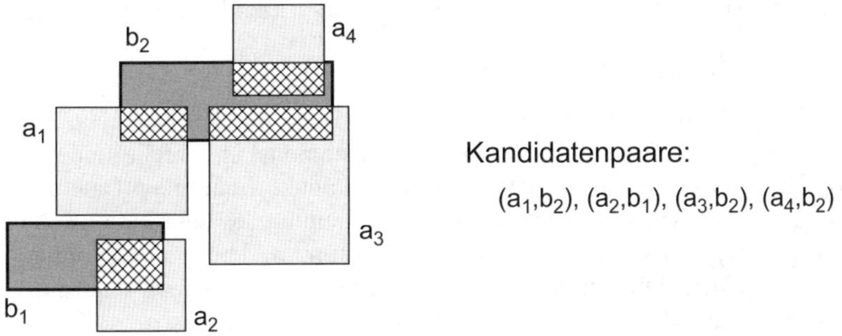

Abb. 8.5: Das mehrfache Auftreten von Einträgen in Kandidatenpaaren

Um eine Reduktion der Zugriffe auf den Hintergrundspeicher zu erreichen, sollten Teilbäume, auf die mehrfach zugegriffen wird, möglichst unmittelbar hintereinander abgearbeitet werden. Dies kann erreicht werden, indem man die Teilbäume gemäß einer räumlichen Reihenfolge durchläuft. In [25] wird vorgeschlagen, die Schnittpaare dazu wie folgt zu sortieren: Die Paare werden nach der minimalen x-Koordinate der jeweils „linken" Blockregion *r* der beiden Schnittregionen sortiert. Falls *r* mehrere Blockregionen r_i des anderen Knotens schneidet, werden die minimalen x-Koordinaten der Blockregionen r_i als zweites Sortierkriterium herangezogen. Abbildung 8.6 verdeutlicht diese Vorgehensweise.

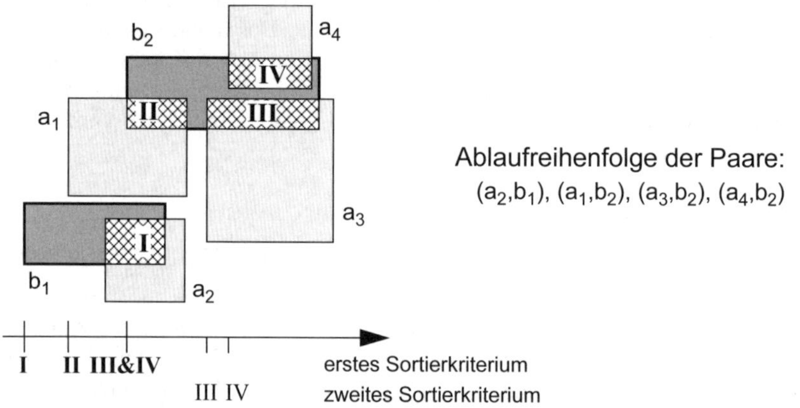

Abb. 8.6: Räumliche Bearbeitungsreihenfolge von Schnittpaaren beim Intersection Join

Ein weiteres Konzept zur Reduktion der Anzahl der Zugriffe auf den Hintergrundspeicher ist das *Pinnen*. Es beruht auf der Idee, den *Überlappungsgrad* der Blockregionen für die Bestimmung der Bearbeitungsreihenfolge von Schnittpaaren heranzuziehen. Der Überlappungsgrad eines Rechtecks *mbr* wird durch die Anzahl von Einträgen des anderen Knotens bestimmt, die von *mbr* geschnitten werden. Bei der Bearbeitung des Intersection Joins wird zudem berücksichtigt, ob ein Schnittpaar bereits bearbeitet worden ist. So beträgt der Überlappungsgrad von b_2 in Abbildung 8.6 zunächst 3. Unmittelbar nach Bearbeitung von (a_1,b_2) reduziert er sich auf 2. Beim Pinnen wird der Eintrag eines Schnittpaares mit dem höheren Überlappungsgrad zunächst festgehalten („gepinnt"). Das heißt, der festgehaltene Eintrag wird mit allen Einträgen des anderen Knotens, die er schneidet, zusammen verarbeitet.

8.1.2.2 Verarbeitungsvarianten

In der bisherigen Diskussion wurde angenommen, dass die am Intersection Join beteiligten R-Bäume die gleiche Höhe aufweisen. Diese Annahme ist aber nicht immer gegeben. Dann kann im Ablauf des Algorithmus ein Verzeichnisknoten *A* auf einen Datenknoten *B* treffen (oder umgekehrt). In diesem Fall werden zur Bearbeitung des Intersection Joins Rechteckanfragen ausgeführt: Zunächst werden alle Paare bestimmt, deren minimal umgebende Rechtecke sich schneiden. Für ein solches Paar ($entry \in A$, $obj \in B$) wird dann mit *obj.mbr* eine Rechteckanfrage auf den zu *entry* gehörigen Teilbaum gestellt.

Um die Anzahl der Zugriffe auf den Hintergrundspeicher klein zu halten, hat sich für die Verarbeitung der Eintragspaare folgende Reihenfolge bewährt: Es werden auf dem Teilbaum eines Eintrags $entry \in A$ alle erforderlichen Rechteckanfragen gestellt, bevor der nächste Eintrag von *A* bearbeitet wird. So kann davon ausgegangen werden, dass – während dieses Teilschrittes – die Blöcke des Teilbaums von *A* nur einmal eingelesen werden, falls der Puffer alle diese Blöcke aufnehmen und eine zeitlang zwischenspeichern kann. Abbildung 8.7 illustriert dieses Vorgehen.

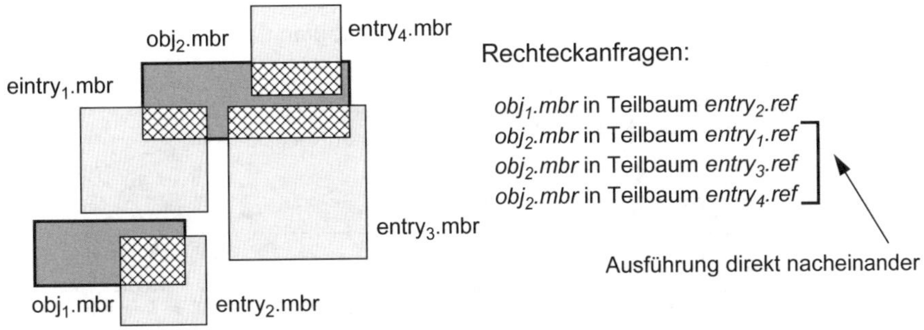

Abb. 8.7: Ausführung von Rechteckanfragen beim Intersection Join

Das Ausführen von einer Folge von Rechteckanfragen ist im Übrigen auch ein geeigneter Lösungsansatz, falls nur eine der beiden Relationen, auf die der räumliche Verbund angewendet werden soll, über einen R-Baum indexiert ist. Alternativ kann für die zweite Relation ad hoc ein R-Baum erzeugt werden, dessen Blockregionen sich möglichst an der Partitionierung des Datenraums des ersten R-Baums orientieren sollte [103]. Für die effiziente Ausführung eines räumlichen Verbunds zwischen mehr als zwei Relationen (engl. *Multiway Spatial Joins*) gibt es zwei Alternativen [109]: Entweder führt man wiederholt den Join zwischen je zwei Relationen aus oder man durchläuft synchron alle beteiligten R-Bäume.

8.1.3 Räumlicher Verbund mittels z-Ordnung

Mittels z-Werten gleicher oder unterschiedlicher Auflösung erhalten wir eine Einbettung von zweidimensionalen Binärregionen in den eindimensionalen Datenraum, sodass diese Binärregionen sortiert und in einem B^+-Baum abgespeichert werden können (vgl. Abschnitt 6.3.2). Abbildung 8.8 illustriert diesen Ansatz, indem die Binärregionen von zwei Relationen oberhalb und unterhalb einer Achse in der Reihenfolge der z-Ordnung aufgetragen sind. Für die Ausführung eines räumlichen Verbunds zwischen zwei Relationen werden nun die Binärregionen gemäß dieser Reihenfolge gleichzeitig abgearbeitet. Dies entspricht einem normalen Durchlauf durch die beiden B^+-Bäume, die die Binärregionen speichern. In Abbildung 8.8 bewegt man sich dazu auf der dargestellten Achse von links nach rechts. Für den Intersection Join müssen nun die Paare von Binärregionen gefunden werden, die sich schneiden, d.h. die sich auf der dargestellten Achse gegenüberstehen. Im Beispiel gibt es zwei solcher Schnittpaare.

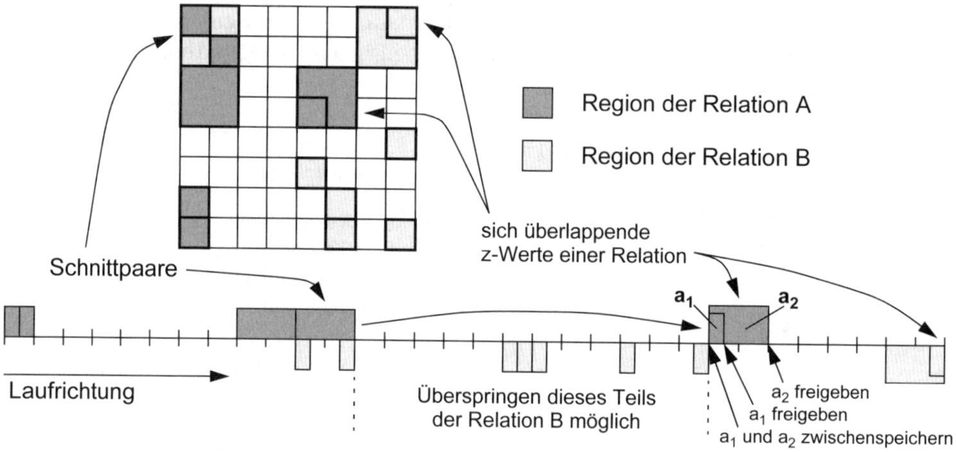

Abb. 8.8: Beispiel für den räumlichen Verbund auf Basis von z-Werten

Bei dieser Vorgehensweise sind folgende Aspekte zu beachten:

- Falls z-Werte unterschiedlicher Auflösung abspeichert werden, sind die entsprechenden Binärregionen unterschiedlich groß. Dann muss ein z-Wert, den man beim Durchlauf erreicht hat, so lange zwischengespeichert werden, bis der Durchlauf das Ende des z-Wertes erreicht hat. Danach kann dieser Wert freigegeben werden.
- In einer Relation können mehrere z-Werte auftreten, die sich teilweise oder vollständig überlappen. Das bedeutet, dass für eine Relation ggf. gleichzeitig mehrere z-Werte zwischengespeichert werden müssen. Abbildung 8.8 illustriert dies anhand der Binärregionen a_1 und a_2.
- Ein Geoobjekt wird im Regelfall durch mehrere z-Werte approximiert. Infolgedessen werden Schnittpaare zwischen zwei Geoobjekten oft nicht nur einmal, sondern mehrfach durch den Join-Algorithmus bestimmt. Diese Duplikate müssen daher wieder entfernt werden. Eine solches Entfernen kann unter Umständen sehr aufwendig sein, insbesondere wenn die Objekte jeweils durch eine große Anzahl von z-Werten approximiert werden. Eine Möglichkeit ist, das Anfrageergebnis zu sortieren und dann nochmals zu durchlaufen. Sollten ursprünglich k Schnittpaare gefunden worden sein, hat dieser Ansatz einen Aufwand von $O(k \log k)$. Alternativ kann man versuchen, die Duplikate über ein geeignetes Hash-Verfahren zu eliminieren.
- Bereiche, in denen eine der beiden Relationen unbesetzt ist, d.h. in denen keine z-Werte auftreten, sollten geeignet in der jeweils anderen Relation übersprungen werden. Dadurch braucht man die zugehörigen Knoten bzw. Teilbäume der anderen Relation nicht vom Hintergrundspeicher einzulesen.

Eine ausführliche Darstellung des räumlichen Verbunds mithilfe von z-Werten wird in [158] gegeben.

8.1.4 Anwendung in Oracle Spatial

SDO_FILTER und SDO_RELATE

In den vorigen Kapiteln wurden die räumlichen Operatoren SDO_FILTER und SDO_RELATE zur Durchführung des Filterschrittes bzw. exakter räumlicher Rechteck- und Regionsanfragen vorgestellt. Diese Operatoren können auch zur Ausführung eines räumlichen Verbunds eingesetzt werden. Beide Operatoren besitzen zwei geometrische Parameter geometry1 und geometry2. Der erste Parameter geometry1 ist ein geometrisches Attribut, für das ein räumlicher Index besteht. Bei einem räumlichen Verbund stammt auch der zweite Parameter geometry2 aus einer Tabelle. Dieses Attribut kann räumlich indexiert sein, braucht es aber nicht zu sein. Bei Quadtrees muss hierfür zusätzlich das SDO_LEVEL beider Indexe übereinstimmen.

Möchte man sicherstellen, dass Oracle den räumlichen Index von geometry1 tatsächlich verwendet, sind zwei Dinge zu beachten: Die Tabelle, aus dem das Geometrieattribut stammt, ist als *zweite* Relation in der FROM-Klausel aufzuführen. Zudem sollte der *Optimierungshinweis* /*+ ORDERED */ nach dem Schlüsselwort SELECT angegeben werden.

Der räumliche Verbund zwischen Ortsnetzgebieten und Gemeindemittelpunkten demonstriert im Folgenden die Anwendung in Oracle Spatial. Über eine Anfrage soll die Anzahl der Paare bestimmt werden, bei denen das Gemeindeattribut centrum in einem Ortsnetzattribut gebiet liegt. Im Fall des räumlichen Operators SDO_FILTER wird ein Filterschritt auf Basis der minimal umgebenden Rechtecke um gebiet ausführt. Bei dem räumlichen Operator SDO_RELATE bzw. dessen Varianten wird ein exakter Geometrietest vorgenommen.

```
-- Index von centrum löschen:
DROP INDEX Gemeinden_centrum_ix;
-- Für 'gebiet' in 'Ortsnetze' liegt räumlicher Index vor.

-- Filter:
SELECT /*+ ORDERED */ COUNT(*)
FROM Gemeinden g INNER JOIN Ortsnetze n
ON SDO_FILTER (n.gebiet, g.centrum) = 'TRUE';

COUNT(*)
----------
       145

-- Exakter Test:
SELECT /*+ ORDERED */ COUNT(*)
FROM Gemeinden g INNER JOIN Ortsnetze n
ON SDO_RELATE (n.gebiet, g.centrum, 'mask=CONTAINS') = 'TRUE';

COUNT(*)
----------
       122
```

Das erste Ergebnis liegt deutlich über der Zahl der Gemeinden, da in vielen Fällen das Attribut centrum im MUR von mehreren Ortsnetzen liegt. Analog lassen sich die Anfragen formulieren, falls zwei Indexe vorliegen.

```
-- Index auch für 'centrum' anlegen:
CREATE INDEX Gemeinden_centrum_ix ON Gemeinden(centrum)
INDEXTYPE IS MDSYS.SPATIAL_INDEX;
-- identische Anfragen folgen
```

SDO_JOIN

Zusätzlich steht die Funktion SDO_JOIN zur Verfügung, die von Oracle zur Ausführung des räumlichen Verbunds zwischen zwei vollständigen Tabellen empfohlen wird:

```
SDO_JOIN(
  table_name1  IN  VARCHAR,      -- Name der Tabelle der 1. Tabelle
  attr_name1  IN  VARCHR,        -- Attributname in der 1. Tabelle
  table_name2  IN  VARCHAR,      -- Name der Tabelle der 2. Tabelle
  attr_name2  IN  VARCHAR,       -- Attributname in der 2. Tabelle
  params  IN  VARCHAR            -- Optionen
) RETURN MDSYS.SDO_ROWIDSET;
```

Der Parameter params enthält Angaben zum Verbund. Hier kann über mask – analog zu SDO_RELATE – die topologische Beziehung für die Verbundbedingung definiert werden oder durch mask=FILTER eine Filterung über die minimal umgebenden Rechtecke.

Der Datentyp MDSYS.SDO_ROWIDSET ist eine Tabelle von MDSYS.SDO_ROWIDPAIR-Einträgen, die für jedes Ergebnispaar die jeweiligen RowID-Angaben als Zeichenkette enthalten:

```
Name     Typ
-------- ------------
ROWID1   VARCHAR2(24)        -- RowID eines Datensatzes der 1. Tabelle
ROWID2   VARCHAR2(24)        -- RowID eines Datensatzes der 2. Tabelle
```

Bei Ausführung erhält man eine Liste mit den RowID-Paaren:

```
SELECT SDO_JOIN('Gemeinden','centrum','Ortsnetze','gebiet','mask=INSIDE')
FROM DUAL;
SDO_JOIN
-----------------------------------------------------------------
SDO_ROWIDSET(SDO_ROWIDPAIR('AAAMM/AAEAAAAJ2AAD', 'AAAMAzAAEAAAABMAAj'),
             SDO_ROWIDPAIR('AAAMM/AAEAAAAJ2AAF', 'AAAMAzAAEAAAABMAA2'),
             SDO_ROWIDPAIR('AAAMM/AAEAAAAJ2AAF', 'AAAMAzAAEAAAABMAAc'),
             -- und so weiter ...
            )
```

Möchte man die RowID-Paare als separate Tupel bestimmen, so muss das Ergebnis über TABLE entsprechend umgewandelt werden:

```
-- Ausgabe der RowID-Paare:
SELECT res.rowid1, res.rowid2
FROM TABLE(SDO_JOIN('Gemeinden','centrum', 'Ortsnetze','gebiet',
                    'mask=INSIDE')) res;
```

```
ROWID1                   ROWID2
------------------------ ------------------------
AAAMM/AAEAAAAJ2AAD       AAAMAzAAEAAAABMAAj
AAAMM/AAEAAAAJ2AAF       AAAMAzAAEAAAABMAA2
AAAMM/AAEAAAAJ2AAF       AAAMAzAAEAAAABMAAc
-- und so weiter ...

122 Zeilen ausgewählt.

-- Ausgaben der Namen:
SELECT g.name AS Gemeindezentrum, n.name AS Ortsnetz
FROM TABLE(SDO_JOIN('Gemeinden','centrum','Ortsnetze','gebiet',
                    'mask=INSIDE')) res,  Ortsnetze n,  Gemeinden g
WHERE g.rowid = res.rowid1 AND n.rowid = res.rowid2;

GEMEINDEZENTRUM      ORTSNETZ
-------------------- ---------------
Syke                 Syke
Uelzen               Uelzen
Salzgitter           Salzgitter
-- und so weiter ...

122 Zeilen ausgewählt.
```

Die Funktion SDO_JOIN erlaubt auch die Ausführung eines *Distance Joins*. Dazu sind im Parameter params eine Distanz- (distance) und Einheitsangabe (unit) erforderlich. Ein Teil des Ergebnisses der nachfolgenden Anfrage ist in Abbildung 8.9 illustriert.

```
SELECT g.name AS Gemeindezentrum, n.name AS Ortsnetz
FROM TABLE(SDO_JOIN('Gemeinden','centrum', 'Ortsnetze','gebiet',
                    'distance=10 unit=KM')) res,  Ortsnetze n, Gemeinden g
WHERE g.rowid = res.rowid1 AND n.rowid = res.rowid2;

GEMEINDEZENTRUM               ORTSNETZ
----------------------------- ---------------------------
Syke                          Emtinghausen
Syke                          Riede Kr Verden
Syke                          Syke
Syke                          Bassum
Syke                          Weyhe b Bremen
Syke                          Syke-Heiligenfelde
Syke                          Bruchhausen-Vilsen
Syke                          Bremen
Syke                          Bassum-Nordwohlde
Syke                          Bassum-Neubruchhausen
Syke                          Stuhr-Heiligenrode
Syke                          Harpstedt
Uelzen                        Emmendorf
-- und so weiter ...

1209 Zeilen ausgewählt.
```

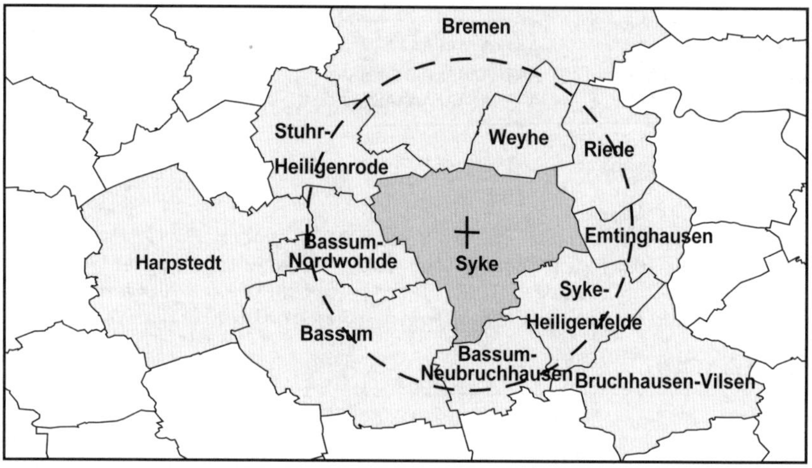

Abb. 8.9: Ortsnetze in 10 km Entfernung zum Zentrum der Gemeinde „Syke“

8.2 Nächste-Nachbarn-Anfrage

Die *Nächste-Nachbarn-Anfrage* (engl. *Nearest Neighbor Query, NNQ*) bestimmt aus einer Menge *M* die nächstgelegenen Geoobjekte in Hinblick auf ein Objekt $p \in M$ oder einen beliebigen Anfragepunkt *p* [163]. Dabei können folgende Varianten unterschieden werden:

- Die normale *Nächste-Nachbarn-Anfrage*

  Sie bestimmt als Anfrageergebnis das eine Geoobjekt aus *M*, das den geringsten Abstand zu *p* aufweist (und, falls *p* ein Geoobjekt aus *M* ist, ungleich *p* ist). Sollte es weitere Geoobjekte mit gleichem Abstand zu *p* geben, werden diese ignoriert.

- Die *k-Nächste-Nachbarn-Anfrage*

  k ist eine ganze Zahl größer 0. Dann liefert die *k*-Nächste-Nachbarn-Anfrage aus der Menge *M* die *k* nächstgelegenen Nachbarn zu *p*. Sollte es weitere Geoobjekte geben, die den gleichen Abstand zu *p* haben wie die am weitesten entfernte Antwort, so werden diese ignoriert. Die herkömmliche Nächste-Nachbarn-Anfrage entspricht somit der 1-Nächste-Nachbarn-Anfrage.

- Die *inkrementelle Nächste-Nachbarn-Anfrage*

  Die inkrementelle Nächste-Nachbarn-Anfrage bestimmt zunächst das zu *p* nächstgelegene Geoobjekt aus *M*. Danach kann man wiederholt das Objekt mit der geringsten Distanz zu *p* abrufen, das noch nicht als Antwort geliefert worden ist. Mit anderen Worten: Die inkrementelle Nächste-Nachbarn-Anfrage ist eine *k*-Nächste-Nachbarn-Anfrage, bei der *k* zu Beginn der Anfrage noch nicht feststehen muss.

Für R-Bäume haben Roussopoulos, Kelley und Vincent [173] einen effizienten Algorithmus für *k*-Nächste-Nachbarn-Anfragen vorgestellt. Da aber inkrementelle Nächste-Nachbarn-Anfragen flexibler sind und der Algorithmus von Hjaltason und Samet auch ein sehr gutes Leistungsverhalten zeigt, soll dieses Verfahren vorgestellt werden.

8.2.1 Algorithmus von Hjaltason und Samet

Der *Algorithmus von Hjaltason und Samet* [58] benötigt eine Datenstruktur *queue*, in der Zwischenergebnisse vorübergehend abgespeichert werden. Bei den Zwischenergebnissen kann es sich sowohl um Verzeichnis- oder Datenknoten des R-Baums als auch um Geoobjekte oder um Approximationen von Geoobjekten handeln. Die Einträge in *queue* sind nach ihrer geringsten Entfernung zu dem Anfragepunkt oder -objekt p sortiert; das Objekt mit dem geringsten Abstand ist das erste Element in *queue*. Die Entfernung wird je nach Art des Elements auf Basis der Blockregion, der Approximation oder der exakten Objektgeometrie berechnet. Für die Korrektheit des Algorithmus ist von Bedeutung, dass die Entfernung d_{br} von p zu einer Blockregion nie größer als der Abstand d_a von p zu einer beliebigen in der Blockregion gespeicherten konservativen Approximation ist. Ebenfalls gilt, dass die Entfernung d_a nie größer als der Abstand d_{obj} von p zu der approximierten exakten Geometrie des eigentlichen Objektes sein kann. Dies veranschaulicht Abbildung 8.10, wo ein minimal umgebendes Rechteck als Approximation verwendet wird.

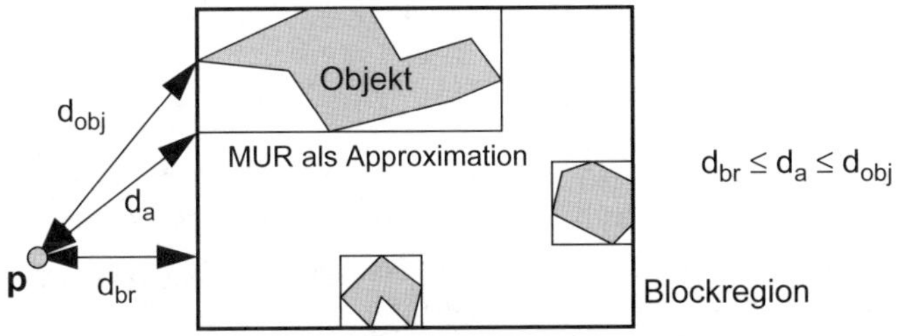

Abb. 8.10: Abstände zu einem Anfragepunkt p

Das erste Element in der Datenstruktur *queue* wird wiederholt durch den Algorithmus abgefragt und gelöscht. Außerdem werden während der Laufzeit ständig neue Elemente in *queue* eingefügt. Es handelt sich bei der Datenstruktur also um eine *Vorrangwarteschlange* (engl. *Priority Queue*).

Zu Beginn der Anfrage fügt der Algorithmus zunächst die Wurzel des R-Baums mit der Entfernung von p zu dessen Blockregion in *queue* ein. Diese Entfernung wird meist 0 betragen, da p normalerweise innerhalb des minimal umgebenden Rechtecks der Wurzel liegt. Danach kann wiederholt die Funktion `getNextObject` aufgerufen werden, um das jeweils folgende nächstgelegene Objekt zu bestimmen. Der Algorithmus holt und entfernt dazu jeweils das erste Element aus *queue* und bearbeitet es je nach Art des Elements unterschiedlich. Dies wiederholt sich so lange, bis ein Geoobjekt das erste Element in *queue* ist. Dieses ist dann das Ergebnis der Funktion. Diese Vorgehensweise wird durch die nachfolgenden Java-Klasse `NNQ` illustriert:

```
// Bearbeitung von Nächste-Nachbarn-Anfragen
class NNQ {
  private PriorityQueue<NNQ_QueueEntry> queue;
                              // Warteschlange mit Einträgen (Objekt,Distanz)
  private GeoObject p;        // Anfrageobjekt

  // Konstruktor:  p ist das Anfrageobjekt und root die Wurzel des R-Baums
  public NNQ (GeoObject p, RTreeNode root) {
    this.p = p;
    this.queue = new PriorityQueue<NNQ_QueueEntry>();
    // ersten Eintrag in die Warteschlage einfügen
    queue.add( new NNQ_QueueEntry( root, p.distance(root.getMBR()) ) );
  }

  // Bestimmt das nächste Ergebnisobjekt einer NNQ.
  // Gibt das Ergebnisobjekt oder null zurück
  public GeoObject getNextObject() {
    // so lange die Warteschlange nicht leer, das erste Element entnehmen
    while (! queue.isEmpty()) {
      NNQ_QueueEntry e = queue.poll();
      // Fall 1: e ist ein Geoobjekt
      if (e.getType() == GEO_OBJECT)
        return e.getObject();   // nächstes Objekt gefunden! ggf. Test e!=p
      // Fall 2: e ist Eintrag in Datenknoten
      else if (e.getType() == DATA_ENTRY) {
        DataEntry dataEntry = e.getDataEntry();
        GeoObject obj = dataEntry.readObject();
        queue.add( new NNQ_QueueEntry( obj , p.distance(obj) ) );
      }
      // Fall 3/4: e ist ein Daten- oder Verzeichnisknoten
      else {
        RTreeNode node = e.getNode();
        for (Entry entry: node)
          queue.add(new NNQ_QueueEntry(entry, p.distance(entry.getMBR())));
          // hier gilt die Annahme, dass Geoobjekte durch MUR approximiert
      }
    }
    return null;   // alle Objekte bereits ausgegeben
  }
} // class
```

Abbildung 8.11 zeigt die Arbeitsweise des Algorithmus anhand eines kleinen Beispiels. Die Wurzel *R* wird zunächst in *queue* eingefügt und wieder ausgelesen. Weil *R* ein Verzeichnisknoten ist, werden die beiden Sohnknoten *A* und *B* in *queue* eingefügt. Da das MUR von *A* mit Abstand 12 näher bei *p* liegt als das MUR von *B*, das einen Abstand von 14 aufweist, wird als Nächstes *A* aus *queue* entfernt. *A* ist ein Datenknoten, sodass dessen Einträge auf Basis der Entfernung zwischen *p* und den Eintragsrechtecken in *queue* eingefügt werden. Dies erfolgt dann auch für *B*, da *B* nun den geringsten Abstand zu *p* aufweist. Danach ist das MUR von b_1 das erste Element in *queue*. Dieses wird gelöscht und das Geoobjekt b_1 eingefügt. Dieses Geoobjekt wird im nächsten Schritt wieder aus *queue* entfernt und ist damit das zu p nächstgelegene Objekt. Danach kann der Algorithmus entsprechend weiter ausgeführt werden, um a_1 nach zwei weiteren Schritten als das zweitnächste Objekt zu identifizieren.

Der Algorithmus von Hjaltason und Samet kann modifiziert auch für andere räumliche Indexstrukturen verwendet werden – gegebenenfalls muss aber berücksichtigt werden, dass aufgrund von mehrelementigen Approximationen oder der Clipping-Technik Duplikate entdeckt werden, die aus dem Ergebnis zu entfernen sind. Ein ähnliches Verfahren wurde von Henrich anhand von LSD-Bäumen vorgestellt [55].

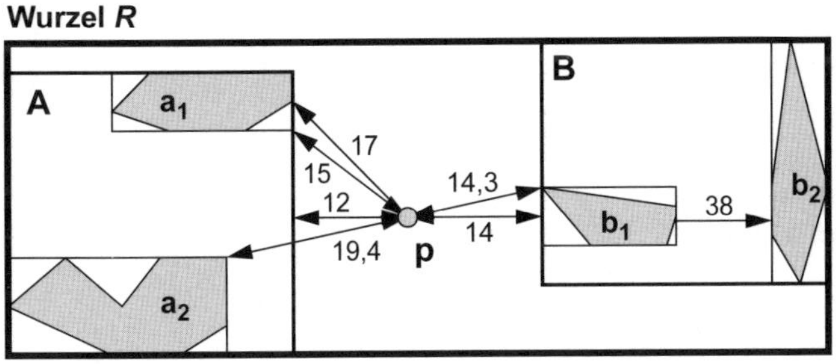


```
1. queue = ( (R;0) )
2. e ← R
   queue = ( (A;12),(B,14) )
3. e ← A
   queue = ( (B;14),(a1.mbr;15),(a2.mbr;19,4) )
4. e ← B
   queue = ( (b1.mbr;14),(a1.mbr;15),(a2.mbr;19,4),(b2.mbr;38) )
5. e ← b1.mbr
   queue = ( (b1;14,3),(a1.mbr;15),(a2.mbr;19,4),(b2.mbr;38) )
6. e ← b1
   queue = ( (a1.mbr;15),(a2.mbr;19,4),(b2.mbr;38) )
   b1 wird als erstes Ergebnis zurückgegeben.
```

Abb. 8.11: Beispiel für den NNQ-Algorithmus von Hjaltason und Samet

8.2.2 Anwendung in Oracle Spatial

Der räumliche Operator für Nächste-Nachbarn-Anfragen in Oracle Spatial heißt SDO_NN. Er besitzt vier Parameter, von denen die beiden letzten Parameter optional sind:

```
SDO_NN(
    geometry1  IN  SDO_GEOMETRY,       -- Geometrieattribut in Tabelle
    geometry2  IN  SDO_GEOMETRY        -- Anfragegeometrie
[ , params  IN  VARCHAR2               -- Optionen
[ , number NUMBER ] ]                  -- ID für SDO_NN_DISTANCE
)
```

geometry1 ist das geometrische Attribut einer Tabelle, in der die zur Anfragegeometrie geometry2 nächstgelegenen Nachbarn bestimmt werden. geometry1 muss daher räumlich indexiert sein. Im dritten Parameter params wird über die Option sdo_num_res die Größe der Antwortmenge vorgegeben. Oracle Spatial führt also eine k-Nächste-Nachbarn-Anfrage aus, wobei der Wert der Option sdo_num_res k entspricht. Auf den vierten Parameter und weitere Optionen wird später eingegangen.

Betrachten wir als erstes Beispiel eine Anfrage, die die zwölf zum Zentrum der Gemeinde „Syke“ nächstgelegenen Ortsnetze bestimmt (siehe auch Abb. 8.9 auf S. 290):

```
SELECT n.name
FROM Ortsnetze n INNER JOIN Gemeinden g
ON SDO_NN (n.gebiet,g.centrum,'sdo_num_res=12') = 'TRUE'
WHERE g.name = 'Syke';

NAME
------------------------
Emtinghausen
Riede Kr Verden
Syke
Bassum
Weyhe b Bremen
Syke-Heiligenfelde
Bruchhausen-Vilsen
Bremen
Bassum-Nordwohlde
Bassum-Neubruchhausen
Stuhr-Heiligenrode
Harpstedt
```

Der Operator SDO_NN ist auf auch auf ST_GEOMETRY-Spalten abwendbar:

```
SELECT g1.name
FROM MMSpatialLand g1 INNER JOIN MMSpatialLand g2
ON SDO_NN (g1.geo,g2.geo,'sdo_num_res=4') = 'TRUE'
WHERE g2.name = 'Flaggenmast';

NAME
-----------
Flaggenmast
Steg
Haus
Land
```

Entfernungsangaben

Da bei Nächste-Nachbarn-Anfragen häufig die Entfernung der Objekte zu dem Anfrageobjekt von Interesse ist, kann der Operator SDO_NN mit einer Funktion SDO_NN_DISTANCE verknüpft werden, die die Entfernungen, die bei der Ausführung der Anfrage berechnet wurden, zurückgibt und nicht nochmal neu bestimmt. Dazu muss dem Operator SDO_NN im vierten Parameter eine willkürliche Identifikationsnummer übergeben werden, die auch der Funktion SDO_NN_DISTANCE als Argument übergeben wird, damit eine Zuordnung zwischen SDO_NN_DISTANCE und SDO_NN erfolgen kann. Die Einheit, in der die Entfernung ausgegeben werden soll, kann über die Option `unit` im Parameter `params` von SDO_NN definiert werden. Das folgende Beispiel, das die vorhergehende Anfrage um die Ausgabe der Entfernung und eine Sortierung erweitert, zeigt diesen Mechanismus:

```
SELECT n.name, SDO_NN_DISTANCE(1)
FROM Ortsnetze n INNER JOIN Gemeinden g
ON SDO_NN (n.gebiet,g.centrum,'sdo_num_res=12 unit=km',1) = 'TRUE'
WHERE g.name = 'Syke'
ORDER BY DO_NN_DISTANCE(1);
```

```
NAME                        SDO_NN_DISTANCE
--------------------------  ---------------
Syke                                      0
Bassum-Nordwohlde                3,18690468
Bassum                            3,5500239
Syke-Heiligenfelde               3,70703487
Weyhe b Bremen                     4,566777
Bremen                           4,58882181
Stuhr-Heiligenrode               4,84384878
Bassum-Neubruchhausen            5,76919501
Riede Kr Verden                  5,89951574
Emtinghausen                     5,92019068
Harpstedt                        8,44890383
Bruchhausen-Vilsen               9,89520942
```

Lässt man den dritten Parameter param weg, so werden alle Datensätze der Entfernung nach sortiert ausgegeben:

```
SELECT n.name
FROM Ortsnetze n INNER JOIN Gemeinden g
ON SDO_NN (n.gebiet,g.centrum) = 'TRUE'
WHERE g.name = 'Syke';

NAME
-----------------------
Syke
Bassum-Nordwohlde
Bassum
Syke-Heiligenfelde
Weyhe b Bremen
  -- und so weiter ...
Braunlage-Hohegeiss
Walkenried

721 Zeilen ausgewählt.
```

Zusätzliche Anfragebedingungen

Im Prinzip kann man auch zusätzliche Anfragebedingungen über die Relation, auf der die NNQ ausgeführt wird, formulieren:

```
SELECT n.name, SDO_NN_DISTANCE(1)
FROM Ortsnetze n INNER JOIN Gemeinden g
ON SDO_NN (n.gebiet,g.centrum,'sdo_num_res=5 unit=km',1) = 'TRUE'
WHERE g.name = 'Syke' AND n.name <> 'Syke'
ORDER BY SDO_NN_DISTANCE(1);

NAME                      SDO_NN_DISTANCE
------------------------  ---------------
Bassum-Nordwohlde              3,18690468
Bassum                          3,5500239
Syke-Heiligenfelde             3,70703487
Weyhe b Bremen                   4,566777
```

Wir können beobachten, dass anstelle von fünf nur vier Ortsnetze ausgegeben werden. Der Grund hierfür ist, dass Oracle zunächst die Nächste-Nachbarn-Anfrage abarbeitet, bevor weitere Anfragebedingungen überprüft werden. Es werden also zunächst fünf Ortsnetze über die NNQ bestimmt und dann das Ortsnetz „Syke" ausgefiltert, sodass nur vier Ortsnetze übrig bleiben. Die Lösung, die Oracle anbietet, um diesen Effekt zu vermeiden, ist wenig elegant: Zunächst muss die Option `sdo_num_res` durch die Option `sdo_batch_size` ersetzt werden. Diese Option gibt an, wie viele nächstgelegene Objekte bestimmt werden sollen, um dann auf dieser Menge die übrigen Anfragebedingungen anzuwenden. Um einen geeigneten Wert für die Option `sdo_batch_size` abschätzen zu können, muss man also neben der gewünschten Größe der Antwortmenge die Selektivität der übrigen Anfragebedingungen kennen. Filtern diese zum Beispiel 75 % der Objekte aus der Antwortmenge heraus, dann sollte man `sdo_batch_size` auf $4 \cdot k$ setzen. Für das obere Beispiel ist der Wert von `sdo_batch_size` leicht zu bestimmen, da nur ein Objekt ausgefiltert wird. Die Größe wird nun (leider) nicht mehr über `sdo_num_res` begrenzt, sondern über eine Anfragebedingung, die Oracle-spezifisch die Anzahl der Antworten vorgibt. Dazu wird der Index des Antworttupels mithilfe des Pseudo-Attributs `ROWNUM` abgefragt und mit k verglichen:

```
SELECT ROWNUM, n.name, SDO_NN_DISTANCE(1)
FROM Ortsnetze n INNER JOIN Gemeinden g
ON SDO_NN (n.gebiet,g.centrum,'sdo_batch_size=10 unit=km',1) = 'TRUE'
WHERE g.name = 'Syke' AND n.name <> 'Syke' AND ROWNUM <= 5
ORDER BY SDO_NN_DISTANCE(1);

ROWNUM  NAME                      SDO_NN_DISTANCE
------  ------------------------  ---------------
     1  Bassum-Nordwohlde              3,18690468
     2  Bassum                          3,5500239
     3  Syke-Heiligenfelde             3,70703487
     4  Weyhe b Bremen                   4,566777
     5  Bremen                         4,58882181
```

`sdo_batch_size` kann auch auf 0 gesetzt werden. Dann schätzt Oracle die benötigte Größe der Antwortmenge eigenständig ab. Falls diese Abschätzung zu hoch ausfällt, leidet darunter die Antwortzeit der Anfrage.

Optimierungshinweise

Zu fehlerhaften Ergebnissen bei der Ausführung einer `SDO_NN`-Anfrage kann es kommen, wenn bei deren Ausführung ein weiterer (nichträumlicher) Index bezüglich der Tabelle ausgewertet wird, deren (räumlich indexiertes) Geometrieattribut als erster Parameter an `SDO_NN` übergeben wurde. Das kann zum Beispiel der Fall sein, wenn in der `WHERE`-Klausel eine entsprechende Selektionsbedingung steht. Dann muss über Optimierungshinweise dem System explizit mitgeteilt werden, dass der räumliche Index und nicht der nichträumliche Index auszuwerten sind:

```
SELECT /*+ NO_INDEX(<Tabellenname> <Name des nichträumlichen Index>)
           INDEX(<Tabellenname> <Name des räumlichen Index>) */ ...
```

Sollte der Anfrageoptimierer von Oracle – z.B. bei komplexeren Verbundanfragen – fehlerhafterweise den räumlichen Index nicht zur Ausführung von `SDO_NN` nutzen, kann es zu einer entsprechenden Fehlermeldung kommen. Dann ist in analoger Form für das räumliche Attribut anzugeben, dass der Index genutzt werden soll:

```
SELECT /*+ INDEX(<Tabellenname> <Name des räumlichen Index>) */ ...
```

9 Anwendungsprogrammierung

Damit ein Anwendungsprogramm auf eine Datenbank zugreifen kann, bieten Datenbanksysteme eine *Datenbankzugriffsschnittstelle* an. Diese ermöglicht es, mithilfe einer herkömmlichen Programmiersprache wie Visual Basic, C++ oder Java Daten anzufragen und ggf. auch in der Datenbank zu verändern. Die wichtigsten dazu notwendigen Techniken werden im ersten Abschnitt dieses Kapitels vorgestellt. Der Abschnitt 9.2 beschäftigt sich mit dem Datenbankzugriff unter Nutzung der Programmiersprache *Java*. Diese Ausführungen bilden die Grundlage für den dritten Abschnitt, der das Einlesen und Abspeichern von *Geodaten* in Java-Anwendungen behandelt.

9.1 Zugriff auf Datenbanken

9.1.1 Datenbankzugriffsschnittstellen

Um von einer Programmiersprache (oder auch von anderen Anwendungen) aus auf eine Datenbank zugreifen zu können, muss das Datenbankmanagementsystem auf eine geeignete Art und Weise angesprochen werden. Dazu stellt das Datenbanksystem eine entsprechende *Datenbankzugriffsschnittstelle* zur Verfügung. Diese Schnittstelle umfasst Operationen, um Tabellenstrukturen und Daten abfragen, einfügen, verändern und löschen zu können. Auch auf die in der Datenbank gespeicherten Prozeduren und Funktionen kann über eine solche Schnittstelle in der Regel zugegriffen werden. Prinzipiell verfügt jedes Datenbanksystem über eine systemspezifische Zugriffsschnittstelle. Um allerdings die Komplexität und Vielfalt für die Programmierer und Programmiersprachen zu begrenzen, gibt es standardisierte Datenbankzugriffsschnittstellen. Bekannte Standards sind *ODBC* (*Open Database Connectivity*) von Microsoft für Windows und *JDBC* (*Java Database Connectivity*) von Sun Microsystems für die Java-Plattform.

Damit eine standardisierte Datenbankzugriffsschnittstelle mit einem konkreten Datenbanksystem zusammenarbeiten kann, benötigt sie spezifische *Treiber* (engl. *Driver*). Solche Treiber werden typischerweise bei der Installation von Datenbank-Software oder durch eine Programmiersprache bereitgestellt. Für ODBC unter dem Betriebssystem Windows findet man diese Treiber unter `\\Systemsteuerung\Verwaltung\Datenquellen (ODBC)`. Für den Zugriff auf eine konkrete Datenbank muss dann auf Basis eines solchen ODBC-Treibers eine konkrete *Datenquelle* (engl. *Data Source*) eingerichtet werden, die danach über einen frei vereinbarten Namen (engl. *Data Source Name*, *DSN*) angesprochen wird. Zur Einrichtung einer Datenquelle für eine Oracle-Datenbank sind neben dem Data Source Name der aus Abschnitt 2.1.4 bekannte Dienstname der Oracle-Datenbank und der Name des Datenbankbenutzers anzugeben. Alle übrigen Angaben sind optional. Das Passwort ist erst bei dem Aufbau einer Datenbankverbindung zu nennen.

JDBC hat eine vergleichbare Struktur wie ODBC und ist seit Java 1.1 Bestandteil in der Standard Edition von Java. Auf die Nutzung von JDBC wird näher in Abschnitt 9.2.1 eingegangen.

9.1.2 Datenbankkopplung an eine Programmiersprache

Bei der Verknüpfung von Programmen mit Datenbanken [179] unterscheidet man verschiedene *Kopplungsarten*:

- Die einfachste Kopplungsart ist die Bereitstellung der Funktionalität des Datenbanksystems über eine *Programmierschnittstelle* (engl. *Application Programming Interface, API*), deren Prozeduren und Funktionen – wie in der jeweiligen Programmiersprache üblich – aufgerufen werden können. SQL-Anweisungen werden dabei nicht auf Ebene der Programmiersprache genutzt, sondern meist mithilfe von Zeichenketten als Parameter an die Prozeduren übergeben. Die Nutzung der JDBC-API entspricht diesem Konzept. Ein offenkundiger Nachteil ist, dass der Compiler keine Möglichkeit hat, die SQL-Anweisungen syntaktisch oder semantisch zu überprüfen – dies erfolgt erst zur Laufzeit des Programms bei Übergabe an das Datenbanksystem.
- Eine Alternative ist die *Einbettung von Datenbanksprachen* in die Programmiersprache. Im Fall von SQL spricht man dabei auch von *Embedded SQL*. Die Syntax der Programmiersprache wird hierfür nicht verändert. Stattdessen werden SQL-Anweisungen in den Quelltext der Programmiersprache eingestreut, die ggf. mit einer besonderen Zeichenfolge (z.B. `#sql`) eingeleitet werden. Ein *Vorübersetzer* (engl. *Precompiler*) verarbeitet dann diesen Quelltext und ersetzt die SQL-Anweisungen durch Aufrufe der Operationen der Datenbankprogrammierschnittstelle. Danach erhält der Compiler der Programmiersprache den so veränderten Quelltext zur eigentlichen Übersetzung. Ein Vertreter dieses Ansatzes ist *SQLJ* für die Java-Plattform.
- Inzwischen gibt es auch eine Reihe verbreitet eingesetzter Software-Frameworks, die die Kopplung zwischen (in der Regel objektorientierten) Programmiersprachen und Datenbanken unterstützen („*OO-DB-Frameworks*“). Solche Frameworks kapseln den Zugriff auf die Datenbank, sodass die objektorientierte Programmierung in ihrer Modellwelt verbleiben kann. Aus einer Spezifikation wird dazu eine „OO-DB-Mapping-Schicht“ generiert, die die jeweiligen Datenbankobjekte (Tabellen, Sichten etc.) über entsprechende Klassen repräsentiert; über diese Klassen wird dann die Kommunikation zwischen dem Anwendungsprogramm und der Datenbank abgewickelt. Die *Java Persistence API (JPA)* ist ein Standard für OO-DB-Frameworks, der beispielsweise von EclipseLink und Hibernate realisiert wird [118].

9.1.3 Zugriff auf die Daten

Der Zugriff auf eine relationale Datenbank besteht prinzipiell aus den folgenden Schritten:

1. Aufbau der Datenbankverbindung
2. Senden einer SQL-Anweisung an das Datenbanksystem
3. Abruf und Verarbeitung der Anfrageergebnisse
4. Schließen der Datenbankverbindung

Die Schritte 2 und 3 können wiederholt ausgeführt werden, bevor die Datenbankverbindung wieder geschlossen wird.

Der Schritt 2 kann sowohl Anweisungen der Datendefinitionssprache (DDL), der Datenmanipulationssprache (DML) und der Datenkontrollsprache (DCL) als auch der Anfragesprache enthalten. Für den letztgenannten Fall muss Schritt 3 näher betrachtet werden, da dort ein Problem zwischen herkömmlichen Programmiersprachen einerseits und relationalen Datenbanken andererseits zu Tage tritt. Das Ergebnis einer SQL-Anfrage ist eine Relation, also eine Menge von beliebig vielen Tupeln. Während eine Programmiersprache ein einzelnes Tupel problemlos repräsentieren kann, fällt die Handhabung solcher dynamischen Mengen herkömmlichen Programmiersprachen meist recht schwer. Diese Diskrepanz zwischen Relationen und Datentypen in Programmiersprachen wird auch als *Impedance Mismatch* bezeichnet. Zudem ist es nicht besonders sinnvoll, das gesamte Anfrageergebnis sofort von der Datenbank an das Anwendungsprogramm zu übermitteln. Dies würde bei größeren Antwortmengen – insbesondere wenn zwischen dem Anwendungsprogramm und dem Datenbanksystem eine langsame (Internet- oder Mobilfunk-)Verbindung besteht – zu einer längeren Wartezeit auf der Client-Seite führen. Wenn sich nach Verarbeitung der ersten Tupel herausstellt, dass die übrigen Antworten gar nicht gebraucht werden, waren die Wartezeit und der Großteil der Datenübertragung überdies überflüssig.

Um diese Probleme zu lösen, wird das Konzept des *Datenbank-Cursors* verfolgt. Ein Datenbank-Cursor verweist (wie in Abb. 9.1 dargestellt) immer nur auf ein Tupel der Antwortrelation; nur dieses Tupel steht dem Anwendungsprogramm zur Verfügung. Nach Ausführen der Anfrage zeigt der Datenbank-Cursor auf die Position vor dem ersten Tupel der Antwortrelation. Über einen Befehl `fetch next` kann das Anwendungsprogramm den Datenbank-Cursor um eine Position weitersetzen und dieses Tupel einlesen[1]. Dies kann so lange wiederholt werden, bis die gesamte Antwortmenge verarbeitet worden ist oder das Anwendungsprogramm kein Interesse an weiteren Tupeln hat. Dann wird der Datenbank-Cursor über `close` geschlossen, sodass auch das Datenbanksystem die Ressourcen, die durch die Anfrage gebunden sind, freigeben kann.

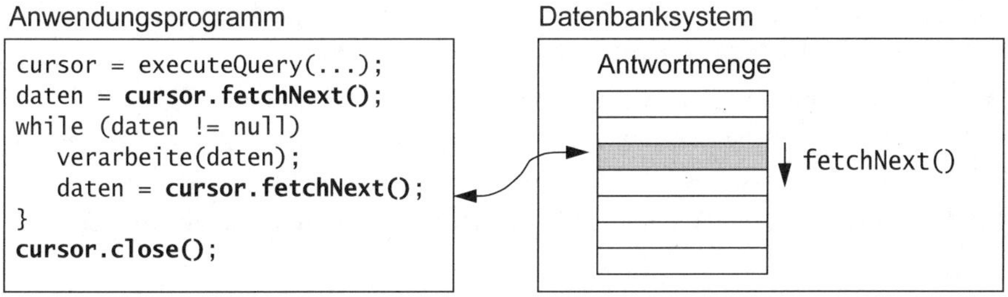

Abb. 9.1: Prinzip des Datenbank-Cursors

Neben `fetch next` gibt es – je nach System – auch weitere Cursor-Anweisungen:

- `fetch prior`: Gehe zum vorherigen Tupel.
- `fetch first`: Gehe zum ersten Tupel.
- `fetch last`: Gehe zum letzten Tupel.
- `fetch absolute` *n* `from`: Gehe zum n-ten Tupel der Antwortrelation vom Anfang bzw. Ende der Relation her betrachtet, je nachdem, ob n positiv bzw. n negativ ist.
- `fetch relative` *n* `from`: Gehe vom aktuellen Tupel n Tupel voran ($n > 0$) bzw. zurück ($n < 0$).

[1] Die Bezeichnungen der Cursor-Befehle an dieser Stelle entsprechen den Bezeichnungen in SQL-92.

Datenbank-Cursor können auch zur Datenmanipulation eingesetzt werden. So kann der Datensatz, auf den der Cursor verweist, mit neuen Attributwerten belegt oder auch gelöscht werden.

9.2 Java und JDBC

Die Firma Sun Microsystems führte in der ersten Hälfte der 90er-Jahre ein Projekt zur Integration von Programmen in die allgemeine Mikroelektronik durch. In diesem Rahmen wurde eine objektorientierte, plattformunabhängige Programmiersprache namens „Oak" entwickelt. Als dann Mitte der 90er-Jahre das Internet und das World Wide Web (WWW) aufkamen, erinnerte sich Sun an die eigene Entwicklung und stellte sie 1995 unter dem Namen „Java" als Programmiersprache für Internet-Anwendungen vor. Die erste gängige Java-Version 1.02 war auf dem Microsoft Internet Explorer 3.0 und dem Netscape Navigator 4.0x ausführbar. Damit waren spezielle Java-Programme, sogenannte *Applets*, in diesen Browsern ablauffähig. Applets unterliegen besonderen Sicherheitsbeschränkungen, um einen Missbrauch auszuschließen. Java 1.0.2 wurde 1997 durch Java 1.1 abgelöst. Für diese Version von Java entstand als standardisierte Klassenbibliothek die Java-API 1.1.x. Ende 1998 wurde Java 2 veröffentlicht. Gegenüber Java 1.1 weist Java als Programmiersprache nur geringfügige Erweiterungen auf, während die zugehörige Klassenbibliothek 1.2.x deutlich an Umfang zunahm. Mit weiteren Versionen hat in der Zwischenzeit der Umfang der Java-API weiter zugenommen, wobei insbesondere zwischen der Standard Edition und der Enterprise Edition unterschieden wird, um verschiedene Anwendungsbereiche voneinander zu trennen. Seit der Java 2 Standard Edition 5.0 („Java 2 SE 5" oder kurz „Java 5") unterstützt Java auch generische Klassen. Seit 2010 ist Sun Microsystems ein Tochterunternehmen der Oracle Corporation. Im Juli 2011 ist die Java SE 7 veröffentlicht worden.

Java hat sich von einer Programmiersprache für ein bestimmtes Anwendungsgebiet zu der wohl neben C++ und Visual Basic gängigsten Programmiersprache entwickelt, die für fast jedes Anwendungsfeld eingesetzt werden kann.

Der Erfolg von Java ist unter anderem auf folgende Eigenschaften zurückzuführen:

- Objektorientierung

  Java ist eine objektorientierte Programmiersprache, die alle wesentlichen Konzepte der Objektorientierung unterstützt.

- Einfache Syntax

  Die Syntax von Java orientiert sich an C und C++, sodass einem großen Kreis von Programmierern der Umstieg erleichtert wurde. Allerdings vermeidet Java gegenüber C und C++ einige Schwierigkeiten, sodass Java-Programme (relativ) einfach zu verstehen sind.

- Plattformunabhängigkeit

  Java wird nicht in einen *Maschinencode* übersetzt, der auf einen spezifischen Prozessortyp abgestimmt und damit von einer bestimmten Rechnerplattform abhängig ist, sondern in einen plattformunabhängigen *Zwischencode*, der als *Bytecode* bezeichnet wird. Dieser Bytecode wird dann von einer *virtuellen Maschine* (engl. *Java Virtual Machine*, *JVM*) interpretiert und ausgeführt. Java-Programme sind damit auf allen Rechnerplattformen ablauffähig, auf denen eine *Ablaufumgebung* (engl. *Java Runtime Environment, JRE*) zur Verfügung steht, die die JVM und die Java-Klassenbibliothek beinhaltet. Java-Programme sind daher in der Ausführung in der Regel etwas langsamer als vergleichbare Programme, die direkt von dem Zentralprozessor (CPU) ausgeführt werden können. Gegebenenfalls beinhaltet die Ablaufumgebung auch einen *Just-in-Time-Compiler*, der den Bytecode in Maschinencode übersetzt, der auf der CPU direkt ablauffähig ist, sodass nur die erstmalige Ausführung eines Programmteils länger dauert. Abbildung 9.2 illustriert die Ausführung von Java-Programmen.

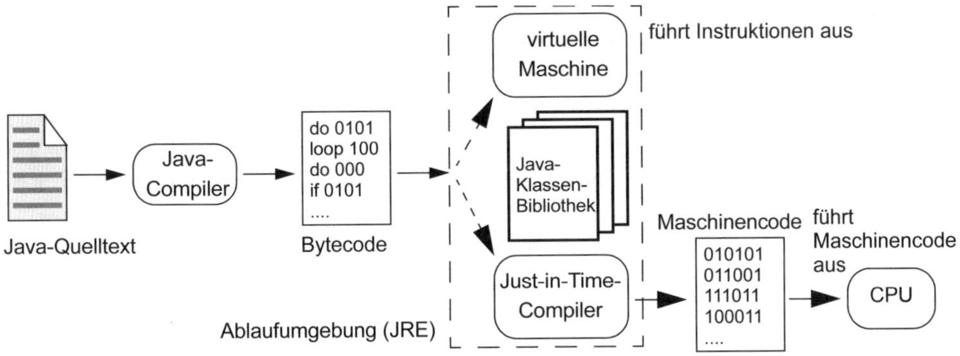

Abb. 9.2: Ausführung von Java-Programmen

- Umfangreiche standardisierte Klassenbibliothek

  Die Java-API stellt inzwischen für fast alle Aufgaben, die bei der Programmierung typischerweise anfallen, Klassenbibliotheken zur Verfügung bzw. legt standardisierte Programmierschnittstellen fest, an die sich sowohl kommerzielle als auch Open-Source-Entwickler halten.

Nachfolgend wird die Nutzung einer Oracle-Geodatenbank mithilfe der Programmiersprache Java erläutert. Eine Einführung in die Programmiersprache Java kann und soll an dieser Stelle nicht erfolgen – hier sei auf die reichhaltige Auswahl in Ihrer Bibliothek oder bei Ihrem Buchhändler verwiesen. Allerdings sollten die nachfolgenden Beispiele auch dann verständlich sein, wenn man „nur" mit einer anderen Programmiersprache vertraut ist. Die Konzepte, die nachfolgend angewendet werden, gelten im Wesentlichen auch für diese Programmiersprachen.

9.2.1 JDBC-Treiber

Wie bereits erwähnt, ist JDBC die standardisierte Datenbankzugriffsschnittstelle für die Java-Plattform. Um mit einer konkreten Datenbank zusammenzuarbeiten, müssen Treiber für das entsprechende Datenbanksystem vorhanden sein. JDBC unterscheidet verschiedene Typen von Treibern, unter anderem die folgenden:

- *JDBC-ODBC-Bridge* (Typ 1)

  Die JDBC-ODBC-Bridge, die Bestandteil von allen Java-Entwicklungsumgebungen ist, wandelt alle JDBC-Aufrufe in ODBC-Aufrufe um. Damit lassen sich alle vorhandenen ODBC-Treiber nutzen; dies ist insbesondere unter Windows-Betriebssystemen reizvoll.

Da dadurch externe Bibliotheken genutzt werden, kann eine solche Lösung allerdings aufgrund von Sicherheitsbeschränkungen nicht von Applets her genutzt werden.

- *API-Treiber* (Typ 2)

  API-Treiber nutzen systemspezifische Zugriffsschnittstellen, die dazu auf dem Client-Rechner installiert sein müssen. Es gelten damit die gleichen Nutzungseinschränkungen für Applets wie bei der JDBC-ODBC-Bridge.

- *Protokolltreiber* (Typ 4)

  Treiber vom Typ 4 kennen das Netzwerkprotokoll, mit dem sich Datenbank-Clients und -Server verständigen. Über einen Protokolltreiber ist der Client direkt mit dem Datenbank-Server verbunden; zusätzlich installierte Software ist nicht erforderlich. Protokolltreiber sind vollständig in Java programmiert und können daher auch von Applets genutzt werden.

Abbildung 9.3 stellt die Nutzung dieser drei Varianten von JDBC-Treibern gegenüber.

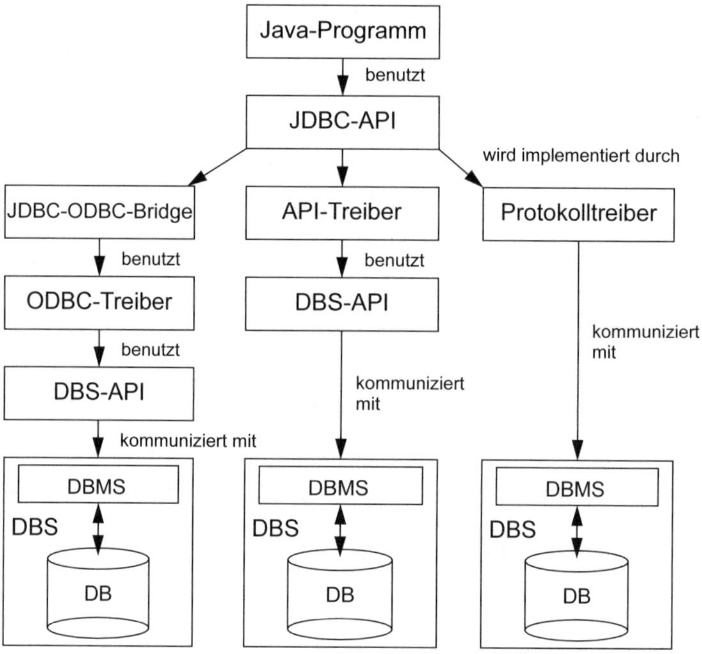

Abb. 9.3: Drei Typen von JDBC-Treibern

Für das Datenbanksystem Oracle existieren (neben dem ODBC-Treiber, der durch die JDBC-ODBC-Bridge genutzt werden kann) vier verschiedene JDBC-Treiber. Zwei davon können für Anwendungsprogramme auf der Client-Seite genutzt werden:

- Der *JDBC OCI Driver* ist ein API-Treiber (Typ 2), der die Datenbankzugriffsschnittstelle von Oracle – das *Oracle Call Interface* (OCI) – nutzt. Dazu muss eine Installation eines Oracle-Clients auf dem entsprechenden Rechner vorliegen.
- Der *JDBC Thin Driver* ist ein Protokolltreiber (Typ 4), der keine Oracle-Installation auf dem Client-Rechner benötigt. Die Kommunikation mit dem Server erfolgt auf Basis von

TCP/IP, sodass ein entsprechend konfigurierter Listener-Prozess auf dem Server-Rechner laufen muss.

Der JDBC OCI Driver ist schneller und besitzt eine größere Funktionalität als der JDBC Thin Driver, der dagegen mit weniger Installationsaufwand und auch in Applets benutzt werden kann. Die beiden anderen JDBC-Treiber dienen für Java-Programme, die in der Datenbank gespeichert sind und innerhalb der Datenbankinstanz ausgeführt werden:

- Der *JDBC Server-Side Internal Driver* erlaubt den Zugriff auf Daten, die in der Datenbankinstanz gespeichert sind, in der auch das Java-Programm ausgeführt wird.
- Der *JDBC Server-Side Thin Driver* ist erforderlich, um mit einem Java-Programm, das von einer Datenbankinstanz ausgeführt wird, auf Daten zuzugreifen, die in einer anderen Oracle-Datenbank gespeichert sind. Er wird genauso genutzt wie der normale JDBC Thin Driver.

Abbildung 9.4 illustriert die Nutzungsmöglichkeiten der verschiedenen JDBC-Treiber.

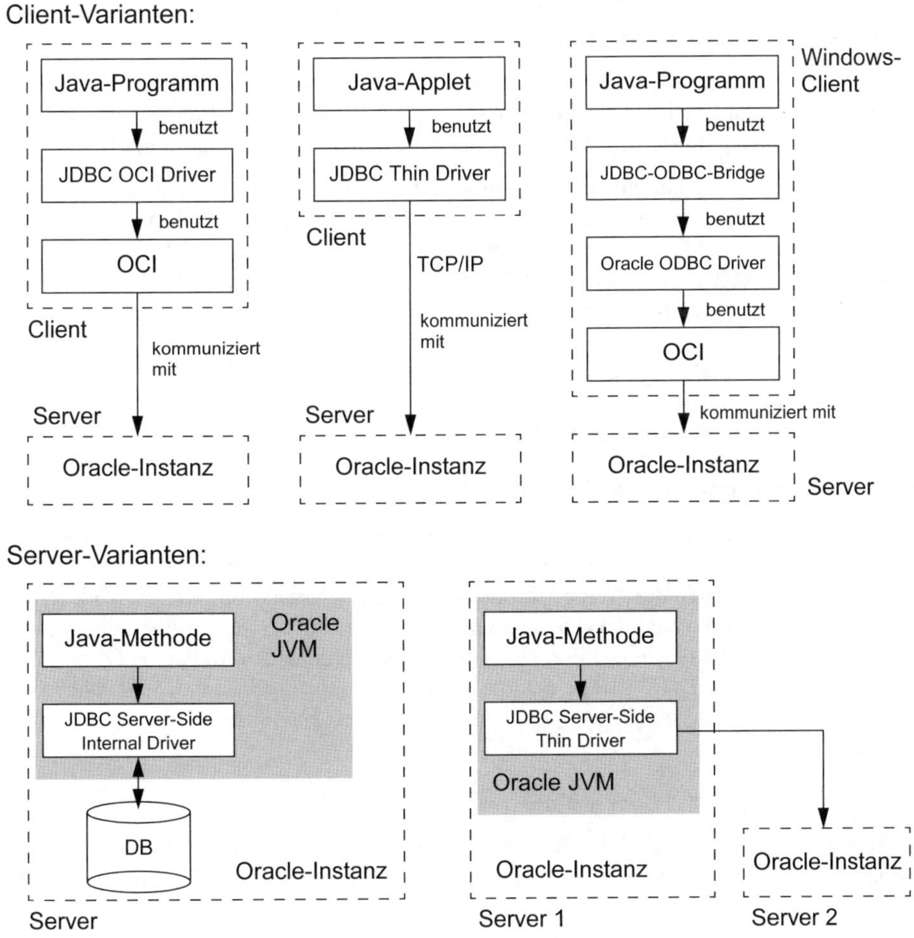

Abb. 9.4: Nutzung der verschiedenen JDBC-Treiber von Oracle

9.2.2 JDBC-API

Die Java-Klassenbibliothek (JDK) enthält seit der Java-Version 1.1 eine Programmierschnittstelle zum JDBC. Von dieser JDBC-API existieren (zurzeit) vier Hauptversionen:

- *JDBC 1.0* ist Teil der Klassenbibliothek von JDK 1.1. Die entsprechenden Klassen sind im Paket `java.sql.*` zusammengefasst.
- *JDBC 2.0* ist als Teil des JDK 1.2 von Java 2 eingeführt worden und enthält gegenüber der Version 1.0 eine Reihe zusätzlicher Methoden, die insbesondere objektrelationale Erweiterungen unterstützen. JDBC 2.0 besteht aus einem Kern, der im Paket `java.sql.*` definiert ist, und einer Erweiterung, die im Paket `javax.sql.*` zusammengefasst ist.
- *JDBC 3.0* wurde als Teil des JDK 1.4 von Java 2 im Jahr 2002 eingeführt und enthält Erweiterungen u.a. zur Transaktionsverwaltung und Cursor-Handhabung.
- *JDBC 4.0* wurde mit der Java SE 6 im Dezember 2006 freigegeben. Die Bibliothek unterstützt u.a. die SQL-Datentypen für XML und RowID. Zudem bietet sie einen verbesserten Zugriff auf LOBs. Als Teil der Java SE 7 kam *JDBC 4.1* heraus; es enthält aber nur wenige funktionale Erweiterungen gegenüber JDBC 4.0.

Prinzipiell ist es möglich, JDBC-Treiber, die nur eine ältere JDBC-Version unterstützen, zusammen mit der aktuellen Java-Version zu nutzen; allerdings führt dann ein eventueller Aufruf nicht implementierter Operationen zu entsprechenden Fehlermeldungen.

Für Oracle stehen unterschiedliche Klassenbibliotheken mit den genannten JDBC-Treibern zur Verfügung[2]. Sie sind in dem Verzeichnis `%ORACLE_HOME%\jdbc\lib` abgelegt. Seit Release 10.1 unterstützt Oracle JDBC 3.0 in substanziellen Teilen und mit Release 10.2 vollständig ([146], 2003). Die Klassenbibliothek `ojdbc5.jar` berücksichtigt Java 5 und `ojdbc6.jar`/`ojdbc7.jar` stellt Funktionalitäten von JDBC 4.0 bzw. JDBC 4.1 im Rahmen von der Java SE 6 bzw. 7 zur Verfügung [146]. In den nachfolgenden Beispielen wird `ojdbcX.jar` als Platzhalter für eine dieser Bibliotheken verwendet. Es ist zu beachten, dass diese Bibliotheken spezifisch für das jeweilige Oracle-Release sind; leider kann man an dem Dateinamen der Klassenbibliothek nicht ihre Release-Nummer erkennen.

9.2.2.1 Aufbau der Datenbankverbindung

Den ersten Schritt, um mit einer Datenbank zu kommunizieren, stellt der Aufbau der Datenbankverbindung dar. Dazu muss zunächst der geeignete Treiber geladen und initialisiert werden. Ab Java SE 6 werden die Treiber automatisch in den Klassenbibliotheken detektiert und geladen. Bei den vorherigen Java-Versionen erfolgt dies in der Regel über die Methode `forName` der Klasse `Class`, die die angegebene Klasse lädt und initialisiert. Diese Klasse heißt, falls die JDBC-ODBC-Bridge genutzt werden soll, `sun.jdbc.odbc.JdbcOdbcDriver`. Für die JDBC-Treiber von Oracle wird die Klasse `oracle.jdbc.driver.OracleDriver` benötigt:

```
Class.forName("oracle.jdbc.driver.OracleDriver");
```

Die Treiberklasse meldet sich durch ihre Initialisierung automatisch bei dem Treibermanager der Klasse `DriverManager` an, die – wie die nachfolgend genutzten JDBC-Klassen – aus dem

[2] Welche der genannten Klassenbibliotheken ausgeliefert werden, ist von dem jeweiligen Oracle-Release abhängig.

Paket `java.sql` stammt. Mithilfe des Treibermanagers kann man nun über die Klassenmethode `getConnection` eine Verbindung zur Datenbank aufbauen. Dazu muss in einer URL-Zeichenkette (Uniform Resource Locator) einerseits der gewünschte Treiber und andererseits die gewünschte Datenbank angegeben werden. Tabelle 9.1 stellt in einer Übersicht die notwendigen URL-Angaben für die verschiedenen JDBC-Treiber gegenüber.

Treiber	*Treiber-benennung*	*Datenbankbenennung*	*Beispiel*
JDBC-ODBC-Bridge	jdbc:odbc:	Data Source Name	jdbc:odbc: ora-geodbbuch
JDBC OCI Driver	jdbc:oracle: oci:	@<clientseitiger Dienstname>	jdbc:oracle:oci: @geodbs
JDBC Thin Driver *JDBC Server-Side Thin Driver*	jdbc:oracle: thin:	@<Name oder IP-Adresse des Servers>: <Port der Listener-Prozesses>: <serverseitiger Name der Datenbank>	jdbc:oracle:thin: @127.0.0.1:1521: geodb
JDBC Server-Side Internal Driver	jdbc:default: connection:	entfällt	jdbc:default: connection:

Tabelle 9.1: URL-Angaben für die verschiedenen JDBC-Treiber

Außerdem ist für die Verbindungsaufnahme der Benutzername und das Passwort anzugeben; als Ergebnis erhält man ein Objekt der Klasse `Connection`[3]. Im Folgenden werden die erforderlichen Angaben als Konstante aus einer Schnittstelle `gdbutil.ConnectionParameters` importiert.

```
String url = "jdbc:oracle:thin:@" + DBHOST + ":" + DBPORT + ":" + DBNAME;
Connection db = DriverManager.getConnection(url, DBUSER, DBPASSWORD);
```

9.2.2.2 Ausführen von Anfragen

Es gibt drei Arten von SQL-Anweisungen:

- `Statement` dient zur Formulierung von normalen SQL-Anweisungen.
- `PreparedStatement` erlaubt die Formulierung von vorbereiteten SQL-Anweisungen, bei denen man später bestimmte Attributwerte über Parameter belegt. Dies ist insbesondere dann sinnvoll, wenn eine leicht variierte SQL-Anweisung mehrfach (zum Beispiel in einer Schleife) genutzt wird oder wenn ein objektrelationales Attribut einen komplexen Datentyp hat.

---

[3] Diese Formulierung ist nicht ganz korrekt, da `Connection` keine Klasse, sondern im Sinne einer vollständig abstrakten Klasse eine Schnittstelle (Interface) ist. Daher müsste es korrekterweise „ein Objekt, das einer Klasse angehört, die die Schnittstelle `Connection` erfüllt" heißen. Da sprachlich diese Formulierung eher verwirrend ist und es bei der praktischen Nutzung keinen Unterschied macht, wird auch im Folgenden oft die nicht ganz exakte Sprechweise verwendet.

- `CallableStatement` erlaubt den Aufruf von Prozeduren und Funktionen, die in der Datenbank gespeichert sind. Dies können bei Oracle PL/SQL-Operationen sein.

Die entsprechenden Objekte erhält man vom `Connection`-Objekt über folgende Methoden:

- `Statement createStatement()`,
- `PreparedStatement prepareStatement (String sql)` und
- `CallableStatement prepareCall (String sql)`.

Da `createStatement` keine Parameter besitzt, wird die SQL-Anweisung erst später bei deren Ausführung übergeben. Für die beiden anderen Varianten müssen zuvor ggf. noch fehlende Werte festgelegt werden.

Normale SQL-Anfragen

Über `createStatement` wird das `Statement`-Objekt erzeugt und über dessen Methode `executeQuery` die SQL-Anfrage ausgeführt. `executeQuery` liefert einen `ResultSet`, der den Datenbank-Cursor repräsentiert. Die boolesche Funktion `next()` von `ResultSet` entspricht der Cursor-Anweisung `fetch next`. Falls `next` den Wert `false` zurückgibt, liegen keine weiteren Tupel mehr in der Antwortmenge vor. Anderenfalls kann über `get`-Methoden auf die einzelnen Attributwerte zugegriffen werden. Das nachfolgende Beispiel, das alle Gemeinden abfragt, deren Name mit „Ol" beginnt, illustriert diese Vorgehensweise:

```
Statement statement = db.createStatement();
String sql = "SELECT gkz, name FROM Gemeinden WHERE name LIKE 'Ol%'";
ResultSet result = statement.executeQuery(sql);
while (result.next())
  System.out.println(result.getInt("gkz") + " - " + result.getString(2));
result.close();
statement.close();
```

Die `get`-Methoden unterscheiden sich im Datentyp, den sie zurückliefern und der entsprechend im Namen der Methode angegeben ist. Dabei sollte man sich an die Datentypen halten, die die Attribute der Antwortrelation aufweisen. Zur Auswahl des gewünschten Attributs kann man entweder dessen Namen (wie im Beispiel bei Attribut `gkz`) oder dessen Position im Anfrageergebnis (wie bei Attribut `name`) angeben; das erste Attribut hat dabei die Position 1. Der Datenbank-Cursor `result` wird über `close` geschlossen.

Dieser Programmteil bewirkt folgende Ausgabe:

```
3403000 - Oldenburg
3359036 - Oldendorf
3355027 - Oldendorf (Luhe)
```

Ein `Statement` kann für mehrere Anfragen genutzt werden. Sobald die Anweisung nicht mehr benötigt wird, sollte sie über die Methode `close` geschlossen werden.

Vorbereitete SQL-Anweisungen

Über `prepareStatement` wird ein `PreparedStatement` erzeugt, dem eine SQL-Anweisung mit Platzhalter übergeben wird. Die Platzhalter werden über Fragezeichen in der SQL-Anweisung gekennzeichnet und müssen vor Ausführung der Anweisung mittels `set`-Methoden belegt werden. Die `set`-Methoden unterscheiden sich im Datentyp des Attributs, das gesetzt wird. Das erste Argument der Methode ist die Position des Platzhalters in der SQL-Anweisung, wobei die Zählung mit der Position 1 beginnt. Das zweite Argument ist der Wert, auf den der Platzhalter gesetzt werden soll.

Eine SQL-Anfrage wird ansonsten wie im vorhergehenden Beispiel ausgeführt, nur dass executeQuery diesmal keine Anfrage übergeben wird, da dies ja schon zuvor geschehen ist. Das nachfolgende Beispiel klassifiziert die Hochschulen nach der Anzahl der Studierenden:

```
sql = "SELECT name FROM Hochschulen WHERE stud >= ? AND stud < ?";
PreparedStatement prepStmt = db.prepareStatement(sql);
for (int i=0; i<30000; i+=10000) {
  prepStmt.setInt(1,i);
  prepStmt.setInt(2,i+10000);
  result = prepStmt.executeQuery();
  System.out.println("zw. " + i + " und " + (i+10000) + " Studierende:");
  while (result.next())
    System.out.println("  " + result.getString("name"));
  result.close();
}
prepStmt.close();
```

Die Ausgabe sieht wie folgt aus:

```
zw. 0 und 10000 Studierende:
  Jade Hochschule
zw. 10000 und 20000 Studierende:
  Uni Oldenburg
zw. 20000 und 30000 Studierende:
  Uni Hannover
```

Aufruf von gespeicherten Prozeduren und Funktionen

Der Aufruf einer gespeicherten Prozedur wird an die Methode prepareCall mittels einer Zeichenkette übergeben. Dabei hat die Zeichenkette folgende Form (die Fragezeichen stehen als Platzhalter für die Parameter der Prozedur):

```
"{call prozedur_name}"
"{call prozedur_name (?,?,...)}"
```

Für Funktionen ist eine Beschreibung anzugeben:

```
"{? = call prozedur_name}"
"{? = call prozedur_name (?,?,...)}"
```

Für die PL/SQL-Funktion kreistadttext, die in Abschnitt 2.3.1 definiert worden ist, lautet die Definition damit:

```
"{? = call kreisstadttext(?)}"
```

Der Aufruf der Methode prepareCall liefert ein CallableStatement. Für eventuelle Rückgabeparameter und für den Rückgabewert von Funktionen müssen über die Methode registerOutParameter die jeweiligen Datentypen bekannt gegeben werden. Die Parameter werden analog zum PreparedStatement gesetzt und wie beim ResultSet abgefragt, wobei für Funktionen der Rückgabewert die Position 1 hat. Da die Funktion kreistadttext keinen Datenbank-Cursor zurückgibt, kann anstelle von executeQuery der Aufruf der Funktion über die Methode execute erfolgen. Das nachfolgende Beispiel nutzt die Funktion kreistadttext mit zwei unterschiedlichen Argumenten:

```
sql = "{? = call kreisstadttext(?)}";
CallableStatement callStmt = db.prepareCall(sql);
callStmt.registerOutParameter(1,java.sql.Types.VARCHAR);
callStmt.setString(2,"Oldenburg");
callStmt.execute();
System.out.println("Oldenburg -> " + callStmt.getString(1));
callStmt.setString(2,null);
callStmt.execute();
System.out.println("null      -> " + callStmt.getString(1));
callStmt.close();
```

Das Ergebnis zeigt, dass die Funktion korrekt aufgerufen und durchgeführt wurde:

```
Oldenburg -> Oldenburg
null      -> keine Kreisstadt
```

9.2.2.3 Datenmanipulation

SQL-Anweisungen wie INSERT, UPDATE und DELETE können sowohl als Statement als auch als PreparedStatement ausgeführt werden. Anstelle der Methode executeQuery, die bei Anfragen genutzt wird, erfolgt der Aufruf über die Methode executeUpdate. Diese liefert keinen Datenbank-Cursor, sondern die Anzahl der Datensätze zurück, die eingefügt, geändert oder gelöscht worden sind.

Das nachfolgende Bespiel ändert die Anzahl der Studierenden der Jade Hochschule:

```
Statement update = db.createStatement();
int stud = 7000;
sql = "UPDATE Hochschulen SET stud = " + stud +
      " WHERE name = 'Jade Hochschule'";
int n = update.executeUpdate(sql);
System.out.println("Zahl geänderter Datensätze: " + n);
update.close();
```

Standardmäßig wird nach jedem executeUpdate die jeweilige Transaktion mit einem Commit abgeschlossen. Möchte man mehrere SQL-Anweisungen zu einer Transaktion zusammenfassen und diese ggf. auch mit einem Rollback zurücksetzen können, so muss der *Auto-Commit-Modus* ausgeschaltet werden. Dies erfolgt mit der Connection-Prozedur setAutoCommit (boolean autoCommit). Bei abgeschaltetem Auto-Commit-Modus wird eine Transaktion durch expliziten Aufruf der Connection-Methoden commit() und rollback() abgeschlossen.

9.2.2.4 Schließen der Datenbankverbindung

Die Datenbankverbindung kann, wenn sie nicht mehr benötigt wird, über die Connection-Methode close wieder geschlossen werden:

```
db.close();
```

9.2.2.5 Behandlung von Ausnahmen im Programm

Nachfolgend ist ein vollständiges Java-Programm dargestellt, das die zuvor dargestellten Teile enthält. Da bei Aufruf von `Class.forName` die Ausnahme `ClassNotFoundException` auftreten kann und alle Methoden, die einen Datenbankzugriff durchführen, Ausnahmen der Klasse `SQLException` werfen können, müssen diese im Programm abgefangen werden.

```
// Programm zur Demonstration der JDBC-Nutzung
import static gdbutil.ConnectionParameters.*;      // Verbindungsparameter
import java.sql.*;                                 // Import der JDBC-Klassen
public class JdbcExample {
  public static void main (String[] args) {
    try {
      // Verbindung zur Datenbank aufbauen
      Class.forName("oracle.jdbc.driver.OracleDriver"); // ab Java 6 entbehrlich
      String url = "jdbc:oracle:thin:@"+DBHOST+":"+DBPORT+":"+DBNAME;
      Connection db = DriverManager.getConnection(url, DBUSER, DBPASSWORD);
      // Einfache Anfrage ausführen
      Statement statement = db.createStatement();
      String sql = "SELECT gkz, name FROM Gemeinden WHERE name LIKE 'Ol%'";
      ResultSet result = statement.executeQuery(sql);
      while (result.next())
        System.out.println(result.getInt("gkz") + " - " + result.getString(2));
      result.close();
      statement.close();
      System.out.println();
      // PreparedStatement ausführen
      sql = "SELECT name FROM Hochschulen WHERE stud >= ? AND stud < ?";
      PreparedStatement prepStmt = db.prepareStatement(sql);
      for (int i=0; i<30000; i+=10000) {
        prepStmt.setInt(1,i);
        prepStmt.setInt(2,i+10000);
        result = prepStmt.executeQuery();
        System.out.println("zw. " + i + " und " + (i+10000) + " Studierende:");
        while (result.next())
          System.out.println("  " + result.getString("name"));
        result.close();
      }
      prepStmt.close();
      System.out.println();
      // Gespeicherte Funktion aufrufen
      sql = "{? = call kreisstadttext(?)}";
      CallableStatement callStmt = db.prepareCall(sql);
      callStmt.registerOutParameter(1,java.sql.Types.VARCHAR);
      callStmt.setString(2,"Oldenburg");
      callStmt.execute();
      System.out.println("Oldenburg -> " + callStmt.getString(1));
      callStmt.setString(2,null);
      callStmt.execute();
      System.out.println("null      -> " + callStmt.getString(1));
      callStmt.close();
```

```
      // Daten verändern
      Statement update = db.createStatement();
      int stud = 7000;
      sql = "UPDATE Hochschulen SET stud = " + stud +
            " WHERE name = 'Jade Hochschule'";
      int n = update.executeUpdate(sql);
      System.out.println("Zahl geänderter Datensätze: " + n);
      update.close();

      // Verbindung schließen
      db.close();
    } // try

    // wenn Class.forName(...) genutzt, eventuelle Fehler behandeln
    catch (ClassNotFoundException ex) {
      System.err.println("JdbcExample.main: " + ex);
    }
    // Fehler beim Datenbankzugriff behandeln
    catch (SQLException ex) {
      System.err.println("JdbcExample.main: " + ex);
    }
  } // main
} // class
```

9.2.2.6 Übersetzen und Ausführen des Java-Programms

Während die Datei mit dem entsprechenden Java-Quelltext ohne besondere Vorkehrungen übersetzt werden kann, muss für die Ausführung des Programms der Pfad der Bibliothek, die die JDBC-Treiber enthält, bekannt sein. Im nachfolgenden Beispiel erfolgt dies über die Option `classpath`:

```
rem  Java-Datei übersetzen:
javac JdbcExample.java

rem  Programm ausführen:
java -classpath .;./lib/ojdbcX.jar JdbcExample
```

Für eine ausführlichere Darstellung der JDBC-Programmierschnittstelle sei auf die Oracle-Webseite zu JDBC verwiesen [142]. [175] führt in Buchform tiefer in diese Thematik ein.

9.3 Zugriff auf Geodaten

Die bisherige Darstellung hat die Behandlung von Geodaten nicht berücksichtigt. Dies soll nun für Vektorgeometrien nachgeholt werden. Rasterdaten werden später in Kapitel 12 behandelt.

9.3.1 Zugriff auf SQL-Objekte

In einem objektrelationalen Datenbanksystem werden Geometrietypen mithilfe von Klassen repräsentiert. Für den Zugriff auf Geometrieobjekte wird (mindestens) JDBC 2.0 benötigt, das Zugriffsmethoden enthält, um Objekte in ein Java-Programm einlesen bzw. von einem Java-Programm her in der Datenbank abspeichern zu können. Um Java-Objekte in einer

Datenbank zu speichern, stellt die JDBC-API den Datentyp `java.sql.Types.JAVA_OBJECT` zur Verfügung. Allerdings ist eine Java-spezifische Speicherung von Geoobjekten nicht mit der Oracle-Klasse `SDO_GEOMETRY` kompatibel und auch nicht im Sinne offener Geoinformationssysteme. Stattdessen muss ein Java-Programm eine SQL-Klasse als strukturierten Datentyp auffassen. Für diesen Zweck gibt es seit SQL:1999 den Datentyp `STRUCT`. Dieser Datentyp korrespondiert mit der JDBC-Schnittstelle `java.sql.Struct`. Über die Methoden `getObject` und `setObject` kann man mittels `ResultSet`, `PreparedStatement` bzw. `CallableStatement` ein `Struct`-Objekt erhalten bzw. setzen. Für den Zugriff auf Felder steht das JDBC-Interface `Array` zur Verfügung.

Auf die einzelnen Objektattribute und Feldeinträge kann man mit entsprechenden Java-Methoden zugreifen. Die nachfolgende Java-Klasse illustriert diese Vorgehensweise:

```
// Zugriff auf SQL-Objekte am Beispiel SDO_GEOMETRY
import static gdbutil.ConnectionParameters.*;   // Verbindungsparameter
import java.math.BigDecimal;                    // Datentyp für Attributwerte
import java.sql.*;                              // Import der JDBC-Klassen

public class JdbcStructExample {

  public static void main (String[] args) {
    try {
      // Verbindung zur Datenbank aufbauen
      String url = "jdbc:oracle:thin:@"+DBHOST+":"+DBPORT+":"+DBNAME;
      Connection db = DriverManager.getConnection(url, DBUSER, DBPASSWORD);

      // Anfrage ausführen
      Statement statement = db.createStatement();
      String sql = "SELECT geo FROM GeoDbLand WHERE name = 'Steg'";
      ResultSet result = statement.executeQuery(sql);
      if (result.next()) {
        Struct geo = (Struct)result.getObject("geo");
        Object[] attr = geo.getAttributes();
        BigDecimal gtype = (BigDecimal)attr[0];
        System.out.println("gtype: " + gtype);
        Array ordinates = (Array)attr[4];
        BigDecimal ordArray[] = (BigDecimal[])ordinates.getArray();
        System.out.print("ordinates: ");
        for (BigDecimal ord : ordArray)
          System.out.print(ord + " ");
        System.out.println();
      }
      result.close();
      statement.close();

      db.close();  // Verbindung schließen
    } // try

    // Fehlerbehandlung
    catch (Exception ex) {
      System.err.println("JdbcStructExample.main: " + ex);
    }
  } // main

} // class
```

Zunächst wird die Datenbankverbindung aufgebaut. Die SQL-Anfrage selektiert das Geometrieattribut geo vom Datensatz „Steg" aus der Tabelle „GeoDbLand". Dies ist ein SDO_GEOMETRY-Objekt, das aus mehreren Attributen besteht (vgl. Abschnitt 4.1.1). Zugriff auf diese Attribute erhält man über die Methode `getAttributes`, die von der `Struct`-Schnittstelle spezifiziert wird. Mit den Einträgen des zurückgegebenen Feldes kann man nach einem Type Cast entsprechend arbeiten. Dabei besitzen das SDO_GTYPE-Attribut von SDO_GEOMETRY und die Koordinatenwerte den Datentyp `java.math.BigDecimal`. Die Methode `getArray` ermöglicht den Zugriff auf das Feld SDO_ORDINATES, sodass danach auf die einzelnen Koordinaten zugegriffen werden kann. Das Programm erzeugt folgende Ausgabe:

```
gtype: 2002
ordinates: 4 4 5 7 8 8
```

9.3.2 Bibliothek oracle.spatial

Der Zugriff auf SQL-Objekte ist ein wenig umständlich und sollte unbedingt durch entsprechende Klassen gekapselt werden. Zur Arbeitserleichterung stellt Oracle die Klassenbibliothek *Oracle Spatial Java API* zur Verfügung, die den Zugriff auf SDO_GEOMETRY-Objekte unterstützt[4].

9.3.2.1 Geometrieklasse JGeometry

Die Klasse `JGeometry`, die sich im Paket `oracle.spatial.geometry` befindet, repräsentiert die SDO_GEOMETRY-Geometrien. Sie umfasst Methoden

- zum Konstruieren von `JGeometry`-Objekten,
- zur Abfrage des Geometrietyps,
- zum Überführen von `JGeometry`-Koordinaten und anderen Bestandteilen in Felder und andere Java-Klassen,
- zur Handhabung von Kreisbögen und
- zur Konvertierung bezüglich der (mit Version 12 als veraltet deklarierten) Oracle-Schnittstelle STRUCT und (seit Version 12) bezüglich der JDBC-Schnittstelle `Struct`.

Das nachfolgende Beispiel illustriert die Nutzung der Java-API zum Einlesen, Umwandeln, Erzeugen und Speichern von Geometrieobjekten unter Nutzung von `Struct`[5]:

```
// Einlesen, Umwandeln, Erzeugen und Speichern von Geometrieobjekten
import static gdbutil.ConnectionParameters.*;   // Verbindungsparameter
import java.awt.Shape;                          // Java AWT-Importe
import java.awt.geom.Point2D;
import java.sql.*;                              // Import der JDBC-Klassen
import oracle.spatial.geometry.JGeometry;       // Import von JGeometry
```

[4] Die erforderliche JAR-Datei `sdoapi.jar` befindet sich im Verzeichnis `%ORACLE_HOME%\md\lib` oder in `%ORACLE_HOME%\md\jlib`.

[5] Programmvarianten, die für Oracle Spatial 10 und 11 den Oracle-Datentyp STRUCT nutzen, finden sich auf der Website http://www.geodbs.de.

```
public class SpatialExample {
  public static void main (String[] args) {
    try {
      // Verbindung zur Datenbank aufbauen
      String url = "jdbc:oracle:thin:@"+DBHOST+":"+DBPORT+":"+DBNAME;
      Connection db = DriverManager.getConnection(url, DBUSER, DBPASSWORD);
      // Anfrage ausführen
      Statement statement = db.createStatement();
      String sql = "SELECT * FROM Gemeinden WHERE gkz = 3403000";
      ResultSet result = statement.executeQuery(sql);
      int srid = 0;
      if (result.next()) {
        System.out.print(result.getString("name") + " - ");     // name
        // Attribut "centrum"
        Struct struct = (Struct) result.getObject("centrum");
        JGeometry jGeom = JGeometry.loadJS(struct);
        System.out.println("Dimension: " + jGeom.getDimensions());
        System.out.println("Type: " + jGeom.getType());
        srid = jGeom.getSRID();
        System.out.println("SRID: " + srid);
        // Umwandlung in AWT-Point2D
        Point2D centrum = jGeom.getJavaPoint();
        System.out.println(centrum.getX() + " / " + centrum.getY());
        System.out.println();
        // Attribut "gebiet"
        struct = (Struct) result.getObject("gebiet");
        jGeom = JGeometry.loadJS(struct);
        System.out.println("Type: " + jGeom.getType());
        System.out.println("Kreis? " + jGeom.isCircle());
        System.out.println("#Punkte: " + jGeom.getNumPoints());
        double mbr[] = jGeom.getMBR();
        System.out.print("MUR: ");
        for (double mbrOrd : mbr)
          System.out.print(mbrOrd + " ");
        System.out.println();
        int elemInfo[] = jGeom.getElemInfo();
        System.out.print("ElemInfo: ");
        for (int elem : elemInfo)
          System.out.print(elem + " ");
        System.out.println();
        double ord[] = jGeom.getOrdinatesArray();
        System.out.println("coordinates: ");
        for (int i=0; i<ord.length/2; i++)
          System.out.print("(" + ord[2*i] + " , " + ord[2*i+1] + ") ");
        System.out.println();
        // Umwandlung in AWT-Shape
        Shape shape = jGeom.createShape();
        System.out.println("Shape: " + shape.getClass().getName());
      }
      result.close();
```

```
      // ggf. Helgoland löschen
      statement.executeUpdate("DELETE FROM Gemeinden WHERE name = 'Helgoland'");
      statement.close();
      // Einfügen vorbereiten
      sql = "INSERT INTO Gemeinden (gkz,name,einw,centrum,gebiet) " +
            "VALUES (1056025,'Helgoland',1499,?,?)";
      PreparedStatement insert = db.prepareStatement(sql);
      // Punkt und Gebiet setzen
      JGeometry centrum = new JGeometry(7.936,54.204, srid);
      insert.setObject (1,JGeometry.storeJS(centrum,db));
      double coords[] = {7.923,54.210, 7.944,54.194, 7.952,54.197,
                         7.945,54.209, 7.938,54.211, 7.923,54.210};
      JGeometry area = JGeometry.createLinearPolygon(coords,2, srid);
      insert.setObject (2,JGeometry.storeJS(area,db));
      // Einfügen
      insert.executeUpdate();
      insert.close();
      // Verbindung schließen
      db.close();
    } // try
    // Fehler behandeln
    catch (Exception ex) {
      System.err.println("SpatialExample.main: " + ex);
    }
  } // main
} // class
```

Im ersten Programmteil wird die Gemeinde „Oldenburg“ aus der Tabelle „Gemeinden“ eingelesen. Über die Methode `getObject` erhalten wir einen `Struct`, der mittels der Klassenmethode `JGeometry.loadJS` in ein `JGeometry`-Objekt umgewandelt wird. Auf dieses Objekt werden im Beispielprogramm diverse Abfragemethoden angewendet. Außerdem ist die Umwandlung der Geometrien in Objekte der Java-Grafikbibliothek AWT möglich.

Der zweite Teil des Programms fügt eine neue Gemeinde in die Datenbank ein. Dazu wird über den Konstruktor ein `JGeometry`-Punkt und über `createLinearPolygon` ein `JGeometry`-Polygon erzeugt. Daneben bestehen für die bekannten `SDO_GEOMETRY`-Geometrietypen entsprechende `create`-Methoden. Die Klassenmethode `store` konvertiert die Geometrien jeweils in ein `Struct`-Objekt, das über `setObject` einem `PreparedStatement` übergeben wird.

Für die Übersetzung und Ausführung des Programms muss neben den JDBC-Treibern zusätzlich die Klassenbibliothek `sdoapi.jar` zugreifbar sein:

```
rem  Java-Datei übersetzen:
javac -classpath .;./lib/ojdbcX.jar;./lib/sdoapi.jar SpatialExample.java
rem  Programm ausführen:
java -classpath .;./lib/ojdbcX.jar;./lib/sdoapi.jar SpatialExample
```

Das Programm erzeugt dann folgende Ausgaben:

```
Oldenburg - Dimension: 3
Type: 1
SRID: 8307
8.2275 / 53.1375

Type: 3
Kreis? false
#Punkte: 28
MUR: 8.143793 53.087776 8.307031 53.206405
ElemInfo: 1 1003 1
coordinates:
(8.214289 , 53.087776) (8.23346 , 53.089134) (8.277027 , 53.099326)
(8.284276 , 53.121173) (8.296767 , 53.145781) (8.305773 , 53.148083)
(8.307031 , 53.153128) (8.300405 , 53.162775) (8.299069 , 53.171417)
(8.298319 , 53.192052) (8.279517 , 53.191205) (8.255955 , 53.194478)
(8.24101 , 53.201628) (8.226077, 53.200909) (8.213507 , 53.204358)
(8.201577 , 53.206405) (8.188254 , 53.19307) (8.173382 , 53.184449)
(8.158582 , 53.177491) (8.164676 , 53.170631) (8.153453, 53.165192)
(8.152922 , 53.153215) (8.143793 , 53.136619) (8.164244 , 53.11119)
(8.20185 , 53.115248) (8.193622 , 53.097121) (8.204879 , 53.089616)
(8.214289 , 53.087776)
Shape: java.awt.geom.GeneralPath
```

Danach ist die Gemeinde „Helgoland“, die zum Bundesland Schleswig-Holstein gehört, neu in der Datenbank gespeichert:

```
SELECT gkz, name, einw FROM Gemeinden WHERE name = 'Helgoland';
       GKZ NAME                           EINW
---------- ------------------------------ ----------
   1056025 Helgoland                      1499

SELECT centrum FROM Gemeinden WHERE name = 'Helgoland';
CENTRUM
--------------------------------------------------------------------
SDO_GEOMETRY(2001, 4326, SDO_POINT_TYPE(7,936, 54,204, NULL), NULL,NULL)

SELECT gebiet FROM Gemeinden WHERE name = 'Helgoland';
GEBIET
--------------------------------------------------------------------
SDO_GEOMETRY(2003, 4326, NULL, SDO_ELEM_INFO_ARRAY(1,1003,1),
   SDO_ORDINATE_ARRAY(7,923, 54,21, 7,944, 54,194, 7,952, 54,197, 7,945,
                      54,209, 7,938, 54,211, 7,923, 54,21))
```

9.3.2.2 Well-known Text

Über die Klasse `WKT` aus dem Paket `oracle.spatial.util` können `Struct`- und `JGeometry`-Objekte in bzw. aus Well-known Text erzeugt werden[6]. Die Klasse erfüllt (ebenso wie die Klasse `oracle.spatial.util.WKB` für Well-known Binary) die Schnittstelle `WKAdapter`, die vier Methoden für die entsprechenden Umwandlungen spezifiziert:

[6] Die erforderliche JAR-Datei `sdoutl.jar` befindet sich im Verzeichnis `%ORACLE_HOME%\md\lib` oder in `%ORACLE_HOME%\md\jlib`. Vor Version 12 ist anstelle der JDBC-Schnittstelle `Struct` die Oracle-Schnittstelle `oracle.sql.STRUCT` zu verwenden.

```
byte[] fromJGeometry (JGeometry geom);          // JGeometrie -> WKB/WKT
byte[] fromStruct (Struct geom);                // Struct -> WKB/WKT
JGeometry toJGeometry (byte[] wk);              // WKB/WKT -> JGeometry
Struct toStruct (byte[] wk, Connection conn);   // WKB/WKT -> Struct
```

Der WKT ist als byte-Feld gespeichert. Für die Umwandlung in eine bzw. von einer Zeichenkette kann man entsprechende Java-Ein- und Ausgabeklassen des Pakets `java.io` nutzen.

Das nachfolgende Beispiel wandelt `Struct`-Objekte in WKT um; es lehnt sich in der Funktionalität an den ersten Teil des vorherigen Beispiels an:

```
// Einlesen und Umwandeln von Geometrieobjekten in WKT
import static gdbutil.ConnectionParameters.*;   // Verbindungsparameter

import java.io.*;                               // Import der IO-Klassen
import java.sql.*;                              // Import der JDBC-Klassen
import oracle.spatial.util.WKT;                 // Import der WKT-Klasse

public class SpatialWktExample {
  public static void main (String[] args) {
    try {
      // Verbindung zur Datenbank aufbauen
      String url = "jdbc:oracle:thin:@"+DBHOST+":"+DBPORT+":"+DBNAME;
      Connection db = DriverManager.getConnection(url, DBUSER, DBPASSWORD);

      // Anfrage ausführen
      Statement statement = db.createStatement();
      String sql = "SELECT * FROM Gemeinden WHERE gkz = 3403000";
      ResultSet result = statement.executeQuery(sql);
      int srid = 0;
      if (result.next()) {

        // Attribut "centrum"
        Struct struct = (Struct) result.getObject("centrum");
        byte[] wktPoint = wkt.fromStruct(struct);
        String wktString = new BufferedReader(new InputStreamReader(
                     new ByteArrayInputStream(wktPoint))).readLine();
        System.out.println(wktString);
        System.out.println();

        // Attribut "gebiet"
        struct = (Struct) result.getObject("gebiet");
        byte[] wktPolygon = wkt.fromStruct(struct);
        wktString = new BufferedReader(new InputStreamReader(
                     new ByteArrayInputStream(wktPolygon))).readLine();
        System.out.println(wktString);
      }
      result.close();
      statement.close();
    } // try

    catch (Exception ex) {
      System.err.println("SpatialWktExample.main: " + ex);
    }
} }
```

Für die Übersetzung und die Ausführung des Programms muss sich zusätzlich die Klassenbibliothek `sdoutl.jar` im Klassenpfad befinden:

```
rem  Java-Datei übersetzen:
javac -classpath .;./lib/ojdbcX.jar;./lib/sdoutl.jar SpatialWktExample.java
rem  Programm ausführen:
java -classpath .;./lib/ojdbcX.jar;./lib/sdoutl.jar;./lib/sdoapi.jar
     SpatialWktExample
```

Damit erhalten wir folgende Ausgabe:

```
POINT (8.2275 53.1375)
POLYGON ((8.214289 53.087776, 8.23346 53.089134, 8.277027 53.099326,
8.284276 53.121173, 8.296767 53.145781, 8.305773 53.148083,
8.307031 53.153128, 8.300405 53.162775, 8.299069 53.171417,
8.298319 53.192052, 8.279517 53.191205, 8.255955 53.194478,
8.24101 53.201628, 8.226077 53.200909, 8.213507 53.204358,
8.201577 53.206405, 8.188254 53.19307, 8.173382 53.184449,
8.158582 53.177491, 8.164676 53.170631, 8.153453 53.165192,
8.152922 53.153215, 8.143793 53.136619, 8.164244 53.11119,
8.20185 53.115248, 8.193622 53.097121, 8.204879 53.089616,
8.214289 53.087776))
```

9.3.2.3 Einlesen von Shapefile-Geometrien

Die Klasse `ShapefileReaderJGeom` aus dem Paket `oracle.spatial.util` ermöglicht das Einlesen von ESRI Shapefiles und deren Umwandlung in `JGeometry`-Objekte. Die Vorgehensweise besteht aus drei Schritten[7]:

1. Öffnen des Shapefiles über den Konstruktor `ShapefileReaderJGeom`, der den Dateipfad zum Shapefile übergeben bekommt.
2. Einlesen der *i*-ten Geometrie in ein `byte`-Feld über die Funktion `getGeometryBytes`, die den Index *i* (bei 0 beginnend) als Argument erhält.
3. Umwandlung dieses `byte`-Feldes in ein `JGeometry`-Objekt. Hier ist zusätzlich die Schlüsselnummer des räumlichen Bezugssystems (SRID) anzugeben.

Das Beispielprogramm bestimmt die SRID von Helgoland, liest ein Shapefile (mit einem Geoobjekt) ein und wandelt dessen Geometrie in ein `JGeometry`-Objekt um, sodass das Gebiet von Helgoland mit dieser Geometrie belegt wird.

```
// Einlesen und Umwandeln von Shapefiles
import static gdbutil.ConnectionParameters.*;      // Verbindungsparameter
import java.sql.*;                                 // Import der JDBC-Klassen
import oracle.spatial.geometry.JGeometry;          // Import von JGeometry
import oracle.spatial.util.ShapefileReaderJGeom;   // Import Shapefile-Reader
```

[7] In der Bibliothek zum Release 10.1 muss jeweils zusätzlich die Dimension der Geometrie(n) als zweites Argument übergeben werden.

```
public class SpatialShapefileExample {
  public static void main (String[] args) {
    try {
      // Verbindung zur Datenbank aufbauen
      String url = "jdbc:oracle:thin:@"+DBHOST+":"+DBPORT+":"+DBNAME;
      Connection db = DriverManager.getConnection(url, DBUSER, DBPASSWORD);
      // SRID bestimmen
      Statement statement = db.createStatement();
      String sql = "SELECT centrum FROM Gemeinden WHERE gkz = 3403000";
      ResultSet result = statement.executeQuery(sql);
      int srid = 0;
      if (result.next()) {
        Struct struct = (Struct) result.getObject("centrum");
        JGeometry jGeom = JGeometry.loadJS(struct);
        srid = jGeom.getSRID();
      }
      result.close();
      statement.close();
      // Update vorbereiten
      sql = "UPDATE Gemeinden SET gebiet = ? WHERE name = 'Helgoland'";
      PreparedStatement update = db.prepareStatement(sql);
      // Shapefile öffnen
      ShapefileReaderJGeom reader = new ShapefileReaderJGeom
                                            ("C:\\Temp\\Helgoland.shp");
      // Alle Geometrien umwandeln und abspeichern
      for (int i=0; i<reader.numRecords(); i++) {
        byte[] data = reader.getGeometryBytes(i);
        JGeometry geom = ShapefileReaderJGeom.getGeometry(data,srid);
        update.setObject (1,JGeometry.store(geom,db));
        update.executeUpdate();
      }
      // Schließen
      reader.closeShapefile();
      update.close();
      db.close();
    } // try
    // Fehler behandeln
    catch (Exception ex) {
      System.err.println("SpatialShapefileExample.main: " + ex);
    }
  } // main
} // class
```

Sowohl für die Übersetzung als auch für die Ausführung des Programms werden die Bibliotheken `ojdbcX.jar`, `sdoapi.jar` und `sdoutl.jar` benötigt. Um überprüfen zu können, ob das Programm korrekt funktioniert, sollte man das Gebiet von Helgoland vor Programmstart löschen:

```
UPDATE Gemeinden SET gebiet = NULL WHERE name = 'Helgoland';
COMMIT;
```

9.3.3 Zugriff über GeoTools

Eine Alternative zur direkten Verwendung der Oracle-Bibliotheken stellt die Verwendung der freien Software-Bibliothek *GeoTools* [44] dar. Diese Bibliothek implementiert Geoobjekte auf Grundlage der OGC-Schnittstellenbibliothek *GeoAPI* [139] und Geometrien des Simple-Feature-Modells unter Nutzung der freien Bibliothek *JTS Topology Suite* [82]. GeoTools erlaubt das u.a. Einlesen von Oracle-Tabellen und die Umwandlung der angefragten Tupel in GeoAPI-Objekte mit JTS-Geometrien. Das nachfolgende Beispiel illustriert die Vorgehensweise unter Verwendung von GeoTools in der Version 8:

```
// Einlesen von Geodaten aus Oracle mit GeoTools 8
import static gdbutil.ConnectionParameters.*;       // Verbindungsparameter

import org.geotools.data.DataStore;                 // GeoTools-Klassen
import org.geotools.data.DataStoreFinder;
import org.geotools.data.simple.SimpleFeatureSource;
import org.geotools.data.simple.SimpleFeatureCollection;
import org.geotools.data.simple.SimpleFeatureIterator;

import org.opengis.feature.simple.SimpleFeature;   // GeoAPI-Schnittstellen

import com.vividsolutions.jts.geom.Geometry;       // JTS-Geometrieklasse

import java.util.HashMap;

public class GeotoolsExample {
  public static void main (String[] args) {
    try {
      // Verbindung spezifizieren
      HashMap<String,String> m = new HashMap<String,String>();
      m.put("dbtype", "oracle");
      m.put("host",DBHOST);        m.put("port",DBPORT);
      m.put("database",DBNAME);
      m.put("user",DBUSER);        m.put("passwd",DBPASSWORD);
      m.put("schema",DBUSER.toUpperCase());

      // Datastore bestimmen
      DataStore store = DataStoreFinder.getDataStore(m);

      // Tabelle auswählen und einlesen
      SimpleFeatureSource fSource = store.getFeatureSource("ORTSNETZE");
      SimpleFeatureCollection res = fSource.getFeatures();
      SimpleFeatureIterator it = res.features();

      while (it.hasNext()) {
        SimpleFeature obj = it.next();
        Geometry geom = (Geometry)obj.getDefaultGeometry();
        if (geom != null)
          System.out.println(obj.getAttribute("NAME") + ": "+ geom.getArea());
      }
      it.close();
    } // try

    catch (Exception ex) {
      System.err.println("GeotoolsExample.main: " + ex);
    }
  } // main
} // class
```

Zunächst werden alle Verbindungsdaten in einer HashMap abgelegt. In GeoTools erfolgt der Zugriff auf externe Daten über einen DataStore, der über einen DataStoreFinder auf Basis der Verbindungsdaten bestimmt werden kann. Zur Auswahl der gewünschten Tabelle dient dann eine SimpleFeatureSource. Eine SimpleFatureCollection nimmt die entsprechenden Geoobjekte als Objekte der Klasse SimpleFeature auf und stellt sie über den Iterator SimpleFeatureIterator zur Verfügung. Mithilfe der Methode getDefaultGeometry ist ein Zugriff auf die JTS-Geometrie Geometry möglich. Man beachte, dass für die Angabe von Schema-, Tabellen- und Attributnamen Großbuchstaben verwendet werden müssen.

Das Programm gibt dann die Namen und Flächeninhalte der Ortsnetze aus:

```
Auetal-Bernsen: 0.0038309822999998966
Auetal-Hattendorf: 0.006326917249999902
Rinteln: 0.012438997849999831
Lingen (Ems): 0.01851413284999974
Wiedensahl: 0.004495288250000094

-- und so weiter ...
```

10 Repräsentation von Geodaten mit XML

Eine weitverbreitete Datenrepräsentation stellen Dokumente dar, die auf der *Extensible Markup Language* (XML) beruhen. Diese Beobachtung gilt auch für Geodaten. Daher soll in diesem Kapitel eine Verknüpfung zwischen XML und Geodaten in Datenbanken hergestellt werden. Dazu wird im ersten Abschnitt XML im Allgemeinen und im zweiten Abschnitt in Bezug auf Datenbanken vorgestellt. Abschnitt 10.3 geht auf die *Geography Markup Language* (GML) zur XML-basierten Repräsentation von Geodaten ein. Das Kapitel endet mit der Betrachtung von *KML*.

10.1 Bestandteile von XML

Einen generellen Trend in der Informationstechnik stellt die Verwendung der *Extensible Markup Language (XML)* [204][200] zur Repräsentation von Daten dar. XML wurde 1998 vom *World Wide Web Consortium* (*W3C*) insbesondere mit der Zielrichtung Internet-Anwendungen veröffentlicht. Inzwischen lässt sich kaum noch ein Anwendungsfeld benennen, in dem XML nicht als Basis von mehr oder weniger standardisierten Datenmodellen eingeführt wird. Eine sehr kleine, sicherlich nicht repräsentative Auswahl stellen

- mathematische Formeln (MathML),
- die HTML-Variante XHTML,
- Dateien von Textverarbeitungssystemen,
- die Beschreibung von Konfigurationsdaten,
- der Aufruf von Programmen auf entfernten Rechnern (SOAP) und
- Vektorgrafiken (Scalable Vector Graphics, SVG)

dar. Der genannte Trend kann auch – wie wir etwas später sehen werden – bei der Repräsentation und Visualisierung von Geodaten beobachtet werden.

10.1.1 Extensible Markup Language (XML)

10.1.1.1 Auszeichnungssprachen

Mithilfe von XML lassen sich *Auszeichnungssprachen* (engl. *Markup Languages*) definieren. Eine Auszeichnungssprache strukturiert ein Dokument mithilfe von *Tags*; Tag kann in etwa mit Schildchen oder Etikett übersetzt werden. Die wohl bekannteste Auszeichnungssprache ist *HTML* (*Hypertext Markup Language*) zur Beschreibung von Webdokumenten. In dem von Abbildung 10.1 dargestellten HTML-Dokument sind beispielsweise `<html>`, `<head>`, `<title>` und `</title>` Tags, die den eigentlichen Inhalt einer Webseite strukturieren.

```
<html>
  <head>
    <title>Repräsentation von Geodaten mit XML</title>
  </head>
  <body>
    <h1>Bestandteile von XML</h1>
    <h2>Auszeichnungssprachen</h2>
    <p>Die bekannteste Auszeichnungssprache ist <acronym>HTML</acronym>
      (<em>Hypertext Markup Language</em>) zur Beschreibung von Webdokumenten.
  </body>
</html>
```

Abb. 10.1: HTML als Beispiel für eine Auszeichnungssprache

10.1.1.2 XML-Dokumente

Ein *Element* in einem XML-Dokument besteht aus einem *öffnenden Tag* (dem *Start-Tag*) der Form `<ElementName>` (z.B. `<h2>`) und aus einem *schließenden Tag* (dem *End-Tag*) in der Form `</ElementName>` (z.B. `</h2>`). Es hat als *Inhalt* den zwischen den beiden Tags eingeschlossenen Text. So ist zum Beispiel `<h2>Auszeichnungssprachen</h2>` ein Element. Ist der Inhalt des Dokuments zwischen Start- und zugehörigem End-Tag leer, wird `<ElementName> </ElementName>` zu `<ElementName/>` verkürzt. Im Beispieldokument in Abbildung 10.2 gilt dies für das Element `kreisstadt`. In einem Element können ein oder mehrere andere Elemente als Nachfahren eingebettet sein (z.B. das `kreis`-Element in `Kreise`), sodass eine Baumstruktur entsteht.

```
<?xml version="1.0" ?>
<!-- Dies ist ein XML-Dokument -->
<Daten>
  <Gemeinden>
    <gemeinde id="_3403000">
      <name>Oldenburg</name>
      <einw>153531</einw>
    </gemeinde>
    <gemeinde id="_3451007">
      <name>Westerstede</name>
      <einw jahr="1996">21141</einw>
    </gemeinde>
  </Gemeinden>
  <Kreise>
    <kreis kkz="_3451">
      <name>Ammerland</name>
      <qkm>728.16</qkm>
      <kreisstadt gkz="_3451007" />
    </kreis>
  </Kreise>
</Daten>
```

Abb. 10.2: XML-Dokument

Im Gegensatz zu HTML ist die Groß- und Kleinschreibung in XML-Dokumenten signifikant: `<Daten>` beschreibt also etwas anderes als das Tag `<daten>`.

XML-Dokumente müssen *wohlgeformt* (engl. *well-formed*) sein. Dies bedeutet u.a., dass es zu jedem Start-Tag ein zugehöriges End-Tag gleichen Namens geben muss. Im HTML-Beispiel in Abbildung 10.1 gibt es zu dem öffnenden Tag <p> kein passendes End-Tag. Daher ist das Dokument nicht wohlgeformt. Somit ist HTML, das solche einzelnen Tags erlaubt, keine Auszeichnungssprache, die über XML definiert werden kann; stattdessen hat das W3C inzwischen XHTML als XML-konformen Nachfolger von HTML entwickelt. Außerdem dürfen Elemente sich nicht partiell überlappen. So ist zum Beispiel

```
<h1> a <h2> b </h1> </h2>
```

nicht zulässig. Eine weitere Regel besagt, dass es genau ein Element geben muss (das *Wurzelelement*), das alle anderen vollständig enthält; das Daten-Element übernimmt diese Rolle im Beispiel von Abbildung 10.2. Außerdem muss eine *XML-Deklaration* – das ist die im Beispiel mit <? und ?> eingeklammerte Zeile – am Anfang stehen, die kenntlich macht, dass es sich um ein XML-Dokument handelt.

Ein Element kann in seinem Start-Tag ein oder mehrere *Attribute* besitzen. Ein Attribut besteht aus dem Attributnamen, dem Gleichheitszeichen und dem in doppelten Anführungszeichen stehenden Attributwert. So hat das Attribut mit dem Namen id im ersten gemeinde-Element in Abbildung 10.2 den Wert „_3403000“. Da Attribute, die zur Identifikation von Elementen dienen, gemäß der XML-Spezifikation Zeichenketten sein müssen, wird in dem Beispiel den Schlüsselnummern jeweils ein Unterstrich vorangestellt. Letztendlich hat ein Entwickler prinzipiell die Wahl, Informationen in einem XML-Dokument entweder als Attribut oder als Inhalt eines Elements abzulegen. Als Faustregel sollte man Informationen, die später dem Anwender präsentiert werden sollen, in einem Element speichern und Systemdaten wie Identifikationsnamen oder Verweise auf andere Elemente (also Fremdschlüssel) eher als Attribut ablegen.

Durch <!-- --> werden *Kommentare* eingeschlossen.

10.1.1.3 Namensräume

In unterschiedlichen Zusammenhängen kann es innerhalb eines XML-Dokuments Elemente gleichen Namens, aber mit unterschiedlicher Bedeutung und unterschiedlicher Struktur geben. Zum Beispiel kann das name-Element einer Gemeinde andere Nachfahren und Attribute besitzen als das gleichnamige Element, das den Namen des Bürgermeisters beschreibt. Um bei solchen Namenskonflikten eine Unterscheidung vornehmen zu können, gibt es *Namensräume* (engl. *Namespaces*) [205]. Dies ist vergleichbar mit der expliziten Hinzunahme von Paketbezeichnungen zu den Klassennamen in Java oder anderen Programmiersprachen.

Das *Präfix eines Namensraums* wird den Elementnamen mit einem Doppelpunkt getrennt vorangestellt:

```
<NamensraumPräfix:ElementName>
```

Die Deklaration eines Namensraums erfolgt über das Attribut xmlns. Diese Deklaration besteht aus dem Präfix des Namensraums und dessen *Bezeichnung*, die über einen *Uniform Resource Identifier* (*URI*) den Namensraum eindeutig identifiziert:

```
<NamensraumPräfix:ElementName xmlns:NamensraumPräfix="URI">
```

Als URI eines Namensraums wird üblicherweise eine Webadresse verwendet. Diese Adresse kann es in Realität geben; dies muss aber nicht der Fall sein. Es wird also keine Internet-Verbindung zur Überprüfung der URI aufgebaut. Ein Namensraum kann in dem Element, in dem er deklariert ist, und damit in allen dort eingebetteten Elementen verwendet werden. So wird in Abbildung 10.3 der Namensraum mit URI „http://www.geodbs.de/xml“ und Präfix GeoDBS für das Element Daten und dessen Nachfahren deklariert.

```
<?xml version="1.0" ?>
<GeoDBS:Daten xmlns:GeoDBS="http://www.geodbs.de/xml">
  <GeoDBS:Gemeinden>
    <GeoDBS:gemeinde id="_3403000">
      <GeoDBS:name>Oldenburg</GeoDBS:name>
      <GeoDBS:einw>153531</GeoDBS:einw>
    </GeoDBS:gemeinde>
    <!-- hier analog die Elemente wie in Abbildung 10.2 -->
  </GeoDBS:Gemeinden>
  <!-- hier analog die Elemente wie in Abbildung 10.2 -->
</GeoDBS:Daten>
```

Abb. 10.3: XML-Dokument mit expliziten Namensraum

Lässt man bei der Definition eines Namensraums das Präfix nach dem Attribut xmlns weg, so wird dieser Namensraum zum *Standardnamensraum* (engl. *Default Namespace*). Für Elemente des Standardnamensraums braucht dann das Präfix nicht angegeben werden. Abbildung 10.4 zeigt diese Möglichkeit für das gleiche Beispiel wie zuvor. Im Geltungsbereich eines Standardnamensraums ist es erlaubt, einen anderen Standardnamensraum zu definieren, der dann für das betroffene Element und seine Nachfahren gilt.

```
<?xml version="1.0" ?>
<Daten xmlns="http://www.geodbs.de/xml">
  <Gemeinden>
    <gemeinde gkz="_3403000">
      <name>Oldenburg</name>
      <einw>153531</einw>
    </gemeinde>
    <!-- hier folgen die Elemente wie in Abbildung 10.2 -->
  </Gemeinden>
  <!-- hier folgen die Elemente wie in Abbildung 10.2 -->
</Daten>
```

Abb. 10.4: XML-Dokument mit Standardnamensraum

10.1.1.4 Verknüpfungen (XLink)

Eine wesentliche Technik, die insbesondere durch HTML populär geworden ist, ist die Einbettung von *(Hypertext-)Verknüpfungen* (engl. *Links*) in ein Dokument, um auf andere Dokumente bzw. Stellen im gleichen oder in einem anderen Dokument zu verweisen. Eine vergleichbare, wenngleich mächtigere Technik stellt *XLink* [207] für XML-Dokumente dar.

XLink definiert eine Reihe von Attributen, um eine Verknüpfung zu spezifizieren. Das wichtigste Attribut ist href, das einen URI spezifiziert. Dieser kann (als URL) eine absolute oder eine relative Webadresse beschreiben:

```
http://www.geodbs.de/xml/beispiel.xml
xml/beispiel.xml
```

Außerdem können bestimmte Positionen in einem Dokument referenziert werden. Die einfachste Form als *Shorthand XPointer* erlaubt nach einem # die Angabe der ID des referenzierten Elements (als Kurzform von #xpointer(id("<*ID*>"))):

```
http://www.geodbs.de/xml/beispiel.xml#_3403000
http://www.geodbs.de/xml/beispiel.xml#xpointer(id("_3403000"))
#_3451
```

Zur Verwendung von XLink wird dessen Namensraum (in der Regel mit dem Präfix xlink) spezifiziert:

```
<Daten xmlns:xlink="http://www.w3.org/1999/xlink">
   <Gemeinden>
      <gemeinde xlink:href="westerstede.xml" />
   </Gemeinden>
</Daten>
```

Das Attribut type von XLink spezifiziert den Typ der Verknüpfung. Im Folgenden beschränken wir uns auf XLinks vom Typ simple, bei denen der Link von einem Quelldokument zu genau einer Zielressource verweist. Über das Attribut title kann man der Verknüpfung eine (von Menschen) lesbare Bezeichnung geben.

```
<Daten xmlns:xlink="http://www.w3.org/1999/xlink">
   <Gemeinden>
      <gemeinde xlink:type="simple"
                xlink:title="Gemeinde Westerstede"
                xlink:href="westerstede.xml" />
   </Gemeinden>
</Daten>
```

Das XLink-Attribut actuate gibt an, wann der Verknüpfung gefolgt werden soll. Beim Attributwert onRequest erfolgt dies auf Anforderung durch den Benutzer (wie bei einem HTML-Link), während onLoad aussagt, dass der Link sofort beim Laden des Dokuments ausgewertet werden soll.

```
<?xml version="1.0" ?>
<Daten xmlns="http://www.geodbs.de/xml"
       xmlns:xlink="http://www.w3.org/1999/xlink">
   <Gemeinden>
      <gemeinde xlink:type="simple"  xlink:href="oldenburg.xml"
                xlink:title="Gemeinde Oldenburg"
                xlink:show="replace" xlink:actuate="onRequest" />
      <gemeinde xlink:type="simple"  xlink:href="westerstede.xml"
                xlink:title="Gemeinde Westerstede"
                xlink:show="embed"   xlink:actuate="onLoad" />
   </Gemeinden>
   <!-- hier folgen die Elemente wie in Abbildung 10.2 -->
</Daten>
```

Abb. 10.5: Die Verwendung von XLinks

Das XLink-Attribut `show` macht Angaben zur Anzeige des verknüpften Dokuments. Der Attributwert `replace` legt fest, dass das aktuelle Dokument durch das verknüpfte Dokument ersetzt werden soll, also das Standardverhalten nach Anklicken eines HTML-Links. Der Attributwert `new` definiert, dass beim Aktivieren die Darstellung in einem neuen Anzeigefenster erscheint. Die dritte Variante `embed` integriert das verknüpfte Dokument in das aktuelle Dokument. Das Beispiel in Abbildung 10.5 zeigt mögliche Kombinationen der genannten XLink-Attribute.

10.1.2 XML Schema

In den meisten Anwendungen möchte man nicht völlig willkürliche XML-Dokumente verarbeiten, sondern die zulässige Struktur der Dokumente vorgeben. Ein XML-Dokument, das solche Regeln erfüllt, wird als *gültig* (engl. *valid*) bezeichnet. Eine Möglichkeit zur Strukturspezifikation sind *Document Type Definitions* (*DTD*). Allerdings sind DTDs oftmals nicht mächtig genug, um eine möglichst konkrete Vorgabe formulieren zu können. Zudem sind sie selbst keine XML-Dokumente, was die Verarbeitung mit einheitlichen Werkzeugen erschwert. Von daher hat sich die W3C-Empfehlung *XML Schema* [211] durchgesetzt, um die Struktur von XML-Dokumenten zu spezifizieren. XML Schema ist XML-basiert und wesentlich mächtiger als der DTD-Ansatz.

Das Einbinden einer *XML Schema Definition* (*XSD*) in ein XML-Dokument, das im Folgenden Zieldokument genannt wird, benötigt drei Angaben:

- die Definition des Namensraums des Zieldokuments,
- die Deklaration des Namensraums „http://www.w3.org/2001/XMLSchema-instance" zur XSD-Einbindung, wobei typischerweise der Präfix `xsi` vereinbart wird, und
- das Attribut `xsi:schemaLocation`. Dieses Attribut verknüpft das Zieldokument und die Schemadefinition. Dazu enthält es den Namensraum des Zieldokuments und den Namen der Datei, die die Schemadefinition enthält.

Die Abbildung 10.6 zeigt dieses Vorgehen für das XML-Dokument aus Abbildung 10.2. „http://www.geodbs.de/xml" ist der Namensraum des Zieldokuments und „gemeinden.xsd" der Dateiname der Schemadefinition.

```
<?xml version="1.0" ?>
<Daten xmlns="http://www.geodbs.de/xml"
       xmlns:xsi="http://www.w3.org/2001/XMLSchema-instance"
       xsi:schemaLocation="http://www.geodbs.de/xml gemeinden.xsd">
   <!-- hier folgen die Elemente wie in Abbildung 10.2 -->
</Daten>
```

Abb. 10.6: Angabe der Schemadefinition in einem XML-Dokument

Die Abbildungen 10.7 und 10.8 zeigen eine XSD, die das XML-Dokument aus Abbildung 10.2 beschreibt.

Das Wurzelelement der Beispiel-XSD heißt `schema`. Neben dem Namensraum von XML Schema, der hier zweckmäßigerweise als Standardnamensraum vereinbart ist, wird zusätzlich der Namensraum des zu definierenden Schemas spezifiziert. Dies erfolgt über das Attribut `targetNamespace`. Außerdem ist es zusätzlich notwendig, für diesen Namensraum ein

Präfix zu vereinbaren (hier: GeoDBS). Das Attribut elementFormDefault erhält den Wert „qualified“. Dies bedeutet, dass alle in der XSD definierten Elemente zum Namensraum gehören, der in targetNamespace angegeben ist.

```
<?xml version="1.0" ?>
<schema targetNamespace="http://www.geodbs.de/xml"
        xmlns:GeoDBS="http://www.geodbs.de/xml"
        xmlns="http://www.w3.org/2001/XMLSchema"
        elementFormDefault="qualified">

  <element name="Daten">
    <complexType>
      <sequence>
        <element name="Gemeinden" type="GeoDBS:Gemeinden" />
        <element name="Kreise" ref="GeoDBS:Kreise" />
      </sequence>
    </complexType>
  </element>

  <complexType name="Gemeinden">
    <sequence>
      <element name="gemeinde" minOccurs="0" maxOccurs="unbounded">
        <complexType>
          <sequence>
            <element name="name" type="string" />
            <element name="einw" type="integer">
             <complexType>
               <simpleContent>
                 <extension base="integer">
                   <attribute name="jahr" type="integer" use="optional" />
                 </extension>
               </simpleContent>
             </complexType>
            </element>
          </sequence>
          <attribute name="id" type="ID" use="required" />
        </complexType>
      </element>
    </sequence>
  </complexType>
```

Abb. 10.7: Beispiel für eine XML Schema Definition (Teil 1)

```
    <element name="Kreise">
      <complexType>
        <sequence>

          <element name="kreis" minOccurs="0" maxOccurs="unbounded">
            <complexType>
              <sequence>

                <element name="name" type="string" />

                <element name="qkm" type="float" />

                <element name="kreisstadt">
                  <complexType>
                    <attribute name="gkz" type="IDREF" use="required" />
                  </complexType>
                </element>

              </sequence>

              <attribute name="kkz" type="ID" use="required" />
            </complexType>
          </element>

        </sequence>
      </complexType>
    </element>

  </schema>
```

Abb. 10.8: Beispiel für eine XML Schema Definition (Teil 2)

Die Beschreibung der Elemente und Attribute des Zieldokuments erfolgt über `element`- und `attribute`-Elemente, die ggf. ineinander verschachtelt sind. Das Attribut `name` dieser beiden XSD-Elemente definiert den Namen des Elements bzw. des Attributs im Zieldokument. Über das XSD-Attribut `type` kann der Datentyp eines Attributs im Zieldokument festgelegt werden. So gibt es als vordefinierte Datentypen u.a. Zahlen, Zeichenketten, Wahrheitswerte und Datumsangaben. Der Typ „ID" entspricht einem XML-Identifikationsnamen und „IDREF" einem Verweis auf einen solchen Identifier.

XML Schema definiert das *Inhaltsmodell* für Elemente. Das Inhaltsmodell legt fest, welche Kindelemente und welcher Text eingeschlossen sein dürfen. Man unterscheidet voneinander: *leere Inhaltsmodelle*, *einfache Inhaltmodelle*, die nur eingeschlossenen Text zulassen, *komplexe Inhaltsmodelle*, die als direkte Nachfahren nur Elemente erlauben, und gemischte Inhaltsmodelle, in denen beides zulässig ist.

Elemente mit einfachem Inhaltsmodell, die keine Attribute besitzen, sind von *einfachem Typ* (`simpleType`). Für solche Elemente kann der Datentyp im `type`-Attribut von `element` angegeben werden (wie z.B. für „name" und „qkm" in unserem Beispiel).

Besitzt ein Element im Zieldokument eingebettete Elemente oder Attribute (wie z.B. die Elemente „gemeinde" und „kreis"), weist es einen *komplexen Typ* auf, der über ein `complexType`-Element definiert wird. Ein komplexer Typ kann vollständig beschrieben werden oder von einem anderen Datentyp durch *Erweiterung* (`extension`) oder *Einschränkung* (`restriction`) abgeleitet werden.

Elemente mit leerem Inhaltsmodell erlauben nur die Aufnahme von Attributen. Sie haben damit einen komplexen Typ. Beispiel für ein solches Element ist „kreisstadt“.

Elemente komplexen Typs mit einfachem Inhaltsmodell können Attribute besitzen und Text einbetten. Hierfür ist das Element „einw“ ein Beispiel. Über das XSD-Element `simpleContent` wird die Ableitung des Datentyps für den eingeschlossenen Text ermöglicht. Die konkrete Ableitungsweise wird im vorliegenden Beispiel durch das Element `extension` festgelegt. Somit kann in „einw“ eine Integer-Zahl eingebettet werden. Alternativ ist eine Einschränkung über `restriction` möglich.

Elemente mit einem komplexen Inhaltsmodell erlauben (neben der Aufnahme von Attributen) die Einbettung von Kindelementen. Zu diesem Zweck gibt das XSD-Element `sequence` an, dass die eingebetteten Elemente im Zieldokument gemäß der vorgegebenen Reihenfolge anzugeben sind. Das Beispiel in Abbildung 10.8 für diesen Fall ist das Element „kreis“. Eine Alternative ist das `any`-Element, das eine beliebige Reihenfolge zulässt. Das XSD-Element `choice` erlaubt die Auswahl eines Elements aus einer vorgegebenen Menge von Elementen. Möchte man das komplexe Inhaltsmodell von einem komplexen Typ ableiten, so wird dies durch das XSD-Element `complexContent` erlaubt; dieses Element enthält dann wiederum das `extension`- oder `restriction`-Element zum Festlegen der konkreten Ableitung (siehe dazu auch Abb. 10.23 auf S. 348).

Elemente mit gemischtem Inhaltsmodell kann man definieren, indem in einem `complexType`-Element das optionale XSD-Attribut `mixed` auf `"true"` gesetzt wird.

Ein `complexType`-Element kann im Schema in dem betroffenen Element eingebettet sein (wie z.B. beim Element „Daten“). Auch ist es möglich, auf ein `element`- oder ein `complexType`-Element zu verweisen, das sich an einer anderen Stelle im Schemadokument befindet. Im ersten Fall wird dazu das XSD-Attribut `ref` eingeführt (wie im Fall der „Kreise“), im zweiten das Attribut `type` (wie bei den „Gemeinden“); außerdem muss der `complexType` dann ein Namensattribut aufweisen.

Ein aufgeführtes Element muss im Zieldokument genau einmal im umgebenden Element vorkommen, es sei denn, dass durch die XSD-Attribute `minOccurs` bzw. `maxOccurs` eine andere minimale bzw. maximale Anzahl angegeben wurde; „unbounded“ bedeutet dabei eine beliebige Anzahl. Für Attribute kann man über das XSD-Attribut `use` angeben, ob sie im Zieldokument „optional“ sind oder immer vorhanden („required“) sein müssen.

Diese kurze Darstellung macht – obwohl sie nur einen kleinen Teil von XML Schema abdeckt – die Mächtigkeit dieses Ansatzes deutlich. Eine ausführlichere Darstellung findet man zum Beispiel in [198].

10.1.3 XSL-Transformation (XSLT)

Eine wichtige Anforderung an XML-Dokumente ist, dass sie leicht situationsbezogen in andere Datenformate, insbesondere in andere XML-Dokumente, umgewandelt werden können. Dies ist zum Beispiel dann erforderlich, wenn man ein XML-Dokument auf verschiedenen Typen von Endgeräten (z.B. auf PCs, PDAs oder Mobiltelefonen) unterschiedlich darstellen möchte. Dazu können *Extensible Stylesheet Language Transformations* (*XSLT*) [212] genutzt werden. Eine XSL-Transformation erlaubt die Umwandlung eines XML-Dokuments in ein anderes XML-Dokument, aber auch in das HTML- und das PDF-Format. Abbildung 10.9 skizziert, wie ein *XSLT-Prozessor* entweder auf der Server-Seite oder auf der Client-

Seite ein XML-Dokument und ein *XSLT-Stylesheet*, das die XSL-Transformation beschreibt, erhält und daraus das gewünschte Datenformat erzeugt. In Abhängigkeit vom verwendeten Stylesheet werden unterschiedliche Dokumente generiert.

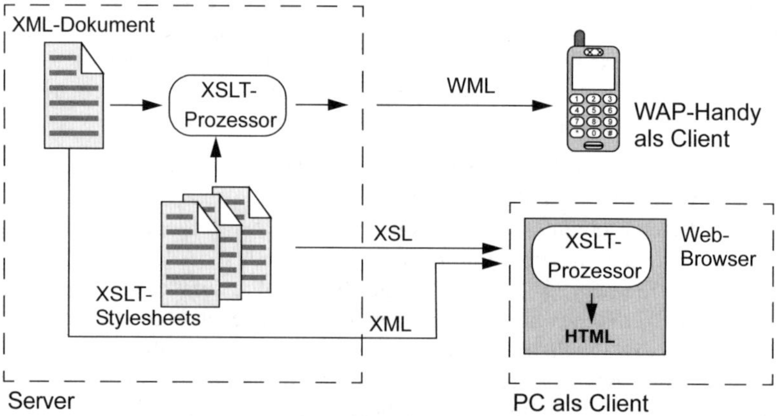

Abb. 10.9: Anwendung von XSL-Transformationen

XSLT-Stylesheets sind XML-Dokumente, auf deren Aufbau aber an dieser Stelle nicht eingegangen werden soll.

Eine Einbindung eines XSLT-Stylesheets in ein Zieldokument kann über die XML-Deklaration `xml-stylesheet` erfolgen. So fordert das Dokument in Abbildung 10.10 ein Stylesheet mit dem Dateinamen „html.xsl“ an; eine solche Vorgehensweise ist insbesondere dann notwendig, wenn die Transformation auf der Client-Seite erfolgen soll. Über das Attribut `type` wird angezeigt, dass es sich um ein XSLT-Stylesheet handelt.

```
<?xml version="1.0" ?>
<?xml-stylesheet href="html.xsl" type="text/xsl" ?>
<Daten xmlns="http://www.geodbs.de/xml">
    <!-- hier folgen die Elemente wie in Abbildung 10.2 -->
</Daten>
```

Abb. 10.10: Einbinden eines XSLT-Stylesheets

10.1.4 Verarbeitung von XML-Dokumenten

Anwendungsprogramme müssen XML in der einen oder anderen Form verarbeiten. Dazu wird das Dokument eingelesen und in seine Bestandteile zerlegt. Die Komponente, die diesen Schritt durchführt, wird als *XML-Parser* bezeichnet. Solche Parser kennen typischerweise zwei Formen der Verarbeitung von XML-Dokumenten.

Bei der *ereignisbezogenen Verarbeitung* durchläuft der Parser das XML-Dokument einmal von Anfang bis Ende. Der Parser ruft bei jedem öffnenden Tag und jedem schließenden Tag eines Elements Methoden des Anwendungsprogramms auf, die diese Angaben (Typ und Name des Elements sowie eventuelle Attribute) verarbeiten. Nach dem Durchlauf liegt das Dokument (zumindest seitens des Parsers) nicht mehr im Hauptspeicher des Anwendungsprogramms vor; diese Form der Verarbeitung erfordert relativ wenig Speicherplatz, was gerade für sehr große XML-Dokumente und/oder leistungsschwache Endgeräte wie z.B. PDAs und Mobiltelefone wichtig ist. Im Java-Umfeld heißt die API, die diese Form des Parsens spezifiziert, *Simple API for XML* (*SAX*) [193][113].

Die zweite Form der Verarbeitung baut einen Baum auf, der die Struktur des XML-Dokuments widerspiegelt. Dieser Baum wird als *Document Object Model* (*DOM*) [203] bezeichnet. Für das DOM ist eine sprach- und plattformneutrale API definiert, über die ein Anwendungsprogramm – nachdem der Parser den Baum aufgebaut hat – den Baum in beliebiger Reihenfolge und auch mehrfach durchlaufen kann. Dazu ist das XML-Dokument in der Regel vollständig im Hauptspeicher gespeichert. Die Flexibilität geht also auf Kosten des Speicherplatzbedarfs. Abbildung 10.11 zeigt das DOM zu dem Dokument aus Abbildung 10.2. Die verschiedenen Formen der Knotendarstellung symbolisieren die unterschiedlichen Arten von DOM-Knoten. So gibt es (u.a.) neben Knoten für Elemente, Attribute und eingeschlossenen Text auch einen übergeordneten Knoten (`DOCUMENT`) für das gesamte Dokument. Dieser Knoten ist nicht mit dem Wurzelelement `Daten` zu verwechseln, dessen Knoten direkter Nachfahre des Dokumentknotens ist.

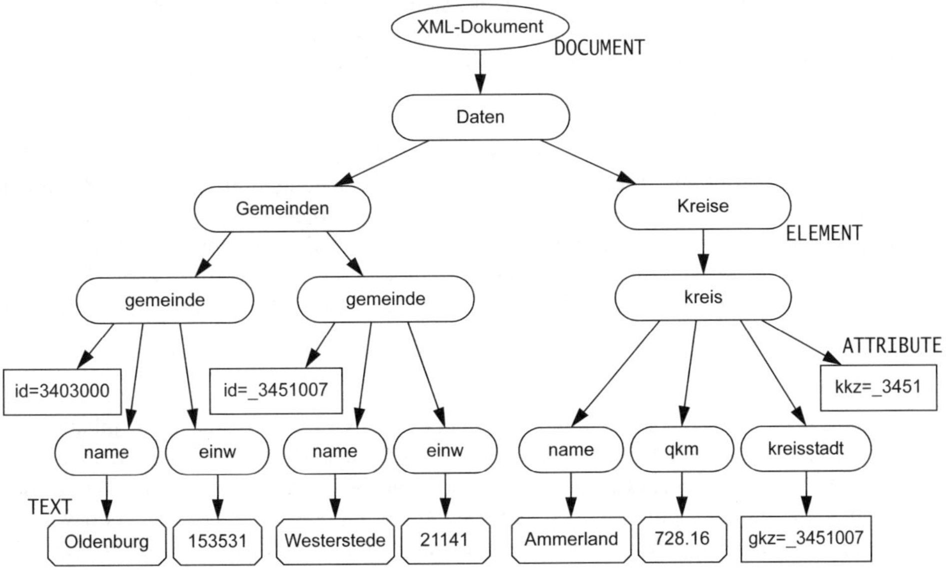

Abb. 10.11: Document Object Model (DOM)

10.2 Datenbanken und XML

Mit der zunehmenden Verbreitung von XML entsteht die Notwendigkeit, XML-Dokumente in Datenbanken abzuspeichern und abzufragen.

10.2.1 Grundsätzliche Verfahren

Für die Speicherung von XML-Dokumenten in Datenbanken spielt der *Strukturierungsgrad der XML-Dokumente* eine große Rolle. Daten, die zum Beispiel aus relationalen Datenbanktabellen nach XML umgewandelt werden, weisen eine sehr regelmäßige Struktur auf. Die Definition einer DTD oder eines XML Schemas ist dann ohne größere Schwierigkeiten möglich. Man spricht in solchen Fällen auch von *datenzentrierten Dokumenten*. Das andere Extrem bilden Dokumente, die sehr unterschiedlich strukturiert sind (*dokumentenzentrierte XML-Dokumente*). Zwischen diesen beiden Extremen kann der Strukturierungsgrad von XML-Dokumenten beliebig variieren. Je stärker der Grad der Strukturierung von Dokumenten abnimmt, desto schwieriger und größer wird eine entsprechende Schemadefinition.

Zur Speicherung von XML-Dokumenten in einer Datenbank stehen verschiedene Technologien und Techniken zur Verfügung. Dabei können drei grundlegende Verfahren unterschieden werden [88]:

- *CLOB-Speicherung*

  Hierbei wird ein komplettes XML-Dokument als Character Large Object (CLOB) gespeichert. Zusätzlich können Indexe über die gespeicherten Dokumente angelegt werden, um zum Beispiel die Suche nach bestimmten Elementen zu unterstützen.

- *Generische Speicherung*

  Dieses Verfahren betrachtet das DOM eines XML-Dokuments und zerlegt es in verschiedene Bestandteile wie Elementknoten, Elementbeziehungen und Textdaten. Solche Informationen können in wenigen Tabellen relational, objektrelational oder objektorientiert abgespeichert werden. Ähnlich wie wir es in Abschnitt 1.5.2 für Geodaten beobachten konnten, wird dadurch ein XML-Dokument stark in einzelne Teile zerhackt, sodass das Zusammensetzen dieser Teile zu einem vollständigen Dokument unter Umständen sehr aufwendig ist.

- *Strukturierte Speicherung*

  Als eine dritte Klasse von Verfahren versucht die strukturierte Speicherung anhand einer konkreten DTD oder Schemadefinition einen spezifischen Satz von Tabellen abzuleiten, in denen die entsprechenden XML-Dokumente gespeichert werden. Da hierbei größere Elemente zusammen mit eingebetteten Elementen in einer Tabelle gespeichert werden, bieten sich für diesen Ansatz objektrelationale (oder objektorientierte) Datenbanksysteme an.

Diese Aufstellung macht deutlich, dass XML-Dokumente in relationalen und objektrelationalen Datenbanken gespeichert werden können. Für eine tiefer gehende Beschäftigung mit der Speicherung von XML-Daten in (objekt-)relationalen oder alternativen Datenbanken sei hier auf einschlägige Fachliteratur, zum Beispiel [85] und [88], verwiesen.

10.2.2 XPath

Um Daten aus einem Datenbanksystem abzurufen, muss ein Anwender bzw. ein Anwendungsprogramm Anfragen formulieren können. Für (objekt-)relationale Systeme wird dazu SQL verwendet. Zur Selektion einzelner Elemente bzw. Attribute eines XML-Dokuments, die bestimmte Bedingungen erfüllen, wird hingegen (bislang) meist *XPath 1.0* [208] eingesetzt.

Zum Verständnis von XPath ist es zweckmäßig, sich das Dokument als DOM in der Baumstruktur mit Element- und Attributknoten vorzustellen. Dabei beziehen sich die Selektionsbedingungen jeweils auf einen aktuellen Knoten, der *Kontextknoten* genannt wird. Über eine *Achse* kann nun ein Pfad vom Kontextknoten zu einem oder mehreren anderen Knoten definiert werden.

Es gibt eine Reihe unterschiedlicher Achsen, u.a. die folgenden:

- `child`: alle Knoten, die direkte Nachfahren des aktuellen Knotens sind (deren Reihenfolge entspricht der Reihenfolge der Elemente im XML-Dokument)
- `descendant`: alle Knoten, die direkte oder indirekte Nachfahren des aktuellen Knotens sind
- `descendant-or-self`: der aktuelle Knoten plus alle Knoten, die direkte oder indirekte Nachfahren des aktuellen Knotens sind
- `parent`: das direkte Elternelement des aktuellen Knotens
- `ancestor`: alle direkten und indirekten Vorfahren des aktuellen Knotens
- `following-sibling`: alle nachfolgenden Geschwisterknoten des aktuellen Knotens
- `preceding-sibling`: alle vorhergehenden Geschwisterknoten des aktuellen Knotens
- `self`: der aktuelle Knoten
- `attribute`: alle Attributknoten des aktuellen Knotens

Abbildung 10.12 illustriert einige dieser Achsen, wobei das unterlegte `gemeinde`-Element der Kontextknoten ist.

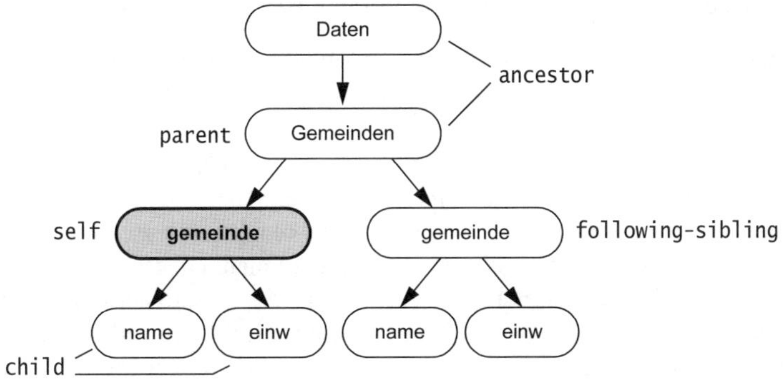

Abb. 10.12: Achsen zur Selektion von Knoten

Über *Knotentests* lassen sich spezifische Knoten aus einer Achse selektieren:

- Elementname: nur die Elemente der Achse mit dem angegebenen Namen
- *: alle Elemente (aber nicht andere Knotentypen wie Attribute) einer Achse
- `node()`: alle Knoten (auch Attribute) einer Achse
- `text()`: alle Textknoten einer Achse

Achse und Knotentest werden durch `::` voneinander getrennt. In Abbildung 10.13 ist das `gemeinde`-Element der aktuelle Knoten. Dann wählt `descendant::name` das `name`-Element aus, während `descendant::*` die beiden Elemente `name` und `einw` selektiert. Durch `descendant::text()` werden die beiden Textknoten bestimmt.

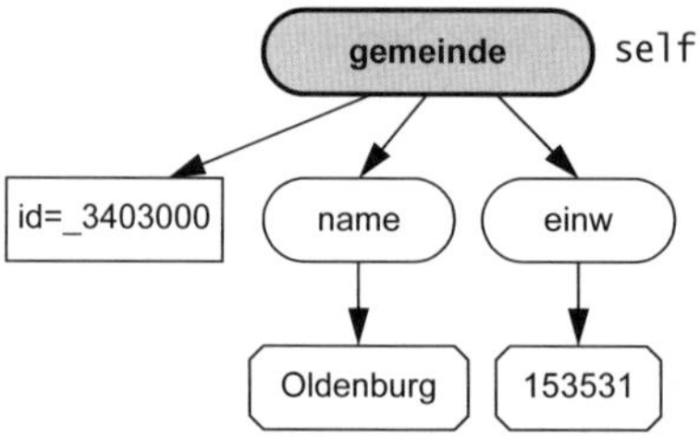

Abb. 10.13: Beispiel zur Illustration von Knotentests

Für die Beschreibung von Achsen mit Knotentests gibt es einige Kurzschreibweisen:

- `.` = `self::node()` – bezeichnet den Kontextknoten
- `..` = `parent::node()` – bezeichnet den direkten Elternknoten
- Elementname = `child::`Elementname
- @Attributname = `attribute::`Attributname

Zusätzlich steht eine Reihe von *Prädikaten* zur Verfügung, mit denen weitere Bedingungen definiert werden können. Diese im Einzelnen vorzustellen, würde den Rahmen dieses Buchs sprengen; nachfolgend werden einige Prädikate anhand von Beispielen erklärt. In den Prädikaten können *Funktionen* verwendet werden. Dazu gehören Funktionen, die Positionsangaben für Knoten ermitteln (`position()`). Andere Funktionen verarbeiten Zeichenketten, liefern boolesche Resultate oder führen numerische Berechnungen aus.

Die Prädikate werden optional in eckigen Klammern nach dem Knotentest angegeben:

```
<Achse>::<Knotentest>[<Prädikate>]
```

Einen solchen Ausdruck nennt man *Lokalisierungsschritt* (engl. *Location Step*). Mehrere Lokalisierungsschritte können – jeweils durch einen Slash / getrennt – zu einem *XPath-Ausdruck* aneinander gereiht werden, um die gesuchten Knoten zu spezifizieren. Ein solcher XPath-Ausdruck sollte mit dem Wurzelelement beginnen. Dies erreicht man, indem der Ausdruck mit einem Slash / startet. Ein vorhergehender Lokalisierungsschritt bestimmt den Kontextknoten bzw. die Menge von Kontextknoten, auf die jeweils der direkt nachfolgende Lokalisierungsschritt angewendet wird. `//` ist die Kurzform von `/descendant-or-self::node()/` und bezeichnet somit alle Nachkommen des Kontextknotens.

Das Beispiel in Abbildung 10.14 soll die Bedeutung von XPath-Ausdrücken verdeutlichen:

- `/Daten/Gemeinden` (als Kurzform von `/child::Daten/child::Gemeinden`) wählt das `Gemeinden`-Element (mit allen eingebetteten Elementen) aus.
- `/descendant-or-self::node()/name` selektiert alle `name`-Elemente im Dokument; der Ausdruck kann zu `//name` verkürzt werden.
- `//gemeinde/name` wählt alle Gemeindenamen, aber nicht die Kreisnamen aus.
- `//gemeinde/@id` selektiert die `id`-Attribute der Gemeinden.
- `//gemeinde[@id="_3403000"]/name/text()` gibt das Textattribut „Oldenburg“ aus; dies ist die Kurzform von `//gemeinde[attribute::id="_3403000"]/child::name/child::text()`

- `//gemeinde/name[./text()="Oldenburg"]/../following-sibling::node()/einw/text()` bestimmt (nicht sehr zielgerichtet) die Einwohnerzahl von Westerstede.
- `//kreis/name[./text()="Ammerland"]/../@kkz` fragt das Kreiskennzeichen vom Ammerland ab.
- `//gemeinde/einw[number(./text())>50000]/../@id` selektiert die Gemeinde-ID aus allen Gemeinden, die mehr als 50.000 Einwohner haben. Die Funktion `number` muss aufgerufen werden, da `text()` eine Zeichenkette liefert, die für einen numerischen Vergleich zunächst in eine Zahl umgewandelt werden muss.
- `/Daten/Gemeinden/gemeinde[position()=2]/name` liefert das `name`-Element von Westerstede, da diese Gemeinde den zweiten Knoten bezüglich des vorhergehenden Lokalisierungsschrittes (also von `Gemeinden`) darstellt. Diesen XPath-Ausdruck kann man auch zu `/Daten/Gemeinden/gemeinde[2]/name` verkürzen.

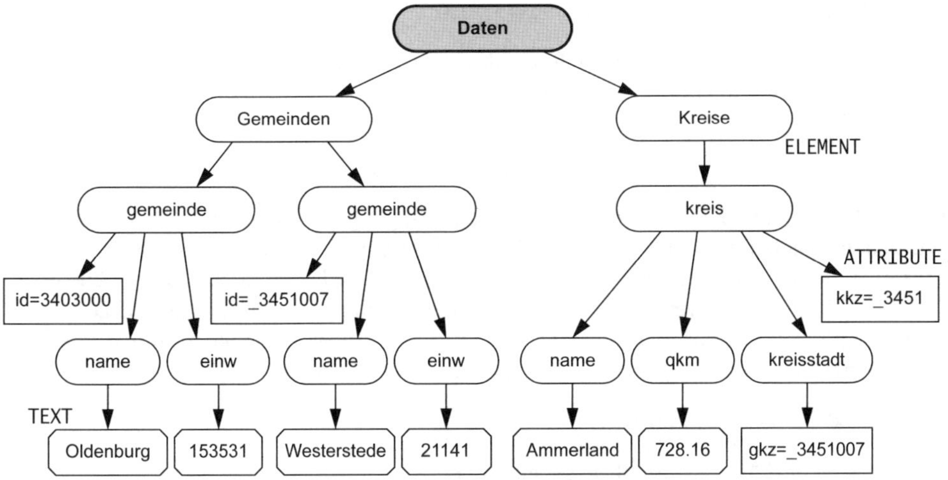

Abb. 10.14: Beispiel zur Illustration von XPath-Ausdrücken

10.2.3 XQuery

Eine spezifische Anfragesprache, insbesondere für XML-Datenbanken, ist *XQuery* [100]. Seit Januar 2007 liegt die Spezifikation von XQuery 1.0 als W3C-Empfehlung vor [210]. Gleichzeitig wurde *XPath 2.0* [209] entwickelt, das eine wesentliche größere Funktionsbibliothek als XPath 1.0 besitzt. Außerdem liefert XPath 2.0 Sequenzen, während XPath 1.0 ungeordnete Mengen als Resultat hat.

Das zentrale Sprachelement von XQuery zur Formulierung von Anfragen ist der *FLWOR-Ausdruck*, wobei FLWOR (sprich: Flower) die Abkürzung von dessen Bestandteilen ist:

- `for`
- `let`
- `where`
- `order by`
- `return`

Die return-Klausel definiert den Rückgabewert der XQuery, wobei in einer Art Schablone Variable und andere Ausdrücke eingebettet sein können. Die Variablen werden im Rahmen der for- und let-Klauseln spezifiziert. Diese beiden Klauseln verhalten sich unterschiedlich, wenn über den Ausdruck eine Sequenz mehrerer Knoten ausgewählt wird. Eine let-Klausel bindet das Resultat als eine zusammengehörige Einheit an die Variable, während bei for-Klauseln das Ergebnis des Ausdruckes elementweise verarbeitet wird. Sollten mehrere Variable über for-Klauseln vereinbart sein, dann wird – wie beim relationalen CROSS JOIN – das kartesische Produkt zwischen den Elementen gebildet.

```
for $gem in doc("gemeinden.xml")//gemeinde
let $name := $gem/name/text()
let $einw := $gem/einw/text()
let $gkz := $gem/@id
return
  <tr><td>{substring-after($gkz,"_")}</td>
  <td>{$name}</td><td>{$einw}</td></tr>
```

Das vorhergehende Beispiel, das sich auf das in Abbildung 10.2 dargestellte XML-Dokument „gemeinden.xml“ bezieht, erzeugt:

```
<tr><td>3403000</td><td>Oldenburg</td><td>153531</td></tr>
<tr><td>3451007</td><td>Westerstede</td><td>21141</td></tr>
```

Während über where-Klauseln einschränkende Bedingungen vereinbart werden können, dienen order by-Klauseln der Sortierung; der Einfluss von SQL ist an dieser Stelle nicht zu übersehen. In der where-Klausel können normale Selektionskriterien (z.B. $var < 100 or not $name = "Oldenburg"), Verbundbedingungen oder Bedingungen mit Bezug zur Dokumentstruktur (z.B. $elem [position() = 2]) stehen. Die Verwendung von Aggregatfunktionen (z.B. count($var) > 10) ist möglich. Der nachfolgende Verbund

```
for $gem in doc("gemeinden.xml")//gemeinde
for $kreis at $i in doc("gemeinden.xml")//kreis
where $gem/@id = $kreis/kreisstadt/@gkz
order by $kreis/name
return
  <tr><td id="$i">{$kreis/name}</td><td>{$gem/name}</td></tr>
```

gibt folgendes Ergebnis zurück (über at $i in der for-Klausel wird die jeweilige Position im Dokument abgefragt):

```
<tr><td id="1">Ammerland</td><td>Westerstede</td></tr>
```

10.2.4 Oracle

Der Oracle-Datentyp XMLTYPE unterstützt sowohl die Speicherung von XML-Dokumenten in CLOBs als auch die strukturierte Speicherung von XML-Dokumenten.

Wenn ein Tabellenattribut vom Typ XMLTYPE ohne Angabe eines XML Schemas angelegt wird, verbirgt sich dahinter automatisch ein CLOB, der XML-Dokumente jeweils als eine (lange) Zeichenkette abspeichert. Für eine Tabelle „GemeindePOIs“, die gemeindeweise Informationen über die Points of Interest (POI) in XML-Form speichert, sieht eine entsprechende Tabellendefinition wie folgt aus:

```
CREATE TABLE GemeindePOIs (
  gkz        INTEGER,                     -- Gemeindeschlüssel
  poi_xml    XMLTYPE,                     -- POIs in XML
  CONSTRAINT pk_gpoi PRIMARY KEY (gkz),   -- Definition Primärschlüssel
  CONSTRAINT fk_gpoi_gkz FOREIGN KEY (gkz) REFERENCES Gemeinden(gkz)
                                          -- Fremdschlüssel
);
```

Die XML-Daten können als Zeichenkette dem Konstruktor XMLTYPE übergeben werden:

```
INSERT INTO GemeindePOIs (gkz) VALUES (3403000);
UPDATE GemeindePOIs SET poi_xml = XMLTYPE
('<?xml version="1.0"?>
  <poi-set>
    <poi>
      <name>Berliner Platz</name>
      <Point> <pos>8.21271 53.13930</pos> </Point>
    </poi>
    <poi>
      <name>Jade Hochschule</name>
      <Point> <pos>8.19974 53.14253</pos> </Point>
    </poi>
    <poi>
      <name>Bahnhof</name>
      <Point> <pos>8.22025 53.14416</pos> </Point>
    </poi>
  </poi-set>'
) WHERE gkz = 3403000;
COMMIT;
```

Der Wert eines Attributs vom Type XMLTYPE kann (z.B. mit SQL*Plus[1]) direkt angezeigt werden. Die Konvertierung in einen CLOB oder eine Zeichenkette ist über die Methoden getClobVal und getStringVal möglich.

```
SELECT gkz, poi_xml FROM GemeindePOIs;

SELECT gkz, g.poi_xml.getStringVal() FROM GemeindePOIs g;

       GKZ POI_XML.GETSTRINGVAL()
---------- ---------------------------------------------
   3403000 <poi-set>
             <poi>
               <name>Berliner Platz</name>
               <Point> <pos>8.21271 53.13930</pos> </Point>
             </poi>
             <poi>
               <name>Jade Hochschule</name>
               <Point> <pos>8.19974 53.14253</pos> </Point>
             </poi>
```

[1] Im Werkzeug SQL*Plus sollte zuvor die maximale Länge für die Ausgabe von CLOB- und XMLTYPE-Attributen mithilfe des Kommandos SET LONG <*Zeichenzahl*> (z.B. SET LONG 2000) auf einen höheren Wert gesetzt werden, da der Standardwert nur 80 beträgt.

```
    <poi>
      <name>Bahnhof</name>
      <Point> <pos>8.22025 53.14416</pos> </Point>
    </poi>
  </poi-set>
```

Oracle unterstützt daneben auch die Abfrage und Veränderung von XML-Dokumenten mit XPath und XQuery [155].

10.3 Geography Markup Language (GML)

Für die XML-basierte Repräsentation von Geodaten hat das OGC die *Geography Markup Language* (*GML*) spezifiziert. Version 1.0, die DTD-basiert war, wurde im Mai 2000 als Empfehlung veröffentlicht. Grundlage dieser GML-Version war das Simple-Feature-Modell des OGC. Die Nachfolgeversion 2.0 wurde mithilfe von XML Schema spezifiziert und brachte zusätzlich einige inhaltliche Änderungen [127]. Im Januar 2003 ist die Version 3.0 von GML veröffentlicht worden [128]. Hierbei wurden insbesondere Erweiterungen vorgenommen, die über das Simple-Feature-Modell hinausgehen und so u.a. die ISO-Norm 19107 „Geographic Information – Spatial Schema“ berücksichtigen. GML 3.1 enthält weitere neue Elemente und Attribute. GML 3.0 und 3.1 haben zudem eine Reihe von bisherigen Elementen als veraltet erklärt. 2007 wurde GML nach weiteren Änderungen als ISO-Norm 19136 verabschiedet [71]; die Norm entspricht der OGC-Version GML 3.2.1. 2012 hat das OCG die Spezifikation der Version 3.3.0 veröffentlicht, die GML 3.2.1 u.a. bezüglich linearer Bezugssysteme und Dreiecksvermaschungen ergänzt und Kurzschreibweisen für gängige Geometrien einführt.

Da der Umfang und die Komplexität von GML recht groß ist, definiert das OGC zudem ein „GML Simple Features Profile“ [136] als Implementierungsspezifikation, das eine Einschränkung von GML auf die Geometrien des Simple-Feature-Modells vornimmt.

Die nachfolgende Darstellung geht über die Einschränkung dieses Profils hinaus, indem sie sich auf die Elemente konzentriert, die für Geodatenbanksysteme von Relevanz sind und nach ISO 19136 nicht als veraltet gelten. Dies umfasst die Umsetzung des Simple-Feature-Modells und von SQL/MM Spatial sowie die Zuordnung zwischen Objekten und Geometrien. Auf die Vorstellung der Teile von GML, die sich mit dem Topologiemodell oder mit temporalen Eigenschaften beschäftigen, wird verzichtet. Ebenso wird bei optionalen Attributen und optional eingebetteten Elementen nur eine Auswahl dargestellt.

10.3.1 Geometry Schema

Koordinaten und MUR

Für die Repräsentation von Koordinaten stehen in GML 3.2.1 verschiedene Ansätze zur Verfügung, die in Abbildung 10.15 überblickmäßig als UML-Klassendiagramm dargestellt sind.

Das `pos`-Element weist den Datentyp `DirectPositionType` auf, der der Feature-Geometry-Klasse `DirectPosition` entspricht. Das Element dient dazu, einzelne *Koordinaten* zu repräsentieren, wobei die Koordinatenwerte in dem Element eingebettet sind. Über die optionalen Attribute `srsName` und `srsDimension` können das verwendete räumliche Bezugssystem und die Anzahl der Dimensionen spezifiziert werden. Falls das Attribut `srsName` vorliegt, ist es über die Attribute `axisLabels` und `uomLabels` möglich, die Koordinatenachsen zu benennen und mit einer Einheit zu versehen.

Koordinatenlisten werden in der Regel über das `posList`-Element dargestellt. Hier kann als zusätzliches Attribut die Anzahl der Punkte (`count`) aufgeführt werden.

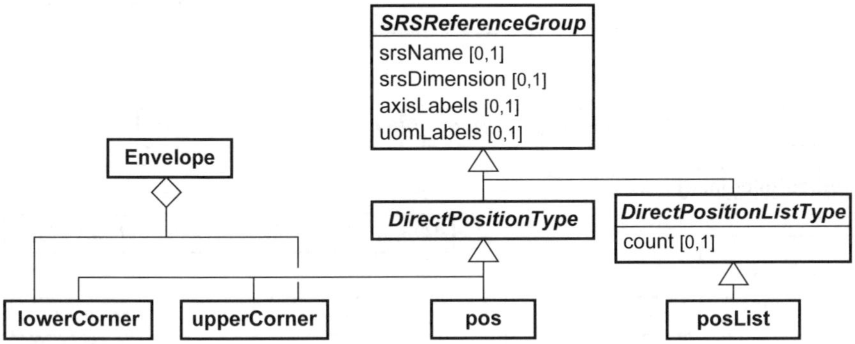

Abb. 10.15: Koordinaten und Rechtecke in GML (Version 3.2) als UML-Klassendiagramm

Das Element `Envelope` kann (als GML-Repräsention von `GM_Envelope`) dazu dienen, minimal umgebende Rechtecke kompakt über zwei Eckpunkte zu beschreiben. Nachfolgend ist ein Beispiel für das `Envelope`-Element dargestellt. Das räumliche Bezugssystem wird hier über die Angabe eines EPSG-Schlüssels spezifiziert, wobei 4326 für WGS84 steht.

```
<Envelope srsName="urn:x-ogc:def:crs:EPSG:6.6:4326" srsDimension="2">
  <lowerCorner axisLabels="Lat Long" uomLabels="deg deg">54 9</lowerCorner>
  <upperCorner axisLabels="Lat Long" uomLabels="deg deg">55 10</upperCorner>
</Envelope>
```

Simple Features: Geometrische Primitive

Abbildung 10.16 zeigt ein UML-Klassenmodell, das die für das Simple-Feature-Modell relevanten geometrischen Primitive von GML umfasst. Über die Attributnotation `xlink:...` wird jeweils angedeutet, dass anstatt der Einbettung des Nachfahren auch XLink-Verknüpfungen einfachen Typs erlaubt sind.

`AbstractGeometryType` ist die Oberklasse, von der sich alle Geometrieelemente ableiten. Neben den Attributen, die bereits für den `DirectPositionType` vorgestellt worden sind, besitzt sie (über `AbstractGMLType` festgelegt) das Pflichtattribut `id`, das eine Geometrie mithilfe des XML-Datentyps „ID" eindeutig identifiziert, z.B. über eine Codierung[2]. Als optionale Elemente können `description` zur textuellen Beschreibung der Geometrie, `descriptionReference` zum Verweis auf eine solche Beschreibung und `name` für Bezeichnungen eingebettet sein. Das Element `identifier` kann eine identifizierende Bezeichnung, z.B. den amtlichen Namen, angeben. Das zugehörige Pflichtattribut `codeSpace` definiert dann, welche Institution für die Namensvergabe zuständig ist.

[2] Man beachte, dass vor GML 3.2.1 das Attribut `id` optional war.

Während Koordinaten von `Point`-Elementen nur über das `pos`-Element beschrieben werden, stehen für die Elemente `LineString` und `LinearRing` außerdem das `posList`-Element sowie das Element `pointProperty` zur Verfügung. Letzteres erlaubt die Aufnahme eines `Point`-Elements bzw. den Verweis darauf.

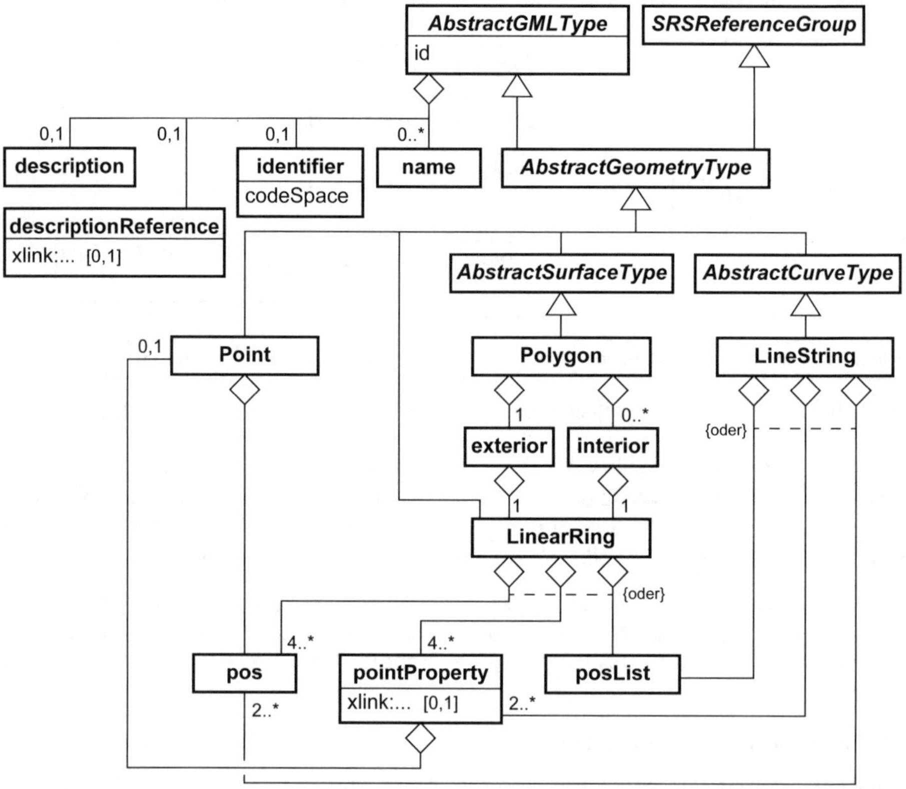

Abb. 10.16: Geometrische Primitive in GML (Version 3.2.1) als UML-Klassendiagramm

Die nachfolgend dargestellten Beispiele illustrieren die Nutzung von GML für verschiedene Geometrien, die auf dem Simple-Feature-Modell beruhen:

```
<Point gml:id="_1">
  <description> Dies ist die Position des Flaggenmastes. </description>
  <name> Flaggenmast </name>
  <pos> 10 11 </pos>
</Point>

<Point gml:id="gkz3403000" srsName="urn:x-ogc:def:crs:EPSG:6.6:4326">
  <pos> 8.2275 53.1375 </pos>
</Point>

<LineString gml:id="_4">
  <identifier codeSpace="http://www.geodbs.de/" > Steg </identifier>
  <posList> 4.0 4.0  5 7  8 8 </posList>
</LineString>
```

```
<LineString gml:id="_2">
  <pointProperty><Point><pos> 12 11 </pos></Point></pointProperty>
  <pointProperty xlink:href="#_1" />
</LineString>

<Polygon gml:id="Festland">
<descriptionReference xlink:href="http://www.geodbs.de/poldesc.xml" />
<exterior>
    <LinearRing gml:id="fl_e">
      <posList>1 1 19 1 19 20 1 20 1 1</posList>
    </LinearRing>
  </exterior>
  <interior>
    <LinearRing> gml:id="fl_i1"
      <posList count="9" srsDimension="2">
        4 5  3 10  7 14  13 15  17 12  16 8  13 5  9 3  4 5
      </posList>
    </LinearRing>
  </interior>
</Polygon>
```

Simple Features: Geometrische Primitive in vereinfachter Notation

Nach GML 3.3.0 ist es möglich, Polygone ohne Löcher, Rechtecke und Dreiecke in einer vereinfachten Notation darzustellen. Abbildung 10.17 zeigt ein entsprechendes UML-Klassenmodell. Man beachte, dass bei einem `SimplePolygon` die Mindestanzahl der Punkte 3 (und nicht 4) beträgt; die letzte Koordinate braucht somit die erste nicht wiederholen. Ein (nicht notwendigerweise achsenparalleles) `SimpleRectangle` hat genau vier Eckpunkte und ein `SimpleTriangle` genau drei.

Nachfolgend zwei Beispiele:

```
<SimplePolygon gml:id="Festland ohne Loch">
   <posList>1 1 19 1 19 20 1 20</posList>
</SimplePolygon>

<SimpleRectangle gml:id="Haus">
   <pos>9 9</pos>
   <pos>12 9</pos>
   <pos>12 10</pos>
   <pos>9 10</pos>
</SimplePolygon>
```

Simple Features: Geometriesammlungen

Geometriesammlungen besitzen `AbstractGeometricAggregateType` als gemeinsame abstrakte Oberklasse, die sich wiederum von `AbstractGeometryType` ableitet (vgl. Abb. 10.18). Die Geometriesammlungen verweisen mithilfe spezifischer `member`-Elemente auf die zugehörigen Geometrien. Dabei gibt es die Möglichkeit, einzelne Geometrien in `xxxMember`-Elemente einzubetten bzw. auf sie zu verweisen. Die andere Möglichkeit ist, in einem `xxxMembers`-Element eine Folge von Geometrien zu beschreiben. Auch eine Kombination beider Möglichkeiten ist erlaubt. Die in vorhergehenden GML-Versionen definierten Elemente `MultiLineString` und `MultiPolygon` gelten seit der GML-Version 3.0 als veraltet und sind in GML 3.2.1 nicht mehr enthalten. Stattdessen sind `MultiCurve` und `MultiSurface` zu nutzen. Für Multipunkte ergänzt GML 3.3.0 den `MultiPoint` um einen `SimpleMultiPoint` (siehe Abb. 10.17, rechts).

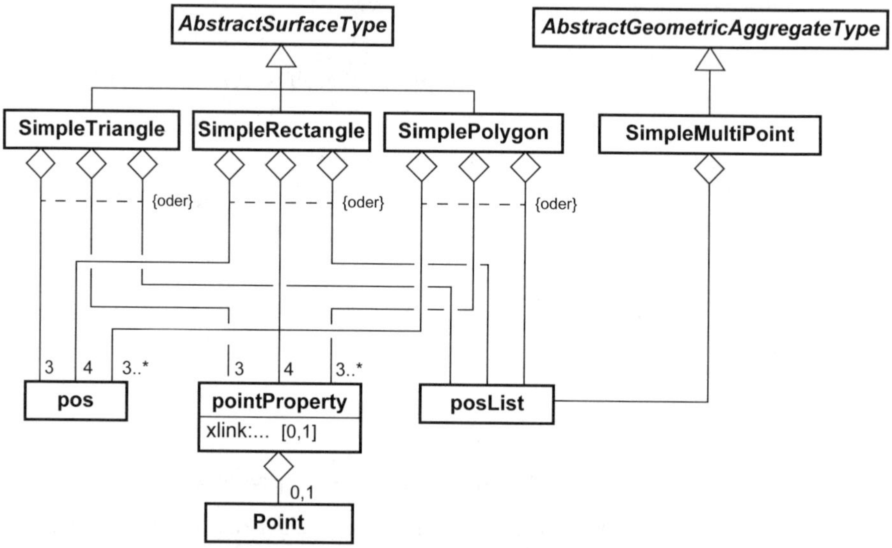

Abb. 10.17: Geometrische Primitive (links) und Multipunkte (rechts) in vereinfachter Notation (nach GML 3.3.0) als UML-Klassendiagramm

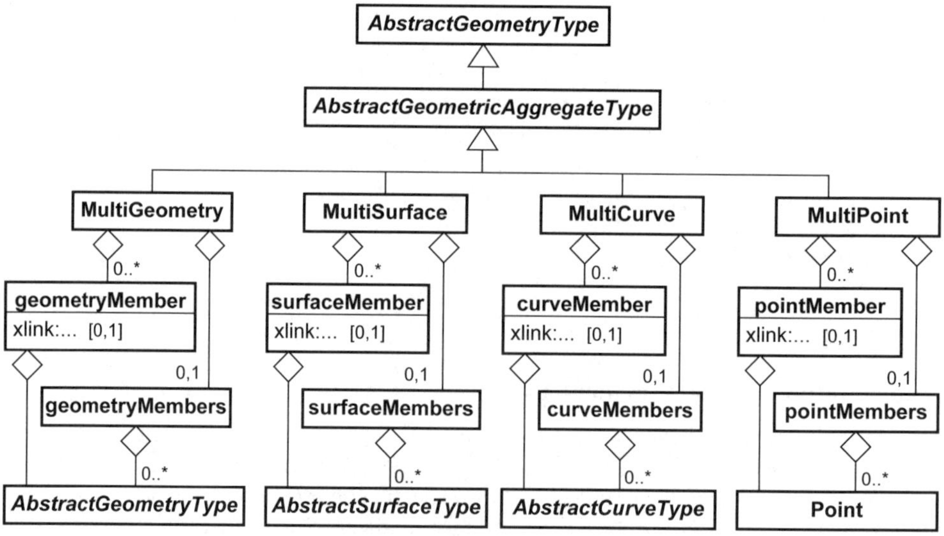

Abb. 10.18: Geometriesammlungen in GML (Version 3.2.1) als UML-Klassendiagramm

Nachfolgend drei Beispiele für Geometriesammlungen:

```
<MultiPoint gml:id="_3">
  <name> Baumreihe </name>
  <pointMembers>
    <Point>
      <pos> 10 19 </pos>
    </Point>
    <Point>
      <pos> 12 19 </pos>
    </Point>
    <Point>
      <pos> 14 19 </pos>
    </Point>
  </pointMembers>
</MultiPoint>

<SimpleMultiPoint gml:id="_3simple">
  <name> Baumreihe (einfach) </name>
  <posList> 10 19  12 19 14 19 </posList>
</SimpleMultiPoint>

<MultiSurface gml:id="_6">
  <surfaceMember xlink:href="#Festland" />
  <surfaceMember>
    <Polygon gml:id="Insel">
      <exterior>
        <LinearRing gml:id="i_e">
          <posList>7 7  12 7  13 11  10 13  7 10  7 7</posList>
        </LinearRing>
      </exterior>
    </Polygon>
  </surfaceMember>
</MultiSurface>
```

Geometrien mit Kurvensegmenten

Um Linienzüge und Polygone mit Kurvensegmenten wie in Oracle Spatial und SQL/MM Spatial darstellen zu können, benötigen wir Bestandteile von GML, die über das Simple-Feature-Modell hinausgehen. In Abbildung 10.19 sind die Elemente dargestellt, die erforderlich sind, um Linienzüge zu repräsentieren, die Kurvensegmente beinhalten.

Neben dem bereits vorgestellten Element `LineString` gibt es (u.a.) als weitere Elemente, die von dem Typ `AbstractCurveType` abgeleitet sind: `Curve` und `CompositeCurve`. Das Element `CompositeCurve` erlaubt es, einen Linienzug aus mehreren Teilelementen (`curveMember`) zusammenzusetzen, die wiederum Linienzüge sind. `Curve` kann über das eingebettete Element `segments` mehrere Elemente enthalten, die von `AbstractCurveSegmentType` abgeleitet sind. Dazu gehört neben `LineStringSegment` für Streckenzüge das Element `ArcString`. Ein `ArcString` ist ein Linienzug, der sich aus Kreisbögen zusammensetzt, wobei ein Kreisbogen jeweils durch drei Punkte beschrieben wird und der letzte Punkt eines Kreisbogens jeweils der erste Punkt des darauf folgenden Kreisbogens ist. Ein `ArcString` mit n Kreisbögen wird also mit $2 \cdot n+1$ Punkten beschrieben, die entweder durch ein `posList`-Element oder mehrere `pos`- oder `pointProperty`-Elemente repräsentiert werden. n kann optional im Attribut `numArc` angegeben sein.

In vereinfachter Notation gibt es u.a. den `SimpleArcString` (siehe Abb. 10.19) und als Spezialfall davon den `SimpleArc` für einen einfachen Kreisbogen; dieser ist identisch zu dem `SimpleArcString` aufgebaut, nur dass das Attribut `numArc` auf 1 festgeschrieben ist und die Anzahl der Punkte genau 3 beträgt.

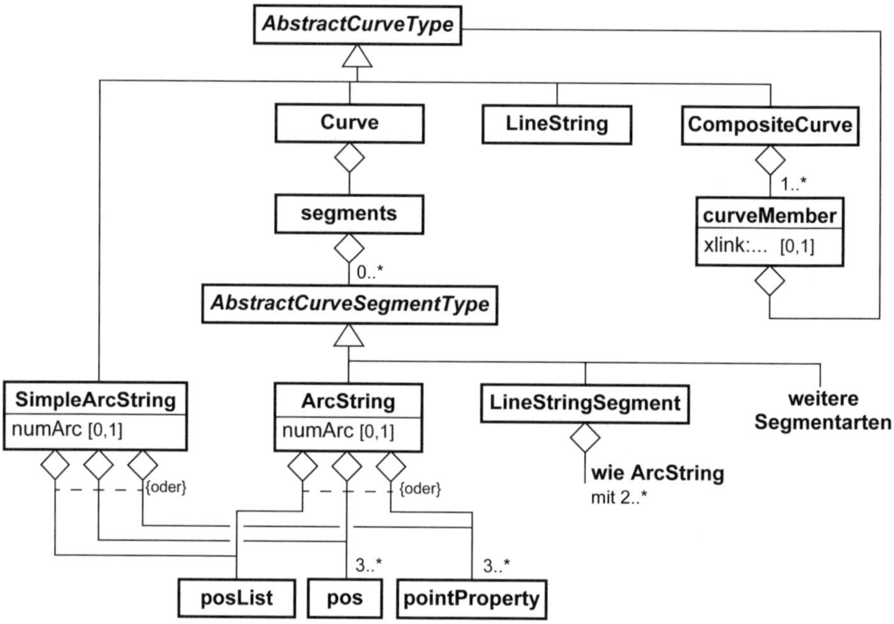

Abb. 10.19: Teile des Geometriemodells von GML (Version 3.2.1/3.3.0) für komplexere Linienzüge

Der Wall aus dem Beispiel „GeoDbLand" könnte damit wie folgt in GML repräsentiert werden:

```
<CompositeCurve gml:id="_4">
  <name>Wall</name>
  <curveMember>
    <Curve gml:id="_4_c1">
      <segments>
        <ArcString numArc="2">
          <posList>1 15  2.414 15.586  3 17  3.586 18.414  5 19</posList>
        </ArcString>
      </segments>
    </Curve>
  </curveMember>
  <curveMember>
    <LineString gml:id="_4_c2">
      <posList>5 19  7 19</posList>
    </LineString>
  </curveMember>
</CompositeCurve>
```

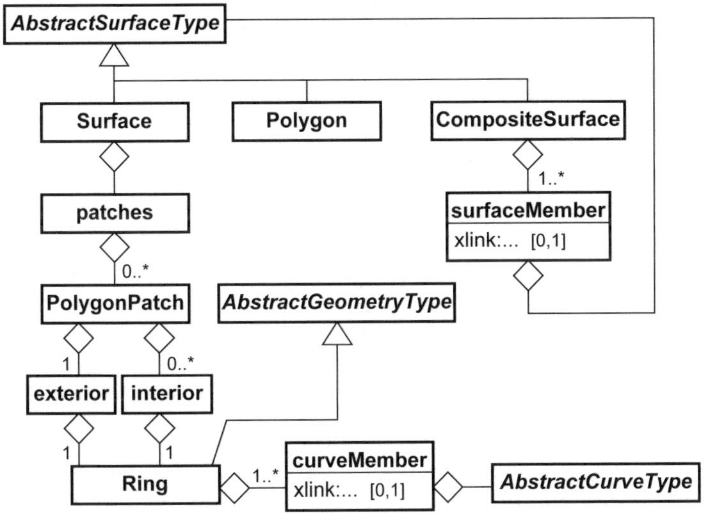

Abb. 10.20: Teile des Geometriemodells von GML (Version 3.2) für komplexere Polygone

`Surface`-Elemente repräsentieren Flächen, deren Bestandteile (engl. *Patches*) über `Ring`-Elemente beschrieben werden. Wie das UML-Diagramm in Abbildung 10.20 zeigt, setzt sich ein Ring aus Elementen zusammen, die von `AbstractCurveType` abgeleitet sind, also (u.a.) aus `LineString`- und `Curve`-Elementen. Das nachfolgende Beispiel ergänzt den Wall aus dem vorhergehenden Beispiel zu einer geschlossenen Fläche:

```
<Surface gml:id="Wallschatten">
  <patches>
    <PolygonPatch>
      <exterior>
        <Ring gml:id="wsr">
          <curveMember xlink:href="#_4" />
          <curveMember>
            <LineString gml:id="wsrl2">
              <posList> 7 19  7 15  1 15 </posList>
            </LineString>
          </curveMember>
        </Ring>
      </exterior>
    </PolygonPatch>
  </patches>
</Surface>
```

10.3.2 Feature Schema

Features und Feature Collections

GML regelt den Aufbau von Geoobjekten im *Feature Schema*, das dafür einen entsprechenden *Feature Type* definiert. Abbildung 10.21 stellt das Feature Schema in Teilen dar.

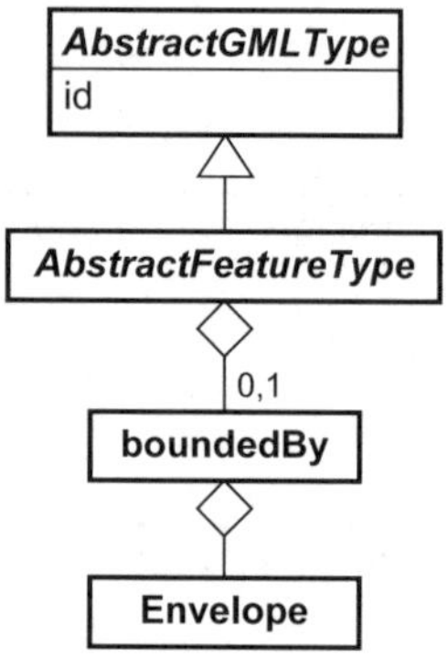

Abb. 10.21: Teile des Feature Schemas von GML (Version 3.2) als UML-Klassendiagramm

Die abstrakte Klasse `AbstractFeatureType` stellt den zentralen Datentyp dieses Modells dar. In spezifischen Schemadefinitionen kann dieser Typ als Oberklasse für spezielle Feature-Elemente dienen. Das Attribut `id` und die Elemente `description`, `descriptionReference`, `identifier` und `name` werden von `AbstractGMLType` übernommen (vgl. auch Abb. 10.16). Zusätzlich beschreibt das optionale Element `boundedBy` ein minimal umgebendes Rechteck mithilfe des `Envelope`-Elements.

10.3.3 Verwendung

Abbildung 10.22 zeigt das XML-Dokument aus Abbildung 10.2, nur dass jetzt zusätzliche Geometrieelemente eingeführt worden sind: Im Element `gemeinde` treten zusätzlich die Elemente `gml:description` und `gml:boundedBy` auf. Dort und im Element `kreis` ist als zusätzliches Element `lage` mit einem `gml:Point`-Element enthalten. Ein Flächenelement wird mithilfe von `gml:surfaceMember` integriert, sodass es für die Gemeinde „Westerstede" möglich ist, diese Geometrie über einen XLink zu verknüpfen. Zur Nutzung von GML und XLinks sind die beiden Namensräume `gml` und `xlink` im Element `Daten` deklariert.

Als XML Schema dient die Schemadatei „geogemeinden.xsd". Dieses Schema – das in Abbildung 10.23 dargestellt ist – erweitert das Schema aus den Abbildungen 10.7 und 10.8 um einige zusätzliche Definitionen. Das Element „gemeinde" des Zieldokuments ist nun mithilfe des `extension`-Elements ein GML-Feature. Damit übernimmt es die Attribute und eingebetteten Elemente von „gml:AbstractFeatureType" des Feature Schemas, sodass (u.a.) die Attribute „gml:id", „gml:description" und „gml:boundedBy" genutzt werden können. Daher fällt die explizite Deklaration des Gemeindeattributs „id" weg. Zusätzlich wird mit „gml:surfaceMember" ein optionales Element aufgenommen. Die Elemente „gemeinde" und „kreis" enthalten jeweils das neue Element „lage", das einen „gml:Point" einbettet.

Damit die Schemadefinition auf das Schema von GML zugreifen kann, wird für den GML-Namensraum „http://www.opengis.net/gml" das Präfix `gml` definiert und über das `import`-Element mit „base/gml.xsd" der Speicherort der Schemadatei benannt; dieser enthält die Schemadefinition von GML, die ihrerseits mehrere Schemadateien importiert.

```
<?xml version="1.0" ?>
<Daten xmlns="http://www.geodbs.de/xml"
       xmlns:gml="http://www.opengis.net/gml/3.2"
       xmlns:xlink="http://www.w3.org/1999/xlink"
       xmlns:xsi="http://www.w3.org/2001/XMLSchema-instance"
       xsi:schemaLocation="http://www.geodbs.de/xml geogemeinden.xsd">
  <Gemeinden>
    <gemeinde gml:id="_3403000">
      <gml:description>gemeinde ist jetzt GML-Feature</gml:description>
      <gml:boundedBy>
        <gml:Envelope srsName="urn:x-ogc:def:crs:EPSG:6.6:4326">
          <gml:lowerCorner>8.143793 53.087776</gml:lowerCorner>
          <gml:upperCorner>8.307031 53.206405</gml:upperCorner>
        </gml:Envelope>
      </gml:boundedBy>
      <lage>
        <gml:Point gml:id="p3403000"
                   srsName="urn:x-ogc:def:crs:EPSG:6.6:4326">
          <gml:pos>8.2275 53.1375</gml:pos>
        </gml:Point>
      </lage>
      <name>Oldenburg</name>
      <einw>153531</einw>
      <gml:surfaceMember>
        <gml:Polygon gml:id="_3403000pol"
                     srsName="urn:x-ogc:def:crs:EPSG:6.6:4326">
          <gml:exterior>
            <gml:LinearRing gml:id="_3403000pol_e">
              <gml:posList>
                8.214289 53.087776  8.23346 53.089134  8.277027 53.099326
                <!-- und noch mehr Koordinaten -->
                8.20185 53.115248  8.193622 53.097121  8.214289 53.087776
              </gml:posList>
            </gml:LinearRing>
          </gml:exterior>
        </gml:Polygon>
      </surfaceMember>
    </gemeinde>
    <gemeinde gml:id="_3451007">
      <centerOf>
        <gml:Point gml:id="_3451007p"
                   srsName="urn:x-ogc:def:crs:EPSG:6.6:4326">
          <gml:pos>7.9256 53.2581</gml:pos>
        </gml:Point>
      </centerOf>
      <name>Westerstede</name>
      <einw jahr="1996">21141</einw>
      <surfaceMember xlink:href="westerstede-geo.xml#g3451007" />
    </gemeinde>
  </Gemeinden>
  <Kreise>
    <kreis kkz="_3451">
      <name>Ammerland</name>
      <qkm>728.16</qkm>
      <kreisstadt gkz="_3451007" />
      <lage>
        <gml:Point gml:id="_3451007p"
                   srsName="urn:x-ogc:def:crs:EPSG:6.6:4326">
          <gml:pos>8.02 53.20</gml:pos>
        </gml:Point>
      </lage>
    </kreis>
  </Kreise>
</Daten>
```

Abb. 10.22: XML-Dokument „geogemeinden.xml" mit GML

```
<?xml version="1.0" ?>
<schema targetNamespace="http://www.geodbs.de/xml"
        xmlns:GeoDBS="http://www.geodbs.de/xml"
        xmlns:gml="http://www.opengis.net/gml/3.2"
        xmlns="http://www.w3.org/2001/XMLSchema"
        elementFormDefault="qualified">
  <import namespace="http://www.opengis.net/gml"
          schemaLocation="base/feature.xsd" />
  <element name="Daten">
    <complexType>
      <sequence>
        <element name="Gemeinden" type="GeoDBS:Gemeinden" />
        <element name="Kreise" ref="GeoDBS:Kreise" />
      </sequence>
    </complexType>
  </element>
  <complexType name="Gemeinden">
    <sequence>
      <element name="gemeinde" minOccurs="0" maxOccurs="unbounded">
        <complexType>
          <complexContent>
            <extension base="gml:AbstractFeatureType">
              <sequence>
                <element name="lage" minOccurs="0">
                  <complexType>
                    <sequence>
                      <element ref="gml:Point" />
                    </sequence>
                  </complexType>
                </element>
                <element name="name" type="string" />
                <element name="einw" type="integer">
                  <!-- wie in Abbildung 10.7 -->
                </element>
                <element ref="gml:surfaceMember" minOccurs="0" />
              </sequence>
            </extension>
          </complexContent>
        </complexType>
      </element>
    </sequence>
  </complexType>
  <element name="Kreise">
    <complexType>
      <sequence>
        <element name="kreis" minOccurs="0" maxOccurs="unbounded">
          <complexType>
            <sequence>
              <element name="name" type="string" />
              <element name="qkm" type="float" />
              <element name="kreisstadt">
                <!-- wie in Abbildung 10.8 -->
              </element>
              <element name="lage" minOccurs="0"> <!-- s.o. --> </element>
            </sequence>
            <attribute name="kkz" type="ID" use="required" />
          </complexType>
        </element>
      </sequence>
    </complexType>
  </element>
</schema>
```

Abb. 10.23: XML Schema Definition „geogemeinden.xsd“ für das Dokument aus Abbildung 10.22

10.3.4 GML in SQL/MM Spatial

Der Datenbankstandard SQL/MM Spatial definiert mehrere Funktionen zur Unterstützung der Geography Markup Language:

- `ST_AsGML () : Clob`

  Die Methode `ST_AsGML` gibt die Geometrie als GML-Fragment zurück. Da eine solche Zeichenkette recht lang sein kann, ist der Rückgabewert ein CLOB.

- `ST_GMLToSQL (gml : Clob) : ST_Geometry`

  Die Klassenmethode `ST_GMLToSQL` erzeugt aus einem GML-Fragment eine Geometrie.

Zusätzlich sind weitere Konstruktoren für spezielle Geometrietypen definiert, z.B. `ST_PointFromGML` für Punkte, `ST_LineFromGML` für Streckenzüge usw.

10.3.5 GML in Oracle

Im Zusammenhang mit Geodaten und XML gibt es eine Reihe verschiedener Anforderungen an ein Datenbanksystem. Als Beispiele sind zu nennen:

1. Die Erzeugung von GML aus Geodaten, die in der Geodatenbank gespeichert sind.
2. Die Konstruktion von Datenbankobjekten aus GML.
3. Die Möglichkeit, Anfragen auf GML-Dokumente mithilfe von XPath- bzw. XQuery-Ausdrücken zu formulieren.
4. Die effiziente Bearbeitung räumlicher Anfragen.

Insbesondere für die dritte Forderung bietet sich die Nutzung von nativen XML-Datenbanksystemen an; allerdings eignen sich solche Systeme (zumindest bislang) nicht zur effizienten Verarbeitung räumlicher Anfragen. Objektrelationale Datenbanksysteme wie Oracle unterstützen jede der vier genannten Anforderungen separat. Um allerdings räumliche Anfragen (ggf. kombiniert mit XPath- bzw. XQuery-Bedingungen) auf XML-Dokumenten ausführen zu können, benötigen wir zeitgleich zwei Repräsentationsformen; also eine redundante Datenhaltung; dies ist sicher keine sehr elegante Lösung. Die erste Forderung kann erfüllt werden, indem GML-Dokumente oder GML-Elemente in der Datenbank gespeichert sind oder ad hoc über eine Konvertierung berechnet werden.

Anhand der nachfolgenden Beispiele soll exemplarisch die Verbindung zwischen Oracle Spatial einerseits und GML andererseits aufgezeigt werden.

10.3.5.1 Erzeugung von GML

Oracle Spatial stellt die PL/SQL-Funktion `TO_GMLGEOMETRY` im Paket `SDO_UTIL` zur Verfügung, die eine Umwandlung eines `SDO_GEOMETRY`-Objektes nach GML der Version 2 erlaubt.

```
SDO_UTIL.TO_GMLGEOMETRY(
   geom  IN  SDO_GEOMETRY
) RETURN CLOB;
```

Das nachfolgende Beispiel zeigt die Nutzung; der Aufruf von `TO_CHAR` wandelt das CLOB in eine Zeichenkette um:

```
SELECT name, TO_CHAR(SDO_UTIL.TO_GMLGEOMETRY(geo))
FROM GeoDbLand
WHERE id = 2 OR id = 4;

NAME TO_CHAR(SDO_UTIL.TO_GMLGEOMETRY(GEO))
---- --------------------------------------------------------------
Steg <gml:LineString srsName="SDO:" xmlns:gml="http://www.opengis.netgml">
     <gml:coordinates decimal="." cs="," ts=" ">
     4,4 5,7 8,8
     <gml:coordinates>
     </gml:LineString>
Wall
```

Das angezeigte XML-Element entspricht GML 2 (z.B. Element coordinates). Für den Wall, der kein Simple Feature ist, wird entsprechend kein GML-Element erzeugt. Diese Einschränkungen werden mit der Funktion TO_GML311GEOMETRY aufgehoben, die seit der Version 11 zur Verfügung steht und den gleichen Aufbau wie TO_GMLGEOMETRY hat[3].

```
SELECT name, TO_CHAR(SDO_UTIL.TO_GML311GEOMETRY(geo))
FROM GeoDbLand
WHERE id = 2 OR id = 4;

NAME  TO_CHAR(SDO_UTIL.TO_GML311GEOMETRY(GEO))
----  ------------------------------------------------------------
Steg  <gml:Curve xmlns:gml="http://www.opengis.net/gml">
      <gml:segments><gml:LineStringSegment><gml:posList srsDimension="2">
      4.0 4.0 5.0 7.0 8.0 8.0
      </gml:posList></gml:LineStringSegment></gml:segments></gml:Curve>
Wall  <gml:CompositeCurve xmlns:gml="http://www.opengis.net/gml">
      <gml:curveMember><gml:Curve><gml:segments><gml:Arc>
      <gml:posList srsDimension="2">
      1.0 15.0 2.414 15.586 3.0 17.0 3.586 19.0
      </gml:posList></gml:Arc></gml:segments></gml:Curve></gml:curveMember>
      <gml:curveMember><gml:Curve><gml:segments><gml:LineStringSegment>
      <gml:posList srsDimension="2">5.0 19.0 7.0 19.0 </gml:posList>
      </gml:LineStringSegment></gml:segments></gml:Curve></gml:curveMember>
      </gml:CompositeCurve>
```

Eine Unterstützung von ISO 19136/GML 3.2.1 oder GML 3.3.0 bietet auch Oracle 12c (leider) noch nicht.

10.3.5.2 GML-Konstruktoren

Seit Version 11 stellt Oracle Spatial im Paket SDO_UTIL auch Funktionen zur Verfügung, die aus GML SDO_GEOMETRY-Objekte erzeugen. Sie heißen FROM_GMLGEOMETRY für GML 2.0 und FROM_GML311GEOMETRY für GML 3.1. Sie haben folgenden Aufbau:

```
SDO_UTIL.FROM_GML[311]GEOMETRY (
     geometry      IN  CLOB oder VARCHAR2   -- GML-Fragment
  [ , srsNamespace IN  VARCHAR2 ]           -- optional räuml. Bezugssystem
) RETURN SDO_GEOMETRY;
```

[3] Man beachte, dass für den Wall fehlerhaftes GML erzeugt wird, da ein Arc nur aus einem Kreisbogen bestehen darf.

Die nachfolgenden Beispiele illustrieren die Nutzung der beiden Funktionen. Dabei wird deutlich, dass nicht alle erlaubten GML-Konstrukte unterstützt werden:

```
-- GML 2.0:
UPDATE GeoDbLand SET geo = SDO_UTIL.FROM_GMLGEOMETRY (
  '<LineString><coordinates>4,4 5,7 8,8</coordinates></LineString>')
WHERE name = 'Steg';

-- GML 3.1:
UPDATE GeoDbLand SET geo = SDO_UTIL.FROM_GML311GEOMETRY (
  '<LineString><posList srsDimension="2">4 4 5 7 8 8</posList></LineString>')
WHERE name = 'Steg';

1 Zeile wurde aktualisiert.

UPDATE GeoDbLand SET geo = SDO_UTIL.FROM_GML311GEOMETRY (
  '<Curve><segments><LineStringSegment><posList srsDimension="2">' ||
  '4 4 5 7 8 8</posList></LineStringSegment></segments></Curve>')
WHERE name = 'Steg';

1 Zeile wurde aktualisiert.
```

10.4 KML

KML ist eine XML-basierte Beschreibungssprache für Objekte in *virtuellen Globen* (im Englischen auch *Earth Browser* genannt). Prominentes Beispiel ist *Google Earth*. Ein virtueller Globus umfasst neben der Visualisierungssoftware einen (i.d.R. geschlossenen) Geodienst, der Satelliten- und Luftbilder auf Basis eines integrierten Digitalen Geländemodells bereitstellt. Ein Benutzer kann einen virtuellen Globus anwendungsspezifisch – im Sinne eines Mashups – um eigene Geodaten ergänzen. Zur Repräsentation dieser Daten ist eine Beschreibungssprache erforderlich, die einen Import und Austausch der Daten ermöglicht.

10.4.1 Datenmodell

KML wurde als *Keyhole Markup Language* von der Firma Keyhole Inc. entwickelt, also dem Unternehmen, das ursprünglich Google Earth entwickelt hatte und von Google aufgekauft wurde. Im Jahr 2008 wurde die Keyhole Markup Language (auf Betreiben von Google) durch das OGC als KML 2.2 spezifiziert [131]. KML umfasst neben der Repräsentation von Geoobjekten auch Gestaltungselemente, die die Visualisierung spezifizieren und steuern. Die nachfolgende Beschreibung beschränkt sich im Sinne dieses Buchs auf den erstgenannten Teil von KML. Abbildung 10.24 zeigt den entsprechenden Teil des Datenmodells.

`Object` ist die allgemeine abstrakte Oberklasse, die als Attribut eine optionale ID spezifiziert. Von `Object` leiten sich die abstrakten Oberklassen für *Geoobjekte* (`Feature`) und Geometrien (`Geometry`) ab. Alle Geoobjekte können (u.a.) einen Namen (`name`), eine Adressangabe (`address`), eine Kurzbeschreibung (`Snippet`) und Langbeschreibung (`description`) aufweisen. In der Ausprägung als `Document` oder `Folder` kann ein Geoobjekt mehrere andere Geoobjekte zusammenfassen. `GroundOverlay` erlaubt die Repräsentation von *Rasterkarten*; für diese kann die Höhe in `altitude` und die Lage- und Ausdehnungsinformation in Kindelementen von `LatLonBox` abgelegt werden (`north`, `south`, `east`, `west` und `rotation`; nicht in

Abbildung 10.24 dargestellt). Die Datenquelle der Rasterkarte wird (etwa unpassend) im `href`-Element von `Icon` definiert. Ansonsten lassen sich Geoobjekte über ein `Placemark`-Element beschreiben, das (maximal) ein Geometrieelement enthalten kann.

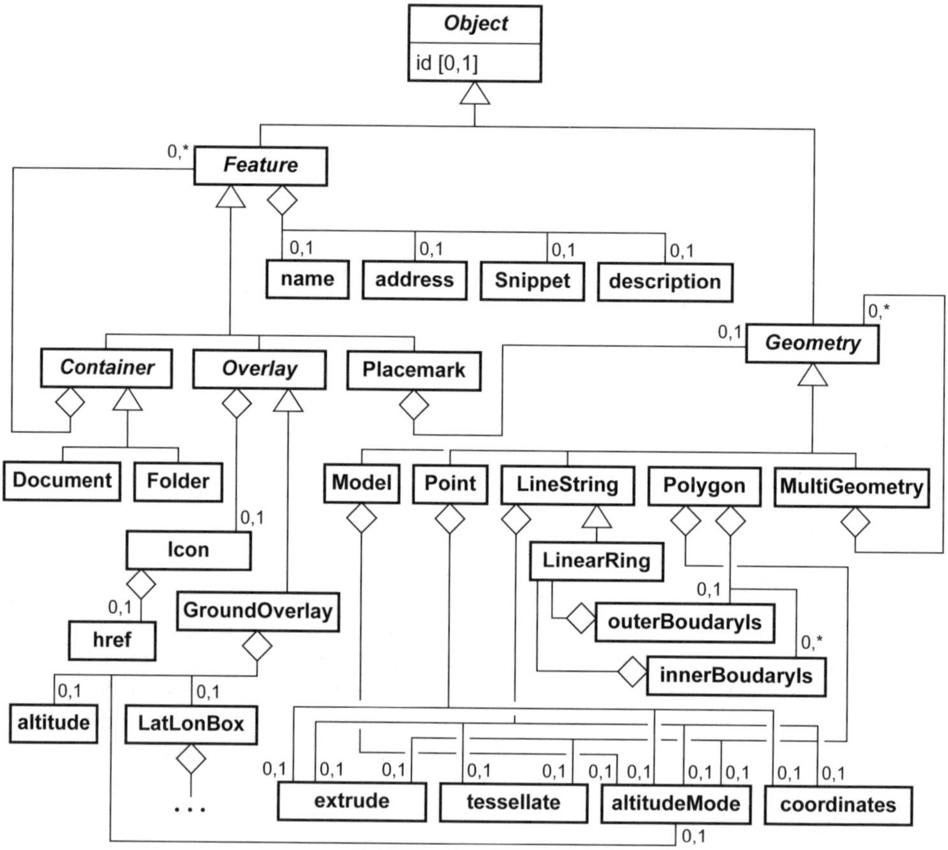

Abb. 10.24: Repräsentation von Geoobjekten und Geometrien in KML als UML-Klassendiagramm

Geometrien kommen in unterschiedlichen Ausprägungen vor. Aus anderen Datenmodellen sind die Klassen für Punkte (`Point`), Streckenzüge (`LineString`), Ringe (`LinearRing`), Polygone (`Polygon`) und Geometriesammlungen (`MultiGeometry`) vertraut. `Model` erlaubt die Integration von 3D-Geometriemodellen (z.B. zur Repräsentation von Gebäuden). Die Geometrieklassen weisen – je nach Klasse variierend – vier optional eingebetteten Elemente auf: `coordinate` enthält zwei- oder dreidimensionale geografische Koordinaten gemäß WGS84. Die optionale *Höhenangabe* wird je nach Angabe von `altitudeMode` unterschiedlich interpretiert:

- `clampToGround` (Default): Höhe gemäß der Erdoberfläche ohne Berücksichtigung evtl. vorhandener Höhenangaben.
- `relativeToGround`: Die Höhe ist die Abstandsangabe (in Meter) bezüglich der Erdoberfläche.

- `absolute`: Die Höhe ist eine absolute Höhenangabe (in Meter), also relativ bezüglich der Meereshöhe.

Das Element `extrude` gibt bei einem Höhenmodus `relativeToGround` oder `absolute` an, ob die Geometrie aus der Erdoberfläche „herausgepresst“ wurde (z.B. bei der Repräsentation einer Dachfläche, die durch das darunter befindliche Gebäude mit der Erdoberfläche verbunden ist) oder nicht verbunden ist (also ggf. über der Erdoberfläche schwebt). Durch `tessellate` wird für Linien die *Interpolation* zwischen zwei Stützpunkten für den Höhenmodus `clampToGround` festgelegt: Entweder sind die Punkte geradlinig miteinander verbunden oder folgen der Erdoberfläche im Verlauf.

Nachfolgend sind einige Geoobjekte exemplarisch durch KML-Fragmente beschrieben:

```
<Placemark id="obj1">
  <name>Flaggenmast</name>
  <Point><coordinates>10.0,11.0</coordinates></Point>
</Placemark>
<Placemark id="obj2">
  <name>Steg</name>
  <LineString>
    <coordinates>4.0,4.0 5.0,7.0 8.0,8.0 </coordinates>
  </LineString>
</Placemark>
<Placemark id="obj3">
  <name>Baumreihe</name>
  <MultiGeometry>
    <Point><coordinates>10.0,19.0</coordinates></Point>
    <Point><coordinates>12.0,19.0</coordinates></Point>
    <Point><coordinates>14.0,19.0</coordinates></Point>
  </MultiGeometry>
</Placemark>
<Placemark id="obj5">
  <name>Haus</name>
  <Polygon>
    <outerBoundaryIs>
      <LinearRing>
        <coordinates>9,9 12,9 12,10 9,10 9,9</coordinates>
      </LinearRing>
    </outerBoundaryIs>
  </Polygon>
</Placemark>
```

10.4.2 KML in Oracle Spatial

Seit Oracle-Release 11.2 stehen Funktionen bereit, die aus Geometriebeschreibungen gemäß KML 2.1 entsprechende `SDO_GEOMETRY`-Objekte erzeugen. Wie beim WKT wird die KML-Geometrie als `VARCHAR` oder `CLOB` übergeben:

```
SDO_UTIL.FROM_KMLGEOMETRY ( kml VARCHAR2 ) RETURN SDO_GEOMETRY
SDO_UTIL.FROM_KMLGEOMETRY ( kml CLOB ) RETURN SDO_GEOMETRY
```

Nachfolgend wird eine SDO_GEOMETRY aus einem KML-Punkt mit Höhenangabe berechnet. Zu erwarten wäre, dass auch die SDO_SRID gesetzt wird, da KML-Geometrien WGS'84-Koordinaten aufweisen; dies ist aber im Beispiel nicht der Fall.

```
SELECT SDO_UTIL.FROM_KMLGEOMETRY(
            '<Point><coordinates>8.2275 53.1375 7</coordinates></Point>')
FROM DUAL;

SDO_UTIL.FROM_KMLGEOMETRY()
-----------------------------------------------------------------------
SDO_GEOMETRY(3001, NULL, SDO_POINT_TYPE(8,2275, 53,1375, 7), NULL,NULL)
```

Als Umkehrfunktion steht die Funktion

```
SDO_UTIL.TO_KMLGEOMETRY ( geo SDO_GEOMETRY ) RETURN CLOB
```

zur Verfügung:

```
SELECT SDO_UTIL.TO_KMLGEOMETRY(geo)
FROM GeoDbLand
WHERE id = 2 OR id = 4;

SDO_UTIL.TO_KMLGEOMETRY(GEO)
--------------------------------------------------------------------
<Point>
  <extrude>0</extrude><tessellate>0</tessellate>
  <altitudeMode>relativeToGround</altitudeMode>
  <coordinates>10.0,11.0 </coordinates>
</Point>
<LineString>
  <extrude>0</extrude><tessellate>0</tessellate>
  <altitudeMode>relativeToGround</altitudeMode>
  <coordinates>4.0,4.0 5.0,7.0 8.0,8.0 </coordinates>
</LineString>
<MultiGeometry>
  <Point>
    <extrude>0</extrude><tessellate>0</tessellate>
    <altitudeMode>relativeToGround</altitudeMode>
    <coordinates>10.0,19.0 </coordinates>
  </Point>
  <Point>
    <extrude>0</extrude><tessellate>0</tessellate>
    <altitudeMode>relativeToGround</altitudeMode>
    <coordinates>12.0,19.0 </coordinates>
  </Point>
  <Point>
    <extrude>0</extrude><tessellate>0</tessellate>
    <altitudeMode>relativeToGround</altitudeMode>
    <coordinates>14.0,19.0 </coordinates>
  </Point>
</MultiGeometry>
```

11 Topologie

Räumliche Netzwerkdatenbanken (engl. *Spatial Network Databases*) sind ein wichtiger Spezialfall von Geodatenbanken [188]: Sie kombinieren die Repräsentation von Verbindungsaspekten im Netzwerk mit Lageinformationen. Solche Datenbanken können zum Beispiel für die Speicherung und Analyse von Straßennetzen, von Telekommunikationsnetzen oder von Fahrplänen dienen. Traditionelle Hauptanwendung von *Netzinformationssystemen* (*NIS*) ist die Erfassung, die Dokumentation, der Betrieb und die Analyse von Ver- und Entsorgungsnetzen. Aber nicht nur die Verwaltung von Netzwerken ist für Geodatenbanksysteme von hervorgehobener Bedeutung, auch die Behandlung topologischer Beziehungen in Bezug auf *Flächen* stellt einen wichtigen Aspekt dar. Hierbei sind Überdeckung, Schnitt und direkte Nachbarschaft Fragestellungen, die typischerweise gelöst werden sollen.

Topologische Eigenschaften können entweder aus geometrischen Eigenschaften abgeleitet werden, wie dies zum Beispiel beim Simple-Feature-Modell erfolgt, oder explizit repräsentiert werden. Im Fall der expliziten Modellierung ist es erforderlich, bei Änderungen der Geometrie auch alle betroffenen topologischen Beziehungen anzupassen. Es entsteht also Mehraufwand bei der Datenpflege. Im Gegensatz dazu sind Analyseoperationen recht rechenaufwendig, wenn die topologische Situation immer aus der Geometrie abgeleitet werden muss. Außerdem kann es bei dieser Vorgehensweise aufgrund fehlerhafter oder ungenauer Geometriedaten zu fehlerhaften Schlussfolgerungen hinsichtlich der Topologie kommen.

Bei der expliziten Speicherung der topologischen Eigenschaften in *topologischen Datenmodellen* unterscheidet man linien- und flächenhafte Modelle voneinander. Beide Formen von topologischen Datenmodellen werden in diesem Kapitel näher vorgestellt. Dazu werden zunächst die Grundbegriffe näher erläutert. Im zweiten Abschnitt werden zwei konkrete topologische Datenmodelle betrachtet. Netzwerkanalyseoperationen und die physische Organisation von Netzwerkdatenbanken sind Thema von Abschnitt 11.3. Abschließend wird die Umsetzung durch Oracle Spatial vorgestellt.

11.1 Grundbegriffe

Geometrische Objekte sind aus *topologischen Primitiven* aufgebaut. Im zweidimensionalen Fall handelt es sich dabei um

- *Knoten* (engl. *Nodes*; auch: *0-Cells*) für Punkte im Raum,
- *Kanten* (engl. *Edges*; auch: *1-Cells*, *Links*) für linienhafte Verbindungen und
- *Maschen* (engl. *Faces*; auch: *2-Cells*) für Flächen.

Abbildung 11.1 zeigt ein Beispiel mit diesen topologischen Primitiven. Eine Kante verbindet zwei (unterschiedliche oder identische) Knoten. Knoten, die zu keiner Kante gehören, werden als *isolierte Knoten* bezeichnet. Analog kann es *isolierte Kanten* innerhalb von Maschen geben.

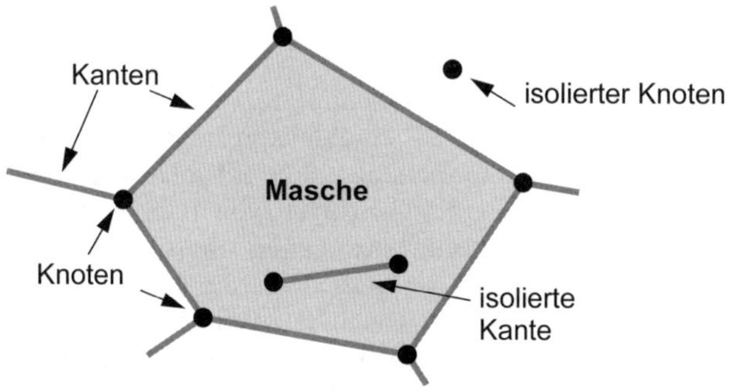

Abb. 11.1: Topologische Primitive

11.1.1 Netzwerke und Graphen

Ein *Netzwerk* (engl. *Network*) ist ein linienhaftes Knoten-Kanten-Modell ohne Maschen, bei dem Verbindungsaspekte im Vordergrund stehen.

Graphen bilden die mathematische Grundlage der Beschreibung von Netzwerken [27][160]. Ein Graph G besteht aus den Mengen der Knoten (V) und der Kanten (E): $G = (V, E)$. Die Menge V enthält mindestens einen *Knoten* (engl. *Vertex* oder *Node*). Eine *Kante* $e \in E$ (engl. *Edge*) verbindet zwei Knoten $a \in V$ und $b \in V$: $e = (a , b)$. Die Knoten a und b, Kante e und Knoten a sowie Kante e und Knoten b sind dann miteinander *benachbart* (*adjazent*). Gilt $a = b$, so nennt man die Kante auch *Schlinge*. Die Anzahl der Kanten, die an einem Knoten anliegen, heißt *Grad des Knotens*.

Bei einem *gerichteten Graphen* (engl. *Directed Graph*) verweist eine *gerichtete Kante* von dem zuerst aufgeführten *Anfangsknoten* zum *Endknoten*. Bei *ungerichten Graphen* besitzen die Kanten keine hervorgehobene Richtung, sodass dort $(a , b) = (b , a)$ gilt. Abbildung 11.2 illustriert die genannten Begriffe anhand von Beispielen.

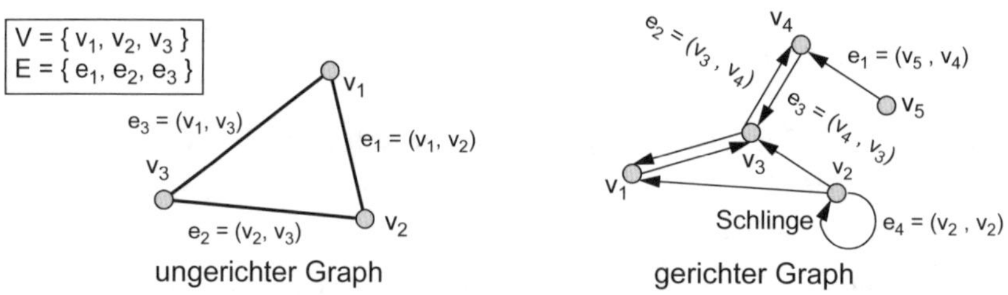

Abb. 11.2: Graphen

Ein *Weg P* (engl. *Path*) von einem *Startknoten s* zu einem *Zielknoten d* ist eine Folge unterschiedlicher, paarweise benachbarter Knoten, wobei s der erste und d der letzte Knoten in dieser Folge ist. Im rechten Graphen in Abbildung 11.2 verläuft ein Weg von v_2 zu v_4 über die Knoten v_2, v_1, v_3 und v_4. Ein Graph heißt *zusammenhängend*, wenn es für zwei Knoten $x \in V$, $y \in V$ immer einen Weg von s nach d gibt. Ein Graph enthält einen *Zyklus*, wenn es zwischen zwei Knoten mehrere, unterschiedliche Wege gibt. So ist im Beispiel auch (v_2, v_3, v_4) ein Weg von v_2 zu v_4.

Vielfach treten beim Ablaufen einer Kante *e* oder beim Passieren eines Knotens *v Kosten* auf: *e.cost* und *v.cost*. Dies kann zum Beispiel die Zeit sein, die man für das Ablaufen bzw. Passieren des Netzwerkelements benötigt. Andere Beispiele sind die Länge des zur Kante korrespondierenden Linienzuges, der erwartete Benzinverbrauch oder Mautgebühren. Die Kosten werden durch eine reelle Zahl ausgedrückt. Anstelle von Kosten verwendet man auch den Begriff *Bewertung*. Ein Graph, für dessen Kanten Kosten vorliegen, heißt daher *kantenbewertet*; falls für die Knoten eine Kostenangabe vorhanden ist, spricht man auch von *knotenbewerteten Graphen*. In einem *Distanzgraphen* gilt, dass die Bewertungen nicht negativ sein dürfen. Die *Länge eines Weges* berechnet sich aus der Summe der Kosten der Knoten, die den Weg bilden, plus der Kosten der Kanten, die diese Knoten paarweise verbinden. Für einen kantenbewerteten Graphen zeigt Abbildung 11.3 ein Beispiel.

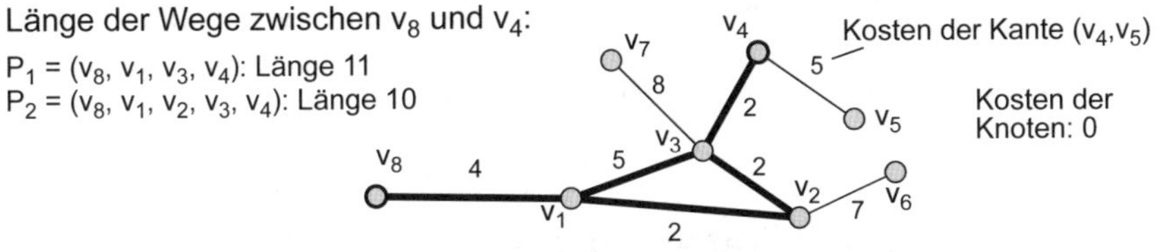

Abb. 11.3: Kosten und Weglängen in einem kantenbewerteten Graphen

11.1.2 Flächenhafte Modelle

Flächenhafte Modelle erlauben die überlappungsfreie und vollständige Aufteilung eines (endlichen oder nicht begrenzten) Datenraums. Dabei trennt eine Kante zwei (unterschiedliche) Maschen voneinander, sodass bezüglich einer gerichteten Kante eine linke und eine rechte Masche voneinander unterschieden werden können. Abbildung 11.4 zeigt ein Beispiel mit gerichteten Kanten, wobei die Maschen mit f_i bezeichnet sind. Die Masche f_0 repräsentiert den von den übrigen Maschen nicht überdeckten Datenraum.

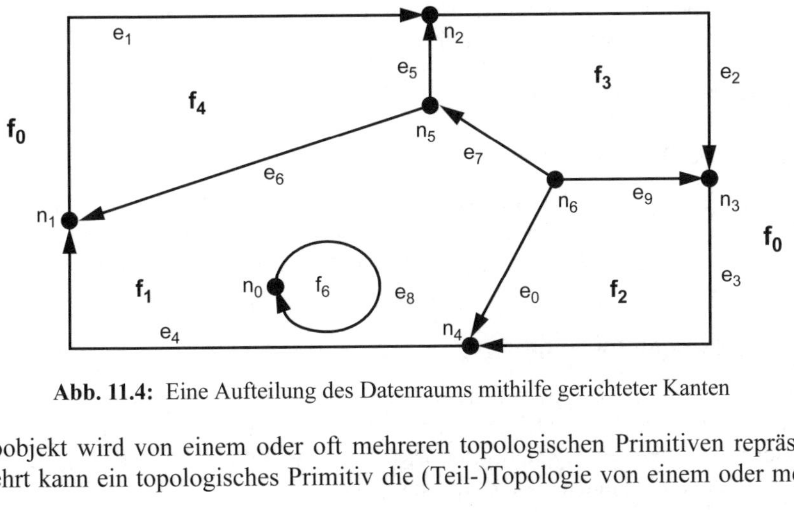

Abb. 11.4: Eine Aufteilung des Datenraums mithilfe gerichteter Kanten

Ein Geoobjekt wird von einem oder oft mehreren topologischen Primitiven repräsentiert. Umgekehrt kann ein topologisches Primitiv die (Teil-)Topologie von einem oder mehreren

Objekten darstellen. Es liegt also eine n-zu-m-Beziehung vor. Geoobjekte und damit auch die zugehörigen topologischen Primitive bilden oft Hierarchien. Ein Beispiel hierfür sind Verwaltungsgebiete: Die Bundesrepublik Deutschland besteht aus Bundesländern, wobei sich ein Bundesland ggf. in Regierungsbezirke gliedert, die wiederum aus Stadt- und Landkreisen zusammengesetzt sind und so weiter. Dann wird die Flächentopologie eines Bundeslandes durch die Aggregation der Maschen der zugehörigen Regierungsbezirke gebildet, die ihrerseits aus einer Zusammenfassung der Maschen der Kreise entstanden sind. Abbildung 11.5 illustriert diesen Sachverhalt.

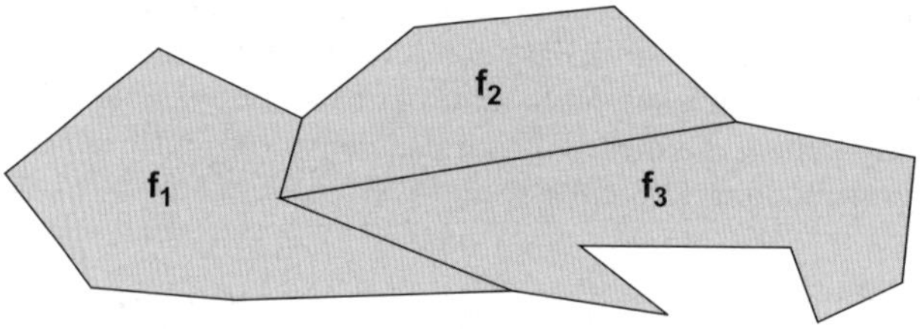

Abb. 11.5: Beziehung zwischen Geoobjekten und topologischen Primitiven

11.2 Topologische Datenmodelle

Dieser Abschnitt stellt zwei topologische Datenmodelle vor, die durch Geodatenstandards definiert sind.

11.2.1 Feature-Geometry-Modell

Wie bereits in Abschnitt 3.3 erwähnt, ermöglicht das Feature-Geometry-Modell neben der Beschreibung der Geometrie auch die explizite Repräsentation von topologischen Eigenschaften von Geodaten [65][2]. Das entsprechende Paket „Topology" besteht, wie in Abbildung 11.6 dargestellt, aus drei Unterpaketen:

- „Topology root" enthält die Oberklasse für topologische Objekte.
- „Topological primitive" modelliert die topologischen Primitive.
- „Topological complex" dient zur Beschreibung zusammengesetzter komplexer topologischer Primitive.

11.2.1.1 Paket „Topology root"

Das Paket „Topology root" definiert die abstrakte Oberklasse `TP_Object`, von der sich die weiteren topologischen Objekte ableiten. Diese Klasse enthält eine Reihe von Methoden. Ein Beispiel ist die Methode `dimension`, die die Dimension eines topologischen Objektes zurückgibt.

11.2.1.2 Topologische Primitive

Topologische Primitive werden im Feature-Geometry-Modell durch das Paket „Topological primitive" repräsentiert (Abb. 11.7). Für den zweidimensionalen Fall gibt es drei Klassen für topologische Primitive, die jeweils Unterklassen von `TP_Primitive` sind: `TP_Node` für Knoten, `TP_Edge` für Kanten und `TP_Face` für Maschen.

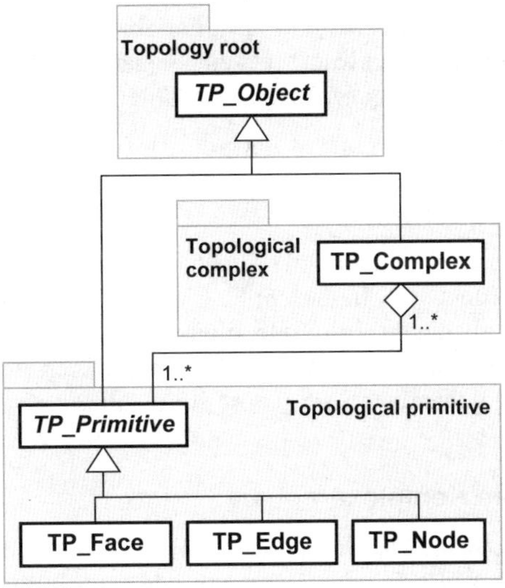

Abb. 11.6: Die Unterpakete vom Paket „Topology"

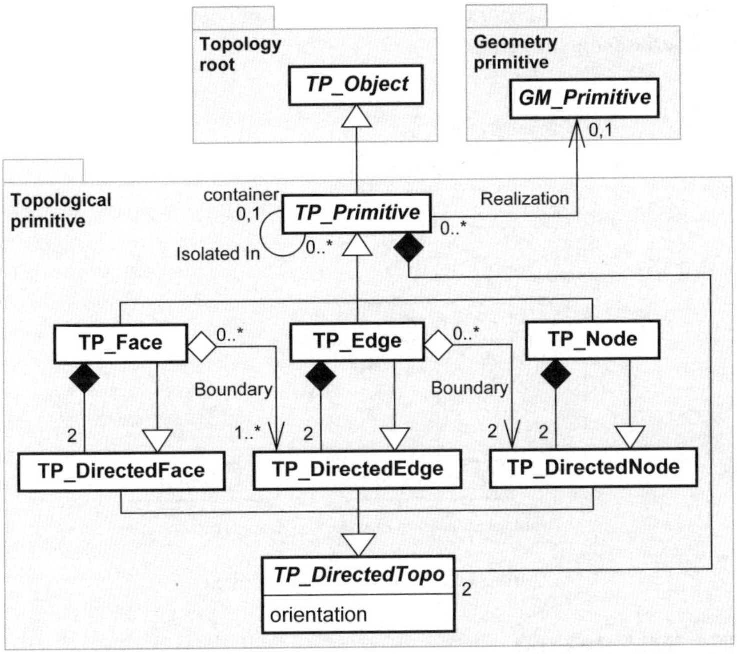

Abb. 11.7: Das Paket „Topological primitive"

Zu jedem `TP_Primitive`-Objekt gibt es zwei unterschiedlich *gerichtete Primitive*, die durch Unterklassen zur Klasse `TP_DirectedTopo` repräsentiert werden. Dabei gibt das Attribut `orientation` die Richtung ("+", "-") an, wobei das Minus für eine Umkehrung der Richtung steht (vgl. auch Abb. 3.8 auf S. 70). Der *Rand* (`Boundary`) einer Masche wird durch gerichtete Kanten der Klasse TP_DirectedEdge beschrieben. Die Bedeutung gerichteter Knoten (TP_DirectedNode) ist weniger offenkundig: Ein gerichteter Knoten mit positiver Orientierung bildet den Anfangsknoten einer Kante und eine negative Orientierung steht für den Endknoten. Man beachte, dass TP_DirectedTopo keine Unterklasse von TP_Primitive ist.

Zu einem topologischen Primitiv kann es über die Beziehung Realization ein geometrisches Primitiv (GM_Primitive) geben. Umgekehrt kann es ggf. zu einem geometrischen Primitiv mehrere topologische Primitive geben.

Einem topologischen Primitiv können unter Umständen *isolierte Primitive* über die Beziehung Isolated In zugeordnet sein. In diesem Fall ist die Dimension der isolierten Primitive um mindestens 2 kleiner als die der Primitive, die in der Rolle container auftreten. Beträgt der Dimensionsunterschied nur 1, so wird diese Situation (anders als in Abbildung 11.1) über die Boundary-Beziehung gehandhabt; so gehört eine isolierte Kante in einer Masche zum Rand der Masche.

11.2.1.3 Topologische Komplexe

Das Paket „Topological complex" (dargestellt in Abb. 11.8) enthält *topologische Komplexe*. Ein topologischer Komplex (TP_Complex) ist ein topologisches Primitiv, das aus einem oder mehreren topologischen Primitiven zusammengesetzt ist.

Geometrisch kann ein topologischer Komplex durch eine komplexe Geometrie (GM_Complex) beschrieben werden. Es gelten somit die gleichen Bedingungen, insbesondere dass die Teilkomponenten überlappungsfrei sind.

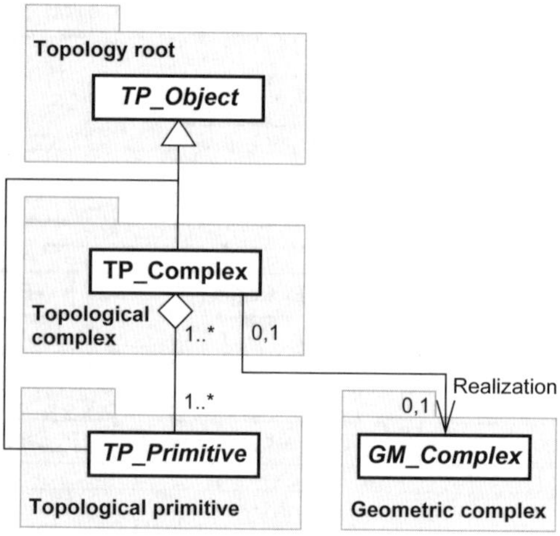

Abb. 11.8: Topologische Komplexe

11.2.2 SQL/MM Spatial

SQL/MM Spatial enthält seit der dritten Edition von 2006 neben dem in Abschnitt 3.5 vorgestellten Geometrieschema auch ein Netzwerk- und ein Topologiedatenbankschema [77]. Abbildung 11.9 gibt einen Überblick über die dort spezifizierten Pakete „Topo-Net" für Netzwerktopologien und „Topo-Geo" für flächenhafte Topologien; die in dem Diagramm dargestellten Vererbungsbeziehungen liegen in SQL/MM Spatial nicht explizit vor, sondern wurden aus Gründen der Veranschaulichung eingeführt.

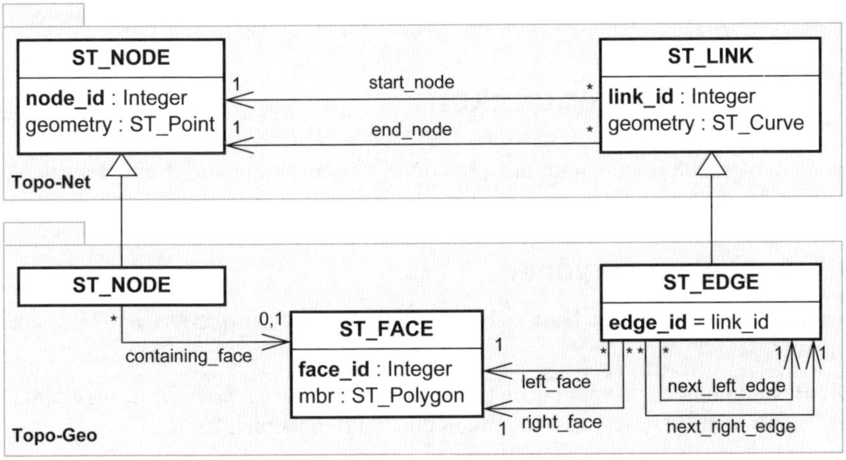

Abb. 11.9: Die Pakete „Topo-Geo" und „Topo-Net" aus SQL/MM Spatial

Das Modell von SQL/MM Spatial ist deutlich einfacher als das entsprechende Feature-Geometry-Modell. Die meisten Attribute und Beziehungen sind selbsterklärend. Die zu Maschen korrespondierende Geometrie kann aus den mittels Kanten repräsentierten Liniengeometrien abgeleitet werden; daher ist in ST_FACE nur ein minimal umgebendes Rechteck (mbr) gespeichert. Es dient zur Approximation der Geometrie insbesondere für die Verwendung in einem räumlichen Index. Die Beziehung containing_face hat die Aufgabe, isolierten Knoten den umgebenden Maschen zuzuordnen. Die Beziehungen next_left_edge und next_right_edge, die auch in Abbildung 11.10 dargestellt werden, verweisen auf fortlaufende Kanten. So ist in dem Beispiel die Kante e_5 die next_left_edge von Kante e_1, da die Masche f_2 bei einer Kantenrichtung von Knoten n_1 nach Knoten n_2 links der Kante liegt und somit bei Ablaufen der Randkanten von f_2 (entgegen dem Uhrzeigersinn) die Kante e_5 auf Kante e_1 folgt. In analoger Weise entspricht Kante e_4 der next_right_edge von Kante e_1.

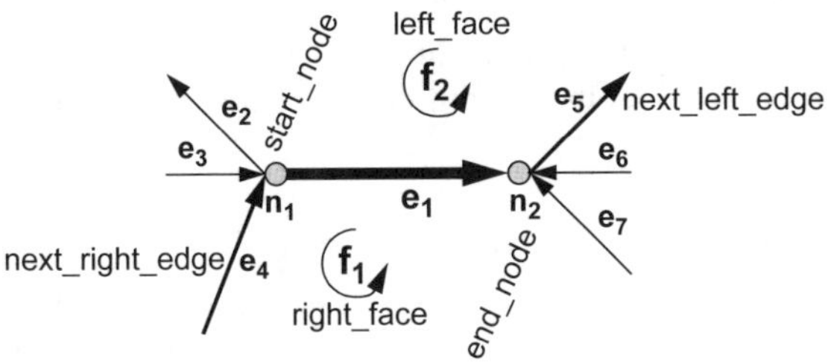

Abb. 11.10: Beispiel für die Beziehungen von Kanten im Topologiemodell von SQL/MM Spatial

Über einen Namen werden die topologischen Primitive einer ausgezeichneten „Topology" zugeordnet. Eine solche (linien- oder flächenhafte) Topology wird über die Operation ST_InitTopoNet bzw. ST_InitTopoGeo angelegt und kann auf Basis von Geometrien mit Daten gefüllt werden (ST_SpatNetFromGeom bzw. ST_CreateTopoGeo). SQL/MM Spatial definiert Operationen, mit denen man isolierte und nichtisolierte Primitive hinzufügen, ändern und entfernen kann. Auch stehen Funktionen zur Verfügung, die für Maschen deren Rand- (`ST_GetFaceEdges`) und Flächengeometrie (`ST_GetFaceGeometry`) bestimmen.

11.3 Netzwerkdatenbanken

Netzwerkanalyseoperationen und die physische Organisation von Netzwerkdatenbanken sind Thema dieses Abschnitts.

11.3.1 Analyseoperationen

Auf der Basis eines Graphen lässt sich eine Reihe typischer *Netzwerkanalyseoperationen* ausführen:

- Die Bestimmung der zu einem Element des Graphen *benachbarten Kanten und Knoten* ist Grundvoraussetzung, dass der Graph durchlaufen werden kann.
- Die *Erreichbarkeit* eines Knotens *d* von einem Knoten *s* entspricht der Fragestellung, ob es (mindestens) einen Weg von *s* nach *d* gibt (vgl. linke Darstellung in Abb. 11.11). Damit verwandt ist die Bestimmung aller Knoten, die von *s* aus erreicht werden können. Mit anderen Worten: Es wird der größte zusammenhängende (Teil-)Graph berechnet, der *s* umfasst. Eine solche Operation kann zur Kontrolle der Digitalisierung eines Netzwerkes dienen.
- Eine Variante stellt eine *Netzwerkverfolgung* dar, mit der alle Knoten oder Kanten bestimmt werden, die vom Knoten *s* unter Einhaltung einer maximalen Weglänge erreicht werden können (vgl. rechte Darstellung in Abb. 11.11). Im Rahmen von standortbezogenen Diensten ist die Bestimmung aller Sehenswürdigkeiten, Kneipen, Bushaltestellen usw., die von der aktuellen Position innerhalb von maximal *n* Minuten erreicht werden können, ein Beispiel für eine Anwendung. Für eine Standortanalyse oder Werbeaktionen kann man so den Einzugsbereich eines Geschäftes oder einer ähnlichen Einrichtung bestimmen. Betrachtet man gleichzeitig mehrere Standorte, muss ggf. die Netzwerkverfolgung jeweils auf *halbem Weg* zwischen zwei Standorten enden.
- Eine weitere Variante stellt die Berechnung der bezüglich der Weglänge *n nächsten Nachbarknoten* dar, die von einem Startknoten aus erreicht werden können.

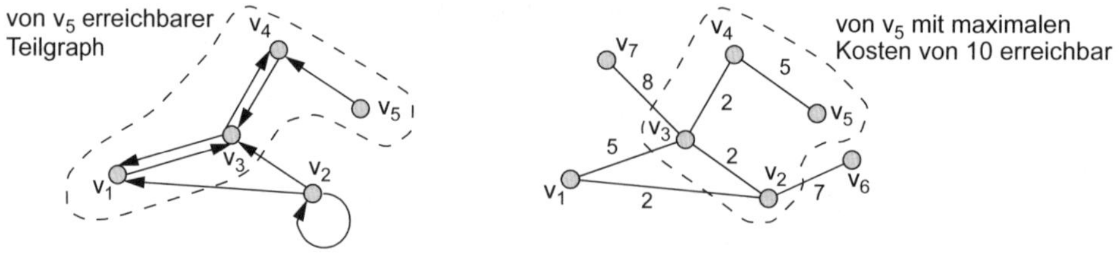

Abb. 11.11: Erreichbarkeit in Graphen

- Eine der wichtigsten Netzwerkanalyseoperationen ist die Bestimmung des *kürzesten Weges* zwischen zwei Knoten. Der kürzeste Weg (engl. *Shortest Path*) zwischen den

Knoten *s* und *d* ist der Weg, der die geringste Länge aufweist. In Abbildung 11.3 ist P_2 der kürzeste Weg zwischen v_8 und v_4. Für jedes Navigationssystem stellt die Berechnung des kürzesten Weges unter Berücksichtigung der erwarteten Geschwindigkeit auf den Wegkanten (= Straßen) die Hauptaufgabe dar. SQL/MM Spatial definiert zwei Funktionen zur Berechnung des kürzesten Weges: `ST_ShortestUndPath` für ungerichtete und `ST_ShortestDirPath` für gerichtete Netzwerke. Beide Funktionen sind allerdings für ein `ST_Geometry`-Tabellenattribut und nicht für das in Abschnitt 11.2.2 vorgestellte Paket „Topo-Net" definiert.

- Eine interessante Variante ist die *Berechnung aller Wege* zwischen zwei Knoten, die unterhalb einer vorgegebenen Kostengrenze bleiben. Ein Anwendungsfall hierfür ist die Auswahl und Benachrichtigung von Verkehrsteilnehmern, von denen nur bekannt ist, dass sie von *s* nach *d* unterwegs sind.
- Beim *Spannbaumproblem* (engl. *Spanning Tree Problem*) wird für einen ungerichteten, zusammenhängenden Graphen *G* ein Baum *T* bestimmt, der alle Knoten des Graphen *G* verbindet, wobei eine Teilmenge der Kanten von *G* die Kanten von *T* bilden. *T* ist also ein zusammenhängender Graph, bei dem es zwischen zwei Knoten immer genau einen Weg gibt. Abbildung 11.12 zeigt für einen Graphen *G* zwei mögliche Spannbäume. Ist *G* ein kantenbewerteter Graph, so gewinnt die Bestimmung des *minimalen Spannbaums* (engl. *Minimum Cost Spanning Tree*) an Bedeutung: Hierbei wird der Spannbaum berechnet, bei dem die Summe der Kosten der Kanten minimal ist. Solche Bäume werden zum Beispiel zum systematischen Aufbau von Kommunikationsnetzen benötigt.
- Beim *Problem des Handlungsreisenden* (engl. *Traveling Salesman Problem*) wird in einem Graphen *G* der kürzeste Weg gesucht, der alle Knoten besucht und wieder zum Ausgangsknoten zurückkehrt. Aufgrund der exponentiellen Laufzeit zur Lösung dieser Aufgabe werden oft *Näherungslösungen* verwendet, die maximal um einen vorgegebenen Prozentsatz von der korrekten Lösung abweichen. Ähnliche Aufgabenstellungen beschäftigen sich mit der Frage, ob es einen Weg gibt, der jede Kante genau einmal durchläuft und zum Schluss den Ausgangspunkt erreicht (*Königsberger Brückenproblem*) oder der jeden Knoten genau einmal passiert und auch wieder zum Start zurückkehrt (*hamiltonsches Problem*).

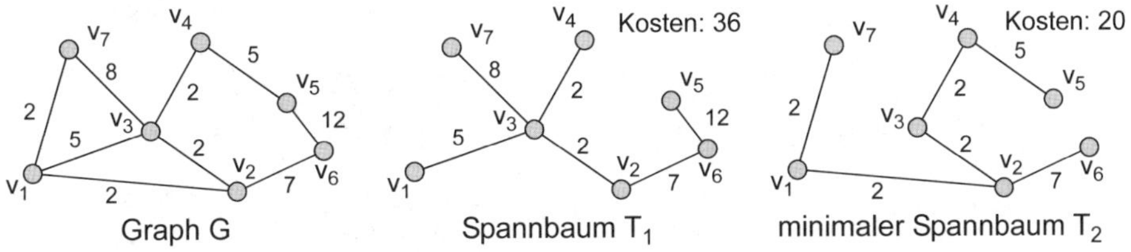

Abb. 11.12: Spannbäume

11.3.1.1 Dijkstra-Algorithmus

Der wohl bekannteste Algorithmus zur Berechnung kürzester Wege ist der *Algorithmus von Edsger W. Dijkstra*. Dieser Algorithmus aus dem Jahr 1959 bestimmt für kantenbewertete Distanzgraphen die kürzesten Wege von einem Startknoten *s* zu allen anderen Knoten des Graphen. Dabei wird angenommen, dass ein Knoten *v* zwei zusätzliche Werte speichern kann:

- `pred`: ein Verweis auf den Vorgängerknoten von *v*, der auf dem (bislang bekannten) kürzesten Weg von *s* nach *v* liegt.
- `dist`: die (bislang bekannte) kürzeste Weglänge von *s* nach *v*.

Für *s* gibt es keinen Vorgänger und `dist` beträgt 0. Für die übrigen Knoten sind die Vorgänger zunächst unbekannt und die Distanz wird mit einem Wert vorbelegt, der größer als der längste Weg im Graphen ist (∞).

Der Algorithmus arbeitet mit einer Datenstruktur, die den sogenannten *Rand* repräsentiert. Der Rand trennt die Knoten, für die der kürzeste Weg bereits bekannt ist, von den Knoten, die vom Algorithmus noch gar nicht betrachtet worden sind. Der Rand umfasst damit die Knoten, für die der kürzeste Weg noch nicht (sicher) bestimmt worden ist. Zu Beginn des Algorithmus besteht der Rand aus den Nachbarn von *s*. Falls für einen Knoten nun der kürzeste Weg bekannt wird, muss dieser Knoten aus dem Rand entfernt und von seinen Nachbarknoten diejenigen in den Rand eingefügt werden, die dort noch nicht gespeichert sind und zu denen der kürzeste Weg auch noch nicht berechnet worden ist. Abbildung 11.13 illustriert diesen Vorgang an einem Beispiel, wobei hinter der Knotenbezeichnung in Klammern die Werte von `pred` und `dist` angegeben sind. Zu Beginn ist nur der (triviale) kürzeste Weg von *s* nach *s* bekannt. Den Rand bilden die Nachbarn von *s*: v_2, v_3 und v_7. Diese Knoten erhalten (zunächst) *s* als Vorgänger und die Kosten der verbindenden Kante als Weglänge zugewiesen.

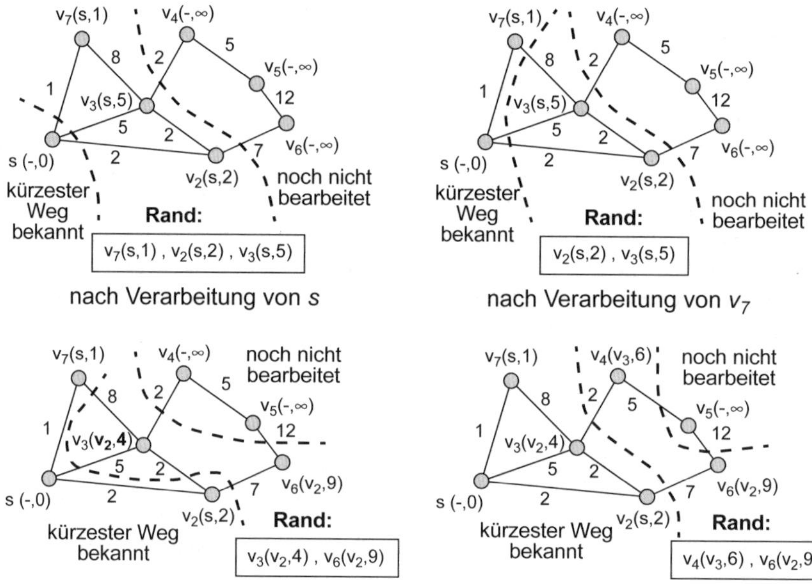

Abb. 11.13: Beispielhafter Ablauf des Dijkstra-Algorithmus

Aktuell wird immer der Knoten *v* aus dem Rand verarbeitet, der die geringste Weglänge aufweist. In der Ausgangssituation des Beispiels handelt es sich um den Knoten v_7. Da dieser Knoten zu einem Knoten benachbart ist, für den der kürzeste Weg bekannt ist, und da es keinen Knoten im Rand mit einer geringeren Weglänge gibt, ist für *v* nun auch der kürzeste Weg bekannt: Er muss über den als Vorgänger vermerkten Knoten laufen. Damit kann *v* aus dem

Rand entfernt werden und seine Nachbarn (bei v_7 also *s* und v_3) bei Bedarf in den Rand eingefügt bzw. aktualisiert werden.

Bei der Bearbeitung eines Nachbarknotens *u* von *v* können vier Fälle auftreten:

1. Für den Nachbarknoten *u* ist der kürzeste Weg bereits bekannt. Dies ist der Fall, falls *u* sich nicht im Rand befindet und nicht mehr mit ∞ gekennzeichnet ist. Dann muss nichts weiter unternommen werden (dies ist beim v_7-Nachbarn *s* der Fall).

2. Falls der Nachbarknoten *u* noch nicht bearbeitet worden ist, muss er in den Rand aufgenommen werden. Dies ist der Fall, wenn *u* noch mit ∞ gekennzeichnet ist. Dann wird *v* als Vorgänger bei Knoten *u* eingetragen und die Weglänge vom Startknoten zu *u* beträgt *v.dist* plus die Kosten für das Ablaufen der Kante zwischen *v* und *u*.

3. Der Nachbarknoten *u* ist im Rand gespeichert und der bislang angenommene Weg ist länger als der Weg über *v*. Dann ist *v.dist* plus die Kosten der Kante zwischen *v* und *u* kleiner als *u.dist*. In diesem Fall muss die Weglänge von *u* entsprechend angepasst und *v* als neuer Vorgänger vermerkt werden. Gegebenenfalls rückt *u* deshalb im Rand weiter nach vorne.

4. Der Nachbarknoten *u* ist im Rand gespeichert und der bisher angenommene Weg ist nicht länger als der Weg über *v*. Dann ist bisherige Annahme korrekt, sodass nichts weiter unternommen werden muss. Dies ist beim v_7-Nachbarn v_3 der Fall: $1+8 > 5$.

Im Beispiel in Abbildung 11.13 wird nach v_7 der Knoten v_2 verarbeitet, da er nun der Knoten mit der geringsten Weglänge im Rand ist. Er hat drei Nachbarn: *s*, v_3 und v_6. Da für *s* wiederum Fall 1 gilt, muss für diesen Nachbarknoten nichts weiter unternommen werden. v_6 ist noch nicht bearbeitet worden und wird somit gemäß Fall 2 mit v_7 als Vorgänger und Weglänge $2+7 = 9$ in den Rand eingefügt. v_3 ist bereits mit einer Weglänge von 5 im Rand gespeichert. Da aber 2 (v_2.*dist*) plus 2 (Kosten der Kante (v_2 , v_3)) kleiner als 5 ist, ist der Weg von *s* über v_2 zu v_3 kürzer als der bisher angenommene Weg direkt von *s* nach v_3. Daher wird gemäß Fall 3 die Distanz auf 4 angepasst und v_2 als Vorgänger bei v_3 vermerkt. Die Distanzänderung hat in diesem Fall keinen Einfluss auf die Position von v_3 im Rand.

Der Algorithmus endet, wenn der Rand leer ist. Möchte man den kürzesten Weg zu einem bestimmten Zielknoten berechnen, so endet der Algorithmus, sobald der Zielknoten aus dem Rand entfernt wird. Den kürzesten Weg kann man konstruieren, indem man von einem Zielknoten jeweils zu dem dort vermerkten Vorgänger wechselt, bis man am Startknoten angekommen ist.

Der Rand ist eine Vorrangwarteschlange, bei der sich der Rang von Einträgen nachträglich ändern kann. Implementiert man die Vorrangwarteschlange mithilfe einer Datenstruktur, die die Einfüge-, Lösch- und Änderungsoperationen mit logarithmischem Aufwand ausführt, so beträgt die Laufzeit des Dijkstra-Algorithmus $O((n+m) \log n)$, wobei *n* die Anzahl der Knoten und *m* die Zahl der Kanten bezeichnen.

Nachfolgend ist der Dijkstra-Algorithmus für die Berechnung des kürzesten Weges zwischen zwei Knoten *s* und *d* in Java-Notation dargestellt.

```
// Dijkstra-Algorithmus: Kürzester Weg von s nach d in einem Netzwerk
LinkedList<Vertex> computeShortestPath (Collection<Vertex> vertices,
                                        Vertex s, Vertex d) {
   // alle Knoten initialisieren
   for (Vertex v : vertices) {
      v.pred = null;
      v.dist = Double.MAX_VALUE;
   }

   // Rand anlegen
   PriorityQueue<Vertex> front = new PriorityQueue<Vertex>();

   // Startknoten bearbeiten
   s.dist = 0;
   front.add(s);

   // die Knoten bearbeiten
   while (! front.isEmpty()) {

      // den Knoten mit geringster Distanz holen und löschen
      Vertex v = front.poll();

      // Falls es sich um den Zielknoten handelt:
      if (v.equals(d)) {
         // Pfad konstruieren
         LinkedList<Vertex> path = new LinkedList<Vertex>();
         path.add(v);

         do {
            v = v.pred;
            path.addFirst(v);
         } while (!v.equals(s));

         // Fertig: Pfad zurückgeben
         return path;
      }

      // Nachbarknoten bearbeiten
      for (Edge uEdge : v.getEdges()) {
         Vertex u = uEdge.getOppositeNode(v);

         // Berechnung der neuen Distanz
         double newDist = v.dist + uEdge.cost;

         // Fall 2 oder Fall 3:
         if (newDist < u.dist) {
            u.dist = newDist;
            if (front.contains(u))  // Fall 3:
               front.move(u);       // gemäß neuer Weglänge einreihen
            else                    // Fall 2:
               front.add(u);        // dem Rand hinzufügen
         }
      }
   }

   return null;      // Ziel nicht erreichbar
}
```

11.3.1.2 A*-Algorithmus

Der Dijkstra-Algorithmus durchläuft das Netzwerk vom Startknoten ausgehend unter Berücksichtigung der bisherigen Weglänge. Damit breitet sich die Verarbeitung mehr oder weniger ringförmig zu allen Seiten des Startknotens aus. Möchte man den kürzesten Weg zu einem bestimmten Zielknoten berechnen, betrachtet man dadurch Knoten und Kanten, die mit hoher Wahrscheinlichkeit nicht zum kürzesten Weg gehören, da sie nicht in der (groben) Richtung zum Zielknoten liegen. Beim *A*-Algorithmus* wird dieser Effekt dadurch gemildert, dass man bei einem Knoten v zur bekannten Weglänge noch die geschätzte Weglänge von v zum Zielknoten d addiert. Dabei sollte dieser Schätzwert nicht größer als die tatsächliche Weglänge sein, da ansonsten eventuell ein Weg als Ergebnis bestimmt wird, der länger als der kürzeste Weg ist. Ein oft geeigneter Schätzwert für den Restweg ist der euklidische Abstand zwischen v und d in Kombination mit der größten erzielbaren Geschwindigkeit. Dies setzt allerdings voraus, dass jedem Knoten die Lage einer korrespondierenden Punktgeometrie bekannt ist.

Im zuvor dargestellten Dijkstra-Algorithmus muss nur die Berechnung des Distanzattributs entsprechend angepasst werden:

```
double xd = u.x - d.x;
double yd = u.y - d.y;
double newDist = v.dist + uEdge.cost + Math.sqrt(xd*xd+yd*yd) / MAX_SPEED;
```

11.3.1.3 Berechnung kürzester Wege in Netzwerkhierarchien

Ein weiterer Ansatz, um die Menge der zu betrachtenden Knoten und Kanten zu verringern, ist der Aufbau von *Netzwerkhierarchien*. Möchte man die schnellste Straßenverbindung zwischen einem Startort in Hamburg und einem Ziel in München berechnen, ist es nicht sinnvoll, alle Nebenstraßen in Hannover, Kassel oder Würzburg in die Betrachtung mit einfließen zu lassen. Stattdessen wird man versuchen, in Hamburg und München auf Haupt- und Nebenstraßen die Autobahn zu erreichen bzw. wieder zu verlassen und zwischen Hamburg und München nur auf dem Autobahnnetz zu bleiben.

Ein Ansatz, dieses Ziel zu erreichen, stellt die Zerlegung des Netzwerkes in *Teilnetze* dar. Knoten, die zu Knoten eines anderen Teilnetzes benachbart sind, nennt man *Grenzknoten*; die Kanten dazwischen sind die *Grenzkanten*. In Abbildung 11.14 ist das Netzwerk in vier Teilnetze zerlegt worden. Die Grenzknoten sind dunkel ausgefüllt und die Grenzkanten unter Angabe der Kantenbewertung breiter als die übrigen Kanten dargestellt.

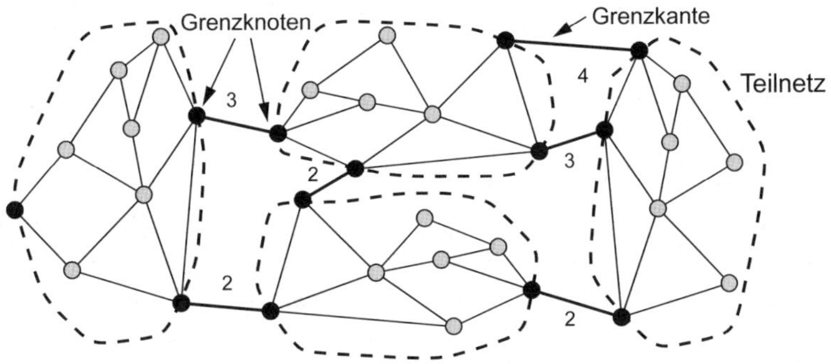

Abb. 11.14: Zerlegung eines Netzwerkes in Teilnetze

Für jedes Teilnetz lassen sich nun separat die kürzesten Wege und Weglängen zwischen allen Grenzknoten berechnen und speichern. Damit der Aufwand hierfür nicht zu groß wird, darf die Anzahl der Grenzknoten nicht zu hoch sein. Für das Beispiel eines Straßennetzes kann man dies erreichen, indem man die Teilnetzgrenzen nicht durch, sondern um Städte herum legt. Die Grenzknoten liegen dann typischerweise auf Autobahnen und Hauptausfallstraßen. Abbildung 11.15 zeigt die Kanten der so entstandenen übergeordneten Hierarchiestufe für das Netzwerk aus Abbildung 11.14. Durch diesen Vorgang wird die Anzahl der Kanten und Knoten verglichen mit dem Ursprungsnetzwerk erheblich reduziert. Prinzipiell lässt sich der Vorgang rekursiv wiederholen, indem man mehrere benachbarte Teilnetze zusammenfasst.

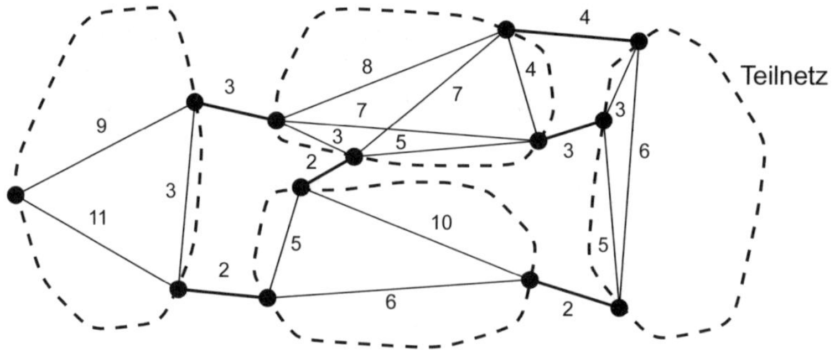

Abb. 11.15: Kanten der übergeordneten Hierarchiestufe

Möchte man nun den kürzesten Weg zwischen zwei Knoten aus unterschiedlichen Teilnetzen bestimmen, rechnet man im Start- und Zielteilnetz auf dem eigentlichen Netzwerk, während man für die Berechnung des Weges zwischen den Teilnetzen die Informationen höherer Hierarchiestufen verwendet. Abbildung 11.16 illustriert dies am zuvor verwendeten Beispiel.

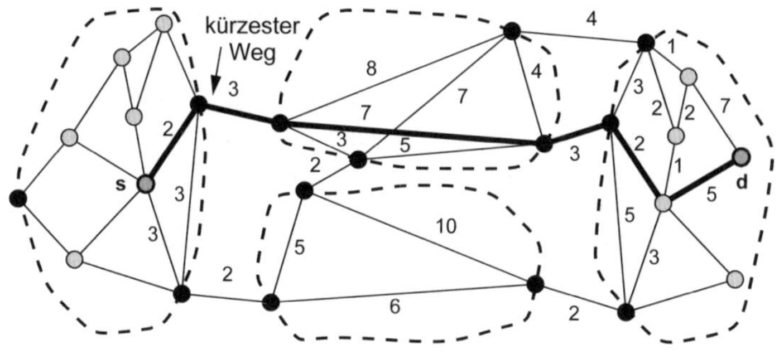

Abb. 11.16: Berechnung des kürzesten Weges in einer Netzwerkhierarchie

11.3.2 Physische Organisation

Um Netzwerke in Datenbanken speichern zu können, müssen sie – ebenso wie dies bei herkömmlichen und bei räumlichen Daten der Fall ist – auf kleinere Einheiten wie Datenbankblöcke oder Gruppen von Datenbankblöcken (*Partitionen*) verteilt werden, um so auf dem Hintergrundspeicher abgelegt werden zu können. Bei dieser *Zerlegung* können graph- oder raumbasierte Ansätze verfolgt werden.

Zerlegung nach räumlichen Kriterien

Bei einer Zerlegung nach rein räumlichen Kriterien betrachtet man die Knoten als Punkte im Raum, die eine herkömmliche räumliche Indexstruktur wie ein R-Baum oder linearer Quadtree verwaltet. So können effizient räumliche Anfragen bearbeitet werden. Allerdings ist hierbei insbesondere problematisch, dass „schnelle" Wege (d.h. Wege mit Kanten, die geringe Kosten aufweisen, wie zum Beispiel Autobahnverbindungen) in der Regel auf viele Partitionen verteilt werden und damit nur mit einer großen Zahl von Plattenzugriffen (also unter hohen *I/O-Kosten*) eingelesen werden können.

Zerlegung nach Grapheigenschaften

Ein alternativer Ansatz ist eine Zerlegung nach Eigenschaften des Graphen ohne Berücksichtigung räumlicher Aspekte. Dabei wird versucht, den *CRR* (engl. *Connectivity Residue Ratio*) zu maximieren. Der CRR ist das Verhältnis der Anzahl der durch die Zerlegung nicht aufgeteilten Kanten zur Gesamtzahl der Kanten:

$$\text{CRR} = \frac{|\text{unzerlegte Kanten}|}{|\text{Kanten}|}$$

Je größer der CRR, desto höher ist die Wahrscheinlichkeit, dass für einen Knoten v auch sein Nachbarknoten in der gleichen Partition wie v gespeichert ist. Damit werden für Analyseoperationen, die wie zum Beispiel der Dijkstra-Algorithmus sehr stark auf der Betrachtung direkter Nachbarknoten beruhen, die I/O-Kosten minimiert.

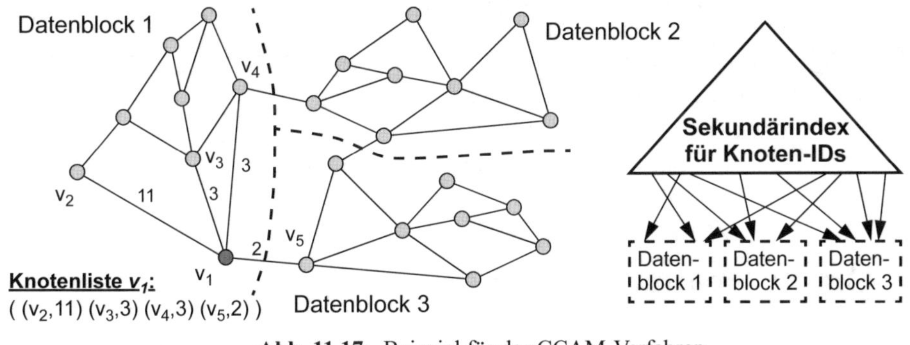

Abb. 11.17: Beispiel für das CCAM-Verfahren

Ein entsprechendes Verfahren ist *CCAM* (engl. *Connectivity Clustered Access Method*) von Shekhar und Liu [189]. CCAM teilt die Menge der Knoten rekursiv unter Maximierung des CCRs in zwei Mengen auf, bis die jeweiligen Knotenbeschreibungen in einen Datenblock hinein passen. Eine Knotenbeschreibung besteht dabei aus der Knoten-ID, der zugehörigen Punktkoordinate sowie aus Knotenlisten, die die IDs der Vorgänger- und der Nachfolgerknoten enthalten und damit die auf den Knoten gerichteten und von dem Knoten ausgehenden Kanten spezifizieren (in Abb. 11.17 ist für v_1 die Knotenliste ohne Unterscheidung der Richtung und mit einer Kantenbewertung angegeben). Wird ein Graph durchlaufen, muss mithilfe der Knoten-IDs auf Nachbarknoten zugegriffen werden. Befindet sich der gesuchte Knoten nicht im gleichen Datenblock wie der Knoten, von dem die Suche ausgeht (z.B. beim Übergang von v_1 nach v_5), muss der zugehörige Block bestimmt werden. Dazu dient ein Sekundärindex (z.B. ein B-Baum), der die Knoten-IDs mit den Blocknummern verwaltet. Falls als

Knoten-ID der z-Wert des Knotens (mit hinreichender Auflösung) verwendet wird, können gleichzeitig auch räumliche Anfragen vom Sekundärindex unterstützt werden.

Einen ähnlichen Ansatz haben Papadias et al. [162] vorgeschlagen. In dieser Architektur enthalten die Verweise auf Nachbarknoten im Gegensatz zu CCAM zusätzlich die Blocknummer, in dem der Nachbarknoten gespeichert ist (in Abb. 11.18 durch DB*n* kenntlich gemacht). Somit ist für das Durchlaufen des Graphen kein Zugriff auf einen Sekundärindex notwendig. Zu jeder Kante (v_i, v_j) gibt es einen korrespondierenden Linienzug $l(v_i,v_j)$, der von einer separaten Komponente verwaltet wird. Die Einträge dort enthalten die Blocknummer des Anfangs- und des Endknotens. Die minimal umgebenden Rechtecke (MUR) um die Linienzüge werden über einen räumlichen Sekundärindex organisiert, sodass räumliche Anfragen unterstützt werden. In einem Eintrag der Knotenliste ist ebenfalls das MUR sowie ein Verweis auf den Speicherort des korrespondierenden Linienzuges gespeichert.

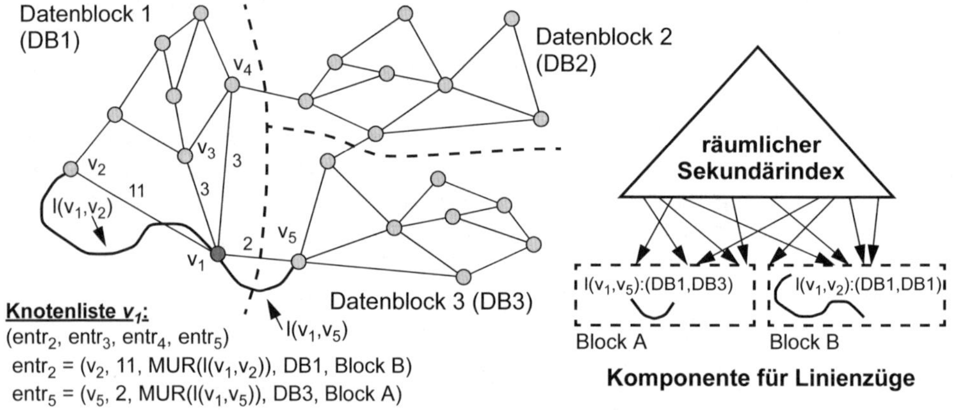

Abb. 11.18: Architektur nach Papadias et al.

11.4 Oracle Spatial

Seit der Version 10 beinhaltet Oracle Spatial als neue Bestandteile ein Datenbankschema für Netzwerke und ein allgemeines Topologie-Datenbankschema, die beide im Folgenden vorgestellt werden sollen.

11.4.1 Netzwerk-Datenbankschema

11.4.1.1 Datenrepräsentation

Das Netzwerk-Datenbankschema [153] unterscheidet vier Arten von Netzwerken:

- Ein *logisches Netzwerk* enthält nur Informationen über die Knoten-Kanten-Verbindungen, aber keine geometrischen Informationen,
- ein *SDO-Netzwerk* enthält neben den Informationen über die Knoten-Kanten-Verbindungen Koordinatenangaben in `SDO_GEOMETRY`-Objekten,
- ein *LRS-Netzwerk* entspricht einem SDO-Netzwerk, nur dass die Geometrien über ein lineares Bezugssystem beschrieben sind und

- ein *Topologie-Geometrie-Netzwerk* verwendet dazu topologische Geometrien, die später in Abschnitt 11.4.2 vorgestellt werden.

Oracle Spatial verwendet vier Tabellen zur Beschreibung eines Netzwerkes.

Knotentabelle

Die *Knotentabelle* speichert u.a. die folgenden Informationen zu den einzelnen Knoten:

```
Name       Typ
---------- -------------
node_id    NUMBER             -- Knoten-Identifier
node_name  VARCHAR2(200)      -- Benutzerdefinierte Knotenbezeichnung
node_type  VARCHAR2(200)      -- Benutzerdefinierte Knotenklasse/-typ
active     VARCHAR2(1)        -- 'Y' für "sichtbare" Knoten
geometry   SDO_GEOMETRY       -- Punktgeometrie des Knotens
cost       NUMBER             -- Kosten beim Passieren des Knotens
```

Die Knoten-ID `node_id` ist Primärschlüssel der Knotentabelle.

Kantentabelle

In der *Kantentabelle* werden die Kanten des Netzwerkes beschrieben. Diese Tabelle enthält u.a. folgende Attribute:

```
Name          Null?    Typ
------------- -------- -------------
link_id       NOT NULL NUMBER           -- Kanten-Identifier
link_name              VARCHAR2(200)    -- Benutzerdef. Kantenbezeichnung
start_node_id NOT NULL NUMBER           -- ID des Anfangsknotens
end_node_id   NOT NULL NUMBER           -- ID des Endknotens
link_type              VARCHAR2(200)    -- Benutzerdef. Kantenklasse/-typ
active                 VARCHAR2(1)      -- 'Y' für "sichtbare" Kanten
geometry               SDO_GEOMETRY     -- Liniengeometrie der Kante
cost                   NUMBER           -- Kosten beim Ablaufen der Kante
```

Die Kanten-ID `link_id` ist Primärschlüssel der Kantentabelle. Die beiden obligatorischen Fremdschlüssel `start_node_id` und `end_node_id` legen den Anfangs- und Endknoten fest. Die Kosten zum Ablaufen der Kante sind im Attribut `cost` hinterlegt.

Wegtabellen

In der *Wegtabelle* können Wege gespeichert werden, die das Ergebnis von Netzwerkanalyse-operationen sind. Sie besitzt folgende Attribute:

```
Name          Null?    Typ
------------- -------- -------------
path_id       NOT NULL NUMBER          -- Weg-Identifier
path_name              VARCHAR2(200)   -- Benutzerdef. Wegbezeichnung
path_type              VARCHAR2(200)   -- Benutzerdef. Wegtyp
start_node_id NOT NULL NUMBER          -- ID des Startknotens
end_node_id   NOT NULL NUMBER          -- ID des Zielknotens
cost                   NUMBER          -- Weglänge
simple                 VARCHAR2(1)     -- 'Y': einfacher Weg, 'N': komplex
geometry               SDO_GEOMETRY    -- Liniengeometrie des Weges
```

Die Weg-ID path_id ist Primärschlüssel der Wegtabelle. Auch hier legen die beiden obligatorischen Fremdschlüssel start_node_id und end_node_id den Start- und Zielknoten fest. In cost ist die Weglänge, d.h. die Gesamtkosten zum Ablaufen des Weges, gespeichert. Ein Weg gilt als einfach, wenn man über genau eine Kantenfolge vom Startknoten zum Zielknoten kommen kann. Bei einem komplexen Weg gibt es mehrere unterschiedliche Möglichkeiten. Da zwischen Wegen und Kanten eine geordnete n-zu-m-Beziehung vorliegt, existiert eine entsprechende Verknüpfungstabelle mit folgenden Attributen, wobei allerdings für die Fremdschlüssel standardmäßig keine referenzielle Integrität vorgesehen ist:

```
Name      Null?    Typ
--------- -------- ------
path_id   NOT NULL NUMBER    -- Fremdschlüssel auf Weg
link_id   NOT NULL NUMBER    -- Fremdschlüssel auf Kante
seq_no             NUMBER    -- Ordnungsnummer (bei 1 beginnend)
```

Anlegen der Netzwerktabellen

Die vier Netzwerktabellen werden durch den Aufruf einer vordefinierten PL/SQL-Prozedur erzeugt. Für ein SDO-Netzwerk steht dazu die Prozedur CREATE_SDO_NETWORK aus dem Paket SDO_NET zur Verfügung.

```
SDO_NET.CREATE_SDO_NETWORK (
   network                 IN VARCHAR2,   -- Name des Netzwerks
   no_of_hierarchy_levels  IN NUMBER,     -- Anzahl der Hierarchiestufen
   is_directed             IN BOOLEAN,    -- TRUE, falls gerichtete Kanten
   node_with_cost          IN BOOLEAN     -- TRUE, falls knotenbewertet
);
```

Der erste Parameter definiert den Namen des Netzwerkes und damit den Basisnamen der Netzwerktabellen:

- <network>_NODE$: die Knotentabelle
- <network>_LINK$: die Kantentabelle
- <network>_PATH$: die Wegtabelle
- <network>_PLINK$: die Verknüpfungstabelle zwischen Wegen und Kanten

Abbildung 11.19 zeigt das entsprechende Datenbankschema in UML-Notation. Es sind nur die wichtigsten Attribute aufgeführt, wobei die Schlüsselattribute fett dargestellt sind. Die Grundstruktur stimmt mit dem in Abbildung 11.9 darstellten Ansatz von SQL/MM Spatial überein.

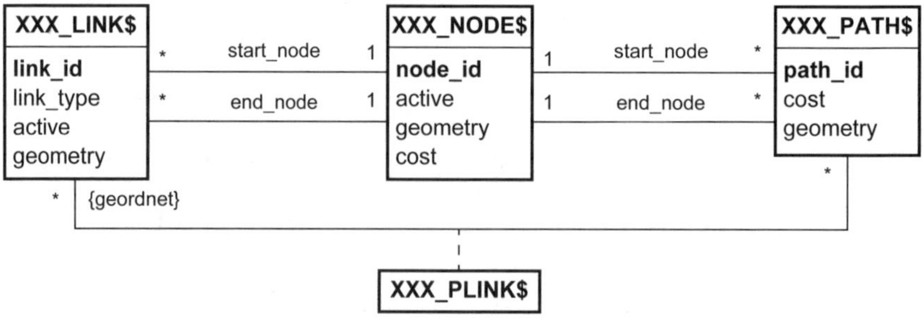

Abb. 11.19: UML-Klassendiagramm für die Netzwerktabellen von Oracle Spatial

Zusammen mit den Tabellen werden auch die erforderlichen relationalen Indexe angelegt.

```
-- Netzwerk anlegen:
DECLARE
BEGIN
  SDO_NET.CREATE_SDO_NETWORK('OldenburgNetz', 1, FALSE, FALSE);
END;
/
-- Netzwerktabellen bestimmen:
SELECT table_name FROM USER_TABLES WHERE table_name LIKE 'OLDENBURGNETZ%';

TABLE_NAME
---------------------
OLDENBURGNETZ_LINK$
OLDENBURGNETZ_NODE$
OLDENBURGNETZ_PATH$
OLDENBURGNETZ_PLINK$
```

Importieren der Daten

Zum Einlesen größerer Datenmengen bietet sich die Nutzung des Werkzeugs SQL*Loader an. Dazu stehen auf der Website http://www.geodbs.de zwei Dateien bereit: `ol_knoten.txt` und `ol_kanten.txt`. Diese beschreiben das Straßennetzwerk der Stadt Oldenburg, das in Abbildung 11.20 dargestellt ist.

Jeder der 6.105 Einträge in der Knotendatei besitzt fünf, jeweils durch einen Tabulator getrennte Angaben: die Knoten-ID, ein `Y` zum Setzen des Attributs `active`, `2001` als Wert vom Geometrieattribut `SDO_GTYPE` sowie eine x- und y-Koordinate; die Koordinaten unterliegen keinem Koordinatenbezugssystem. Damit kann die Datei mit folgender Kontrolldatei geladen werden:

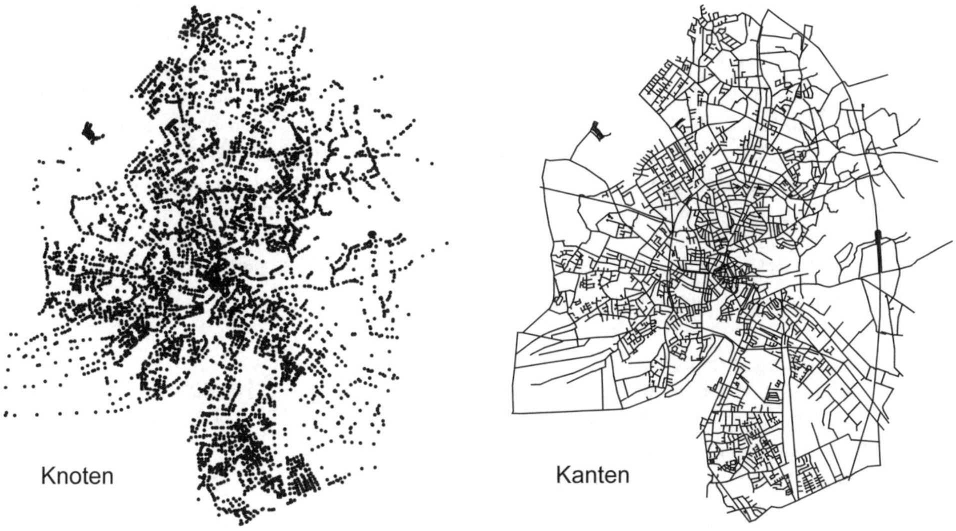

Abb. 11.20: Straßennetzwerk Oldenburg

```
LOAD DATA
INFILE 'ol_knoten.txt'
TRUNCATE
INTO TABLE OldenburgNetz_NODE$
FIELDS TERMINATED BY X'09'
TRAILING NULLCOLS
( node_id,
  active,
  geometry  COLUMN OBJECT
            ( sdo_gtype, sdo_srid, sdo_point  COLUMN OBJECT  (x, y, z) )
)
```

Die Einträge in der Kantendatei bestehen aus sechs Werten, die jeweils durch einen Tabulator getrennt sind: die Kanten-ID, der Name der zugehörigen Straße, die IDs des Anfangs- und des Endknotens, eine Angabe zur Straßenklasse (z.B. 1 für Autobahnen und 4 für Nebenstraßen) und ein Y zum Setzen des Attributs active. Die zugehörige Kontrolldatei sieht wie folgt aus:

```
LOAD DATA
INFILE 'ol_kanten.txt'
TRUNCATE
INTO TABLE OldenburgNetz_LINK$
FIELDS TERMINATED BY X'09'
( link_id,
  link_name,
  start_node_id,
  end_node_id,
  link_type,
  active
)
```

Da in der Kantendatei keine Kantenbewertungen und keine Geometrien enthalten sind, sollen diese mithilfe der Java-API von Oracle Spatial nach dem Einfügen hinzugefügt werden. Dazu wird für jede Kante ihr Anfangs- und Endknoten eingelesen und daraus die verbindende Strecke konstruiert. Die Kantenbewertung ergibt sich aus der Entfernung der beiden Knoten multipliziert mit der Straßenklasse, sodass man sich auf Autobahnen zum Beispiel viermal schneller fortbewegen kann als auf Nebenstraßen. Die Kantengeometrie ist zwar nicht für Netzwerkanalysen erforderlich, aber für räumliche Selektionen und zur Visualisierung nützlich.

```
// Methode um die Kanten um die Geometrie und Kosten zu ergänzen.
public void completeEdges () {
  try {
    // Verbindung zur Datenbank aufbauen
    String url = "jdbc:oracle:thin:@"+DBHOST+":"+DBPORT+":"+DBNAME;
    Connection db = DriverManager.getConnection(url, DBUSER, DBPASSWORD);
    // Anfragen vorbereiten
    Statement linkQuery = db.createStatement();
    Statement nodeQuery = db.createStatement();
    PreparedStatement update = db.prepareStatement(
      "UPDATE OldenburgNetz_LINK$ SET geometry=?, cost=? WHERE link_id=?");
    ResultSet rs = linkQuery.executeQuery("SELECT * FROM OldenburgNetz_LINK$");
```

```
      // Alle Kanten durchlaufen
      while (rs.next()) {
         // Anfangsknoten bestimmen
         ResultSet rs1 = nodeQuery.executeQuery(
            "SELECT geometry FROM OldenburgNetz_NODE$ WHERE node_id = " +
            rs.getInt("start_node_id"));
         rs1.next();
         Struct struct = (Struct) rs1.getObject(1);
         JGeometry jGeom = JGeometry.loadJS(struct);
         java.wt.geom.Point2D p1 = jGeom.getJavaPoint();
         rs1.close();
         // Endknoten bestimmen
         ResultSet rs2 = nodeQuery.executeQuery(
            "SELECT geometry FROM OldenburgNetz_NODE$ WHERE node_id = " +
            rs.getInt("end_node_id"));
         rs2.next();
         struct = (Struct) rs2.getObject(1);
         jGeom = JGeometry.loadJS(struct);
         java.awt.geom.Point2D p2 = jGeom.getJavaPoint();
         rs2.close();
         // Kantengeometrie erzeugen, Kosten berechnen und speichern
         double[] pkt = new double[] {p1.getX(),p1.getY(), p2.getX(),p2.getY()};
         JGeometry kante = JGeometry.createLinearLineString(pkt,2,0);
         update.setObject(1, JGeometry.storeJS(kante,db) );
         update.setDouble(2, p1.distance(p2)*rs.getInt("link_type") );
         update.setInt   (3, rs.getInt("link_id"));
         update.execute();
      }
      // ResultSet, Statements und Verbindung schließen
      rs.close();
      nodeQuery.close();
      linkQuery.close();
      update.close();
      db.close();
   }
   // Fehler behandeln
   catch (Exception ex) {
      System.err.println("ergänzeKanten: " + ex);
   }
} // Prozedur
```

Räumliche Indexierung

Um auf den Netzwerkdaten auch räumliche Anfragen formulieren zu können, sollten die entsprechenden Metadaten gespeichert und räumliche Indexe angelegt werden:

```
-- Metadaten einfügen:
INSERT INTO USER_SDO_GEOM_METADATA VALUES (
  'OLDENBURGNETZ_NODE$','GEOMETRY',
  SDO_DIM_ARRAY(SDO_DIM_ELEMENT('X', 0,24000, 0.5),
                SDO_DIM_ELEMENT('Y', 0,27100, 0.5)),  NULL );
```

```
INSERT INTO USER_SDO_GEOM_METADATA VALUES (
  'OLDENBURGNETZ_LINK$', 'GEOMETRY',
  SDO_DIM_ARRAY(SDO_DIM_ELEMENT('X', 0,24000, 0.5),
                SDO_DIM_ELEMENT('Y', 0,27100, 0.5)),  NULL );
INSERT INTO USER_SDO_GEOM_METADATA VALUES (
  'OLDENBURGNETZ_PATH$', 'GEOMETRY',
  SDO_DIM_ARRAY(SDO_DIM_ELEMENT('X', 0,24000, 0.5),
                SDO_DIM_ELEMENT('Y', 0,27100, 0.5)),  NULL );
COMMIT;

-- räumliche Indexe anlegen:
CREATE INDEX olnet_node_idx ON OldenburgNetz_NODE$(geometry)
INDEXTYPE IS MDSYS.SPATIAL_INDEX;

CREATE INDEX olnet_link_idx ON OldenburgNetz_LINK$(geometry)
INDEXTYPE IS MDSYS.SPATIAL_INDEX;

CREATE INDEX olnet_path_idx ON OldenburgNetz_PATH$(geometry)
INDEXTYPE IS MDSYS.SPATIAL_INDEX;
```

11.4.1.2 Analyseoperationen

Netzwerkanalyseoperationen können mit der Java-Bibliothek `oracle.spatial.network` ausgeführt werden[1]. Die dafür erforderlichen Prozeduren und Funktionen werden von der Klasse `NetworkManager` angeboten. Über die Klassenmethode `readNetwork` kann ein Netzwerk (oder ein Teil davon) aus der Datenbank eingelesen werden. Dabei ist neben der Datenbankverbindung und dem Netzwerknamen anzugeben, ob nur ein Lese- (`false`) oder auch ein Schreibzugriff (`true`) erfolgen soll. Als Ergebnis dieser Operation erhält man ein `Network`-Objekt. Sollten Änderungen an dem Netzwerk vorgenommen worden sein, so müssen diese explizit über die Operation `writeNetwork` in die Datenbank zurückgeschrieben werden.

Zur Berechnung eines *kürzesten Weges* stehen mit den Methoden `shortestPathDijkstra` und `shortestPathAStar` der Dijkstra- und der A*-Algorithmus zur Verfügung, wobei der A*-Algorithmus den euklidischen Abstand als Schätzwert für den Restweg nimmt. Dazu übergibt man (im einfachsten Fall) neben dem `Network`-Objekt die IDs des Start- und des Zielknotens. Das Ergebnis ist ein `Path`-Objekt, das den kürzesten Weg über `Link`-Objekte beschreibt. Dieses Objekt kann man – wenn gewünscht – um eine Geometriebeschreibung (`computeGeometry(double tolerance)`) ergänzen und in den Wegtabellen abspeichern. Die nachfolgende Java-Methode illustriert die Vorgehensweise:

```
// Methode um den kürzesten Weg berechnen und speichern.
public void computeShortestPath () {
  try {
    // Verbindung zur Datenbank aufbauen
    String url = "jdbc:oracle:thin:@"+DBHOST+":"+DBPORT+":"+DBNAME;
    Connection db = DriverManager.getConnection(url, DBUSER, DBPASSWORD);

    // Kürzesten Weg berechnen
    Network net = NetworkManager.readNetwork(db,"OldenburgNetz",true);
    Path path = NetworkManager.shortestPathAStar(net, 1345,6436);
    // Path path = NetworkManager.shortestPathDijkstra(net, 1345,6436);
```

[1] Die entsprechende JAR-Datei `sdonm.jar` befindet sich im Verzeichnis `%ORACLE_HOME%\md\lib` oder in `%ORACLE_HOME%\md\jlib`. Es werden zusätzlich die JAR-Dateien `sdoapi.jar` und `sdoutl.jar` benötigt.

```
    // Geometrie berechnen
    path.computeGeometry(0.5);
    // Pfad speichern
    netz.addPath(path);
    NetworkManager.writeNetwork(db,net);

    // Verbindung schließen
    db.close();
  }
  // Fehler behandeln
  catch (Exception ex) {
    System.err.println("computeShortestPath: " + ex);
} }
```

Abb. 11.21: Berechneter kürzester Weg

Nach Ausführung des Programms liegt der in Abbildung 11.21 dargestellte kürzeste Weg zwischen dem Startknoten *s* und dem Zielknoten *d* in der Weg- und der Verknüpfungstabelle vor:

```
-- Weg aus Wegtabelle abfragen:
SELECT path_id, cost, p.geometry.Get_WKT() FROM OldenburgNetz_PATH$ p;

PATH_ID       COST P.GEOMETRY.GET_WKT()
------- ---------- ---------------------------------------------------
      1 38493,0738 LINESTRING (11505.0 19921.0, 11512.0 20004.0,
                     -- und so weiter
                   15994.0 8967.0, 15867.0 8850.0, 15857.0 8827.0)

-- Weglänge aus Verknüpfungstabelle berechnen:
SELECT SUM(l.cost)
FROM OldenburgNetz_PLINK$ pl INNER JOIN OldenburgNetz_LINK$ l
ON pl.link_id = l.link_id
GROUP BY path_id;

        SUM
-----------
 38493,0738
```

Als weitere Analysemethoden stehen zur Verfügung:

- `allPath`: Berechnung aller Wege zwischen einem Start- und einem Zielknoten.
- `shortestPaths`: Berechnung aller kürzesten Wege von einem Startknoten.
- `findReachableNodes`: Berechnung aller von einem Startknoten erreichbaren Knoten.
- `findReachingNodes`: Berechnung aller Knoten, die einen Zielknoten erreichen können.
- `isReachable`: Test, ob es einen Weg vom Start- zum Zielknoten gibt.
- `withinCost`: Berechnung aller Wege von einem Startknoten, die eine vorgegebene Kostengrenze nicht übersteigen.
- `nearestNeigbors`: Berechnung der Wege von einem Startknoten zu den *n* nächsten Nachbarknoten.
- `tspPath`: Lösung des Problems des Handlungsreisenden, wobei wahlweise geschlossene oder nichtgeschlossene Touren berechnet werden können. Dabei kann – wie in Abbildung 11.22 zu sehen – eine Kante durchaus mehrfach durchlaufen werden.
- `msct`: Berechnung des minimalen Spannbaums.

Abb. 11.22: Analysemethoden `tspPath` und `withinCost`

11.4.1.3 Zerlegung und Hierarchien von Netzwerken

Ab Version 11 unterstützt Oracle Spatial auch die physische Zerlegung von Netzwerken. In einem ersten Schritt wird dazu das Netzwerk über die PL/SQL-Prozedur `SPATIAL_PARTITION` (Paket `SDO_NET`) in *Partitionen* zerlegt, die maximal eine vorgegebene Anzahl von Knoten aufnehmen können. Optional ist es in einem zweiten Schritt (`GENERATE_PARTITION_BLOBS`) möglich, die Partitionen binär in BLOBs abzuspeichern, sodass sie bei Anfragen sehr schnell eingelesen werden können. Für die Durchführung von Analyseoperationen auf so partitionierten Netzwerken stellt die Java-Bibliothek entsprechende Methoden zur Verfügung. Ein „Load-on-Demand"-Manager (Java-Klasse `LODNetworkManager`) erlaubt es, dass nur die Teile des Netzwerkes in den Hauptspeicher geladen werden, die für eine Analyseoperation benötigt werden [141].

11.4.1.4 Ergänzungen

Weitere Ergänzungen zum Netzwerkmodell von Oracle Spatial umfassen u.a.:

- das Hinzufügen und Abfragen von benutzerdefinierten Daten,
- die Modellierung von Geoobjekten am oder entlang des Netzwerks, sodass Analysefunktionen (z.B. kürzester Weg oder nächste Nachbarn) auf die Geoobjekte bezogen berechnet werden können, sowie
- das Hinzufügen von *Netzwerkrestriktionen* (z.B. Abbiegeverbote) über Java-Methoden, die die Beschränkung implementieren.

11.4.2 Allgemeines Topologie-Datenbankschema

11.4.2.1 Datenrepräsentation

In Oracle Spatial besteht seit der Version 10 die Möglichkeit, topologische Eigenschaften explizit zu speichern und zu verarbeiten [153]. Dazu wird eine sogenannte *Topology* eingeführt, die für die Speicherung topologischer Primitive entsprechende Tabellen bereitstellt. Abbildung 11.23 zeigt die prinzipielle Struktur und Beziehungen dieser Tabellen in Verhältnis zu der Vorgabe von SQL/MM Spatial.

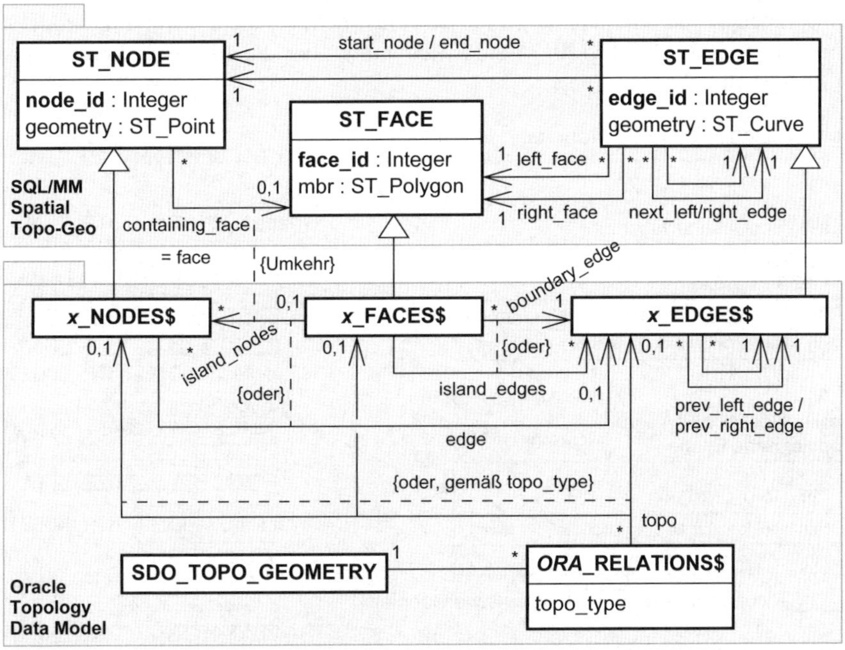

Abb. 11.23: Das Topologie-Datenbankschema von Oracle Spatial in Verhältnis zu SQL/MM Spatial (die Vererbungsstruktur dient nur zur Veranschaulichung)

Eine Topology besitzt einen benutzerdefinierten Namen und wird über eine vom System vergebene Identifikationsnummer (`topology_id`) referenziert. Der Topology-Name bestimmt die Namen der Tabellen zur Speicherung der topologischen Primitive. Abbildung 11.24 illustriert dieses Datenbankschema für eine konkrete Topology namens „GeoDbLandTP“. Deren drei Basistabellen heißen „GeoDbLandTP_FACE$“, „GeoDbLandTP_EDGE$“ und „GeoDbLandTP_NODE$“. Werden flächenhafte Geometrien gespeichert, so wird eine Aufteilung des Datenraums vorgenommen. Dazu repräsentiert eine Masche f_0 den von den übrigen Maschen nicht überdeckten Datenraum.

Die Geometrie von *Topologieobjekten* wird durch die Knoten, die gerichteten Kanten und/oder die Maschen der Topology repräsentiert, wobei ein topologisches Primitiv zur Beschreibung mehrerer Geometrien genutzt werden kann. Eine solche Geometrie wird als *topologische Geometrie* (engl. *Topology Geometry*) bezeichnet und von einem Objekt der Klasse SDO_TOPO_GEOMETRY repräsentiert. Jede topologische Geometrie besitzt eine eindeutige, vom Datenbanksystem vergebene Identifikationsnummer (tg_id) (vgl. Abb. 11.24). Über den *Topologietyp* (tg_type) wird der Typ der topologischen Primitive spezifiziert, wobei auch topologische Geometrien zulässig sind, die aus Primitiven unterschiedlichen Typs bestehen.

Eine Topology strukturiert sich in ein oder mehrere *topologische Ebenen* (engl. *Topology Geometry Layer*), die Sammlungen von Topologieobjekten gleicher Thematik darstellen. Im Beispiel sind zwei topologische Ebenen dargestellt: (Land-)Nutzung und Wege. Gegebenenfalls können die Layer auch Hierarchien bilden (z.B. Bundesland, Regierungsbezirk, Landkreis usw.). Jede topologische Geometrie ist einer topologischen Ebene zugeordnet, wobei die Ebene über eine eindeutige Identifikationsnummer (tg_layer_id) referenziert wird. Enthält eine Tabelle Topologieobjekte, so müssen diese dem gleichen Layer zugeordnet sein. In der Sicht USER_SDO_TOPO_METADATA sind *Metadaten* über die Eigenschaften der topologischen Ebenen enthalten.

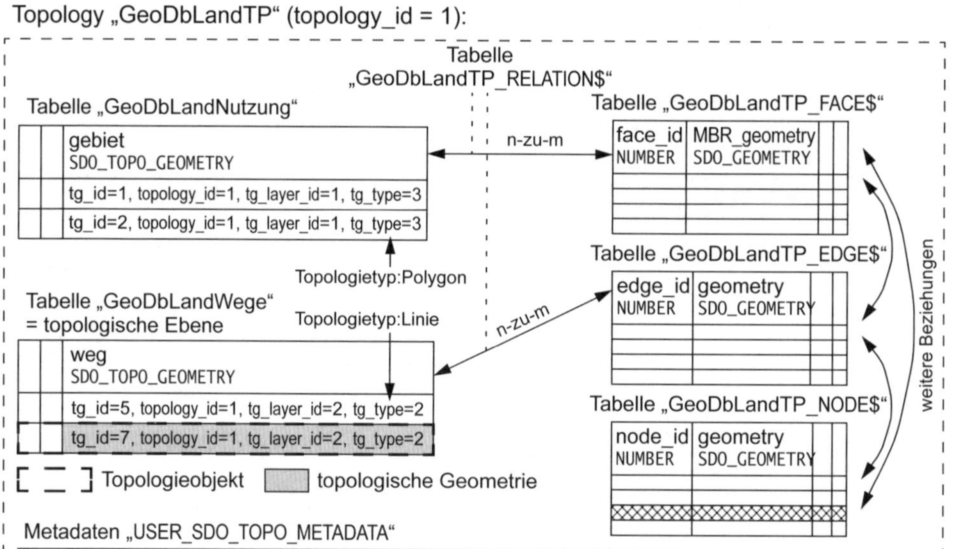

topology	table_name	column_name	tg_layer_id	tg_layer_type
GeoDbLandTP	GeoDbLandTPNutzung	gebiet	1	POLYGON
GeoDbLandTP	GeoDbLandTPWege	weg	2	LINE

Abb. 11.24: Struktur einer „Topology“ in Oracle Spatial

Wie in Abbildung 11.24 durch die Spaltenüberschriften angedeutet, werden in der Knoten- und der Kantentabelle exakte Geometrien gespeichert, während bei Maschen nur das minimal umgebende Rechteck als SDO_GEOMETRY vorliegt. In dem Datenmodell treten n-zu-m-Beziehungen zwischen den Topologieobjekten und den topologischen Primitiven auf. Diese werden durch die Verknüpfungstabelle <Topology-Name>_RELATION$ repräsentiert, deren Einträge auf das jeweils in Beziehung stehende Primitiv und Topologieobjekt verweisen. Daneben gibt es noch eine Tabelle <Topology-Name>_HISTORY$, die die an den topologischen Primitiven vorgenommenen Änderungen festhält.

11.4.2.2 Nutzung über SQL

Anlegen der Tabellen

Zunächst muss über die PL/SQL-Prozedur CREATE_TOPOLOGY aus dem Paket SDO_TOPO eine neue Topology angelegt werden. Pflichtargumente sind der Name der Topology, ein Toleranzwert und der Oracle-Code für das verwendete räumliche Bezugssystem. Dadurch werden die Tabellen, Indexe, Sequenzgeneratoren und Metadaten für die Topologieprimitive angelegt.

```
-- Topology anlegen:
CALL SDO_TOPO.CREATE_TOPOLOGY('GeoDbLandTP', 0.001, NULL);

-- Metadaten abrufen:
SELECT topology, topology_id FROM USER_SDO_TOPO_METADATA;

TOPOLOGY             TOPOLOGY_ID
-------------------- -----------
GEODBLANDTP                    1

-- Tabellennamen abrufen:
SELECT table_name FROM USER_TABLES WHERE table_name LIKE 'GEODBLANDTP%';

TABLE_NAME
--------------------
GEODBLANDTP_EDGE$
GEODBLANDTP_FACE$
GEODBLANDTP_HISTORY$
GEODBLANDTP_NODE$

-- Geo-Metadaten abrufen:
SELECT * FROM USER_SDO_GEOM_METADATA WHERE table_name LIKE 'GEODBLANDTP%';
```

In den Geometriemetadaten wurde der Datenraum willkürlich auf den Wertebereich [0...1] gesetzt. Dieser sollte daher an die tatsächlichen Daten angepasst werden.

```
UPDATE USER_SDO_GEOM_METADATA
SET diminfo = SDO_DIM_ARRAY(SDO_DIM_ELEMENT('X',0,20,0.001),
                            SDO_DIM_ELEMENT('Y',0,20,0.001) )
WHERE table_name LIKE 'GEODBLANDTP%';

COMMIT;
```

Für die Speicherung von Topologieobjekten der topologischen Ebene „Landnutzung“ führen wir eine neue Tabelle „GeoDbLandNutzung“ ein.

```
CREATE TABLE GeoDbLandNutzung (
  id        INTEGER,                              -- ID
  nutzung   VARCHAR(20),                          -- Nutzungsart
  gebiet    SDO_TOPO_GEOMETRY,                    -- topologische Geometrie
  CONSTRAINT pk_gdblandnutz PRIMARY KEY(id)      -- Primärschlüssel
);
```

Die Bekanntgabe, dass die Tabelle „GeoDbLandNutzung“ topologische Geometrien der Topology „GeoDbLandNutzung“ speichert, erfolgt mithilfe der PL/SQL-Prozedur ADD_TOPO_GEOMETRY_LAYER. Dadurch wird eine topologische Ebene erzeugt, die über eine vom System vergebene tg_layer_id identifiziert wird. Der Prozedur werden als Pflichtargumente neben dem Namen der Topology der Tabellenname, der Attributname und der Typ der topologischen Geometrie übergeben. Mögliche Angaben für den Typ sind: 'POINT', 'LINE', 'CURVE' oder 'POLYGON'. Durch Aufruf dieser PL/SQL-Prozedur wird auch die Tabelle GeoDbLandTP_RELATION$ angelegt und die Metadaten werden entsprechend ergänzt.

```
-- Tabelle bekannt geben:
CALL SDO_TOPO.ADD_TOPO_GEOMETRY_LAYER(
                       'GeoDbLandTP', 'GeoDbLandNutzung','gebiet', 'POLYGON');

-- Metadaten abrufen:
SELECT topology_id, table_name, column_name, tg_layer_id, tg_layer_type
FROM USER_SDO_TOPO_METADATA
WHERE topology = 'GEODBLANDTP';

TOPOLOGY_ID TABLE_NAME       COLUMN_NAME TG_LAYER_ID TG_LAYER_TYPE
----------- ---------------- ----------- ----------- -------------
          1 GEODBLANDNUTZUNG GEBIET                1 POLYGON
```

Knotentabelle

Die Knotentabelle besteht aus vier Attributen. Das Attribut EDGE_ID referenziert (in Erweiterung zum Datenbankschema von SQL/MM Spatial) eine zu dem Knoten benachbarte Kante: Bei positiver ID beginnt die Kante in dem Knoten und bei negativem Vorzeichen endet sie dort. Sollte es mehrere benachbarte Kanten geben, wird auf eine dieser Kanten verwiesen. Falls es keine Nachbarkante gibt, dann handelt es sich um einen *isolierten Knoten*. In diesem Fall enthält FACE_ID den Schlüssel der umgebenden Masche.

```
Name     Null?  Typ
-------- ------ ------------
NODE_ID  N.NULL NUMBER       -- ID des Knotens
EDGE_ID         NUMBER       -- ID einer benachbarten Kante
FACE_ID         NUMBER       -- ID umgebender Masche, falls Knoten isoliert
GEOMETRY        SDO_GEOMETRY -- Punktgeometrie
```

Abbildung 11.25 zeigt die ersten topologischen Primitive, die in „GeoDbLandTP“ gespeichert werden sollen. Somit lautet die erste Einfügeanweisung für den Knoten n_1:

```
INSERT INTO GeoDbLandTP_Node$ VALUES (1,1,NULL,SDO_GEOMETRY('POINT(1 1)'));
COMMIT;
```

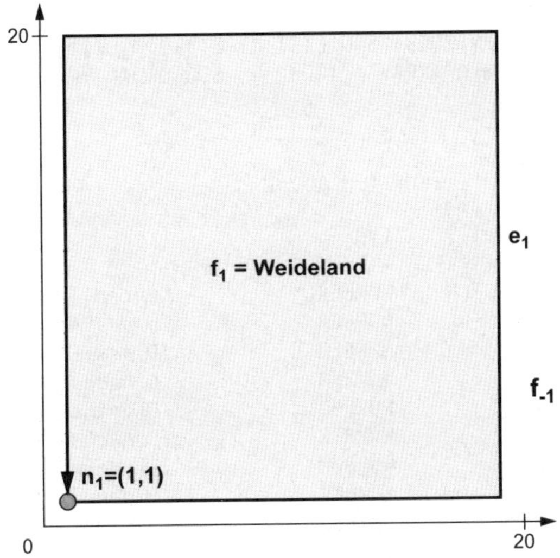

Abb. 11.25: Erste topologische Primitive in „GeoDbLandTP"

Maschentabelle

Die Tabelle mit den Informationen über die Maschen ist wie folgt aufgebaut:

```
Name                 Null?  Typ
------------------- ------ -------------
FACE_ID              N.NULL NUMBER        -- Maschen-ID
BOUNDARY_EDGE_ID            NUMBER        -- Verweis auf Außenkante
ISLAND_EDGE_ID_LIST         SDO_LIST_TYPE -- Feld mit IDs isolierter Kanten
ISLAND_NODE_ID_LIST         SDO_LIST_TYPE -- Feld mit IDs isolierter Knoten
MBR_GEOMETRY                SDO_GEOMETRY  -- MUR der Masche
```

Das Attribut BOUNDARY_EDGE_ID ist ein vorzeichenbehafteter Verweis auf eine Kante im äußeren Ring um die Masche. Falls die Kante in der Kantenrichtung durchlaufen werden soll, ist die ID positiv. Bei negativen Werten wird die Kante in umgekehrter Kantenrichtung durchlaufen. SDO_LIST_TYPE ist ein Feldtyp (VARRAY(2147483647) OF NUMBER), der die IDs von Kanten oder Knoten speichern kann, die in der Masche isoliert vorliegen. Befindet sich in der Masche isoliert eine andere Masche, so ist die ID einer Randkante der isolierten Masche in ISLAND_EDGE_ID_LIST vorzeichenbehaftet anzugeben, sodass die Richtung dieser Kante gegenläufig zur Umlaufrichtung des äußeren Rings der isolierten Masche ist. Für eine leere Liste wird der Konstruktor ohne Feldelemente (SDO_LIST_TYPE()) aufgerufen.

Mit diesen Informationen sind wir in der Lage, die notwendigen Daten für die Maschen f_0 und f_1 gemäß Abbildung 11.25 in die Maschentabelle einzufügen. f_0 hat in dem Datenmodell – etwas verwirrend – die vorgegebene ID -1 und wird daher im Folgenden auch mit f_{-1} bezeichnet. Da für die BOUNDARY_EDGE_ID von f_1 die Kanten-ID 1 angegeben wird, muss ISLAND_EDGE_ID_LIST für f_{-1} auf SDO_LIST_TYPE(-1) gesetzt werden.

```
-- Masche f-1:
INSERT INTO GeoDbLandTP_Face$
VALUES (-1, NULL, SDO_LIST_TYPE(-1), SDO_LIST_TYPE(), NULL);
```

```
-- Masche f1:
INSERT INTO GeoDbLandTP_Face$ VALUES (1, 1, SDO_LIST_TYPE(), SDO_LIST_TYPE(),
        SDO_GEOMETRY(2003, SDO_LIST_TYPE(),SDO_LIST_TYPE(),
        SDO_ELEM_INFO_ARRAY(1,1003,3), SDO_ORDINATE_ARRAY(1,1,19,20)));
```

Kantentabelle

Die Kantentabelle beschreibt gerichtete Kanten:

```
Name                 Null?    Typ
-------------------- -------- ------------
EDGE_ID              NOT NULL NUMBER          -- Kanten-ID
START_NODE_ID                 NUMBER          -- ID des Anfangsknotens
END_NODE_ID                   NUMBER          -- ID des Endknotens
NEXT_LEFT_EDGE_ID             NUMBER          -- ID nächste linke Kante
PREV_LEFT_EDGE_ID             NUMBER          -- ID vorhergehende linke Kante
NEXT_RIGHT_EDGE_ID            NUMBER          -- ID nächste rechte Kante
PREV_RIGHT_EDGE_ID            NUMBER          -- ID vorhergehende rechte Kante
LEFT_FACE_ID                  NUMBER          -- ID der linken Masche
RIGHT_FACE_ID                 NUMBER          -- ID der rechten Masche
GEOMETRY                      SDO_GEOMETRY    -- Liniengeometrie
```

Die vier Verweise auf Kanten bedürfen einer weiteren Erläuterung. Sie definieren die der beschriebenen Kante vorhergehenden bzw. nachfolgenden Kanten. Die beiden Fremdschlüssel NEXT_LEFT_EDGE_ID und NEXT_RIGHT_EDGE_ID entsprechen dabei den gleichnamigen Beziehungen aus SQL/MM Spatial. Die beiden anderen Verweise erlauben es, die Randkanten der Maschen auch im umgekehrten Umlaufsinn zu verfolgen. Wie zuvor beziehen sich die „linken" Kanten auf die Richtung der beschriebenen Kante, während für die „rechten" Kanten die Gegenrichtung der beschriebenen Kante die Bezugsrichtung darstellt. Durch das Vorzeichen der IDs wird ausgedrückt, ob bei dieser Betrachtung die Richtung der referenzierten Kante beibehalten bleibt (+) oder umgekehrt werden muss (–). Es ist möglich, dass die Kante dabei auch auf sich selbst verweist. Abbildung 11.26 zeigt drei Kanten e_1, e_5 und e_9, die so beschrieben werden sollen. e_9 ist dabei eine *isolierte Kante*.

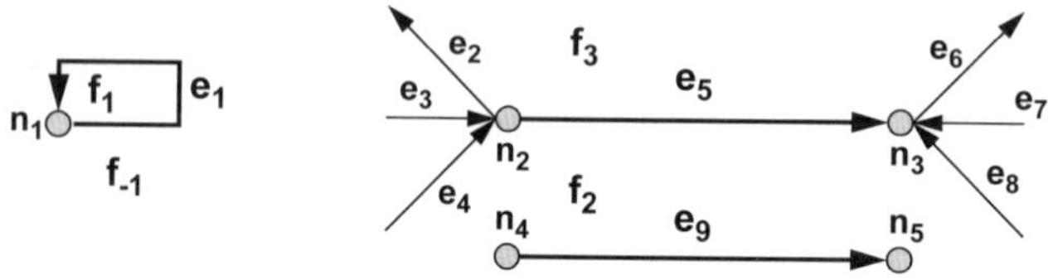

Abb. 11.26: Beispiel zur Beschreibung von Kanten

Für dieses Beispiel ergeben sich folgende Attributwerte:

```
                    Kante 1  Kante 5  Kante 9
START_NODE_ID             1        2        4   -- ID des Anfangsknotens
END_NODE_ID               1        3        5   -- ID des Endknotens
NEXT_LEFT_EDGE_ID         1        6       -9   -- ID nächste linke Kante
PREV_LEFT_EDGE_ID         1       -2       -9   -- ID vorhergeh. linke Kante
NEXT_RIGHT_EDGE_ID       -1       -4        9   -- ID nächste rechte Kante
PREV_RIGHT_EDGE_ID       -1        8        9   -- ID vorhergeh. rechte Kante
LEFT_FACE_ID              1        3        2   -- ID der linken Masche
RIGHT_FACE_ID            -1        2        2   -- ID der rechten Masche
```

Die Werte für e_1 können auch für das Beispiel in Abbildung 11.25 angewendet werden.

```
INSERT INTO GeoDbLandTP_Edge$
VALUES (1, 1,1, 1,1,-1,-1, 1,-1,
        SDO_GEOMETRY('LINESTRING(1 1,19 1,19 20,1 20,1 1)'));
COMMIT;
```

Verknüpfung zwischen topologischen Geometrien und topologischen Primitiven

Wenn die notwendigen topologischen Primitive in der Datenbank vorliegen, kann das Topologieobjekt eingefügt werden. Dazu muss die topologische Geometrie mit dem oder den zugehörigen topologischen Primitiven über eine n-zu-m-Beziehung verknüpft werden. Die Klasse SDO_TOPO_GEOMETRY, die die topologischen Geometrien repräsentiert, hat folgenden Aufbau:

```
Name         Typ
------------ ------
TG_TYPE      NUMBER  -- Code des Topologietyps (1-3: = Dim., 4: heterogen)
TG_ID        NUMBER  -- ID der topologischen Geometrie
TG_LAYER_ID  NUMBER  -- ID der topologischen Ebene
TOPOLOGY_ID  NUMBER  -- ID der Topology
```

Das Attribut TG_TYPE definiert die Dimension der zugehörigen topologischen Primitive (TG_TYPE = 1, 2 oder 3) oder zeigt an (TG_TYPE = 4), dass die Primitive heterogen sind.

Die Verknüpfung erfolgt über die Beziehungstabelle *<Topology-Name>*_RELATION$ und ist in Abbildung 11.27 illustriert:

```
Name           Null?    Typ
-------------- -------- -------------
TG_LAYER_ID    NOT NULL NUMBER         -- ID des Layers
TG_ID          NOT NULL NUMBER         -- ID der topologischen Geometrie
TOPO_ID        NOT NULL NUMBER         -- ID des topologischen Primitivs
TOPO_TYPE      NOT NULL NUMBER         -- Code des Topologietyps
TOPO_ATTRIBUTE          VARCHAR2(100)  -- reserviert für künftige Nutzung
```

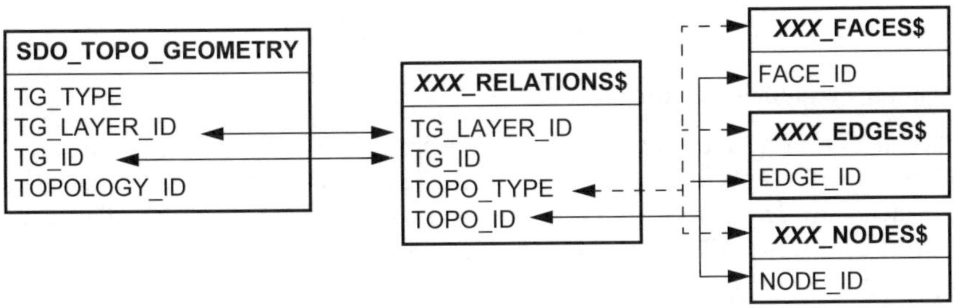

Abb. 11.27: Verknüpfung zwischen SDO_TOP_GEOMETRY und den topologischen Primitiven

Der Konstruktor für eine SDO_TOPO_GEOMETRY erzeugt das eigentliche Objekt und fügt zusätzlich Datensätze in die Beziehungstabelle *<Topology-Name>*_RELATION$ ein. Er besitzt folgende Parameter:

```
SDO_TOPO_GEOMETRY (
   topology     VARCHAR2,                 -- Topology-Name
   tg_type      NUMBER,                   -- Code des Topology-Typs
   tg_layer_id  NUMBER,                   -- ID der topologischen Ebene
   topo_ids     SDO_TOPO_OBJECT_ARRAY     -- Feld von SDO_TOPO_OBJECTs
)
```

SDO_TOPO_OBJECT_ARRAY ist ein Feldtyp, der aus SDO_TOPO_OBJECT-Einträgen besteht. Ein SDO_TOPO_OBJECT besteht aus der ID und der Dimension des topologischen Primitivs.

```
SDO_TOPO_OBJECT (topo_id NUMBER, topo_type NUMBER)
```

Mit diesen Konstruktoren kann nun das Topologieobjekt „Weideland" gemäß der Abbildung 11.25 eingefügt werden:

```
INSERT INTO GeoDbLandNutzung (id,nutzung,gebiet)
VALUES (6,'Weideland',SDO_TOPO_GEOMETRY('GeoDbLandTP',3,1,
                       SDO_TOPO_OBJECT_ARRAY (SDO_TOPO_OBJECT(1,3))) );
COMMIT;
```

Der Erfolg der Aktion lässt sich auch anhand der Tabelle GeoDbLandTP_RELATION$ überprüfen:

```
SELECT * FROM GeoDbLandTP_RELATION$;

TG_LAYER_ID      TG_ID    TOPO_ID  TOPO_TYPE TOPO_ATTRIBUTE
----------- ---------- ---------- ---------- --------------
          1          1          1          3
```

Erzeugung der Geometrie aus den topologischen Primitiven

Für eine topologische Geometrie kann über die Methode GET_GEOMETRY aus den zugehörigen topologischen Primitiven die korrespondierende Geometrie erzeugt werden:

```
SELECT nutzung, l.gebiet.get_geometry().Get_WKT() FROM GeoDbLandNutzung l;

NUTZUNG   L.GEBIET.GET_GEOMETRY()).GET_WKT()
--------- ---------------------------------------------------------
Weideland POLYGON((1.0 1.0, 19.0 1.0, 19.0 20.0, 1.0 20.0, 1.0 1.0))
```

Anpassen der Sequenzgeneratoren

Durch das manuelle Einfügen der topologischen Primitive in Tabellen oder auch durch einen eventuellen Import mittels SQL*Loader stimmen die aktuellen Werte der Sequenzgeneratoren nicht mehr mit den gespeicherten Daten überein. Diese Inkonsistenz kann und sollte durch Aufruf der PL/SQL-Prozedur INITIALIZE_METADATA beseitigt werden:

```
-- Metadaten aktualisieren:
CALL SDO_TOPO.INITIALIZE_METADATA('GeoDbLandTP');

-- Sequenzgeneratoren überprüfen:
SELECT sequence_name, last_number
FROM USER_SEQUENCES
WHERE sequence_name LIKE 'GEODBLANDTP%S';
```

```
SEQUENCE_NAME                  LAST_NUMBER
------------------------------ -----------
GEODBLANDTP_EDGE_S                       3
GEODBLANDTP_FACE_S                       3
GEODBLANDTP_NODE_S                       3
```

Die Einträge in der Spalte `last_number` zeigt, dass die Werte der Sequenzgeneratoren für die topologischen Primitive auf 3 gesetzt worden sind und damit größer als die vorhandenen IDs sind.

11.4.2.3 Nutzung über PL/SQL

Für das Einfügen der topologischen Primitive stehen prinzipiell drei Vorgehensweisen zur Auswahl:

1. über SQL-Anweisungen,
2. über PL/SQL-Aufrufe oder
3. über Java-Methoden.

Die erste Variante, die bislang vorgestellt wurde, erfordert, dass dem Benutzer die genaue Struktur der Tabellen der Topology bekannt ist. Die beiden anderen Varianten erlauben eine abstraktere Nutzung des Datenmodells. Zunächst soll die Nutzung der PL/SQL-Anweisungen vorgestellt werden.

Validieren der Topology

Die PL/SQL-Funktion `VALIDATE_TOPOLOGY` aus dem Paket `SDO_TOPO_MAP` erlaubt es, die Topology auf Widerspruchsfreiheit hin zu überprüfen:

```
SDO_TOPO_MAP.VALIDATE_TOPOLOGY(
  topology  IN  VARCHAR2       -- Name der Topology
) RETURN VARCHAR2;             -- 'TRUE'
```

Die Funktion erzeugt eine Ausnahme, falls ein Fehler vorliegt. Ansonsten gibt sie `'TRUE'` zurück.

```
-- Überprüfung ohne (Fehler-) Meldung:
DECLARE
  res VARCHAR2(1024);    -- Antwort
BEGIN
  res := SDO_TOPO_MAP.VALIDATE_TOPOLOGY('GeoDbLandTP');
END;
/

-- Überprüfung mit Fehlermeldung:
UPDATE GeoDbLandTP_Face$ SET face_id = 2 WHERE face_id = 1;
DECLARE
  res VARCHAR2(1024);    -- Antwort
BEGIN
  res := SDO_TOPO_MAP.VALIDATE_TOPOLOGY('GeoDbLandTP');
END;
/
```

```
FEHLER in Zeile 1:
ORA-29532: Java-Aufruf durch nicht abgefangene Java-Exception beendet:
oracle.spatial.topo.TopoValidationException:
Boundary edge 1 of face 2 does not point to face
ORA-06512: in "MDSYS.SDO_TOPO_MAP", Zeile 130
ORA-06512: in Zeile 4
ROLLBACK;
```

Anlegen und Laden von TopoMaps

Für Veränderungen sollte die Topology bzw. ein Teil von ihr zunächst in eine sogenannte *TopoMap* geladen werden, die die Daten im Hauptspeicher der Datenbank hält. Die TopoMap wird über die Anweisung CREATE_TOP_MAP angelegt, wobei ihr Name frei vom Benutzer gewählt werden kann.

```
SDO_TOPO_MAP.CREATE_TOPO_MAP(
  topology  IN  VARCHAR2,                        -- Name der Topology
  topo_map  IN  VARCHAR2 [ ,                     -- Name der TopoMap
  number_of_edges  IN  NUMBER  DEFAULT 100,      -- geschätzte Anzahl von
  number_of_nodes  IN  NUMBER  DEFAULT 80,       --   Kanten, Knoten und
  number_of_faces  IN  NUMBER  DEFAULT 30 ]      --   Maschen
);
```

Über LOAD_TOPO_MAP kann nach Anlegen der TopoMap der Teil der Topology, der verändert werden soll, geladen werden.

```
SDO_TOPO_MAP.LOAD_TOPO_MAP(
    topo_map  IN  VARCHAR2,                    -- Name der TopoMap
    xmin  IN  NUMBER,                          -- min. x-Koordinate
    ymin  IN  NUMBER,                          -- min. y-Koordinate
    xmax  IN  NUMBER,                          -- max. x-Koordinate
    ymax  IN  NUMBER,                          -- max. y-Koordinate
    updates  IN  VARCHAR2 [ ,                  -- Änderungen erlaubt?
    index  IN  VARCHAR2 DEFAULT 'TRUE' ]       -- Hauptspeicher-R-Bäume anlegen?
) RETURN VARCHAR2;                             -- 'TRUE'
```

Der Parameter updates muss auf 'TRUE' gesetzt werden, falls Änderungen erfolgen sollen; ansonsten sind nur Leseoperationen erlaubt. Der optionale Parameter index gibt an, ob für die Kanten und Maschen innerhalb der TopoMap Hauptspeicher-R-Bäume angelegt werden sollen, was insbesondere für umfangreiche TopoMaps zweckmäßig ist. Nachdem die Funktion LOAD_TOPO_MAP die Objekte der Topology in den Hauptspeicher geladen hat, gibt sie 'TRUE' zurück.

So können wir nun die bisherige Topology in eine TopoMap „GeoDbLandTM“ laden:

```
-- TopoMap anlegen:
CALL SDO_TOPO_MAP.CREATE_TOPO_MAP('GeoDbLandTP','GeoDbLandTM');

-- TopoMap laden:
DECLARE
  res VARCHAR2(1024);    -- Antwort
BEGIN
  res := SDO_TOPO_MAP.LOAD_TOPO_MAP('GeoDbLandTM',0,0,20,20,'TRUE');
END;
/
```

Hinzufügen von isolierten Knoten und Schlingen

Zu einer TopoMap können Knoten und Kanten hinzugefügt werden. Die Maschen werden dabei automatisch erzeugt bzw. aktualisiert.

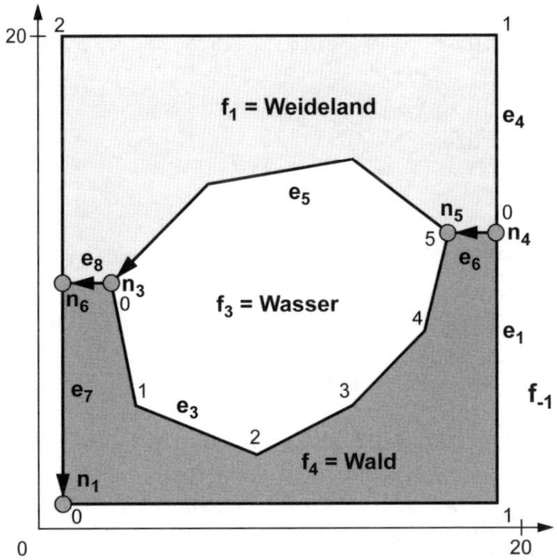

Abb. 11.28: Zwischenstand in „GeoDbLandTP“

Ausgehend vom Stand in Abbildung 11.25 soll nun der in Abbildung 11.28 dargestellte Zwischenstand erreicht werden. Die Hinzunahme des (zunächst) isolierten Knotens n_3 wird durch die Funktion ADD_ISOLATED_NODE ermöglicht.

```
SDO_TOPO_MAP.ADD_ISOLATED_NODE(
   topology  IN  VARCHAR2,       -- null, falls TopoMap genutzt
   face_id  IN  NUMBER,          -- ID der umgebenden Masche
   point  IN  SDO_GEOMETRY       -- die Punktgeometrie
) RETURN NUMBER;                 -- neu vergebene Knoten-ID
```

Die Funktion ADD_LOOP fügt der TopoMap eine Schlinge hinzu:

```
SDO_TOPO_MAP.ADD_LOOP(
  topology  IN  VARCHAR2,        -- null, falls TopoMap genutzt
  node_id  IN  NUMBER,           -- ID des Anfangs- und Endknotens
  geom  IN  SDO_GEOMETRY         -- Geometrie des Ringes
) RETURN NUMBER;                 -- neu vergebene Kanten-ID
```

Mit diesen beiden Funktionen können der Knoten n_3 und die Kante e_3 der TopoMap hinzugefügt werden und danach die TopoMap über die PL/SQL-Prozedur COMMIT_TOPO_MAP in die Datenbank zurückgeschrieben werden. Die Korrektheit der Topologie in der TopoMap lässt sich mithilfe der Funktion VALIDATE_TOPO_MAP überprüfen.

```
-- Knoten und Schlinge einfügen:
DECLARE
  id NUMBER(38);      -- ID
BEGIN
  id := SDO_TOPO_MAP.ADD_ISOLATED_NODE(NULL,1,SDO_GEOMETRY('POINT(3 10)'));
  id := SDO_TOPO_MAP.ADD_LOOP(NULL,id,SDO_GEOMETRY(
      'LINESTRING(3 10, 4 5, 9 3, 13 5, 16 8, 17 12, 13 15, 7 14, 3 10)'));
END;
/
-- Korrektheit überprüfen:
DECLARE
  res VARCHAR2(1024);    -- Antwort
BEGIN
  res := SDO_TOPO_MAP.VALIDATE_TOPO_MAP('GeoDbLandTM');
END;
/
-- TopoMap in die Datenbank zurückschreiben:
CALL SDO_TOPO_MAP.COMMIT_TOPO_MAP();
```

Die Kante e_3 wurde automatisch um die notwendigen Informationen ergänzt und die Masche f_3 eingefügt.

```
-- Maschen überprüfen:
SELECT face_id, boundary_edge_id, mbr_geometry
FROM GeoDbLandTP_FACE$ ORDER BY face_id;

FACE_ID BOUNDARY_EDGE_ID MBR_GEOMETRY
------- ---------------- -----------------------------------
     -1
      1                1 SDO_GEOMETRY(2003, NULL, NULL,
                             SDO_ELEM_INFO_ARRAY(1, 1003, 3),
                             SDO_ORDINATE_ARRAY(1,1, 19,20))
      3                3 SDO_GEOMETRY(2003, NULL, NULL,
                             SDO_ELEM_INFO_ARRAY(1, 1003, 3),
                             SDO_ORDINATE_ARRAY(3,3, 17,15))
-- Kanten überprüfen:
SELECT edge_id, left_face_id, right_face_id
FROM GeoDbLandTP_EDGE$ ORDER BY edge_id;

 EDGE_ID LEFT_FACE_ID RIGHT_FACE_ID
-------- ------------ -------------
       1            1            -1
       3            3             1
```

Außerdem verweist das Topologieobjekt „Weideland“ nun auf beide Maschen.

```
SELECT * FROM GeoDbLandTP_RELATION$;

TG_LAYER_ID      TG_ID    TOPO_ID  TOPO_TYPE TOPO_ATTRIBUTE
----------- ---------- ---------- ---------- --------------
          1          1          1          3
          1          1          3          3
```

Dies muss so geändert werden, dass die zweite Masche mit einem neuen Topologieobjekt „Wasser“ verknüpft ist.

```
-- Nur noch die Masche f1 zuordnen:
UPDATE GeoDbLandNutzung SET gebiet = SDO_TOPO_GEOMETRY('GeoDbLandTP',3,1,
                                SDO_TOPO_OBJECT_ARRAY (SDO_TOPO_OBJECT(1,3)))
WHERE nutzung = 'Weideland';
-- Masche f3 setzen:
INSERT INTO GeoDbLandNutzung (id,nutzung,gebiet)
VALUES (8,'Wasser',SDO_TOPO_GEOMETRY('GeoDbLandTP',3,1,
                             SDO_TOPO_OBJECT_ARRAY (SDO_TOPO_OBJECT(3,3))) );
COMMIT;
```

Hinzufügen von Knoten und Kanten

Nach Aufruf der Prozedur COMMIT_TOPO_MAP befindet sich die TopoMap im Lesemodus. Um erneut Änderungen vornehmen zu können, muss man den Speicher der TopoMap über Aufruf von CLEAR_TOPO_MAP freigeben. Erst dann können die Daten neu geladen werden:

```
-- TopoMap freigeben:
CALL SDO_TOPO_MAP.CLEAR_TOPO_MAP('GeoDbLandTM');

-- TopMap laden:
DECLARE
  res VARCHAR2(1024);    -- Antwort
BEGIN
  res := SDO_TOPO_MAP.LOAD_TOPO_MAP('GeoDbLandTM',0,0,20,20,'TRUE');
END;
/
```

Zum Einfügen nicht isolierter Knoten steht die PL/SQL-Funktion ADD_NODE zur Verfügung:

```
SDO_TOPO_MAP.ADD_NODE(
  topology  IN  VARCHAR2,       -- null, falls TopoMap genutzt
  edge_id  IN  NUMBER,          -- Kanten-ID, in die der Knoten eingefügt wird
  point  IN  SDO_GEOMETRY,      -- Punktkoordinate
  coord_index  IN  NUMBER,      -- Position im Streckenzug
  is_new_shapepoint  IN  VARCHAR2  -- neuer / existierender Streckenpunkt
) RETURN NUMBER;                -- neu vergebene Knoten-ID
```

Der Parameter coord_index gibt eine Punktposition im Feld an, das die Koordinaten des Streckenzuges enthält, der die Geometrie der Kante beschreibt. Der erste Punkt hat dabei den Index 0! Für ADD_NODE muss die Position des Streckenpunktes angegeben, auf dem der neue Knoten liegt (dann ist der Parameter is_new_shapepoint auf 'FALSE' zu setzen) oder dem der neue Knoten folgt, da es bislang keinen entsprechenden Streckenpunkt gibt (is_new_shapepoint hat dann den Wert 'TRUE').

Die Funktion ADD_EDGE weist die Parameter auf, die man erwarten würde:

```
SDO_TOPO_MAP.ADD_EDGE(
  topology  IN  VARCHAR2,       -- null, falls TopoMap genutzt
  node_id1  IN  NUMBER,         -- ID des Anfangsknotens
  node_id2  IN  NUMBER,         -- ID des Endknotens
  geom  IN  SDO_GEOMETRY        -- Geometrie des Streckenzuges
) RETURN NUMBER;                -- neu vergebene Kanten-ID
```

Um die in Abbildung 11.28 dargestellte Zerlegung des Raums zu erhalten, wird zunächst die Kante e_6 zwischen den neuen Knoten n_4 und n_5 eingefügt. Dadurch werden die Kante e_1 in e_1

und e_4 und die Kante e_3 in e_3 und e_5 aufgeteilt. Durch kleine Zahlen an den Streckenpunkten wird in Abbildung 11.28 die Position für ADD_NODE illustriert.

```
DECLARE
  id4 NUMBER(38);      -- Knoten-ID von n4
  id5 NUMBER(38);      -- Knoten-ID von n5
  id  NUMBER(38);      -- ID neue Kante
BEGIN
  id4 := SDO_TOPO_MAP.ADD_NODE(NULL,1, SDO_GEOMETRY('POINT(19 12)'),
                               1,'TRUE');
  id5 := SDO_TOPO_MAP.ADD_NODE(NULL,3, SDO_GEOMETRY('POINT(17 12)'),
                               5,'FALSE');
  id := SDO_TOPO_MAP.ADD_EDGE(NULL, id4,id5,
                              SDO_GEOMETRY('LINESTRING(19 12, 17 12)'));
END;
/
```

Als Nächstes wird die Kante e_8 zwischen dem existierenden Knoten n_3 und dem neuen Knoten n_6 eingefügt. Dies spaltet die Kante e_4 in e_4 und e_7 auf und erzeugt die Masche f_4.

```
DECLARE
  id3 NUMBER(38);      -- Knoten-ID von n3
  id6 NUMBER(38);      -- Knoten-ID von n6
  id  NUMBER(38);      -- ID neue Kante
BEGIN
  id3 := 3;
  id6 := SDO_TOPO_MAP.ADD_NODE(NULL,4, SDO_GEOMETRY('POINT(1 10)'),
                               2,'TRUE');
  id := SDO_TOPO_MAP.ADD_EDGE(NULL, id3,id6,
                              SDO_GEOMETRY('LINESTRING(3 10, 1 10)'));
END;
/
-- TopoMap in die Datenbank zurückschreiben:
CALL SDO_TOPO_MAP.COMMIT_TOPO_MAP();
-- Maschen anzeigen:
SELECT face_id, mbr_geometry
FROM GeoDbLandTP_FACE$ ORDER BY face_id;
FACE_ID MBR_GEOMETRY
------- --------------------------------------------------------------
     -1
      1 SDO_GEOMETRY(2003, NULL, NULL, SDO_ELEM_INFO_ARRAY(1, 1003, 3),
                     SDO_ORDINATE_ARRAY(1, 10, 19, 20))
      3 SDO_GEOMETRY(2003, NULL, NULL, SDO_ELEM_INFO_ARRAY(1, 1003, 3),
                     SDO_ORDINATE_ARRAY(3, 3, 17, 15))
      4 SDO_GEOMETRY(2003, NULL, NULL, SDO_ELEM_INFO_ARRAY(1, 1003, 3),
                     SDO_ORDINATE_ARRAY(1, 1, 19, 12))
```

Damit liegt die in Abbildung 11.28 dargestellte Situation vor. Nachdem die TopoMap in die Datenbank zurückgeschrieben wurde, kann die Masche f_4 dem Topologieobjekt „Wald“ zugeordnet werden:

```
-- Dem Weideland nur noch die Masche f1 zuordnen:
UPDATE GeoDbLandNutzung
SET gebiet = SDO_TOPO_GEOMETRY('GeoDbLandTP',3,1,
                         SDO_TOPO_OBJECT_ARRAY (SDO_TOPO_OBJECT(1,3)))
WHERE nutzung = 'Weideland';
-- Für den Wald die Masche f4 setzen:
INSERT INTO GeoDbLandNutzung (id,nutzung,gebiet)
VALUES (9,'Wald',SDO_TOPO_GEOMETRY('GeoDbLandTP',3,1,
                       SDO_TOPO_OBJECT_ARRAY (SDO_TOPO_OBJECT(4,3))) );
COMMIT;
```

Über DROP_TOPO_MAP kann die TopoMap abschließend gelöscht werden, womit der reservierte Hauptspeicherbereich freigegeben wird:

```
CALL SDO_TOPO_MAP.DROP_TOPO_MAP('GeoDbLandTM');
```

11.4.2.4 Nutzung über Java

Die Java-API von Oracle Spatial erlaubt ebenfalls die zuvor vorgestellten Operationen auf der Ebene der topologischen Primitive durchzuführen. Außerdem ist es möglich, Geometrien einzufügen, die dann automatisch in die relevanten topologischen Primitive zerlegt werden[2].

Der Zugriff auf eine Topology erfolgt mithilfe der Klasse TopoMap aus dem Paket oracle.spatial.topo[3]. Die TopoMap lädt über die Methoden

```
boolean loadTopology (boolean lockForUpdate)
boolean loadWindow (double xMin, double yMin, double xMax, double yMax,
                    boolean lockForUpdate)
```

die gespeicherten Daten in den Hauptspeicher. Dort können sie dann verändert werden. Über die Methode commitDB() können die Änderungen in die Datenbank zurückgeschrieben bzw. durch ein rollbackDB() wieder zurückgenommen werden. Für das Einfügen von topologischen Primitiven und Geometrien steht eine Reihe von add-Methoden zur Verfügung. Nachdem die topologischen Primitive erzeugt und in der Datenbank gespeichert worden sind, können die Topologieobjekte anlegt und über INSERT-Anweisungen in die Datenbank eingefügt werden.

Die nachfolgende Java-Methode illustriert die Vorgehensweise. Es sollen die noch fehlenden Nutzungsgebiete „Bebauung" und „Weideland" auf der Insel eingefügt werden, sodass das in Abbildung 11.29 dargestellte Ergebnis entsteht. Zunächst wird die TopoMap angelegt und geladen. Durch Anfragen auf der Tabelle „GeoDbLand" werden die Geometrien für die Nutzungsgebiete konstruiert werden, wobei für das Weideland auf der Insel von dem zweiten Element des Multipolygons „Land" die Fläche des Hauses abgezogen wird. Die Funktion addPolygonGeometry erzeugt dann aus dem jeweiligen JGeometry-Polygon die topologischen Primitive. Zurückgegeben werden die IDs der entsprechenden Primitive, die die gleiche Dimension wie die Geometrie aufweisen; in diesem Fall also die IDs der Maschen. Vor dem weiteren Programmablauf muss für die TopoMap ein Commit ausgeführt werden.

[2] Ab Release 10.2 ist dies auch mittels PL/SQL möglich.

[3] Die erforderlichen JAR-Dateien sdotopo.jar und sdoutl.jar befinden sich im Verzeichnis %ORACLE_HOME%\md\lib oder in %ORACLE_HOME%\md\jlib.

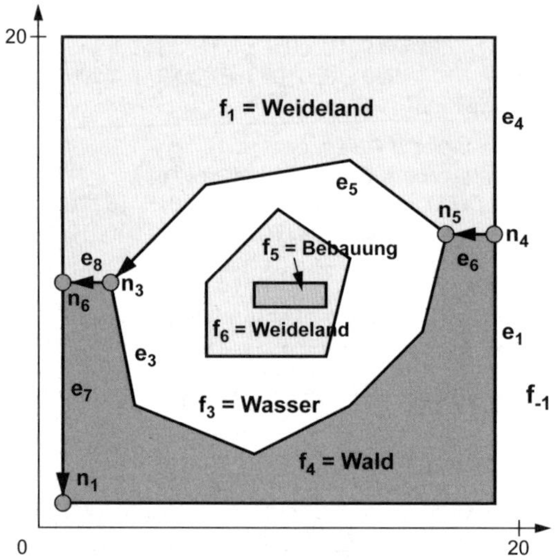

Abb. 11.29: Nächster Zwischenstand von „GeoDbLandTP"

In der zweiten Programmphase wird zunächst die ID der topologischen Ebene bestimmt. Danach erzeugt das Programm aus den zwischengespeicherten IDs der Maschen die topologischen Geometrien und fügt die entsprechenden Topologieobjekte in die Tabelle „GeoDbLandNutzung" ein.

```
// Klasse, um die Topology "GeoDbLandTP" mit Daten zu ergänzen.
import static gdbutil.ConnectionParameters.*;  // Verbindungsparameter
import java.sql.*;                             // JDBC-API
import oracle.spatial.geometry.JGeometry;     // erfordert: sdoapi.jar,
import oracle.spatial.topo.TopoMap;           // sdotopo.jar,sdoutl.jar,ojdbcX.jar

public class Topology {
  public static void main (String[] args) {
    try {
      // Verbindung zur Datenbank aufbauen
      String url = "jdbc:oracle:thin:@"+DBHOST+":"+DBPORT+":"+DBNAME;
      Connection db = DriverManager.getConnection(url, DBUSER, DBPASSWORD);
      // TopoMap für 100 Kanten und Knoten und 10 Maschen erzeugen
      TopoMap topo = new TopoMap(db,"GeoDbLandTP",100,100,10);
      // und in DB-Puffer mit Schreibberechtigung laden
      topo.loadWindow(0.0,0.0, 20.0,20.0, true);
      // Geometrie für Weideland bestimmen und der TopoMap hinzufügen
      int[][] topPrims = new int[2][];  // Speicherung der Maschen-IDs
      Statement stmt = db.createStatement();
      ResultSet res = stmt.executeQuery ("SELECT SDO_GEOM.SDO_DIFFERENCE(" +
          "SDO_UTIL.EXTRACT(g1.geo,2),g2.geo,0.001) " +
          "FROM GeoDbLand g1, GeoDbLand g2 " +
          "WHERE g1.name = 'Land' AND g2.name = 'Haus'");
      res.next();
```

```
      JGeometry geo = JGeometry.loadJS((Struct) res.getObject(1));
      topPrims[0] = topo.addPolygonGeometry(geo);

      // Geometrie für Bebauung bestimmen und der TopoMap hinzufügen
      res = stmt.executeQuery("SELECT geo FROM GeoDbLand WHERE name = 'Haus'");
      res.next();
      geo = JGeometry.loadJS((Struct) res.getObject(1));
      topPrims[1] = topo.addPolygonGeometry(geo);

      // Topologie-Commit
      topo.commitDB();

      // ID der topologischen Ebene bestimmen
      ResultSet layerIdRes = stmt.executeQuery("SELECT tg_layer_id " +
         "FROM USER_SDO_TOPO_METADATA WHERE table_name = 'GEODBLANDNUTZUNG'");
      layerIdRes.next();
      int layerId = layerIdRes.getInt("tg_layer_id");
      layerIdRes.close();

      // Topologieobjekte in GeoDbLandNutzung einfügen
      String nutz[] = new String[] {"Weideland","Bebauung"};
      for (int j=0; j<2; j++) {
        String insert = "INSERT INTO GeoDbLandNutzung " +
            "VALUES (" + (10+j) + ",'" + nutz[j] + "'," +
            "SDO_TOPO_GEOMETRY('GeoDbLandTP',3," + layerId +
            ",SDO_TOPO_OBJECT_ARRAY (";
        // für jede Masche ein SDO_TOPO_OBJECT hinzufügen
        for (int i=0; i<topPrims[j].length; i++) {
          insert += "SDO_TOPO_OBJECT(" + topPrims[j][i] + ",3)";
          if (i < topPrims[j].length-1)
            insert += ",";
        }
        insert += ")))";
        stmt.executeQuery(insert);
      }

      // Verbindung schließen
      stmt.close();
      db.close();
    }
    // Fehler behandeln
    catch (Exception ex) {
      System.err.println("Topology.main: " + ex);
    }
  }
}
```

Zum Abschluss muss noch die Zuordnung der Maschen zum Topologieobjekt „Wasser" korrigiert werden:

```
UPDATE GeoDbLandNutzung
SET gebiet = SDO_TOPO_GEOMETRY('GeoDbLandTP',3,1,
                               SDO_TOPO_OBJECT_ARRAY (SDO_TOPO_OBJECT(3,3)))
WHERE nutzung = 'Wasser';

COMMIT;
```

11.4.2.5 Direkte Erzeugung von topologischen Geometrien

Mit dem Release 10.2 ist es auch möglich, über die Angabe einer Geometrie direkt eine topologische Geometrie anzulegen und dabei alle notwendigen topologischen Primitive zu erzeugen. Dazu steht die PL/SQL-Funktion CREATE_FEATURE zur Verfügung:

```
SDO_TOPO_MAP.CREATE_FEATURE(
  topology IN VARCHAR2,        -- Name der Topology
  table_name IN VARCHAR2,      -- Tabellen- und Attributname, die die
  column_name IN VARCHAR2,     --   topologischen Geometrien speichern
  geom IN SDO_GEOMETRY         -- die Geometrie
) RETURN SDO_TOPO_GEOMETRY;    -- die neue topologische Geometrie
```

Wie folgt kann der in Abbildung 11.30 dargestellte Endstand erreicht werden:

```
-- ggf. TopoMap anlegen und laden:
CALL SDO_TOPO_MAP.CREATE_TOPO_MAP('GeoDbLandTP','GeoDbLandTM');
DECLARE
  res VARCHAR2(1024);    -- Antwort
BEGIN
  res := SDO_TOPO_MAP.LOAD_TOPO_MAP('GeoDbLandTM',0,0,20,20,'TRUE');
END;
/
-- topologisches Objekt einfügen:
INSERT INTO GeoDbLandNutzung (id,nutzung,gebiet)
VALUES (15,'Kanal',
    SDO_TOPO_MAP.CREATE_FEATURE('GeoDbLandTP','GeoDbLandNutzung','gebiet',
      SDO_GEOMETRY('POLYGON((1 20, 0 20, 0 0, 19 0, 19 1, 1 1, 1 20))')));
COMMIT;

-- TopoMap in die Datenbank zurückschreiben:
CALL SDO_TOPO_MAP.COMMIT_TOPO_MAP();
```

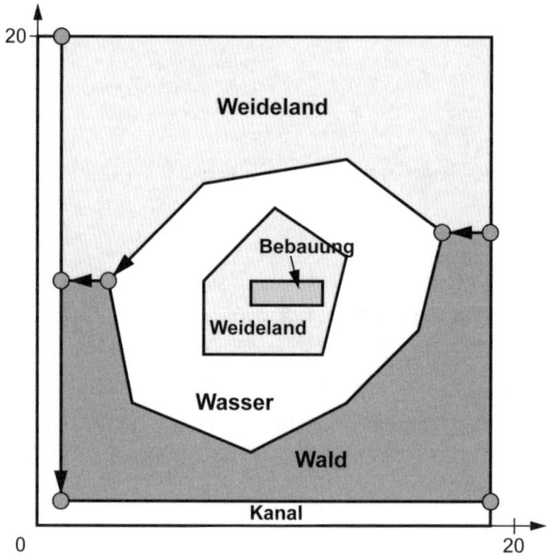

Abb. 11.30: Endstand von „GeoDbLandTP“

11.4.2.6 Anfragen

Zunächst stellt Oracle Spatial den bekannten Operator SDO_ANYINTERACT zur Verfügung: Im Rahmen des Topologie-Datenmodells wird von SDO_ANYINTERACT als erster Parameter eine SDO_TOPO_GEOMETRY-Tabellenspalte erwartet, deren Geometrieattribut räumlich indexiert sein muss. Der zweite Parameter bezeichnet entweder eine SDO_TOPO_GEOMETRY- oder eine SDO_GEOMETRY-Spalte. Der Operator prüft, ob irgendeine topologische Beziehung zwischen jeweils zwei Objekten dieser beiden Tabellenspalten vorliegt. Falls dies für ein Paar der Fall ist, gibt er die Zeichenkette 'TRUE' als Ergebnis zurück. Im ersten Beispiel ist eine SDO_TOPO_GEOMETRY-Spalte das zweite Argument:

```
SELECT n.id, n.nutzung
FROM GeoDbLandNutzung n INNER JOIN GeoDbLandNutzung wasser
ON SDO_ANYINTERACT (n.gebiet, wasser.gebiet) = 'TRUE'
WHERE wasser.nutzung = 'Wasser';

 ID NUTZUNG
--- ----------
  6 Weideland
  9 Wald
 10 Weideland
  8 Wasser
```

Das zweite Beispiel übergibt eine Geometrie als zweiten Parameter:

```
SELECT n.id, n.nutzung
FROM GeoDbLandNutzung n INNER JOIN GeoDbLand haus
ON SDO_ANYINTERACT (n.gebiet, haus.geo) = 'TRUE'
WHERE haus.name = 'Haus';

 ID NUTZUNG
--- ----------
 10 Weideland
 11 Bebauung
```

Des Weiteren sind alle Operatoren, die die in Tabelle 4.6 auf Seite 137 aufgeführten Beziehungen (außer DISJOINT) als Bezeichnung besitzen, erlaubt:

```
-- Topologische Geometrie als 2.Parameter:
SELECT n.id, n.nutzung
FROM GeoDbLandNutzung n INNER JOIN GeoDbLandNutzung wasser
ON SDO_TOUCH (n.gebiet, wasser.gebiet) = 'TRUE'
WHERE wasser.nutzung = 'Wasser';

 ID NUTZUNG
--- ----------
  6 Weideland
  9 Wald
 10 Weideland

SELECT n.id, n.nutzung
FROM GeoDbLandNutzung n INNER JOIN GeoDbLandNutzung wasser
ON SDO_EQUAL (n.gebiet, wasser.gebiet) = 'TRUE'
WHERE wasser.nutzung = 'Wasser';

ID NUTZUNG
-- ---------
 8 Wasser
```

```
-- Geometrie als 2. Parameter:
SELECT id, nutzung
FROM GeoDbLandNutzung
WHERE SDO_CONTAINS (gebiet, SDO_GEOMETRY('POINT(3 3)')) = 'TRUE';

ID NUTZUNG
-- --------
 9 Wald

SELECT n.id, n.nutzung
FROM GeoDbLandNutzung n INNER JOIN GeoDbLand haus
ON SDO_EQUAL (n.gebiet, haus.geo) = 'TRUE'
WHERE haus.name = 'Haus';

 ID NUTZUNG
--- ---------
 11 Bebauung

SELECT id, nutzung FROM GeoDbLandNutzung n
WHERE SDO_COVERS (gebiet, SDO_GEOMETRY(2002, NULL,NULL,
                      SDO_ELEM_INFO_ARRAY(1,2,1),
                      SDO_ORDINATE_ARRAY(9,9, 11,9.7))) = 'TRUE';

ID NUTZUNG
-- ---------
11 Bebauung
```

Die Funktion SDO_TOPO.RELATE kann zur Bestimmung der zwischen zwei topologischen Geometrien geltenden topologischen Beziehung genutzt werden:

```
SELECT n1.id, n1.nutzung, n2.id, n2.nutzung,
       SDO_TOPO.RELATE(n1.gebiet,n2.gebiet,'DETERMINE')
FROM GeoDbLandNutzung n1 INNER JOIN GeoDbLandNutzung n2
ON n1.id < n2.id
WHERE n2.id <> 15;

ID NUTZUNG    ID NUTZUNG    SDO_TOPO.RELATE
-- ---------- -- ---------- ---------------
 6 Weideland   8 Wasser     TOUCH
 6 Weideland   9 Wald       TOUCH
 6 Weideland  10 Weideland  DISJOINT
 6 Weideland  11 Bebauung   DISJOINT
 8 Wasser      9 Wald       TOUCH
 8 Wasser     10 Weideland  TOUCH
 8 Wasser     11 Bebauung   DISJOINT
 9 Wald       10 Weideland  DISJOINT
 9 Wald       11 Bebauung   DISJOINT
10 Weideland  11 Bebauung   TOUCH
```

12 Rasterdaten

In den bisherigen Kapiteln wurden hauptsächlich Vektordaten betrachtet. Da aber in vielen Anwendungen Rasterkarten, insbesondere zu Visualisierungszwecken, eine große Rolle spielen, soll in diesem Kapitel die Modellierung, Speicherung und Abfrage von *Rasterdaten* in Geodatenbanken behandelt werden. Nach der Einführung einiger wesentlicher Konzepte werden zwei Ansätze vorgestellt: die Speicherung von Rasterdaten mithilfe von BLOBs und die Nutzung von Oracle Spatial GeoRaster.

12.1 Konzepte

In Abschnitt 3.1.1 wurde der Begriff des *Coverage* als Synonym für das raumbasierte Datenmodell eingeführt. Die ISO-Norm 19123 [68] sieht ein Coverage abstrakt als eine Abbildung f an, die Werten aus Raum und Zeit Attributwerte zuordnet. Ein *Grid Coverage* besitzt eine regelmäßige Struktur zur Repräsentation der Attributwerte. Beispiele hierfür sind quadratische oder hexagonale Gitter. Abbildung 12.2 zeigt beispielhaft drei verschiedene Coverage-Typen, wovon zwei Grid Coverages darstellen.

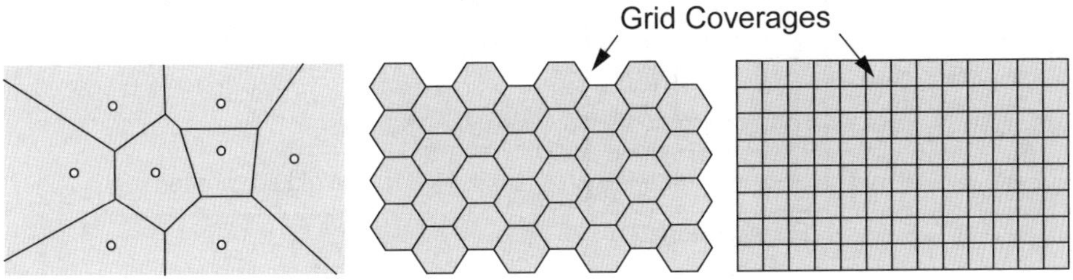

Abb. 12.1: Verschiedene Coverage-Typen

Grid Coverages mit quadratischer (oder rechteckiger) Gitterstruktur dienen zur Repräsentation des Rastermodells. Das gesamte Gitter wird auch als *Raster* und die einzelnen Gitterzellen als *Rasterzellen* oder *Pixel* bezeichnet. In vielen Fällen besteht ein Raster aus mehreren *Ebenen* (engl. *Layers*). Eine Ebene kann zum Beispiel einen Spektralbereich eines Satellitenbildes darstellen. Falls diese Ebenen Grundfarben o.Ä. repräsentieren, wird von *(Farb-) Kanälen* gesprochen. Ein anderer Anwendungsfall sind Zeitreihen, bei denen für ein Gebiet mehrere Aufnahmen zu unterschiedlichen Zeitpunkten vorliegen. Eine einzelne Ebene eines Rasters kann – wie in Abbildung 12.2 dargestellt – durch eine *Ebenennummer* angesprochen werden.

Jede Ebene wird durch eine zweidimensionale *Rastermatrix* repräsentiert. Die einzelnen Pixel in der Matrix werden durch ein Paar (*Zeilenindex*, *Spaltenindex*) identifiziert. In einem solchen *Pixelkoordinatensystem* ist im Regelfall die obere linke Rasterzelle der *Ursprung* (auch: *Upper Left*, *ULT*), der den Ausgangspunkt (0,0) der Indizierung bildet.

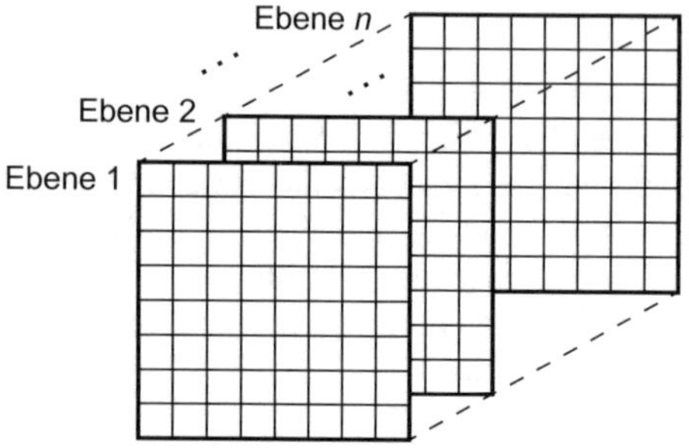

Abb. 12.2: Raster mit *n* Ebenen

Die Rastermatrix überdeckt einen Teil des eigentlichen, durch ein *Weltkoordinatensystem* definierten Datenraums. Jede Rasterzelle korrespondiert damit zu einem Punkt bzw. zu einer Fläche, die durch (herkömmliche) Weltkoordinaten beschrieben werden. Der Zusammenhang zwischen den beiden Koordinatensystemen wird durch eine *Koordinatentransformation* hergestellt. Abbildung 12.3 illustriert diese Begriffe anhand eines Beispiels.

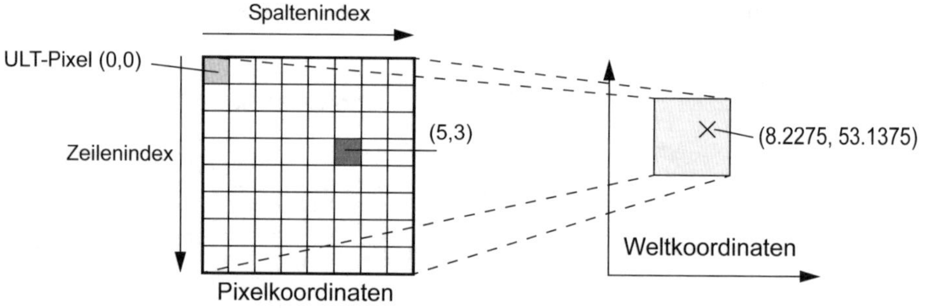

Abb. 12.3: Pixel- und Weltkoordinaten

Die in den Rasterzellen gespeicherten Werte beschreiben thematische Eigenschaften (vgl. Abschnitt 3.1). Dazu steht jeder Zelle einer Rastermatrix in einem vorgegebenen Umfang Speicherplatz zur Verfügung. Wird bei Rasterbildern der Farbwert direkt in der Rasterzelle abgelegt, spricht man von einem *Echtfarbbild*. Oft verweist der Wert der Zelle über einen Index auf die Zeile einer *Lookup-Tabelle*, in der dann der eigentliche Datenwert gespeichert ist. Bei Rasterbildern entspricht die Lookup-Tabelle einer *Farbtabelle* (engl. *Color Map*), die die Farbwerte enthält, d.h. meist die Rot-, Grün- und Blau-Intensität (*RGB-Werte*) sowie ggf. einen Transparenzwert (siehe Abbildung 12.4).

Falls eine Rasterkarte sehr groß ist, ist eine *Kachelung* zweckmäßig. Dabei wird die Rastermatrix im mehrere Teilmatrizen zerlegt, um kleinere Datenblöcke einlesen und verarbeiten zu können. Abbildung 12.5 zeigt auf der linken Seite eine Rastermatrix, die in vier Teile aufgeteilt wird.

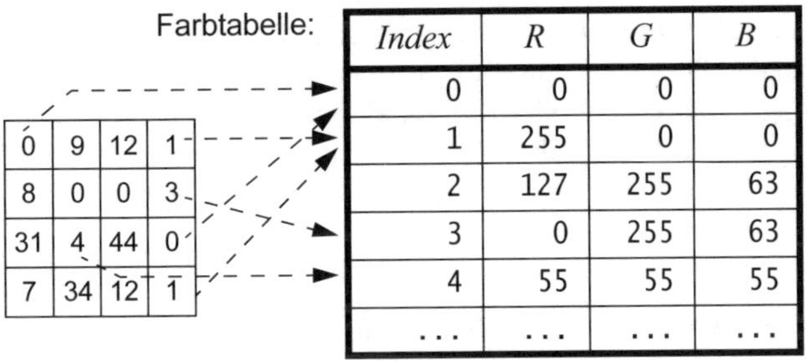

Abb. 12.4: Farbtabelle

Bei einer *Bildpyramide* liegt die Rastermatrix in unterschiedlichen Auflösungen vor. Zwischen jeder *(Bild-)Pyramidenebene* wird typischerweise die Pixelanzahl pro Dimension halbiert (vgl. rechte Seite von Abb. 12.5). Wenn aus den Originaldaten eine Rastermatrix mit geringerer Auflösung berechnet wird, ist ein *Resampling* notwendig. Dabei kann eine Rasterzelle des Originals exemplarisch ausgewählt werden oder ein Durchschnittswert von mehreren Zellen berechnet werden. Ein Resampling bewirkt (fast) immer einen Qualitätsverlust. Recht gute Qualität liefert eine *bilineare Interpolation*, die ein (nach Flächenanteil bzw. Abstand gewichtetes) Mittel aus den in den vier nächsten Zellen gespeicherten Werten bestimmt. Noch bessere Qualität kann über eine *bikubische Faltung* erreicht werden, die mittels kubischer Funktionen die Werte von 16 Nachbarzellen zusammenführt [107].

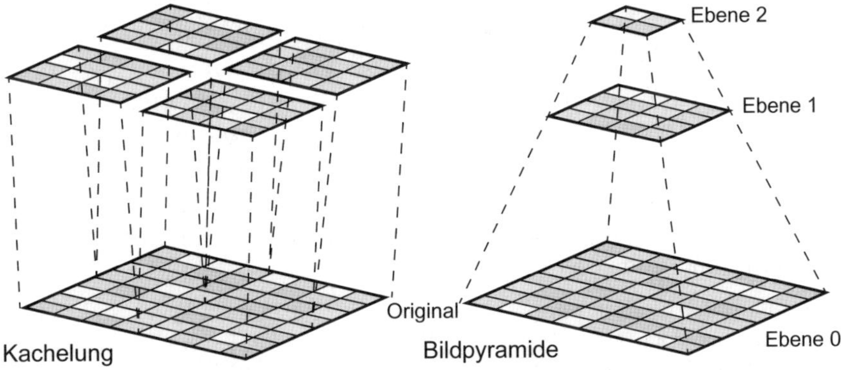

Abb. 12.5: Kachelung und Bildpyramide

12.2 Speicherung von Rasterdaten durch BLOBs

Eine Möglichkeit zur Speicherung von Rasterdaten stellt der Einsatz spezieller *Rasterdatenbanksysteme* dar. Ein bekanntes System ist zum Beispiel „rasdaman" [8]. Der Vorteil solcher Systeme ist, dass sie ein speziell angepasstes Datenbankmodell anbieten und die entsprechenden Operationen effizient ausführen können. Vielfach hat man aber kein solches System zur Verfügung und möchte die Rasterdaten im vorhandenen Datenbanksystem speichern. In diesem Fall ist der Einsatz von *Binary Large Objects* eine gängige Lösung. In Abschnitt 2.2.2 hatten wir dazu den entsprechenden SQL-Datentyp `BLOB` kennengelernt.

Mit entsprechenden Anwendungsprogrammen und Werkzeugen ist es möglich, Binary Large Objects mit Werten zu belegen bzw. sie zu bearbeiten. Eine Alternative stellt die Erstellung eigener Programme dar. Dies kann zum Beispiel mittels PL/SQL-Prozeduren erfolgen. Daneben ist auch ist Nutzung von Java oder anderer Programmiersprachen möglich. So definiert JDBC 2.0 zu diesem Zweck im Paket `java.sql` die Schnittstelle `Blob`. Auf Basis dieser Schnittstelle soll im Folgenden das Abspeichern und das Einlesen von Rasterdaten näher vorgestellt werden.

12.2.1 Abspeichern von Rasterdaten

In Abschnitt 2.2.2 wurde die Tabelle „Rasterkarten" eingeführt, um Rasterdaten in BLOBs abspeichern zu können. Diese Tabelle hat folgenden Aufbau:

```
Name         Null?    Typ
------------ -------- ------------
id           NOT NULL NUMBER(38)       -- ID
name         NOT NULL VARCHAR2(80)     -- Kartenname
karte                 BLOB             -- Rasterkarte als BLOB
```

Das Einfügen eines BLOBs erfolgt in zwei Schritten [149][146]:

1. Zunächst wird ein leeres BLOB erzeugt. Dies kann mithilfe der PL/SQL-Funktion `empty_blob` im Rahmen einer DML-Anweisung erfolgen. Danach holt man sich mit einer entsprechenden `SELECT`-Anweisung über die Methode `getBlob` das BLOB in den Programmspeicher[1]:

   ```
   INSERT INTO Rasterkarten (id,karte) VALUES (1,empty_blob());
   SELECT karte FROM Rasterkarten WHERE id = 1
   ```

   Mit einem Oracle-Treiber für JDBC 4.0 geht es einfacher: Über die Java-Methode `createBlob` von `Connection` kann das BLOB direkt im Programm erzeugt werden (und nach dem Schritt 2 über ein `INSERT` oder `UPDATE` abgespeichert werden).

2. Falls die Rasterdaten in einem `byte`-Feld vorliegen, können sie über die JDBC-Methode `setBytes` im BLOB abgespeichert werden. Der erste Parameter dieser Methode gibt (bei 1 beginnend) die Position der Daten im BLOB an.

   Liegen die Daten als Datenstrom vor, dessen Länge man nicht kennt, so kann man sie stattdessen über einen `OutputStream` im BLOB ablegen. Diesen erhält man gemäß JDBC über die Methode `setBinaryStream`; der Parameter dieser Methode gibt (bei 1 beginnend) ebenfalls die Position der Daten im BLOB an.

Die zu speichernden Rasterdaten werden im nachfolgenden Beispiel von einem öffentlichen, OGC-konformen *Web Map Service* (*WMS*) des Dienstleistungszentrums des Bundesamtes für Kartographie und Geodäsie (BKG) abgerufen. Da hierbei die Daten nur als Datenstrom vorliegen, werden sie als `OutputStream` in den BLOB geschrieben. Im Beispiel wird mit einem JDBC-Treiber 4.x gearbeitet.

[1] Damit der gesamte Einfügevorgang in einer Transaktion abläuft, sollte in Java dabei der Auto-Commit-Modus abgeschaltet und die Transaktion durch den Aufruf von `commit` explizit nach dem zweiten Schritt abgeschlossen werden.

```
// Klasse zum Speichern einer Rasterkarte in einem BLOB (Variante JDBC 4.x)
import static gdbutil.ConnectionParameters.*;     // Verbindungsparameter
import java.io.*;                         // Import der Ein-/Ausgabe-Klassen
import java.net.URL;                      // Import der URL-Klasse
import java.sql.*;                        // Import der JDBC-Klassen
public class StoreRasterInBlob {
  public static void main (String[] args) {
    try {
      // Verbindung zur Datenbank aufbauen
      String dbUrl = "jdbc:oracle:thin:@"+DBHOST+":"+DBPORT+":"+DBNAME;
      Connection db = DriverManager.getConnection(dbUrl,DBUSER,DBPASSWORD);
      // Leeren BLOB erzeugen
      Blob blob = db.createBlob();
      // Datenströme öffnen
      URL url = new URL("http://sg.geodatenzentrum.de/wms_dtk500?"+
        "VERSION=1.3.0&REQUEST=GetMap&LAYERS=DTK500&STYLES=&"+
        "CRS=EPSG:31467&BBOX=5870000,3430000,5910000,3470000&"+
        "WIDTH=600&HEIGHT=600&FORMAT=image/gif");
      InputStream urlStream = url.openStream();
      OutputStream blobStream = blob.setBinaryStream(1);
      // Daten kopieren
      byte[] buffer = new byte[1024];
      int size = urlStream.read(buffer);
      while (size != -1) {
        blobStream.write (size, 0,groesse);
        size = urlStream.read(buffer);
      }
      // Datenströme schließen
      urlStream.close();
      blobStream.close();
      // Daten speichern
      PreparedStatement stmt = db.prepareStatement("INSERT INTO Rasterkarten"+
        "(id,name,karte) VALUES (1,'C:\\Temp\\OldenburgerLand.gif',?)");
      stmt.setBlob (1, blob);
      stmt.executeUpdate();
      stmt.close();
      // Verbindung schließen
      db.close();
    }
    // Fehler behandeln
    catch (Exception ex) {
      System.err.println("StoreRasterInBlob.main: " + ex);
    }
  } // main
} // class
```

Beim Ausführen des Programms muss der Pfad zu der Klassenbibliothek mit den JDBC-Treibern bekannt sein.

12.2.2 Georeferenzierung

Bislang fehlt der eingelesenen Rasterkarte eine Georeferenzierung. Dazu müssen wir die Tabelle „Rasterkarten" um ein zusätzliches Geometrieattribut erweitern, das den Datenraum und das räumliche Bezugssystem der Karte beschreibt. Zur Unterstützung räumlicher Anfragen wird dieses Attribut außerdem mit Metadaten und einem räumlichen Index versehen:

```
-- Erweiterung der Rasterdaten-Tabelle:
ALTER TABLE Rasterkarten ADD georef SDO_GEOMETRY;

-- Metadaten einfügen:
INSERT INTO USER_SDO_GEOM_METADATA
VALUES ('Rasterkarten','georef', SDO_DIM_ARRAY(
          SDO_DIM_ELEMENT('Rechtswert',3200000,4000000,1),
          SDO_DIM_ELEMENT('Hochwert',5200000,6500000,1) ) , 31467);
COMMIT;

-- Index anlegen:
CREATE INDEX Rasterkarten_georef_ix
ON Rasterkarten(georef)
INDEXTYPE IS MDSYS.SPATIAL_INDEX;
```

Die Rasterkarte wurde zuvor für einen Kartenausschnitt angefordert, der mithilfe von GK3-Koordinaten (EPSG-Schlüssel 31467) abgegrenzt war. Mit diesen Informationen können wir die von der Rasterkarte überdeckte Fläche im Attribut `georef` ablegen:

```
UPDATE Rasterkarten
SET georef = SDO_GEOMETRY(2003,31467,NULL,
                SDO_ELEM_INFO_ARRAY(1,1003,3),
                SDO_ORDINATE_ARRAY(3430000,5870000,3470000,5910000))
WHERE ID = 1;
COMMIT;
```

12.2.3 Lesen von Rasterdaten

Für das Lesen von Binärdaten aus einem BLOB muss zunächst der gewünschte Datensatz mithilfe einer `SELECT`-Anweisung ausgewählt werden, um dann mit der JDBC-Methode `getBlob` auf das BLOB zugreifen zu können. Die Daten können entweder über einen `InputStream`, den man über die Methode `getBinaryStream` erhält, oder direkt in ein zuvor angelegtes `byte`-Feld übertragen werden. Letzteres erfolgt über die JDBC-Methode `getBytes`. Der für das Feld erforderliche Speicherplatz kann über die Methode `length` bestimmt werden.

Das nachfolgende Beispiel stellt eine räumliche Anfrage über die Rasterkarten und speichert die Antworten gemäß ihrem Namen in Binärdateien ab:

```
// Klasse zum Einlesen einer Rasterkarte aus einem BLOB
import static gdbutil.ConnectionParameters.*;  // Verbindungsparameter

import java.io.*;   // Import der Ein-/Ausgabe-Klassen
import java.sql.*;  // Import der JDBC-Klassen

public class ReadRasterFromBlob {

  public static void main (String[] args) {
    try {
      // Verbindung zur Datenbank aufbauen
      String url = "jdbc:oracle:thin:@"+DBHOST+":"+DBPORT+":"+DBNAME;
      Connection db = DriverManager.getConnection(url, DBUSER, DBPASSWORD);

      // Datensätze räumlich anfragen
      Statement query = db.createStatement();
      ResultSet res = query.executeQuery(
        "SELECT name,karte FROM Rasterkarten" +
        "WHERE SDO_FILTER(georef, SDO_GEOMETRY(2003,31467,null," +
        "SDO_ELEM_INFO_ARRAY(1,1003,3)," +
        "SDO_ORDINATE_ARRAY(337000,5700000,3600000,6000000))," +
        "'querytype=WINDOW')='TRUE'");

      // Daten übertragen
      while (res.next()) {
         Blob blob = res.getBlob(2);
         FileOutputStream outStream = new FileOutputStream(res.getString(1));
         int len = (int)blob.length();
         byte[] buffer = blob.getBytes(1,len);
         outStream.write(buffer);
         outStream.close();
      }
      res.close();

      // Anweisung und Verbindung schließen
      query.close();
      db.close();
    } // try

    // Fehler behandeln
    catch (Exception ex) {
      System.err.println("ReadRasterFromBlob.main: " + ex);
    }
  } // main
} // class
```

Nach Ausführen des Programms, das ebenfalls die Bibliothek mit den JDBC-Treibern im Klassenpfad benötigt, liegt die Rasterkarte in der im Attribut name angegebenen Datei vor (hier also in: C:\Temp\OldenburgerLand.gif). Abbildung 12.6 zeigt das Resultat.

Abb. 12.6: Über WMS abgerufene und als BLOB gespeicherte Rasterkarte (© GeoBasis-DE / BKG 2013)

12.3 Oracle Spatial GeoRaster

Die bislang vorgestellte Vorgehensweise erlaubt die Speicherung und Anfrage einfacher Rasterdaten. Da aber das Datenbanksystem die Semantik der Daten nicht kennt, sind mächtigere Methoden nicht verfügbar. Insbesondere kann nicht der Wert einer einzelnen Rasterzelle abgefragt werden. Dies muss nach Einlesen des BLOBs dem Geoinformationssystem oder einem Anwendungsprogramm überlassen bleiben. Um dieser Problematik zu begegnen, enthält Oracle seit der Version 10 als neuen Bestandteil *GeoRaster* [152]. Oracle Spatial GeoRaster erlaubt die Speicherung, Indexierung, Anfrage und Analyse von georeferenzierten Rasterobjekten. Dazu werden objektrelationale Datentypen und Funktionen bereitgestellt.

12.3.1 Datenmodell

GeoRaster-Objekte werden durch die Klasse `SDO_GEORASTER` repräsentiert, die fünf Attribute besitzt (siehe auch Abbildung 12.7):

- Der `rasterType` ist eine fünfstellige Zahl, deren erste Ziffer die Dimension des Rasters angibt. Allerdings werden derzeit nur zweidimensionale Rastermatrizen von GeoRaster unterstützt. Die zweite Ziffer gibt an, ob das Objekt nur aus einer Ebene (=0) oder aus mehreren Ebenen besteht (=`1`). Die drei übrigen Ziffern haben derzeit den Wert `001`.
- Das Attribut `spatialExtent` beschreibt den Datenraum des Rasters durch ein `SDO_GEOMETRY`-Objekt in Weltkoordinaten.

- Im Attribut `rasterDataTable` ist der Name der Objekttabelle hinterlegt, die die eigentlichen Rasterdaten aufnimmt. In einer solchen Tabelle können die Rastermatrizen von einem oder von mehreren GeoRaster-Objekten als SDO_RASTER-Objekte gespeichert sein.
- Das Attribut `rasterID` soll das GeoRaster-Objekt eindeutig in der Datenbank identifizieren.
- Alle übrigen Informationen zu dem GeoRaster-Objekt sind im Attribut `metadata` als XML-Dokument gespeichert. Diese *Metadaten* umfassen u.a. ergänzende Angaben zum Rasterbild, Angaben zum räumlichen Bezugssystem und temporale Informationen.

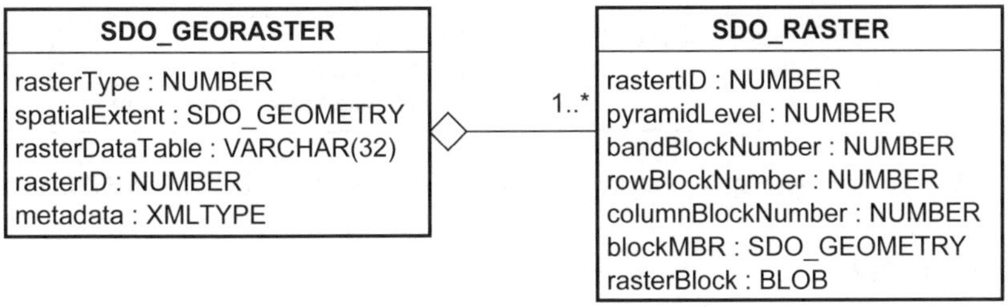

Abb. 12.7: Die Klassen SDO_GEORASTER und SDO_RASTER

Zu einem SDO_GEORASTER-Objekt gibt es ein oder mehrere SDO_RASTER-Objekte, die die eigentlichen Rastermatrizen speichern. Mehrere SDO_RASTER-Objekte werden benötigt, falls die Rasterdaten gekachelt wurden und/oder eine Bildpyramide vorliegt. Die SDO_RASTER-Klasse besteht aus sieben Attributen:

- Das Attribut `rasterID` verweist als Fremdschlüssel auf das übergeordnete GeoRaster-Objekt.
- Das Attribut `pyramidLevel` gibt die *Pyramidenebene* an, zu der das Raster gehört. Die Nummerierung beginnt beim Originalraster mit dem Index 0 (siehe auch Abb. 12.5 auf S. 401).
- Die `bandBlockNummer` identifiziert bei Rasterdaten, die aus mehreren Ebenen bestehen, die Ebene. Leider unterscheidet sich diese (physische) *Bandnummer* von der (logischen) *Ebenennummer*. Es gilt: `Bandnummer = Ebenennummer - 1`. Um den Benutzer zudem zu verwirren, benötigt ein Teil der von GeoRaster bereitgestellten Operationen die Bandnummer und eine anderer Teil die Ebenennummer.
- Die Attribute `rowBlockNumber` und `columnBlockNumber` nummerieren die Kacheln einer Ebene gemäß ihrer Lage. Das Nummerierungsschema ist in Abbildung 12.8 dargestellt.
- Das `blockMBR` beschreibt den Datenraum der im Objekt gespeicherten Matrix als SDO_GEOMETRY in Pixelkoordinaten. Abbildung 12.8 zeigt dies beispielhaft für die unterlegte Kachel.
- In `rasterBlock` sind schließlich die Rasterdaten als BLOB abgelegt.

SDO_RASTER-Objekte werden in *Objekttabellen* abgespeichert (vgl. Abschnitt 2.4.2.3). Weiterhin ist es erforderlich, dass die Objekttabelle einen aus den Attributen `rasterID`, `pyramidLevel`, `bandBlockNumber`, `rowBlockNumber` und `columnBlockNumber` zusammengesetzten Primärschlüssel besitzt.

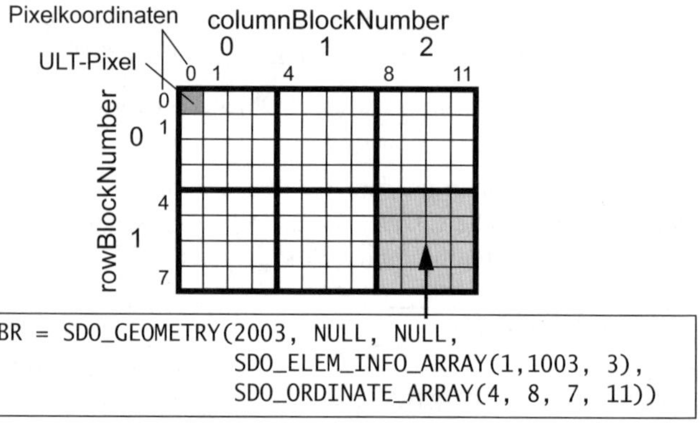

Abb. 12.8: Nummerierung von Kacheln und das Attribut blockMBR in SDO_RASTER-Objekten

12.3.2 Einsatz

12.3.2.1 Anlegen von Tabellen

Zunächst muss eine Tabelle angelegt werden, die in einem Attribut GeoRaster-Objekte aufnimmt. Dazu legen wir im Folgenden die Tabelle „GeoRasterkarten" an. Damit die Datenintegrität eines GeoRasters bei Veränderungen sichergestellt wird, setzt Oracle Trigger ein. Diese müssen für jedes neue GeoRaster-Attribut definiert werden. Zu diesem Zweck stellt Oracle im Paket SDO_GEOR_UTL die PL/SQL-Prozedur createDMLTrigger zur Verfügung, die den Tabellennamen und den Namen des GeoRaster-Attributs als Argumente erhält. In der Oracle-Version 10 erfolgt der Aufruf grundsätzlich manuell, während ab Version 11 dies nur notwendig ist, falls das SDO_GEORASTER-Attribut über ALTER TABLE nachträglich der Tabelle hinzugefügt wird.

```
-- Tabelle mit GeoRaster-Attribut anlegen:
CREATE TABLE GeoRasterkarten (
  id          DECIMAL(8),                    -- ID
  name        VARCHAR(32) NOT NULL,          -- Name der Karte
  georaster   SDO_GEORASTER,                 -- das GeoRaster
  CONSTRAINT pk_georst PRIMARY KEY (id)      -- Primärschlüssel
);

-- Trigger zur Datenintegrität anlegen (nur bei Version 10 erforderlich):
CALL SDO_GEOR_UTL.createDMLTrigger('GeoRasterkarten', 'georaster');
```

Zusätzlich benötigen wir die Objekttabelle für die Speicherung der SDO_RASTER-Objekte[2]. Der aus den Attributen rasterID, pyramidLevel, bandBlockNumber, rowBlockNumber und columnBlockNumber zusammengesetzte Primärschlüssel wird wie bei einer herkömmlichen Tabelle vereinbart. Da in dieser Tabelle die Rasterdaten in BLOBs gespeichert werden, haben hier – insbesondere wenn große Rasterkarten abgespeichert werden sollen – die physischen Speicherangaben wie CHUNK, (NO)CACHE und (NO)LOGGING Relevanz (vgl. Abschnitt 2.2.2).

[2] Ab Release 10.2 müssen diese Tabellen innerhalb einer Datenbank (also auch zwischen unterschiedlichen Benutzern!) einen eindeutigen Namen aufweisen.

```
-- Raster-Objekttabelle anlegen:
CREATE TABLE Raster OF SDO_RASTER (
  CONSTRAINT pk_rst PRIMARY KEY (rasterId, pyramidLevel, bandBlockNumber,
                                 rowBlockNumber, columnBlockNumber)
)                                -- Primärschlüsseldefinition
LOB(rasterblock) STORE AS (
  NOCACHE              -- keine Pufferung
  NOLOGGING            -- kein Logging
);
```

12.3.2.2 Laden von Rasterdaten

Vorbereitung

Vor Nutzung ist eine Initialisierung des leeren SDO_GEORASTER-Objektes erforderlich. Dazu stellt Oracle Spatial im Paket SDO_GEOR die Funktion init zur Verfügung, der der Name der SDO_RASTER-Objekttabelle und eine ID für das GeoRaster übergeben werden.

```
SDO_GEOR.init(
  rasterDataTableName  IN  VARCHAR2, -- Name der SDO_RASTER-Objekttabelle
  rasterID  IN  NUMBER               -- ID des GeoRasters
) RETURN SDO_GEORASTER;              -- neues leeres SDO_GEORASTER-Objekt
```

Der Aufruf dieser Funktion erfolgt zweckmäßigerweise beim Einfügen eines Datensatzes in die GeoRaster-Tabelle:

```
INSERT INTO GeoRasterkarten
    VALUES( 1, 'OldenburgerLand.gif', SDO_GEOR.init('Raster', 1) );
COMMIT;
```

Laden der Daten

Für das Laden der Rasterdaten stehen verschiedene Alternativen zur Verfügung: Oracle stellt hierfür verschiedene Java-Werkzeuge zur Verfügung (das „GeoRasterTool“ und den „GeoRasterLoader“). Ohne Werkzeuge kommt die PL/SQL-Prozedur SDO_GEOR.importFrom aus, die nachfolgend genutzt wird. Für das Laden von Dateien hat die Funktion folgenden Aufbau:

```
SDO_GEOR.importFrom (
  raster               IN OUT  SDO_GEORASTER,  -- das GeoRaster
  opts                 IN  VARCHAR2,       -- Optionen
  rasterSourceFormat   IN  VARCHAR2,       -- Rasterformat
  rasterSourceType     IN  VARCHAR2,       -- Quelltyp: 'FILE'
  rasterSourceName     IN  VARCHAR2,       -- Name der Quelldatei
  headerSourceFormat   IN  VARCHAR2,       -- Format des Headers: 'WORLDFILE'
  headerSourceType     IN  VARCHAR2,       -- Quelltyp des Headers: 'FILE'
  headerSourceName     IN  VARCHAR2        -- Name der Header-Datei
);
```

Als Rasterformate werden unterstützt: TIFF-, BMP-, GIF-, PNG- sowie seit Version 11 auch GeoTIFF-Dateien (nicht aber JPEG). Als Header können nur *ESRI World Files* angegeben werden. Ein ESRI World File beinhaltet die Angaben zur Georeferenzierung: Die Breite eines Pixels in der x-Dimension, zwei Rotationsparameter, die Höhe eines Pixels in der y-Dimension[3] und die x- und die y-Koordinate (des Mittelpunktes) der ULT-Rasterzelle[4].

Nachfolgend ist ein World File „OldenburgerLand.giw" für die in Abschnitt 12.2.1 erzeugte Rasterdatei dargestellt:

```
66.666666666666667
0
0
-66.666666666666667
3430000
5910000
```

Die Angabe des Koordinatenbezugssystems erfolgt im Parameter `headerSourceName`, indem durch Komma getrennt, der EPSG-Code dem Dateinamen des World Files nachgestellt wird.

Im Parameter `opts` können Angaben u.a. zur Kachelung, Kompression und zum Aufbau von Bildpyramiden gemacht werden; die Parameter werden in den nachfolgenden Abschnitten zu den entsprechenden Operationen vorgestellt. Über `'blocking=false'` kann die standardmäßige Kachelung ausgeschaltet werden.

Wichtig für die Nutzung ist, dass der Datenbankadministrator dem aufrufenden Benutzer als auch dem Nutzer `MDSYS` spezifische Leserechte für die jeweils zu ladenden Dateien einrichtet[5]. Dies erfolgt über die Prozedur `dbms_java.grant_permission`:

```
CALL dbms_java.grant_permission( Benutzername, 'SYS:java.io.FilePermission',
     Dateiname, 'read' );
```

Nun sind wir in der Lage, die Rasterdatei mit World File einzulesen:

```
-- vom DB-Administrator müssen Rechte vergeben werden:
CALL dbms_java.grant_permission( 'PUBLIC', 'SYS:java.io.FilePermission',
  'C:\Temp\OldenburgerLand.gif', 'read' );
CALL dbms_java.grant_permission( 'PUBLIC', 'SYS:java.io.FilePermission',
  'C:\Temp\OldenburgerLand.giw', 'read' );

-- Raster laden:
DECLARE
  geor SDO_GEORASTER;
BEGIN
  SELECT georaster INTO geor FROM GeoRasterkarten WHERE id = 1 FOR UPDATE;
  SDO_GEOR.importFrom(geor, 'blocking=false', 'GIF', 'FILE',
    'C:\Temp\OldenburgerLand.gif', 'WORLDFILE', 'FILE',
    'C:\Temp\OldenburgerLand.giw,31467');
  UPDATE GeoRasterkarten SET georaster = geor WHERE id = 1;
  COMMIT;
END;
/
```

---

3 Wenn die Richtung zwischen den y-Achsen des Pixel- und Weltkoordinatensystems wechselt, ist im World File eine negative Pixelhöhe anzugeben.

4 Man beachte, dass in Release 10.1 bei deutscher Ländereinstellung das Komma als Dezimaltrennzeichen im World File verwendet werden muss. Dies gilt nicht für die nachfolgenden Releases.

5 Nachfolgend wird der Einfachheit halber über die Angabe `PUBLIC` allen Benutzern das entsprechende Recht gegeben; dies ist im Allgemeinen allerdings nicht ratsam.

Das Resultat der Operation lässt sich in der Datenbank überprüfen; die Metadaten sind nachfolgend verkürzt für Version 11 und 12 dargestellt:

```
-- Rastertyp, Name der Raster-Objekttabelle, Raster-ID bestimmen:
SELECT gr.georaster.rasterType, gr.geoRaster.rasterDataTable,
       gr.georaster.rasterId FROM GeoRasterkarten gr;

GEORASTER.RASTERTYPE GEORASTER.RASTERDATATABLE GEORASTER.RASTERID
-------------------- ------------------------- ------------------
               20001 RASTER                                     1

-- Räumliche Ausdehnung des GeoRasters bestimmen:
SELECT gr.georaster.spatialExtent FROM GeoRasterkarten gr;

-- Metadaten des Georasters bestimmen:
SELECT gr.georaster.metadata.getClobVal() FROM GeoRasterkarten gr;

GEORASTER.METADATA
------------------------------------------------------------------
<georasterMetadata xmlns="http://xmlns.oracle.com/spatial/georaster">
   <objectInfo>
      <rasterType>20001</rasterType>
      <isBlank>false</isBlank>
      <defaultRed>1</defaultRed>
      <defaultGreen>1</defaultGreen>
      <defaultBlue>1</defaultBlue>
   </objectInfo>
   <rasterInfo>
      <cellRepresentation>UNDEFINED</cellRepresentation>
      <cellDepth>8BIT_U</cellDepth>
      <totalDimensions>2</totalDimensions>
      <dimensionSize type="ROW">    <size>600</size> </dimensionSize>
      <dimensionSize type="COLUMN"> <size>600</size> </dimensionSize>
      <ULTCoordinate>
         <row>0</row> <column>0</column>
      </ULTCoordinate>
      <blocking>
       <type>NONE</type>
       <totalRowBlocks>1</totalRowBlocks>
       <totalColumnBlocks>1</totalColumnBlocks>
       <rowBlockSize>600</rowBlockSize>
       <columnBlockSize>600</columnBlockSize>
      </blocking>
      <interleaving>BIP</interleaving>
      <pyramid>     <type>NONE</type>  </pyramid>
      <compression> <type>NONE</type>  </compression>
   </rasterInfo>
   <spatialReferenceInfo>
      <isReferenced>true</isReferenced>
      <isRectified>true</isRectified>
      <SRID>31467</SRID>
      <spatialResolution dimensionType="X">
         <resolution>66.66666666666667</resolution>
      </spatialResolution>
```

```
        <spatialResolution dimensionType="Y">
          <resolution>66.66666666666667</resolution>
        </spatialResolution>
        <modelCoordinateLocation>CENTER</modelCoordinateLocation>
        <modelType>FunctionalFitting</modelType>
        <polynomialModel rowOff="0.0" columnOff="0.0" xOff="0.0" yOff="0.0"
                         zOff="0.0" rowScale="1.0" columnScale="1.0"
                         xScale="1.0" yScale="1.0" zScale="1.0">
          <pPolynomial pType="1" nVars="2" order="1" nCoefficients="3">
            <polynomialCoefficients>88650 0 -0.015</polynomialCoefficients>
          </pPolynomial>
          <qPolynomial pType="1" nVars="0" order="0" nCoefficients="1">
            <polynomialCoefficients>1.0</polynomialCoefficients>
          </qPolynomial>
          <rPolynomial pType="1" nVars="2" order="1" nCoefficients="3">
            <polynomialCoefficients>-51450 0.015 0</polynomialCoefficients>
          </rPolynomial>
          <sPolynomial pType="1" nVars="0" order="0" nCoefficients="1">
            <polynomialCoefficients>1.0</polynomialCoefficients>
          </sPolynomial>
        </polynomialModel>
      </spatialReferenceInfo>
      <layerInfo>
        <layerDimension>BAND</layerDimension>
        <subLayer>
          <layerNumber>1</layerNumber>
          <layerDimensionOrdinate>0</layerDimensionOrdinate>
          <layerID>subLayer1</layerID>
          <colorMap><colors>
            <cell value="0" red="0" green="0" blue="0" alpha="255"/>
            <cell value="1" red="113" green="140" blue="114" alpha="255"/>
            <cell value="2" red="1" green="0" blue="159" alpha="255"/>
              -- und so weiter ...
          </colors></colorMap>
        </subLayer>
      </layerInfo>
    </georasterMetadata>

    -- Georasterbezug & Blocknummern der Kacheln in der Raster-Objekttabelle:
    SELECT rasterid, rowblocknumber, columnblocknumber FROM Raster;

      RASTERID ROWBLOCKNUMBER COLUMNBLOCKNUMBER
    ---------- -------------- -----------------
             1              0                 0

    -- Datenraum der Kacheln bestimmen:
    SELECT blockmbr FROM Raster;

    BLOCKMBR
    ------------------------------------------------------------------
    SDO_GEOMETRY(2003, NULL, NULL, SDO_ELEM_INFO_ARRAY(1, 1003, 3),
                                   SDO_ORDINATE_ARRAY(0, 0, 599, 599))
```

Der Wert BIP im Metadatenelement interleaving zeigt an, das die Farben pixelweise *verschränkt* gespeichert sind („Band Interleaved by Pixel"). Alternativ sind auch BIL („Band

Interleaved by Line", zeilenweise verschränkte Speicherung) oder BSQ („Band Sequential"; sequentielle, nicht verschränkte Speicherung der Ebenen / Farbkanäle) möglich.

Nach dem Laden ist das GeoRaster-Attribut `spatialExtent` leer oder enthält die Ausdehnung in Pixelkoordinaten. Der Datenraum in Weltkoordinaten liegt hingegen nur im Metadatenelement `spatialReferenceInfo` vor. Da im World File kein Koordinatensystem angegeben werden kann, steht außerdem im Element `SRID` eine Null. Diese beiden Mängel machen eine Nachbereitung erforderlich.

Nachbereitung

Im Nachbereitungsschritt wird das Attribut `spatialExtent` und die Nummer des räumlichen Bezugssystems gesetzt. Dies erfolgt mithilfe des folgenden PL/SQL-Blocks:

```
DECLARE
  geor SDO_GEORASTER;     -- das GeoRaster
  srs  SDO_GEOR_SRS;      -- ID des räumlichen Bezugsystems
  ext  SDO_GEOMETRY;      -- Datenraum
BEGIN
  SELECT georaster INTO geor FROM GeoRasterkarten WHERE id = 1 FOR UPDATE;
  geor.spatialextent := SDO_GEOR.generateSpatialExtent(geor);
  UPDATE GeoRasterkarten SET georaster = geor WHERE id = 1;
  COMMIT;
END;
/
```

Das GeoRaster-Attribut wird zunächst der Variablen `geor` zugewiesen. Nun kann dem GeoRaster über die Prozedur `setModelSRID` 31467 für GK3 zugewiesen werden. Die Funktion `generateSpatialExtent` erlaubt die Berechnung des vom Raster überdeckten Datenraums; dieser wird dem Attribut `spatialextent` zugewiesen und danach werden die gespeicherten Daten entsprechend aktualisiert.

```
-- Bestimmung der räumlichen Ausdehnung des GeoRasters:
SELECT gr.georaster.spatialExtent FROM GeoRasterkarten gr;

GEORASTER.SPATIALEXTENT
-------------------------------------------------------------------
SDO_GEOMETRY(2003, 31467, NULL, SDO_ELEM_INFO_ARRAY(1, 1003, 1),
  SDO_ORDINATE_ARRAY( 3429966,67, 5910033,33, 3429966,67, 5890000,
    3429966,67, 5870033,33, 3450000, 5870033,33, 3469966,67, 5870033,33,
    3469966,67, 5890000, 3469966,67, 5910033,33, 3450000, 5910033,33,
    3429966,67, 5910033,33))
```

12.3.2.3 Räumliche Indexierung und Anfragen

Auf der Basis des GeoRaster-Attributs `spatialextent` kann nun zur schnelleren Bearbeitung räumlicher Anfragen eine Indexierung der Rasterdaten erfolgen. Man beachte, dass hier das Attribut eines Objektes und nicht ein Tabellenattribut indexiert wird.

```
-- Metadaten einfügen:
INSERT INTO USER_SDO_GEOM_METADATA
VALUES ('GeoRasterkarten','georaster.spatialextent', SDO_DIM_ARRAY(
    SDO_DIM_ELEMENT('Rechtswert',3200000,4000000,1),
    SDO_DIM_ELEMENT('Hochwert',5200000,6500000,1) ) , 31467);

COMMIT;
```

```
-- Index anlegen:
CREATE INDEX GeoRasterkarten_georst_ix
ON GeoRasterkarten(georaster.spatialextent)
INDEXTYPE IS MDSYS.SPATIAL_INDEX;

-- Räumliche Anfrage:
SELECT name FROM GeoRasterkarten gr
WHERE SDO_FILTER (gr.georaster.spatialextent,
   SDO_GEOMETRY(2003,31467,NULL, SDO_ELEM_INFO_ARRAY(1,1003,3),
           SDO_ORDINATE_ARRAY(337000,5700000,3600000,6000000))) = 'TRUE';
```

12.3.2.4 Kachelung

Die Prozedur changeFormatCopy aus dem Paket SDO_GEOR erlaubt die Kachelung eines Rasters im mehrere Teilraster.

```
SDO_GEOR.changeFormatCopy(
  inGeoraster    IN       SDO_GEORASTER,       -- Quell-GeoRaster
  storageParam   IN       VARCHAR2,            -- Speicherangaben
  outGeoraster   IN OUT   SDO_GEORASTER        -- Ziel-GeoRaster
);
```

Die Prozedur erhält über inGeoraster ein GeoRaster als Quellobjekt. Der Rückgabeparameter ist outGeoraster. outGeoraster muss ein initialisiertes GeoRaster-Objekt enthalten, dessen eventueller Inhalt von der Prozedur überschrieben wird. Es darf nicht mit InGeoraster identisch sein. Zusätzlich werden Speicherangaben übergeben, die die Kachelgrößen definieren. Über die Option blocking kann die Kachelung ein- oder ausgeschaltet werden. Die Kachelgröße wird über die Option blockSize definiert; blockSize wird ein Tupel zugewiesen, das aus der Höhe der Kacheln, der Breite der Kacheln und ggf. der Bandnummer besteht. Höhe und Breite werden in Anzahl der Pixel angegeben, wobei in Version 10 diese Anzahl dem Wert einer 2er-Potenz entsprechen muss. Der Aufruf erfolgt in einem PL/SQL-Block, da changeFormatCopy eine Prozedur ist:

```
-- Kachelung durchführen:
DECLARE
  gr1 SDO_GEORASTER;         -- das Quell-GeoRaster
  gr2 SDO_GEORASTER;         -- das Ziel-GeoRaster
BEGIN
  INSERT INTO GeoRasterkarten
    VALUES (2,'OldenburgerLand.png',SDO_GEOR.INIT('Raster',2));
  SELECT georaster INTO gr1 FROM GeoRasterkarten WHERE id = 1;
  SELECT georaster INTO gr2 FROM GeoRasterkarten WHERE id = 2 FOR UPDATE;
  SDO_GEOR.changeFormatCopy(gr1,'blocking=true blockSize=(512,256)',gr2);
  UPDATE GeoRasterkarten SET georaster = gr2 WHERE id = 2;
  DELETE FROM GeoRasterkarten WHERE id = 1;
  COMMIT;
END;
/

-- Kachelung überprüfen:
SELECT pyramidlevel, rowblocknumber, columnblocknumber, blockmbr
FROM Raster
ORDER BY rowblocknumber, columnblocknumber;
```

```
R C BLOCKMBR
- - ----------------------------------------------------------------
0 0 SDO_GEOMETRY(2003, NULL,NULL, SDO_ELEM_INFO_ARRAY(1, 1003, 3),
                                  SDO_ORDINATE_ARRAY(0, 0, 511, 255))
0 1 SDO_GEOMETRY(2003, NULL,NULL, SDO_ELEM_INFO_ARRAY(1, 1003, 3),
                                  SDO_ORDINATE_ARRAY(0, 256, 511, 511))
0 2 SDO_GEOMETRY(2003, NULL,NULL, SDO_ELEM_INFO_ARRAY(1, 1003, 3),
                                  SDO_ORDINATE_ARRAY(0, 512, 511, 767))
1 0 SDO_GEOMETRY(2003, NULL,NULL, SDO_ELEM_INFO_ARRAY(1, 1003, 3),
                                  SDO_ORDINATE_ARRAY(512, 0, 1023, 255))
1 1 SDO_GEOMETRY(2003, NULL,NULL, SDO_ELEM_INFO_ARRAY(1, 1003, 3),
                                  SDO_ORDINATE_ARRAY(512, 256, 1023, 511))
1 2 SDO_GEOMETRY(2003, NULL,NULL, SDO_ELEM_INFO_ARRAY(1, 1003, 3),
                                  SDO_ORDINATE_ARRAY(512, 512, 1023, 767))
```

Durch die Angaben wird die Rasterkarte waagerecht in drei und senkrecht in zwei Kacheln zerlegt. Die unteren und rechten Randkacheln umfassen aufgrund der einheitlichen Kachelgröße Bereiche, die nicht mehr von dem Raster überdeckt werden.

12.3.2.5 Abfrage von Rasterzellen

Im Paket SDO_GEOR steht eine Reihe von Abfrage- und Analysefunktionen zur Verfügung, von denen hier exemplarisch die Bestimmung der Werte von Rasterzellen vorgestellt werden soll.

Über die Funktion getCellValue wird der Wert einzelner Rasterzellen abgefragt, wobei die Zelle über die Angabe ihrer Pixelposition (und der Bandnummer) oder eines Punktes im Datenraum (plus Ebenennummer) ausgewählt wird.

```
SDO_GEOR.getCellValue(
  georaster  IN  SDO_GEORASTER,    -- das GeoRaster-Objekt
  pyramidLevel  IN  NUMBER,        -- die Ebene in der Bildpyramide
  rowNumber  IN  NUMBER,           -- Zeilenindex
  colNumber  IN  NUMBER,           -- Spaltenindex
  bandNumber  IN  NUMBER           -- Bandnummer
) RETURN NUMBER;                   -- Wert der Rasterzelle

SDO_GEOR.getCellValue(
  georaster  IN  SDO_GEORASTER,    -- das GeoRaster-Objekt
  pyramidLevel  IN  NUMBER,        -- die Ebene in der Bildpyramide
  ptGeom  IN  SDO_GEOMETRY,        -- der Punkt im Datenraum
  layerNumber  IN  NUMBER          -- Ebenennummer
) RETURN NUMBER;                   -- Wert der Rasterzelle
```

Die Funktion getCellCoordinate bestimmt die Pixelposition im Raster für einen Punkt im Datenraum.

```
SDO_GEOR.getCellCoordinate(
  georaster  IN  SDO_GEORASTER,    -- das GeoRaster-Objekt
  pyramidLevel  IN  NUMBER,        -- die Ebene in der Bildpyramide
  coordinate  IN  SDO_GEOMETRY     -- der Punkt im Datenraum
) RETURN SDO_NUMBER_ARRAY;         -- Paar (Zeilenindex, Spaltenindex)
```

Das nachfolgende Beispiel illustriert die Nutzung der genannten Funktionen:

```
-- Rasterzelle über Pixelposition bestimmen:
SELECT SDO_GEOR.getCellValue(gr.georaster, 0,450,300,0)
FROM GeoRasterkarten gr;

SDO_GEOR.GETCELLVALUE
---------------------
                   96

-- Pixelposition für Punkt bestimmen:
SELECT SDO_GEOR.getCellCoordinate(gr.georaster, 0,
                       SDO_GEOMETRY('POINT(3450000 5880000)', 31467))
FROM GeoRasterkarten gr;

SDO_GEOR.GETCELLCOORDINATE
--------------------------
SDO_NUMBER_ARRAY(450, 300)

-- Rasterzelle über Punkt bestimmen:
SELECT SDO_GEOR.getCellValue(gr.georaster, 0,
              SDO_GEOMETRY('POINT(3450000 5880000)',31467), 1)
FROM GeoRasterkarten gr;

SDO_GEOR.GETCELLVALUE
---------------------
                   96
```

Bei der geladenen Rasterkarte gibt der Wert der Rasterzellen den Index bezüglich einer Farbtabelle an. Über die Funktion `getColorMap` können die Farbtabellen von GeoRaster-Objekten abgefragt werden. Als Resultat erhält man ein Objekt der Klasse `SDO_GEOR_COLORMAP`, das aus fünf Feldern besteht, die u.a. die Rot-, Grün- und Blaufarbwerte der Farbtabelle enthalten.

```
Name        Typ
----------- ----------------------
CELLVALUE   MDSYS.SDO_NUMBER_ARRAY     -- Index in der Farbtabelle
RED         MDSYS.SDO_NUMBER_ARRAY     -- Rotintensität
GREEN       MDSYS.SDO_NUMBER_ARRAY     -- Grünintensität
BLUE        MDSYS.SDO_NUMBER_ARRAY     -- Blauintensität
ALPHA       MDSYS.SDO_NUMBER_ARRAY     -- Transparenz
```

Um nun einen Farbwert zu bestimmen, nutzt man am besten ein kleine PL/SQL-Funktion, die die benötigten Werte aus der `SDO_GEOR_COLORMAP` bereitstellt.

```
-- Funktion zum Bestimmen eines Farbwertes aus einer Farbtabelle:
CREATE OR REPLACE FUNCTION colorValue (i DECIMAL, map SDO_GEOR_COLORMAP)
RETURN VARCHAR IS
BEGIN
  RETURN map.red(i) || ' ' || map.green(i) || ' ' || map.blue(i);
END;
/

-- Nutzung der Funktion:
SELECT colorValue(SDO_GEOR.getCellValue(gr.georaster,0,450,300,0),
                  SDO_GEOR.getColorMap(gr.georaster,1))
FROM GeoRasterkarten gr;

COLORVALUE
-----------
108 108 108
```

12.3.2.6 Ausschnittbildung

Über `subset` wird ein *Ausschnitt* aus einem GeoRaster extrahiert. Die Prozedur kann mit folgenden Parametern aufgerufen werden:

```
SDO_GEOR.subset(
  inGeoraster    IN      SDO_GEORASTER, -- das eingehende GeoRaster-Objekt
[ pyramidLevel   IN      NUMBER, ]      -- die Ebene in der Bildpyramide
  layerNumbers   IN      VARCHAR2,      -- Ebenennummern, z.B.'1','1,2','1-3'
  storageParam   IN      VARCHAR2,      -- Speicherangaben
  outGeoraster   IN OUT  SDO_GEORASTER  -- resultierendes GeoRaster-Objekt
)
```

Die Ausschnittbildung sieht dann z.B. wie folgt aus:

```
DECLARE
  gr2 SDO_GEORASTER;        -- das Quell-GeoRaster
  gr7 SDO_GEORASTER;        -- das Ziel-GeoRaster
BEGIN
  INSERT INTO GeoRasterkarten
    VALUES (7,'OldenburgerLand.png',SDO_GEOR.INIT('Raster',7));
  SELECT georaster INTO gr2 FROM GeoRasterkarten WHERE id = 2;
  SELECT georaster INTO gr7 FROM GeoRasterkarten WHERE id = 4 FOR UPDATE;
  SDO_GEOR.subset(gr2, SDO_GEOMETRY(2003,31467,null,
                  SDO_ELEM_INFO_ARRAY(1,1003,3),
                  SDO_ORDINATE_ARRAY(344000,5880000,3460000,5900000)),
                  '1','blocking=false',gr7);
  UPDATE GeoRasterkarten SET georaster = gr4 WHERE id = 4;
END;
/
```

12.3.2.7 Bildpyramide

Eine Bildpyramide kann über die Prozedur `generatePyramid` aus dem Paket `SDO_GEOR` angelegt werden.

```
SDO_GEOR.generatePyramid(
  georaster     IN OUT  SDO_GEORASTER,   -- das GeoRaster
  pyramidParams  IN     VARCHAR2         -- Optionen
);
```

Im Parameter `pyramidParams` können folgende Angaben erfolgen:

- Mit der Option `rLevel` wird die Anzahl der zusätzlichen Pyramidenebenen definiert. Ohne Angabe von `rLevel` bricht der Berechnungsprozess ab, sobald eine Zeilen- oder Spaltenzahl von 128 oder kleiner erreicht wird.
- Über `resampling` wird spezifiziert, wie die Rasterwerte berechnet werden sollen. Bei `NN` wird der Wert der nächstgelegenen Nachbarzelle verwendet. Andere Ansätze bilden das arithmetische Mittel über 4 (`AVERAGE4`) oder 16 (`AVERAGE16`) Nachbarzellen. `BILINEAR` spezifiziert eine bilineare Interpolation und `CUBIC` eine bikubische Faltung.

Im nachfolgenden Beispiel wird die Kachelung aufgehoben und eine Bildpyramide über insgesamt drei Ebenen mit `NN`-Resampling erzeugt:

```
-- Bildpyramide (ohne Kachelung) erzeugen:
DECLARE
  gr2 SDO_GEORASTER;      -- das Quell-GeoRaster
  gr4 SDO_GEORASTER;      -- das Ziel-GeoRaster
BEGIN
  INSERT INTO GeoRasterkarten
    VALUES (4,'OldenburgerLand.png',SDO_GEOR.INIT('Raster',4));
  SELECT georaster INTO gr2 FROM GeoRasterkarten WHERE id = 2;
  SELECT georaster INTO gr4 FROM GeoRasterkarten WHERE id = 4 FOR UPDATE;
  SDO_GEOR.changeFormatCopy (gr2, 'blocking=false', gr4);
  SDO_GEOR.generatePyramid  (gr4, 'rLevel=2, resampling=NN');
  UPDATE GeoRasterkarten SET georaster = gr4 WHERE id = 4;
  DELETE FROM GeoRasterkarten WHERE id = 2;
  COMMIT;
END;
/
-- Bildpyramide überprüfen:
SELECT pyramidlevel AS pl, blockmbr FROM Raster ORDER BY pyramidlevel;

PL BLOCKMBR
-- ----------------------------------------------------------------
 0 SDO_GEOMETRY(2003, NULL, NULL, SDO_ELEM_INFO_ARRAY(1, 1003, 3),
                                  SDO_ORDINATE_ARRAY(0, 0, 599, 599))
 1 SDO_GEOMETRY(2003, NULL, NULL, SDO_ELEM_INFO_ARRAY(1, 1003, 3),
                                  SDO_ORDINATE_ARRAY(0, 0, 299, 299))
 2 SDO_GEOMETRY(2003, NULL, NULL, SDO_ELEM_INFO_ARRAY(1, 1003, 3),
                                  SDO_ORDINATE_ARRAY(0, 0, 149, 149))
```

Über die Prozedur SDO_GEOR.deletePyramid(georaster IN OUT SDO_GEORASTER) kann eine Bildpyramide wieder gelöscht werden.

12.3.2.8 Kompression

Ab Release 10.2 ist es möglich, in der Datenbank gespeicherte Rasterdaten zu komprimieren. Dazu steht die Option compression zur Verfügung, die im Rahmen mehrerer GeoRaster-Operationen genutzt werden kann. compression kann u.a. folgende Werte annehmen:

- JPEG-B, JPEG-F: *JPEG-Kompression*. Da JPEG ein verlustbehaftetes Kompressionsverfahren ist, verschlechtert sich in der Regel die Bildqualität. Dies kann über die Option quality gesteuert werden, die einen Wert zwischen 0 und 100 annehmen darf, wobei 0 für eine sehr hohe Kompression (bei schlechter Qualität) und 100 für eine sehr gute Qualität (bei geringer Kompression) steht. Die JPEG-Kompression kann nur auf Raster angewendet werden, die keine Farbtabelle besitzen. JPEG-B erreicht eine höhere Kompression als JPEG-F, wird aber ab Oracle 12c nicht mehr unterstützt.
- DEFLATE: *Deflate-Kompression*. Dies ist ein verlustfreies Kompressionsverfahren (also ohne Qualitätsverlust), das zum Beispiel im PNG-Format eingesetzt wird.
- NONE: keine Kompression (= Entpacken des Rasters).

Im nachfolgenden Beispiel wird compression in der PL/SQL-Prozedur changeFormatCopy genutzt, wobei vorausgesetzt wird, dass zuvor eine PNG-Rasterdatei ohne Farbtabelle mit der ID 10 geladen wurde[6]:

```
DECLARE
  gr10 SDO_GEORASTER;      -- das Quell-GeoRaster
  gr11 SDO_GEORASTER;      -- das Ziel-GeoRaster
BEGIN
  INSERT INTO GeoRasterkarten
    VALUES (11,'OldenburgerLand.png',SDO_GEOR.INIT('Raster',11));
  SELECT georaster INTO gr10 FROM GeoRasterkarten WHERE id = 10;
  SELECT georaster INTO gr11 FROM GeoRasterkarten WHERE id = 11 FOR UPDATE;
  SDO_GEOR.changeFormatCopy(gr10, 'compression=JPEG-F quality=75', gr11);
  UPDATE GeoRasterkarten SET georaster = gr11 WHERE id = 11;
  COMMIT;
END;
/
```

12.3.2.9 Export von Rasterdaten

Analog zum Import steht für den Export von Rasterdaten neben den Java-Werkzeugen „GeoRasterViewer“ und „GeoRasterExporter“ die PL/SQL-Prozedur `SDO_GEOR.exportTo` zur Verfügung. Die Prozedur hat für den Export in Dateien den gleichen Aufbau wie `SDO_GEOR.ImportFrom`.

Als Optionen können u.a. angeben werden:

- `pLevel`: die Ebene einer Bildpyramide, die exportiert werden soll.
- `cropArea = (`*`startZeile`*`, `*`startSpalte`*`, `*`endZeile`*`, `*`endSpalte`*`)`: der Ausschnitt, der exportiert werden soll.

Auch hier muss der Datenbankadministrator über `dbms_java.grant_permission` spezifische Rechte (Schreibrechte mittels `'write'`)für die jeweils zu exportierenden Dateien einrichten.

Das nachfolgende Beispiel exportiert die Ebene 1 der Bildpyramide in eine TIFF-Datei und erzeugt ein entsprechendes World File, das sich in fehlerhafter Weise immer auf die Ebene 0 der Bildpyramide bezieht:

```
-- vom DB-Administrator müssen Rechte vergeben werden:
CALL dbms_java.grant_permission( 'PUBLIC', 'SYS:java.io.FilePermission',
  'C:\Temp\OldenburgerLand.tif', 'write' );
CALL dbms_java.grant_permission( 'PUBLIC', 'SYS:java.io.FilePermission',
  'C:\Temp\OldenburgerLand.tfw', 'write' );

-- Export durchführen:
DECLARE
  geor SDO_GEORASTER;
BEGIN
  SELECT georaster INTO geor FROM GeoRasterkarten WHERE id = 4;
  SDO_GEOR.exportTo(geor, 'pLevel=1','TIFF','FILE','C:\Temp\OldenburgerLand',
                    'WORLDFILE','FILE','C:\Temp\OldenburgerLand');
END;
/
```

[6] Über `http://sg.geodatenzentrum.de/wms_dtk500?VERSION=1.3.0&REQUEST=GetMap&LAYERS=DTK500&STYLES=&CRS=EPSG:31467&BBOX=5870000,3430000,5910000,3470000&WIDTH=600&HEIGHT=600&FORMAT=image/png24` vom WMS des BKG erhältlich.

12.3.2.10 Zugriff über die Java-API

Über die Java-API von Oracle Spatial ist auch der Zugriff auf GeoRaster-Objekte möglich. In der JAR-Datei `sdogr.jar`, die ab Release 11.2 das Paket `oracle.spatial.georaster` enthält, steht dazu die Java-Klasse `JGeoRaster` zur Verfügung. Über den Konstruktor

```
JGeoRaster (Connection conn, String table, oracle.sql.NUMBER rasterID)
```

kann ein GeoRaster aus der Raster-Objekttabelle eingelesen werden. Die `JGeoRaster`-Klasse stellt über Methoden u.a. ein `JRaster`-Objekt für Datenzugriff und -manipulation sowie ein `GeoRasterImage`-Objekt bereit, das die Überführung in `RenderedImage`-Rasterbilder erlaubt. Dies zeigt das folgende Programmbeispiel. In der Methode `paintComponent` wird das Rasterbild mithilfe der AWT-Klasse `Graphics2D` in einem Fenster visualisiert.

```
// Klasse zum Einlesen und Visualisieren eines GeoRaster-Objektes
import static gdbutil.ConnectionParameters.*;  // Verbindungsparameter

import java.awt.*;                        // Java AWT für Grafikobjekte
import java.awt.image.RenderedImage;      // Java Repräsentation des Bildes
import java.sql.*;                        // JDBC-Klassen

import javax.swing.JFrame;                // Java Swing für Visualisierung
import javax.swing.JPanel;

import oracle.spatial.georaster.JGeoRaster;
import oracle.spatial.georaster.image.GeoRasterImage;
import oracle.sql.NUMBER;                 // Oracle SQL NUMBER Repräsentation

public class ReadRasterFromGeoRaster {
  public static void main (String[] args) {
    try {
      // Verbindung zur Datenbank aufbauen
      String url = "jdbc:oracle:thin:@"+DBHOST+":"+DBPORT+":"+DBNAME;
      Connection db = DriverManager.getConnection(url, DBUSER, DBPASSWORD);

      // Raster einlesen
      JGeoRaster geoRaster = new JGeoRaster(db,"Raster",new NUMBER(4));

      // Raster zeichnen
      GeoRasterImage grImage = geoRaster.getGeoRasterImageObject();
      final RenderedImage img = grImage.getRasterImage(0);
                                        // Raster als RenderedImage holen
      JFrame win = new JFrame() { };    // neues Fenster
      JPanel panel = new JPanel() {     // Panel für das Rasterbild
        public void paintComponent (Graphics g) {
          Graphics2D g2 = (Graphics2D)g;
          g2.drawRenderedImage(img, null); // das RenderedImage zeichnen
        }
      };
      panel.setPreferredSize (new Dimension(img.getWidth(), img.getHeight()));
                                        // Panel in Größe anpassen
      win.add(panel);                   // Panel dem Fenster hinzufügen
      win.pack();                       // Fenster in Größe anpassen
      win.setVisible(true);             // Fenster sichtbar machen

      // Verbindung schließen
      db.close();
    } // try
```

```
    // Fehler behandeln
    catch (Exception ex) {
      System.err.println("ReadRasterFromGeoRaster.main: " + ex);
    }
  } // main
} // class
```

Die im Beispiel genutzte Methode getRasterImage kann mit diversen Parametern aufgerufen werden; oben wird die Pyramidenebene 0 abgefragt.

Das Programm benötigt neben ojdbcX.jar, sdoapi.jar und sdogr.jar einige weitere JAR-Dateien zur Ausführung: xdb.jar, xmlparserv2.jar, jai_core.jar und jai_codec.jar[7].

Neben der vorgestellten Funktionalität umfasst Oracle Spatial GeoRaster viele weitere Methoden zur Bildverarbeitung und -analyse. Ab Oracle 12c steht zudem eine „Raster Algebra“ zur Verfügung, mit der es u.a. möglich ist, in Abhängigkeit von Zellinhalten Anfragen und Modifikationen vorzunehmen, mathematische Operationen anzuwenden, Klassifikationen sowie statistische Analysen durchzuführen. Eine Vorstellung dieser Funktionen würde allerdings den Rahmen eines einführenden Lehrbuchs sprengen.

[7] Die genannten Dateien werden in unterschiedlichen Verzeichnissen innerhalb des Oracle-Verzeichnisses %ORACLE_HOME% bereitgestellt.

13 3D-Geodatenbanken

In den letzten Jahren haben *3D-Geoinformationssysteme* deutlich an Bedeutung gewonnen. Zahlreiche Forschungs- und Entwicklungsprojekte haben sich mit dieser Thematik auseinander gesetzt und so Anstoß für neue oder fortentwickelte Produkte gegeben. (Mögliche) Anwendungsfelder für 3D-GIS sind [30]:

- 3D-Stadtmodelle
- Klimamodelle für Simulationsaufgaben
- Luftfahrtinformationssysteme mit Flugplatz- und Hindernisdaten
- Atmosphärenmodelle für die urbane und regionale Umweltplanung
- Geologische Anwendungen
- Funknetzplanung mit Prognose der Funkausbreitung
- Dokumentation von Denkmälern
- Überlagerung von virtuellen 3D-Bildern mit Realaufnahmen (Augmented Reality)

Durch die rasante Verbreitung, die *virtuelle Globen* wie Google Earth in den letzten Jahren gewonnen haben, ist die Nachfrage nach 3D-Stadtmodellen stark gestiegen.

Ein anderes Anwendungsgebiet, das mit dreidimensionalen geometrischen Daten arbeitet, ist der rechnerunterstützte Entwurf von Bauteilen (*Computer-Aided Design, CAD*) [18]. Zu beachten sind auch moderne Erfassungsmethoden wie das *Laserscanning*, die umfangreiche 3D-*Punktwolken* produzieren.

3D-Anwendungen legen den Einsatz von *3D-Geodatenbanksystemen* nahe, die die Verwaltung und Anfrage *dreidimensionaler Geoobjekte* unterstützen. Allerdings benötigt man für die Verarbeitung von 3D-Geodaten nicht immer ein vollständiges 3D-Datenmodell. Oftmals reicht es, die Höheninformation als zusätzliches thematisches Attribut zu speichern (*2,5D-Datenmodell*). Dies gilt z.B. für *Digitale Geländemodelle*, die sich über entsprechende *Dreiecksvermaschungen* repräsentieren lassen.

Der Bedarf, dreidimensionale Anfragen durch das Geodatenbanksystem zu unterstützen, ist von verschiedenen Faktoren abhängig:

- Müssen Anfragen bearbeitet werden, bei denen neben der räumlichen Lage auch Höhenangaben in Anfragebedingungen vorkommen?
- Treten an einer zweidimensionalen Position mehrere oder gar genauso viele Höhenwerte auf, wie dies bei den beiden ersten Dimensionen der Fall ist?
- Werden in den Anfragebedingungen dreidimensionale Funktionen (z.B. die Berechnung des Schnitts zwischen zwei Körpern) benötigt?

Je mehr dieser Fragen positiv beantwortet werden, desto eher ist der Einsatz eines (vollständigen) 3D-Geodatenbanksystems angebracht. Ein solches System sollte dem Anwender ein geeignetes Datenbankschema bereitstellen und die für 3D-Anwendungen erforderlichen räumlichen Basisanfragen durch angemessene Indexstrukturen und geometrische Algorithmen unterstützen [19]. Oftmals ist aber auch bereits die Unterstützung von 2,5D-Datenmodellen durch ein Geodatenbanksystem äußerst hilfreich. Daher werden im Folgenden sowohl 2,5D- als auch 3D-Erweiterungen betrachtet.

13.1 Datenmodelle

Bei der Modellierung von dreidimensionalen Geoobjekten lassen sich drei prinzipielle Ansätze mit unterschiedlichen Varianten unterscheiden [20] (vgl. auch Abb. 13.1):

- Vektorbasierte Repräsentationen

  Hierunter fallen das *Drahtmodell* (engl. *Wireframe Representation*), das nur die Kanten der 3D-Objekte beschreibt, und *Randrepräsentationen* (engl. *Boundary Representations*), die Objekte durch ihre Begrenzungselemente wie Polygone, Kanten und Eckpunkte darstellen.

- Zerlegende Repräsentationen

  Hierbei wird der zu repräsentierende Raum in eine Menge benachbarter, disjunkter Geometrieprimitive wie Würfel, Quader, Zylinder, Pyramiden oder Tetraeder zerlegt. Bei einer *irregulären Zellzerlegung* (engl. *Cell Decomposition*) können in einer Repräsentation verschiedenartige Bausteine verwendet werden, während bei *Enumerationsverfahren* nur identische Elemente (meist Würfel) zum Einsatz kommen.

  Für 3D-Geoinformationssysteme haben außerdem Zellzerlegungen in Tetraeder eine besondere Bedeutung. Ein *Simplizialkomplex* repräsentiert dann 3D-Körper. Dabei wird ein (nicht zu einer Fläche degenerierter) Tetraeder als *3-Simplex* bezeichnet und dessen Oberfläche durch vier *2-Simplexe* (d.h. durch nicht zu Kanten degenerierte Dreiecke) repräsentiert.

- Analytische Repräsentationen

  Analytischen Repräsentationen beschreiben die Oberfläche oder das Volumen von Körpern durch eine Funktion und spezifische Parameter. Ein Beispiel hierfür sind Flächen, die gemäß einer Vorgabe (z.B. einem Bewegungsvektor) im Raum bewegt werden und so ein Volumen definieren.

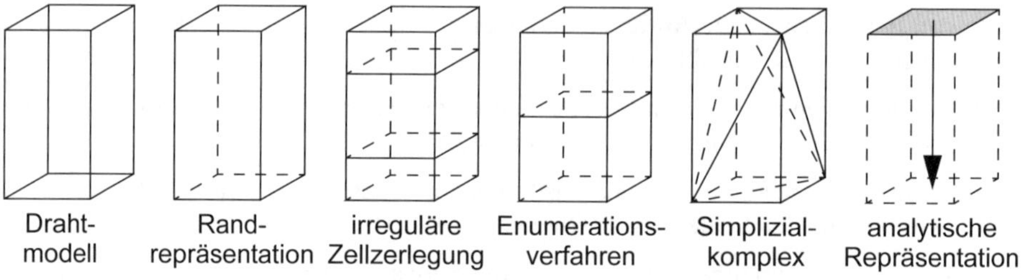

Abb. 13.1: Verschiedene Modellierungsformen für 3D-Körper

Es kommen auch Mischformen dieser drei Ansätze vor. So werden bei der *Constructive Solid Geometry* (*CSG*) Objekte aus 3D-Primitiven zusammengesetzt, wobei verschiedene Mengenoperationen (Vereinigung, Schnitt und Differenz) zwischen den Primitiven erlaubt sind. Einzelne oder auch Gruppen von Primitiven können zusätzlich über Translationen, Skalierungen und Rotationen transformiert werden.

13.1.1 Feature-Geometry-Modell

Das *Feature-Geometry-Modell* (ISO 19107 „Spatial Schema" [65]) erlaubt *dreidimensionale Koordinaten*, bei denen ein DirectPosition-Objekt aus einer Folge von drei Koordinatenwerten besteht. Infolge liegen GM_Point-Objekte und andere Geometrien im dreidimensionalen Datenraum; so interpoliert ein GM_LineString dann (linear) zwischen 3D-Stützpunkten. Diese können auch von Freiformkurven (GM_SplineCurve) genutzt werden. Bei Polygonen (GM_Polygon) ist dabei zu beachten, dass sich die Stützpunkte planar auf einer Ebene oder auf einer explizit angegebenen Trägerfläche (Eigenschaft spanningSurface) befinden. Abbildung 13.2 zeigt zwei Beispiele.

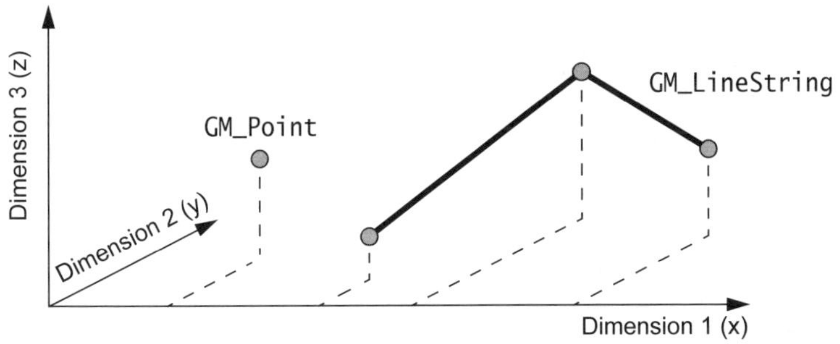

Abb. 13.2: Geometrien im dreidimensionalen Datenraum

13.1.1.1 3D-Oberflächen

Insbesondere für Oberflächen gibt es eine Reihe von Klassen, deren Anwendung erst im dreidimensionalen Datenraum sinnvoll ist. Abbildung 13.3 zeigt, dass GM_SurfacePatch neben GM_Polygon die Klasse GM_ParametricCurveSurface als Unterklasse besitzt. Deren Unterklassen dienen der Beschreibung von nichtebenen Körperoberflächen:

- GM_Sphere für *Kugeloberflächen*,
- GM_Cone für *Kegeloberflächen*,
- GM_Cylinder für *Zylinderoberflächen*,
- GM_BilinearGrid für gitterförmig beschriebene Oberflächen, wobei die Gitterränder durch *3D-Streckenzüge* (GM_LineString) repräsentiert werden sowie
- GM_BicubicGrid und GM_BSplineSurface für gitterförmig beschriebene *Freiformflächen*, deren Gitterränder über *kubisch-polynomiale Splines* bzw. *NURBS* definiert sind.

Die Oberflächen werden jeweils durch „horizontale" und „vertikale" Linienzüge analytisch beschrieben. Abbildung 13.4 illustriert dies für zwei Beispiele.

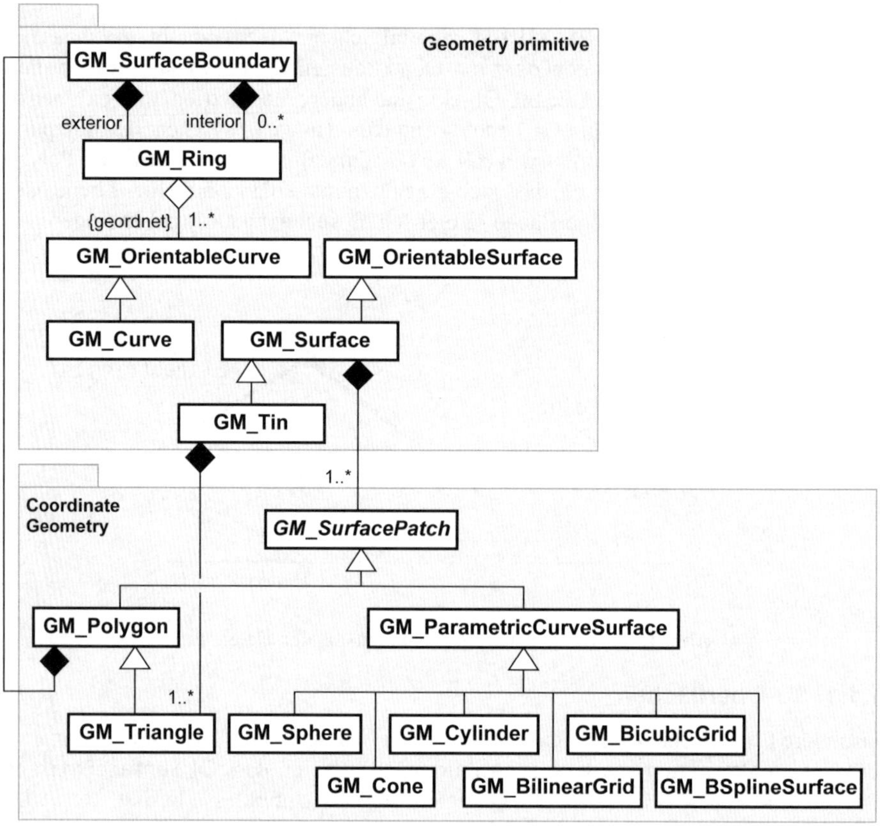

Abb. 13.3: Klassen für 3D-Oberflächen im Feature-Geometry-Modell

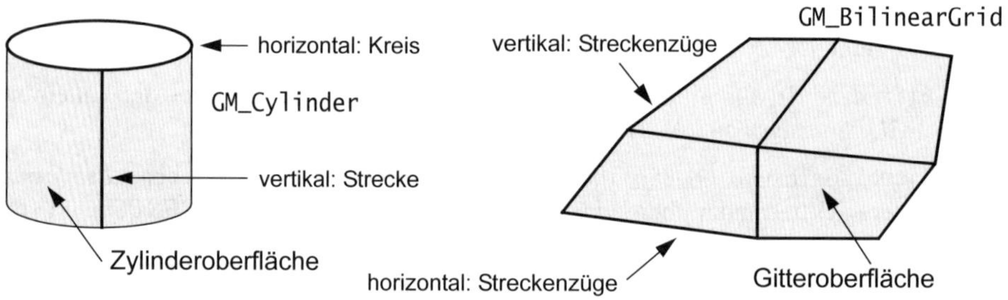

Abb. 13.4: Beispiele für 3D-Oberflächen

13.1.1.2 Dreiecksvermaschungen

Digitale Geländemodelle (*DGM*) dienen der Beschreibung von Geländeoberflächen. Dabei liegt die Geländehöhe in der Regel nur an einzelnen Mess- oder *Stützpunkten* vor. Je nach Mess- oder Berechnungsverfahren verteilen sich die Stützpunkte gitterförmig oder unregelmäßig. Um eine vollständige Überdeckung des Geländes zu erhalten, muss in beiden Fällen zwischen den Stützpunkten interpoliert werden. Meist werden dazu *(unregelmäßige) Dreiecksvermaschungen* (engl. *Triangulated Irregular Network, TIN*) verwendet. Diese verbinden die Stützpunkte so mittels Kanten, dass das korrespondierende Gebiet vollständig und ausschließlich mit Dreiecken überdeckt ist; die Kanten sind außerhalb ihrer Endpunkte schnittfrei. Somit stellt eine Dreiecksvermaschung ein 2,5D-Datenmodell dar. Eine Berechnung kann z.B. über eine Delaunay-Triangulation erfolgen, die in Abschnitt 7.5.2 vorgestellt wurde.

Abbildung 13.5 zeigt zwei Dreiecksvermaschungen als Beispiel.

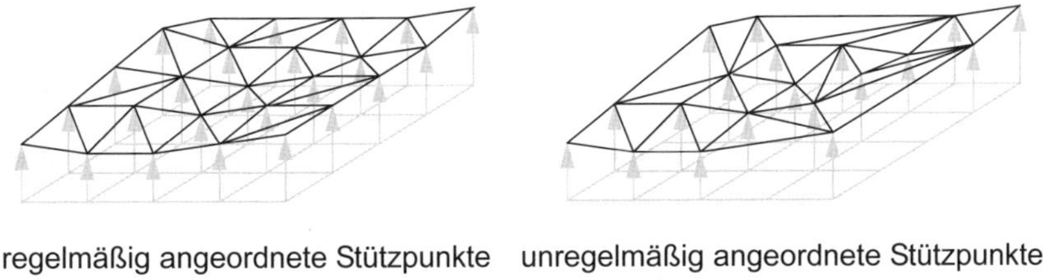

Abb. 13.5: Beispiele für Dreiecksvermaschungen

Im Feature-Geometry-Modell werden Dreiecke über die Klasse `GM_Triangle` repräsentiert, die Unterklasse von `GM_Polygon` ist (siehe Abbildung 13.3). Sie können Bestandteil einer Dreiecksvermaschung (`GM_Tin`) sein. `GM_Tin` besitzt folgende Eigenschaften:

- `controlPoint`: Feld mit mindestens drei Stützpunkten. Die Stützpunkte werden durch `GM_Position`-Objekte repräsentiert, die entweder ein `DirectPosition`-Objekt enthalten oder auf einen `GM_Point` verweisen.
- `maxLength`: Höchstlänge von Dreiecksseiten, damit die Dichte von Stützpunkten als hinreichend für eine Oberflächenberechnung angesehen wird. Dreiecke, die Seiten aufweisen, die `maxLength` übersteigen, werden aus der Oberfläche entfernt.
- `breakLines`: *Bruchkanten* (engl. *Breaklines*) sind Strecken bzw. Streckenzüge, die in den Verbindungslinien der Dreiecksvermaschung (also den Dreieckseiten) enthalten sein sollen. Dies ist sinnvoll, um Geländemerkmale wie Abbruchkanten (z.B. Schlucht, Ufer oder Brückenverlauf) zu erhalten. Die Bruchkanten werden durch eine Menge von Streckenzügen (`GM_LineString`) repräsentiert.
- `stopLines`: Dieses Attribut enthält Streckenzüge (`GM_LineString`), in deren Bereich die Kontinuität der Oberfläche fragwürdig ist. Dreiecke, die eine der *Ausgrenzungskanten* schneiden, werden aus der Oberfläche entfernt.

Abbildung 13.6 zeigt ein Beispiel ohne bzw. mit Bruch- und Ausgrenzungskanten.

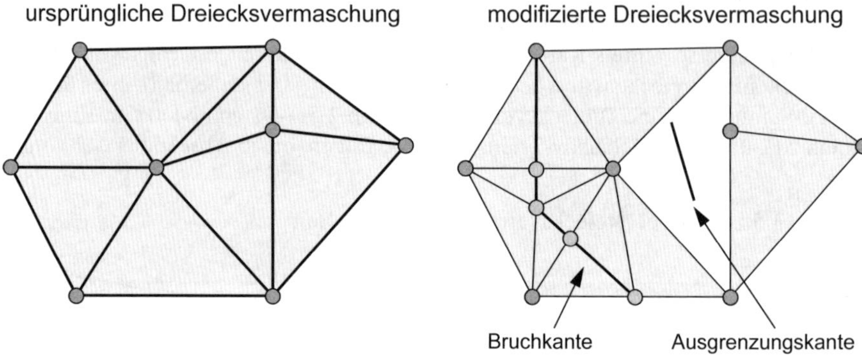

Abb. 13.6: Beispiel für eine Dreiecksvermaschung ohne und mit Bruch- und Ausgrenzungskanten

13.1.1.3 3D-Körper

Dreidimensionale *Körper* werden durch die Klasse `GM_Solid` als geometrische Primitive repräsentiert. Die Beziehungen der Klasse sind in Abbildung 13.7 dargestellt.

Die *Oberfläche eines Körpers* teilt sich über die Klasse `GM_SolidBoundary` in die Außenfläche und ggf. mehrere innere Flächen, die Aussparungen im Körper beschreiben. Diese Flächen (`GM_Shell` als Spezialisierung von `GM_CompositeSurface`) bestehen aus einem oder mehreren `GM_OrientableSurface`-Objekten, die es erlauben, 3D-Oberflächen zu beschreiben (vgl. Abb. 13.3). Das Feature-Geometry-Modell stellt also eine vektorbasierte Randrepräsentation dar.

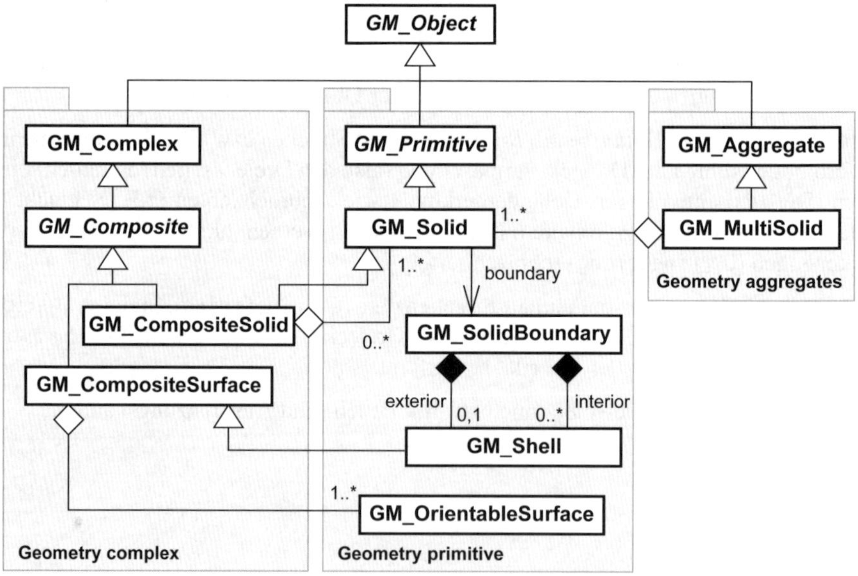

Abb. 13.7: Die Geometrie von Körpern im Feature-Geometry-Modell

Als Spezialfall eines *Geometrieaggregats* (GM_Aggregate) kann die Klasse GM_MultiSolid nur 3D-Körper als Teilelement aufnehmen. Analog existiert als Unterklasse eines *Geometriekomplexes* (GM_Complex) die Klasse GM_CompositeComplex, die ebenfalls nur aus Körpern besteht.

13.1.1.4 3D-Topologie

Als topologisches Primitiv für Körper enthält das Modell die Klasse TP_Solid. Auch deren Objekte werden flächenhaft, nämlich durch gerichtete Maschen (TP_DirectedFace), repräsentiert. Abbildung 13.8 zeigt den entsprechenden Teil des Klassenmodells.

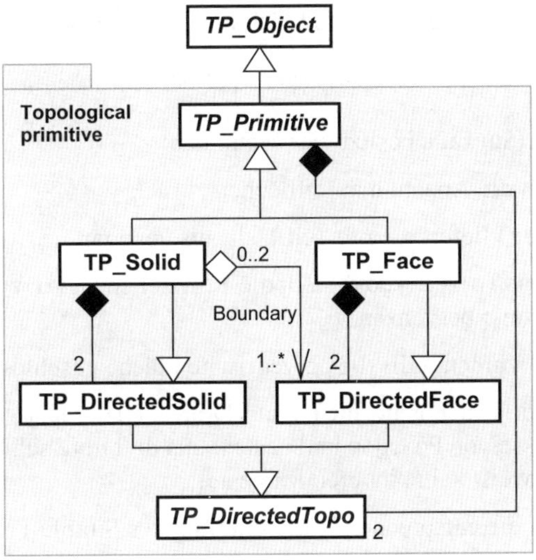

Abb. 13.8: Die Topologie von Körpern im Feature-Geometry-Modell

Eine ausführlichere Einführung in die 3D-Geometrien des Feature-Geometry-Modells enthält [2].

13.1.2 Simple-Feature-Modell

Die OGC-Version 1.2 des Simple-Feature-Modells [137] erlaubt es, Punkten *z-Koordinaten* für Höhenangaben hinzuzufügen. Diese Erweiterung wirkt sich aber nicht auf die geometrischen und topologischen Funktionen aus. So wird beispielsweise der Abstand zwischen zwei Punkten zweidimensional berechnet, auch wenn beide Punkte drei Koordinatenwerte aufweisen. Für den Zugriff steht die Methode Z() beim Point-Objekt zur Verfügung.

Zusätzlich enthält die Version 1.2 des Simple-Feature-Modells eine Klasse TIN zur Repräsentation von *Dreiecksvermaschungen*. Dazu hat Surface eine weitere Unterklasse erhalten: PolyhedralSurface für *polyedrische Flächen*. Eine solche Fläche ist (ähnlich zu GM_Surface) aus Teilflächen („Patches") überlappungsfrei zusammengesetzt. Diese Teilflächen besitzen eine identische Orientierung. Ein Punkt auf dem Rand einer Teilfläche gehört zu höchstens zwei Teilflächen. Eine *geschlossene polyedrische Fläche* entspricht der Oberfläche eines *Polyeders* und kann dazu dienen, den gesamten Erdkörper zu umfassen. In dem

Fall gehört jeder Punkt, der auf der Grenzlinie einer Teilfläche liegt, zu genau zwei Teilflächen. Abbildung 13.9 illustriert zwei polyedrische Flächen.

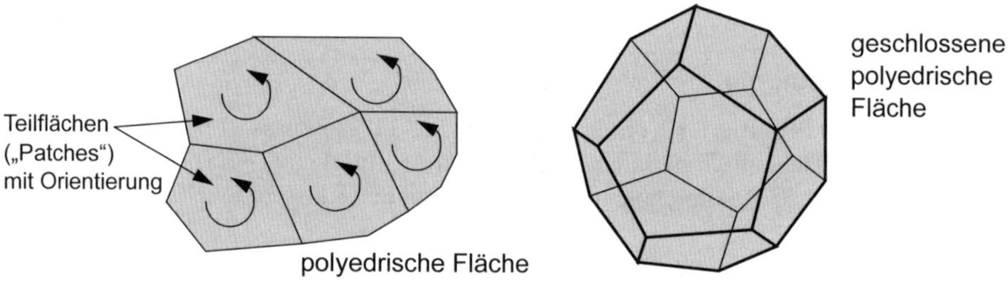

Abb. 13.9: Beispiele für polyedrische Flächen

Die Klasse `PolyhedralSurface` besitzt vier Methoden:

- `NumPatches()` gibt die Anzahl der Teilflächen zurück.
- `PatchN (i:Integer)` liefert die *i*-te Teilfläche als `Polygon`.
- `BoundingsPolygons (p: Polygon)` stellt die Teilflächen als `MultiPolygon` bereit, die das übergebene Polygon *p* begrenzen.
- `IsClosed()` gibt 1 zurück, falls die polyedrische Fläche geschlossen ist.

Ein `TIN` ist eine polyedrische Fläche, die nur aus Dreiecken der Klasse `Triangle` besteht. Ein `Triangle` ist Unterklasse von `Polygon` und besteht aus drei unterschiedlichen, nicht kollinearen Stützpunkten; es weist keine inneren Ringe auf.

Abbildung 13.10 stellt die entsprechende Erweiterung des Simple-Feature-Modells dar.

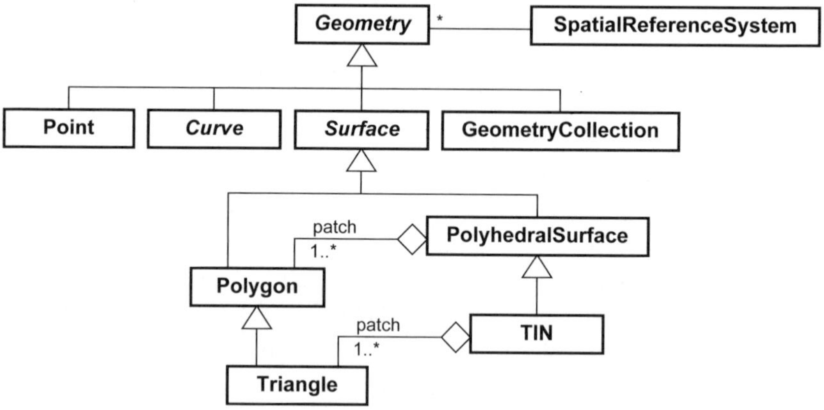

Abb. 13.10: Erweiterung des Geometrieschemas des Simple-Feature-Modells (OGC-Version 1.2)

Die WKT-Repräsentationen können – wie bereits bei den Maßzahlen in Abschnitt 3.7.2 dargestellt – um z-Koordinaten erweitert werden. Damit es zu keiner Verwechselung zwischen z- und m-Koordinaten kommt, folgt dem Geometrietyp bei (x,y,z)-Koordinaten ein `Z`, bei (x,y,m)-Koordinaten ein `M` und bei (x,y,z,m)-Koordinaten ein `ZM`.

Für die neuen Geometrietypen wurde die WKT-Definition entsprechend ergänzt. Die Erweiterung baut insbesondere auf der Definition <Polygon Text> auf (vgl. Abschnitt 3.4.2):

```
<Geometry Tagged Text> := ... | <Triangle Tagged Text> |
   <PolyhlSurf Tagged Text> | <TIN Tagged Text>

<z m> ::= ZM | Z | M

<Triangle Tagged Text> := TRIANGLE [ <z m> ] <Polygon Text>
<PolyhlSurf Tagged Text> := POLYHEDRALSURFACE [ <z m> ] <PolyhlSurf Text>
<TIN Tagged Text> := TIN [ <z m> ] <PolyhlSurf Text>

<PolyhlSurf Text> := ∅ | ( <Polygon Text> { , <Polygon Text> } )
```

Ein Dreieck muss damit (unnötigerweise) doppelt geklammert werden[1]:

```
TRIANGLE ( (10 10 , 30 10 , 20 30) )
```

13.1.3 SQL/MM Spatial

Auch *SQL/MM Spatial* unterstützt seit der dritten und insbesondere seit der vierten Version [77] dreidimensionale Koordinaten. In der Version 3 wurde die Klasse `ST_Point` um eine Methode `ST_Z` erweitert, die eine eventuelle z-Koordinate zurückliefert. Die Geometrieoberklasse `ST_Geometry` weist eine zusätzliche Methode `ST_Is3D` auf, die prüft, ob eine Geometrie z-Koordinaten besitzt.

3D-Methoden

Mit der Version 4 wurde eine Reihe von *3D-Methoden* eingeführt, die anders als die normalen Funktionen auch die Höhenwerte in der Berechnung berücksichtigen:

- `ST_3DIsSimple`, `ST_3DIsClosed` und `ST_3DIsRing` überprüfen unter Berücksichtigung der z-Koordinaten, ob die Geometrie bzw. ein Linienzug *einfach*, *geschlossen* bzw. ein *Ring* ist.
- `ST_3DLength`, `ST_3DDistance`, `ST_Area` und `ST_3DPerimeter` berechnen *Länge*, *Abstand*, *Flächeninhalt* und *Umfang* unter Berücksichtigung der z-Koordinaten.
- `ST_3DEquals`, `ST_3DIntersects` und `ST_3DDisjoint` sind die *topologischen Beziehungen*, die in 3D geprüft werden können.
- `ST_3DBoundary`, `ST_3DCentroid` und `ST_3DPointOnSurf` berechnen dreidimensional den *Rand*, den *Schwerpunkt* bzw. einen Punkt, der zu einer Fläche gehört.
- Für alle *Verschneidungsoperationen* ist auch eine 3D-Variante definiert: Bei `ST_3DIntersection`, `ST_3DUnion`, `ST_3DDifference` und `ST_3DSymDifference` enthält auch das Resultat z-Koordinaten.
- Bei der *Interpolation mit Maßzahlen* können mittels der Funktionen `ST_3DLocateAlong` und `ST_3DLocateBetween` auch z-Koordinaten Berücksichtigung finden. Zur Abstands- bzw. Positionsbestimmung auf Linien ohne Maßzahlen stehen (ab der Version 5) die 3D-Methoden `ST_3DDistanceToPt` und `ST_3DPtAtDistance` zur Verfügung.

[1] Aus [137] geht nicht ganz klar hervor, ob die Wiederholung der ersten Koordinate entfallen kann.

Dreiecksvermaschungen

Ab der Version 4 stehen Klassen für *polyedrische Flächen*, *Dreiecksvermaschungen* und *Dreiecke* zur Verfügung. Die korrespondierenden Klassen `ST_PolyhdrlSurface`, `ST_TIN` und `ST_Triangle` werden analog zum Simple-Feature-Modell (Abbildung 13.9) in das Datenmodell integriert. Während die Methoden für `ST_PolyhdrlSurface` in etwa den vorgestellten Methoden des Simple-Feature-Modells entsprechen, gibt es für `ST_TIN` Ergänzungen:

- `ST_MaxSideLength` begrenzt analog zu `maxLength` von `GM_Tin` die Höchstlänge von Dreiecksseiten.
- `ST_TINElements` erlaubt die Übergabe von einem Feld von `ST_TINElement`-Objekten, die u.a. die Beschreibung von *Bruchkanten*, *Ausgrenzungskanten*, *Ausgrenzungsflächen* und einer *äußeren Begrenzung* erlauben.
- `ST_Clip (ST_Polyon pol)` stellt die Dreiecke als `ST_TIN` bereit, die sich innerhalb des Polygons *pol* befinden.

Für `ST_Triangle` berechnet die Methode `ST_3DSlope` die *Neigung* des Dreiecks.

Die WKT-Repräsentationen sind (leider) nicht kompatibel mit den Definitionen des Simple-Feature-Modells. Hier sei nur die Definition für Dreiecke aufgeführt:

```
<Geometry Tagged Text> := ... | <Triangle Tagged Text>
<z m> ::= ZM | Z | M
<Triangle Tagged Text> := TRIANGLE [ <z m> ] <Triangle Text>
<Triangle Text> := ∅ | ( <Point> , <Point> , <Point> )
```

Damit ist ein Dreieck nur einfach zu klammern:

```
TRIANGLE (10 10 , 30 10 , 20 30)
```

13.2 Anfragebearbeitung

13.2.1 Räumliche Basisanfragen und Indexstrukturen

Die *räumlichen Basisanfragen*, die in Abschnitt 5.1 vorgestellt wurden, müssen von 3D-Geodatenbanksystemen in analoger Form unterstützt werden. Allerdings sind dabei nicht nur die angefragten Geoobjekte, sondern auch die Anfragegeometrien dreidimensional. Infolgedessen werden bei *Rechteckanfragen* dreidimensionale Rechtecke, also achsenparallele Quader, verwendet und die Distanzen bei der *Abstandsanfrage* und der *Nächste-Nachbarn-Anfrage* dreidimensional gemessen. Bei *Regionsanfragen* sind Polyeder die Anfragekörper.

Die meisten *räumlichen Indexstrukturen* lassen sich relativ einfach auf drei Dimensionen erweitern. Beim *linearen Quadtree* muss nur die Berechnung der z-Werte die zusätzliche Dimension berücksichtigen. *R-Bäume* erhöhen die Dimension der verwendeten Rechtecke, sodass Quader als Blockregionen gespeichert werden. Generell gilt, dass die Leistungsfähigkeit von Indexstrukturen mit zunehmender Anzahl von Dimensionen abnimmt. Dies liegt insbesondere an zwei Effekten:

- Je höher die Dimension ist, desto mehr Informationen müssen in einem Eintrag eines Verzeichnis- oder Datenknotens gespeichert werden. Die Konsequenz ist, dass weniger Einträge in einen Knoten passen und somit der Verzweigungsgrad abnimmt. Dadurch gewinnt der Baum an Höhe und mehr Blöcke müssen von einer Anfrage eingelesen werden.
- Je mehr Dimensionen die gespeicherten Daten bzw. die Blockregionen aufweisen, desto schwieriger ist es, nur Daten in einem Knoten zu speichern, die bezüglich aller Dimensionen relativ nahe beieinander liegen. Eine räumliche Ordnungserhaltung ist damit schwerer zu erzielen.

13.2.2 Algorithmische Geometrie

Ein vollständiges Datenbankschema für dreidimensionale Geoobjekte muss analog zum Simple-Feature-Modell geometrische Funktionen anbieten, die Körper als Eingangsparameter und ggf. auch als Resultat haben. Beispiele hierfür sind die Berechnung des Volumens eines Körpers, die Bestimmung der konvexen Hülle um eine dreidimensionale Punktwolke oder Methoden, die zwei Körper auf Schnitt testen und ggf. diesen Schnitt berechnen. Auch bei der räumlichen Anfragebearbeitung müssen geometrische Methoden auf dreidimensionale Geometrien angewendet werden – sowohl in den Filterschritten, in denen mit 3D-Approximationen gearbeitet wird, als auch im Verfeinerungsschritt. Damit werden entsprechende geometrische Algorithmen und Datenstrukturen benötigt. Verfahren der *algorithmischen Geometrie* sind allerdings in 3D nochmals wesentlich aufwendiger zu implementieren als in 2D [13][167]. Dadurch erhöhen sich fast immer die tatsächliche Laufzeit und oftmals auch die Worst-Case-Komplexität solcher Algorithmen und Datenstrukturen.

13.3 3D in Oracle Spatial

13.3.1 Datenrepräsentation und Anfragen

Oracle Spatial [154] erlaubt die Speicherung von z-Koordinaten[2]. Damit ist es möglich, null- bis zweidimensionale Geometrien in einem dreidimensionalen Datenraum zu positionieren. Körper und Sammlungen von Körpern werden als zusätzliche Geometrietypen bereitgestellt. Tabelle 13.1 gibt einen Überblick über die für `SDO_GEOMETRY` verfügbaren dreidimensionalen Geometrietypen.

[2] Oracle Spatial in der Version 10 weist gegenüber der nachfolgenden Darstellung erhebliche Einschränkungen auf, auf die nicht weiter hingewiesen wird.

Wert von SDO_GTYPE (l = lineares Bezugssystem)	*Beschreibung*
3l01	*3D-Punkt*; es sollte das Attribut SDO_POINT zur Speicherung verwendet werden
3l02	*3D-Streckenzug*; keine (vollständige) Unterstützung von Kreisbögen und zusammengesetzten Streckenzügen
3l03 mit Elementtyp x003	Einfaches *planares Polygon* in 3D
3l03 mit Elementtyp 1006 bzw. 2006	*3D-Fläche*
3l04	*Sammlung* von unterschiedlichen 3D-Geometrien
3l05	Sammlung von 3D-Punkten (unstrukturierte *Punktwolke*)
3l06	Sammlung von 3D-Linienzügen
3l07	Überlappungsfreie Sammlung von planaren Polygonen in 3D und 3D-Flächen
3l08	*Körper*
3l09	Sammlung von Körpern

Tabelle 13.1: Übersicht über die 3D-Geometrietypen

Bei *planaren Polygonen* befinden sich alle Koordinaten auf einer Ebene, die beliebig im dreidimensionalen Raum liegen kann, während eine *3D-Fläche* zwar aus planaren Polygonen zusammengesetzt ist, selber aber nicht planar sein braucht. *Punktwolken* können als Sammlung von 3D-Punkten repräsentiert werden (vgl. dazu aber auch Abschnitt 13.3.2). Als *Körper* steht neben dem *Quader* auch ein *Pyramidenstumpf* (engl. *Frustum*) zur Verfügung, wobei Letzterer nur bei der Formulierung von Anfragen verwendet werden kann.

13.3.1.1 3D-Punkte, 3D-Linienzüge und planare Polygone in 3D

Das nachfolgende Beispiel zeigt eine Variante des bisherigen Beispiels „GeoDbLand“ mit Geometrien in dreidimensionalen Raum.

```
-- Anlegen der Tabelle:
CREATE TABLE GeoDbLand3D (
  id    INTEGER,                        -- Identifikationsnummer
  name  VARCHAR(20),                    -- Objektname
  geo   SDO_GEOMETRY,                   -- Objektgeometrie
  CONSTRAINT pk_gdbland3D PRIMARY KEY(id)  -- Primärschlüssel
);

-- Einfügen der Daten:
INSERT INTO GeoDbLand3D (id,name,geo)
VALUES (1,'Flaggenmast', SDO_GEOMETRY(3001,NULL,
          SDO_POINT_TYPE(10,11,5), NULL,NULL));
INSERT INTO GeoDbLand3D (id,name,geo)
VALUES (2,'Steg',SDO_GEOMETRY(3002,NULL,NULL,
          SDO_ELEM_INFO_ARRAY(1,2,1),
          SDO_ORDINATE_ARRAY(4,4,1, 5,7,2.5, 8,8,2)));
```

```
INSERT INTO GeoDbLand3D (id,name,geo)
VALUES (3,'Baumreihe',SDO_GEOMETRY(3005,NULL,NULL,
          SDO_ELEM_INFO_ARRAY(1,1,3),
          SDO_ORDINATE_ARRAY(10,19,5, 12,19,10, 14,19,7)));
INSERT INTO GeoDbLand3D (id,name,geo)
VALUES (6,'Land',SDO_GEOMETRY(3007,NULL,NULL,
          SDO_ELEM_INFO_ARRAY(1,1003,1, 16,2003,1, 43,1003,1),
          SDO_ORDINATE_ARRAY(1,1,1, 19,1,1, 19,20,1, 1,20,1, 1,1,1,
            4,5,1, 3,10,1, 7,14,1, 13,15,1, 17,12,1, 16,8,1, 13,5,1, 9,3,1,
            4,5,1, 7,7,2, 12,7,2, 13,11,2, 10,13,2, 7,10,2, 7,7,2)));
COMMIT;

-- Metadaten bekannt geben:
INSERT INTO USER_SDO_GEOM_METADATA
VALUES ('GEODBLAND3D','GEO',
        SDO_DIM_ARRAY(SDO_DIM_ELEMENT('X',0,20,0.001),
                      SDO_DIM_ELEMENT('Y',0,20,0.001),
                      SDO_DIM_ELEMENT('Z',0,10,0.001)) ,
        NULL);
COMMIT;
```

Abbildung 13.11 zeigt „GeoDbLand3D“ mit der Angabe der z-Koordinaten.

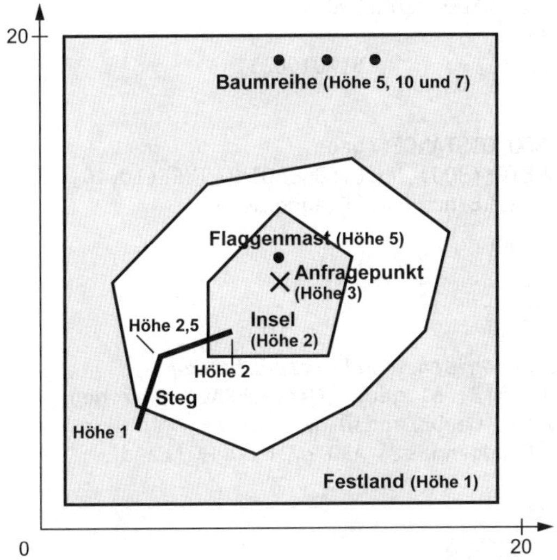

Abb. 13.11: Geometrien und Anfragepunkt für die Tabelle „GeoDbLand3D“

Viele geometrische Funktionen von Oracle Spatial arbeiten nur mit den ersten beiden Dimensionen. Die Validierung von Geometrien (VALIDATE_GEOMETRY_WITH_CONTEXT), die Abfrage der Dimension (GET_DIMS) und die Berechnung von minimal umgebenden Rechtecken (SDO_MBR und SDO_AGGR_MBR) werden aber unterstützt. Ab Version 11 funktionieren zusätzlich in 3D auch die SDO_GEOM-Funktionen SDO_LENGTH, SDO_DISTANCE, WITHIN_DISTANCE und SDO_AREA sowie RELATE mit dem Parameter ANYINTERACT:

```
-- Abfrage Dimension:
SELECT name, g.geo.GET_DIMS() FROM GeoDbLand3D g;

NAME                 G.GEO.GET_DIMS()
-------------------- ----------------
Flaggenmast                         3
Steg                                3
Land                                3
Baumreihe                           3

-- minimal umgebendes Rechteck:
SELECT SDO_GEOM.SDO_MBR(geo)
FROM GeoDbLand3D
WHERE name = 'Steg';

SDO_GEOM.SDO_MBR
-------------------------------------------------------------------
SDO_GEOMETRY(3008, NULL, NULL, SDO_ELEM_INFO_ARRAY(1, 1007, 3),
                              SDO_ORDINATE_ARRAY(4, 4, 1, 8, 8, 2,5))
-- Länge:
SELECT name, SDO_GEOM.SDO_LENGTH(geo,0.001)
FROM GeoDbLand3D
WHERE name = 'Steg';

NAME                 SDO_GEOM.SDO_LENGTH
-------------------- -------------------
Steg                          6,70156211

-- Abstand:
SELECT SDO_GEOM.SDO_DISTANCE (geo,
         SDO_GEOMETRY(3001,NULL,SDO_POINT_TYPE(10,10,3),NULL,NULL), 0.001)
FROM GeoDbLand3D WHERE name = 'Flaggenmast';

SDO_GEOM.SDO_DISTANCE

---------------------
           2,23606798

-- Prüfung der topologischen Schnittbeziehung
SELECT SDO_GEOM.RELATE (g1.geo, 'ANYINTERACT', g2.geo, 0.001)
FROM GeoDbLand3D g1, GeoDbLand3D g2
WHERE g1.name = 'Flaggenmast' AND g2.name = 'Land';

SDO_GEOM.RELATE
---------------
FALSE
```

Mit der Funktion MAKE_2D lassen sich dreidimensionale Geometrien auf die ersten beiden Dimensionen projizieren. Dazu kann neben der Geometrie optional die Schlüsselnummer des Zielkoordinatensystems angegeben werden. Die Umkehrfunktion MAKE_3D fügt einer zweidimensionalen Geometrie eine Höhe hinzu und setzt ebenfalls auf Wunsch ein neues Koordinatensystem.

```
SELECT SDO_CS.MAKE_2D(geo) AS geo2D FROM GeoDbLand3D;

UPDATE GeoDbLand3D
SET geo = (SELECT SDO_CS.MAKE_3D(geo,5) FROM GeoDbLand WHERE id = 1)
WHERE id = 1;

COMMIT;
```

13.3.1.2 Räumliche Anfragen

Oracle Spatial kann dreidimensionale Geometrien räumlich indexieren. Die nachfolgende SQL-Anweisung legt einen entsprechenden R-Baum an, wobei in der PARAMETERS-Klausel über die Option SDO_INDX_DIMS die Dimension spezifiziert wird:

```
CREATE INDEX GeoDbLand3D_geo_ix
ON GeoDbLand3D(geo)
INDEXTYPE IS MDSYS.SPATIAL_INDEX PARAMETERS ('SDO_INDX_DIMS=3');
```

Als räumlicher Operator wird für dreidimensionale Indexe SDO_FILTER unterstützt. Dabei werden die Anfragen auf Grundlage der Geometrieapproximationen, also anhand von minimal umgebenden Quadern, bearbeitet.

```
-- 3D-Rechteckanfrage (Filterschritt):
SELECT name
FROM GeoDbLand3D
WHERE SDO_FILTER (geo, SDO_GEOMETRY(3003,NULL,NULL,
                      SDO_ELEM_INFO_ARRAY(1,1003,3),
                      SDO_ORDINATE_ARRAY(4,7.5,2.4, 15,16,5))) = 'TRUE';

NAME
-----------
Steg
Flaggenmast
```

Man beachte, dass nur der Flaggenmast ein Treffer ist, während der Steg (hinsichtlich der z-Dimension) ein Fehltreffer sind. Auf den 3D-Geometrien arbeiten die bereits vorgestellten Operatoren SDO_ANYINTERACT, SDO_NN und SDO_WITHIN_DISTANCE:

```
-- 3D-Rechteckanfrage (Verfeinerungsschritt):
SELECT name
FROM GeoDbLand3D
WHERE SDO_ANYINTERACT (geo, SDO_GEOMETRY(3003,NULL,NULL,
                            SDO_ELEM_INFO_ARRAY(1,1003,3),
                            SDO_ORDINATE_ARRAY(4,7.5,2.4, 15,16,5))) = 'TRUE';

NAME
-----------
Flaggenmast

-- Nächste-Nachbarn-Anfrage:
SELECT g.name, SDO_NN_DISTANCE(1)
FROM GeoDbLand3D g
WHERE SDO_NN (g.geo,
  SDO_GEOMETRY(3001,NULL,SDO_POINT_TYPE(10,10,3),NULL,NULL),
  'sdo_num_res=3',1) = 'TRUE'
ORDER BY SDO_NN_DISTANCE(1);

NAME                SDO_NN_DISTANCE(1)
------------------- ------------------
Land                                 1
Flaggenmast                 2,23606798
Steg                                 3
```

13.3.1.3 3D-Flächen und Körper

Wie eingangs erwähnt, werden auch *3D-Flächen* und *Körper* von Oracle Spatial unterstützt. 3D-Flächen bestehen aus planaren Polygonen, brauchen aber selber nicht planar zu sein. Zur Speicherung von Körpern stehen *Quader* zur Verfügung. Abbildung 13.12 illustriert zwei entsprechende Geometrien, die in die Tabelle „GeoDbLand3D" eingefügt werden sollen.

Dreidimensionale Flächen weisen den Geometrietyp 3103 und in der ersten Dreiergruppe des SDO_ELEM_INFO-Felds den Elementtyp 1006 auf. Für jedes der planaren Polygone, aus denen die 3D-Fläche zusammengesetzt ist, folgt im SDO_ELEM_INFO-Feld eine Dreiergruppe mit Elementtyp 1003. Jeder solchen Dreiergruppe können beliebig viele Tripel mit Elementtyp 2003 folgen, um eventuelle Aussparungen in den planaren Polygonen zu definieren. Der Wert von SDO_INTERPRETATION in den Dreiergruppen beträgt jeweils 1.

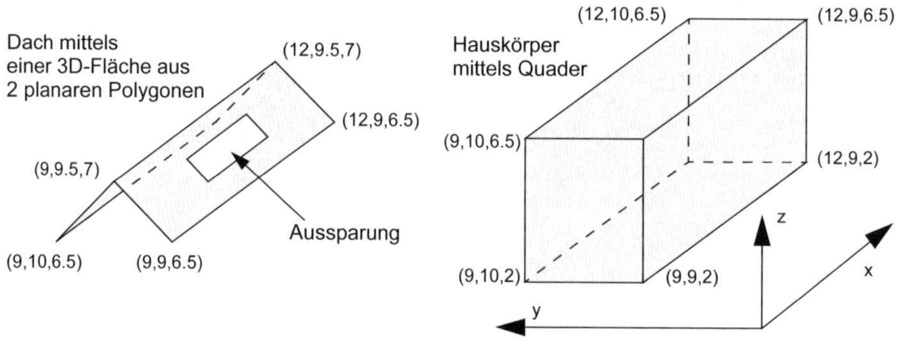

Abb. 13.12: Beispiel 3D-Fläche und Quader

Körper erhalten den Geometrietyp 3008, den Elementtyp 1007 und den Wert 1 für die SDO_INTERPRETATION. Der äußere Rand von Quadern kann dabei wie eine 3D-Fläche beschrieben werden: einem Tripel mit Elementtyp 1006 folgen also sechs Dreiergruppen vom Elementtyp 1003. Aussparungen werden analog mit Elementtyp 2006 gefolgt von sechs Dreiergruppen des Elementtyps 2003 definiert. Alternativ (mit SDO_INTERPRETATION=3) besteht die Möglichkeit, den Quader über seine beiden diagonal gegenüberliegenden Eckpunkte zu spezifizieren.

```
-- Dach als 3D-Fläche einfügen:
INSERT INTO GeoDbLand3D (id,name,geo)
VALUES (51, 'Hausdach', SDO_GEOMETRY(3003, NULL, NULL,
   SDO_ELEM_INFO_ARRAY(1,1006,1, 1,1003,1, 16,2003,1, 31,1003,1),
   SDO_ORDINATE_ARRAY(
      9,9,6.5, 9,9.5,7, 12,9.5,7, 12,9,6.5, 9,9,6.5,
      10,9.15,6.65, 11,9.15,6.65, 11,9.35,6.85, 10,9.35,6.85, 10,9.15,6.65,
      9,10,6.5, 12,10,6.5, 12,9.5,7, 9,9.5,7, 9,10,6.5) ) );
-- Hauskörper als Quader mittels Eckpunktbeschreibung einfügen:
INSERT INTO GeoDbLand3D (id,name,geo)
VALUES (52, 'Hauskörper', SDO_GEOMETRY(3008,NULL,NULL,
    SDO_ELEM_INFO_ARRAY(1,1007,3), SDO_ORDINATE_ARRAY(9,9,2, 12,10,6.5) ) );
COMMIT;
```

Alternativ kann ein Körper über die Funktion EXTRUDE erzeugt werden, die aus einer 2D-Fläche (Polygon oder Multipolygon) einen Körper „herauspresst", indem man bezüglich aller

2D-Koordinaten Höhen für die Grund- und Oberkanten angibt. Die Funktion hat folgenden Aufbau:

```
SDO_UTIL.EXTRUDE(
    geometry        IN  SDO_GEOMETRY,        -- 2D-Fläche
    groundHeights   IN  SDO_NUMBER_ARRAY,    -- Grundhöhen in Feld
    heights         IN  SDO_NUMBER_ARRAY,    -- Oberkantenhöhen in Feld
    tol             IN  NUMBER               -- Toleranzwert
 [, srid            IN  NUMBER ]             -- opt. räuml. 3D-Bezugssystem
) RETURN SDO_GEOMETRY;
```

Der Dachstuhl (ohne Aussparung) könnte als Körper somit wie folgt erzeugt werden:

```
SELECT SDO_UTIL.EXTRUDE(
  SDO_GEOMETRY('POLYGON((9 9, 12 9, 12 9.5, 12 10, 9 10, 9 9.5, 9 9))'),
  SDO_NUMBER_ARRAY( 6.5, 6.5, 6.5, 6.5, 6.5, 6.5, 6.5 ),
  SDO_NUMBER_ARRAY( 6.5, 7, 6.5, 6.5, 7, 6.5, 6.5 ),
  0.001) FROM DUAL;
```

Das *Volumen* von Körpern lässt sich über die Funktion SDO_VOLUME berechnen.

```
SDO_GEOM.SDO_VOLUME (
    geom  IN  SDO_GEOMETRY,    -- die Geometrie
    tol   IN  NUMBER           -- der Toleranzwert
 [, unit  IN  VARCHAR2 ]       -- optional: eine Einheit
) RETURN NUMBER;
```

Falls ein Koordinatensystem angegeben ist, kann über den Parameter unit eine Maßeinheit ('unit=CUBIC_FOOT' oder 'unit=CUBIC_METER') für das Volumen spezifiziert werden.

```
SELECT SDO_GEOM.SDO_VOLUME (geo,0.001)
FROM GeoDbLand3D
WHERE name = 'Hauskörper';    -- berechnet 13,5
```

Über die Funktion RELATE mit dem Parameter ANYINTERACT können Schnitttests in 3D durchgeführt werden. Ebenso mit SDO_ANYINTERACT:

```
SELECT name, SDO_GEOM.RELATE (geo, 'ANYINTERACT',
  SDO_GEOMETRY(3001,NULL,SDO_POINT_TYPE(9.5,9.25,6.75),NULL,NULL), 0.001)
FROM GeoDbLand3D
WHERE name LIKE 'Haus%';

Name            SDO_GEOM.RELATE
--------------- ---------------
Hausdach        TRUE
Hauskörper      FALSE

SELECT name
FROM GeoDbLand3D
WHERE SDO_ANYINTERACT (geo, SDO_GEOMETRY(3008,NULL,NULL,
        SDO_ELEM_INFO_ARRAY(1,1007,3),
        SDO_ORDINATE_ARRAY(9.5,9,6.7, 10,9.25,7.5))) = 'TRUE';

Name
---------------
Hausdach
```

Der Operator SDO_INSIDE kann die Geometrien bestimmen, die in einem Körper enthalten sind.

13.3.2 Punktwolken

Der Einsatz von *Laserscanning* zur Erfassung von räumlichen Daten gewinnt in den letzten Jahren ständig an Bedeutung. Dabei fallen mehrdimensionale *Punktwolken* an, die zu Auswertungszwecken weiterverarbeitet werden müssen. Aus den Messwerten ergeben sich unmittelbar die kartesischen Koordinatenwerte (x,y,z) und – bei einigen Laserscannern – zusätzlich ein Intensitätswert für die empfangene Signalstärke. Abbildung 13.13 zeigt eine Punktwolke, die durch die Erfassung von Häuserfassaden entstanden ist.

Abb. 13.13: Punktwolke aus einer Aufnahme einer Hausfassade

Aufgrund des großen Datenumfangs ist es zweckmäßig, die Punktwolken auf dem Hintergrundspeicher abzulegen. Zur Unterstützung von Analysen wie der Extraktion und Approximation von Flächen und Kanten ist der Einsatz von räumlichen Datenstrukturen sinnvoll, die die Punkte einer oder mehrere Punktwolken verwalten [21]. Damit liegt auch die Verwendung von Geodatenbanksystemen nahe.

Wie Tabelle 13.1 zeigte, unterstützt der Geometrietyp 3105 die Speicherung von 3D-Punktsammlungen, also von Punktwolken. Dabei wird eine Punktwolke als *eine* Geometrie aufgefasst; eine Strukturierung der Punktwolke durch eine Datenstruktur erfolgt nicht. Damit ist dieser Ansatz für größere Punktwolken eher ungeeignet, da z.B. eine effiziente Extraktion von Teilpunktwolken nach bestimmten Kriterien nicht möglich ist.

Für die Unterstützung von größeren *n*-dimensionalen Punktwolken hat Oracle Spatial das Paket SDO_PC_PKG eingeführt. Das Paket stellt eine Reihe von PL/SQL-Funktionen und -Prozeduren bereit, die es erlauben, die Punkte einer Punktwolke in Datenblöcke zu partitionieren und diese über einen räumlichen Index zu verwalten.

13.3.2.1 Datenstrukturen und Tabellen

Die *Metadaten* zu einer Punktwolke sind in einem Objekt der Klasse SDO_PC abgelegt. Dieses Objekt umfasst u.a. folgende Attribute:

```
Name                Typ
------------------  --------------
BASE_TABLE          VARCHAR2(70)     -- Name der Metadatentabelle, die
                                     -- dieses SDO_PC-Objekt speichert
BASE_TABLE_COL      VARCHAR2(1024)   -- Name des entsprechenden Attributs
PC_ID               NUMBER           -- ID der Punktwolke
BLK_TABLE           VARCHAR2(70)     -- Name der Blocktabelle
PTN_PARAMS          VARCHAR2(1024)   -- insbes. die max. Blockkapazität
PC_EXTENT           SDO_GEOMETRY     -- räumliche Ausdehnung der Wolke
PC_TOL              NUMBER           -- Toleranzwert
PC_TOT_DIMENSIONS   NUMBER           -- Anzahl der gespeicherten Dimensionen
```

Die *Blocktabelle* speichert die Datenblöcke, die die Punkte der Wolke enthalten. Sie besitzt u.a. folgende Attribute:

```
Name                Typ
------------------  ------------
OBJ_ID              NUMBER           -- ID der Punktwolke
BLK_ID              NUMBER           -- ID des Datenblocks
BLK_EXTENT          SDO_GEOMETRY     -- räumliche Ausdehnung des Blocks
NUM_POINTS          NUMBER           -- Anzahl der gespeicherten Punkte
POINTS              BLOB             -- die Punkte als BLOB
```

Zunächst müssen also die Metadaten- und die Blocktabelle angelegt werden. Letzteres kann man durch Kopieren der leeren, vordefinierten Tabelle MDSYS.SDO_PC_BLK_TABLE erreichen:

```
-- Metadatentabelle anlegen:
CREATE TABLE PWMetaDaten (
  name    VARCHAR(50),                     -- Bezeichner
  pwinfo  SDO_PC,                          -- Metadaten
  CONSTRAINT pk_pwmt PRIMARY KEY(name)     -- Primärschlüssel
);
-- Blocktabelle anlegen:
CREATE TABLE PWBlockDaten AS
  SELECT * FROM MDSYS.SDO_PC_BLK_TABLE;
```

13.3.2.2 Speichern einer Punktwolke

Das Abspeichern einer Punktwolke erfolgt mithilfe der PL/SQL-Prozedur CREATE_PC:

```
SDO_PC_PKG.CREATE_PC (
    inp              IN  SDO_PC,         -- das Punktwolken-Objekt
    inptable         IN  VARCHAR2        -- Name der Quelltabelle
  [, clstPcdataTbl   IN  VARCHAR2 ];     -- optional: Name der Zieltabelle
)
```

Die *Quelltabelle* muss als Schlüssel ein Attribut rid als VARCHAR(24) und für jeden Koordinatenwert ein Attribut val_d*i* ($i = 1$ bis n) vom Typ NUMBER besitzen. Die Angabe einer *Zieltabelle* ist optional. Sie dient dazu, Anfragebedingungen auf nichtindexierte Attribute formulieren zu können.

Nachfolgend wird eine Quelltabelle „Quellpunkte" angelegt; sie kann (zum Beispiel) über den SQL*Loader mit Daten gefüllt werden[3].

```
CREATE TABLE Quellpunkte (
  rid     VARCHAR(24),                       -- ID
  val_d1  NUMBER,                            -- x-Koordinatenwert
  val_d2  NUMBER,                            -- y-Koordinatenwert
  val_d3  NUMBER,                            -- z-Koordinatenwert
  CONSTRAINT pk_qpkt PRIMARY KEY(rid)        -- Primärschlüssel
);
```

Bevor die Daten in das SDO_PC-Objekt überführt werden können, muss dieses Objekt erzeugt werden. Die entsprechende PL/SQL-Funktion INIT hat folgende (relevante) Parameter, die den gleichnamigen Objektattributen entsprechen:

```
SDO_PC_PKG.INIT(
  base_table       IN  VARCHAR2,      -- Name der Metadatentabelle
  base_table_col   IN  VARCHAR2,      -- Name des entsprechenden Attributs
  blk_table        IN  VARCHAR2,      -- Name der Blocktabelle
  ptn_params       IN  VARCHAR2,      -- Partitionierungsparameter
  pc_extent        IN  SDO_GEOMETRY,  -- räumliche Ausdehnung der Wolke
  pc_tol           IN  NUMBER,        -- Toleranzwert
  pc_tot_dimensions IN  NUMBER        -- Anzahl der gespeicherten Dimensionen
) RETURN SDO_PC;
```

Über den Parameter ptn_params wird insbesondere die *Blockkapazität* festgelegt. Dies erfolgt in der Form 'blk_capacity=cap', wobei *cap* der maximalen Anzahl der Punkte pro Datenblock entspricht (und mindestens 3 beträgt). Hat ptn_params den Wert NULL, wird die Punktwolke nicht partitioniert. Der Parameter pc_extent legt neben der räumlichen Ausdehnung über die Dimension der übergebenen Geometrie auch die Anzahl der Dimensionen fest, die indexiert werden. Die Tabellen- und Attributnamen sind in Großbuchstaben anzugeben. Damit ergibt sich folgender PL/SQL-Block zur Speicherung der geladenen Quellpunkte:

```
DECLARE
  pwinfo  SDO_PC;  -- das Metadaten-Objekt
BEGIN
  -- Metadaten-Objekt erzeugen:
  pwinfo := SDO_PC_PKG.INIT( 'PWMETADATEN', 'PWINFO', 'PWBLOCKDATEN',
             'blk_capacity=50',
             SDO_GEOMETRY(3003, NULL, NULL, SDO_ELEM_INFO_ARRAY(1,1003,3),
               SDO_ORDINATE_ARRAY(-2559.079, -13712.342, 2025.776,
                                  -2091.243, -13478.560, 7245.145) ),
             1e-6, 3);

  -- Metadaten abspeichern:
  INSERT INTO PWMetaDaten VALUES ('Fassade',pwinfo);

  -- Punkte überführen:
  SDO_PC_PKG.CREATE_PC (pwinfo,'Quellpunkte');
END;
/
```

Bei Verwendung der Beispieldaten „Fassade“ liegen nach Ausführung dieser Anweisungen 200 Datenblöcke mit insgesamt 10.000 Punkten in der Tabelle „PWBlockDaten“ vor.

[3] Eine Kontroll- und Importdatei „Fassade“ mit 10.000 Quellpunkten wird unter http://www.geodbs.de bereitgestellt.

13.3.2.3 Anfragen

Die Umwandlung der BLOBs in SDO_GEOMETRY-Objekte vom Geometrietyp „MultiPoint" erfolgt über die Funktion TO_GEOMETRY.

```
SDO_PC_PKG.TO_GEOMETRY(
    pts       IN  BLOB,         -- das BLOB
    num_pts   IN  NUMBER,       -- die max. Anzahl von Punkten in der Geometrie
    tot_dim   IN  NUMBER        -- die Dimension der erzeugten Punkte
  [, srid     IN  NUMBER ]      -- ggf. das räumliche Bezugssystem der Punkte
) RETURN SDO_GEOMETRY;
```

Nachfolgend werden für einen Datenblock drei- bzw. zweidimensionale Punkte extrahiert:

```
-- Umwandlung in 3D-MultiPoint-Geometrien:
SELECT SDO_PC_PKG.TO_GEOMETRY(points,num_points,3)
FROM PWBlockDaten WHERE blk_id = 0;

-- Umwandlung in 2D-MultiPoint-Geometrien:
SELECT SDO_PC_PKG.TO_GEOMETRY(points,num_points,2)
FROM PWBlockDaten WHERE blk_id = 0;
```

Da das Attribut BLK_EXTENT der Datenblöcke automatisch räumlich indexiert wird, kann es für die Ausführung eines *Filterschritts* benutzt werden:

```
SELECT SDO_PC_PKG.TO_GEOMETRY(points,num_points,3)
FROM PWBlockDaten
WHERE SDO_FILTER (blk_extent, SDO_GEOMETRY(3008, NULL, NULL,
                  SDO_ELEM_INFO_ARRAY(1,1007,3),
                  SDO_ORDINATE_ARRAY(-2500,-13700,4000,
                                     -2200,-13500,7000) ) ) = 'TRUE';
```

Mithilfe der Funktion CLIP_PC werden die Datenblöcke berechnet, die die Punkte innerhalb einer angegebenen Geometrie enthalten. Damit ermöglicht diese Funktion die Ausführung einer exakten räumlichen Selektion (*Verfeinerungsschritt*). Die beiden wesentlichen Parameter von CLIP_PC sind das Metadaten-Objekt und die Anfragegeometrie, die – falls es sich um eine dreidimensionale Geometrie handelt – ein Körper sein muss. Das Resultat ist eine Tabelle von Datenblöcken, die über einen TABLE-Ausdruck in einzelne Datenblock-Tupel umgewandelt werden kann:

```
SELECT SDO_PC_PKG.TO_GEOMETRY(t.points,t.num_points,3)
FROM TABLE (
  SELECT SDO_PC_PKG.CLIP_PC (pwinfo,                          -- Metadaten-Objekt
           SDO_GEOMETRY(3008, NULL, NULL, SDO_ELEM_INFO_ARRAY(1,1007,3),
              SDO_ORDINATE_ARRAY(-2500,-13700,4000,
                                 -2200,-13500,7000) ),   -- Quader
           NULL, NULL, NULL, NULL)
  FROM PWMetaDaten m
  WHERE name = 'Fassade') t;
```

13.3.3 Dreiecksvermaschungen

Zur Unterstützung von *Dreiecksvermaschungen* stellt Oracle Spatial das Paket SDO_TIN_PKG bereit. Das Paket hat eine ähnliche Struktur wie SDO_PC_PKG: PL/SQL-Funktionen und -Prozeduren erlauben es, die eine Dreiecksvermaschung zu berechnen, die Punkte und Dreiecke in Datenblöcke zu partitionieren und diese über einen räumlichen Index zu verwalten.

13.3.3.1 Datenstrukturen und Tabellen

Die *Metadaten* zu einer Dreiecksvermaschung sind in einem Objekt der Klasse SDO_TIN abgelegt. Dieses Objekt umfasst u.a. folgende Attribute:

```
Name                Typ
------------------  --------------
BASE_TABLE          VARCHAR2(70)     -- Name der Metadatentabelle, die
                                     -- dieses SDO_TIN-Objekt speichert
BASE_TABLE_COL      VARCHAR2(1024)   -- Name des entsprechenden Attributs
TIN_ID              NUMBER           -- ID der Dreiecksvermaschung
BLK_TABLE           VARCHAR2(70)     -- Name der Blocktabelle
PTN_PARAMS          VARCHAR2(1024)   -- insbes. die max. Blockkapazität
TIN_EXTENT          SDO_GEOMETRY     -- räumliche Ausdehnung aller Dreiecke
TIN_TOL             NUMBER           -- Toleranzwert
TIN_TOT_DIMENSIONS  NUMBER           -- Anzahl der gespeicherten Dimensionen
TIN_BREAK_LINES     SDO_GEOMETRY     -- Bruchkanten, z.Zt. ungenutzt
TIN_STOP_LINES      SDO_GEOMETRY     -- Ausgrenzungskanten, z.Zt. ungenutzt
TIN_VOID_RGNS       SDO_GEOMETRY     -- Ausgrenzungsflächen, z.Zt. ungenutzt
```

Die meisten Attribute von SDO_TIN entsprechen den Attributen der Klasse SDO_PC. Die Attribute für *Bruchkanten*, *Ausgrenzungskanten* und *Ausgrenzungsflächen* werden derzeit (Stand Version 12.1) leider nicht unterstützt.

Die *Blocktabelle* enthält die Datenblöcke, die die Punkte und Dreiecke der Dreiecksvermaschung speichern. Sie besitzt u.a. folgende Attribute:

```
Name                Typ
------------------  -----------
OBJ_ID              NUMBER          -- ID der Dreiecksvermaschung
BLK_ID              NUMBER          -- ID des Datenblocks
BLK_EXTENT          SDO_GEOMETRY    -- räumliche Ausdehnung des Blocks
NUM_POINTS          NUMBER          -- Anzahl der gespeicherten Punkte
POINTS              BLOB            -- die Punkte als BLOB
NUM_TRIANGLES       NUMBER          -- Anzahl der gespeicherten Dreiecke
TRIANGLES           BLOB            -- die Dreiecke als BLOB
```

In Analogie zu der Speicherung von Punktwolken kann die Metadatentabelle und – durch Kopieren von MDSYS.SDO_TIN_BLK_TABLE – die Blockdatentabelle angelegt werden:

```
-- Metadatentabelle anlegen:
CREATE TABLE TINMetaDaten (
  name     VARCHAR(50),                    -- Bezeichner
  tininfo  SDO_TIN,                        -- Metadaten
  CONSTRAINT pk_tinmt PRIMARY KEY(name)    -- Primärschlüssel
);

-- Blocktabelle anlegen:
CREATE TABLE TINBlockDaten AS
  SELECT * FROM MDSYS.SDO_TIN_BLK_TABLE;
```

13.3.3.2 Berechnen und Speichern einer Dreiecksvermaschung

Das Berechnen und Speichern einer Dreiecksvermaschung erfolgt über die PL/SQL-Prozedur CREATE_TIN, die die gleiche Struktur und Datenvoraussetzungen wie CREATE_PC besitzt. Daher kann zum Erzeugen der Dreiecksvermaschung erneut – allerdings mit anderen Daten – die Tabelle „Quellpunkte“ verwendet werden[4]. Abbildung 13.14 zeigt die Quellpunkte der Beispieldaten.

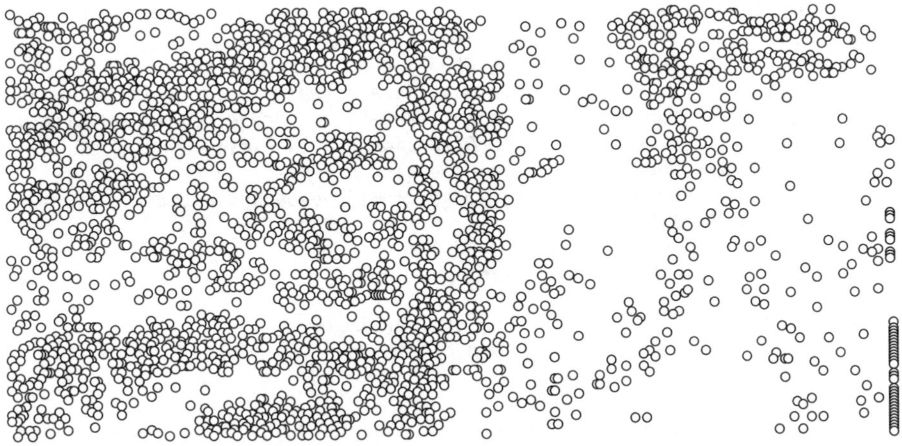

Abb. 13.14: Quellpunkte der Beispieldatei „TINDaten“

Bevor die Daten in das SDO_TIN-Objekt überführt werden können, muss dieses Objekt erzeugt werden. Die Parameter der dafür erforderlichen PL/SQL-Funktion INIT entsprechen den gleichnamigen Objektattributen von SDO_TIN. Analog zu den Punktwolken wird über den Parameter `ptn_params` insbesondere die *Blockkapazität* durch die Angabe der maximalen Anzahl von Dreiecken definiert. Der Parameter `tin_extent` legt ebenso neben der räumlichen Ausdehnung auch die Anzahl der Dimensionen fest, die indexiert werden. Damit ergibt sich folgender PL/SQL-Block zur Speicherung der geladenen Quellpunkte:

```
DECLARE
  tininfo      SDO_TIN;          -- das Metadaten-Objekt
BEGIN
  -- Metadaten-Objekt erzeugen:
  tininfo := SDO_TIN_PKG.INIT( 'TINMETADATEN', 'TININFO', 'TINBLOCKDATEN',
               'blk_capacity=400',
               SDO_GEOMETRY(2003, 31467, NULL, SDO_ELEM_INFO_ARRAY(1,1003,3),
                 SDO_ORDINATE_ARRAY(3466614,5917982, 3466912,5918121),
               0.01, 3, NULL, NULL, NULL, NULL);
  -- Metadaten abspeichern:
  INSERT INTO TINMetaDaten VALUES ('TINDaten',tininfo);
  -- Daten überführen:
  SDO_TIN_PKG.CREATE_TIN (tininfo,'Quellpunkte');
END;
/
```

[4] Eine Kontroll- und Importdatei „TINDaten“ mit 2.537 Punkten steht unter http://www.geodbs.de bereit.

Bei Verwendung der Beispieldaten „TINDaten“ liegen nach Ausführung dieser Anweisungen 13 Datenblöcke in der Tabelle „TINBlockDaten“ vor, die 4.986 Dreiecke speichern.

13.3.3.3 Anfragen

Der Umwandlung der BLOBs in Dreiecke der Klasse SDO_GEOMETRY dient die Funktion TO_GEOMETRY:

```
SDO_TIN_PKG.TO_GEOMETRY(
    pts       IN  BLOB,       -- das BLOB mit Punkten
    tins      IN  BLOB,       -- das BLOB mit Dreiecken
    num_pts   IN  NUMBER,     -- die max. Anzahl von Punkten in der Geometrie
    num_tins  IN  NUMBER,     -- die max. Anzahl von Dreiecken in der Geometrie
    idx_dim   IN  NUMBER      -- die Dimension des Indexes
    tot_dim   IN  NUMBER      -- die Dimension der Dreiecke
  [, srid     IN  NUMBER ]    -- ggf. das räumliche Bezugssystem
) RETURN SDO_GEOMETRY;
```

Nachfolgend werden alle Dreiecksgeometrien bestimmt:

```
SELECT SDO_TIN_PKG.TO_GEOMETRY (points, triangles,
                               num_points, num_triangles, 2, 3, NULL)
FROM TINBlockDaten;
```

Das Ergebnis ist für jeden Datenblock eine 3D-Fläche, die aus Dreiecken zusammengesetzt ist. Abbildung 13.15 zeigt (zweidimensional) das Ergebnis; die Dreiecke eines Datenblocks sind hervorgehoben dargestellt.

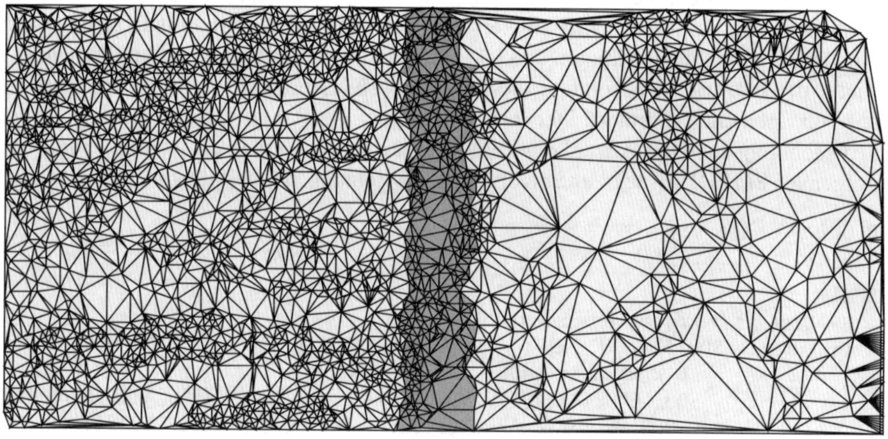

Abb. 13.15: Ergebnis einer Dreiecksvermaschung (in 2D)

Mithilfe der Funktion CLIP_TIN können Tabellen von Datenblöcken berechnet werden, die die Dreiecke enthalten, die eine angegebene Geometrie schneiden. Die beiden wesentlichen Parameter von CLIP_TIN sind erneut das Metadaten-Objekt und die Anfragegeometrie:

```
SELECT SDO_TIN_PKG.TO_GEOMETRY (t.points, t.triangles,
                    t.num_points, t.num_triangles, 2, 3, NULL)
FROM TABLE (
  SELECT SDO_TIN_PKG.CLIP_TIN (tininfo,              -- Metadaten-Objekt
         SDO_GEOMETRY(2003, 31467, NULL, SDO_ELEM_INFO_ARRAY(1,1003,3),
            SDO_ORDINATE_ARRAY(3466700,5918020,
                     3466800,5918080) ),  -- Anfragegeometrie
         NULL, NULL)
  FROM TINMetaDaten m
  WHERE name = 'TINDaten') t;
```

Abbildung 13.16 stellt das Ergebnis der Anfrage dar.

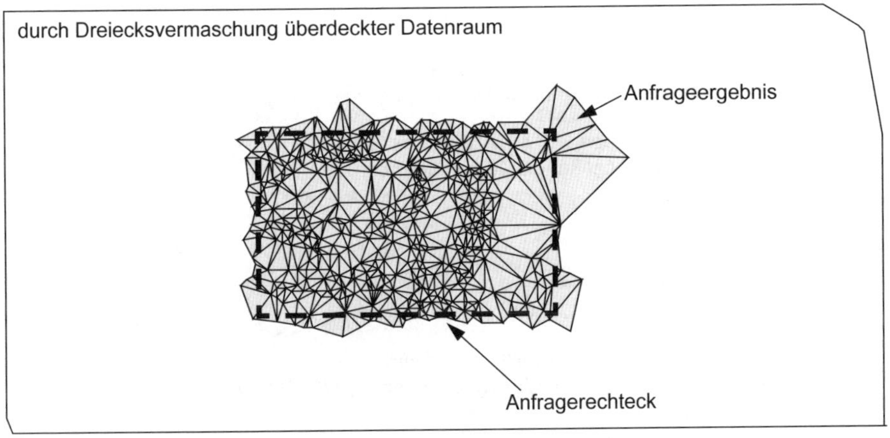

Abb. 13.16: Ergebnis einer Rechteckanfrage auf einer Dreiecksvermaschung (in 2D)

13.3.3.4 Rasterbildung

Über TO_DEM lässt sich eine Dreiecksvermaschung in ein Raster überführen, das in den Rasterzellen interpolierte Höhenwerte enthält. Die Prozedur besitzt vier Parameter:

```
SDO_TIN_PKG.TO_DEM(
  tin           IN      SDO_TIN,          -- die Dreiecksvermaschung
  dem           IN OUT  SDO_GEORASTER,    -- das Raster
  blocksize     IN      NUMBER,           -- Kachelgröße in Pixel
  unitsPerPixel IN      NUMBER            -- Rasterauflösung
);
```

Die beispielhafte Vermaschung besitzt eine Ausdehnung von 298 m × 139 m. Bei Angabe von 0,25 als Argument für `unitsPerPixel` erhalten wir über die nachfolgenden Anweisung (bei Tausch der Achsen) ein Raster der Größe 556 × 1192 Pixel zerlegt in Kacheln der Größe 128 × 128 Pixel:

```
DECLARE
  tin  SDO_TIN;           -- Dreiecksvermaschung
  geor SDO_GEORASTER;     -- Raster
BEGIN
  -- TIN holen, Raster anlegen und holen:
  SELECT tininfo INTO tin FROM TINMetaDaten WHERE name = 'TINDaten';
  INSERT INTO GeoRasterkarten VALUES (50, 'TIN', SDO_GEOR.INIT('Raster',50));
  SELECT georaster INTO geor FROM GeoRasterkarten WHERE id = 50;
  -- Überführung:
  SDO_TIN_PKG.TO_DEM(tin,geor,128,0.25);
  -- geändertes Raster abspeichern:
  UPDATE GeoRasterkarten SET georaster = geor WHERE id = 50;
  COMMIT;
END;
/
```

Das Raster lässt sich entsprechend abfragen:

```
-- Wertebereich der Höhen, die in den Rasterzellen gespeichert sind:
SELECT SDO_GEOR.getRasterRange (gr.georaster)
FROM GeoRasterkarten gr
WHERE id = 50;

SDO_GEOR.GETRASTERRANGE
-------------------------------
SDO_NUMBER_ARRAY(-15,702337, 0)

-- Höhenwert der Zelle (279/596) abfragen:
SELECT SDO_GEOR.getCellValue (gr.georaster,0,279,596,0)
FROM GeoRasterkarten gr
WHERE id = 50;

SDO_GEOR.GETCELLVALUE
---------------------
           -11,273707
```

13.3.4 Zugriff über die Java-API

Für 3D-Geometrien stellt die Java-API von Oracle Spatial als Unterklasse von `JGeometry` die Klasse `J3D_Geometry` im Paket `oracle.spatial.geometry` bereit. Ein Objekt kann über den Konstruktor

```
J3D_Geometry (int gtype, int srid, int[] elemInfo, double[] ordinates)
```

erzeugt werden, der die Attribute von `SDO_GEOMETRY` übergeben bekommt.

Beim Zugriff über die Java-API ist insbesondere zu beachten, dass 3D-Geometrien oftmals in Teilgeometrien zerlegt sind. Für den Zugriff auf die Teilgeometrien steht als Iterator die Klasse `ElementExtractor` zur Verfügung. Ein entsprechendes Objekt kann über den Konstruktor `ElementExtractor(J3D_Geometry)` erzeugt werden. Der Zugriff auf die Teilgeometrien erfolgt über wiederholten Aufruf von deren Methode

```
J3D_Geometry nextElement (int[] inner_outer)
```

Die Teilgeometrie ist der Rückgabewert der Funktion. Im einelementigen Feld `inner_outer` legt `nextElement` die Information ab, ob es sich bei der Teilgeometrie um eine (äußere) Geometrie (Wert 1) oder ein Loch (Wert 2) handelt. Sobald alle Teilgeometrien durchlaufen sind, gibt die Funktion `null` zurück.

Ein Zugriff auf die Dreiecke der Dreiecksvermaschung aus dem letzten Abschnitt zeigt das folgende Programmbeispiel:

```
// Klasse zum Einlesen der Dreiecke der Dreiecksvermaschung
import static gdbutil.ConnectionParameters.*;       // Verbindungsparameter
import java.sql.*;                                  // JDBC-Klassen

import oracle.spatial.geometry.ElementExtractor;    // Oracle Spatial API
import oracle.spatial.geometry.J3D_Geometry;
import oracle.spatial.geometry.JGeometry;

public class ReadTIN {

  public static void main (String[] args) {
    try {
      // Verbindung zur Datenbank aufbauen
      String url = "jdbc:oracle:thin:@" + DBHOST + ":" + DBPORT + ":" + DBNAME;
      Connection db = DriverManager.getConnection(url, DBUSER, DBPASSWORD);

      // Anfrage ausführen
      Statement statement = db.createStatement();
      String sql = "SELECT SDO_TIN_PKG.TO_GEOMETRY(points,triangles," +
                   "num_points,num_triangles,2,3,NULL) FROM TINBlockDaten";
      ResultSet result = statement.executeQuery(sql);

      // Blöcke durchlaufen
      while (result.next()) {

        // Geometrie holen
        Struct struct = (Struct) result.getObject(1);
        JGeometry geom = JGeometry.loadJS(struct);

        // 3D-Geometrie erzeugen
        J3D_Geometry geom3D = new J3D_Geometry( geom.getType(), geom.getSRID(),
                                  geom.getElemInfo(), geom.getOrdinatesArray() );

        // Teilgeometrien durchlaufen
        ElementExtractor ee = new ElementExtractor(geom3D);
        int[] type = new int[1];
        J3D_Geometry elem = ee.nextElement(type);
        while (elem != null) {
          double[] ord = elem.getOrdinatesArray();
          for (int i=0; i < ord.length/3-1; i++)    // ohne letzte Koordinate
            System.out.print("("+ord[3*i]+","+ord[3*i+1]+","+ord[3*i+2]+") ");
          System.out.println("["+type[0]+"]");
          elem = ee.nextElement(type);
        }
      }

      // Anfrage und Verbindung schließen
      result.close();
      statement.close();
      db.close();

    } // try
```

```
    // Fehler behandeln
    catch (Exception ex) {
      System.err.println("ReadTIN.main: " + ex);
    }
  } // main
} // class
```

Die Ausgabe sieht dann wie folgt aus:

```
(3466718,5917982,-14.118) (3466723,5917982,-14.348) (3466722,5917984,-14.128) [1]
(3466718,5917982,-14.118) (3466722,5917984,-14.128) (3466719,5917984,-13.878) [1]
(3466723,5917982,-14.348) (3466732,5917982,-13.888) (3466725,5917983,-14.358) [1]

-- usw.
```

14 Aktuelle Trends

In diesem letzten Kapitel soll ein – sicherlich nicht vollständiger und nach subjektiven Kriterien erstellter – Überblick über Trends im Bereich Geodatenbanken gegeben werden, die Themen betreffen, die in den vorherigen Kapiteln nicht behandelt worden sind.

14.1 Anfragesprachen für Geodienste

In Kapitel 1 wurde der Einsatz von Geodatenbanksystemen u.a. mit der Nutzung innerhalb von Geodiensten motiviert. Der Geodienst greift serverseitig auf Geodatenbanken zu, um die angeforderten Daten (ggf. nach einer weiteren Verarbeitung) einem anfordernden Client zur Verfügung zu stellen (vgl. Abbildung 1.4 auf Seite 6). Der Zugriff des Dienstes auf die Daten erfolgt in der Regel über die Datenbankzugriffsschnittstelle unter Nutzung von SQL.

Clientseitig stellt sich die Situation bei Nutzung von Geodiensten etwas anders dar: Anforderungen und damit auch die Anfrageparameter werden entweder über *Key Value Pairs* (*KVP*, deutsch: Schlüssel-Wert-Paare) oder mittels XML formuliert. In beiden Varianten wird kein SQL verwendet.

14.1.1 Web Feature Service und Filter Encoding

Der *Web Feature Service* (*WFS*) [73] erlaubt die Anforderung von Geoobjekten mit der Operation „GetFeature". Bei dieser Operation sind die relevanten Parameter zur Auswahl von Daten:

- TYPENAME(S)=<*FeatureType-Liste*> – Auswahl der Klasse des Geoobjektes (*Feature Type*); TYPENAME bei WFS 1.1 und TYPENAMES bei WFS 2.0 (ISO 19142).
- PROPERTYNAME=<*Attributliste*> – Auswahl der Attribute (*Projektion*).
- FEATUREID/RESOURCEID=<*ID-Liste*> – Auswahl gemäß *Object Identifier*; FEATUREID bei WFS 1.1 und RESOURCEID bei WFS 2.0.
- BBOX=<*minX*>,<*minY*>,<*maxX*>,<*maxY*> – das Anfragerechteck für eine *Rechteckanfrage.*
- SORTBY=<*Attributliste*> – Attribute zur *Sortierung.*
- RESULTTYPE=results|hits – Angabe, ob Objekte (results) zurückgegeben werden sollen oder deren Anzahl (hits).
- MAXFEATURES/COUNT=<*Anzahl*> – *maximale Anzahl* von Geoobjekten in der Antwort; MAXFEATURES bei WFS 1.1 und COUNT bei WFS 2.0.

TYPENAME ist vergleichbar zur der Angabe einer Relation in der FROM-Klausel von SQL und PROPERTYNAME zu den Attributen, die in der SELECT-Klausel aufgeführt sind. FEATUREID und BBOX entsprechen Bedingungen in der WHERE-Klausel und SORTBY dem ORDER BY von SQL. RESULTTYPE=hits kann in SQL durch die Aggregationsfunktion COUNT ausgedrückt werden. Eine WFS-Anfrage kann beispielsweise wie folgt aussehen:

```
http://data.wien.gv.at/daten/wfs/?SERVICE=WFS&REQUEST=GetFeature&
VERSION=1.1.0&TYPENAME=ogdwien:KINDERGARTENOGD&
PROPERTYNAME=SHAPE,BEZEICHNUNG,BETREIBER,ADRESSE&
BBOX=200,340000,2200,342000&
SORTBY=BEZEICHNUNG&RESULTTYPE=results&MAXFEATURES=50
```

Anstelle durch Key Value Pairs kann eine Anforderung auch in XML formuliert werden. Die Ausdrucksmöglichkeiten der genannten Parameter sind allerdings recht beschränkt. Daher haben OGC und ISO zusätzlich das Filter Encoding eingeführt, das entweder mit FILTER-Parameter übergeben wird oder in die XML-Repräsentation der Anfrage aufgenommen wird.

Filter Encoding

Das *Filter Encoding (FE)* erlaubt die XML-basierte Beschreibung von Anfragebedingungen für Geoobjekte. Gängige Varianten sind die OGC-Version 1.1 [129] von 2005 und die Version 2.0 von 2010, die der ISO-Norm 19143 [74] entspricht.

Ein *Filter* ist demnach ein Vergleichsoperator, ein temporaler Operator (hier nicht weiter vorgestellt), ein räumlicher Operator oder ein logischer Operator. Basiselemente für die Operatoren sind *Ausdrücke*, die entweder einem *konstanten Wert* (Element `Literal`), einem *Funktionsaufruf* oder einem *Wertverweis* (Element `PropertyName` (FE 1.1) oder `ValueReference` (FE 2.0)) entsprechen. Im Wertverweis darf entweder ein Attributname oder ein XPath-Ausdruck stehen.

Vergleichsoperatoren

Es stehen verschiedene Vergleichsoperatoren zur Verfügung. *Binäre Vergleichsoperatoren* vergleichen zwei Ausdrücke miteinander hinsichtlich

- Gleichheit (Element `PropertyIsEqualTo`),
- Ungleichheit (Element `PropertyIsNotEqualTo`) oder
- Größe (`PropertyIsLessThan[OrEqualTo]` und `PropertyIsLessThan[OrEqualTo]`).

Dabei kann über Attribute angegeben werden, ob beim Vergleich von Zeichenketten deren Groß- und Kleinschreibung beachtet werden soll (`matchCase`) und (bei FE 2.0) ob beim Vergleich von Attributwerten, die auf mehrelementigen Attributen beruhen (z.B. Felder), genau ein Wert (`matchAction="One"`), mindestens ein Wert (`matchAction="Any"`) oder alle Werte (`matchAction="All"`) die Bedingung erfüllen müssen. Ein Beispiel:

```
<Filter>
  <PropertyIsEqualTo matchCase="false">
    <ValueReference>name</ValueReference>
    <Literal>WALL</Literal>
  </PropertyIsEqualTo>
</Filter>
```

Ergänzend gibt es das Element `PropertyIsBetween` für die Prüfung, ob ein Wert in einem Intervall liegt.

Für den Vergleich von einer Zeichenkette mit einer Zeichenkette mit *Platzhaltern* steht das Element `PropertyIsLike` zur Verfügung. Über Attribute werden der Platzhalter für ein einzelnes Zeichen (`singleChar`), für eine beliebige Zeichenkette (`wildCard`) sowie das Escape-Zeichen (`escapeChar`) für die nachfolgende Deaktivierung eines Sonderzeichens definiert:

```
<Filter>
  <PropertyIsLike singleChar="_" wildCard="%" escapeChar="$">
    <ValueReference>name</ValueReference>
    <Literal>B%mre_he</Literal>
  </PropertyIsLike>
</Filter>
```

Die Prüfung auf einen *Nullwert* erfolgt über das Element `PropertyIsNull`:

```
<Filter>
  <PropertyIsNull>
    <ValueReference>geo</ValueReference>
  </PropertyIsNull>
</Filter>
```

Einen speziellen Vergleichsoperator stellt der *ID-Operator* dar. Im Element `GmlObjectId` (FE 1.1) bzw. `ResourceId` (FE 2.0) wird das Geoobjekt mit dem im Attribut `id` bzw. `rid` angegebenen *Object Identifier* selektiert. Der ID-Operator darf mehrfach in einem `Filter`-Element verwendet werden:

```
<Filter>
  <ResourceId rid="GeoDbLand.1" />
  <ResourceId rid="GeoDbLand.2" />
  <ResourceId rid="GeoDbLand.5" />
</Filter>
```

Räumliche Operatoren

Als binäre räumliche Operatoren stehen (mit Ausnahme von `Relate`) die aus dem Simple-Feature-Modell bekannten Funktionen zur *Prüfung topologischer Beziehungen* zur Verfügung (Abschnitt). Neben einem Wertverweis wird dabei eine räumliche Beschreibung übergeben, die entweder eine Feature-Geometry-Geometrie `GM_Object` bzw. ein minimal umgebendes Rechteck in GML repräsentiert oder ein weiterer Wertverweis ist:

```
<Filter>
  <Intersects>
    <ValueReference>geo</ValueReference>
    <gml:Envelope srsName="EPSG:4326">
      <gml:lowerCorner>9.5 51.3</gml:lowerCorner>
      <gml:upperCorner>9.7 51.5</gml:upperCorner>
    </gml:Envelope>
  </Intersects>
</Filter>
```

```
<Filter>
  <Contains>
    <ValueReference>geo</ValueReference>
    <gml:Point srsName="EPSG:4326">
      <gml:pos>9.6 51.4</gml:pos>
    </gml:Point>
  </Contains>
</Filter>
```

Für den Test einer Geometrie mit einem minimal umgebenden Rechteck gibt es ergänzend den `BBOX`-Operator.

Eine *Abstandsanfrage* lässt sich über das Element DWithin formulieren. Für die Umkehrung (also die Suche nach allen Geoobjekten, die weiter als der angegebene Abstand von einer anderen Geometrie entfernt sind) steht Beyond zur Verfügung. In beiden Fällen ist neben einem Wertverweis und einer räumlichen Beschreibung eine Entfernungsangabe (Distance) anzugeben, für die eine Längenmaßeinheit im Attribut unit (FE 1.1) bzw. uom (FE 2.0; Unit of Measure) anzugeben ist.

```
<Filter>
  <DWithin>
    <ValueReference>geo</ValueReference>
    <gml:Point srsName="EPSG:4326"> <gml:pos>9.6 51.4</gml:pos> </gml:Point>
    <Distance uom="km">5</Distance>
  </DWithin>
</Filter>
```

Logische Operatoren

Als *logische Operatoren* stehen die Elemente And, Or und Not zur Verfügung. And und Or enthalten als binäre Operatoren zwei beliebige Operatoren, während Not sich auf einen anderen Operator bezieht.

```
<Filter>
  <Or>
    <PropertyIsEqualTo>
      <ValueReference>name</ValueReference>
      <Literal>Wall</Literal>
    </PropertyIsEqualTo>
    <PropertyIsEqualTo>
      <ValueReference>name</ValueReference>
      <Literal>Steg</Literal>
    </PropertyIsEqualTo>
  </Or>
</Filter>
```

Funktionsaufrufe

Ausdrücke können auch Funktionsaufrufe sein. Dabei wird (in FE 2.0) das Element Function als äußeres Element verwendet, der Name der Funktion im Attribut name spezifiziert und die Argumente als eingebettete Ausdrücke angegeben. Welche Funktionen zur Verfügung stehen, ist implementierungsabhängig und kann beim Geodienst angefragt werden.

```
<Filter>
  <PropertyIsLessThanOrEqualTo>
    <Function name="ST_Area">
      <ValueReference>geo</ValueReference>
    </Function>
    <Literal>100</Literal>
  </PropertyIsLessThanOrEqualTo>
</Filter>
```

Verbundbedingungen

Ein normaler oder räumlicher Verbund lässt sich formulieren, wenn über TYPENAMES mehr als ein Feature Type angegeben wurde und in einem Operator Attribute von zwei unterschiedlichen Feature Types referenziert werden:

```
<Filter>
  <Contains>
    <ValueReference>Ortsnetze/gebiet</ValueReference>
    <ValueReference>Gemeinden/centrum</ValueReference>
  </Contains>
</Filter>
```

14.1.2 Web Coverage Service

Der zweite bedeutende Geodienst, der Daten bereitstellt, ist der *Web Coverage Service* (*WCS*). Der Dienst erlaubt über die Operation „GetCoverage" die Bereitstellung von Coverages im Allgemeinen und von Rasterdaten als wichtigen Spezialfall im Besonderen (siehe Abschnitt 12.1). Gemäß der Version 2.0 von 2010 [133] sind relevante Parameter zur Auswahl von Coverages:

- `coverageId=`*<Coverage-ID>* – Auswahl des Coverage über einen eindeutigen Namen.
- `dimensionSubset=`*<Feld>* – räumliche Beschränkung der Dimensionen.

Für jede Dimension, die in ihrer räumlichen Ausdehnung beschnitten werden soll, wird in das Feld `dimensionSubset` ein Eintrag aufgenommen. Dieser Eintrag beinhaltet im Attribut `dimension` den Namen der Dimension. Falls das Raster bezüglich der Dimension auf ein Intervall beschränkt werden soll (engl. Trim), geben die Attribute `trimLow` und `trimHigh` (Datentyp `Real`) die Unter- und Obergrenze des Intervalls an. Die andere Möglichkeit ist, das Raster bezüglich der Dimension auf einen einzelnen Wert einzuschränken. Dann wird dieser Wert im Attribut `slicePoint` angegeben (Datentyp ebenfalls `Real`). Führt man Letzteres z.B. bei einem dreidimensionalen Raster für eine Dimension durch, verbleibt eine zweidimensionale Scheibe (engl. Slice).

In der KVP-Notation [134] kann ein Aufruf mit Ausschnittbildung wie folgt lauten (und ggf. auf die in Abschnitt 12.3.2.6 dargestellte Operation abgestützt werden):

```
http://www.geodbs.de/geoservice?service=WCS&version=2.0&request=GetCoverage&
coverageId=OldenburgerLand&
subset=Rechtswert,(3440000,3460000)&subset=Hochwert,(5880000,5900000)
```

Weitergehende Operationen, die ein Coverage vorverarbeiten, bevor es ausgeliefert wird, sind in der ergänzenden Spezifikation *Web Coverage Processing Service (WCPS) Language* definiert [132].

14.2 Spatio-temporale Datenbanken

Moderne Geodatenbanksysteme sind in der Lage, geometrische, topologische und thematische Eigenschaften von Daten effektiv zu verwalten. In Abschnitt 3.1 hatten wir *temporale Eigenschaften* als vierte Kategorie kennengelernt. Zu deren Modellierung und Abfrage wurden und werden *temporale Datenmodelle* und *Datenbanksysteme* entwickelt. Bei Geodaten spielen insbesondere das Miteinander von Raum und Zeit eine entscheidende Rolle, das u.a. auch für die Realisierung von standortbezogenen Diensten wichtig ist. So möchte man zum Beispiel

- wissen, zu welchem Zeitpunkt das Römische Reich seine größte Ausdehnung besaß,
- alle Fahrzeuge abfragen, die schneller als 120 km/h fahren,
- die Richtung von Wirbelstürmen bestimmen oder
- alle Personen benachrichtigen, die voraussichtlich in den nächsten 15 Minuten eine Filiale der Fastfood-Kette XY passieren werden.

Bei allen vier Beispielanfragen liegt eine Kombination zwischen räumlichen und zeitlichen Anfragekriterien vor. Dafür bieten aber weder räumliche noch temporale Datenbanksysteme geeignete Operationen und Datenstrukturen an. Dies hat in den letzten Jahren zur Entwicklung von *spatio-temporalen Datenmodellen* und von technisch-algorithmischen Grundlagen für *spatio-temporale Datenbanksysteme* (engl. *Spatio-Temporal Databases*) geführt, die in die Lage versetzt werden sollen, Daten auf Grundlage ihrer räumlichen und zeitlichen Eigenschaften geeignet zu verwalten und anzufragen. Darstellungen über diese Thematik enthalten zum Beispiel [51] und [91].

14.2.1 Datenbankschema

Ein zunächst naheliegender Gedanke ist, Zeit als eine zusätzliche räumliche Dimension aufzufassen und damit wie einen herkömmlichen geometrischen Datentyp zu verwalten. Ein solcher Ansatz berücksichtigt allerdings nicht, dass Zeit, für sich genommen, andere Eigenschaften als die räumlichen Dimensionen aufweist und die Kombination von Raum und Zeit besondere Fragestellungen aufwirft. So kann man *diskrete Veränderungen*, z.B. die Teilung eines Flurstücks, von *kontinuierlichen Veränderungen* unterscheiden. Während sich diskrete Veränderungen noch relativ gut mit herkömmlichen Datenbanktechniken nachvollziehen lassen, ist dies bei kontinuierlichen Änderungen deutlich schwieriger. Im letzteren Fall hat insbesondere der Begriff der *Bewegung* eine herausragende Bedeutung. Viele Geoobjekte – Menschen, Fahrzeuge, geografische Objekte usw. – bewegen sich kontinuierlich, d.h. sie verändern ihre Position und/oder ihre Gestalt: In solchen Fällen spricht man von sich *bewegenden Geoobjekten* (engl. *Moving Objects*). Falls die Geometrie ein Punkt ist (insbesondere wenn nur die Position bzw. Positionsveränderungen eines Objektes relevant sind, sodass man von der Gestalt abstrahieren kann) nennt man das Objekt einen sich *bewegenden Punkt* (engl. *Moving Point*). Dies können zum Beispiel die Positionen von Fahrzeugen eines Fuhrparks oder von Tieren auf ihren Wanderwegen sein. In anderen Fällen ist man (auch) an der Änderung der Gestalt der Geoobjekte interessiert wie bei abschmelzenden Gletschern und austrocknenden Seen (als Beispiel ist der Aralsee in Abb. 14.1 dargestellt).

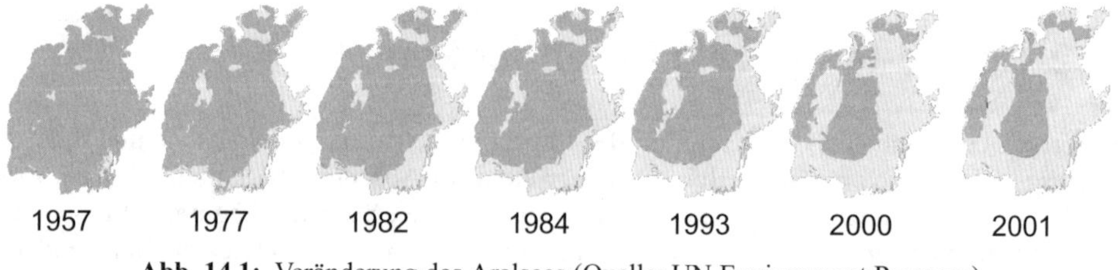

Abb. 14.1: Veränderung des Aralsees (Quelle: UN Environment Program)

14.2.1.1 ISO 19108 Temporal Schema

ISO 19108 „Geographic Information – Temporal Schema“ [66] beschäftigt sich mit der Repräsentation von Zeitangaben. Dieser Standard definiert zwei *temporale Primitive* (`TM_Primitive`): den *Zeitpunkt* (`TM_Instant`) und den *Zeitraum* (`TM_Period`). Der Zeitraum wird von zwei Zeitpunkten (`beginning` und `ending`) begrenzt, die ggf. auch einen unbestimmten Wert annehmen können. Repräsentiert wird ein Zeitpunkt durch eine Instanz von `TM_Position`. Dabei kann es sich um *Datumsangaben* (`TM_CalDate`), kombinierte Datums- und Zeitangaben (`TM_DateAndTime`), Zahlenwerte (`TM_Coordinate`) oder einen Verweis auf ein Objekt handeln, das einen Zeitraum repräsentiert (`TM_OrdinalPosition`). Ein `TM_Position`-Objekt bezieht sich auf ein *zeitliches Bezugssystem* (engl. *Temporal Reference System*; Klasse `TM_ReferenceSystem`). Je nach Art des Objektes variiert der Typ des zeitlichen Bezugssystems; bei einer Datumsangabe handelt es sich dabei z.B. um einen *Kalender*. Abbildung 14.2 gibt einen Überblick über die genannten Klassen.

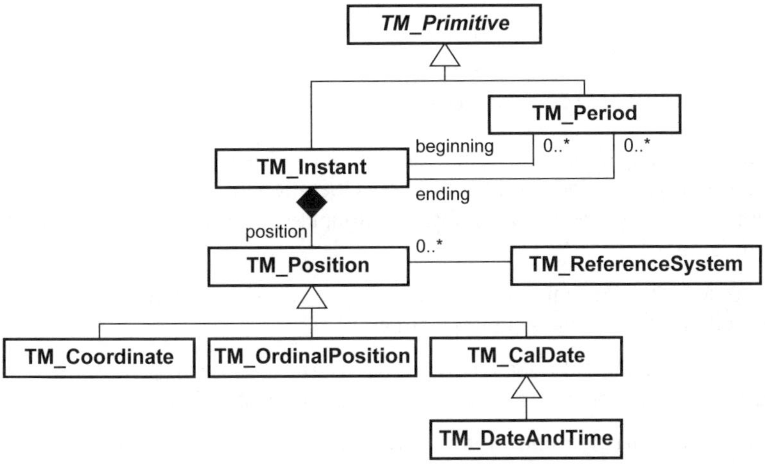

Abb. 14.2: Klassen von ISO 19108 (Auswahl)

Von ISO 19108 werden zudem Operationen zur Berechnung der *relativen Ordnung* zwischen zwei temporalen Primitiven (z.B. `Before`, `After`, `Contains`) spezifiziert. Der Datentyp `TM_Duration` repräsentiert die *Dauer* eines Zeitraums oder den zeitlichen Abstand zwischen zwei Zeitpunkten („P5DT4H30.7M“ entspricht z.B. 5 Tagen, 4 Stunden und 30,7 Minuten).

14.2.1.2 Datenmodell von Güting et al.

Ein Datenmodell zur Repräsentation sich bewegender Punkte und Gebiete und eine darauf basierende Anfragesprache haben Güting et al. in [49] vorgeschlagen. Dieses Modell definiert neben herkömmlichen alphanumerischen und räumlichen Datentypen und neben einem Datentyp zur Repräsentation eines Zeitpunktes (`Instant`) *temporale Datentypen*:

- Der temporale Datentyp $\texttt{Moving}_{\texttt{Type}}$ nimmt eine Abbildung *f* eines Zeitpunktes `Instant` in einen alphanumerischen oder räumlichen Datentyp `Type` vor. Wenn `Type` zum Beispiel eine Fläche (`Surface`) ist, kann durch den Datentyp $\texttt{Moving}_{\texttt{Surface}}$ die sich über die Zeit verändernde Fläche repräsentiert werden[1].

- Der temporale Datentyp Moving$_{\text{Type}}$ besteht aus einer unendlichen Menge von Paaren (Instant, Type). Ein einzelner *Schnappschuss* zu einem bestimmten Zeitpunkt, d.h. ein einzelnes Paar (Instant, Type) aus Moving$_{\text{Type}}$, wird durch den temporalen Datentyp InTime$_{\text{Type}}$ repräsentiert.

Ist Type ein räumlicher Datentyp (also Unterklasse von Geometry), so handelt es sich bei Moving$_{\text{Type}}$ um einen *spatio-temporalen Datentypen.* Abbildung 14.3 illustriert die beiden vorgestellten Datentypen an einem konkreten Punktobjekt. Die dargestellte Linie ist die *Bahn* (engl. *Trajectory*) des Punktes.

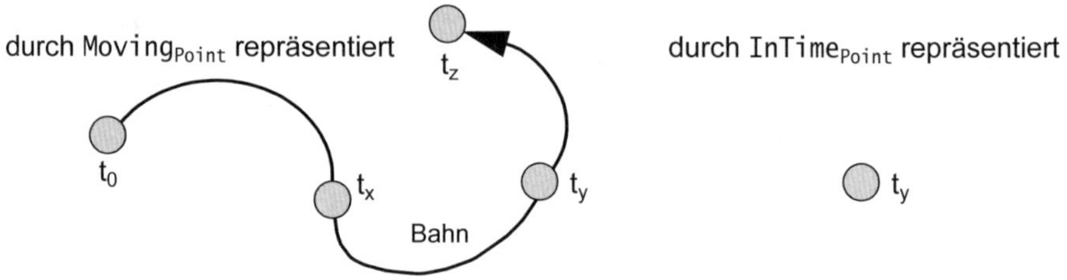

Abb. 14.3: Die Datentypen Moving$_{\text{Type}}$ und InTime$_{\text{Type}}$

Das Modell von Güting et al. enthält eine umfangreiche Liste von *Operationen* auf (spatio-) temporalen Datentypen. Über eine Reihe von Operationen lassen sich die Eigenschaften (spatio-)temporaler Objekte zu bestimmten Zeitpunkten oder Zeiträumen bestimmen. Beispiele hierfür sind:

- Die Funktion at: Moving$_{\text{Type}}$ × Instant → Type gibt für ein sich bewegendes Objekt zu einem Zeitpunkt das aktuelle Objekt zurück.
- Die Funktion atInstant: Moving$_{\text{Type}}$ × Instant → InTime$_{\text{Type}}$ bestimmt für ein sich bewegendes Objekt zu einem Zeitpunkt das Paar (Instant, Type).
- Die Funktionen initial und final: Moving$_{\text{Type}}$ → InTime$_{\text{Type}}$ besitzen für ein sich bewegendes Objekt das erste bzw. letzte Paar (Instant, Type) als Rückgabewert.

Mit anderen Operationen sind *Projektionen auf (räumliche) Datentypen* definiert, zum Beispiel:

- Die Funktion locations: Moving$_{\text{Point/MultiPoint}}$ → MultiPoint bestimmt die Positionen eines (Multi-)Punktes, der sich in diskreten Schritten verändert.
- Die Funktion routes: Moving$_{\text{MultiCurve}}$ → MultiCurve gibt alle Geometrien zurück, die eine sich in diskreten Schritten verändernde (Multi-)Linie eingenommen hat.
- Die Funktion trajectory: Moving$_{\text{Point}}$ → MultiCurve berechnet die Bahn einer sich bewegenden Punktgeometrie.
- Die Funktion traversed: Moving$_{\text{MultiCurve/MultiSurface}}$ → MultiSurface bestimmt die Flächen, die sich bewegende Linien oder Flächen überstrichen haben.

Ähnlich wie beim Feature-Geometry-Modell und Simple-Feature-Modell werden für die räumlichen Datentypen auch Operationen zum *Test topologischer Beziehungen* und *Ver-*

[1] Da im Folgenden die räumlichen Datentypen in Anlehnung an das Feature-Geometry-Modell (ISO 19107) bezeichnet werden, stimmen die Bezeichnungsweisen nicht mit dem Originalartikel überein.

schneidungsoperationen eingeführt. Für die spatio-temporalen Datentypen müssen diese Operationen entsprechend verallgemeinert werden. Zu der nichttemporalen Funktion

- `intersection: MultiSurface` × `Point` → `Point`

entstehen durch eine spatio-temporale Erweiterung folgende Funktionen:

- `intersection:` $\texttt{Moving}_{\texttt{MultiSurface}}$ × `Point` → $\texttt{Moving}_{\texttt{Point}}$
- `intersection: MultiSurface` × $\texttt{Moving}_{\texttt{Point}}$ → $\texttt{Moving}_{\texttt{Point}}$
- `intersection:` $\texttt{Moving}_{\texttt{MultiSurface}}$ × $\texttt{Moving}_{\texttt{Point}}$ → $\texttt{Moving}_{\texttt{Point}}$

Für sich bewegende Punkte gibt es *abgeleitete Funktionen*, die der Analyse der Bewegung dienen:

- `speed:` $\texttt{Moving}_{\texttt{Point}}$ → $\texttt{Moving}_{\texttt{Real}}$ bestimmt die *Geschwindigkeiten* des Punktes.
- `turn:` $\texttt{Moving}_{\texttt{Point}}$ → $\texttt{Moving}_{\texttt{Real}}$ bestimmt die *Bewegungsrichtungen* des Punktes.

Mithilfe von speed lässt sich dann auch eine eventuelle *Beschleunigung* berechnen.

14.2.1.3 ISO 19141 Schema for Moving Objects

Mit *ISO 19141* [72] liegt seit 2008 ein Datenmodell vor, das ausgehend vom Feature-Geometry-Modell (ISO 19107) sich bewegende Geoobjekte repräsentiert. Dabei gilt die Einschränkung, dass die Form der Geometrie unverändert bleibt, aber Rotationen zulässig sind. Abbildung 14.4 skizziert den Ansatz für ein Rechteck.

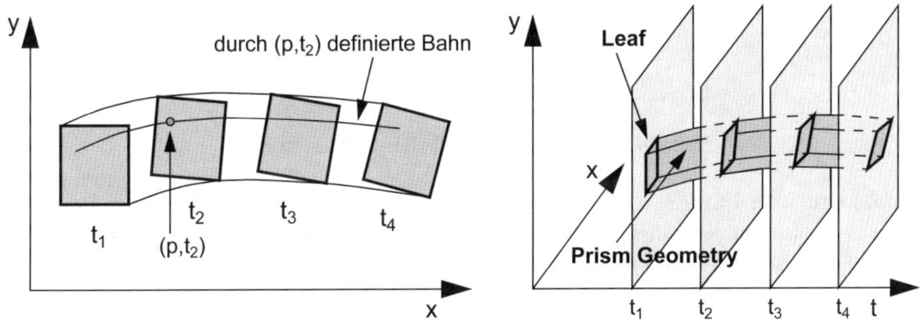

Abb. 14.4: Bewegung eines sich drehenden Rechtecks

Abbildung 14.5 stellt eine Auswahl von Klassen aus ISO 19141 dar. Die Klasse `MF_OneParamGeometry` ist Unterklasse der Geometrieoberklasse `GM_Object` des Feature-Geometry-Modells. Sie stellt Objekte dar, deren Bewegung von einem Parameter abhängig ist. Dieser Ansatz wird durch die Klasse `MF_TemporalGeometry` spezialisiert, bei der der Parameter einer Zeitangabe der Klasse `TM_Coordinate` aus ISO 19108 entspricht. Die Klasse `MF_TemporalGeometry` repräsentiert somit sich *bewegende Geoobjekte*. Sie besitzt u.a. folgende Methoden:

- `start/endTime(): TM_Coordinate` – Anfangs- und Endzeit der Bewegung.
- `leafGeometry (t:TM_Coordinate): GM_Object` – die Geometrie des sich bewegenden Geoobjektes zu dem angegebenen Zeitpunkt *t* („Leaf", vgl. Abb. 14.4).

- trajectory (p:DirectPosition, t:TM_Coordinate): MF_TemporalTrajectory – Bahn für einen Punkt des sich bewegenden Geoobjektes. Der Punkt wird über eine Positionsangabe *p* zu einem bestimmten Zeitpunkt *t* definiert. In Abbildung 14.4 wird durch (p,t_2) die dort skizzierte Bahn ausgewählt.
- intersection (g:GM_Object, t:TM_Period): MF_TemporalGeometry – das sich bewegende Geoobjekt wird auf den Schnitt mit einer Geometrie *g* in einem angegebenen Zeitraum *t* eingeschränkt.

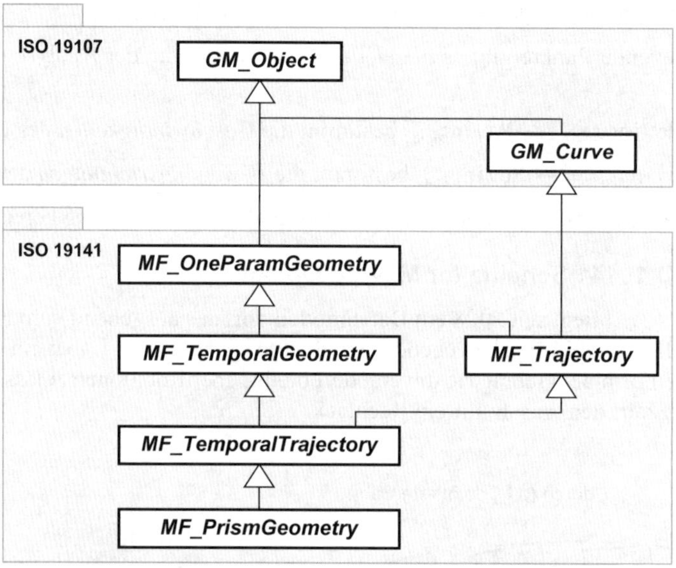

Abb. 14.5: Klassen von ISO 19141 (Auswahl)

Eine *Bahn* wird, wie das Ergebnis von trajectory zeigt, durch eine Instanz der Klasse MF_TemporalTrajectory repräsentiert. Die Klasse erbt sowohl von MF_TemporalGeometry als auch (indirekt) vom geometrischen Primitiv für Linien GM_Curve (ISO 19107). Sie besitzt u.a. folgende Methoden:

- start/endDomain(): TM_Coordinate – Anfangs- und Endzeit der Bahn.
- pathGeometry: GM_Curve – die Geometrie der Bahn.
- pointAtTime (t:TM_Instant): DirectPosition – die Position der Bahn für den angegebenen Zeitpunkt *t*. Zusätzlich lassen sich Positionen über eine weitere Funktion (positionAtTime) auch als Entfernungsangaben in einem *linearen Bezugssystem* nach ISO 19148 abfragen (siehe Abschnitt 3.7.1).
- timeAtPoint (p:DirectPosition): Set<TM_GeometricPrimitive> – die Zeitpunkte und/oder Zeitintervalle, zu denen die Bahn die angegebene Position *p* durchläuft (TM_GeometricPrimitive ist Oberklasse zu TM_Instant und TM_Period).
- velocity/acceleration (t:TM_Coordinate) – *Geschwindigkeit* bzw. *Beschleunigung* zum angegebenen Zeitpunkt *t*.

Die Klasse `MF_PrismGeometry` ist Unterklasse von `MF_TemporalGeometry`. Sie repräsentiert die Geometrie, die durch ein sich bewegendes Geoobjekt über einen Zeitraum hinweg eingenommen wird. Diese Geometrie wird in ISO 19141 als *Prisma eines sich bewegenden Geometrieobjektes* bzw. als *Prism Geometry* bezeichnet; Abbildung 14.4 illustriert sie anhand eines Beispiels.

14.2.2 Basisanfragen

Durch ein spatio-temporales Datenbankschema soll ein Benutzer oder ein Anwendungsprogramm in die Lage versetzt werden, spatio-temporale Daten zu modellieren und Anfragen zu formulieren, die aus einer Datenbank die gewünschten Daten selektieren oder verknüpfen. Um solche Anfragen effizient ausführen zu können, muss ein spatio-temporales Datenbanksystem – so wie wir dies auch für Geodatenbanksysteme kennengelernt haben (vgl. Abschnitt 1.5.1) – eine Reihe von *spatio-temporalen Basisanfragen* unterstützen.

Eine der wichtigsten räumlichen Basisanfragen ist die Rechteckanfrage (engl. Window Query). Wenn diese für spatio-temporale Datenbanksysteme verallgemeinert wird, entstehen drei Varianten [177]:

- *Timeslice Query*

  Eine Timeslice Query bestimmt zu einem Anfragerechteck $r \in$ `Envelope` und einem Zeitpunkt $t \in$ `Instant` alle sich bewegenden Objekte, deren Geometrie $g \in \mathtt{Moving}_{\mathtt{Geometry}}$ zum Zeitpunkt *t* einen Schnitt mit *r* aufweist (nach Güting et al.: *intersects(at(t,g) , r) = true*).

- *Time-Window Query*

  Eine Time-Window Query hat zu einem statischen Anfragerechteck $r \in \mathtt{Moving}_{\mathtt{Envelope}}$ und einem Zeitraum $p = [t_1 , t_2]$ (t_1, $t_2 \in$ `Instant`, $t_1 < t_2$) alle sich bewegenden Objekte als Ergebnis, deren Geometrie zu einem Zeitpunkt $t \in p$ einen Schnitt mit dem Rechteck *at(r,t)* aufweist. Da *r* sich nicht verändert, gilt: $at(r,t) = r_0 \in$ `Envelope`.

- *Moving Query*

  Eine Moving Query berechnet zu einem sich konstant verändernden Anfragerechteck $r \in \mathtt{Moving}_{\mathtt{Envelope}}$ und einem Zeitraum *p* alle sich bewegenden Objekte, deren Geometrie zu einem Zeitpunkt $t \in p$ einen Schnitt mit dem durch *atInstant(r,t)* definierten Rechteck aufweist. Das sich bewegende Anfragerechteck *r* weist dabei eine konstante Bahn und Veränderung auf, sodass es durch zwei Rechtecke r_1 und r_2 (r_1, $r_2 \in$ `Envelope`) beschrieben werden kann.

Abbildung 14.6 zeigt die drei Anfragen für sich bewegende eindimensionale Punkte und Anfrageintervalle.

Ein *spatio-temporaler Verbund* (engl. *Spatio-Temporal Join*) liegt vor, wenn die Verbundbedingung spatio-temporal ist. Ein Beispiel dafür ist der Test, ob sich zwei bewegende Geometrien in einem bestimmten Zeitraum schneiden. In vielen Fällen bringt nur eine der beteiligten Relationen sich bewegende Objekte in die Verbundbedingung ein. Ein Anwendungsbeispiel hierfür ist die Bestimmung aller Fahrzeuge, die in den letzten/nächsten zehn Minuten an einer Tankstelle der Firma X vorbeigefahren sind/voraussichtlich vorbeifahren werden.

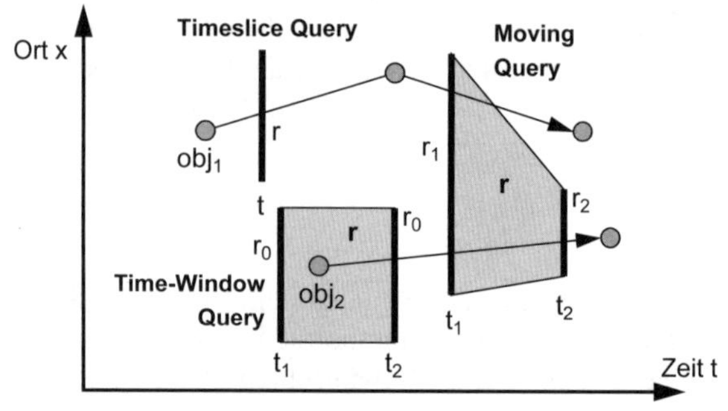

Abb. 14.6: Spatio-temporale Varianten der Rechteckanfrage bei 1D-Geometrie

Bei der *spatio-temporalen Nächste-Nachbarn-Anfrage* werden die *k* zu einem Anfrageobjekt *p* nächstgelegenen bewegenden Objekte bestimmt. Im einfachsten Fall ist *k* gleich 1 und *p* ein sich nicht bewegender Punkt zu einem Anfragezeitpunkt *t*. In komplexeren Fällen kann *k* größer als 1 sein und *p* eine sich in dem Anfragezeitraum *p* (konstant) bewegende Geometrie.

14.2.3 Indexe

Für die effiziente Anfragebearbeitung in spatio-temporalen Datenbanksystemen ist – wie auch bei anderen Typen von Datenbanken – der Einsatz von *Indexen* Voraussetzung. Mit dieser Zielsetzung hat in den letzten Jahren die Entwicklung dafür geeigneter Datenstrukturen (also von *spatio-temporalen Indexstrukturen*) begonnen. Dabei werden drei prinzipielle Ausrichtungen unterschieden [1]:

- *Indexierung der Vergangenheit*

  In diesem Fall liegt der Anfragezeitpunkt oder -zeitraum vor der aktuellen Zeit, sodass alle für den Anfragezeitraum geltenden Raum- und Zeitinformationen in der Datenbank vorhanden sind.

- *Indexierung der Gegenwart*

  Hierbei werden die Anfragen immer mit der aktuellen Zeit als Anfragezeitpunkt an die Datenbank gestellt.

- *Indexierung der Zukunft*

  Die Zukunft indexieren zu wollen, hört sich ein wenig vermessen an. Die Grundlage hierfür ist, dass für ein sich bewegendes Geoobjekt in der Datenbank neben der Position die aktuelle *Bahn* mittels einer *Bewegungsrichtung* und *Geschwindigkeit* gespeichert ist. Damit kann die Bewegung in die Zukunft fortgeschrieben werden. Je weiter die Anfrage in die Zukunft weist, desto unsicherer wird naturgemäß eine solche Datengrundlage.

Für die drei genannten Ausrichtungen wurden und werden unterschiedliche Indexstrukturen entwickelt. Da in einer spatio-temporalen Datenbank aufgrund geringer Aktualisierungsraten häufig nicht die aktuelle Position und Bewegung der Objekte gespeichert sein kann, sondern nur ältere Informationen, schließen Verfahren zur Indexierung der Zukunft auch die Unterstützung von Anfragen mit ein, die sich auf die Gegenwart beziehen.

14.2.4 TPR-Baum

Der *TPR-Baum* (*Time-Parameterized R-Tree*, [177]) ist eine spatio-temporale Indexstruktur zur Verwaltung von sich bewegenden Objekten. Der TPR-Baum unterstützt spatio-temporale Basisanfragen bezüglich der aktuellen oder zukünftigen Position der gespeicherten Geoobjekte. Dazu wird ein *Zeithorizont h* eingeführt, der angibt, wie weit der TPR-Baum in die Zukunft blicken soll. Der TPR-Baum setzt (wie auch andere spatio-temporale Indexstrukturen) voraus, dass Zeitpunkte durch eine Zahl repräsentiert werden.

Für alle sich bewegenden Punkte wird angenommen, dass ihre Position $pos(t_r)$ und ein Bewegungsvektor $v(t_r)$ zu einem bestimmten, für den jeweiligen Punkt spezifischen Zeitpunkt t_r bekannt sind. Dieser Zeitpunkt t_r ist der letzte Zeitpunkt, zu dem aktuelle Informationen über den Punkt vorliegen. Bei zweidimensionalen Punkten wird die Position $pos(t_r)$ durch eine Punktkoordinate (x , y) und der Bewegungsvektor $v(t_r)$ durch ein Paar $(\Delta x , \Delta y)$ repräsentiert, wobei Δx und Δy angeben, wie sich x und y während einer Zeiteinheit verändern. Nach Δt Zeiteinheiten gilt also (wenn keine zwischenzeitliche Modifikation des Punktes p vorgenommen wird):

$$p.pos\ (t_r + \Delta t) = (\ x + \Delta t \cdot \Delta x\ , y + \Delta t \cdot \Delta y\ )$$

$$p.v\ (t_r + \Delta t) = p.v\ (t_r) = (\Delta x\ , \Delta y)$$

und für einen beliebigen Zeitpunkt $t \geq t_r$:

$$p.pos\ (t) = (\ x + (t - t_r) \cdot \Delta x\ , y + (t - t_r) \cdot \Delta y\ )$$

Abbildung 14.7 illustriert Position und Bewegungsvektor.

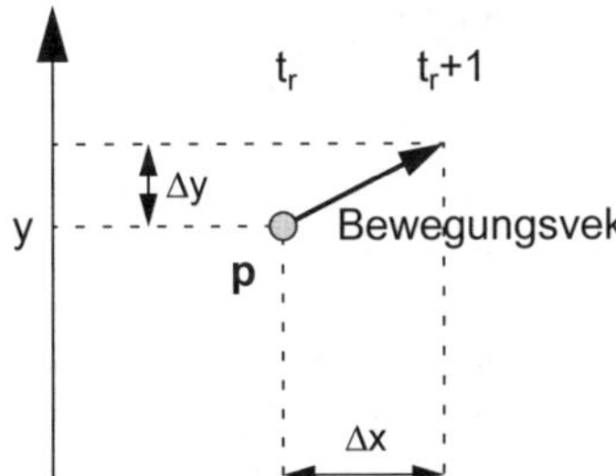

Abb. 14.7: Position und Bewegungsvektor von sich bewegenden Punkten

Wie der Name schon andeutet, ist der TPR-Baum ein modifizierter R-Baum. Von daher muss er in der Lage sein, ein minimal umgebendes Rechteck um eine Menge sich bewegender Punkte zu bilden. Für eine solche Menge mit Punkten p_i besteht ein *zeitparameterisiertes minimal umgebendes Rechteck r* (*TP-MUR*) aus jeweils einer Unter- und Oberschranke für die Position und für die Bewegung. Die Attribute eines TP-MURs können für einen Zeitpunkt t wie folgt für die x-Dimension berechnet werden (y-Dimension analog):

- $x_{min}(t) = \text{Minimum}\ \{\ p_i.pos(t).x\ \}$
- $x_{max}(t) = \text{Maximum}\ \{\ p_i.pos(t).x\ \}$
- $\Delta x_{min} = \text{Minimum}\ \{\ p_i.v.\Delta x\ \}$
- $\Delta x_{max} = \text{Maximum}\ \{\ p_i.v.\Delta x\ \}$

Abbildung 14.8 zeigt Beispiele für so berechnete zeitparameterisierte minimal umgebende Rechtecke zum Zeitpunkt t.

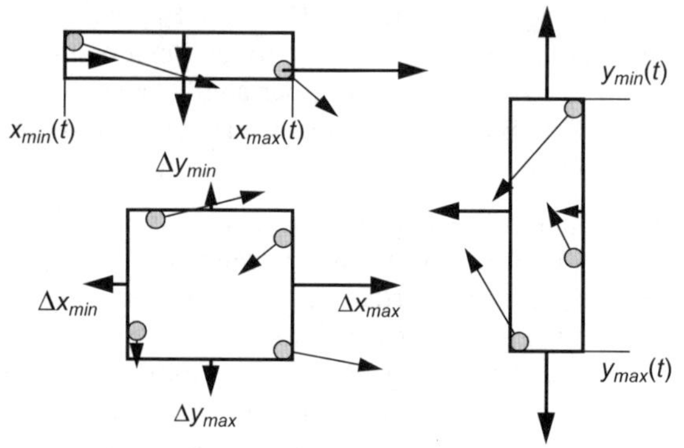

Abb. 14.8: Zeitparameterisierte minimal umgebende Rechtecke zum Zeitpunkt t

In ähnlicher Weise kann das TP-MUR über eine Menge von TP-MURs bestimmt werden. Ein TPR-Baum speichert die TP-MURs anstelle normaler Rechtecke als Blockregionen in den Einträgen seiner Knoten.

Im Prinzip laufen die TPR-Baum-Algorithmen wie bei normalen R- oder R*-Bäumen ab. Die R-Baum- und R*-Baum-Algorithmen `ChooseSubtree` und `Split` erfordern die Berechnung der Fläche und des Umfangs eines Rechtecks und die Berechnung des Abstands und der Schnittfläche zwischen zwei Rechtecken. Um solche Operationen auf einem TP-MUR ausführen zu können, muss dieses TP-MUR zu einem konkreten Zeitpunkt oder in einem konkreten Zeitintervall betrachtet werden. Im ersten Fall entsteht dadurch ein Rechteck, während im zweiten Fall die vom TP-MUR in dem Zeitraum eingenommene Fläche nur durch ein Polygon – der *Sweeping Region* – beschrieben werden kann. Abbildung 14.9 zeigt auf der linken Seite das Beispiel einer Sweeping Region. Für die Algorithmen `ChooseSubtree` und `Split` wird das betrachtete Zeitintervall durch die aktuelle Zeit t_{akt} und den Zeithorizont h begrenzt: $[t_{akt}, t_{akt}+h]$. Somit werden Fläche, Rand, Abstand und Schnitt für Sweeping Regions berechnet und als Konsequenz der TPR-Baum für den Zeithorizont h optimiert. Die experimentellen Untersuchungen in [177] haben gezeigt, dass h zwischen $int_{upd} / 2 + int_{qry}$ und $int_{upd} + int_{qry}$ liegen sollte, wobei int_{upd} den Zeitraum angibt, der durchschnittlich zwischen zwei Aktualisierungen eines Punktes liegt, und int_{qry} der Zeitraum ist, den Anfragen durchschnittlich vom jeweils aktuellen Zeitpunkt in die Zukunft blicken.

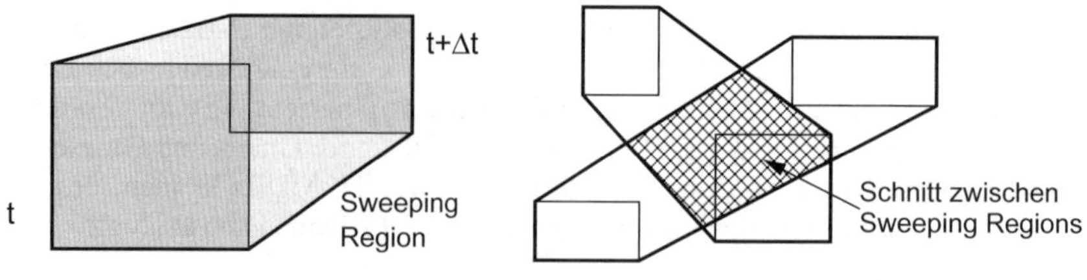

Abb. 14.9: Sweeping Regions

Für die Bearbeitung der in Abschnitt 14.2.2 vorgestellten Basisanfragen müssen Funktionen definiert sein, die prüfen, ob ein TP-MUR einen Schnitt mit der jeweiligen Anfrageregion aufweist. Da bei der Moving Query auch die Anfrageregion ein TP-MUR ist, ist die Schnittfläche zwischen Anfrage- und Blockregion entsprechend komplex (vgl. rechte Seite von Abbildung 14.9).

Der *TPR*-Baum* [194] ist eine Variante des TPR-Baums, die auf der Basis eines Kostenmodells für spatio-temporale Basisanfragen modifizierte Einfüge- und Löschalgorithmen einsetzt und dadurch das Leistungsverhalten des Baums verbessert.

14.3 Spatial Data Mining

14.3.1 Data Mining

Unter dem Begriff *Data Mining* werden verschiedene Techniken verstanden, die es erlauben, in – meist sehr umfangreichen und ggf. verteilt vorliegenden – Datenbeständen bislang unerkannte Informationen und Zusammenhänge zu erkennen. Über entsprechende Werkzeuge wird – möglichst automatisiert – versucht, statische Häufungen und wiederkehrende Muster und Beziehungen zu entdecken. Dabei werden verschiedene Aufgaben unterschieden [39][16]:

- Ziel einer *Cluster-Bildung* ist es, einen Datenbestand in *Gruppen* (engl. *Clusters*) aufzuteilen, sodass sich die Objekte in einer Gruppe gemäß einem oder mehreren Merkmalen möglichst ähneln und Objekte verschiedener Cluster möglichst unähnlich sind. Objekte, die keiner Gruppe zugeordnet werden können, werden als *Ausreißer* (engl. *Outlier*) bezeichnet.
- Bei einer *Klassifikation* liegen im Gegensatz zur Cluster-Bildung die im Datenbestand auftretenden Klassen bereits vor. Aufgabe ist es, Objekte aufgrund ihrer Attributwerte einer dieser Klassen zuzuordnen, wobei für eine Menge von Trainingsobjekten die Zuordnung bekannt ist. Somit muss das System auf dieser Basis lernen, neue Objekte einer Klasse zuzuweisen.
- *Abhängigkeiten* (*Regeln*) zwischen zwei Ereignissen oder Zuständen sollen bestimmt werden, sodass im Fall des Eintritts von Ereignis A die Wahrscheinlichkeit groß ist, dass sich auch Ereignis B zuträgt. Hierbei kann es auch zeitliche Abhängigkeiten zwischen den Ereignissen oder Zuständen geben.
- Die *Prognose* von künftigen Daten und Ereignissen ist eine weitere Aufgabe des Data Minings. Dabei werden historische Daten analysiert, *Trends* bestimmt und die Daten entsprechend fortgeschrieben.

14.3.2 Spatial Data Mining

Beim *Spatial Data Mining* [38] möchte man Informationen und Zusammenhänge in räumlichen Daten erkennen. Damit spielen insbesondere topologische Beziehungen (vgl. Abschnitt 3.4.5) und Entfernungen eine Rolle. Datensätze, die sich in räumlichen Aspekten ähnlich sind, bilden *räumliche Cluster*. Ein ähnliches Bestreben haben wir bereits bei der Indexierung von Geodaten kennengelernt (vgl. Abschnitt 6.2). Beispiele für räumliche Cluster können Einzugsgebiete von Städten oder Vertriebsgebiete sein. Abbildung 14.10 zeigt ein Beispiel mit drei Clustern und einige außerhalb der Cluster liegende Ausreißer.

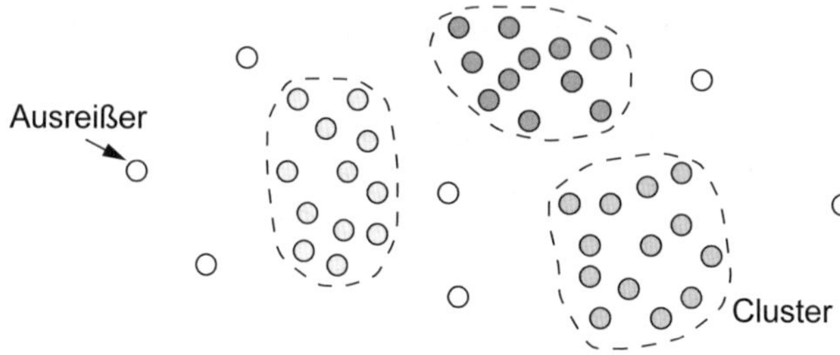

Abb. 14.10: Beispiel für räumliche Cluster

Eine weitere Zielsetzung des Spatial Data Minings ist die Ableitung *räumlicher Abhängigkeiten*. Beispiele hierfür sind die Entdeckung von räumlichen Zusammenhängen („alle größeren Städte liegen in der Nähe eines Gewässers", „in 30 km Umkreis um große Industrieanlagen steigt/sinkt die Wahrscheinlichkeit allergischer Erkrankungen") und von spatio-temporalen Abhängigkeiten („Drei Jahre nach einer Dürre nimmt in dem betroffenen Gebiet die Häufigkeit der Pflanze X deutlich zu").

Die *Charakterisierung von Geodaten* stellt eine andere Aufgabe dar. Ein Beispiel sind Aussagen zur Gestalt von Geometrien („Ortschaften in Gebirgsregionen haben eine längliche Form"). Abbildung 14.11 zeigt ein anderes Beispiel, bei dem versucht wird, die Komplexität von geografischen Objekten durch eine Maßzahl zu beschreiben.

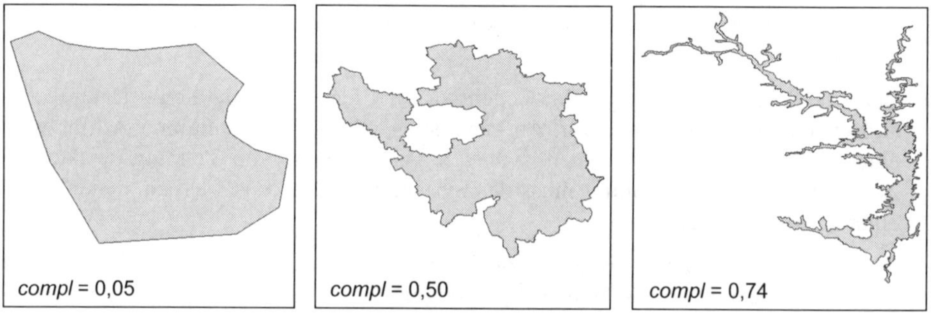

Abb. 14.11: Charakterisierung der Komplexität von geografischen Objekten [23]

Unter die Bestimmung *räumlicher Trends* fällt die Erkennung von Bewegungs- und Ausbreitungsmustern, zum Beispiel bei der Bevölkerungs- oder Wirtschaftsentwicklung. Man versucht, die regelmäßige Änderung eines nichtgeometrischen Attributs in der Umgebung von Geoobjekten zu identifizieren.

14.3.3 Oracle Spatial

Operationen für räumliche Analysen und Spatial Data Mining stellt Oracle Spatial seit Version 10 im Paket `SDO_SAM` bereit. Die PL/SQL-Funktion `SPATIAL_CLUSTERS` erlaubt eine Bestimmung räumlicher Cluster.

```
SDO_SAM.SPATIAL_CLUSTERS(
    tablename       IN  VARCHAR2,      -- Name der Datentabelle
    colname         IN  VARCHAR2,      -- Name des Geometrieattributs
    max_clusters    IN  NUMBER         -- max. Anzahl der Cluster
  [, incl_outliers  IN  VARCHAR2 DEFAULT 'TRUE'] -- Ausreißer aufnehmen?
) RETURN MDSYS.SDO_REGIONSET;          -- die Cluster
```

Das Attribut `allow_outliers` soll bei Belegung mit `'TRUE'` erzwingen, dass alle Einträge einem Cluster zugeordnet werden, während bei `'FALSE'` Ausreißer auch außerhalb der Cluster liegen können; die Cluster-Gebiete sind dann in der Regel kleiner. Da die Geometrie der Cluster von Oracle nur recht grob approximiert wird, treten auch bei Belegung mit `'TRUE'` durchaus Einträge auf, die keinem Cluster zugeordnet sind. Die Funktion gibt eine Relation von `SDO_REGION`-Objekten zurück, die aus einer ID und einer Geometrie bestehen:

```
Name       Typ
---------- ------------
ID         NUMBER              -- ID des Clusters
GEOMETRY   SDO_GEOMETRY        -- Gebiet des Clusters
```

Im nachfolgenden Beispiel soll über die Gemeindezentren eine Cluster-Bildung und -Zuordnung vorgenommen werden. Dazu wird zunächst eine Tabelle „Clusters“ zur Speicherung der Cluster-Beschreibungen angelegt.

```
-- Cluster-Tabelle anlegen:
CREATE TABLE Clusters (
  id   DECIMAL(3),                          -- ID des Clusters
  geo  SDO_GEOMETRY,                        -- Gebiet des Clusters
  CONSTRAINT pk_cluster PRIMARY KEY (id)    -- Primärschlüssel
);

-- Metadaten einfügen:
INSERT INTO USER_SDO_GEOM_METADATA
VALUES ('CLUSTERS','GEO',SDO_DIM_ARRAY(SDO_DIM_ELEMENT('Länge',-180,180,1),
                                        SDO_DIM_ELEMENT('Breite',-90,90,1)),
        4326);
COMMIT;

-- Räumlichen Index anlegen:
CREATE INDEX Clusters_geo_ix ON Clusters(geo)
INDEXTYPE IS MDSYS.SPATIAL_INDEX;
```

Nun können die Cluster berechnet und in die Tabelle eingefügt werden:

```
INSERT INTO Clusters (id,geo)
  SELECT * FROM TABLE(SDO_SAM.SPATIAL_CLUSTERS('GEMEINDEN','CENTRUM',10));

10 Zeilen wurden erstellt.

COMMIT;
```

Durch die Anweisung wurden zehn Cluster berechnet. Abbildung 14.12 zeigt, dass diese sich zum Teil überlappen[2].

[2] Je Release werden offenbar unterschiedliche Algorithmen genutzt, sodass sich die berechneten Cluster unterscheiden und von den hier dargestellten Werten abweichen können.

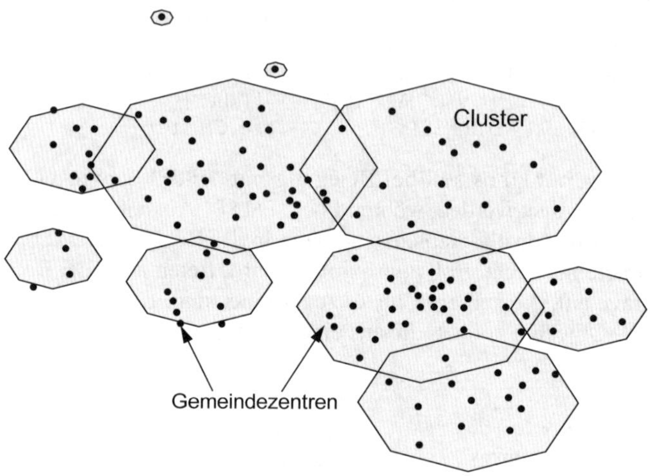

Abb. 14.12: Berechnete Cluster

Über die PL/SQL-Funktion BIN_GEOMETRY aus dem Paket SDO_SAM kann eine Zuordnung von Geometrien zu den Clustern erfolgen. Sollte eine Geometrie in mehr als ein Cluster fallen, wird die ID des Clusters mit der kleinsten Fläche zurückgegeben. Eine Geometrie, die in keinem Cluster liegt, führt zu einem Abbruch der Funktion mit einer entsprechenden Fehlermeldung.

```
SDO_SAM.BIN_GEOMETRY(
  data_geom          IN  SDO_GEOMETRY,  -- Geometrie
  tolerance          IN  NUMBER,        -- Toleranzwert
  cluster_tablename  IN  VARCHAR2,      -- Name der Cluster-Tabelle
  cluster_colname    IN  VARCHAR2       -- Gebietsattribut der Cluster-Tab.
) RETURN NUMBER;                        -- Cluster-ID für die Geometrie
```

Nachfolgend wird diese Funktion für alle Gemeinden aufgerufen. Um den Fehler abzufangen, falls eine Gemeinde in keinem Cluster liegt, wird der Aufruf durch eine eigene PL/SQL-Funktion gekapselt, die eine *Ausnahmebehandlung* vornimmt: Durch EXCEPTION WHEN OTHERS THEN werden alle möglicherweise auftretenden Ausnahmen abgefangen und im nachfolgenden Programmteil behandelt. Somit ergibt sich die in Abbildung 14.13 dargestellte Cluster-Zuordnung.

```
-- Zur Veranschaulichung die Geometrien außerhalb der Cluster bestimmen:
SELECT *
FROM (SELECT g.name,
         MIN( SDO_GEOM.SDO_DISTANCE (c.geo,g.centrum,1,'unit=M') ) AS dist
      FROM Gemeinden g CROSS JOIN Clusters c
      GROUP BY g.name)
WHERE Dist > 0;
```

```
-- Funktion zur fehlerfreien Zuordnung zu Clustern:
CREATE OR REPLACE FUNCTION BIN_GEOMETRY (
  data_geom IN SDO_GEOMETRY, tolerance IN NUMBER,
  cluster_tablename IN VARCHAR2, cluster_colname IN VARCHAR2) RETURN NUMBER
IS
BEGIN
  RETURN SDO_SAM.BIN_GEOMETRY (data_geom, tolerance,
                               cluster_tablename, cluster_colname);
EXCEPTION WHEN OTHERS THEN
  RETURN -1;
END;
/

-- Cluster-Zuordnung:
SELECT name, BIN_GEOMETRY(centrum,1,'CLUSTERS','GEO')
FROM Gemeinden
ORDER BY NAME;

NAME            BIN_GEOMETRY
--------------- ------------
Achim                      4
Alfeld                     9
Aurich                     8
Bad Essen                  2
Bad Harzburg               9
Bad Münder                 0
Bad Pyrmont                0
  -- und so weiter ...
```

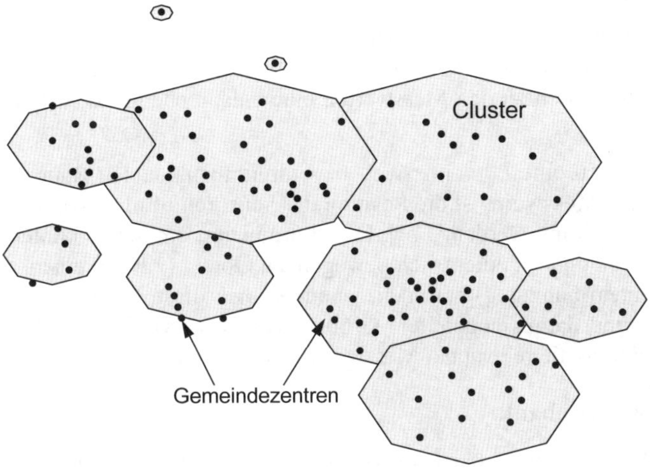

Abb. 14.13: Cluster-Zuordnung

14.4 Abfrage von Sensordaten

Sensoren dienen dazu, Messwerte automatisiert zu erfassen. Sie messen beispielsweise Temperaturen, Helligkeitswerte, Abstände, Lautstärke von Geräuschen oder Feuchtigkeit. Die technologische Entwicklung ermöglicht es zunehmend, Sensoren, Prozessoren und autarke Energiequellen preisgünstig auf kleinstem Raum zu integrieren. Über drahtlose Kommunikationseinrichtungen können solche *Sensorknoten* ein (ggf. drahtloses) *Sensornetz* (engl. *Sensor Network*) bilden, in dem die Knoten miteinander kommunizieren können [112]. Die Aufgabe eines Sensorknotens besteht dann im Auslesen der Sensordaten, deren Vorverarbeitung und der Weiterleitung von Daten.

Ein mit vielen Knoten ausgestattetes Sensornetz erlaubt die weiträumige Beobachtung von Phänomenen der realen Welt mit großer Genauigkeit. Anwendungsgebiete solcher Sensornetze können u.a. die medizinische Überwachung, das Facility Management, die Lagerverwaltung und der Umwelt- und Naturschutz sein.

Bei der Entwicklung von Sensornetzen ist eine Reihe von Einschränkungen der Sensorknoten zu berücksichtigen:

- Die Kommunikation zwischen den Sensorknoten ist beschränkt hinsichtlich Verfügbarkeit, Reichweite, Geschwindigkeit, Bandbreite usw.
- Aufgrund der autarken Energieversorgung muss der Energieverbrauch gering bleiben.
- Die Rechenleistung der Sensorknoten ist schwach.
- Die Messwerte einzelner Sensoren können aufgrund von Umwelteinflüssen oder anderer Ursachen fehlerhaft oder verfälscht sein.

Wenn die Messwerte von den Sensorknoten nicht sofort übermittelt werden oder die Kommunikationsdauer keinen hinreichend genauen Rückschluss auf den Zeitpunkt der Messung zulässt, muss zusätzlich zu den Messwerten eine entsprechende Zeitangabe mit übertragen werden.

Sensorknoten haben eine *Lage* im zwei- bzw. dreidimensionalen Raum. Für eine korrekte Interpretation der Messwerte ist die Position der Sensoren oftmals von hohem Interesse und muss geeignet bestimmt werden [171]. Damit produziert ein Sensorknoten Geodaten. Sollte der Sensor sich an oder in einem sich bewegenden Objekt (z.B. an einem zu beobachtenden Tier oder in einem Fahrzeug) befinden, verändert sich diese Position – ggf. sind sogar nur diese Position und daraus abgeleitete Größen wie Geschwindigkeit, Beschleunigung oder Bewegungsrichtung die relevanten Messwerte des Sensors.

Sensornetz als Datenbank

Wenn Sensorknoten in der Lage sind, Daten zu speichern und Verarbeitungsschritte auszuführen, kann man das Sensornetz als eine (Geo-)Datenbank aufzufassen. Dann ist es möglich, die Sensorknoten mit einfacher DBS-Funktionalität auszustatten [202][213]. Dies erlaubt einem Client, eine Anfrage an das Sensornetz zu stellen, die dann von den einzelnen Sensorknoten autonom weitergeleitet und verarbeitet wird, sodass das Anfrageergebnis an das Datenbankmanagementsystem zurück übermittelt werden kann (vgl. Abb. 14.14). Das Sensornetz ist dann Teil des (Geo-)Datenbanksystems. Eine Anfrage, die vom Sensornetz bearbeitet wird, könnte dann lauten: „Liefere mir die Temperaturmesswerte und Positionen aller Sensoren, die sich im Umkreis von 10 km um `POINT (9.7358, 52.3803)` befinden und einen

Messwert über 20° Celsius aufweisen." Eine solche Anfrage sollte mit geringen Kommunikationskosten (also möglichst zielgerichtet) an die betroffenen Sensorknoten übermittelt werden.

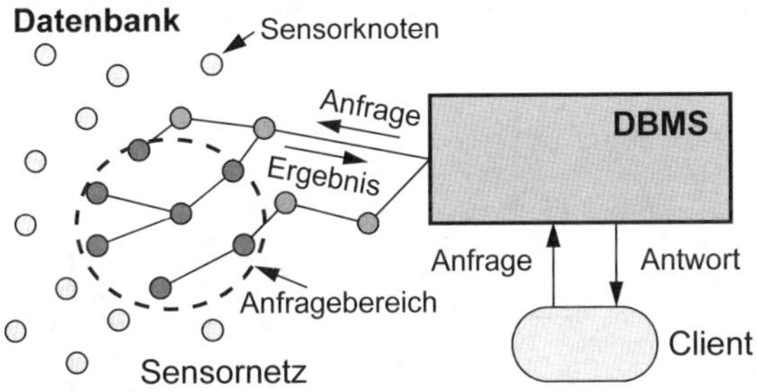

Abb. 14.14: Sensornetz als Teil des Geodatenbanksystems

Sensor Web Enablement

Derzeit ist es übliche Praxis, dass die Sensorknoten die Messdaten mehr oder weniger regelmäßig an eine zentrale Datenbank übermitteln, die dann die Daten abspeichert und über Anfragen bereitstellt. Eine wichtige Anforderung für eine effektive Nutzung und Analyse ist die Bereitstellung der Sensordaten (Messdaten und Metadaten) über standardisierte Schnittstellen, die über Webdienste genutzt werden können. Für Sensordaten mit Raumbezug hat das OGC im Rahmen seiner Initiative *„Sensor Web Enablement"* (*SWE*) eine Basisarchitektur für ein *Geosensor Web* erarbeitet [16]. Auf dieser Grundlage wurde eine Reihe von Datenmodellen und Geodiensten spezifiziert. Aus Sicht der Datenhaltung und -abfrage sind hier zu nennen:

- Die *Sensor Model Language* (*SensorML*) [130] stellt ein XML-Datenmodell für die Beschreibung von Sensoren dar. Diese Metadaten umfassen u.a. Angaben zur Sensoridentifikation, zum Messgegenstand, zum Ort der Messung und zum Mess- und Verarbeitungsprozess.
- Das Datenmodell *Observations and Measurements* (*O&M*) liegt als ISO-Norm 19156 [76] vor und erlaubt (u.a.) die Beschreibung von Beobachtungen mit ihren Messwerten, Messobjekten und Verarbeitungsschritten in XML.
- Der *Sensor Observation Service* (*SOS*) [138] ist ein Geodienst zur Abfrage von Sensorbeschreibungen und -messwerten. Die Operation „DescribeSensor" stellt Informationen zu Sensoren in SensorML bereit. Mit „GetObservation" können Messwerte abgefragt werden, die mittels O&M zurückgeliefert werden. Die Anfrage spezifiziert (u.a.) Zeitpunkt oder -raum der Messungen, den Messgegenstand, das Messobjekt und Filterbedingungen, die die gewünschten Messwerte über Vergleichsoperatoren einschränken. Die Anfragemöglichkeiten (und -syntax) beruhen auf dem Filter Encoding, das in Abschnitt 14.1.1 vorgestellt wurde. Daneben gibt es optional transaktionale Operationen: „InsertSensor" und „InsertObservation" erlauben es, dem SOS zusätzliche Sensoren bzw. neue Messwerte bekannt zu machen. Beide Operationen stellen Ergänzungen zum proprietären Ansatz dar, die Datenbank des Dienstes direkt mit Daten zu speisen.

- Der *Sensor Planning Service* (*SPS*) [135] ist ein Dienst, um Aufgaben an Sensoren zu übermitteln, Informationen über die Verarbeitung dieser Aufgaben abzufragen und Aufgaben abzubrechen; damit erlaubt der SPS die Steuerung von Sensoren.

Abbildung 14.15 gibt einen Überblick über die Datenspeicherung und -abfrage unter Nutzung des SOS-Dienstes.

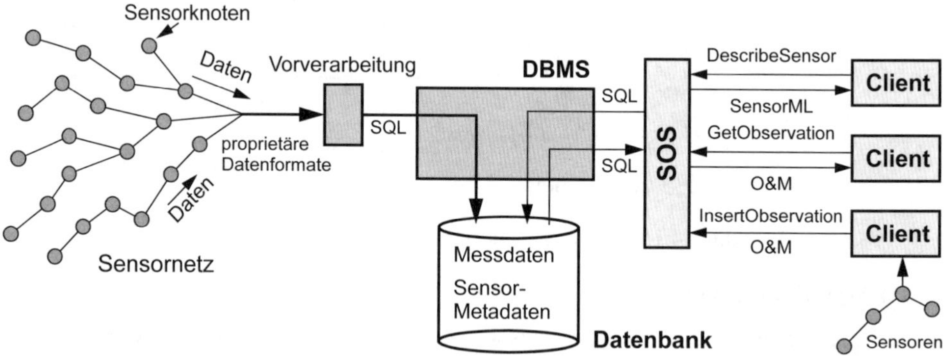

Abb. 14.15: Speicherung und Abfrage von Sensordaten mit dem SOS-Dienst

Für die Aufgabe, Ereignisse anhand der Sensordaten zu erkennen und ggf. Alarmmeldungen zu generieren, liegen noch keine verabschiedeten Implementierungsspezifikationen vor. Nach [16] hat der *Sensor Alert Service* (*SAS*) [190] diese Aufgabe. Die Filterbedingungen für eine Alarmierung sind relativ einfach gehalten: Neben einer Ortsangabe (Punkt oder minimal umgebendes Rechteck) ist nur ein alphanumerischer Vergleich möglich. Für die realitätsnahe Formulierung von Alarmzuständen ist dies meist nicht ausreichend. Daher wurde der *Sensor Event Service* (*SES*) [33] entwickelt. Dessen Aufgabe ist die Bereitstellung von Benachrichtigungen, falls die Kriterien erfüllt sind, die ein Client über die Operation „Subscribe" formuliert hat. Die Informationslieferanten registrieren sich beim Dienst (über die Operation „RegisterPublisher") und stellen die Informationen (insbesondere im O&M-Format) bereit (Operation „Notify"). Es gibt drei Formen zur Beschreibung von Filterkriterien:

1. Die Filterbedingung wird in XPath beschrieben und bezüglich der einkommenden Meldungen (also i.d.R. gegen O&M) getestet.
2. Der Filter verwendet Operatoren auf Basis des Filter Encodings.
3. Filterbedingungen, die Muster in den Messdaten erkennen, können durch die *Event Pattern Markup Language* (*EML*) beschrieben werden [40]. Konzeptionell beruht dieser Ansatz auf einem „Complex Event Processing" für Datenströme (siehe nächster Abschnitt).

Sensordaten als Datenstrom

Falls alle Sensoren kontinuierlich oder bei bestimmten Anlässen ihre Messdaten an einen Zielknoten weiterleiten, liegt ein *Datenstrom* (engl. *Data Stream*) vor [5][183]. Im vorigen Abschnitt wurden die Daten persistent in einer Datenbank abgelegt und Anfragen anhand der gespeicherten Daten beantwortet. Datenströme sind hingegen aufgrund des potenziell hohen Datenvolumens und der hohen Änderungsrate in der Regel flüchtig, d.h. die Daten liegen nur eine Zeit lang vor. Programme, die die Anfragebearbeitung auf Datenströmen unterstützen, heißen *Datenstrommanagementsysteme* (*DSMS*).

Anfragen betrachten den Datenstrom häufig längerfristig. Im Fall solcher *kontinuierlichen Anfragen* (engl. *Continuous Queries*) werden diese beim DSMS registriert und daraufhin dem Client wiederholt Anfrageergebnisse übermittelt. Die Verarbeitung von Anfragen darf die Datenströme nicht blockieren. Dazu haben sich verschiedene Techniken herausgebildet: Vielfach wird eine Anfrage mit einem gleitenden *Beobachtungsfenster* (engl. *Window*) verknüpft, sodass der zu betrachtende Bereich zeitlich oder nach Anzahl der Datenstromelemente auf die zuletzt empfangenen Daten begrenzt wird. Eine solche Anfrage könnte z.B. „Bestimme für jeweils zehn Minuten die Durchschnittstemperatur" lauten. Die Abbildung 14.16 illustriert diesen Vorgang. Wenn die Sensordaten Positionen oder andere räumliche Eigenschaften aufweisen, können räumliche Anfragen wie „Bestimme die aktuelle Durchschnittstemperatur im Anfragerechteck (9 , 52) × (10 , 53)" für den Datenstrom formuliert werden, wobei natürlich auch kontinuierliche räumliche Anfragen möglich sind.

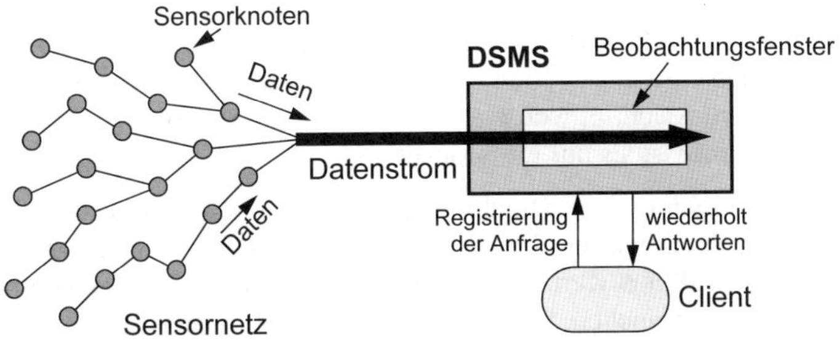

Abb. 14.16: Anfragebearbeitung auf Datenströmen

Typischerweise ist man nicht nur an einer kontinuierlichen Verfolgung eines Datenstroms interessiert, sondern möchte aufgrund der Beobachtung eines oder mehrerer Datenströme das Eintreten bestimmter Ereignisse erkennen und verarbeiten. Dazu können Methoden des *Complex Event Processings* (*CEP*) eingesetzt werden, das sich mit der zeitnahen und kontinuierlichen Erkennung, Analyse, Gruppierung und Verarbeitung voneinander abhängiger Ereignisse beschäftigt [34]. Für ein CEP ist eine geeignete Anfragesprache erforderlich. Diese muss eine Reihe von Anforderungen erfüllen: (a) die Extraktion von relevanten Daten aus dem Datenstrom, (b) die Verbindung einzelner, ggf. über die Zeit verteilter Ereignisse zu einem komplexen Ereignis, (c) das Erkennen zeitlicher Zusammenhänge (z.B. in absoluten Zeiträumen oder in relativen Reihenfolgen) und (d) die Aggregation von Datenelementen über ein Beobachtungsfenster.

14.5 Mobile Geodatenbanken

Mit dem Aufkommen *mobiler Endgeräte* wie Notebooks, Tablet-Computer und Smartphones haben *mobile Geoinformationssysteme* und *standortbezogene Dienste* (engl. *Location-Based Services*) entscheidend an Bedeutung gewonnen. Beispiele hierfür sind Navigationssysteme, touristische Anwendungen, aber auch Anwendungen für Leitungsinspektionen und Katastrophenschutz [15]. In diesem Zusammenhang stellt sich die Frage, ob und welche Auswirkungen dies auf Geodatenbanken hat. Ein naheliegender Gedanke ist, alle Daten weiterhin in einer zentralen Geodatenbank vorzuhalten und seitens des mobilen Endgeräts alle Anfragen und eventuelle Änderungen über eine Netzwerkverbindung an den Server zu übermitteln. Allein schon aus Sicherheitsgründen wird dabei im Regelfall kein mobiler Datenbank-Client direkt auf die Datenbank zugreifen. Stattdessen wird meist eine *Diensteschicht* (engl. *Middleware*) zwischen Client und Datenbanksystem eingezogen werden. Diese Zwischenschicht kann eine speziell für ein Geoinformationssystem entwickelte Software (z.B. ESRI ArcGIS for Server) oder eine für eine spezifische Anwendung programmierte Lösung sein (z.B. Java Servlets). Alternativ können standardisierte Geodienste wie z.B. der *Web Feature Service* (*WFS*) dafür genutzt werden.

Schnelle Mobilfunkverbindungen sind trotz UMTS und LTE nicht flächendeckend vorhanden. Zudem ist das Datenvolumen von Geodaten groß, sodass oftmals mit größeren Wartezeiten zu rechnen ist. Mobilfunkverbindungen oder Verbindungen zu anderen Funknetzen wie WLAN können zudem auch bewusst unterbrochen werden, um Energie auf dem mobilen Endgerät zu sparen. Mögliche Lösungsstrategien für diese Fälle sind:

- Das Datenvolumen auf dem mobilen Endgerät kann durch eine geeignete Datenauswahl, Kompression und Datenrepräsentation (Vektormodel versus Rastermodell) gesenkt werden. Dabei sollte berücksichtigt werden, dass die Bildschirmgröße von mobilen Geräten oftmals deutlich kleiner ist als auf Desktop-PCs.
- Eine offenkundige Lösung für die Senkung des Übertragungsvolumens stellt die *Pufferung* von Daten auf dem mobilen Endgerät dar, sodass eine Anfrage ganz oder teilweise auf dem Endgerät verarbeitet werden kann und ggf. nur noch fehlende Daten vom Server angefordert zu werden brauchen. Dabei können neben den Daten auch Teile des räumlichen Indexes und Anfrageausdrücke zwischengespeichert werden [59][99]. Somit verteilt sich die Geodatenbank auf das mobile Endgerät und die zentrale Datenbasis.
- Wartezeiten können vermindert werden, indem Anfragen „proaktiv“ bereits an den Server gestellt werden, bevor die Daten eigentlich benötigt werden. So kann aus der Bewegungsrichtung und Geschwindigkeit eines Endgeräts abgeleitet werden, welchen Kartenausschnitt aller Voraussicht nach die Anwendung demnächst benötigt [102].

Für die Speicherung der Daten auf dem mobilen Endgerät ist die Nutzung einer lokalen Datenbank oftmals zweckmäßig. Auf Geräten wie Tablet-Computern und Smartphones wird hierfür meist *SQLite* genutzt [191]. SQLite ist eine freie, in C programmierte Bibliothek, die ein relationales Datenbanksystem realisiert. Die Datenbank wird als Datei gespeichert. SQLite unterstützt einen signifikanten Teil von SQL-92. Mobile Web Browser beinhalten SQLite für die Speicherung und SQL-basierte Abfrage von lokalen Daten[3].

SpatiaLite [42] ist eine Erweiterung zu SQLite für die Speicherung von Geodaten nach dem Simple-Feature-Modell. Die Geometrien werden intern in einem modifizierten WKB-Format mittels BLOBs gespeichert. Als räumlicher Index steht ein R*-Baum zur Verfügung. Von SpatiaLite werden Koordinatentransformationen sowie der Im- und Export von Shapefiles unterstützt. Über das SpatiaLite-Modul `VirtualNetwork` ist es möglich, den kürzesten Weg in einem Netzwerk mit dem Dijkstra- bzw. A*-Algorithmus zu berechnen.

[3] Für diese Aufgabe hat das W3C die Spezifikation „Web SQL Database“ entworfen [206]. Die Arbeiten an dieser Spezifikation wurden allerdings eingestellt, da alle Implementierungen SQLite nutzen und damit kein Bedarf an einer Standardisierung besteht.

Damit kann eine Architektur für eine mobile Geodatenbankanwendung, wie in Abbildung 14.17 dargestellt, aufgebaut werden. Falls durch die mobilen Endgeräte Daten verändert werden, kann es – wenn es zeitgleich zu Änderungen am gleichen Datenbestand durch andere (mobile oder stationäre) Clients kommt – zu Konflikten bei der *Synchronisation* kommen. Eine Lösung hierfür ist, die Daten, die eine mobile Anwendung für Erfassungsdaten potenziell verändern kann, bis zur nächsten Synchronisation zu sperren, wodurch allerdings andere Benutzer der Datenbank ggf. für einen längeren Zeitraum behindert werden. Eine Alternative stellt die Einführung einer *Versionsverwaltung* dar, in der mehrere Bearbeitungsstände zunächst nebeneinander stehen und gleichzeitig von verschiedenen Benutzern bearbeitet werden können; die unterschiedlichen Versionen werden erst später nach gewissen Regeln und ggf. manueller Auflösung von Konflikten wieder zusammengeführt [119]. Dieser Ansatz wird z.B. in [6] für mobile 3D-GIS-Anwendungen verfolgt.

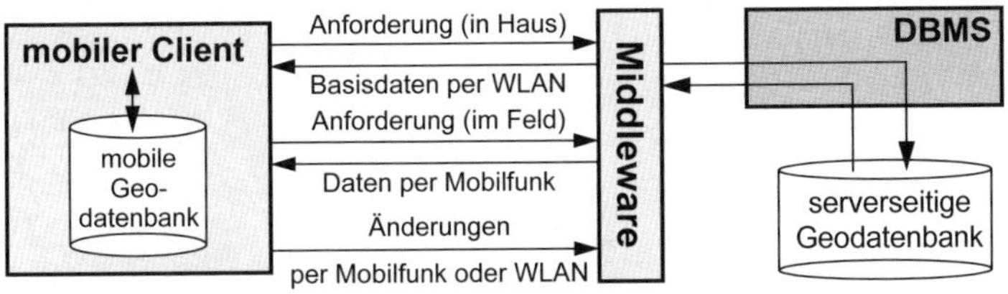

Abb. 14.17: Architektur einer mobilen Geodatenbankanwendung

Den Folgeschritt zu mobilen (Geo-)Anwendungen und der Vernetzung von Sensorknoten stellt das *Ubiquitous Computing* (deutsch: *Rechnerallgegenwart* oder *Rechnerubiquität*) dar [87]. Ubiquitous Computing ist geprägt durch eine Vielzahl stationärer und insbesondere mobiler Kleinrechner[4], die miteinander vernetzt sind. Die Kleinrechner befinden sich oftmals auf mobilen Trägern (z.B. auf Fahrzeugen, Kleidung oder Personen). Wie bei Sensornetzen dienen die Kleinrechner auch der Beobachtung der Umwelt. Stärker ausgeprägt sind die Verarbeitungs- und Speicherfähigkeiten, sodass zentrale Server an Bedeutung verlieren. Betrachtet man die heutige Nutzung von Notebooks, Tablet-Computern, Smartphones und Funknetzen sowie die Zunahme von vernetzten Sensoren (z.B. für die Umweltbeobachtung, Maut oder medizinische Anwendungen), sind wichtige Schritte zum Ubiquitous Computing bereits getan. Entwicklungen wie *Head-up-Displays* (Blickfeldanzeigen, z.B. Google Glass) oder *Smartwatches* („intelligente" Armbanduhren, z.B. Apple iWatch) werden diesen Trend weiter verstärken.

Die Verteilung der Daten hat *verteilte Geodatenbanken* zur Folge. Durch die Vernetzung der gleichberechtigten Kleinrechner werden selbstorganisierende *Peer-to-Peer-Modelle* für Geodatenbanken an Bedeutung gewinnen, bei denen Anfragen jeweils auf den Rechnern bearbeitet werden, die (a) verfügbar sind, bei denen (b) die Daten vorliegen und (c) aufgrund von Netzgeschwindigkeit und -durchsatz sowie Rechnerauslastung eine schnelle Anfragebearbeitung zu erwarten ist. Die Verteilung der Daten kann ggf. dem Anfragebedarf angepasst werden. Da Geobasisdaten (im weiteren Sinne) vermutlich noch eine längere Zeit lang serverseitig bereitgestellt werden, ist für mobile Anwendungen die Einbeziehung von Konzep-

[4] Die Betonung der Mobilität unterscheidet Ubiquitous Computing vom *Pervasive Computing* (deutsch: *Rechnerdurchdringung*) [108], das die Vernetzung des Alltags durch „intelligente" Gegenstände betrachtet (z.B. den eigenständig Lebensmittel bestellenden Kühlschrank).

ten des *Cloud Computings* zweckmäßig. Verteilte Rechenzentren stellen damit Daten (sowie Software und externe Rechenkapazität) transparent den mobilen Anwendungen bei Bedarf zur Verfügung.

Literaturverzeichnis

1. P. K. Agarwal, C. M. Procopiuc: „Advances in Indexing for Mobile Objects“, *Bulletin of the Technical Committee on Data Engineering*, Vol. 22(2), 2002, 25-34.
2. C. Andrae: *Spatial Schema – ISO 19107 und ISO 19137 vorgestellt und erklärt,* Wichmann, 2009.
3. C. Andrae: *Simple Features – Praxisnahe Standards für einfache Geoobjekte in Datenbanken und GIS*, Wichmann, 2013.
4. C. Andrae, C. Graul, M. Over, A. Zipf: *Web Portrayal Services – OpenGIS Web Map Service, Styled Layer Descriptor, Symbology Encoding und ISO 19117 Portrayal vorgestellt und erläutert*, Wichmann, 2011.
5. B. Babcock, S. Babu, M. Datar, R. Motwani, J. Widom: „Models and Issues in Data Stream Systems“, *Proceedings of the 21st ACM SIGACT-SIGMOD-SIGART Symposium on Principles of Database Systems*, Madison, WI, 2002, 1-16.
6. W. Bär: *Verwaltung geowissenschaftlicher 3D Daten in mobilen Datenbanksystemen*, Dissertation, Universität Osnabrück, 2007.
7. N. Bartelme: *Geoinformatik – Modelle, Strukturen, Funktionen,* Springer, 2005.
8. P. Baumann: „Rasterdatenbanken am Beispiel rasdaman“, *Datenbank-Spektrum*, 10/2004, 30-37.
9. R. Bayer, E. McCreight: „Organization and Maintenance of Large Ordered Indexes“, *Acta Informatica*, Vol. 1, No. 3, 1972, 173-189.
10. B. Becker, P. Franciosa, S. Gschwind, T. Ohler, T. Thiem, P. Widmayer: „Enclosing Many Boxes by an Optimal Pair of Boxes“, *Proceedings 9th Annual Symposium on Theoretical Aspects of Computer Science*, Cachan, France, 1992, in: Lecture Notes in Computer Science, Vol. 525, Springer, 1992, 475-486.
11. N. Beckmann, H.-P. Kriegel, R. Schneider, B. Seeger: „The R*-tree: An Efficient and Robust Access Method for Points and Rectangles“, *Proceedings ACM SIGMOD International Conference on Management of Data*, Atlantic City, NJ, 1990, 322-331.
12. J. L. Bentley, T. Ottmann: „Algorithms for Reporting and Counting Geometric Intersections“, *IEEE Transactions of Computers*, Vol. C-28, No. 9, 643-647, 1979.
13. M. de Berg, M. van Kreveld, M. Overmars, O. Schwarzkopf: *Computational Geometry – Algorithms and Applications*, Springer, 1997.
14. R. Bill: *Grundlagen der Geo-Informationssysteme,* 5. Auflage, Wichmann, 2010.
15. J. Blankenbach: *Handbuch der mobilen Geoinformation*, Wichmann, 2007.
16. M. Botts, G. Percivall, C. Reed, J. Davidson (Eds.): *OGC Sensor Web Enablement: Overview and High Level Architecture*, OGC 07-165r1, Apr. 2013.
17. F. Brabec, H. Samet: *Spatial Index Demos*, http://donar.umiacs.umd.edu/quadtree/index.html
18. S. Brecheisen, H.-P. Kriegel, M. Pfeifle, M. Renz: „Der virtuelle Prototyp: Datenbankunterstützung für CAD-Anwendungen“, *Datenbank-Spektrum*, 10/2004, 22-29.
19. M. Breunig: *On the Way to Component-Based 3D/4D Geoinformation Systems*, Springer, 2001.
20. M. Breunig: „Räumliche Repräsentationen“, 2005, in: [30], 40-55.
21. T. Brinkhoff: „Spatial Access Methods for Organizing Laserscanner Data“, *Proceedings 20th Congress of the International Society of Photogrammetry and Remote Sensing*, Istanbul, Turkey, 2004.
22. T. Brinkhoff, H.-P. Kriegel, R. Schneider: „Comparison of Approximations of Complex Objects used for Approximation-based Query Processing in Spatial Database Systems“, *Proceedings 9th International Conference on Data Engineering*, Vienna, Austria, 1993, 40-49.

23. T. Brinkhoff, H.-P. Kriegel, R. Schneider, A. Braun: „Measuring the Complexity of Polygonal Objects“, *Proceedings 3rd ACM International Workshop on Advances in Geographic Information Systems*, Baltimore, MD, 1995, 109-118.
24. T. Brinkhoff, H.-P. Kriegel, R. Schneider, B. Seeger: „Multi-Step Processing of Spatial Joins“, *Proceedings ACM SIGMOD International Conference on Management of Data*, Minneapolis, MN, 1994, 209-220.
25. T. Brinkhoff, H.-P. Kriegel, B. Seeger: „Efficient Processing of Spatial Joins Using R-trees“, *Proceedings ACM SIGMOD International Conference on Management of Data*, Washington, DC, 1993, 237-246.
26. T. Chan: „A Simple Trapezoid Sweep Algorithm for Reporting Red/Blue Segment Intersections“, *Proceeding 6th Canadian Conference on Computational Geometry*, Saskatoon, Sask., Canada, 1994, 263-268.
27. V. Claus, A. Schwill: *Duden Informatik*, Bibliographisches Institut, 2006.
28. E. F. Codd: „A Relational Model for Large Shared Data Banks“, *Communications of the ACM*, Vol. 13, No. 6, 1970, 377-87.
29. V. Coors V.: „Topologische Modelle für 3D-Geodatenbanken“, 2005, in: [30], 99-114.
30. V. Coors, A. Zipf (Hrsg.): *3D-Geoinformationssysteme*, Wichmann, 2005.
31. J. A. Cotela Lema, R. H. Güting: „Dual Grid: A New Approach for Robust Spatial Algebra Implementation“, *GeoInformatica*, Vol. 6, No. 1, 2002, 57-76.
32. C. J. Date, H. Darwen: *SQL – Der Standard*, Addison-Wesley, 1998.
33. J. Echterhoff, T. Everding: *OpenGIS Sensor Event Service Interface Specification (proposed)*, Version 0.3.0, OpenGIS Discussion Paper, OGC 08-133, 2008.
34. M. Eckert, F. Bry: „Complex Event Processing (CEP)“, *GI-Informatiklexikon*, 2009, http://www.gi.de/service/informatiklexikon/detailansicht/article/complex-event-processing-cep.html
35. M. Egenhofer, E. Clementini, P. Di Felice: „Topological Relations Between Regions With Holes“, *International Journal of Geographical Information Systems*, Vol. 8(2), 1994, 129-142.
36. M. Egenhofer, R. D. Franzosa: „Point-Set Topological Spatial Relations“, *International Journal of Geographical Information Systems*, Vol. 5(2), 1991, 161-174.
37. R. Elmasri, S. B. Navathe: *Grundlagen von Datenbanksystemen*, 3. Aufl., Pearson, 2002.
38. M. Ester, H.-P. Kriegel, J. Sander: „Algorithms and Applications for Spatial Data Mining“, in: Miller H. J. (ed.): *Geographic Data Mining and Knowledge Discovery*, Taylor & Francis, 2001.
39. M. Ester, J. Sander: *Knowledge Discovery in Databases*, Springer, 2000.
40. T. Everding, J. Echterhoff: *Event Pattern Markup Language (EML)*, Version 0.3.0, OGC 08-132, 2008.
41. M. Freeston: „The BANG file: A new kind of grid file“, *Proceedings ACM SIGMOD International Conference on Management of Data*, San Francisco, CA, 1987, 260-269.
42. A. Furieri: *SpatiaLite*, https://www.gaia-gis.it/fossil/libspatialite/index
43. V. Gaede, O. Günther: „Multidimensional Access Methods“, *ACM Computing Surveys*, Vol. 30, No. 2, 1998, 170-231.
44. GeoTools: *The Open Source Java GIS Toolkit*, http://geotools.org/
45. GiST Indexing Project: *GiST: A Generalized Search Tree for Secondary Storage*, http://gist.cs.berkeley.edu/
46. D. H. Greene, F. F. Yao: „Finite-Resolution Computational Geometry“, *Proceedings 27th International IEEE Conference on Foundations of Computer Science*, Toronto, 1986, 143-152.
47. O. Günther: „Efficient Computations of Spatial Joins“, *Proceedings 9th International Conference on Data Engineering*, Vienna, Austria, 1993, 50-59.
48. R. H. Güting: „An Introduction to Spatial Database Systems“, *VLDB Journal*, Vol. 3, No. 4, 1994, 357-399.

49. R. H. Güting et al.: „A Foundation for Representing and Querying Moving Objects“, *ACM Transaction on Database Systems*, Vol. 25(1), 2000, 1-42.
50. R. H. Güting, M. Schneider: „Realm-based Spatial Data Types: the ROSE Algebra“, *VLDB Journal*, Vol. 4, No. 2, 1995, 100-143.
51. R. H. Güting, M. Schneider: *Moving Objects Databases*, Morgan Kaufmann, 2005.
52. R. H. Güting, D. Wood: „Finding Rectangle Intersections by Divide and Conquer“, *IEEE Transactions on Computers*, Vol. 33(7), 1984, 671-675.
53. A. Guttman: „R-trees: A Dynamic Index Structure for Spatial Searching“, *Proceedings ACM SIGMOD International Conference on Management of Data*, Boston, MA, 1984, 47-57.
54. J. M. Hellerstein, J. F. Naughton, A. Pfeffer: „Generalized Search Trees for Database Systems“, *Proceedings 21st International Conference on Very Large Data Bases*, Zürich, Switzerland, 1995, 562-573.
55. A. Henrich: „A Distance-Scan Algorithm for Spatial Access Structures“, *Proceedings 2nd ACM Workshop on Advances in Geographic Information Systems*, Gaithersburg, MD, 1994, 136-143.
56. A. Henrich, H.-W. Six, P. Widmayer: „The LSD Tree: Spatial Access to Multidimensional Point and Non-Point Objects“, *Proceedings 15th International Conference on Very Large Data Bases*, Amsterdam, The Netherlands, 1989, 45-54.
57. K. Hinrichs: *The Grid File System: Implementation and Case Studies of Applications*, Dissertation, ETH Zürich, 1985.
58. G. R. Hjaltason, H. Samet: „Distance Browsing in Spatial Databases“, *ACM Transactions on Database Systems*, Vol. 24, No. 2, 1999, 265-318.
59. H. Hu, J. Xu, W. S. Wong, B. Zheng, D. L. Lee, W.-C. Lee: „Proactive Caching for Spatial Queries in Mobile Environments“, *Proceedings 21st International Conference on Data Engineering*, Tokyo, Japan, 2005, 403-414.
60. iAnywhere Solutions, Inc.: *SQL Anywhere 12.0.1 – SQL Anywhere Server – Spatial Data Support*, 2011, http://dcx.sybase.com/1201/en/dbspatial/dbspatial12.html
61. IBM Corp.: *DB2 Spatial Extender, Version 10.1 for Linux, UNIX and Windows*, http://publib.boulder.ibm.com/infocenter/db2luw/v10r1/topic/com.ibm.db2.luw.spatial.topics.doc/doc/csbp1001.html
62. IBM Corp.: *IBM Informix Geodetic DataBlade Module User's Guide, Version 3.12*, Sept. 2007.
63. IBM Corp.: *IBM Informix Spatial DataBlade Module User's Guide, Version 8.21*, 2009.
64. International Organization for Standardization (ISO): *International Standard ISO 19101:2002 – Geographic Information – Reference Model*, 2002.
65. International Organization for Standardization (ISO): *International Standard ISO 19107:2003 – Geographic Information – Spatial Schema*, 2003.
66. International Organization for Standardization (ISO): *International Standard ISO 19108:2002 – Geographic Information – Temporal Schema*, 2002.
67. International Organization for Standardization (ISO): *International Standard ISO 19115:2005 – Geographic Information – Metadata*, 2005.
68. International Organization for Standardization (ISO): *International Standard ISO 19123:2005 – Geographic Information – Schema for Coverage Geometry and Functions*, 2005.
69. International Organization for Standardization (ISO): *International Standard ISO 19125-1: 2004 – Geographic Information – Simple Feature Access – Part 1: Common Architecture*, 2004.
70. International Organization for Standardization (ISO): *International Standard ISO 19125-2: 2004 – Geographic Information – Simple Feature Access – Part 2: SQL Option*, 2004.
71. International Organization for Standardization (ISO): *International Standard ISO 19136:2007 – Geographic Information – Geography Markup Language*, 2007.
72. International Organization for Standardization (ISO): *International Standard ISO 19141:2008 – Geographic Information – Schema for Moving Objects*, 2008.

73. International Organization for Standardization (ISO): *International Standard ISO 19142:2010 – Geographic Information – Web Feature Service*, 2010.
74. International Organization for Standardization (ISO): *International Standard ISO 19143:2010 – Geographic Information – Filter Encoding*, 2010.
75. International Organization for Standardization (ISO): *International Standard ISO 19148:2012 – Geographic Information – Linear Referencing*, 2012.
76. International Organization for Standardization (ISO): *International Standard ISO 19156:2011 – Geographic Information – Observations and Measurements*, 2011.
77. International Organization for Standardization (ISO), International Electrotechnical Commission (IEC): *International Standard ISO/IEC 13249-3:2011 – Information technology – Database languages – SQL Multimedia and Application Packages – Part 3: Spatial, 4th Edition*, 2011.
78. International Organization for Standardization (ISO), International Electrotechnical Commission (IEC): *Committee Draft ISO/IEC 13249-3:2011 – Information technology – Database languages – SQL Multimedia and Application Packages – Part 3: Spatial, 5th Edition*, Dec. 2012.
79. H. V. Jagadish: „Linear Clustering of Objects with Multiple Attributes“, *Proceedings ACM SIGMOD International Conference on Management of Data*, Atlantic City, NJ, 1990, 332-342.
80. H. V. Jagadish: „A Retrieval Technique for Similar Shapes“, *Proceedings ACM SIGMOD International Conference on Management of Data*, Denver, CO, 1991, 208-217.
81. C. Jensen (ed.): *Indexing of Moving Objects*, Bulletin of the Technical Committee on Data Engineering, IEEE Computer Society, Vol. 25(2), June 2002.
82. JTS: *JTS Topology Suite*, http://sourceforge.net/projects/jts-topo-suite/
83. S. Kamata, R. O. Eason, Y. Bandou: „A New Algorithm for N-Dimensional Hilbert Scanning“, *IEEE Transactions on Image Processing*, Vol. 8, No. 7, 1999, 964-973.
84. I. Kamel, C. Faloutsos: „Hilbert R-tree: An Improved R-tree Using Fractals“, *Proceedings 20th International Conference on Very Large Data Bases*, Santiago de Chile, 1994, 500-509.
85. W. Kazakos, A. Schmidt, P. Tomczyk: *Datenbanken und XML*, Springer, 2002.
86. A. Kemper, A. Eickler: *Datenbanksysteme*, 8. Auflage, Oldenbourg, 2011.
87. T. J. Kim, S.-G. Jang: „Ubiquitous Geographic Information“, in: [92], 643-656.
88. M. Klettke, H. Meyer: *XML und Datenbanken*, dpunkt, 2003.
89. R. Kothuri, A. Godfrind, E. Beinat: *Pro Oracle Spatial for Oracle Database 11g*, apress, 2007.
90. R. Kothuri, S. Ravada: „Efficient Processing of Large Spatial Queries Using Interior Approximations“, *Proceedings 7th International Symposium on Spatial and Temporal Databases*, Redondo Beach, CA, 2001, in: Lecture Notes in Computer Science, Vol. 2121, Springer, 2001, 404-421.
91. M. Koubarakis, T. Sellis et al. (eds): *Spatio-Temporal Databases – The CHOROCHRONOS Approach*, Lecture Notes in Computer Science, Vol. 2520, Springer, 2003.
92. W. Kresse, D. Danko (eds.): *Springer Handbook of Geographic Information*, Springer, 2012.
93. M. van Kreveld, J. Nievergelt, T. Roos, P. Widmayer (eds.): *Algorithmic Foundation of Geographic Information Systems*, Lecture Notes in Computer Science, Vol. 1340, Springer, 1997.
94. H.-P. Kriegel, T. Brinkhoff, R. Schneider: „An Efficient Map Overlay Algorithm based on Spatial Access Methods and Computational Geometry“, *Proceedings International Workshop on Database Management Systems for Geographical Applications*, Capri, Italy, 1991, in: Geographic Database Management Systems, Springer, 1992, 194-211.
95. H.-P. Kriegel, B. Seeger: „PLOP-Hashing: A Grid File without Directory“, *Proceedings 4th International Conference on Data Engineering*, Los Angeles, CA, 1988, 369-76.
96. T. Kudraß: *Taschenbuch Datenbanken*, Hanser, 2007.
97. N. de Lange: *Geoinformatik in Theorie und Praxis*, 3. Auflage, Springer, 2013.
98. P. Å. Larson: „Dynamische Hashverfahren“, *Informatik-Spektrum*, Bd. 6, Heft 1, 1983, 7-19.

99. S. Laucius, F. Bertrand, A. Stockus, A. Bouju: „Query Management and Spatial Indexing in Mobile Context", *Proceedings 8th AGILE Conference on Geographic Information Science*, Estoril, Portugal, 2005, 429-438.
100. W. Lehner, H. Schöning: *XQuery – Grundlagen und fortgeschrittene Methoden*, dpunkt, 2004.
101. W. Litwin: „Linear Hashing: A New Tool for File and Table Addressing", *Proceedings 6th International Conference on Very Large Databases*, Montreal, Canada, 1980, 212-223.
102. C. Liu, B. Fruin, H. Samet: „SAC: Semantic Adaptive Caching for Spatial Mobile Applications", *Proceedings 21st ACM SIGSPATIAL International Conference on Advances in Geographic Information Systems*, Orlando, FL, 2013.
103. M.-L. Lo, C. V. Ravishankar: „Spatial Joins Using Seeded Trees", *Proceedings ACM SIGMOD International Conference on Management of Data*, Minneapolis, MN, 1994, 209-220.
104. M.-L. Lo, C. V. Ravishankar: „Spatial Hash-Joins", *Proceedings ACM SIGMOD International Conference on Management of Data*, Montreal, Canada, 1996, 247-258.
105. K. Loney: *Oracle Database 11g – Die umfassende Referenz*, Hanser, 2009.
106. P. A. Longley, M. F. Goodchild, D. J. Maguire, D. W. Rhind: *Geographic Information Systems and Science*, 3rd Edition, Wiley, 2010.
107. T. Luhmann: *Nahbereichsphotogrammetrie*, 3. Auflage, Wichmann, 2010.
108. K. Lyytinen, Y. Yoo: „Issues and Challenges in Ubiquitous Computing", *Communications of the ACM*, Vol. 45, No. 12, 2002, 63-65.
109. N. Mamoulis, D. Papadias: „Multiway Spatial Joins", *ACM Transactions on Database Systems*, Vol. 26, No. 4, 2001, 424-475.
110. Y. Manolopoulos, A. Nanopoulos, A. N. Papadopoulos, Y. Theodoridis: *R-Trees: Theory and Applications*, Springer, 2006.
111. A. Margalit, G. D. Knott: „An Algorithm for Computing the Union, Intersection or Difference of Two Polygons", *Computation & Graphics*, Vol. 13, No. 2, 167-183, 1989.
112. F. Mattern, K. Römer: „Drahtlose Sensornetzwerke", *GI-Informatiklexikon*, 2003, http://www.gi.de/service/informatiklexikon/detailansicht/article/drahtlose-sensornetze.html
113. B. McLaughlin, J. Edelson: *Java and XML*, 3rd Edition, O'Reilly, 2006.
114. A. Meier: *Methoden der grafischen und geometrischen Datenverarbeitung*, Teubner, 1986.
115. J. Melton, A. R. Simon: *SQL:1999 – Understanding Relational Language Concepts*, Morgan Kaufman Publishers, 2002.
116. Microsoft Corp.: *MSDN Library – Räumliche Daten (SQL Server)*, http://msdn.microsoft.com/de-de/library/bb933790(v=sql.110).aspx
117. G. M. Morton: *A Computer Oriented Geodetic Data Base and a New Technique in File Sequencing*, IBM, Ottawa, 1966.
118. B. Müller, H. Wehr: *Java Persistence API 2*, Hanser, 2012.
119. R. G. Newell, P. M. Batty: „GIS Databases Are Different", *Proceedings AM/FM International Annual Conference*, Denver, CO, 1994, 279-288.
120. J. Nievergelt, H. Hinterberger, K. C. Sevcik: „The Grid File: An Adaptable, Symmetric Multikey File Structure", *ACM Transactions on Database Systems*, Vol. 9, No. 1, 1984, 38-71.
121. J. Nievergelt, F. P. Preparata: „Plane-Sweep Algorithms for Intersecting Geometric Figures", *Communications of the ACM*, Vol. 25, No. 10, 1982, 739-747.
122. J. Nowak: *Fortgeschrittene Programmierung mit Java 5*, dpunkt, 2005.
123. R. O. Obe, L. S. Hsu: *PostGIS in Action*, Manning Publications, 2011.
124. B. Oesterreich: *Objektorientierte Softwareentwicklung – Analyse und Design mit der Unified Modeling Language*, Oldenbourg, 2001.
125. OGC Inc.: *OpenGIS Implementation Specification: Coordinate Transformation Services, Revision 1.00*, OGC 01-009, Jan. 2001.

126. OGC Inc.: *Web Feature Services Implementation Specification, Version 1.1.0*, OGC 04-094, May 2002.
127. OGC Inc.: *OpenGIS Geography Markup Language (GML) Implementation Specification, Version 2.1.2*, OGC 02-069, July 2002.
128. OGC Inc.: *OpenGIS Geography Markup Language (GML) Implementation Specification, Version 3.0*, OGC 02-023r4, Jan. 2003.
129. OGC Inc.: *OpenGIS Filter Encoding Implementation Specification*, Version 1.1.0, OGC 04-095, May 2005.
130. OGC Inc.: *OpenGIS Sensor Model Language (SensorML) Implementation Specification*, Version 1.0.0, OGC 07-000, July 2007.
131. OGC Inc.: *OGC KML, Version 2.2.0*, OGC 07-147r2, Apr. 2008.
132. OGC Inc.: *Web Coverage Processing Service (WCPS) Language, Version 1.0.0*, OGC 08-068r2, March 2009.
133. OGC Inc.: *OGC WCS 2.0 Interface Standard – Core, Version 2.0.0*, OGC 09-110r3, Oct. 2010.
134. OGC Inc.: *OGC Web Coverage Service 2.0 Interface Standard – KVP Protocol Binding Extension, Version 1.0.0*, OGC 09-147r1, Oct. 2010.
135. OCG Inc.: *OGC Sensor Planning Service Implementation Standard, Version 2.0*, OGC 09-000, March 2011.
136. OGC Inc.: *Geography Markup Language (GML) Simple Features Profile, Version 2.0*, OGC 10-100r3, Mai 2011; with Corrigendum: April 2012.
137. OGC Inc.: *OpenGIS Implementation Standard for Geographic Information – Simple feature access – Part 1: Common, Version 1.2.1*, OGC 06-103r4, May 2011.
138. OGC Inc.: *OGC Sensor Observation Service Interface Standard, Version 2.0*, OGC 12-006, April 2012.
139. OGC Inc.: *GeoAPI*, http://www.geoapi.org/.
140. OGP Geomatics Committee: *EPSG Geodetic Parameter Dataset*, http://www.epsg.org/
141. Oracle Corp.: *A Load-On-Demand Approach to Handling Large Networks in the Oracle Spatial Network Data Model*, Oracle White Paper, Febr. 2011.
142. Oracle Corp.: *Java SE Technologies – Database*, http://www.oracle.com/technetwork/java/javase/tech/index-jsp-136101.html
143. Oracle Corp.: *MySQL Reference Manual, Version 5.6*, July 2013, http://dev.mysql.com/doc/
144. Oracle Corp.: *Oracle Database – Concepts*, *10.1*, Dec. 2003, *10.2*, June 2005, *11.1*, July 2007, *11.2*, Oct. 2009, *12.1*, May 2013.
145. Oracle Corp.: *Oracle Database – Java Developer's Guide*, *10.1*, Dec. 2003, *10.2*, June 2005, *11.1*, July 2007, *11.2*, Dec. 2009, *12.1*, June 2013.
146. Oracle Corp.: *Oracle Database – JDBC Developer's Guide [and Reference]*, *10.1*, Dec. 2003, *10.2*, June 2005, *11.1*, July 2007, *11.2*, Sept. 2009, *12.1*, June 2013.
147. Oracle Corp.: *Oracle Database – Object-Relational Developer's Guide / Features*, *10.1*, Dec. 2003, *10.2*, June 2005, *11.1*, July 2007, *11.2*, Aug. 2009, *12.1*, Apr. 2013.
148. Oracle Corp.: *Oracle Database – PL/SQL User's Guide and Reference / Language Reference*, *10.1*, Dec. 2003, *10.2*, June 2005, *11.1*, July 2007, *11.2*, Sept. 2009, *12.1*, May 2013.
149. Oracle Corp.: *Oracle Database – [SecureFiles and] Large Objects [Developer's] Guide*, *10.1*, Dec. 2003, *10.2*, June 2005, *11.1*, July 2007, *11.2*, Oct. 2009, *12.1*, June 2013.
150. Oracle Corp.: *Oracle Database – SQL [Language] Reference*, *10.1*, Dec. 2003, *10.2*, June 2005, *11.1*, July 2007, *11.2*, Oct. 2009, *12.1*, June 2013.
151. Oracle Corp.: *Oracle Database – Utilities*, *10.1*, Dec. 2003, *10.2*, June 2005, *11.1*, July 2007, *11.2*, Dec. 2009, *12.1*, May 2013.
152. Oracle Corp.: *Oracle Spatial [and Graph] – GeoRaster [Developer's Guide]*, *10.1*, Dec. 2003, *10.2*, June 2005, *11.1*, July 2007, *11.2*, Aug. 2009, *12.1*, May 2013.

153. Oracle Corp.: *Oracle Spatial [and Graph] – Topology [Data Model] and Network Data Model[s] [Graph] [Developer's Guide],* *10.1*, Dec. 2003, *10.2*, June 2005, *11.1*, July 2007, *11.2*, Dec. 2009, *12.1*, May 2013.

154. Oracle Corp.: *Oracle Spatial [and Graph] – User's Guide and Reference / Developer's Guide,* *10.1*, Dec. 2003, *10.2*, June 2005, *11.1*, July 2007, *11.2*, Dec. 2009, *12.1*, June 2013.

155. Oracle Corp.: *Oracle XML DB – Developer's Guide,* *10.1*, Dec. 2003, *10.2*, June 2005, *11.1*, July 2007, *11.2*, Nov. 2009, *12.1*, May 2013.

156. J. A. Orenstein: „Spatial Query Processing in an Object-Oriented Database System", *Proceedings ACM SIGMOD International Conference on Management of Data*, Washington, DC, 1986, 326-333.

157. J. A. Orenstein: „Redundancy in Spatial Databases", *Proceedings ACM SIGMOD International Conference on Management of Data*, Portland, OR, 1989, 294-305.

158. J. A. Orenstein., F. A. Manola: „PROBE Spatial Data Modeling and Query Processing in an Image Database Application", *IEEE Transactions on Software Engineering*, Vol. 14, No. 5, 1988, 611-629.

159. J. A. Orenstein, T. H. Merrett: „A Class of Data Structures for Associative Searching", *Proceedings 3rd ACM SIGACT-SIGMOD Symposium on Principles of Database Systems*, Waterloo, Ont., Canada, 1984 181-190.

160. T. Ottmann, P. Widmayer: *Algorithmen und Datenstrukturen*, 5. Auflage, Springer Spektrum, 2012.

161. J. M. Patel, D. J. DeWitt: „Partition Based Spatial-Merge Join", *Proceedings ACM SIGMOD International Conference on Management of Data*, Montreal, Canada, 1996, 259-270.

162. D. Papadias, J. Zhang, N. Mamoulis, Y. Tao: „Query Processing in Spatial Network Databases", *Proceedings 29th International Conference on Very Large Data Bases*, Berlin, Germany, 2003, 802-813.

163. A. N. Papadopoulos, Y. Manolopoulos: *Nearest Neighbor Search – A Database Perspective*, Springer, 2005.

164. G. Peano: „Sur une courbe qui remplit toute une aire plaine", *Mathematische Annalen*, Bd. 36, 1890, 157-60.

165. pgRouting Community: *pgRouting Project*, http://www.pgrouting.org/

166. PostgreSQL Global Development Group: *PostgreSQL 9.2. Documentation*, 2013, http://www.postgresql.org/docs/

167. F. P. Preparata, M. I. Shamos: *Computational Geometry*, 5th Printing, Springer, 1993.

168. Refractions Research Inc.: *PostGIS Manual, Version 2.0 (SVN Rev. 11800)*, 2013, http://postgis.net/docs/manual-2.0/

169. Regulierungsbehörde für Telekommunikation und Post: *Übersicht der Grenzen aller ONB*.

170. M. Regnier: „An Analysis of Grid File Algorithms", *BIT*, Vol. 25, 1985, 335-357.

171. F. Reichenbach, R. Bill, D. Timmermann: „Lokalisierungstechniken zur verteilten Berechnung in energielimitierten drahtlosen Sensornetzwerken", *Tagungsband 4. GI-Tage*, Münster, 2005.

172. P. Rigaux, M. Scholl, A. Voisard: *Spatial Databases, With Applications to GIS*, Morgan Kaufmann Publishers, 2002.

173. N. Roussopoulos, S. Kelley, F. Vincent: „Nearest Neighbor Queries", *Proceedings ACM SIGMOD International Conference on Management of Data*, San Jose, CA., 1995, 71-79.

174. G. Saake, A. Heuer: *Datenbanken: Implementierungstechniken*, 2. Auflage, MITP, 2005.

175. G. Saake, K.-U. Sattler: *Datenbanken & Java*, 2. Auflage, dpunkt, 2003.

176. G. Saake, K.-U. Sattler, A. Heuer: *Datenbanken: Konzepte und Sprachen*, 5. Auflage, MITP, 2013.

177. S. Šaltenis, C. Jensen, S. T. Leutenegger, M. A. Lopez: „Indexing the Positions of Continuously Moving Objects“, *Proceedings ACM SIGMOD International Conference on Management of Data*, Dallas, TX, 2000, 331-342.
178. H. Samet: *Foundations of Multidimensional and Metric Data Structures*, Morgan Kaufmann Publishers, 2006.
179. B. Schiefer: Kapitel „Datenbank-Anwendungsprogrammierung“, in: [96], 153-197.
180. S. Schirra: „Precision and Robustness in Geometric Computations“, 1997, in: [93], 255-287.
181. M. Schneider: *Spatial Data Types for Database Systems – Finite Resolution Geometry for Geographic Information Systems*, Lecture Notes in Computer Science, Vol. 1288, Springer, 1997.
182. B. Seeger.: *Entwurf und Implementierung mehrdimensionaler Zugriffsstrukturen,* Dissertation, Universität Bremen, 1989.
183. B. Seeger: „Datenströme“, *Datenbank-Spektrum*, 9/2004, 30-33.
184. B. Seeger, H.-P. Kriegel: „Techniques for Design and Implementation of Efficient Spatial Access Methods“, *Proceedings 14th International Conference on Very Large Data Bases*, Los Angeles, CA, 1988, 360-371.
185. B. Seeger, H.-P. Kriegel: „The Buddy Tree: An Efficient and Robust Access Method for Spatial Databases“*, Proceedings 16th International Conference on Very Large Data Bases*, Brisbane, Australia, 1990, 590-601.
186. T. Sellis, N. Roussopoulos, C. Faloutsos: „The R^+-Tree: A Dynamic Index for Multi-Dimensional Objects“*, Proceedings 13th International Conference on Very Large Databases*, Brighton, England, 1987, 507-518.
187. M. I. Shamos, D. J. Hoey: „Geometric Intersection Problems“, *Proceedings 17th Annual Conference on Foundations of Computer Science*, 208-215, 1976.
188. S. Shekhar, S. Chawla: *Spatial Databases – A Tour*, Prentice Hall, 2003.
189. S. Shekhar, D. Liu: „CCAM: A Connectivity-Clustered Access Method for Networks and Network Computations“, *IEEE Transaction on Knowledge and Data Engineering*, Vol. 19(1), 1997, 102-119.
190. I. Simonis: *OGC Sensor Alert Service Candidate Implementation Specification*, Version 0.9, OGC Best Practice Paper, OGC 06-028r3, 2006.
191. SQLite Consortium: *SQLite*, http://www.sqlite.org
192. M. Stonebraker, D. Moore: *Objektrelationale Datenbanken*, Hanser, 1999.
193. Sun Microsystems, Inc.: *Java API for XML Processing, Version 1.1, Final Release*, Febr. 2001.
194. Y. Tao, D. Papadias, J. Sun: „The TPR*-Tree: An Optimized Spatio-Temporal Access Method for Predictive Queries“, *Proceedings 29th International Conference on Very Large Data Bases*, Berlin, 2003, 802-813.
195. C. D. Tomlin: „A Map Algebra“, *Proceedings Harvard Computer Graphics Conference*, Harvard Laboratory for Computer Graphics and Spatial Analysis, Cambridge, MA, 1983.
196. R. F. Tomlinson: „Geographic Information Systems – A New Frontier“, *The Operational Geographer/La Géographie Appliquée*, No. 5, 1984, 31-36.
197. C. Türker: *SQL:1999 & SQL:2003*, dpunkt, 2003.
198. E. van der Vlist: *XML Schema*, O'Reilly, 2003.
199. F. Wang: „Relational-Linear Quadtree Approach for Two-Dimensional Spatial Representation and Manipulation“, *IEEE Transaction on Knowledge and Data Engineering*, Vol. 3(1), 1991, 118-122.
200. H. Vonhoegen: *Einstieg in XML: Grundlagen, Praxis, Referenz*, Galileo Computing, 2013.
201. P. Widmayer: „Datenstrukturen für Geodatenbanken“, in: G. Vossen, K.-U. Witt (Hrsg.): *Entwicklungstendenzen bei Datenbank-Systemen*, Oldenbourg, 1991, 317-361.
202. A. Woo, S. Madden, R. Govindan: „Networking Support for Query Processing in Sensor Networks“, *Communications of the ACM*, Vol. 47, No. 6, 2004, 47-52.

203. World Wide Web Consortium: *Document Object Model*, http://www.w3.org/DOM/
204. World Wide Web Consortium: *Extensible Markup Language (XML), W3C Recommendation*, Febr. 1998 (Second Edition: Oct. 2000), http://www.w3.org/TR/REC-xml
205. World Wide Web Consortium: *Namespaces in XML, W3C Recommendation*, Jan. 1999, http://www.w3.org/TR/REC-xml-names
206. World Wide Web Consortium: *Web SQL Database, W3C Working Group Note*, Nov. 2010, http://www.w3.org/TR/webdatabase/
207. World Wide Web Consortium: *XML Linking Language (XLink), Version 1.0, W3C Recommendation*, Jun. 2001, http://www.w3.org/TR/xlink/
208. World Wide Web Consortium: *XML Path Language (XPath), Version 1.0, W3C Recommendation*, Nov. 1999, http://www.w3.org/TR/path
209. World Wide Web Consortium: *XML Path Language (XPath), Version 2.0, W3C Recommendation*, Jan. 2007, http://www.w3.org/TR/xpath20/
210. World Wide Web Consortium: *XQuery 1.0: An XML Query Language, W3C Recommendation*, Jan. 2007, http://www.w3.org/TR/xquery/
211. World Wide Web Consortium: *XML Schema, W3C Recommendation*, May 2001 (Second Edition: Oct. 2004), http://www.w3.org/XML/Schema#dev
212. World Wide Web Consortium: *XSL Transformations (XSLT), Version 1.0, W3C Recommendation*, Nov. 1999, http://www.w3.org/TR/xslt
213. Y. Yao, J. Gehrke: „Query Processing for Sensor Networks“, *Proceedings 1st Biennial Conference on Innovative Data Systems Research*, Asilomar, CA, 2003.
214. A. K. W. Yeung, G. B. Hall: *Spatial Database Systems – Design, Implementation and Project Management*, Springer, 2007.

Abkürzungsverzeichnis

Numerisch

9IM 9-Intersection Matrix/Model; Definition topologischer Beziehungen.

A

API Application Programming Interface; Programmierschnittstelle, Klassenbibliothek.

ASCII American Standard Code of Information Interchange; Code für die Repräsentation von Zeichen.

AWT Abstract Window Toolkit; einfache Java-Grafikbibliothek.

B

BANG Balanced and Nested Grid; das BANG-File ist eine mehrdimensionale Punktstruktur.

BLOB Binary Large Object; Datentyp zur Speicherung von Binärdaten.

BKG Bundesamt für Kartographie und Geodäsie.

BMP Microsoft Bitmap File; Rasterdatenformat.

C

CAD Computer-Aided Design; rechnergestützter Entwurf.

CCAM Connectivity Clustered Access Method; Verfahren, das Netzwerke auf Basis von Grapheigenschaften zerlegt.

CDB Container Database; Oberinstanz einer Oracle-Datenbank.

CEP Complex Event Processing; Erkennung und Verarbeitung voneinander abhängiger Ereignisse z.B. auf Sensordatenströmen.

CLOB Character Large Object; Datentyp zur Speicherung von langen Texten, die nicht mehr als normale Zeichenkette behandelt werden können.

CPU Central Processing Unit; Zentralprozessor eines Rechners.

CRR Connectivity Residue Ratio; Verhältnis der Anzahl der unzerlegten Kanten zu der Gesamtzahl der Kanten in einem (Teil-)Graphen.

CRS Coordinate Reference System; Ausprägung eines räumlichen Bezugssystems auf Basis eines Koordinatensystems.

CSG Constructive Solid Geometry; Konstruktion von Körpern auf Basis geometrischer 3D-Primitive.

CSW Catalog Service of the Web; Webdienst zur Bereitstellung von Metadaten für Geodaten.

CT Coordinate Transformation Service; Geodienst für Koordinatentransformationen.

D

DB Datenbank (engl. Database).

DB2 Name des relationalen Datenbanksystems von IBM.

DBMS Datenbankmanagementsystem (engl. Database Management System).

DBS Datenbanksystem (engl. Database System).

DCL	Data Control Language; Datenkontrollsprache.
DDL	Data Definition Language; Datendefinitionssprache.
DE-9IM	Dimensionally Extended 9-Intersection Matrix/Model; Definition topologischer Beziehungen.
DGM	Digitales Geländemodell.
DHDN	Deutsches Hauptdreiecksnetz.
DML	Data Manipulation Language; Datenmanipulationssprache.
DOM	Document Object Model; Repräsentation eines XML-Dokument als Baumstruktur.
DSMS	Datenstrommanagementsystem (engl. Data Stream Management System).
DSN	Data Source Name; Name einer Datenquelle unter ODBC.
DTD	Document Type Definition; Regeln zum Aufbau eines XML-Dokuments.

E

EML	Event Pattern Markup Language; Sprache zur Formulierung von Filterbedingungen bezüglich Sensorbeobachtungen.
EPSG	European Petroleum Survey Group; EPSG-Schlüssel identifizieren räumliche Bezugssysteme; die EPSG heißt nun das OGP Geomatics Committee.
ESRI	Environmental Systems Research Institute Inc.; wichtiger GIS-Anbieter mit Hauptsitz in Redlands, California.
ETRS89	European Terrestrial Reference System 1989; europäisches geodätisches Bezugssystem.
EVAP	Erfassung, Verwaltung, Analyse, Präsentation; die Hauptkomponenten eines rechnergestützten Informationssystems.

F

FE	Filter Encoding; Spezifikation zur Beschreibung von Anfragebedingungen für Geodienste.
FLWOR	For – Let – Where – Order by – Return; zentrales Sprachelement von XQuery zur Formulierung von Anfragen.
FTP	File Transport Protocol; Protokoll für die Übertragung von Dateien.

G

GDI	Geodateninfrastruktur.
GIF	Graphics Interchange Format; Rasterdatenformat.
GIS	Geoinformationssystem (engl. Geographic Information System).
GiST	Generalized Search Tree; Generische Indexstruktur, die als Basis für B- und R-Bäume dienen kann.
GK3	Gauss-Krüger-Koordinatensystem bezogen auf den 3. Meridianstreifen.
GM	Geometry Package; Paket zur Geometriebeschreibung in der ISO-Norm 19107.
GML	Geography Markup Language; OGC-Spezifikation zur Beschreibung des Feature-Geometry-Modells in XML.
GPS	Global Positioning System; globales Navigationssatellitensystem.

H

HDD	Hard Disk Drive; Festplattenlaufwerk.
HTML	Hypertext Markup Language; Auszeichnungssprache zur Beschreibung von Webseiten.
HTTP	Hypertext Transport Protocol; Protokoll für das Abrufen und Übertragen von Webseiten.

I

ID	Identifier; Identifikationsschlüssel oder -nummer.
IEC	International Electrotechnical Commission; nichtstaatliche internationale Standardisierungsorganisation im Bereich Elektrotechnik und Elektronik.
IMAP	Input, Management, Analysis, Presentation; die Hauptkomponenten eines rechnergestützten Informationssystems.
INSPIRE	Infrastructure for Spatial Information in the European Community; europäische Richtlinie zum Aufbau von Geodateninfrastrukturen.
I/O	Input/Output; Ein- und Ausgabe.
ISO	International Organization for Standardization.
ISO/TC 211	Technisches Komitee 211 „Geographic Information/Geomatics" der ISO.

J

JAR	Java Archive; Datei, die mehrere Java-Klassen und andere Ressourcen zusammenfasst.
JDBC	Java Database Connectivity; von der Firma Sun standardisierte Java-Programmierschnittstelle zum Zugriff auf Datenbanken.
JDK	Java Development Kit; dient oft zur Bezeichnung der Version der Java-Klassenbibliothek.
JPA	Java Persistence API; Spezifikation für OO-DB-Frameworks in Java.
JPEG	Joint Photographic Experts Group; komprimierendes Rasterdatenformat.
JRE	Java Runtime Environment; Ablaufumgebung für Java-Programme.
JTS	Java Topology Suite; freie Klassenbibliothek zur Repräsentation von Geometrien des Simple-Feature-Modells.
JVM	Java Virtual Machine; Virtuelle Maschine, die Java-Bytecode interpretiert und ausführt.

K

KML	Ursprünglich: Keyhole Markup Language; Beschreibungssprache für Objekte in virtuellen Globen.
KVP	Key Value Pair; Schlüssel-Wert-Paar zur Parameterübergabe an einen Dienst.

L

LAN	Local Area Network; lokales Netzwerk.
LB	Lower Bound; Untergrenze.
LBS	Location-Based Service; standortbezogener Dienst.
LOB	Large Object; Oberbegriff für BLOBs und CLOBs.
LRS	Linear Referencing System; lineares Bezugssystem.

LSD Local Split Decision; der LSD-Baum ist eine mehrdimensionale Punktstruktur.

LTE Long Term Evolution; Mobilfunkstandard der vierten Generation.

M

MBB Minimal Bounding Box; minimal umgebendes Rechteck.

MBR Minimal Bounding Rectangle; minimal umgebendes Rechteck.

MD Multidimension; erster Name von Oracle Spatial.

MUR Minimal umgebendes Rechteck.

N

NIS Netzinformationssystem (engl. Network Information System).

NNQ Nearest Neighbor Query; Nächste-Nachbarn-Anfrage.

NURBS Non-Uniform Rational B-Spline; verallgemeinerte Form von B-Splines insbesondere zur Definition von Freiformflächen

O

OCI Oracle Call Interface; Datenbankzugriffsschnittstelle von Oracle.

ODBC Open Database Connectivity; von Microsoft standardisierte Schnittstelle zum Zugriff auf Datenbanken.

OGC Open Geospatial Consortium; Vereinigung von GIS-Anbietern, GIS-Anwendern und Forschungseinrichtungen.

OGP International Association of Oil & Gas Producers; Organisation, dessen Geomatics Committee die EPSG-Bezugssysteme definiert.

OID Object Identifier; eindeutige Objektidentifikationsnummer.

O&M Observations and Measurements; XML-Datenmodell zur Beschreibung von Sensormesswerten.

OO Objektorientierung.

P

PDB Pluggable Database; Unterinstanz einer Container Database von Oracle.

PDF Portable Document Format; Dokumentenaustauschformat der Firma Adobe.

PNG Portable Network Graphics; offenes Rasterdatenformat.

PLOP Piecewise Linear Order Preserving; das PLOP Hashing ist ein mehrdimensionales Hash-Verfahren.

PL/SQL Procedural Language/Structured Query Language; prozedurale Erweiterung von SQL in Oracle.

POI Point of Interest; Sehenswürdigkeit.

R

REF Reference Type; Referenztyp in objektrelationalen Datenbanken.

RGB Rot-Grün-Blau; Farbmodell.

RSI Relational Software Incorporated; ursprünglicher Name der Oracle Corporation.

S

SAM Spatial Access Method; räumliche Zugriffsmethode im Sinne eines räumlichen Indexes.

SAS	Sensor Alert Service; Geodienst zur Alarmierung aufgrund von Sensorbeobachtungen.
SDI	Spatial Data Infrastructure; Geodateninfrastruktur.
SDO	Spatial Data Option; Name von Oracle Spatial unter Oracle 7.
SE	Standard Edition (von Java).
SensorML	Sensor Model Language; XML-Datenmodell zur Beschreibung von Sensoren.
SES	Sensor Event Service; Geodienst für der Ereigniserkennung aufgrund von Sensorbeobachtungen.
SFA	Simple Feature Access; Bezeichnung der ISO-Norm 19125 für das Simple-Feature-Modell.
SGA	System Global Area; Hauptspeicherbereich des Oracle-Datenbanksystems.
SMTP	Simple Mail Transfer Protocol; Protokoll für das Versenden von E-Mails.
SOS	Sensor Observation Service; Geodienst zur Abfrage von Sensorbeschreibungen und -messwerten.
SPS	Sensor Planning Service; Geodienst zur Steuerung von Sensoren.
SQL	Structured Query Language; standardisierte Datenbanksprache für relationale Datenbanksysteme.
SQLJ	In Java eingebettetes SQL.
SQL/MM	SQL/Multimedia; Multimediaerweiterung von SQL.
SRID	Spatial Reference Identifier; Identifikationsnummer eines räumlichen Bezugssystems.
SRS	Spatial Reference System; räumliches Bezugssystem.
SSD	Solid State Drive; ein durch Halbleiterspeicher realisierter Hintergrundspeicher.
SVG	Scalable Vector Graphics; W3C-Empfehlung für ein XML-basiertes Vektorgrafikformat.
SWE	Sensor Web Enablement; Initiative des OGC zur Entwicklung eines Geosensor Webs.

T

TC	Technical Committee; Standardisierungskomitee der ISO.
TCP/IP	Transmission Control Protocol/Internet Protocol; Netzwerkprotokoll, das heterogene Netzwerke unterstützt.
TIFF	Tag Image File Format; Rasterdatenformat.
TIN	Triangulated Irregular Network; unregelmäßige Dreiecksvermaschung z.B. für Geländemodelle.
TP	Topology Package; Paket zur Topologiebeschreibung in der ISO-Norm 19107.
TP-	Time-Parameterized; zeitparameterisierter R-Baum oder zeitparameterisiertes MUR.

U

UB	Upper Bound; Obergrenze.
UML	Unified Modeling Language; Notation zur objektorientierten Software-Modellierung.

UMTS	Universal Mobile Telecommunications System; Mobilfunkstandard der dritten Generation.
ULT	Upper Left; obere linke Rasterzelle.
URI	Uniform Resource Identifier; Konzept zur Identifizierung von abstrakten oder physikalischen Ressourcen; wichtigste Unterart ist die URL.
URL	Uniform Resource Locator; Unterart einer URI, die den Ort einer Ressource angibt; dies ist z.B. bei HTTP-Adressen der Fall.
UTM	Universal Transverse Mercator; globales System von projizierenden Koordinatensystemen.

W

W3C	World Wide Web Consortium; Vereinigung, die Spezifikationen zum WWW entwickelt (z.B. zu XML, XSD, XSL, SVG).
WAN	Wide Area Network.
WCPS	Web Coverage Processing Service; Verarbeitungsdienst für Coverages.
WCS	Web Coverage Service; Geodienst zur Bereitstellung von Coverages und insbesondere von Rasterdaten.
WFS	Web Feature Service; Geodienst zur Bereitstellung von Vektordaten in GML.
WGS84	World Geodetic System 1984; weltweites Referenzellipsoid als Basis der GPS-Vermessung.
WKB	Well-known Binary; standardisierte Binärrepräsentation für Geometrien.
WKT	Well-known Text; standardisierte Textrepräsentation für Geometrien und räumliche Bezugssysteme.
WLAN	Wireless Local Area Network; lokales Funktnetz.
WMS	Web Map Service; Geodienst zur Bereitstellung von Rasterkarten.
WNDS	Write No Database Status; Parameter für Oracle, um bei Methoden anzuzeigen, dass sie die Datenbank nicht verändern.
WPS	Web Processing Service; Geodienst zur Verarbeitung von Geodaten.
WWW	World Wide Web.

X

XHTML	Extensible Hypertext Markup Language; XML-konforme Weiterentwicklung von HTML.
XML	Extensible Markup Language; Ansatz zur Spezifikation von Auszeichnungssprachen.
XOR	Exclusive Or; Exklusiv-Oder.
XSD	XML Schema Definition. Regeln zum Aufbau eines XML-Dokuments.
XSL	Extensible Stylesheet Language; Gruppe von Spezifikationen, die die Transformation und Formatierung von XML-Dokumenten definieren.
XSLT	XSL-Transformation; Sprache zur Transformation von XML-Dokumenten.

Übersetzung englischer Begriffe

A

Absolute Zero	Nullpunkt
Access Time	Zugriffszeit
Accuracy	Genauigkeit
Analysis	Analyse
Application Programming Interface	Programmierschnittstelle
Arc	Kreisbogen
Array	Feld

B

Bit Interleaving	Bitweise Verzahnung
Boundary Representation	Randrepräsentation
Breakline	Bruchkante
Buffer	Puffer(zone)
Bytecode	Zwischencode

C

Caching	Pufferung
Call	Aufruf
Cell Decomposition	Zellzerlegung
Centroid	Schwerpunkt
Closest-Pair Query	Nächste-Paar-Anfrage
Color Map	Farbtabelle
Compound Curve	Zusammengesetzter Linienzug
Computational Geometry	Algorithmische Geometrie
Connection	(Datenbank-)Verbindung
Constraint	Integritätsbedingung
Continuous Query	Kontinuierliche Anfrage
Convex Hull	Konvexe Hülle
Coordinate Reference System	Koordinatenbezugssystem
Coordinate System	Koordinatensystem
Coordinate	Koordinate
Curve	Linie, Linienzug

D

Data Control Language	Datenkontrollsprache
Data Source	Datenquelle
Data Stream	Datenstrom
Database System	Datenbanksystem
Database	Datenbank
Deadlock	Verklemmung
Default Namespace	Standardnamensraum
Delete	Löschen
Directed Graph	Gerichteter Graph

Directional Query	Richtungsanfrage
Directory	Verzeichnis
Distance Query	Abstandsanfrage
Divide and Conquer	Teile und Herrsche
Domain	Wertebereich
Driver	Treiber

E

Edge	Kante
Event Point Schedule	x-Struktur
Event Point	Haltepunkt
Event	Ereignis
Exact Match Query	Exakte Suche, exakte Anfrage
Exception	Ausnahme

F

Face	Masche
False Hit	Fehltreffer
Fan Out	Verzweigungsgrad
Feature	Geoobjekt
Fixed Point Representation	Festkommadarstellung
Floating Point Representation	Fließkommadarstellung
Foreign Key	Fremdschlüssel
Frustum	Pyramidenstumpf

G

Geographic Feature	Geoobjekt
Geographic Information System	Geoinformationssystem
Geometry Collection	Geometriesammlung
Geometry	Geometrie
Geospatial Data	Geodaten, räumliche Daten
Geospatial Web Service	Geodienst

H

Hard Disk Drive	Festplattenlaufwerk
Hit	Treffer

I

Inheritance	Vererbung
Input	Eingabe, Erfassung
Insert	Einfügen
Instant	Zeitpunkt
Integrity Rule	Integritätsregel
Interface	Schnittstelle
Interleaving	Verschränkung
Intersection	Schnitt

J

Join	Verbund

K

Key	Schlüssel

L

Latency Time	Latenzzeit
Layer	Ebene
Leaf Node	Blattknoten
Line Segment	Strecke
Line String	Streckenzug
Linear Element	Lineares Element
Linear Referencing Method	Lineares Referenzierungsverfahren
Linear Referencing System	Lineares Bezugssystem
Link	Kante oder Verknüpfung
Local Area Network	Lokales Netzwerk
Location Step	Lokalisierungsschritt
Location-Based Service	Standortbezogener Dienst

M

Management	Verwaltung
Map Overlay	Verschneidung von Karten
Markup Language	Auszeichnungssprache
Measure	Maßzahl
Middleware	Diensteschicht
Minimal Bounding Rectangle	Minimal umgebendes Rechteck
Minimum Cost Spanning Tree	Minimaler Spannbaum
Moving Object	Sich bewegendes (Geo-)Objekt
Moving Point	Sich bewegender Punkt
Multi-Step Query Processing	Mehrstufige Anfragebearbeitung
Multitenant Architecture	Mandantenfähige Architektur

N

Namespace	Namensraum
Nearest Neighbor Query	Nächste-Nachbarn-Anfrage
Network	Netzwerk
Node	Knoten

O

Offset Distance	Versatzentfernung
Open GIS	Offenes GIS
Outer Join	Äußerer Verbund
Outlier	Ausreißer
Overflow	Überlauf

P

Package	Paket
Page	Datenbankblock
Path	Weg
Perimeter	Umfang

Period	Zeitraum
Point Query	Punktanfrage
Point	Punkt
Precision	Präzision
Precompiler	Vorübersetzer
Presentation	Darstellung, Präsentation
Primary Key	Primärschlüssel
Priority Queue	Vorrangwarteschleife
Processing Service	Verarbeitungsdienst

Q

Query Language	Anfragesprache

R

Range Query	Bereichsanfrage
Refinement Step	Verfeinerungsschritt
Region Query	Regionsanfrage
Relationship	Beziehung
Resolution	Auflösung
Runtime Environment	Ablaufumgebung

S

Search Key	Suchschlüssel
Seek Time	Zugriffsbewegungszeit
Sensor Network	Sensornetz
Shortest Path	Kürzester Weg
Solid	Körper
Space-Filling Curve	Raumfüllende Kurve
Spanning Tree Problem	Spannbaumproblem
Spatial Access Method	Räumliche Zugriffsmethode, räumlicher Index
Spatial Data Infrastructure	Geodateninfrastruktur
Spatial Database System	Geodatenbanksystem
Spatial Datatype	Geometrischer Datentyp
Spatial Join	Räumlicher Verbund
Spatial Network Database	Räumliche Netzwerkdatenbank
Spatial Object	Geoobjekt
Spatial Query Processing	Räumliche Anfragebearbeitung
Spatial Reference System	Räumliches Bezugssystem
Spatio-Temporal Database	Spatio-temporale Datenbank
Spatio-Temporal Join	Spatio-temporaler Verbund
Split	Aufspalten, Split
Statement	Anweisung
Subclass	Unterklasse
Superclass	Oberklasse
Surface	Fläche
Sweep Line Status	y-Struktur
Sweep Line	Lauflinie

T

Temporal Reference System	Zeitliches Bezugssystem
Topology Geometry Layer	Topologische Ebene
Topology Geometry	Topologische Geometrie
Trajectory	Bahn (z.B. Flugbahn)
Traveling Salesman Problem	Problem des Handlungsreisenden
Triangulated Irregular Network	Unregelmäßige Dreiecksvermaschung

U

Union	Vereinigung
Unit	(Maß-)Einheit
Update	Änderung

V

Valid XML	Gültiges XML
Vertex (plural Vertices)	Knoten
View	Sicht
Virtual Machine	Virtuelle Maschine

W

Well-formed XML	Wohlgeformtes XML
Window Query	Rechteckanfrage
Wireframe Representation	Drahtmodell
World	Welt

SQL-Index

Java-Index

Symbole

A

B

C

D

E

F

G

H

I

J

L

M

Stichwortverzeichnis

B

C

D

E

F

G

P

S

T